脱贫攻坚涉农系列
合同示范文本

毕　健／主编

贵州省人民政府法制办公室
贵州贵达律师事务所　编著

法律出版社
LAW PRESS·CHINA

编辑委员会

编辑委员会成员简介

李　兵　男　法学博士，贵州省人民政府法制办公室党组成员、副主任（主持工作）。

冯小山　男　法学学士，在职研究生毕业，贵州省人民政府法制办公室党组成员、贵州省人民政府行政复议办公室专职副主任。

林登富　男　医学学士，在职教育大学法学学历，贵州省人民政府法制办公室副巡视员。

毕　健　男　理学学士，经济法学硕士研究生，贵州贵达律师事务所高级合伙人、副主任律师，兼任贵州省人民政府立法咨询专家等职。

王剑波　男　法学学士，曾在新加坡南洋理工大学公共管理研究生院、香港科技大学工商管理学院及日本学习。贵州省人民政府法制办综合处（人事处）处长、贵州省政府法制研究中心主任，兼任《政府法制实务与理论》副主编。

王　磊　男　法学硕士，二级律师，贵达（北京）律师事务所主任。

何隆祥　男　法学学士，贵州省人民政府法制办公室综合处（人事处）调研员。

唐　瑜　女　民商法学硕士，贵州省人民政府法制办公室综合处（人事处）副主任科员。

韩林雪　女　法学学士，贵州省政府法制研究中心干部，公职律师。

安庆亨　男　法律硕士，修文县政府办公室工作人员（贵州省政府法制研究中心上挂干部）。

王凌松　男　法学硕士，中共贵州省委党校（贵州行政学院）法学副教授，贵州贵达律师事务所兼职律师。

王开春　男　法律硕士，助理畜牧师，贵州贵达律师事务所专职律师。

杨海晶　女　法学硕士，贵州贵达律师事务所专职律师。

李晓倩　女　民商法学硕士，贵州贵达律师事务所专职律师。

朱　睿　男　法律硕士，贵州贵达律师事务所专职律师。

张逸夫　男　民商法学硕士，台湾大学民商法学硕士交换生，贵州贵达律师事务所专职律师。

李云芳　女　宪法学与行政法学硕士，贵州贵达律师事务所专职律师。

殷爱华　女　法学学士、管理学学士，贵州贵达律师事务所专职律师。

令狐昌勇　男　法学学士，贵州贵达律师事务所专职律师。

夏昌华　男　法学学士，贵州贵达律师事务所专职律师。

吴俊杰　男　法学学士，贵州贵达律师事务所专职律师。

方庆展　男　法学硕士，贵州贵达律师事务所实习律师。

王煜涛　男　法律硕士，贵州贵达律师事务所实习律师。

丁凯德　男　法学学士，贵州贵达律师事务所实习律师。

罗刚利　女　法学学士，贵州贵达律师事务所实习律师。

序言：脱贫攻坚，离不开法治保障

党的十八大以来，党中央把贫困人口脱贫作为全面建成小康社会的重要任务，在全国范围内全面打响了脱贫攻坚战。脱贫攻坚力度之大、规模之广、影响之深，前所未有。习近平总书记强调，脱贫攻坚是硬仗中的硬仗，必须付出百倍努力。全党全社会要再接再厉、扎实工作，坚决打赢脱贫攻坚战，在全面建成小康社会的征程上不断创造新的业绩。

贵州省是全国脱贫攻坚的主战场，脱贫攻坚时间紧迫、任务艰巨。中共贵州省委要求各级各部门"必须坚决扛起重大政治责任，牢牢抓住关键阶段，一天也不耽误、一刻也不懈怠，只争朝夕、苦干实干，驰而不息推进脱贫攻坚"。贵州省政府法制办公室坚决贯彻落实党中央、国务院和贵州省委、省政府部署要求，聚焦脱贫攻坚主战场，强化责任担当下真功，结合工作职能积极探索法治扶贫新路子，为贵州省脱贫攻坚提供了有力的法治保障。2018年，印发了《贵州省全面推进依法行政工作领导小组办公室关于开展法治扶贫六大行动的通知》，"扶贫制度保障行动、扶贫执法监督行动、扶贫法治宣传行动、扶贫决策参谋行动、扶贫纠纷化解行动、扶贫法律顾问行动"六大行动是法制部门助推脱贫攻坚的实干之举。

《脱贫攻坚涉农系列合同示范文本》一书是"法治扶贫六大行动"的重要内容之一。本书共拟制了"农特产品买卖合同、建设工程及承揽合同、涉农技术合同、农村其他类合同及农村三变合同、其他有名合同"五大类125种共151份合同示范文本。这些合同文本为社会公众提供了全面、实用的指引，可以预防、减少不必要的争议，节约合同谈判、签订的时间和成本，有效防范脱贫攻坚工作中的合同风险，防止涉农合同当事人在签约、履行中因为缺乏法律知识而出现不公平的现象。这项法治脱贫攻坚的民生工程得到了贵州省委、省政府领导的高度赞扬，强调合同文本很实用，要宣传利用好这一成果，让贫困群众强化法治意识，维护自身合法权益，要充分运用好此成果，推进基层各类经济活动治理现代化建设。

脱贫攻坚是国家重大战略，这些合同文本既是维护农民合法权益的保障书，也是向社会普及法治理念的宣传单，我相信，本书的出版必将为实现脱贫攻坚、推进乡村振兴战略提供最强有力的法治力量。

王敬波*

2018年11月18日于北京

---

* 王敬波，女，1970年8月出生，法学博士，中国政法大学法治政府研究院院长、教授，最高人民法院行政审判庭副庭长，中国行政法学研究会常务理事。

目　录

第一章

通用简明合同

【本章导语】

通用简明合同编号为GDHT001,适用于引用本合同示范文本约定条款的所有合同的订立。在通用简明合同【GDHT001】中约定需要特别约定的合同标的、价款等内容,并引用本书中相应的合同示范文本的编号,同时约定在通用简明合同中没有约定和/或需要变更的内容,按照合同示范文本编号的合同条款履行,即完成合同的订立。在合同履行中和/或产生争议时,可持本书作为依据。

本通用简明合同的注释,适用于本书中所有合同示范文本中类似和/或相同内容。

______________合同

合同编号:GDHT001

甲方[①]:______________________________

统一社会信用代码/身份证号[②]:______________________________

住所地/居住地[③]:______________________________

联系人:______________　电话:______________

微信号:______________　电子邮箱:______________

乙方:______________________________

统一社会信用代码/身份证号:______________________________

住所地/居住地:______________________________

联系人:______________　电话:______________

微信号:______________　电子邮箱:______________

甲乙双方根据《中华人民共和国合同法》及相关法律法规的规定,在平等互利的基础上,经充分友好协商一致,自愿达成以下协议,以资共同遵守。

一、合同标的[④]

第一条　______________________________

二、货物/服务质量[⑤]

第二条　______________________________

三、价款/服务费[⑥]**及其支付时间**

第三条　______________________________

四、双方其他权利义务

第四条　本合同没有约定的,按照<u>**GDHT001**</u>[⑦]合同示范文本条款履行。

---

① 当事人是法人或非法人组织的,写其名称;当事人是自然人的,写其姓名、性别、民族。

② 当事人是法人或非法人组织的,写信用代码;当事人是自然人的,写其身份证号码或者居住证号码。

③ 当事人是法人或非法人组织的,写其营业执照上载明的住所地;当事人是自然人的,写其身份证或者居住证上载明的住址或住所地。

④ 合同标的是指合同当事人权利义务所共同指向的对象,是合同的必要条款。合同的标的包括物、行为与智力成果。合同的标的必须是确定的、合法的、可能的。

⑤ 货物质量,又称货物品质,一般是指货物本质性的质量和外观形态。货物本质性的质量表现为货物的化学成分的构成、物理和机械性能、生物特征等,货物的外观形态则表现为货物的形状、结构、色泽、味觉等,订立合同时应当明确约定;服务质量是指服务能够满足规定和潜在需求的特征和特性的总和,是指服务工作能够满足被服务者需求的程度,服务质量的要素包括:可靠性、响应性、保证性、移情性、有形性,订立合同时应当明确约定。

⑥ 合同价款/服务费是指双方约定的买卖、承包、技术转让和服务等交易的单价和总额,订立合同时应当明确约定。

⑦ 此处填写当事人约定引用的合同的编号。

第五条 其他约定[①]：____

第六条 本合同自双方代表人签章之日起生效。本合同一式四份，双方各持两份，具有同等法律效力。与本合同约定不一致的按照本合同执行。

（以下无正文）

甲 方（签名捺印）/（盖章）[②]：

代表人（签名）：

年 月 日

乙 方（签名捺印）/（盖章）[③]：

代表人（签名）：

年 月 日

本合同签订地点：____________________

① 其他约定是指双方在引用的 GDHT001 中没有约定但需要约定和/或已经有约定但需要修改的内容，若有则将约定的内容写入，没有写“无”。

本书其他合同示范文本类似条款同本注释。

②③ 当事人是法人或非法人组织，在此处盖公章或者合同专用章，并由法定代表人或授权代理人在代表人后面签名；当事人是自然人，在此处签名并捺手印（一般为右手大拇指手印）。

本书其他合同示范文本类似条款同本注释。

第二章

涉农买卖合同

【本章导语】

本章共收入25类47份涉农买卖合同，分为A版本和B版本，A版本为卖方送货合同即到岸价合同，运输、装卸、交货前的费用和货物损毁风险由卖方承担，编号为：GDHT×××A；B版本为买方提货合同即离岸价合同，运输、装卸、交货后的费用和货物损毁风险由买方承担，编号为：GDHT×××B。当事人可选择使用。

其中编号为GDHT001A和GDHT001B的示范文本适用于畜牧、水产品买卖合同的订立；编号为GDHT002A、GDHT002B至GDHT011A、GDHT011B的示范文本适用于特定的牛、活鱼等畜牧、水产品买卖合同的订立；编号为GDHT012A和GDHT012B的示范文本适用于农特产品买卖合同的订立；编号为GDHT013A、GDHT013B至GDHT022A、GDHT022B的示范文本适用于特定的茶叶、核桃等农特产品买卖合同的订立。

涉农买卖合同的示范文本中与通用简明合同【GDHT001】类似和/或相同内容的，适用通用简明合同的注释。

本章合同的注释，适用于本书所有合同示范文本中类似和/或相同内容。

畜牧、水产品买卖合同

合同编号:GDHT001A

甲方(买方):______

统一社会信用代码/身份证号:______

住所地/居住地:______

联系人:______　电话:______

微信号:______　电子邮箱:______

乙方(卖方):______

统一社会信用代码/身份证号:______

住所地/居住地:______

联系人:______　电话:______

微信号:______　电子邮箱:______

根据《中华人民共和国合同法》及相关法律法规的规定,甲乙双方在平等互利的基础上,经充分友好协商一致,自愿达成以下协议,以资遵守执行。

一、货物名称

第一条　双方买卖货物:×××(产地)×××(货物名称)

二、货物的规格与价格

第二条　货物等级[①]分为以下(　　)种规格:

(一)一级:______

(二)二级:______

(三)三级:______

(四)______

第三条　货物价格

(一)一级品:______元/市斤;

(二)二级品:______元/市斤;

(三)三级品:______元/市斤;

(四)______。

第四条　逾期交货的,遇价格上涨时,按原价格执行;遇价格下跌时,按新价格执行。逾期提货或逾期付款的,遇价格上涨时,按新价格执行;遇价格下跌时,按原价格执行。

三、货物装载、运输、卸载

第五条　货物由乙方负责装载、运输和卸载。

---

① 等级标准:国家有规定的按照国家规定,国家没有规定的按照行业规定,行业没有规定的按照企业规定,企业没有规定的按照交易习惯确定。本书中其他合同示范文本类似条款同本注释。

四、交货地点

第六条 双方约定货物交货地点：________________________________

第七条 甲方如要求变更交货地点，应在合同规定的交货期限前三个工作日通知乙方，以便乙方调整车（船）计划，因此增加的费用由甲方承担。

五、交付批次与期限

第八条 乙方收到甲方定金后，于______年____月____日开始交付货物，分____批交付，于______年____月____日前交付完成。

六、交付方式与货物验收

第九条 货物交货方式：由乙方或乙方指定人员将货物运送到甲方指定地点卸载后交付给甲方过磅验收，甲方准备接收货物的场地与称量设施，装卸费用由乙方承担。

第十条 甲方对乙方提供的货物进行清点、验收，查验货物品种、规格、数量；双方共同确认货物过磅重量与等级，甲方开具接收货物明细单据给乙方。法律规定需要强制进行检验、检疫的，乙方同时提供检验、检疫合格证明。

第十一条 甲方对货物质量提出异议的时限为收到货物之日起三个工作日内①，且须以书面方式提出。否则，视为无异议。

七、货物风险的转移

第十二条 货物在交付前，装载与运输过程中产生的毁损、灭失及正常耗损的风险与责任，或由第三方承运人造成的损失，由乙方承担。

第十三条 货物在交接过磅与清点验收后，毁损、灭失及正常耗损的风险与责任，由甲方承担。

八、仓储费用的承担

第十四条 如因乙方提前交货至甲方指定场所，甲方有权拒收；或者接收后因此产生的临时保管费用，甲方可向乙方收取实际产生的成本费用。

九、货物结算与价款支付

第十五条 双方在货物交付后三个工作日内根据货物的等级、单价、数量进行结算，甲方在结算后三个工作日内将款项直接汇入乙方指定的收款银行账户，账户信息如下：

开户银行：________________________________

户　　名：________________________________

账　　号：________________________________

第十六条 除前条规定的银行汇款支付外，以下三种支付方式双方均予认可：

（一）支付宝转账；（二）微信转账；（三）现金支付。

十、定金条款

第十七条 双方约定定金为：人民币__________元（大写：________元）。

第十八条 定金的支付时间为本合同生效后三个工作日内。

---

① 合同约定的所有时间和违约金比例，法律没有强制性规定的，当事人可以自行约定；违约金的约定超过或者低于实际损失30%的，当事人可以请求调整。

第十九条 定金在最后一期支付价款时冲抵；乙方无正当事由拒绝提供货物时，乙方向甲方支付双倍定金；甲方无正当事由拒收货物的，除不能要求退回定金外，还应向乙方赔偿货物价格下跌的损失和运输费用等全部损失。

十一、违约责任

第二十条 非乙方原因，甲方延期付款的，每迟延一日，甲方按日向乙方支付迟延付款金额1‰的违约金，直至款项付清之日止，乙方可以顺延交付货物。

第二十一条 若乙方未能按本合同约定时间及方式将全部货物交付至甲方指定地点，每迟延一日，乙方按日向甲方支付逾期交付货物价款1‰的违约金，直至全部货物交付之日止。

第二十二条 一方接受对方逾期履行的，不视为对其违约行为的认可，仍然有权追究其违约责任，还有权解除合同。①

第二十三条 在对方未履行义务前，一方按照合同的约定履行自己的义务的，不等于认可对方已经履行了先前的义务或同意对方可以不再履行其义务。②

第二十四条 因出现不可预见、不可避免、不可克服的事件，导致本合同无法有效及时履行的，相互不承担违约责任。但是，遭遇不可抗力方应当立即通过电话、微信等方式通知对方，并在通知后的三日内将不可抗力的书面有效证明及本合同无法有效及时履行的书面理由提交给对方确认。否则应当承担相应的违约责任。

十二、合同的变更、解除

第二十五条 双方经协商一致，可以变更、解除合同。

第二十六条 任何一方违反本合同任何条款约定的，在对方催告后十五个工作日内没有改正为全面履行的，守约方有权书面通知违约方解除合同，且有权要求违约方赔偿相当于合同总额5%的违约金，并赔偿其因违约行为遭受的损失（包括但不限于直接损失、可得利益、律师费用等）③。

第二十七条 一方只主张违约责任，没有主张解除合同的，合同应当继续履行。一方收到解除合同的通知后，对解除有异议的，应当在十五日内向法定机关④提出，否则，视为对解除无异议。

十三、争议解决方式

第二十八条 本合同的约定和履行中产生的争议，双方友好协商解决，若协商不成，任

---

① 一方接受对方逾期履行的，比如，依法逾期支付货款的，卖方仍然收了货款，不视为同意其可以逾期支付货款，仍然有权追究其逾期支付货款的违约责任，约定或者法定有权解除合同的，还有权主张解除合同。其他合同示范文本类似条款同本注释。

② 本条意思是在买方未按照合同约定时间支付货款前，卖方按照合同的约定交付了货物，不等于认可买方已经支付了货款或同意买方可以不再支付货款，反之类推。

其他合同示范文本类似条款同本注释。

③ 直接损失又称“积极损失”，是指一方违反合同约定致使对方遭受的财产利益直接减少的损失，比如为履行合同已经不能收回的投入资金及其利息、工资、管理费用，以及因此对第三人承担的违约责任等；可得利益损失又称“消极损失”，是指签订合同时能够预见的履行合同后必然获得的利益损失；律师费用是指委托律师代理，依照法律规定和服务合同约定已经支付和/或将要支付的律师服务费用。

④ 法定机关在这里是指合同法规定的法院、仲裁机构，若向相对方或其他机关提出将不发生异议的效力。

何一方均可向有关部门申请调解，也有权在原告住所地或居住地人民法院起诉解决。双方还可以约定提交仲裁机构裁决。①

十四、附则

第二十九条 变更住所地（居住地）、代表人（联系人）、电话等联络方式的，变更方在变更后24小时内以书面方式通知对方。否则视为本合同载明的信息继续有效，微信和短信内容也作为双方来往文件。② 通知、诉讼文书等文件以邮寄方式发送的，将文件按有效联络方式交给经营特快专递的单位邮寄后，邮件被签收或拒收均视为已经送达。

第三十条 双方在签订本合同时，应提供经核实的身份证明和相应资质证明文件③的复印件作为合同附件。

第三十一条 本合同的标题仅为便于阅读和对合同内容的理解，不作为确定双方权利义务的条款。

第三十二条 本合同自双方签章之日起生效。一式四份，甲乙双方各持两份，具有同等法律效力。

（以下无正文）

甲　方（签名捺印）/（盖章）：　　　　乙　方（签名捺印）/（盖章）：

代表人（签名）：　　　　代表人（签名）：

年　月　日　　　　年　月　日

本合同签订地点：________________

畜牧、水产品买卖合同

合同编号：GDHT001B

甲方（买方）：________________

统一社会信用代码/身份证号：________________

住所地/居住地：________________

联系人：________________ 电话：________________

微信号：________________ 电子邮箱：________________

---

① 争议发生后，当事人也可以约定向仲裁机构申请仲裁解决，但是需要约定具体的仲裁机构，并研究仲裁机构的仲裁规则，因为选择仲裁机构而没有选定适用的仲裁规则的，推定适用选择仲裁机构的仲裁规则；协议约定放弃答辩、举证、申请仲裁员回避等不能保障当事人基本的程序权利的，一般得不到支持。

② 按照《电子商务法》的规定，微信和短信电子商务的经营者保存商品和服务信息、交易信息的时间为交易完成后不少于三年，消费者单方删除的，仍可以从电子商务的经营者处调取，作为方便快捷的书面文件。

③ 当事人的身份和相应资质证明文件：当事人是法人或非法人组织的，提供社会统一信用代码证或法定登记证明文件，当事人是自然人的提供身份证或居住证；如果进行本合同交易，法律法规规定需要相应许可、资质、资格的，还提供其相应证明文件，避免无资质导致合同无效，给双方造成损失。本书其他合同示范文本中类似条款同本注释。

乙方(卖方):____________________

统一社会信用代码/身份证号:____________________

住所地/居住地:____________________

联系人:____________________ 电话:____________________

微信号:____________________ 电子邮箱:____________________

根据《中华人民共和国合同法》及相关法律法规的规定,甲乙双方在平等互利的基础上,经充分友好协商一致,自愿达成以下协议,以资遵守执行。

一、货物名称

第一条 双方买卖货物:×××(产地)×××(货物名称)

二、货物的规格与价格

第二条 货物等级分为以下( )种规格:

(一)一级:____________________

(二)二级:____________________

(三)三级:____________________

(四)____________________

第三条 货物价格

(一)一级品:________元/市斤;

(二)二级品:________元/市斤;

(三)三级品:________元/市斤;

(四)____________________。

第四条 逾期交货的,遇价格上涨时,按原价格执行;遇价格下跌时,按新价格执行。逾期提货或逾期付款的,遇价格上涨时,按新价格执行;遇价格下跌时,按原价格执行。

三、货物装载、运输、卸载

第五条 货物由甲方负责装载、运输及卸载,乙方仅负责将货物从养殖场运送到养殖场附近的交货地点。

四、交货地点

第六条 双方约定货物交货地点:____________________

第七条 甲方如要求变更交货地点,应在合同规定的交货期限前三个工作日通知乙方,以便乙方调整养殖库存,所增加的费用由甲方承担。

五、交付批次与期限

第八条 乙方收到甲方定金后,于______年____月____日开始交付货物,分____批交付,于______年____月____日前交付完成。

六、交付方式与货物验收

第九条 货物交货方式:由甲方或甲方指定人员到乙方养殖场或双方约定的交货地点进行清点货物并过磅验收,甲方自行准备接收货物的场地与称量设施,包括卸载人员与费用。

第十条 甲方对乙方提供的货物进行清点、验收,查验货物品种、规格、数量;双方共同确认货物过磅重量与等级,甲方开具接收货物明细单据给乙方。法律规定需要强制进行检验、检疫的,乙方同时提供检验、检疫合格证明。

第十一条 甲方对货物质量提出异议的时限为收到货物之日起三个工作日内,并须以书面方式提出。否则,视为无异议。

七、货物风险的转移

第十二条 货物在交付前,装载与运输过程中产生的毁损、灭失及正常耗损的风险与责任,或由第三方承运人造成的损失,由乙方承担。

第十三条 货物在交接过磅与清点验收后,毁损、灭失及正常耗损的风险与责任,由甲方承担。

八、逾期收货费用的承担

第十四条 因甲方逾期到达指定交货地点,造成乙方产生的临时养殖成本费用和货物损耗,应由甲方承担。

九、货物结算与价款支付

第十五条 双方在货物交付后三个工作日内根据货物的等级、单价、数量进行结算,甲方在结算后三个工作日内将应付的款项直接汇入本条载明的乙方账户。乙方指定的收款银行账户信息如下:

开户银行:____

户　　名:____

账　　号:____

第十六条 除前条约定的银行汇款支付外,以下三种支付方式双方均予认可:(一)支付宝转账;(二)微信转账;(三)现金支付。

十、定金条款

第十七条 双方约定定金为:人民币__________元(大写:________元)。

第十八条 定金的支付时间为本合同生效后三个工作日内。

第十九条 双方在结算本合同约定价款时,定金在最后一期支付价款时冲抵;乙方无正当事由拒绝提供本合同约定的货物时,乙方应向甲方支付双倍定金;甲方无正当事由拒绝收购乙方货物的,除不能要求退回定金外,还应向乙方赔偿货物价格下跌产生的损失。

十一、违约责任

第二十条 非乙方原因,甲方延期付款的,每迟延一日,甲方按日向乙方支付迟延付款金额 1‰的违约金,直至款项付清之日止,乙方有权相应地迟延交付货物。

第二十一条 若乙方未能按本合同约定时间及方式将全部货物交付至甲方指定地点,每迟延一日,乙方按日向甲方支付逾期交付货物总价 1‰的违约金,直至全部货物交付之日止。

第二十二条 一方接受对方逾期履行的,不视为对其违约行为的认可,仍然有权追究其违约责任,还有权解除合同。

第二十三条 在对方未履行义务前,一方按照合同约定履行自己的义务的,不等于认可对方已经履行了先前的义务或同意对方可以不再履行其义务。

第二十四条　因出现不可预见、不可避免、不可克服的事件，导致本合同无法有效及时履行的，双方互不承担违约责任。但是遭遇不可抗力方应立即通过电话、微信等方式通知对方，并在通知后的三个工作日内将不可抗力的书面有效证明及本合同无法有效及时履行的书面理由提交给对方确认；否则遭受不可抗力方需承担相应的违约责任。

十二、合同的变更、解除

第二十五条　双方经协商一致，可以变更、解除本合同。

第二十六条　任何一方违反本合同任何条款约定的，在对方催告后十五个工作日内没有改正为全面履行的，守约方有权书面通知违约方解除合同，且有权要求违约方赔偿相当于合同总额 5% 的违约金及所遭受的损失（包括但不限于直接损失、可得利益、律师费用等全部损失）。

第二十七条　一方只主张违约责任，没有主张解除合同的，合同应当继续履行。一方收到解除合同的通知后，对解除有异议的，应当在十五个工作日内向法定机关提出，否则，视为对解除无异议。

十三、争议解决方式

第二十八条　本合同的约定和履行中产生的争议，双方友好协商解决，若协商不成，任何一方均可向有关部门申请调解，也有权在原告住所地或居住地人民法院起诉解决。双方还可以约定提交仲裁机构裁决。

十四、附则

第二十九条　双方在本合同签订时，应提供经核实的身份证明和相应的资质证明文件的复印件作为合同附件。

第三十条　变更住所地（居住地）、代表人（联系人）、电话等联络方式的，变更方应在变更后 24 小时内以书面方式通知对方。否则视为本合同载明的联络方式继续有效，微信和短信内容也作为双方来往文件。通知、诉讼文书等文件以邮寄方式发送的，将文件按有效联络方式交给经营特快专递的单位邮寄后，邮件被签收或拒收均视为已经送达。

第三十一条　本合同的标题仅为便于阅读和对合同内容的理解，不作为确定双方权利义务的条款。

第三十二条　本合同自双方签章之日起生效。一式四份，甲乙双方各持两份，具有同等法律效力。

（以下无正文）

甲　方（签名捺印）/（盖章）：　　　　乙　方（签名捺印）/（盖章）：

代表人（签名）：　　　　代表人（签名）：

年　月　日　　　　年　月　日

本合同签订地点：________________

生猪买卖合同

合同编号:GDHT002A

甲方(买方):________________________________

统一社会信用代码/身份证号:________________________

住所地/居住地:____________________________________

联系人:________________ 电话:________________

微信号:________________ 电子邮箱:________________

乙方(卖方):________________________________

统一社会信用代码/身份证号:________________________

住所地/居住地:____________________________________

联系人:________________ 电话:________________

微信号:________________ 电子邮箱:________________

根据《中华人民共和国合同法》及相关法律法规的规定,甲乙双方在平等互利的基础上,经充分友好协商一致,自愿达成以下协议,以资遵守执行。

一、货物名称

第一条 货物名称:×××(产地)生猪

二、货物等级标准与价格

第二条 生猪等级标准

等级	毛重/斤	肥膘/cm	臀部、前甲	脊中线	外伤、疤痕
优等猪	220~280	1~2	大而圆	明显	无
良等猪(中猪)	200~290	1~3	适中	不太明显	无
普通猪(尾猪)	—	1~3	适中	无	略有

第三条 货物价格

(一)优等猪(头猪):________元/市斤;

(二)良等猪(中猪):________元/市斤;

(三)普通猪(尾猪):________元/市斤。

第四条 逾期交货的,遇价格上涨时,按原价格执行;遇价格下跌时,按新价格执行。逾期提货或逾期付款的,遇价格上涨时,按新价格执行;遇价格下跌时,按原价格执行。

三、货物装载、运输、卸载

第五条 货物由乙方负责装载与运输及卸载。

四、交货地点

第六条 双方约定货物交货地点:________________________________

第七条 甲方如要求变更交货地点，应在合同规定的交货期限前三个工作日通知乙方，以便乙方调整车(船)计划，因此增加的费用由甲方承担。

五、交付批次与期限

第八条 乙方收到甲方定金后，于______年____月____日开始交付货物，分____批交付，于______年____月____日前交付完成。

六、交付方式与货物验收

第九条 货物交货方式：由乙方或乙方指定人员将货物运送到甲方指定地点卸载后交付给甲方过磅验收，甲方准备接收货物的场地与称量设施，装卸费用由乙方承担。

第十条 甲方对乙方提供的货物进行清点、验收，查验货物品种、规格、数量；双方共同确认货物过磅重量与等级，甲方开具接收货物明细单据给乙方。法律规定需要强制进行检验、检疫的，乙方同时提供检验、检疫合格证明。

第十一条 甲方对货物质量提出异议的时限为收到货物之日起三个工作日内，并须以书面方式提出。否则，视为无异议。

七、货物风险的转移

第十二条 货物在交付前，装载与运输过程中产生的毁损、灭失及正常耗损的风险与责任，或由第三方承运人造成的损失，由乙方承担。

第十三条 货物在交接过磅与清点验收后，毁损、灭失及正常耗损的风险与责任，由甲方承担。

八、仓储费用的承担

第十四条 如因乙方提前交货至甲方指定场所，甲方有权拒收；或者接收后因此产生的临时保管费用，甲方可向乙方收取实际产生的成本费用。

九、货物结算与价款支付

第十五条 双方在货物交付后三个工作日内根据货物的等级、单价、数量进行结算，甲方在结算后三个工作日内将款项直接汇入乙方指定的收款银行账户，账户信息如下：

开户银行：____

户　　名：____

账　　号：____

第十六条 除前条约定的银行汇款支付外，以下三种支付方式双方均予认可：

(一)支付宝转账；(二)微信转账；(三)现金支付。

十、定金条款

第十七条 双方约定定金为：人民币__________元(大写：________元)。

第十八条 定金的支付时间为本合同生效后三个工作日内支付。

第十九条 定金在最后一期支付价款时冲抵；乙方无正当事由拒绝提供货物时，乙方向甲方支付双倍定金；甲方无正当事由拒收货物的，除不能要求退回定金外，还应向乙方赔偿货物价格下跌的损失和运输费用等全部损失。

十一、违约责任

第二十条 非乙方原因，甲方延期付款，经乙方书面告知后十个工作日内仍未付款的，每迟延一日，甲方按日向乙方支付迟延付款金额1‰的违约金，直至款项付清之日止，乙方有权相应地迟延交付货物。

第二十一条 若乙方未能按本合同约定时间及方式将全部货物交付至甲方指定地点，每迟延一日，乙方按日向甲方支付逾期交付货物总价1‰的违约金，直至全部货物交付之日止。

第二十二条 一方接受对方逾期履行的，不视为对其违约行为的认可，仍然有权追究其违约责任，并有权解除合同。

第二十三条 在对方未履行义务前，一方按照合同约定履行自己的义务的，不等于认可对方已经履行了先前的义务或同意对方可以不再履行其义务。

第二十四条 因出现不可预见、不可避免、不可克服的事件，导致本合同无法有效及时履行的，双方互不承担违约责任。但是遭遇不可抗力方应立即用电话、微信等方式通知对方，并在通知后的三个工作日内将不可抗力的书面有效证明及本合同无法有效及时履行的书面理由提交给对方确认；否则遭受不可抗力方需承担相应的违约责任。

十二、合同的变更、解除

第二十五条 双方经协商一致，可以变更、解除本合同。

第二十六条 任何一方违反本合同任何条款约定的，在对方催告后十五个工作日内没有改正为全面履行的，守约方有权书面通知违约方解除合同，且有权要求违约方赔偿相当于合同总额5%的违约金及所遭受的损失（包括但不限于直接损失、可得利益、律师费用等全部损失）。

第二十七条 一方只主张违约责任，没有主张解除合同的，合同应当继续履行。一方收到解除合同的通知后，对解除有异议的，应当在十五个工作日内向法定机关提出，否则，视为对解除无异议。

十三、争议解决方式

第二十八条 本合同在履行中产生争议，双方友好协商解决，若协商不成，任何一方均可向有关部门申请调解，也有权在原告住所地或居住地人民法院起诉解决。双方还可以约定提交仲裁机构裁决。

十四、附则

第二十九条 双方在本合同签订时，应提供经核实的身份证明和相应的资质证明文件的复印件作为合同附件。

第三十条 变更住所地（居住地）、代表人（联系人）、电话等联络方式的，变更方应在变更后24小时内以书面方式通知对方。否则视为本合同载明的联络方式继续有效，微信和短信内容也作为双方来往文件。通知、诉讼文书等文件以邮寄方式发送的，将文件按有效联络方式交给经营特快专递的单位邮寄后，邮件被签收或拒收均视为已经送达。

第三十一条 本合同的标题仅为便于阅读和对合同内容的理解，不作为确定双方权利义务的条款。

第三十二条 本合同自双方签章之日起生效。一式四份，甲乙双方各持两份，具有同等法律效力。

（以下无正文）

甲 方（签名捺印）/（盖章）：
代表人（签名）：
年 月 日

乙 方（签名捺印）/（盖章）：
代表人（签名）：
年 月 日

本合同签订地点：____________________

生猪买卖合同

合同编号：GDHT002B

甲方（买方）：____________________
统一社会信用代码/身份证号：____________________
住所地/居住地：____________________
联系人：____________________ 电话：____________________
微信号：____________________ 电子邮箱：____________________
乙方（卖方）：____________________
统一社会信用代码/身份证号：____________________
住所地/居住地：____________________
联系人：____________________ 电话：____________________
微信号：____________________ 电子邮箱：____________________

根据《中华人民共和国合同法》及相关法律法规的规定，甲乙双方在平等互利的基础上，经充分友好协商一致，自愿达成以下协议，以资遵守执行。

一、货物名称与描述

第一条 货物名称：×××（产地）生猪

二、货物等级标准与价格

第二条 生猪等级标准

等级	毛重/斤	肥膘/cm	臀部、前甲	脊中线	外伤、疤痕
优等猪	220～280	1～2	大而圆	明显	无
良等猪（中猪）	200～290	1～3	适中	不太明显	无
普通猪（尾猪）	—	1～3	适中	无	略有

第三条 货物的价格

（一）优等猪（头猪）：________元/市斤；
（二）良等猪（中猪）：________元/市斤；

(三)普通猪(尾猪):________元/市斤。

第四条 逾期交货的,遇价格上涨时,按原价格执行;遇价格下跌时,按新价格执行。逾期提货或逾期付款的,遇价格上涨时,按新价格执行;遇价格下跌时,按原价格执行。

三、货物装载、运输、卸载

第五条 本合同标的物生猪由甲方负责装载与运输及卸载,乙方仅负责将货物从养殖场运送到养殖场附近的交货地点。

四、交货地点

第六条 双方约定货物交货地点:________________________________

第七条 甲方如要求变更交货地点,应在合同规定的交货期限前三个工作日通知乙方,以便乙方调整养殖库存。

五、交付批次与期限

第八条 乙方收到甲方定金后,于______年____月____日开始交付货物,分____批交付,于______年____月____日前交付完成。

六、交付方式与货物验收

第九条 货物交货方式:由甲方或甲方指定人员到乙方养殖场地附近交货点清点货物并过磅验收,甲方自行准备接收货物的车辆与称量设施,包括卸载人员与费用。

第十条 甲方对乙方提供的货物进行清点、验收,查验货物品种、规格、数量;双方共同确认货物过磅重量与等级,甲方开具接收货物明细单据给乙方。法律规定需要强制进行检验、检疫的,乙方同时提供检验、检疫合格证明。

第十一条 甲方对货物质量提出异议的时限为收到货物之日起三个工作日内,并须以书面方式提出。否则,视为无异议。

七、货物风险的转移

第十二条 货物在交付前,装载与运输过程中产生的毁损、灭失及正常耗损的风险与责任,或由第三方承运人造成的损失,由乙方承担。

第十三条 货物在交接过磅与清点验收后,毁损、灭失及正常耗损的风险与责任,由甲方承担。

八、逾期收货费用的承担

第十四条 因甲方逾期到达指定交货地点,造成乙方产生的临时养殖成本费用和货物损耗,应由甲方承担。

九、货物结算与价款支付

第十五条 双方在货物交付三个工作日内根据货物的等级、单价、数量进行结算,甲方在结算后三个工作日内将应付的款项直接汇入本条载明的乙方账户。乙方指定的收款银行账户信息如下:

开户银行:________________________________

户　　名:________________________________

账　　号:________________________________

第十六条 除前条约定的银行汇款支付外,以下三种支付方式双方均予认可:

(一)支付宝转账;(二)微信转账;(三)现金支付。

十、定金条款

第十七条　双方约定定金为:人民币__________元(大写:________元)。

第十八条　定金的支付时间为本合同生效后三个工作日内支付。

第十九条　双方在结算本合同约定价款时,定金在最后一期支付价款时冲抵;乙方无正当事由拒绝提供本合同约定的货物时,乙方应向甲方支付双倍定金;甲方无正当事由拒绝收购乙方货物的,除不能要求退回定金外,还应向乙方赔偿货物价格下跌的损失。

十一、违约责任

第二十条　非乙方原因,甲方延期付款,每迟延一日,甲方按日向乙方支付迟延付款金额1‰的违约金,直至款项付清之日止,乙方有权相应地迟延交付货物。

第二十一条　若乙方未能按本合同约定时间及方式将全部货物交付至甲方指定地点,每迟延一日,乙方按日向甲方支付逾期交付货物总价1‰的违约金,直至全部货物交付之日止。

第二十二条　一方接受对方逾期履行的,不视为对其违约行为的认可,仍然有权追究其违约责任,还有权解除合同。

第二十三条　在对方未履行义务前,一方按照合同约定履行自己的义务的,不等于认可对方已经履行了先前的义务或同意对方可以不再履行其义务。

第二十四条　因出现不可预见、不可避免、不可克服的事件,导致本合同无法有效及时履行的,双方互不承担违约责任。但是遭遇不可抗力方应立即通过电话、微信等方式通知对方,并在通知后的三个工作日内将不可抗力的书面有效证明及本合同无法有效及时履行的书面理由提交给对方确认;否则遭受不可抗力方需承担违约责任。

十二、合同的变更、解除

第二十五条　双方经协议一致,可以变更、解除本合同。

第二十六条　任何一方违反本合同任何条款约定的,在对方催告后十五个工作日内没有改正为全面履行的,守约方有权书面通知违约方解除合同,且有权要求违约方赔偿相当于合同总额5%的违约金及所遭受的损失(包括但不限于直接损失、可得利益、律师费用等全部损失)。

第二十七条　一方只主张违约责任,没有主张解除合同的,合同应当继续履行。一方收到解除合同的通知后,对解除有异议的,应当在十五个工作日内向法定机关提出,否则,视为对解除无异议。

十三、争议解决方式

第二十八条　本合同在履行中产生争议,双方友好协商解决,若协商不成,任何一方均可向有关部门申请调解,也有权在原告住所地或居住地人民法院起诉解决。双方还可以约定提交仲裁机构裁决。

十四、附则

第二十九条　双方在本合同签订时,应提供经核实的身份证明和相应的资质证明文件的复印件作为合同附件。

第三十条 变更住所地(居住地)、代表人(联系人)、电话等联络方式的,变更方应在变更后24小时内以书面方式通知对方。否则视为本合同载明的联络方式继续有效,微信和短信内容也作为双方来往文件。通知、诉讼文书等文件以邮寄方式发送的,将文件按有效联络方式交给经营特快专递的单位邮寄后,邮件被签收或拒收均视为已经送达。

第三十一条 本合同的标题仅为便于阅读和对合同内容的理解,不作为确定双方权利义务的条款。

第三十二条 本合同自双方签章之日起生效。一式四份,甲乙双方各持两份,具有同等法律效力。

(以下无正文)

甲　方(签名捺印)/(盖章):　　　　乙　方(签名捺印)/(盖章):
代表人(签名):　　　　　　　　　　代表人(签名):
年　月　日　　　　　　　　　　　　年　月　日

本合同签订地点:____________

肉牛买卖合同

合同编号:GDHT003A

甲方(买方):____________
统一社会信用代码/身份证号:____________
住所地/居住地:____________
联系人:____________　电话:____________
微信号:____________　电子邮箱:____________
乙方(卖方):____________
统一社会信用代码/身份证号:____________
住所地/居住地:____________
联系人:____________　电话:____________
微信号:____________　电子邮箱:____________

根据《中华人民共和国合同法》及相关法律法规的规定,甲乙双方在平等互利的基础上,经充分友好协商一致,自愿达成以下协议,以资遵守执行。

一、货物名称

第一条 货物名称:×××(产地+品种)肉牛

二、货物等级标准与价格

第二条 双方约定以下指标约定货物等级:

(一)等级一:体格健壮,鼻镜润湿,皮下肌肉结实,体重350~450斤。

（三）等级二：体格一般，鼻镜平淡，皮下肌肉弹性一般，体重300～350斤。

（三）等级三：体格失调，鼻镜干燥，皮下肌肉松弛，体重400～500斤。

（四）其他等级：________________________________

第三条 货物价格

（一）等级一：________元/市斤；

（二）等级二：________元/市斤；

（三）等级三：________元/市斤；

（四）其他等级：________元/市斤。

第四条 逾期交货的，遇价格上涨时，按原价格执行；遇价格下跌时，按新价格执行。逾期提货或逾期付款的，遇价格上涨时，按新价格执行；遇价格下跌时，按原价格执行。

三、货物装载、运输、卸载

第五条 本合同标的物肉牛由乙方负责装载与运输，乙方自行准备运载车辆或船只将货物运送到指定地点。

四、交货地点

第六条 双方约定货物交货地点：__________________________

第七条 甲方如要求变更交货地点，应在合同规定的交货期限前三个工作日通知乙方，以便乙方调整要车（船）计划，因此增加的费用由甲方承担。

五、交付批次与期限

第八条 乙方收到甲方定金后，于______年____月____日开始交付货物，分____批交付，于______年____月____日前交付完成。

六、交付方式与货物验收

第九条 货物交货方式：由乙方或乙方指定人员将货物运送到甲方指定地点卸载后交付给甲方过磅验收，甲方准备接收货物的场地与称量设施，装卸费用由乙方支付并承担。

第十条 甲方对乙方提供的货物进行清点、验收，查验货物品种、规格、数量；双方共同确认货物过磅重量与等级，甲方开具接收货物明细单据给乙方。法律规定需要强制进行检验、检疫的，乙方同时提供检验、检疫合格证明。

第十一条 甲方对货物质量提出异议的时限为收到货物之日起三个工作日内，并须以书面方式提出。否则，视为无异议。

七、货物风险的转移

第十二条 货物在交付前，装载与运输过程中产生的毁损、灭失及正常耗损的风险与责任，或由第三方承运人造成的损失，由乙方承担。

第十三条 货物在交接过磅与清点验收后，毁损、灭失及正常耗损的风险与责任，由甲方承担。

八、仓储费用的承担

第十四条 如因乙方提前交货至甲方指定场所，甲方有权拒收；或者接收后因此产生的临时保管和养殖费用，甲方可向乙方收取实际产生的成本费用。

九、货物结算与价款支付

第十五条 双方在货物交付后三个工作日内根据货物的等级、单价、数量进行结算，甲方在结算后三个工作日内将款项直接汇入乙方指定的收款银行账户，账户信息如下：

开户银行：________________

户　　名：________________

账　　号：________________

第十六条 除前条约定的银行汇款支付外，以下三种支付方式双方均予认可：

（一）支付宝转账；（二）微信转账；（三）现金支付。

十、定金条款

第十七条 双方约定定金为：人民币________元（大写：________元）。

第十八条 定金的支付时间为本合同生效后三个工作日内支付。

第十九条 定金在最后一期支付价款时冲抵；乙方无正当事由拒绝提供货物时，乙方向甲方支付双倍定金；甲方无正当事由拒收货物的，除不能要求退回定金外，还应向乙方赔偿货物价格下跌的损失和运输费用等全部损失。

十一、违约责任

第二十条 非乙方原因，甲方延期付款，每迟延一日，甲方按日向乙方支付迟延付款金额 1‰的违约金，直至款项付清之日止，乙方有权相应地迟延交付货物。

第二十一条 若乙方未能按本合同约定时间及方式将全部货物交付至甲方指定地点，每迟延一日，乙方按日向甲方支付逾期交付货物总价 1‰的违约金，直至全部货物交付之日止。

第二十二条 一方接受对方逾期履行的，不视为对其违约行为的认可，仍然有权追究其违约责任，还有权解除合同。

第二十三条 在对方未履行义务前，一方按照合同约定履行自己的义务的，不等于认可对方已经履行了先前的义务或同意对方可以不再履行其义务。

第二十四条 因出现不可预见、不可避免、不可克服的事件，导致本合同无法有效及时履行的，双方互不承担违约责任。但是遭遇不可抗力方应立即通过电话、微信等方式通知对方，并在通知后的三个工作日内将不可抗力的书面有效证明及本合同无法有效及时履行的书面理由提交给对方确认。否则遭受不可抗力方需承担相应的违约责任。

十二、合同的变更、解除

第二十五条 双方协商一致，可以变更、解除本合同。

第二十六条 任何一方违反本合同任何条款约定的，在对方催告后十五个工作日内没有改正为全面履行的，守约方有权书面通知违约方解除合同，且有权要求违约方赔偿相当于合同总额 5%的违约金及所遭受的损失（包括但不限于直接损失、可得利益、律师费用等全部损失）。

第二十七条 一方只主张违约责任，没有主张解除合同的，合同应当继续履行。一方收到解除合同的通知后，对解除有异议的，应当在十五个工作日内向法定机关提出，否则，视为对解除无异议。

十三、争议解决方式

第二十八条 本合同在履行中产生争议，双方友好协商解决，若协商不成，任何一方均可向有关部门申请调解，也有权在原告住所地或居住地人民法院起诉解决。双方还可以约定提交仲裁机构裁决。

十四、附则

第二十九条　双方在本合同签订时，应提供经核实的身份证明和相应的资质证明文件的复印件作为合同附件。

第三十条　变更住所地（居住地）、代表人（联系人）、电话等联络方式的，变更方应在变更后24小时内以书面方式通知对方。否则视为本合同载明的联络方式继续有效，微信和短信内容也作为双方来往文件。通知、诉讼文书等文件以邮寄方式发送的，将文件按有效联络方式交给经营特快专递的单位邮寄后，邮件被签收或拒收均视为已经送达。

第三十一条　本合同的标题仅为便于阅读和对合同内容的理解，不作为确定双方权利义务的条款。

第三十二条　本合同自双方签章之日起生效。一式四份，甲乙双方各持两份，具有同等法律效力。

（以下无正文）

甲　方（签名捺印）/（盖章）：	乙　方（签名捺印）/（盖章）：
代表人（签名）：	代表人（签名）：
年　月　日	年　月　日

本合同签订地点：____________________

肉牛买卖合同

合同编号：GDHT003B

甲方（买方）：________________________________

统一社会信用代码/身份证号：________________________

住所地/居住地：____________________________

联系人：____________________　电话：____________________

微信号：__________________　电子邮箱：____________________

乙方（卖方）：________________________________

统一社会信用代码/身份证号：________________________

住所地/居住地：____________________________

联系人：____________________　电话：____________________

微信号：__________________　电子邮箱：____________________

根据《中华人民共和国合同法》及相关法律法规的规定，甲乙双方在平等互利的基础上，经充分友好协商，自愿达成以下协议，以资遵守执行。

一、货物名称

第一条 货物名称：××××（产地＋品种）肉牛

二、货物等级标准与价格

第二条 双方按以下指标约定货物等级：

（一）等级一：体格健壮，鼻镜润湿，皮下肌肉结实，体重350～450斤。

（二）等级二：体格一般，鼻镜平淡，皮下肌肉弹性一般，体重300～350斤。

（三）等级三：体格失调，鼻镜干燥，皮下肌肉松弛，体重400～500斤。

（四）其他等级：____

第三条 货物的价格

（一）等级一：________元/市斤；

（二）等级二：________元/市斤；

（三）等级三：________元/市斤；

（四）其他等级：________元/市斤。

第四条 逾期交货的，遇价格上涨时，按原价格执行；遇价格下跌时，按新价格执行。逾期提货或逾期付款的，遇价格上涨时，按新价格执行；遇价格下跌时，按原价格执行。

三、货物装载、运输、卸载

第五条 本合同标的物肉牛由甲方负责装载与运输及卸载，乙方仅负责将货物从养殖场运送到养殖场附近的交货地点。

四、交货地点

第六条 双方约定货物交货地点：____

第七条 甲方如要求变更交货地点，应在合同规定的交货期限前三个工作日通知乙方，以便乙方调整养殖库存，因此增加的费用由甲方承担。

五、交付批次与期限

第八条 乙方收到甲方定金后，于______年____月____日开始交付货物，分____批交付，于______年____月____日前交付完成。

六、交付方式与货物验收

第九条 货物交货方式：由甲方或甲方指定人员到乙方养殖场地附近交货地点清点货物并过磅验收，甲方自行准备接收货物的车辆与称量设施，包括卸载人员与费用。

第十条 甲方对乙方提供的货物进行清点、验收，查验货物品种、规格、数量；双方共同确认货物过磅重量与等级，甲方开具接收货物明细单据给乙方。法律规定需要强制进行检验、检疫的，乙方同时提供检验、检疫合格证明。

第十一条 甲方对货物质量提出异议的时限为收到货物之日起三个工作日内，并须以书面方式提出。否则，视为无异议。

七、货物风险的转移

第十二条 货物在交付前，装载与运输过程中产生的毁损、灭失及正常耗损的风险与责任，或由第三方承运人造成的损失，由乙方承担。

第十三条 货物在交接过磅与清点验收后，毁损、灭失及正常耗损的风险与责任，由甲方承担。

八、逾期收货费用的承担

第十四条　因甲方逾期到达指定交货地点，造成乙方产生的临时养殖成本费用和货物损耗，由甲方承担。

九、货物结算与价款支付

第十五条　双方在货物交付后后三个工作日内根据货物的等级、单价、数量进行结算，甲方在结算后三个工作日内将应付的款项直接汇入本条载明的乙方账户。乙方指定的收款银行账户信息如下：

开户银行：________________________________

户　　名：________________________________

账　　号：________________________________

第十六条　除前条约定的银行汇款支付外，以下三种支付方式双方均予认可：

（一）支付宝转账；（二）微信转账；（三）现金支付。

十、定金条款

第十七条　双方约定定金为：人民币________元（大写：________元）。

第十八条　定金的支付时间为本合同生效后三个工作日内支付。

第十九条　双方在结算本合同约定价款时，定金在最后一期支付价款时冲抵；乙方无正当事由拒绝提供本合同约定的货物时，乙方应向甲方支付双倍定金；甲方无正当事由拒绝收购乙方货物的，除不能要求退回定金外，还应向乙方赔偿货物价格下跌的损失。

十一、违约责任

第二十条　非乙方原因，甲方延期付款，每迟延一日，甲方按日向乙方支付迟延付款金额1‰的违约金，直至款项付清之日止，乙方有权相应地迟延交付货物。

第二十一条　若乙方未能按本合同约定时间及方式将全部货物交付至甲方指定地点，每迟延一日，乙方按日向甲方支付逾期交付货物总价1‰的违约金，直至货物交付之日止。

第二十二条　一方接受对方逾期履行的，不视为对其违约行为的认可，仍然有权追究其违约责任，还有权解除合同。

第二十三条　在对方未履行义务前，一方按照合同约定履行自己的义务的，不等于认可对方已经履行了先前的义务或同意对方可以不再履行其义务。

第二十四条　因出现不可预见、不可避免、不可克服的事件，导致本合同无法有效及时履行的，双方互不承担违约责任。但是遭遇不可抗力方应立即通过电话、微信等方式通知对方，并在通知后的三个工作日内将不可抗力的书面有效证明及本合同无法有效及时履行的书面理由提交给对方确认。否则，遭受不可抗力方需承担相应的违约责任。

十二、合同的变更、解除

第二十五条　双方经协商一致，可以变更、解除本合同。

第二十六条　任何一方违反本合同任何条款约定的，在对方催告后十五个工作日内没有改正为全面履行的，守约方有权书面通知违约方解除合同，且有权要求违约方赔偿相当于合同总额5%的违约金及所遭受的损失（包括但不限于直接损失、可得利益、律师费用等全部损失）。

第二十七条 一方只主张违约责任，没有主张解除合同的，合同应当继续履行。一方收到解除合同的通知后，对解除有异议的，应当在十五个工作日内向法定机关提出，否则，视为对解除无异议。

十三、争议解决方式

第二十八条 本合同在履行中产生争议，双方友好协商解决，若协商不成，任何一方均可向有关部门申请调解，也有权在原告住所地或居住地人民法院起诉解决。双方还可以约定提交仲裁机构裁决。

十四、附则

第二十九条 双方在本合同签订时，应提供经核实的身份证明和相应的资质证明文件的复印件作为合同附件。

第三十条 变更住所地（居住地）、代表人（联系人）、电话等联络方式的，变更方应在变更后 24 小时内以书面方式通知对方。否则视为本合同载明的联络方式继续有效，微信和短信内容也作为双方来往文件。通知、诉讼文书等文件以邮寄方式发送的，将文件按有效联络方式交给经营特快专递的单位邮寄后，邮件被签收或拒收均视为已经送达。

第三十一条 本合同的标题仅为便于阅读和对合同内容的理解，不作为确定双方权利义务的条款。

第三十二条 本合同自双方签章之日起生效。一式四份，甲乙双方各持两份，具有同等法律效力。

（以下无正文）

甲　方（签名捺印）/（盖章）：	乙　方（签名捺印）/（盖章）：
代表人（签名）：	代表人（签名）：
年　月　日	年　月　日

本合同签订地点：____________________

黑山羊买卖合同

合同编号：GDHT004A

甲方（买方）：________________________________

统一社会信用代码/身份证号：________________________

住所地/居住地：____________________________

联系人：____________________ 电话：____________________

微信号：____________________ 电子邮箱：____________________

乙方（卖方）：________________________________

统一社会信用代码/身份证号：________________

住所地/居住地：________________

联系人：________________ 电话：________________

微信号：________________ 电子邮箱：________________

根据《中华人民共和国合同法》及相关法律法规的规定，甲乙双方在平等互利的基础上，经充分友好协商，自愿达成以下协议，以资遵守执行。

一、货物名称

第一条 货物名称：×××（产地）黑山羊

二、货物规格与价格

第二条 货物等级分以下三种类型

（一）等级一：体格健壮，被毛光亮，皮下肌肉结实，羊只精神状态活跃，蹄壳坚厚。

（二）等级二：体格失调，被毛暗淡，皮下肌肉松弛，羊只精神状态萎靡，蹄壳软松。

（三）等级三：体格一般，被毛混杂，皮下肌肉适中，羊只精神状态一般，蹄壳韧性一般。

第三条 货物价格

（一）等级一羊只价格：________元/市斤；

（二）等级二羊只价格：________元/市斤；

（三）等级三羊只价格：________元/市斤。

第四条 逾期交货的，遇价格上涨时，按原价格执行；遇价格下跌时，按新价格执行。逾期提货或逾期付款的，遇价格上涨时，按新价格执行；遇价格下跌时，按原价格执行。

三、货物装载、运输、卸载

第五条 本合同标的物黑山羊由乙方负责装载与运输，乙方自行准备运载车辆或船只将货物运送到指定地点。

四、交货地点

第六条 双方约定货物交货地点：________________

第七条 甲方如要求变更交货地点，应在合同规定的交货期限前三个工作日通知乙方，以便乙方调整车（船）计划，因此增加的费用由甲方承担。

五、交付批次与期限

第八条 乙方收到甲方定金后，于______年____月____日开始交付货物，分____批交付，于______年____月____日前交付完成。

六、交付方式与货物验收

第九条 货物交货方式：由乙方或乙方指定人员将货物运送到甲方指定地点卸载后交付给甲方过磅验收，甲方准备接收货物的场地与称量设施，装卸费用由乙方支付并承担。

第十条 甲方对乙方提供的货物进行清点、验收，查验货物品种、规格、数量；双方共同确认货物过磅重量与等级，甲方开具接收货物明细单据给乙方。法律规定需要强制进行检验、检疫的，乙方同时提供检验、检疫合格证明。

第十一条 甲方对货物质量提出异议的时限为收到货物之日起三个工作日内，并须以书面方式提出。否则，视为无异议。

七、货物风险的转移

第十二条 货物在交付前，装载与运输过程中产生的毁损、灭失及正常耗损的风险与责任，或由第三方承运人造成的损失，由乙方承担。

第十三条 货物在交接过磅与清点验收后，毁损、灭失及正常耗损的风险与责任，由甲方承担。

八、仓储费用的承担

第十四条 如因乙方提前交货至甲方指定场所，甲方有权拒收；或者接收后因此产生的临时保管和养殖费用，甲方可向乙方收取实际产生的成本费用。

九、货物结算与价款支付

第十五条 双方在货物交付后三个工作日内根据货物的等级、单价、数量进行结算，甲方在结算后三个工作日内将款项直接汇入乙方指定的收款银行账户，账户信息如下：

开户银行：______________________________

户　　名：______________________________

账　　号：______________________________

第十六条 除前条约定的银行汇款支付外，以下三种支付方式双方均予认可：

（一）支付宝转账；（二）微信转账；（三）现金支付。

十、定金条款

第十七条 双方约定定金为：人民币__________元（大写：________元）。

第十八条 定金的支付时间为本合同生效后三个工作日内支付。

第十九条 定金在最后一期支付价款时冲抵；乙方无正当事由拒绝提供货物时，乙方向甲方支付双倍定金；甲方无正当事由拒收货物的，除不能要求退回定金外，还应向乙方赔偿货物价格下跌的损失和运输费用等全部损失。

十一、违约责任

第二十条 非乙方原因，甲方延期付款，每迟延一日，甲方按日向乙方支付迟延付款金额 1‰的违约金，直至款项付清之日止，乙方有权相应地迟延交付货物。

第二十一条 若乙方未能按本合同约定时间及方式将全部货物交付至甲方指定地点，每迟延一日，乙方按日向甲方支付逾期交付货物总价 1‰的违约金，直至货物交付之日止。

第二十二条 一方接受对方逾期履行的，不视为对其违约行为的认可，仍然有权追究其违约责任，还有权解除合同。

第二十三条 在对方未履行义务前，一方按照合同约定履行自己的义务的，不等于认可对方已经履行了先前的义务或同意对方可以不再履行其义务。

第二十四条 因出现不可预见、不可避免、不可克服的事件，导致本合同无法有效及时履行的，双方互不承担违约责任。但是遭遇不可抗力方应立即通过电话、微信等方式通知对方，并在通知后的三个工作日内将不可抗力的书面有效证明及本合同无法有效及时履行的书面理由提交给对方确认。否则遭受不可抗力方需承担相应的违约责任。

十二、合同的变更、解除

第二十五条 双方经协商一致，可以变更、解除本合同。

第二十六条 任何一方违反本合同任何条款约定的，在对方催告后十五个工作日内没有改正为全面履行的，守约方有权书面通知违约方解除合同，且有权要求违约方赔偿相当于合同总额 5% 的违约金及所遭受的损失（包括但不限于直接损失、可得利益、律师费用等全部损失）。

第二十七条 一方只主张违约责任，没有主张解除合同的，合同应当继续履行。一方收到解除合同的通知后，对解除有异议的，应当在十五个工作日内向法定机关提出，否则，视为对解除无异议。

十三、争议解决方式

第二十八条 本合同在履行中产生争议，双方友好协商解决，若协商不成，任何一方均可向有关部门申请调解，也有权在原告住所地或居住地人民法院起诉解决。双方还可以约定提交仲裁机构裁决。

十四、附则

第二十九条 双方在本合同签订时，应提供经核实的身份证明和相应的资质证明文件的复印件作为合同附件。

第三十条 变更住所地（居住地）、代表人（联系人）、电话等联络方式的，变更方应在变更后 24 小时内以书面方式通知对方。否则视为本合同载明的联络方式继续有效，微信和短信内容也作为双方来往文件。通知、诉讼文书等文件以邮寄方式发送的，将文件按有效联络方式交给经营特快专递的单位邮寄后，邮件被签收或拒收均视为已经送达。

第三十一条 本合同的标题仅为便于阅读和对合同内容的理解，不作为确定双方权利义务的条款。

第三十二条 本合同自双方签章之日起生效。一式四份，甲乙双方各持两份，具有同等法律效力。

（以下无正文）

甲　方（签名捺印）/（盖章）：　　　　乙　方（签名捺印）/（盖章）：

代表人（签名）：　　　　代表人（签名）：

年　月　日　　　　年　月　日

本合同签订地点：____________

黑山羊买卖合同

合同编号：GDHT004B

甲方（买方）：____________

统一社会信用代码/身份证号：____________

住所地/居住地：____________

联系人：________________ 电话：________________

微信号：________________ 电子邮箱：________________

乙方（卖方）：________________

统一社会信用代码/身份证号：________________

住所地/居住地：________________

联系人：________________ 电话：________________

微信号：________________ 电子邮箱：________________

根据《中华人民共和国合同法》及相关法律法规的规定，甲乙双方在平等互利的基础上，经充分友好协商，自愿达成以下协议，以资遵守执行。

一、货物名称

第一条 货物名称：×××（产地）黑山羊

二、货物等级与价格

第二条 货物等级分以下三种类型

（一）等级一：体格健壮，被毛光亮，皮下肌肉结实，羊只精神状态活跃，蹄壳坚厚。

（二）等级二：体格失调，被毛暗淡，皮下肌肉松弛，羊只精神状态萎靡，蹄壳软松。

（三）等级三：体格一般，被毛混杂，皮下肌肉适中，羊只精神状态一般，蹄壳韧性一般。

第三条 货物价格

（一）等级一羊只价格：________元/市斤；

（二）等级二羊只价格：________元/市斤；

（三）等级三羊只价格：________元/市斤。

第四条 逾期交货的，遇价格上涨时，按原价格执行；遇价格下跌时，按新价格执行。逾期提货或逾期付款的，遇价格上涨时，按新价格执行；遇价格下跌时，按原价格执行。

三、货物装载、运输、卸载

第五条 本合同标的物黑山羊由甲方负责装载与运输及卸载，乙方仅负责将货物从养殖场运送到养殖场附近的交货地点。

四、交货地点

第六条 双方约定货物交货地点：________________

第七条 甲方如要求变更交货地点，应在合同规定的交货期限前三个工作日通知乙方，以便乙方调整养殖库存，因此增加的费用由甲方承担。

五、交付批次与期限

第八条 乙方收到甲方定金后，于______年____月____日开始交付货物，分____批交付，于______年____月____日前交付完成。

六、交付方式与货物验收

第九条 货物交货方式：由甲方或甲方指定人员到乙方养殖场地附近清点货物并过磅验收，甲方自行准备接收货物的车辆与称量设施，包括卸载人员与费用。

第十条 甲方对乙方提供的货物进行清点、验收，查验货物品种、规格、数量；双方共同确认货物过磅重量与等级，甲方开具接收货物明细单据给乙方。法律规定需要强制进行检验、检疫的，乙方同时提供检验、检疫合格证明。

第十一条　甲方对货物质量提出异议的时限为收到货物之日起三个工作日内，并须以书面方式提出。否则，视为无异议。

七、货物风险的转移

第十二条　货物在交付前，装载与运输过程中产生的毁损、灭失及正常耗损的风险与责任，或由第三方承运人造成的损失，由乙方承担。

第十三条　货物在交接过磅与清点验收后，毁损、灭失及正常耗损的风险与责任，由甲方承担。

八、逾期收货费用的承担

第十四条　因甲方逾期到达指定交货地点，造成乙方产生的临时养殖成本费用和货物损耗，由甲方承担。

九、货物结算与价款支付

第十五条　双方在货物交付后三个工作日内根据货物的等级、单价、数量进行结算，甲方在结算后三个工作日内将应付的款项直接汇入本条载明的乙方账户。乙方指定的收款银行账户信息如下：

开户银行：____

户　　名：____

账　　号：____

第十六条　除前条约定的银行汇款支付外，以下三种支付方式双方均予认可：

（一）支付宝转账；（二）微信转账；（三）现金支付。

十、定金条款

第十七条　双方约定定金为：人民币__________元（大写：________元）。

第十八条　定金的支付时间为本合同生效后三个工作日内支付。

第十九条　双方在结算本合同约定价款时，定金在最后一期支付价款时冲抵；乙方无正当事由拒绝提供本合同约定的货物时，乙方应向甲方支付双倍定金；甲方无正当事由拒绝收购乙方货物的，除不能要求退回定金外，还应向乙方赔偿货物价格下跌产生的损失。

十一、违约责任

第二十条　非乙方原因，甲方延期付款，每迟延一日，甲方按日向乙方支付迟延付款金额 1‰的违约金，直至款项付清之日止，乙方有权相应地迟延交付货物。

第二十一条　若乙方未能按本合同约定时间及方式将全部货物交付至甲方指定地点，每迟延一日，乙方按日向甲方支付逾期交付货物总价 1‰的违约金，直至货物交付之日止。

第二十二条　一方接受对方逾期履行的，不视为对其违约行为的认可，仍然有权追究其违约责任，还有权解除合同。

第二十三条　在对方未履行义务前，一方按照合同约定履行自己的义务的，不等于认可对方已经履行了先前的义务或同意对方可以不再履行其义务。

第二十四条　因出现不可预见、不可避免、不可克服的事件，导致本合同无法有效及时履行的，双方互不承担违约责任。但是遭遇不可抗力方应立即通过电话、微信等方式通知对方,并在通知后的三个工作日内将不可抗力的书面有效证明及本合同无法有效及时履行的书面理由提交给对方确认。否则遭受不可抗力方需承担相应的违约责任。

十二、合同的变更、解除

第二十五条 双方经协商一致,可以变更、解除本合同。

第二十六条 任何一方违反本合同任何条款约定的,在对方催告后十五个工作日内没有改正为全面履行的,守约方有权书面通知违约方解除合同,且有权要求违约方赔偿相当于合同总额 5% 的违约金及所遭受的损失(包括但不限于直接损失、可得利益、律师费用等全部损失)。

第二十七条 一方只主张违约责任,没有主张解除合同的,合同应当继续履行。一方收到解除合同的通知后,对解除有异议的,应当在十五个工作日内向法定机关提出,否则,视为对解除无异议。

十三、争议解决方式

第二十八条 本合同在履行中产生争议,双方友好协商解决,若协商不成,任何一方均可向有关部门申请调解,也有权在原告住所地或居住地人民法院起诉解决。双方还可以约定提交仲裁机构裁决。

十四、附则

第二十九条 双方在本合同签订时,应提供经核实的身份证明和相应的资质证明文件的复印件作为合同附件。

第三十条 变更住所地(居住地)、代表人(联系人)、电话等联络方式的,变更方应在变更后 24 小时内以书面方式通知对方。否则视为本合同载明的联络方式继续有效,微信和短信内容也作为双方来往文件。通知、诉讼文书等文件以邮寄方式发送的,将文件按有效联络方式交给经营特快专递的单位邮寄后,邮件被签收或拒收均视为已经送达。

第三十一条 本合同的标题仅为便于阅读和对合同内容的理解,不作为确定双方权利义务的条款。

第三十二条 本合同自双方签章之日起生效。一式四份,甲乙双方各持两份,具有同等法律效力。

(以下无正文)

甲　方(签名捺印)/(盖章):　　　　乙　方(签名捺印)/(盖章):

代表人(签名):　　　　代表人(签名):

年　月　日　　　　年　月　日

本合同签订地点:____________________

家禽买卖合同

合同编号:GDHT005A

甲方(买方):____________________

统一社会信用代码/身份证号:____________________

住所地/居住地:____________________

联系人:________________ 电话:________________

微信号:________________ 电子邮箱:________________

乙方(卖方):____________________

统一社会信用代码/身份证号:____________________

住所地/居住地:____________________

联系人:________________ 电话:________________

微信号:________________ 电子邮箱:________________

根据《中华人民共和国合同法》及相关法律法规的规定,甲乙双方在平等互利的基础上,经充分友好协商一致,自愿达成以下协议,以资遵守执行。

一、货物名称

第一条 货物名称:×××(产地)家禽名

二、货物等级与价格

第二条 货物等级分以下三种类型

(一)等级一:体格强健,羽毛光亮,精神状态活跃,叫声清脆响亮,体重3.5~4.0斤。

(二)等级二:体格健康,被毛暗淡,精神状态一般,叫声平直,体重3.0~3.5斤。

(三)等级三:体格一般,被毛混杂,精神状态低迷,叫声低沉,体重4.0~5.5斤。

(四)其他等级:____________________

第三条 价格如下:

(一)一级价格:________元/市斤;

(二)二级价格:________元/市斤;

(三)三级价格:________元/市斤;

(四)其他等级:________元/市斤。

第四条 逾期交货的,遇价格上涨时,按原价格执行;遇价格下跌时,按新价格执行。逾期提货或逾期付款的,遇价格上涨时,按新价格执行;遇价格下跌时,按原价格执行。

三、货物装载、运输、卸载

第五条 本合同标的物由乙方负责装载与运输及卸载。

四、交货地点

第六条 双方约定货物交货地点:____________________

第七条 甲方如要求变更交货地点,应在合同规定的交货期限前三个工作日通知乙方，以便乙方调整车（船）计划，因此增加的费用由甲方承担。

五、交付批次与期限

第八条 乙方收到甲方定金后，于______年____月____日开始交付货物，分____批交付，于______年____月____日前交付完成。

六、交付方式与货物验收

第九条 货物交货方式：由乙方或乙方指定人员将货物运送到甲方指定地点卸载后交付给甲方过磅验收，甲方准备接收货物的场地与称量设施，装卸费用由乙方支付并承担。

第十条 甲方对乙方提供的货物进行清点、验收，查验货物品种、规格、数量；双方共同确认货物过磅重量与等级，甲方开具接收货物明细单据给乙方。法律规定需要强制进行检验、检疫的，乙方同时提供检验、检疫合格证明。

第十一条 甲方对货物质量提出异议的时限为收到货物之日起三个工作日内，并须以书面方式提出。否则，视为无异议。

七、货物风险的转移

第十二条 货物在交付前，装载与运输过程中产生的毁损、灭失及正常耗损的风险与责任，或由第三方承运人造成的损失，由乙方承担。

第十三条 货物在交接过磅与清点验收后，毁损、灭失及正常耗损的风险与责任，由甲方承担。

八、仓储费用的承担

第十四条 如因乙方提前交货至甲方指定场所，甲方有权拒收；或者接收后因此产生的临时保管和养殖费用，甲方可向乙方收取实际产生的成本费用。

九、货物结算与价款支付

第十五条 双方在货物交付后三个工作日内根据货物的等级、单价、数量进行结算，甲方在结算后三个工作日内将款项直接汇入乙方指定的收款银行账户，账户信息如下：

开户银行：____

户　　名：____

账　　号：____

第十六条 除前条约定的银行汇款支付外，以下三种支付方式双方均予认可：

（一）支付宝转账；（二）微信转账；（三）现金支付。

十、定金条款

第十七条 双方约定定金为：人民币__________元（大写：________元）。

第十八条 定金的支付时间为本合同生效后三个工作日内支付。

第十九条 定金在最后一期支付价款时冲抵；乙方无正当事由拒绝提供货物时，乙方向甲方支付双倍定金；甲方无正当事由拒收货物的，除不能要求退回定金外，还应向乙方赔偿货物价格下跌的损失和运输费用等全部损失。

十一、违约责任

第二十条 非乙方原因，甲方延期付款，每迟延一日，甲方按日向乙方支付迟延付款金额 1‰的违约金，直至款项付清之日止，乙方有权相应地迟延交付货物。

第二十一条　若乙方未能按本合同约定时间及方式将全部货物交付至甲方指定地点，每迟延一日，乙方按日向甲方支付逾期交付货物总价 1‰的违约金，直至货物交付之日止。

第二十二条　一方接受对方逾期履行的，不视为对其违约行为的认可，仍然有权追究其违约责任，还有权解除合同。

第二十三条　在对方未履行义务前，一方按照合同约定履行自己的义务的，不等于认可对方已经履行了先前的义务或同意对方可以不再履行其义务。

第二十四条　因出现不可预见、不可避免、不可克服的事件，导致本合同无法有效及时履行的，双方互不承担违约责任。但是遭遇不可抗力方应立即通过电话、微信等方式通知对方，并在通知后的三个工作日内将不可抗力的书面有效证明及本合同无法有效及时履行的书面理由提交给对方确认；否则遭受不可抗力方需承担相应的违约责任。

十二、合同的变更、解除

第二十五条　双方经协商一致的，可以变更、解除本合同。

第二十六条　任何一方违反本合同任何条款约定的，在对方催告后十五个工作日内没有改正为全面履行的，守约方有权书面通知违约方解除合同，且有权要求违约方赔偿相当于合同总额 5% 的违约金及所遭受的损失（包括但不限于直接损失、可得利益、律师费用等全部损失）。

第二十七条　一方只主张违约责任，没有主张解除合同的，合同应当继续履行。一方收到解除合同的通知后，对解除有异议的，应当在十五个工作日内向法定机关提出，否则，视为对解除无异议。

十三、争议解决方式

第二十八条　本合同在履行中产生争议，双方友好协商解决，若协商不成，任何一方均可向有关部门申请调解，也有权在原告住所地或居住地人民法院起诉解决。双方还可以约定提交仲裁机构裁决。

十四、附则

第二十九条　双方在本合同签订时，应提供经核实的身份证明和相应的资质证明文件的复印件作为合同附件。

第三十条　变更住所地（居住地）、代表人（联系人）、电话等联络方式的，变更方应在变更后 24 小时内以书面方式通知对方。否则视为本合同载明的联络方式继续有效，微信和短信内容也作为双方来往文件。通知、诉讼文书等文件以邮寄方式发送的，将文件按有效联络方式交给经营特快专递的单位邮寄后，邮件被签收或拒收均视为已经送达。

第三十一条　本合同的标题仅为便于阅读和对合同内容的理解，不作为确定双方权利义务的条款。

第三十二条　本合同自双方签章之日起生效。一式四份，甲乙双方各持两份，具有同等法律效力。

（以下无正文）

甲　方(签名捺印)/(盖章)：　　　　　　乙　方(签名捺印)/(盖章)：
代表人(签名)：　　　　　　　　　　　代表人(签名)：
　　　　年　月　日　　　　　　　　　　　　　年　月　日
本合同签订地点：____________________

家禽买卖合同

合同编号：GDHT005B

甲方(买方)：____________________
统一社会信用代码/身份证号：____________________
住所地/居住地：____________________
联系人：____________________　电话：____________________
微信号：____________________　电子邮箱：____________________
乙方(卖方)：____________________
统一社会信用代码/身份证号：____________________
住所地/居住地：____________________
联系人：____________________　电话：____________________
微信号：____________________　电子邮箱：____________________

根据《中华人民共和国合同法》及相关法律法规的规定，甲乙双方在平等互利的基础上，经充分友好协商一致，自愿达成以下协议，以资遵守执行。

一、货物名称

第一条　货物名称：×××(产地)家禽名

二、货物等级与价格

第二条　货物等级分以下三种类型

(一)等级一：体格强健，羽毛光亮，精神状态活跃，叫声清脆响亮，体重3.5～4.0斤。

(二)等级二：体格健康，被毛暗淡，精神状态一般，叫声平直，体重3.0～3.5斤。

(三)等级三：体格一般，被毛混杂，精神状态低迷，叫声低沉，体重4.0～5.5斤。

(四)其他等级：____________________

第三条　价格如下：

(一)一级价格：________元/市斤；

(二)二级价格：________元/市斤；

(三)三级价格：________元/市斤；

(四)其他等级：________元/市斤。

第四条　逾期交货的，遇价格上涨时，按原价格执行；遇价格下跌时，按新价格执行。逾期提货或逾期付款的，遇价格上涨时，按新价格执行；遇价格下跌时，按原价格执行。

三、货物装载、运输、卸载

第五条　本合同标的物由甲方负责装载与运输及卸载,乙方仅负责将货物从养殖场运送到养殖场附近的交货地点。

四、交货地点

第六条　双方约定货物交货地点:________________________________

第七条　甲方如要求变更交货地点,应在合同规定的交货期限前三个工作日通知乙方,以便乙方调整养殖库存,因此增加的费用由甲方承担。

五、交付批次与期限

第八条　乙方收到甲方定金后,于______年____月____日开始交付货物,分____批交付,于______年____月____日前交付完成。

六、交付方式与货物验收

第九条　货物交货方式:由甲方或甲方指定人员到乙方养殖场地附近清点货物并过磅验收,甲方自行准备接收货物的车辆与称量设施,包括卸载人员与费用。

第十条　甲方对乙方提供的货物进行清点、验收,查验货物品种、规格、数量;双方共同确认货物过磅重量与等级,甲方开具接收货物明细单据给乙方。法律规定需要强制进行检验、检疫的,乙方同时提供检验、检疫合格证明。

第十一条　甲方对货物质量提出异议的时限为收到货物之日起三个工作日内,并须以书面方式提出。否则,视为无异议。

七、货物风险的转移

第十二条　货物在交付前,装载与运输过程中产生的毁损、灭失及正常耗损的风险与责任,或由第三方承运人造成的损失,由乙方承担。

第十三条　货物在交接过磅与清点验收后,毁损、灭失及正常耗损的风险与责任,由甲方承担。

八、逾期收货费用的承担

第十四条　因甲方逾期到达指定交货地点,造成乙方产生的临时养殖成本费用和货物损耗,由甲方承担。

九、货物结算与价款支付

第十五条　双方在货物交付后三个工作日内根据货物的等级、单价、数量进行结算,甲方在结算后三个工作日内将应付的款项直接汇入本条载明的乙方账户。乙方指定的收款银行账户信息如下:

开户银行:________________________________

户　　名:________________________________

账　　号:________________________________

第十六条　除前条约定的银行汇款支付外,以下三种支付方式双方均予认可:(一)支付宝转账;(二)微信转账;(三)现金支付。

十、定金条款

第十七条　双方约定定金为:人民币__________元(大写:________元)。

第十八条 定金的支付时间为本合同生效后三个工作日内支付。

第十九条 双方在结算本合同约定价款时，定金在最后一期支付价款时冲抵；乙方无正当事由拒绝提供本合同约定的货物时，乙方应向甲方支付双倍定金；甲方无正当事由拒绝收购乙方货物的，除不能要求退回定金外，还应向乙方赔偿货物价格下跌产生的损失。

十一、违约责任

第二十条 非乙方原因，甲方延期付款，每迟延一日，甲方按日向乙方支付迟延付款金额 1‰的违约金，直至款项付清之日止，乙方有权相应地迟延交付货物。

第二十一条 若乙方未能按本合同约定时间及方式将全部货物交付至甲方指定地点，每迟延一日，乙方按日向甲方支付逾期交付货物总价 1‰的违约金，直至货物交付之日止。

第二十二条 一方接受对方逾期履行的，不视为对其违约行为的认可，仍然有权追究其违约责任，还有权解除合同。

第二十三条 在对方未履行义务前，一方按照合同约定履行自己的义务的，不等于认可对方已经履行了先前的义务或同意对方可以不再履行其义务。

第二十四条 因出现不可预见、不可避免、不可克服的事件，导致本合同无法有效及时履行的，双方互不承担违约责任。但是遭遇不可抗力方应立即通过电话、微信等方式通知对方，并在通知后的三个工作日内将不可抗力的书面有效证明及本合同无法有效及时履行的书面理由提交给对方确认；否则遭受不可抗力方需承担相应的违约责任。

十二、合同的变更、解除

第二十五条 双方经协商一致，可以变更、解除本合同。

第二十六条 任何一方违反本合同任何条款约定的，在对方催告后十五个工作日内没有改正为全面履行的，守约方有权书面通知违约方解除合同，且有权要求违约方赔偿相当于合同总额 5% 的违约金及所遭受的损失（包括但不限于直接损失、可得利益、律师费用等全部损失）。

第二十七条 一方只主张违约责任，没有主张解除合同的，合同应当继续履行。一方收到解除合同的通知后，对解除有异议的，应当在十五个工作日内向法定机关提出，否则，视为对解除无异议。

十三、争议解决方式

第二十八条 本合同在履行中产生争议，双方友好协商解决，若协商不成，任何一方均可向有关部门申请调解，也有权在原告住所地或居住地人民法院起诉解决。双方还可以约定提交仲裁机构裁决。

十四、附则

第二十九条 双方在本合同签订时，应提供经核实的身份证明和相应的资质证明文件的复印件作为合同附件。

第三十条 变更住所地（居住地）、代表人（联系人）、电话等联络方式的，变更方应在变更后 24 小时内以书面方式通知对方。否则视为本合同载明的联络方式继续有效，微信和短信内容也作为双方来往文件。通知、诉讼文书等文件以邮寄方式发送的，将文件按有效联络方式交给经营特快专递的单位邮寄后，邮件被签收或拒收均视为已经送达。

第三十一条　本合同的标题仅为便于阅读和对合同内容的理解，不作为确定双方权利义务的条款。

第三十二条　本合同自双方签章之日起生效。一式四份，甲乙双方各持两份，具有同等法律效力。

（以下无正文）

甲　方（签名捺印）/（盖章）：　　　　　　乙　方（签名捺印）/（盖章）：

代表人（签名）：　　　　　　　　　　　　代表人（签名）：

年　月　日　　　　　　　　　　　　　　　年　月　日

本合同签订地点：________________

家禽蛋买卖合同

合同编号：GDHT006A

甲方（买方）：________________

统一社会信用代码/身份证号：________________

住所地/居住地：________________

联系人：________________　电话：________________

微信号：________________　电子邮箱：________________

乙方（卖方）：________________

统一社会信用代码/身份证号：________________

住所地/居住地：________________

联系人：________________　电话：________________

微信号：________________　电子邮箱：________________

根据《中华人民共和国合同法》及相关法律法规的规定，甲乙双方在平等、互利、自愿的基础上，经充分友好协商，自愿达成以下买卖合同条款，以资遵守执行。

一、货物名称

第一条　货物名称：×××（产地＋品种）家禽蛋名

二、货物规格与价格

第二条　货物等级分以下三种类型

（一）等级一：蛋壳清洁光亮，蛋重平均且在50～60克；

（二）等级二：蛋壳干净色泽一致，蛋均大小有小部分差异；

（三）等级三：蛋壳带粪便或带血迹，蛋均重差异明显；

（四）其他等级：________________

第三条　货物价格

(一)一级价格:________元/个或市斤;

(二)二级价格:________元/个或市斤;

(三)三级价格:________元/个或市斤;

(四)其他等级:________元/个或市斤。

第四条 逾期交货的,遇价格上涨时,按原价格执行;遇价格下跌时,按新价格执行。逾期提货或逾期付款的,遇价格上涨时,按新价格执行;遇价格下跌时,按原价格执行。

三、货物装载、运输、卸载

第五条 本合同标的物由乙方负责装载与运输及卸载。

四、交货地点

第六条 双方约定货物交货地点:____

第七条 甲方如要求变更交货地点,应在合同规定的交货期限前三个工作日通知乙方,以便乙方调整车(船)计划,因此增加的费用由甲方承担。

五、交付批次与期限

第八条 乙方收到甲方定金后,于______年____月____日开始交付货物,分____批交付,于______年____月____日前交付完成。

六、交付方式与货物验收

第九条 货物交货方式:由乙方或乙方指定人员将货物运送到甲方指定地点卸载后交付给甲方过磅验收,甲方准备接收货物的场地与称量设施,装卸费用由乙方支付并承担。

第十条 甲方对乙方提供的货物进行清点、验收,查验货物品种、规格、数量;双方共同确认货物过磅重量与等级,甲方开具接收货物明细单据给乙方。法律规定需要强制进行检验、检疫的,乙方同时提供检验、检疫合格证明。

第十一条 甲方对货物质量提出异议的时限为收到货物之日起三个工作日内,并须以书面方式提出。否则,视为无异议。

七、货物风险的转移

第十二条 货物在交付前,装载与运输过程中产生的毁损、灭失及正常耗损的风险与责任,或由第三方承运人造成的损失,由乙方承担。

第十三条 货物在交接过磅与清点验收后,毁损、灭失及正常耗损的风险与责任,由甲方承担。

八、仓储费用的承担

第十四条 如因乙方提前交货至甲方指定场所,甲方有权拒收;或者接收后因此产生的临时保管费用,甲方可向乙方收取实际产生的成本费用。

九、货物结算与价款支付

第十五条 双方在货物交付后三个工作日内根据货物的等级、单价、数量进行结算,甲方在结算后三个工作日内将款项直接汇入乙方指定的收款银行账户,账户信息如下:

开户银行:____

户　　名:____

账　　号:____

第十六条　除前条约定的银行汇款支付外，以下三种支付方式双方均予认可：

（一）支付宝转账；（二）微信转账；（三）现金支付。

十、定金条款

第十七条　双方约定定金为：人民币＿＿＿＿＿元（大写：＿＿＿＿＿元）。

第十八条　定金的支付时间为本合同生效后三个工作日内支付。

第十九条　定金在最后一期支付价款时冲抵；乙方无正当事由拒绝提供货物时，乙方向甲方支付双倍定金；甲方无正当事由拒收货物的，除不能要求退回定金外，还应向乙方赔偿货物价格下跌的损失和运输费用等全部损失。

十一、违约责任

第二十条　非乙方原因，甲方延期付款，每迟延一日，甲方应按日向乙方支付迟延付款金额1‰的违约金，直至款项付清之日止，乙方有权相应地迟延交付货物。

第二十一条　若乙方未能按本合同约定时间及方式将全部货物交付至甲方指定地点，每迟延一日，乙方按日向甲方支付逾期交付货物总价1‰的违约金，直至货物交付之日止。

第二十二条　一方接受对方逾期履行的，不视为对其违约行为的认可，仍然有权追究其违约责任，还有权解除合同。

第二十三条　在对方未履行义务前，一方按照合同约定履行自己的义务的，不等于认可对方已经履行了先前的义务或同意对方可以不再履行其义务。

第二十四条　因出现不可预见、不可避免、不可克服的事件，导致本合同无法有效及时履行的，双方互不承担违约责任。但是遭遇不可抗力方应立即通过电话、微信等方式通知对方，并在通知后的三个工作日内将不可抗力的书面有效证明及本合同无法有效及时履行的书面理由提交给对方确认；否则遭受不可抗力方需承担相应的违约责任。

十二、合同的变更、解除

第二十五条　双方经协商一致，可以变更、解除本合同。

第二十六条　任何一方违反本合同任何条款约定的，在对方催告后十五个工作日内没有改正为全面履行的，守约方有权书面通知违约方解除合同，且有权要求违约方赔偿相当于合同总额5%的违约金及所遭受的损失（包括但不限于直接损失、可得利益、律师费用等全部损失）。

第二十七条　一方只主张违约责任，没有主张解除合同的，合同应当继续履行。一方收到解除合同的通知后，对解除有异议的，应当在十五个工作日内向相对方提出，否则，视为对解除无异议。

十三、争议解决方式

第二十八条　本合同在履行中产生争议，双方友好协商解决，若协商不成，任何一方均可向有关部门申请调解，也有权在原告住所地或居住地人民法院起诉解决。双方还可以约定提交仲裁机构裁决。

十四、附则

第二十九条　双方在本合同签订时，应提供经核实的身份证明和相应的资质证明文件的复印件作为合同附件。

第三十条 变更住所地(居住地)、代表人(联系人)、电话等联络方式的,变更方应在变更后24小时内以书面方式通知对方。否则视为本合同载明的联络方式继续有效,微信和短信内容也作为双方来往文件。通知、诉讼文书等文件以邮寄方式发送的,将文件按有效联络方式交给经营特快专递的单位邮寄后,邮件被签收或拒收均视为已经送达。

第三十一条 本合同的标题仅为便于阅读和对合同内容的理解,不作为确定双方权利义务的条款。

第三十二条 本合同自双方签章之日起生效。一式四份,甲乙双方各持两份,具有同等法律效力。

(以下无正文)

甲　方(签名捺印)/(盖章):　　　　乙　方(签名捺印)/(盖章):

代表人(签名):　　　　代表人(签名):

年　月　日　　　　年　月　日

本合同签订地点:________________

家禽蛋买卖合同

合同编号:GDHT006B

甲方(买方):________________

统一社会信用代码/身份证号:________________

住所地/居住地:________________

联系人:________________　电话:________________

微信号:________________　电子邮箱:________________

乙方(卖方):________________

统一社会信用代码/身份证号:________________

住所地/居住地:________________

联系人:________________　电话:________________

微信号:________________　电子邮箱:________________

根据《中华人民共和国合同法》及相关法律法规的规定,甲乙双方在平等、互利、自愿的基础上,经充分友好协商,自愿达成以下买卖合同条款,以资遵守执行。

一、货物名称

第一条 货物名称:×××(产地+品种)家禽蛋名。

二、货物等级与价格

第二条 货物等级分以下三种类型

(一)等级一:蛋壳清洁光亮,蛋重平均且在50~60克。

（二）等级二：蛋壳干净色泽一致，蛋均大小有小部分差异。

（三）等级三：蛋壳带粪便或带血迹，蛋均重差异明显。

（四）其他等级：______________________________________

第三条　货物价格

（一）一级价格：________元/个或市斤；

（二）二级价格：________元/个或市斤；

（三）三级价格：________元/个或市斤；

（四）其他等级：________元/个或市斤。

第四条　逾期交货的，遇价格上涨时，按原价格执行；遇价格下跌时，按新价格执行。逾期提货或逾期付款的，遇价格上涨时，按新价格执行；遇价格下跌时，按原价格执行。

三、货物装载、运输、卸载

第五条　本合同标的物由甲方负责装载与运输及卸载，乙方仅负责将货物从生产场地运送到生产场地附近的交货地点。

四、交货地点

第六条　双方约定货物交货地点：______________________________

第七条　甲方如要求变更交货地点，应在合同规定的交货期限前三个工作日通知乙方，以便乙方调整库存计划，因此增加的费用由甲方承担。

五、交付批次与期限

第八条　乙方收到甲方定金后，于______年____月____日开始交付货物，分____批交付，于______年____月____日前交付完成。

六、交付方式与货物验收

第九条　货物交货方式：由甲方或甲方指定人员到乙方生产场地附近清点货物并过磅验收，甲方自行准备接收货物的车辆与称量设施，包括卸载人员与费用。

第十条　甲方对乙方提供的货物进行清点、验收，查验货物品种、规格、数量；双方共同确认货物过磅重量与等级，甲方开具接收货物明细单据给乙方。法律规定需要强制进行检验、检疫的，乙方同时提供检验、检疫合格证明。

第十一条　甲方对货物质量提出异议的时限为收到货物之日三个工作日内，并须以书面方式提出。否则，视为无异议。

七、货物风险的转移

第十二条　货物在交付前，装载与运输过程中产生的毁损、灭失及正常耗损的风险与责任，或由第三方承运人造成的损失，由乙方承担。

第十三条　货物在交接过磅与清点验收后，毁损、灭失及正常耗损的风险与责任，由甲方承担。

八、逾期收货费用的承担

第十四条　因甲方逾期到达指定交货地点，造成乙方产生的临时保管费用和货物损耗，由甲方承担。

九、货物结算与价款支付

第十五条　双方根据货物的等级、单价、数量进行结算，甲方应付的款项直接汇入本条载明的乙方账户。乙方指定的收款银行账户信息如下：

开户银行：________________________________

户　　名：________________________________

账　　号：________________________________

第十六条　除前条约定的银行汇款支付外，以下三种支付方式双方均予认可：(一)支付宝转账；(二)微信转账；(三)现金支付。

十、定金条款

第十七条　双方约定定金为：人民币__________元(大写：________元)。

第十八条　定金的支付时间为本合同生效后三个工作日内支付。

第十九条　双方在结算本合同约定价款时，定金在最后一期支付价款时冲抵；乙方无正当事由拒绝提供本合同约定的货物时，乙方应向甲方支付双倍定金；甲方无正当事由拒绝收购乙方货物的，除不能要求退回定金外，还应向乙方赔偿货物价格下跌产生的损失。

十一、违约责任

第二十条　非乙方原因，甲方延期付款，每迟延一日，甲方按日向乙方支付迟延付款金额1‰的违约金，直至款项付清之日止，乙方有权相应地迟延交付货物。

第二十一条　若乙方未能按本合同约定时间及方式将全部货物交付至甲方指定地点，按日计算，每迟延一日，应向甲方支付逾期交付货物总价1‰的违约金，直至货物交付之日止。

第二十二条　一方接受对方逾期履行的，不视为对其违约行为的认可，仍然有权追究其违约责任，还有权解除合同。

第二十三条　在对方未履行义务前，一方按照合同约定履行自己的义务的，不等于认可对方已经履行了先前的义务或同意对方可以不再履行其义务。

第二十四条　因出现不可预见、不可避免、不可克服的事件，导致本合同无法有效及时履行的，双方互不承担违约责任。但是遭遇不可抗力方应立即通过电话、微信等方式通知对方，并在通知后的三个工作日内将不可抗力的书面有效证明及本合同无法有效及时履行的书面理由提交给对方确认；否则遭受不可抗力方需承担相应的违约责任。

十二、合同的变更、解除

第二十五条　双方经协商一致，可以变更、解除本合同。

第二十六条　任何一方违反本合同任何条款约定的，在对方催告后十五个工作日内没有改正为全面履行的，守约方有权书面通知违约方解除合同，且有权要求违约方赔偿相当于合同总额5%的违约金及所遭受的损失(包括但不限于直接损失、可得利益、律师费用等全部损失)。

第二十七条　一方只主张违约责任，没有主张解除合同的，合同应当继续履行。一方收到解除合同的通知后，对解除有异议的，应当在十五个工作日内向相对方提出，否则，视为对解除无异议。

十三、争议解决方式

第二十八条　本合同在履行中产生争议，双方友好协商解决，若协商不成，任何一方均可向有关部门申请调解,也有权在原告住所地或居住地人民法院起诉解决。双方还可以约定提交仲裁机构裁决。

十四、附则

第二十九条　双方在本合同签订时,应提供经核实的身份证明和相应的资质证明文件的复印件作为合同附件。

第三十条　变更住所地(居住地)、代表人(联系人)、电话等联络方式的,变更方应在变更后24小时内以书面方式通知对方。否则视为本合同载明的联络方式继续有效,微信和短信内容也作为双方来往文件。通知、诉讼文书等文件以邮寄方式发送的,将文件按有效联络方式交给经营特快专递的单位邮寄后,邮件被签收或拒收均视为已经送达。

第三十一条　本合同的标题仅为便于阅读和对合同内容的理解,不作为确定双方权利义务的条款。

第三十二条　本合同自双方签章之日起生效。一式四份,甲乙双方各持两份,具有同等法律效力。

(以下无正文)

甲　方(签名捺印)/(盖章):　　　　乙　方(签名捺印)/(盖章):

代表人(签名):　　　　代表人(签名):

年　月　日　　　　年　月　日

本合同签订地点:____________________

活鱼买卖合同

合同编号:GDHT007A

甲方(买方):____________________

统一社会信用代码/身份证号:____________________

住所地/居住地:____________________

联系人:____________________　电话:____________________

微信号:____________________　电子邮箱:____________________

乙方(卖方):____________________

统一社会信用代码/身份证号:____________________

住所地/居住地:____________________

联系人:____________________　电话:____________________

微信号:____________________　电子邮箱:____________________

甲乙双方根据《中华人民共和国合同法》及相关法律法规的规定,在平等互利的基础上,经充分友好协商一致,自愿达成以下协议,以资遵守执行。

一、货物名称

第一条　双方买卖货物：×××（产地）×××（货物名称）

二、货物规格与价格

第二条　货物等级分为以下（　　）种规格：

（一）一级：鱼鲜活，无异味，体重平均且在300～350克

（二）二级：鱼游动缓慢，有个别翻肚，体重大小有小部分差异

（三）三级：鱼游动缓慢，有死体，有异味，体重大小差异大

（四）____

第三条　货物价格

（一）一级价格：________元/个或市斤；

（二）二级价格：________元/个或市斤；

（三）三级价格：________元/个或市斤；

（四）______________________________。

第四条　逾期交货的，遇价格上涨时，按原价格执行；遇价格下跌时，按新价格执行。逾期提货或逾期付款的，遇价格上涨时，按新价格执行；遇价格下跌时，按原价格执行。

三、货物装载、运输、卸载

第五条　货物由乙方负责装载、运输和卸载。

四、交货地点

第六条　双方约定货物交货地点：________________________________

第七条　甲方如要求变更交货地点，应在合同规定的交货期限前三个工作日通知乙方，以便乙方调整车（船）计划，因此增加的费用由甲方承担。

五、交付批次与期限

第八条　乙方收到甲方定金后，于______年____月____日开始交付货物，分____批交付，于______年____月____日前交付完成。

六、交付方式与货物验收

第九条　货物交货方式：由乙方或乙方指定人员将货物运送到甲方指定地点卸载后交付给甲方过磅验收，甲方准备接收货物的场地与称量设施，装卸费用由乙方支付并承担。

第十条　甲方对乙方提供的货物进行清点、验收，查验货物品种、规格、数量；双方共同确认货物过磅重量与等级，甲方开具接收货物明细单据给乙方。法律规定需要强制进行检验、检疫的，乙方同时提供检验、检疫合格证明。

第十一条　甲方对货物质量提出异议的时限为收到货物之日起三个工作日内，并须以书面方式提出。否则，视为无异议。

七、货物风险的转移

第十二条　货物在交付前，装载与运输过程中产生的毁损、灭失及正常耗损的风险与责任，或由第三方承运人造成的损失，由乙方承担。

第十三条　货物在交接过磅与清点验收后，毁损、灭失及正常耗损的风险与责任，由甲方承担。

八、仓储费用的承担

第十四条　如因乙方提前交货至甲方指定场所，甲方有权拒收；或者接收后因此产生的临时保管费用，甲方可向乙方收取实际产生的成本费用。

九、货物结算与价款支付

第十五条　双方在货物交付后三个工作日内根据货物的等级、单价、数量进行结算，甲方在结算后三个工作日内将款项直接汇入乙方指定的收款银行账户，账户信息如下：

开户银行：________________

户　　名：________________

账　　号：________________

第十六条　除前条规定的银行汇款支付外，以下三种支付方式双方均予认可：

（一）支付宝转账；（二）微信转账；（三）现金支付。

十、定金条款

第十七条　双方约定定金为：人民币________元（大写：________元）。

第十八条　定金的支付时间为本合同生效后三个工作日内支付。

第十九条　定金在最后一期支付价款时冲抵；乙方无正当事由拒绝提供货物时，乙方向甲方支付双倍定金；甲方无正当事由拒收货物的，除不能要求退回定金外，还应向乙方赔偿货物价格下跌的损失和运输费用等全部损失。

十一、违约责任

第二十条　非乙方原因，甲方延期付款的，每迟延一日，甲方按日向乙方支付迟延付款金额 1‰的违约金，直至款项付清之日止，乙方有权相应迟延交付货物。

第二十一条　若乙方未能按本合同约定时间及方式将全部货物交付至甲方指定地点，每迟延一日，乙方按日向甲方支付逾期交付货物价款 1‰的违约金，直至全部货物交付之日止。

第二十二条　一方接受对方逾期履行的，不视为对其违约行为的认可，仍然有权追究其违约责任，还有权解除合同。

第二十三条　在对方未履行义务前，一方按照合同的约定履行自己的义务的，不等于认可对方已经履行了先前的义务或同意对方可以不再履行其义务。

第二十四条　因出现不可预见、不可避免、不可克服的事件，导致本合同无法有效及时履行的，双方互不承担违约责任。但是遭遇不可抗力应立即通过电话、微信等方式通知对方，并在通知后的三个工作日内将不可抗力的书面有效证明及本合同无法有效及时履行的书面理由提交给对方确认；否则遭受不可抗力方需承担相应的违约责任。

十二、合同的变更、解除

第二十五条　双方经协商一致，可以变更、解除合同。

第二十六条　任何一方违反本合同任何条款约定的，在对方催告后十五工作日内没有改正为全面履行的，守约方有权书面通知违约方解除合同，且有权要求违约方赔偿相当于合同总额 5% 的违约金及所遭受的损失（包括但不限于直接损失、可得利益、律师费用等全部损失）。

第二十七条 一方只主张违约责任，没有主张解除合同的，合同应当继续履行。一方收到解除合同的通知后，对解除有异议的，应当在十五工作日内向法定机关提出，否则，视为对解除无异议。

十三、争议解决方式

第二十八条 本合同在履行中产生争议，双方友好协商解决，若协商不成，任何一方均可向有关部门申请调解，也有权在原告住所地或居住地人民法院起诉解决。双方还可以约定提交仲裁机构裁决。

十四、附则

第二十九条 双方在本合同签订时，应提供经核实的身份证明和相应的资质证明文件的复印件作为合同附件。

第三十条 变更住所地（居住地）、代表人（联系人）、电话等联络方式的，变更方应在变更后24小时内以书面方式通知对方。否则视为本合同载明的联络方式继续有效，微信和短信内容也作为双方来往文件。通知、诉讼文书等文件以邮寄方式发送的，将文件按有效联络方式交给经营特快专递的单位邮寄后，邮件被签收或拒收均视为已经送达。

第三十一条 本合同的标题仅为便于阅读和对合同内容的理解，不作为确定双方权利义务的条款。

第三十二条 本合同自双方签章后生效。一式四份，甲乙双方各持两份，具有同等法律效力。

（以下无正文）

甲 方（签名捺印）/（盖章）： 乙 方（签名捺印）/（盖章）：

代表人（签名）： 代表人（签名）：

年 月 日 年 月 日

本合同签订地点：____________________

活鱼买卖合同

合同编号：GDHT007B

甲方（买方）：________________________________

统一社会信用代码/身份证号：________________________

住所地/居住地：________________________________

联系人：________________ 电话：________________

微信号：________________ 电子邮箱：________________

乙方（卖方）：________________________________

统一社会信用代码/身份证号：________________________

住所地/居住地：____________________

联系人：____________________ 电话：____________________

微信号：____________________ 电子邮箱：____________________

甲乙双方根据《中华人民共和国合同法》及相关法律法规的规定，在平等互利的基础上，经充分友好协商一致，自愿达成以下协议，以资遵守执行。

一、货物名称

第一条 货物名称：×××（产地）×××（货物名称）

二、货物等级与价格

第二条 货物等级分以下三种类型

（一）一级：鱼鲜活，无异味，体重平均且在300～350克

（二）二级：鱼游动缓慢，有个别翻肚，体重大小有小部分差异

（三）三级：鱼游动缓慢，有死体，有异味，体重大小差异大

（四）____________________

第三条 货物价格

（一）一级价格：________元/个或市斤；

（二）二级价格：________元/个或市斤；

（三）三级价格：________元/个或市斤；

（四）____________________。

第四条 货物由乙方负责装载、运输和卸载。

三、货物装载、运输、卸载

第五条 货物由甲方负责装载与运输及卸载，乙方仅负责将货物从养殖场运送到养殖场附近的交货地点。

四、交货地点

第六条 双方约定货物交货地点：____________________

第七条 甲方如要求变更交货地点，应在合同规定的交货期限前三个工作日通知乙方，以便乙方调整养殖库存，因此增加的费用由甲方承担。

五、交付批次与期限

第八条 乙方收到甲方定金后，于______年____月____日开始交付货物，分____批交付，于______年____月____日前交付完成。

六、交付方式与货物验收

第九条 货物交货方式：由甲方或甲方指定人员到乙方养殖场地附近交货地点清点货物并过磅验收，甲方自行准备接收货物的车辆与称量设施，包括卸载人员与费用。

第十条 甲方对乙方提供的货物进行清点、验收，查验货物品种、规格、数量；双方共同确认货物过磅重量与等级，甲方开具接收货物明细单据给乙方。法律规定需要强制进行检验、检疫的，乙方同时提供检验、检疫合格证明。

第十一条 甲方对货物质量提出异议的时限为收到货物之日起三个工作日内，并须以书面方式提出。否则，视为无异议。

七、货物风险的转移

第十二条 货物在交付前,装载与运输过程中产生的毁损、灭失及正常耗损的风险与责任,或由第三方承运人造成的损失,由乙方承担。

第十三条 货物在交接过磅与清点验收后,毁损、灭失及正常耗损的风险与责任,由甲方承担。

八、仓储费用的承担

第十四条 因甲方逾期到达指定交货地点,造成乙方产生的临时养殖成本费用,应由甲方承担。

九、货物结算与价款支付

第十五条 双方在货物交付后三个工作日内根据货物的等级、单价、数量进行结算,甲方在结算后三个工作日内将应付的款项直接汇入本条载明的乙方账户。乙方指定的收款银行账户信息如下:

开户银行:____

户　　名:____

账　　号:____

第十六条 除前条规定的银行汇款支付外,以下三种支付方式双方均予认可:

(一)支付宝转账;(二)微信转账;(三)现金支付。

十、定金条款

第十七条 双方约定定金为:人民币__________元(大写:________元)。

第十八条 定金的支付时间为本合同生效后三个工作日内支付。

第十九条 双方在结算本合同约定价款时,定金在最后一期支付价款时冲抵;乙方无正当事由拒绝提供本合同约定的货物时,乙方应向甲方支付双倍定金;甲方无正当事由拒绝收购乙方货物的,除不能要求退回定金外,还应向乙方赔偿货物价格下跌的损失。

十一、违约责任

第二十条 非乙方原因,甲方延期付款的,每迟延一日,甲方按日向乙方支付迟延付款金额1‰的违约金,直至款项付清之日止,乙方可以顺延交付货物。

第二十一条 若乙方未能按本合同约定时间及方式将全部货物交付至甲方指定地点,每迟延一日,乙方按日向甲方支付逾期交付货物价款1‰的违约金,直至全部货物交付之日止。

第二十二条 一方接受对方逾期履行的,不视为对其违约行为的认可,仍然有权追究其违约责任,还有权解除合同。

第二十三条 在对方未履行义务前,一方按照合同约定履行自己的义务的,不等于认可对方已经履行了先前的义务或同意对方可以不再履行其义务。

第二十四条 因出现不可预见、不可避免、不可克服的事件,导致本合同无法有效及时履行的,双方互不承担违约责任。但是遭遇不可抗力方应立即通过电话、微信等方式通知对方,并在通知后的三个工作日内将不可抗力的书面有效证明及本合同无法有效及时履行的书面理由提交给对方确认;否则,遭受不可抗力方需承担相应的违约责任。

十二、合同的变更、解除

第二十五条　双方经协商一致，可以变更、解除合同。

第二十六条　任何一方违反本合同任何条款约定的，在对方催告后十五日内没有改正为全面履行的，守约方有权书面通知违约方解除合同，且有权要求违约方赔偿相当于合同总额<u>5%</u>的违约金及所遭受的损失（包括但不限于直接损失、可得利益、律师费用等全部损失）。

第二十七条　一方只主张违约责任，没有主张解除合同的，合同应当继续履行。一方收到解除合同的通知后，对解除有异议的，应当在十五日内向法定机关提出，否则，视为对解除无异议。

十三、争议解决方式

第二十八条　本合同的约定和履行中产生的争议，双方友好协商解决，若协商不成，任何一方均可向有关部门申请调解，也有权在原告住所地或居住地人民法院起诉解决。双方还可以约定提交仲裁机构裁决。

十四、附则

第二十九条　双方在本合同签订时，应提供经核实的身份证明和相应的资质证明文件的复印件作为合同附件。

第三十条　变更住所地（居住地）、代表人（联系人）、电话等联络方式的，变更方应在变更后24小时内以书面方式通知对方。否则视为本合同载明的联络方式继续有效，微信和短信内容也作为双方来往文件。通知、诉讼文书等文件以邮寄方式发送的，将文件按有效联络方式交给经营特快专递的单位邮寄后，邮件被签收或拒收均视为已经送达。

第三十一条　本合同的标题仅为便于阅读和对合同内容的理解，不作为确定双方权利义务的条款。

第三十二条　本合同自双方签章之日起生效。一式四份，甲乙双方各持两份，具有同等法律效力。

（以下无正文）

甲　方（签名捺印）/（盖章）：　　　　　　乙　方（签名捺印）/（盖章）：

代表人（签名）：　　　　　　　　　　　　代表人（签名）：

　　　　　年　月　日　　　　　　　　　　　　　　年　月　日

本合同签订地点：____________________

蜂蜜买卖合同

合同编号：GDHT008A

甲方（买方）：____

统一社会信用代码/身份证号：____

住所地/居住地：________________________________

联系人：________________ 电话：________________

微信号：________________ 电子邮箱：________________

乙方(卖方)：________________________________

统一社会信用代码/身份证号：________________________

住所地/居住地：________________________________

联系人：________________ 电话：________________

微信号：________________ 电子邮箱：________________

甲乙双方根据《中华人民共和国合同法》及相关法律法规的规定，在平等互利的基础上，经充分友好协商，自愿达成以下协议，以资遵守执行。

一、货物名称和质量

第一条 货物名称：×××(产地/品种)蜂蜜

第二条 货物质量，有国家标准的适用国家标准，没有国家标准的适用行业标准，没有行业标准的，适用企业标准，没有企业标准的适用交易习惯。

二、货物等级标准与价格

第三条 货物等级标准

等级	色泽	状态	香味
一等蜜	水白色、白色或浅琥珀色	透明、黏稠的液体或结晶体	具有蜜源植物特有的花香味
二等蜜	黄色、浅琥珀色或琥珀色	透明、黏稠的液体或结晶体	滋味甜，具有蜜源植物特有的芳香气味
三等蜜	黄色、浅琥珀色或深琥珀色	透明或半透明的黏稠液体或结晶体	味甜，无异味

第四条 货物价格

(一)一等蜜：________元/市斤；

(二)二等蜜：________元/市斤；

(三)三等蜜：________元/市斤；

(四)四等蜜：________________。

第五条 逾期交货的，遇价格上涨时，按原价格执行；遇价格下跌时，按新价格执行。逾期提货或逾期付款的，遇价格上涨时，按新价格执行；遇价格下跌时，按原价格执行。

三、货物装载、运输、卸载

第六条 货物由乙方负责装载、运输和卸载。

四、交货地点

第七条 双方约定货物交货地点：________________________

第八条 甲方如要求变更交货地点，应在合同规定的交货期限前三个工作日通知乙方，以便乙方调整车(船)计划，因此增加的费用由甲方承担。

五、交付批次与期限

第九条 乙方收到甲方定金后，于______年____月____日开始交付货物，分____批交付,于______年____月____日前交付完成。

六、交付方式与货物验收

第十条　货物交货方式:由乙方或乙方指定人员将货物运送到甲方指定地点卸载后交付给甲方过磅验收,甲方准备接收货物的场地与称量设施,装卸费用由乙方支付并承担。

第十一条　甲方对乙方提供的货物进行清点、验收,查验货物品种、规格、数量;双方共同确认产品过磅重量与等级,甲方开具接收货物明细单据给乙方。法律规定需要强制进行检验、检疫的,乙方同时提供检验、检疫合格证明。

第十二条　甲方对货物质量提出异议的时限为收到货物之日起三个工作日内,并须以书面方式提出。否则,视为无异议。

七、货物风险的转移

第十三条　货物在交付前,装载与运输过程中产生的毁损、灭失及正常耗损的风险与责任,或由第三方承运人造成的损失,由乙方承担。

第十四条　货物在交接过磅与清点验收后,毁损、灭失及正常耗损的风险与责任,由甲方承担。

八、仓储费用的承担

第十五条　如因乙方提前交货至甲方指定场所,甲方有权拒收;或者接收后因此产生的临时保管费用,甲方可向乙方收取实际产生的成本费用。

九、货物结算与价款支付

第十六条　双方在货物交付后三个工作日内根据货物的等级、单价、数量进行结算,甲方在结算后三个工作日内将款项直接汇入乙方指定的收款银行账户,账户信息如下:

开户银行:____

户　　名:____

账　　号:____

第十七条　除前条规定的银行汇款支付外,以下三种支付方式双方均予认可:

(一)支付宝转账;(二)微信转账;(三)现金支付。

十、定金条款

第十八条　双方约定定金为:人民币__________元(大写:________元)。

第十九条　定金的支付时间为本合同生效后三个工作日内支付。

第二十条　定金在最后一期支付价款时冲抵;乙方无正当事由拒绝提供货物时,乙方向甲方支付双倍定金;甲方无正当事由拒收货物的,除不能要求退回定金外,还应向乙方赔偿货物价格下跌的损失和运输费用等全部损失。

十一、违约责任

第二十一条　非乙方原因,甲方延期付款的,每迟延一日,甲方按日向乙方支付迟延付款金额 1‰的违约金,直至款项付清之日止,乙方有权相应迟延交付货物。

第二十二条　若乙方未能按本合同约定时间及方式将全部货物交付至甲方指定地点,每迟延一日,乙方按日向甲方支付逾期交付货物价款 1‰的违约金,直至全部货物交付之日止。

第二十三条　一方接受对方逾期履行的,不视为对其违约行为的认可,仍然有权追究其违约责任,还有权解除合同。

第二十四条 在对方未履行义务前,一方按照合同的约定履行自己的义务的,不等于认可对方已经履行了先前的义务或同意对方可以不再履行其义务。

第二十五条 因出现不可预见、不可避免、不可克服的事件,导致本合同无法有效及时履行的,相互不承担违约责任。但是,遭遇不可抗力方应当立即通过电话、微信等方式通知对方,并在通知后的三日内将不可抗力的书面有效证明及本合同无法有效及时履行的书面理由提交给对方确认。否则应当承担相应的违约责任。

十二、合同的变更、解除

第二十六条 双方经协商一致,可以变更、解除合同。

第二十七条 任何一方违反本合同任何条款约定的,在对方催告后十五个工作日内没有改正为全面履行的,守约方有权书面通知违约方解除合同,且有权要求违约方赔偿相当于合同总额 5% 的违约金及所遭受的损失(包括但不限于直接损失、可得利益、律师费用等全部损失)。

第二十八条 一方只主张违约责任,没有主张解除合同的,合同应当继续履行。一方收到解除合同的通知后,对解除有异议的,应当在十五工作日内向法定机关提出,否则,视为对解除无异议。

十三、争议解决方式

第二十九条 本合同在履行中产生争议,双方友好协商解决,若协商不成,任何一方均可向有关部门申请调解,也有权在原告住所地或居住地人民法院起诉解决。双方还可以约定提交仲裁机构裁决。

十四、附则

第三十条 双方在本合同签订时,应提供经核实的身份证明和相应的资质证明文件的复印件作为合同附件。

第三十一条 变更住所地(居住地)、代表人(联系人)、电话等联络方式的,变更方应在变更后 24 小时内以书面方式通知对方。否则视为本合同载明的联络方式继续有效,微信和短信内容也作为双方来往文件。通知、诉讼文书等文件以邮寄方式发送的,将文件按有效联络方式交给经营特快专递的单位邮寄后,邮件被签收或拒收均视为已经送达。

第三十二条 本合同的标题仅为便于阅读和对合同内容的理解,不作为确定双方权利义务的条款。

第三十三条 本合同自双方签章之日起生效。一式四份,甲乙双方各持两份,具有同等法律效力。

(以下无正文)

甲 方(签名捺印)/(盖章): 乙 方(签名捺印)/(盖章):

代表人(签名): 代表人(签名):

年 月 日 年 月 日

本合同签订地点:____________________

蜂蜜买卖合同

合同编号:GDHT008B

甲方(买方):______________________________
统一社会信用代码/身份证号:______________________
住所地/居住地:______________________________
联系人:______________ 电话:______________
微信号:______________ 电子邮箱:______________
乙方(卖方):______________________________
统一社会信用代码/身份证号:______________________
住所地/居住地:______________________________
联系人:______________ 电话:______________
微信号:______________ 电子邮箱:______________

甲乙双方根据《中华人民共和国合同法》及相关法律法规的规定,在平等互利的基础上,经充分友好协商,自愿达成以下协议,以资遵守执行。

一、货物名称

第一条 货物名称:×××(产地/品种)蜂蜜

二、货物等级标准与价格

第二条 货物等级标准

等级	色泽	状态	香味
一等蜜	水白色、白色或浅琥珀色	透明,黏稠的液体或结晶	具有蜜源植物特有的花香味
二等蜜	黄色、浅琥珀色或琥珀色	透明、黏稠的液体或结晶	滋味甜,具有蜜源植物特有的芳香气味
三等蜜	黄色、浅琥珀色、深琥珀色	透明或半透明的黏稠液体或结晶体	味甜,无异味

第三条 货物价格

(一)一等蜜:________元/市斤;

(二)二等蜜:________元/市斤;

(三)三等蜜:________元/市斤;

(四)______________________。

第四条 逾期交货的,遇价格上涨时,按原价格执行;遇价格下跌时,按新价格执行。逾期提货或逾期付款的,遇价格上涨时,按新价格执行;遇价格下跌时,按原价格执行。

三、货物装载、运输、卸载

第五条 货物由甲方负责装载与运输及卸载,乙方仅负责将货物从养殖场运送到养殖场附近的交货地点。

四、交货地点

第六条 双方约定货物交货地点：________________

第七条 甲方如要求变更交货地点，应在合同规定的交货期限前三个工作日通知乙方，以便乙方调整库存计划，因此增加的费用由甲方承担。

五、交付批次与期限

第八条 乙方收到甲方定金后，于____年____月____日开始交付货物，分____批交付，于____年____月____日前交付完成。

六、交付方式与货物验收

第九条 货物交货方式：由甲方或甲方指定人员到乙方养殖场附近清点货物并过磅验收，甲方自行准备接收货物的车辆与称量设施，包括卸载人员与费用。

第十条 甲方对乙方提供的货物进行清点、验收，查验货物品种、规格、数量；双方共同确认产品过磅重量与等级，甲方开具接收货物明细单据给乙方。法律规定需要强制进行检验、检疫的，乙方同时提供检验、检疫合格证明。

第十一条 甲方对货物质量提出异议的时限为收到货物之日起三个工作日内，并须以书面方式提出。否则，视为无异议。

七、货物风险的转移

第十二条 货物在交付前，装载与运输过程中产生的毁损、灭失及正常耗损的风险与责任，或由第三方承运人造成的损失，由乙方承担。

第十三条 货物在交接过磅与清点验收后，毁损、灭失及正常耗损的风险与责任，由甲方承担。

八、仓储费用的承担

第十四条 因甲方逾期到达指定交货地点，造成乙方产生的临时保管成本费用，应由甲方承担。

九、货物结算与价款支付

第十五条 双方在货物交付后三个工作日内根据货物的等级、单价、数量进行结算，甲方在结算后三个工作日内将款项直接汇入乙方指定的收款银行账户，账户信息如下：

开户银行：________________

户　　名：________________

账　　号：________________

第十六条 除前条规定的银行汇款支付外，以下三种支付方式双方均予认可：（一）支付宝转账；（二）微信转账；（三）现金支付。

十、定金条款

第十七条 双方约定定金为：人民币________元（大写：________元）。

第十八条 定金的支付时间为本合同生效后三个工作日内。

第十九条 双方在结算本合同约定价款时，定金在最后一期支付价款时冲抵；乙方无正当事由拒绝提供本合同约定的货物时，乙方应向甲方支付双倍定金；甲方无正当事由拒绝收购乙方货物的,除不能要求退回定金外,还应向乙方赔偿货物价格下跌的损失。

十一、违约责任

第二十条 非乙方原因,甲方延期付款的,每迟延一日,甲方按日向乙方支付迟延付款金额1‰的违约金,直至款项付清之日止,乙方可以顺延交付货物。

第二十一条 若乙方未能按本合同约定时间及方式将全部货物交付至甲方指定地点,每迟延一日,乙方按日向甲方支付逾期交付货物价款1‰的违约金,直至全部货物交付之日止。

第二十二条 一方接受对方逾期履行的,不视为对其违约行为的认可,仍然有权追究其违约责任,还有权解除合同。

第二十三条 在对方未履行义务前,一方按照合同的约定履行自己的义务的,不等于认可对方已经履行了先前的义务或同意对方可以不再履行其义务。

第二十四条 因出现不可预见、不可避免、不可克服的事件,导致本合同无法有效及时履行的,相互不承担违约责任。但是,遭遇不可抗力方应当立即通过电话、微信等方式通知对方,并在通知后的三日内将不可抗力的书面有效证明及本合同无法有效及时履行的书面理由提交给对方确认。否则应当承担相应的违约责任。

十二、合同的变更、解除

第二十五条 双方经协商一致,可以变更、解除合同。

第二十六条 任何一方违反本合同任何条款约定的,在对方催告后十五个工作日内没有改正为全面履行的,守约方有权书面通知违约方解除合同,且有权要求违约方赔偿相当于合同总额5%的违约金及所遭受的损失(包括但不限于直接损失、可得利益、律师费用等全部损失)。

第二十七条 一方只主张违约责任,没有主张解除合同的,合同应当继续履行。一方收到解除合同的通知后,对解除有异议的,应当在十五日内向法定机关提出,否则,视为对解除无异议。

十三、争议解决方式

第二十八条 本合同的约定和履行中产生的争议,双方友好协商解决,若协商不成,任何一方均可向有关部门申请调解,也有权在原告住所地或居住地人民法院起诉解决。双方还可以约定提交仲裁机构裁决。

十四、附则

第二十九条 双方在签订本合同时,应提供经核实的身份证明和相应资质证明文件的复印件作为合同附件。

第三十条 变更住所地(居住地)、代表人(联系人)、电话等联络方式的,变更方应在变更后24小时内以书面方式通知对方。否则视为本合同载明的联络方式继续有效,微信和短信内容也作为双方来往文件。通知、诉讼文书等文件以邮寄方式发送的,将文件按有效联络方式交给经营特快专递的单位邮寄后,邮件被签收或拒收均视为已经送达。

第三十一条 本合同的标题仅为便于阅读和对合同内容的理解,不作为确定双方权利义务的条款。

第三十二条 本合同自双方签章之日起生效。一式四份,甲乙双方各持两份,具有同等法律效力。

(以下无正文)

甲　方(签名捺印)/(盖章):　　　　　　　　乙　方(签名捺印)/(盖章):
代表人(签名):　　　　　　　　　　　　　　代表人(签名):
年　月　日　　　　　　　　　　　　　　　　年　月　日

本合同签订地点:____________________

乳品买卖合同

合同编号:GDHT009A

甲方(买方):____________________
统一社会信用代码/身份证号:____________________
住所地/居住地:____________________
联系人:____________________ 电话:____________________
微信号:____________________ 电子邮箱:____________________
乙方(卖方):____________________
统一社会信用代码/身份证号:____________________
住所地/居住地:____________________
联系人:____________________ 电话:____________________
微信号:____________________ 电子邮箱:____________________

甲乙双方根据《中华人民共和国合同法》及相关法律法规的规定,在平等互利的基础上,经充分友好协商,自愿达成以下协议,以资遵守执行。

一、货物名称

第一条 货物名称:×××(牛/羊)生鲜乳

产地:____________________

二、货物质量标准与价格

第二条 鲜奶质量标准参照中华人民共和国卫生部、国家标准化委员会发布的国标GB19301—2003《鲜乳卫生标准》。

(一)感观特性

1. 颜色:均匀,呈乳白色或微黄色。不得出现红色、绿色或其他异常颜色。否则视为不合格,甲方有权拒收。

2. 滋味气味:具有乳固有的香味,无异味。否则视为不合格,甲方有权拒收。

3. 组织状态:呈均匀一致胶态液体,无凝块、无沉淀、无肉眼可见异物。否则视为不合格，甲方有权拒收。

（二）理化指标

1. 合格奶的理化指标（见下表）

序号	检测项目	合格	不合格
1	脂肪含量（g/100g）	≥3.1	<3.1
2	蛋白质含量（g/100g）	≥2.95	<2.95
3	非脂乳固体（g/100g）	≥8.1	<8.1
4	比重（20℃/4℃）	1.028～1.032	<1.028或>1.032
5	滴定酸度（T0）	≤18	>18
6	杂质（PPM）	≤4	>4
7	蛋白稳定性（酒精实验1∶1）	≥75%	<75%
8	奶罐牛奶温度（℃）	≤4℃	

2. 非正常奶的乳脂率不得低于____%，蛋白质不得低于____%，其他指标须与合格奶完全一致。凡乳脂率低于____%，蛋白质低于____%的，双方协商处理，协商不成乙方自行处理。

（三）抗生素检测为阴性

第三条 鲜奶买卖价格

（一）每年执行两个价格标准，即第一季度、第二季度、第四季度执行一个标准，第三季度执行一个标准。

（二）本合同签订的年度期内第一季度、第二季度、第四季度鲜奶收购价格是____元/公斤；第三季度鲜奶收购价格是____元/公斤。

（三）合格牛奶的最低保护价格元____/公斤。

（四）非正常牛奶价格在同期合同价的基础上，协议确定价格。

三、货物数量与交货时间

第四条 乙方每日向甲方交售合格鲜牛奶____公斤（淡旺季交售数量上下幅度不超过15%）。

第五条 交货时间：每天______（北京时间）以前，乙方应及时派车将约定数量的鲜奶运输至甲方厂区。

四、货物装载、运输、卸载

第六条 货物由乙方负责装载、运输和卸载。

五、鲜奶称量与质量认定及交货地点

第七条 鲜奶数量认定地点及交货地点均为甲方所在地。

第八条 质量指标中的酸度、比重与脂肪、蛋白质及其他理化指标在甲方工作室检测，对质量结果有争议的鲜奶在收货后三个工作日内交法定检测部门复检。

第九条 对收购鲜奶数量、酸度及比重进行认定后，由甲方向乙方出具牛奶收货单（需加盖甲方单位鲜奶收购专用章)，经甲乙双方代表签字认可即产生法律效力。

六、货物结算方式和期限

第十条 甲方依据甲乙双方核实的鲜奶数量和价格，以转账方式向乙方结清上月奶款。

第十一条 双方在货物交付后三个工作日内根据货物的等级、单价、数量进行结算，甲方在结算后三个工作日内将款项直接汇入乙方指定的收款银行账户，账户信息如下：

开户银行：______________________________

户　　名：______________________________

账　　号：______________________________

第十二条 除前条约定的银行汇款支付外，以下三种支付方式双方均予认可：

(一)支付宝转账；(二)微信转账；(三)现金支付。

七、双方的权利与义务

第十三条 甲方的权利和义务

(一)甲方必须按时接收合同约定数量的鲜奶，否则引起鲜奶变质或不能继续正常收购鲜奶的，所造成的损失由甲方承担。

(二)酸度、比重认定不合格的当场告知；脂肪、蛋白质在甲方化验室检验不合格，甲方应在 30 分钟内告知乙方，乙方对检验结果有异议的，在甲方的监督下，由乙方将封存的奶样送质检部门复检，复检后情况属实的，甲乙双方通过临时协议解决。

(三)酸度、比重与脂肪、蛋白质在甲方处化验检测不合格而法定检测部门检测合格的生鲜牛奶，甲方应无条件按合同接收。

(四)甲方有权对乙方生产进行检查，检查内容包括卫生、设备、质量等，乙方必须接受甲方的检查。

第十四条 乙方的权利和义务

(一)乙方必须严格按照国家标准交售鲜奶，诚实守信，杜绝掺杂使假。乙方每天交售的鲜奶必须留样，以便发生质量纠纷时备检。

(二)乙方必须严把奶源质量关，提高奶产量和原料奶质量；自备运送生鲜奶的专用设备与车辆。

(三)乙方因客观原因不能继续提供奶源，应在一个月前通知甲方，说明具体原因，双方协商一致方可终止合同。

八、货物风险的转移

第十五条 在奶品交付甲方装车运载前，因搬运或移动产生的毁损、灭失及正常耗损的风险与责任，由乙方承担。

第十六条 货物在交接过磅与清点验收后，毁损、灭失及正常耗损的风险与责任，由甲方承担。

九、合同的变更、解除、终止

第十七条 双方经协商一致，可以变更、解除合同。

第十八条 乙方迟延交货超过三十日，甲方有权书面通知乙方单方解除合同，且有权要求乙方按照本合同违约责任条款赔偿违约金。

第十九条　乙方存在掺杂使假等严重损害甲方权益的行为，甲方有权终止合同，并要求乙方赔偿实际损失。

第二十条　甲方因转产或停产等原因不能继续收购鲜奶，或乙方因客观原因不能提供奶源，双方应提前十日通知对方，经双方协商一致方可终止合同。

十、违约责任

第二十一条　非乙方原因，甲方延期付款的，每迟延一日，甲方按日向乙方支付迟延付款金额 1‰的违约金，直至款项付清之日止，乙方有权相应迟延交付货物。

第二十二条　因甲方未按时接收合同约定数量的鲜奶，引起鲜奶变质或不能继续正常收购，所造成的全部损失由甲方承担。

第二十三条　若乙方未能按本合同约定准备奶品，按日计算，每迟延一日，应向甲方支付该批奶品总价 1% 的违约金，直至全部货物交付完成之日止。

第二十四条　因出现不可预见、不可避免、不可克服的事件，导致本合同无法有效及时履行的，双方互不承担违约责任。但是遭遇不可抗力方应立即通过电话、微信等方式通知对方，并在通知后的三个工作日内将不可抗力的书面有效证明及本合同无法有效及时履行的书面理由提交给对方确认；否则，遭受不可抗力方需承担相应的违约责任。

十一、争议解决方式

第二十五条　本合同在履行中产生争议，双方友好协商解决，若协商不成，任何一方均可向有关部门申请调解，也有权在原告住所地或居住地人民法院起诉解决。双方还可以约定提交仲裁机构裁决。

十二、附则

第二十六条　双方在签订本合同时，应提供经核实的身份证明和相应资质证明文件的复印件作为合同附件。

第二十七条　变更住所地（居住地）、代表人（联系人）、电话等联络方式的，变更方应在变更后 24 小时内以书面方式通知对方。否则视为本合同载明的联络方式继续有效，微信和短信内容也作为双方来往文件。通知、诉讼文书等文件以邮寄方式发送的，将文件按有效联络方式交给经营特快专递的单位邮寄后，邮件被签收或拒收均视为已经送达。

第二十八条　本合同的标题仅为便于阅读和对合同内容的理解，不作为确定双方权利义务的条款。

第二十九条　本合同自双方签章之日起生效。一式四份，甲乙双方各持两份，具有同等法律效力。

（以下无正文）

甲　方（签名捺印）/（盖章）：　　　　乙　方（签名捺印）/（盖章）：

代表人（签名）：　　　　代表人（签名）：

年　月　日　　　　年　月　日

本合同签订地点：____________________

乳品买卖合同

合同编号:GDHT009B

甲方(买方):______________________

统一社会信用代码/身份证号:______________________

住所地/居住地:______________________

联系人:______________ 电话:______________

微信号:______________ 电子邮箱:______________

乙方(卖方):______________________

统一社会信用代码/身份证号:______________________

住所地/居住地:______________________

联系人:______________ 电话:______________

微信号:______________ 电子邮箱:______________

甲乙双方根据《中华人民共和国合同法》及相关法律法规的规定,在平等互利的基础上,经充分友好协商,自愿达成以下协议,以资遵守执行。

一、货物名称

第一条 货物名称:×××(牛/羊)生鲜乳

产地:______________________

二、货物质量标准与价格

第二条 鲜奶质量标准参照中华人民共和国卫生部、国家标准化委员会发布的国标GB19301—2003《鲜乳卫生标准》。

(一)感观特性

1. 颜色:均匀,呈乳白色或微黄色,不得出现红色、绿色或其他异常颜色。否则视为不合格,甲方有权拒收。

2. 滋味气味:具有乳固有的香味,无异味。否则视为不合格,甲方有权拒收。

3. 组织状态:呈均匀一致胶态液体,无凝块、无沉淀、无肉眼可见异物。否则视为不合格,甲方有权拒收。

(二)理化指标

1. 合格奶的理化指标(见下表)

序号	检测项目	合格	不合格
1	脂肪含量(g/100g)	≥3.1	<3.1
2	蛋白质含量(g/100g)	≥2.95	<2.95
3	非脂乳固体(g/100g)	≥8.1	<8.1

续表

序号	检测项目	合格	不合格
4	比重(20℃/4℃)	1.028～1.032	<1.028 或 >1.032
5	滴定酸度(T0)	≤18	>18
6	杂质(PPM)	≤4	>4
7	蛋白稳定性(酒精实验 1∶1)	≥75%	<75%
8	奶罐牛奶温度(℃)	≤4℃	

2. 非正常奶的乳脂率不得低于____%，蛋白质不得低于____%，其他指标须与合格奶完全一致。凡乳脂率低于____%，蛋白质低于____%，双方协商处理，协商不成乙方自行处理。

（三）抗生素检测为阴性

第三条 鲜奶买卖价格

（一）每年执行两个价格标准，即第一季度、第二季度、第四季度执行一个标准，第三季度执行一个标准。

（二）本合同签订的年度期内第一季度、第二季度、第四季度鲜奶收购价格是____元/公斤；第三季度鲜奶收购价格是____元/公斤。

（三）合格牛奶的最低保护价格元____/公斤。

（四）非正常牛奶价格在同期合同价的基础上，协议确定。

三、货物数量与交货时间

第四条 乙方每日向甲方交售合格鲜牛奶____公斤(淡旺季交售数量上下幅度不超过 15%)。

第五条 交货时间：每天______(北京时间)以前，乙方应准备鲜奶在奶站。

四、货物装载、运输、卸载

第六条 货物由甲方负责装载、运输及卸载，乙方仅负责将货物从养殖场运送到养殖场附近的交货地点。

五、鲜奶称量与质量认定及交货地点

第七条 鲜奶数量认定地及交货地点均为乙方所在地。

第八条 质量指标中的酸度、比重在乙方奶站认定，脂肪、蛋白质及其他理化指标在甲方企业检测，对质量结果有争议的鲜奶在收货后三个工作日内交法定检测部门复检。

第九条 对收购鲜奶数量、酸度及比重进行认定后，由甲方向乙方出具牛奶收货单(需加盖甲方单位鲜奶收购专用章)，经甲乙双方代表签字认可即产生法律效力。

六、货物结算方式和期限

第十条 甲方依据甲乙双方核实的鲜奶数量和价格，以转账方式向乙方结清上月奶款。

第十一条 双方在货物交付后三个工作日内根据货物的等级、单价、数量进行结算，甲方在结算后三个工作日内将款项直接汇入乙方指定的收款银行账户，账户信息如下：

开户银行：________________________________

户　　名：________________________________

账　　号：________________________________

第十二条 除前条规定的银行汇款支付外，以下三种支付方式双方均予认可：

（一）支付宝转账；（二）微信转账；（三）现金支付。

七、双方的权利与义务

第十三条 甲方的权利和义务

（一）甲方必须按时接收合同约定数量的鲜奶，否则引起鲜奶变质或不能继续正常收购鲜奶，所造成的损失由甲方承担。

（二）酸度、比重在奶站认定不合格的当场告知；脂肪、蛋白质在甲方处检验不合格，甲方应在检测后30分钟内告知乙方。乙方对检验结果有异议的，在甲方的监督下，由乙方将封存的奶样送质检部门复检，复检后情况属实的，甲乙双方临时协议解决。

（三）酸度、比重在乙方奶站检测达标在甲方检测不达标，脂肪、蛋白质在甲方化验不合格而法定检测部门检测合格的生鲜奶，甲方应无条件按合同收购。

（四）甲方有义务在乙方所在地拉运鲜奶时与乙方共同抽取并封存奶样三份，两份带回企业备检，一份留在乙方。采用送检箱储运奶样。

（五）甲方有权对乙方进行检查，检查内容包括卫生、设备、质量等，乙方必须接受甲方的检查。

第十四条 乙方的权利和义务

（一）乙方必须严格按照国家标准交售鲜奶，诚实守信，杜绝掺杂使假。乙方每天交售的鲜奶必须留样，以便发生质量纠纷时备检。

（二）乙方有义务在甲方拉运鲜奶时与甲方共同抽取并封存奶样三份，两份带回甲方企业备检，一份留在乙方，妥善保存，采用送检箱储运奶样。

（三）乙方有义务对所属奶站储奶设备进行定期维修，因乙方原因造成储奶设备故障和损坏无法对鲜奶进行存储或检测所造成的损失由乙方承担。设备发生故障后，乙方应及时通知甲方进行处理。

（四）乙方应在站奶提供检测设备和计量监督部门认定的计量器具，严把奶源质量关，提高奶产量和原料奶质量。

八、货物风险的转移

第十五条 在奶品交付甲方装车运载前，搬运或移动产生的毁损、灭失及正常耗损的风险与责任，由乙方承担。

第十六条 货物在交接过磅与清点验收后，毁损、灭失及正常耗损的风险与责任，由甲方承担。

九、合同的变更、解除、终止

第十七条 双方经协商一致，可以变更、解除合同。

第十八条 乙方迟延交货超过三十日，甲方有权书面通知乙方单方解除合同，且有权要求乙方按照本合同违约责任条款赔偿违约金。

第十九条 乙方存在掺杂使假等严重损害甲方权益的行为，甲方有权终止合同，并要求乙方赔偿实际损失。

第二十条 甲方因转产或停产等原因不能继续收购鲜奶，或乙方因客观原因不能提供奶源，双方应提前十日通知对方，经双方协商一致方可终止合同。

十、违约责任

第二十一条　非乙方原因，甲方延期付款的，每迟延一日，甲方按日向乙方支付迟延付款金额 1‰的违约金，直至款项付清之日止，乙方可以顺延交付货物。

第二十二条　因甲方未按时接收合同约定数量的鲜奶，引起鲜奶变质或不能继续正常收购，所造成的全部损失由甲方承担。

第二十三条　若乙方未能按本合同约定准备奶品，每迟延一日，乙方按日向甲方支付逾期交付货物总价 1% 的违约金，直至全部货物交付之日止。

第二十四条　因出现不可预见、不可避免、不可克服的事件，导致本合同无法有效及时履行的，双方互不承担违约责任。但是遭遇不可抗力方应立即通过电话、微信等方式通知对方，并在通知后的三个工作日内将不可抗力的书面有效证明及本合同无法有效及时履行的书面理由提交给对方确认；否则，遭受不可抗力方需承担相应的违约责任。

十一、争议解决方式

第二十五条　本合同在履行中产生争议，双方友好协商解决，若协商不成，任何一方均可向有关部门申请调解，也有权在原告住所地或居住地人民法院起诉解决。双方还可以约定提交仲裁机构裁决。

十二、附则

第二十六条　双方在签订本合同时，应提供经核实的身份证明和相应资质证明文件的复印件作为合同附件。

第二十七条　变更住所地(居住地)、代表人(联系人)、电话等联络方式的，变更方应在变更后 24 小时内以书面方式通知对方。否则视为本合同载明的联络方式继续有效，微信和短信内容也作为双方来往文件。通知、诉讼文书等文件以邮寄方式发送的，将文件按有效联络方式交给经营特快专递的单位邮寄后，邮件被签收或拒收均视为已经送达。

第二十八条　本合同的标题仅为便于阅读和对合同内容的理解，不作为确定双方权利义务的条款。

第二十九条　合同自双方签章之日起生效。一式四份，甲乙双方各持两份，具有同等法律效力。

(以下无正文)

甲　方(签名捺印)/(盖章)：　　　　乙　方(签名捺印)/(盖章)：

代表人(签名)：　　　　代表人(签名)：

年　月　日　　　　年　月　日

本合同签订地点：____________________

种猪买卖合同

合同编号:GDHT010A

甲方(买方):________________

统一社会信用代码/身份证号:________________

住所地/居住地:________________

联系人:________________ 电话:________________

微信号:________________ 电子邮箱:________________

乙方(卖方):________________

统一社会信用代码/身份证号:________________

住所地/居住地:________________

联系人:________________ 电话:________________

微信号:________________ 电子邮箱:________________

甲乙双方根据《中华人民共和国合同法》及相关法律法规的规定,在平等互利的基础上,经充分友好协商,自愿达成以下协议,以资遵守执行。

一、货物名称

第一条 货物名称:×××(品种)种猪

产地:________________

二、货物等级与价格

第二条 乙方取得国家种畜管理部门的生产许可,具有种畜生产与销售的资格,许可证文号:________________

第三条 乙方种猪符合该品种标准,各种性状达到国家或地方规定要求,等级分以下两种类型:

(一)等级一:体格健壮,被毛光亮,共济协调,皮下肌肉结实;

(二)等级二:体格一般,被毛混杂,行走缓慢,皮下肌肉略有疏松。

第四条 货物价格

(一)一级价格:________元/头;

(二)二级价格:________元/头。

第五条 逾期交货的,遇价格上涨时,按原价格执行;遇价格下跌时,按新价格执行。逾期提货或逾期付款的,遇价格上涨时,按新价格执行;遇价格下跌时,按原价格执行。

三、货物装载、运输、卸载

第六条 货物由乙方负责装载、运输和卸载。

四、交货地点

第七条 双方约定货物交货地点:________________

第八条 甲方如要求变更交货地点,应在合同规定的交货期限前三个工作日内通知乙方,以便乙方调整车(船)计划,因此增加的费用由甲方承担。

五、交付批次与期限

第九条 乙方收到甲方定金后,于______年____月____日开始交付货物,分____批交付,于______年____月____日前交付完成。

六、交付方式与货物验收

第十条 货物交货方式:由乙方或乙方指定人员将货物运送到甲方指定地点卸载后交付给甲方过磅验收,甲方准备接收货物的场地与称量设施,装卸费用由乙方承担。

第十一条 甲方对乙方提供的货物进行清点、验收,查验货物品种、规格、数量;双方共同确认货物过磅重量与等级,甲方开具接收货物明细单据给乙方。法律规定需要强制进行检验、检疫的,乙方同时提供检验、检疫合格证明。

第十二条 甲方对货物质量提出异议的时限为收到货物之日起三个工作日内,并须以书面方式提出。否则,视为无异议。

七、货物风险的转移

第十三条 货物在交付前,装载与运输过程中产生的毁损、灭失及正常耗损的风险与责任,或由第三方承运人造成的损失,由乙方承担。

第十四条 货物在交接过磅与清点验收后,毁损、灭失及正常耗损的风险与责任,由甲方承担。

八、仓储费用的承担

第十五条 如乙方提前交货至甲方指定场所,则甲方有权拒收;或者接收后因此产生的临时饲养费用,甲方可向乙方收取实际产生的成本费用。

九、货物结算与价款支付

第十六条 双方在货物交付后三个工作日内根据货物的等级、单价、数量进行结算,甲方在结算后三个工作日内将款项直接汇入乙方指定的收款银行账户,账户信息如下:

开户银行:____

户　　名:____

账　　号:____

第十七条 除前条约定的银行汇款支付外,以下三种支付方式双方均予认可:

(一)支付宝转账;(二)微信转账;(三)现金支付。

十、定金条款

第十八条 双方约定定金为:人民币__________元(大写:________元)。

第十九条 定金的支付时间为本合同生效后三个工作日内支付。

第二十条 定金在最后一期支付价款时冲抵;乙方无正当事由拒绝提供货物时,乙方向甲方支付双倍定金;甲方无正当事由拒收货物的,除不能要求退回定金外,还应向乙方赔偿货物价格下跌的损失和运输费用等全部损失。

十一、违约责任

第二十一条 非乙方原因,甲方延期付款的,每迟延一日,甲方按日向乙方支付迟延付款金额 1‰的违约金,直至款项付清之日止,乙方可以顺延交付货物。

第二十二条 若乙方未能按本合同约定时间及方式将全部货物交付至甲方指定地点，则每迟延一日，乙方按日向甲方支付逾期交付货物价款1‰的违约金，直至全部货物交付之日止。

第二十三条 一方接受对方逾期履行的，不视为对其违约行为的认可，仍然有权追究其违约责任，还有权解除合同。

第二十四条 在对方未履行义务前，一方按照合同的约定履行自己的义务的，不等于认可对方已经履行了先前的义务或同意对方可以不再履行其义务。

第二十五条 因出现不可预见、不可避免、不可克服的事件，导致本合同无法有效及时履行的，相互不承担违约责任。但是，遭遇不可抗力方应当立即通过电话、微信等方式通知对方，并在通知后的三日内将不可抗力的书面有效证明及本合同无法有效及时履行的书面理由提交给对方确认。否则应当承担相应的违约责任。

十二、合同的变更、解除

第二十六条 双方经协商一致，可以变更、解除合同。

第二十七条 任何一方违反本合同任何条款约定的，在对方催告后十五个工作日内没有改正为全面履行的，守约方有权书面通知违约方解除合同，且有权要求违约方赔偿相当于合同总额5%的违约金及所遭受的损失（包括但不限于直接损失、可得利益、律师费用等全部损失）。

第二十八条 一方只主张违约责任，没有主张解除合同的，合同应当继续履行。一方收到解除合同的通知后，对解除有异议的，应当在十五日内向法定机关提出，否则，视为对解除无异议。

十三、争议解决方式

第二十九条 本合同在履行中产生争议，双方友好协商解决，若协商不成，任何一方均可向有关部门申请调解，也有权在原告住所地或居住地人民法院起诉解决。双方还可以约定提交仲裁机构裁决。

十四、附则

第三十条 双方在签订本合同时，应提供经核实的身份证明和相应资质证明文件的复印件作为合同附件。

第三十一条 变更住所地（居住地）、代表人（联系人）、电话等联络方式的，变更方应在变更后24小时内以书面方式通知对方。否则视为本合同载明的联络方式继续有效，微信和短信内容也作为双方来往文件。通知、诉讼文书等文件以邮寄方式发送的，将文件按有效联络方式交给经营特快专递的单位邮寄后，邮件被签收或拒收均视为已经送达。

第三十二条 本合同的标题仅为便于阅读和对合同内容的理解，不作为确定双方权利义务的条款。

第三十三条 本合同自双方签章之日起生效。一式四份，甲乙双方各持两份，具有同等法律效力。

（以下无正文）

甲 方(签名捺印)/(盖章)： 乙 方(签名捺印)/(盖章)：
代表人(签名)： 代表人(签名)：
年 月 日 年 月 日
本合同签订地点：________________

种猪买卖合同

合同编号：GDHT010B

甲方(买方)：________________
统一社会信用代码/身份证号：________________
住所地/居住地：________________
联系人：________________ 电话：________________
微信号：________________ 电子邮箱：________________
乙方(卖方)：________________
统一社会信用代码/身份证号：________________
住所地/居住地：________________
联系人：________________ 电话：________________
微信号：________________ 电子邮箱：________________

甲乙双方根据《中华人民共和国合同法》及相关法律法规的规定，在平等互利的基础上，经充分友好协商，自愿达成以下协议，以资遵守执行。

一、货物名称

第一条 货物名称：×××(品种)种猪

产地：________________

二、货物标准与价格

第二条 乙方取得国家种畜管理部门的生产许可，具有种畜生产与销售的资格，许可证文号：________________

第三条 乙方种猪符合该品种标准，各种性状达到国家或地方规定要求，等级分以下两种类型：

(一)等级一：体格健壮，被毛光亮，共济协调，皮下肌肉结实。

(二)等级二：体格一般，被毛混杂，行走缓慢，皮下肌肉略有疏松。

第四条 货物价格

(一)一级价格：________元/头；

(二)二级价格：________元/头。

第五条 逾期交货的，遇价格上涨时，按原价格执行；遇价格下跌时，按新价格执行。逾期提货或逾期付款的，遇价格上涨时，按新价格执行；遇价格下跌时，按原价格执行。

三、货物装载、运输、卸载

第六条 本合同标的物种猪由甲方负责装载与运输及卸载，乙方仅负责将货物从养殖场拖运到养殖场附近的指定交货地点。

四、交货地点

第七条 双方约定货物交货地点：____

第八条 甲方如要求变更交货地点，应在合同规定的交货期限前三个工作日通知乙方，以便乙方调整库存计划，因此增加的费用由甲方承担。

五、交付批次与期限

第九条 乙方收到甲方定金后，于______年____月____日开始交付货物，分____批交付，于______年____月____日前交付完成。

六、交付方式与货物验收

第十条 货物交货方式：由甲方或甲方指定人员到乙方养殖场附近清点货物并过磅验收，甲方自行准备接收货物的车辆与称量设施，包括卸载人员与费用。

第十一条 甲方对乙方提供的货物进行清点、验收，查验货物品种、规格、数量；双方共同确认货物过磅重量与等级，甲方开具接收货物明细单据给乙方。法律规定需要强制进行检验、检疫的，乙方同时提供检验、检疫合格证明。

第十二条 甲方对货物质量提出异议的时限为收到货物之日起三个工作日内，并须以书面方式提出。否则，视为无异议。

七、货物风险的转移

第十三条 货物在交付前，装载与运输过程中产生的毁损、灭失及正常耗损的风险与责任，或由第三方承运人造成的损失，由乙方承担。

第十四条 货物在交接过磅与清点验收后，毁损、灭失及正常耗损的风险与责任，由甲方承担。

八、仓储费用的承担

第十五条 因甲方逾期到达指定交货地点，造成乙方产生的临时养殖成本费用，应由甲方承担。

九、货物结算与价款支付

第十六条 双方在货物交付后三个工作日内根据货物的等级、单价、数量进行结算，甲方在结算后三个工作日内将款项直接汇入乙方指定的收款银行账户，账户信息如下：

开户银行：____

户　　名：____

账　　号：____

第十七条 除前条规定的银行汇款支付外，以下三种支付方式双方均予认可：(一)支付宝转账；(二)微信转账；(三)现金支付。

十、定金条款

第十八条 双方约定定金为：人民币__________元(大写：________元)。

第十九条 定金的支付时间为本合同生效后三个工作日内支付。

第二十条　双方在结算本合同约定价款时，定金在最后一期支付价款时冲抵；乙方无正当事由拒绝提供本合同约定的货物时，乙方应向甲方支付双倍定金；甲方无正当事由拒绝收购乙方货物的，除不能要求退回定金外，还应向乙方赔偿货物价格下跌的损失。

十一、违约责任

第二十一条　非乙方原因，甲方延期付款的，每迟延一日，甲方按日向乙方支付迟延付款金额 1‰的违约金，直至款项付清之日止，乙方可以顺延交付货物。

第二十二条　若乙方未能按本合同约定时间及方式将全部货物交付至甲方指定地点，每迟延一日，乙方按日向甲方支付逾期交付货物价款 1‰的违约金，直至全部货物交付之日止。

第二十三条　一方接受对方逾期履行的，不视为对其违约行为的认可，仍然有权追究其违约责任，还有权解除合同。

第二十四条　在对方未履行义务前，一方按照合同的约定履行自己的义务的，不等于认可对方已经履行了先前的义务或同意对方可以不再履行其义务。

第二十五条　因出现不可预见、不可避免、不可克服的事件，导致本合同无法有效及时履行的，相互不承担违约责任。但是，遭遇不可抗力方应当立即通过电话、微信等方式通知对方，并在通知后的三日内将不可抗力的书面有效证明及本合同无法有效及时履行的书面理由提交给对方确认。否则应当承担相应的违约责任。

十二、合同的变更、解除

第二十六条　双方经协商一致，可以变更、解除合同。

第二十七条　任何一方违反本合同任何条款约定的，在对方催告后十五个工作日内没有改正为全面履行的，守约方有权书面通知违约方解除合同，且有权要求违约方赔偿相当于合同总额 5% 的违约金及所遭受的损失（包括但不限于直接损失、可得利益、律师费用等全部损失）。

第二十八条　一方只主张违约责任，没有主张解除合同的，合同应当继续履行。一方收到解除合同的通知后，对解除有异议的，应当在十五日内向法定机关提出，否则，视为对解除无异议。

一方只主张违约责任，没有主张解除合同的，合同应当继续履行。一方收到解除合同的通知后，对解除有异议的，应当在十五日内向法定机关提出，否则，视为对解除无异议。

十三、争议解决方式

第二十九条　本合同在履行中产生争议，双方友好协商解决，若协商不成，任何一方均可向有关部门申请调解，也有权在原告住所地或居住地人民法院起诉解决。双方还可以约定提交仲裁机构裁决。

十四、附则

第三十条　双方在签订本合同时，应提供经核实的身份证明和相应资质证明文件的复印件作为合同附件。

第三十一条　变更住所地（居住地）、代表人（联系人）、电话等联络方式的，变更方应在变更后 24 小时内以书面方式通知对方。否则视为本合同载明的联络方式继续有效，微信和短信内容也作为双方来往文件。通知、诉讼文书等文件以邮寄方式发送的，将文件按有效联络方式交给经营特快专递的单位邮寄后，邮件被签收或拒收均视为已经送达。

第三十二条 本合同的标题仅为便于阅读和对合同内容的理解，不作为确定双方权利义务的条款。

第三十三条 本合同自双方签章之日起生效。一式四份，甲乙双方各持两份，具有同等法律效力。

（以下无正文）

甲　方（签名捺印）/（盖章）：　　　　乙　方（签名捺印）/（盖章）：

代表人（签名）：　　　　代表人（签名）：

年　月　日　　　　年　月　日

本合同签订地点：____________________

鱼苗买卖合同

合同编号：GDHT011A

甲方（买方）：____________________

统一社会信用代码/身份证号：____________________

住所地/居住地：____________________

联系人：__________ 电话：__________

微信号：__________ 电子邮箱：__________

乙方（卖方）：____________________

统一社会信用代码/身份证号：____________________

住所地/居住地：____________________

联系人：__________ 电话：__________

微信号：__________ 电子邮箱：__________

甲乙双方根据《中华人民共和国合同法》及相关法律法规的规定，在平等互利的基础上，经充分友好协商，自愿达成以下协议，以资遵守执行。

一、货物名称

第一条 标的物：×××（鱼种类）鱼苗

产地：____________________

第二条 乙方生产许可证号：____________________

二、货物的等级与价格

第三条 货物等级分为以下两种规格：

（一）优级：鱼苗整齐，体色一致，鱼体清洁有光泽，身体茁壮，光滑不拖泥，反应能力强，无杂色苗、胡子苗、困花苗和畸形苗。

（二）良级：鱼苗整齐，略带微黄色或稍红。群体色素略有不一，游泳能力强，有部分无杂色苗、胡子苗、困花苗和畸形苗。

第四条 货物价格按照货物等级确定：

（一）优级品：________元/尾或斤；

（二）良级品：________元/尾或斤。

第五条 逾期交货的，遇价格上涨时，按原价格执行；遇价格下跌时，按新价格执行。逾期提货或逾期付款的，遇价格上涨时，按新价格执行；遇价格下跌时，按原价格执行。

三、货物装载、运输、卸载

第六条 货物由乙方负责装载、运输和卸载。

四、交货地点

第七条 双方约定货物交货地点：____

第八条 甲方如要求变更交货地点，应在合同规定的交货期限前三个工作日内通知乙方，以便乙方调整车（船）计划，交付批次与期限因此增加的费用由甲方承担。

第九条 乙方收到甲方定金后，于______年____月____日开始交付货物，分____批交付，于______年____月____日前交付完成。

五、交付方式与货物验收

第十条 货物交货方式：由乙方或乙方指定人员将货物运送到甲方指定地点卸载后交付给甲方过磅验收，甲方准备接收货物的场地与称量设施，装卸费用由乙方承担。

第十一条 甲方对乙方提供的货物进行清点、验收，查验货物品种、规格、数量；双方共同确认货物过磅重量与等级，甲方开具接收货物明细单据给乙方。法律规定需要强制进行检验、检疫的，乙方同时提供检验、检疫合格证明。

第十二条 甲方对货物质量提出异议的时限为收到货物之日起三个工作日内，并须以书面方式提出。否则，视为无异议。

六、货物风险的转移

第十三条 货物在交付前，装载与运输过程中产生的毁损、灭失及正常耗损的风险与责任，或由第三方承运人造成的损失，由乙方承担。

第十四条 货物在交接过磅与清点验收后，毁损、灭失及正常耗损的风险与责任，由甲方承担。

七、仓储费用的承担

第十五条 如乙方提前交货至甲方指定场所，则甲方有权拒收；或者接收后因此产生的临时养殖费用，甲方可向乙方收取实际产生的成本费用。

八、货物结算与价款支付

第十六条 双方在货物交付后三个工作日内根据货物的等级、单价、数量进行结算，甲方在结算后三个工作日内将款项直接汇入乙方指定的收款银行账户，账户信息如下：

开户银行：____

户　　名：____

账　　号：____

第十七条　除前条规定的银行汇款支付外，以下三种支付方式双方均予认可：（一）支付宝转账；（二）微信转账；（三）现金支付。

九、定金条款

第十八条　双方约定定金为：人民币__________元（大写：________元）。

第十九条　定金的支付时间为本合同生效后三个工作日内支付。

第二十条　定金在最后一期支付价款时冲抵；乙方无正当事由拒绝提供货物时，乙方向甲方支付双倍定金；甲方无正当事由拒收货物的，除不能要求退回定金外，还应向乙方赔偿货物价格下跌的损失和运输费用等全部损失。

十、违约责任

第二十一条　非乙方原因，甲方延期付款的，每迟延一日，甲方按日向乙方支付迟延付款金额1‰的违约金，直至款项付清之日止，乙方可以顺延交付货物。

第二十二条　若乙方未能按本合同约定时间及方式将全部货物交付至甲方指定地点，每迟延一日，乙方按日向甲方支付逾期交付货物价款1‰的违约金，直至全部货物交付之日止。

第二十三条　一方接受对方逾期履行的，不视为对其违约行为的认可，仍然有权追究其违约责任，还有权解除合同。

第二十四条　在对方未履行义务前，一方按照合同的约定履行自己的义务的，不等于认可对方已经履行了先前的义务或同意对方可以不再履行其义务。

第二十五条　因出现不可预见、不可避免、不可克服的事件，导致本合同无法有效及时履行的，相互不承担违约责任。但是，遭遇不可抗力方应当立即通过电话、微信等方式通知对方，并在通知后的三日内将不可抗力的书面有效证明及本合同无法有效及时履行的书面理由提交给对方确认。否则应当承担相应的违约责任。

十一、合同的变更、解除

第二十六条　双方经协商一致，可以变更、解除合同。

第二十七条　任何一方违反本合同任何条款约定的，在对方催告后十五个工作日内没有改正为全面履行的，守约方有权书面通知违约方解除合同，且有权要求违约方赔偿相当于合同总额5%的违约金及所遭受的损失（包括但不限于直接损失、可得利益、律师费用等全部损失）。

第二十八条　一方只主张违约责任，没有主张解除合同的，合同应当继续履行。一方收到解除合同的通知后，对解除有异议的，应当在十五日内向法定机关提出，否则，视为对解除无异议。

十二、争议解决方式

第二十九条　本合同在履行中产生争议，双方友好协商解决，若协商不成，任何一方均可向有关部门申请调解，也有权在原告住所地或居住地人民法院起诉解决。双方还可以约定提交仲裁机构裁决。

十三、附则

第三十条　双方在签订本合同时，应提供经核实的身份证明和相应资质证明文件的复印件作为合同附件。

第三十一条　变更住所地(居住地)、代表人(联系人)、电话等联络方式的,变更方应在变更后24小时内以书面方式通知对方。否则视为本合同载明的联络方式继续有效,微信和短信内容也作为双方来往文件。通知、诉讼文书等文件以邮寄方式发送的,将文件按有效联络方式交给经营特快专递的单位邮寄后,邮件被签收或拒收均视为已经送达。

第三十二条　本合同的标题仅为便于阅读和对合同内容的理解,不作为确定双方权利义务的条款。

第三十三条　本合同自双方签章之日起生效。一式四份,甲乙双方各持两份,具有同等法律效力。

(以下无正文)

甲　方(签名捺印)/(盖章):　　　　　　乙　方(签名捺印)/(盖章):

代表人(签名):　　　　　　　　　　　　代表人(签名):

　　　　年　月　日　　　　　　　　　　　　　　年　月　日

本合同签订地点:____________________

鱼苗买卖合同

合同编号:GDHT011B

甲方(买方):____________________

统一社会信用代码/身份证号:____________________

住所地/居住地:____________________

联系人:____________________　电话:____________________

微信号:____________________　电子邮箱:____________________

乙方(卖方):____________________

统一社会信用代码/身份证号:____________________

住所地/居住地:____________________

联系人:____________________　电话:____________________

微信号:____________________　电子邮箱:____________________

甲乙双方根据《中华人民共和国合同法》及相关法律法规的规定,在平等互利的基础上,经充分友好协商,自愿达成以下协议,以资遵守执行。

一、货物名称

第一条　标的物:×××(鱼种类)鱼苗

产地:____________________

第二条　乙方生产许可证号:____________________

二、货物的等级与价格

第三条 货物等级分为以下两种规格:

(一)优级:鱼苗整齐,体色一致,鱼体清洁有光泽,身体茁壮,光滑不拖泥,反应能力强,无杂色苗、胡子苗、困花苗和畸形苗。

(二)良级:鱼苗整齐,略带微黄色或稍红。群体色素略有不一,游泳能力强,有部分无杂色苗、胡子苗、困花苗和畸形苗。

第四条 货物价格

(一)优级品:________元/尾或斤;

(二)良级品:________元/尾或斤。

第五条 逾期交货的,遇价格上涨时,按原价格执行;遇价格下跌时,按新价格执行。逾期提货或逾期付款的,遇价格上涨时,按新价格执行;遇价格下跌时,按原价格执行。

三、货物装载、运输、卸载

第六条 本合同标的物鱼苗由甲方负责装载与运输及卸载,乙方仅负责将货物从养殖场运送到养殖场附近的交货地点。

四、交货地点

第七条 双方约定货物交货地点:________________________________

第八条 甲方如要求变更交货地点,应在合同规定的交货期限前三个工作日通知乙方,以便乙方调整库存计划,因此增加的费用由甲方承担。

五、交付批次与期限

第九条 乙方收到甲方定金后,于______年____月____日开始交付货物,分____批交付,于______年____月____日前交付完成。

六、交付方式与货物验收

第十条 货物交货方式:由甲方或甲方指定人员到乙方养殖场地附近清点货物并过磅验收,甲方自行准备接收货物的车辆与称量设施,包括卸载人员与费用。

第十一条 甲方对乙方提供的货物进行清点、验收,查验货物品种、规格、数量;双方共同确认货物过磅重量与等级,甲方开具接收货物明细单据给乙方。法律规定需要强制进行检验、检疫的,乙方同时提供检验、检疫合格证明。

第十二条 甲方对货物质量提出异议的时限为收到货物之日起三个工作日内,且须以书面方式提出。否则,视为无异议。

七、货物风险的转移

第十三条 货物在交付前,装载与运输过程中产生的毁损、灭失及正常耗损的风险与责任,或由第三方承运人造成的损失,由乙方承担。

第十四条 货物在交接过磅与清点验收后,毁损、灭失及正常耗损的风险与责任,由甲方承担。

八、仓储费用的承担

第十五条 因甲方逾期到达指定交货地点,造成乙方产生的临时养殖成本费用,应由甲方承担。

九、货物结算与价款支付

第十六条 双方在货物交付后三个工作日内根据货物的等级、单价、数量进行结算，甲方在结算后三个工作日内将款项直接汇入乙方指定的收款银行账户，账户信息如下：

开户银行：______________________________

户　　名：______________________________

账　　号：______________________________

第十七条 除前条规定的银行汇款支付外，以下三种支付方式双方均予认可：

（一）支付宝转账；（二）微信转账；（三）现金支付。

十、定金条款

第十八条 双方约定定金为：人民币__________元（大写：________元）。

第十九条 定金的支付时间为本合同生效后三个工作日内支付。

第二十条 双方在结算本合同约定价款时，定金在最后一期支付价款时冲抵；乙方无正当事由拒绝提供本合同约定的货物时，乙方应向甲方支付双倍定金；甲方无正当事由拒绝收购乙方货物的，除不能要求退回定金外，还应向乙方赔偿货物价格下跌的损失。

十一、违约责任

第二十一条 非乙方原因，甲方延期付款的，每迟延一日，甲方按日向乙方支付迟延付款金额 1‰的违约金，直至款项付清之日止，乙方可以顺延交付货物。

第二十二条 若乙方未能按本合同约定时间及方式将全部货物交付至甲方指定地点，每迟延一日，乙方按日向甲方支付逾期交付货物价款 1‰的违约金，直至全部货物交付之日止。

第二十三条 一方接受对方逾期履行的，不视为对其违约行为的认可，仍然有权追究其违约责任，还有权解除合同。

第二十四条 在对方未履行义务前，一方按照合同的约定履行自己的义务的，不等于认可对方已经履行了先前的义务或同意对方可以不再履行其义务。

第二十五条 因出现不可预见、不可避免、不可克服的事件，导致本合同无法有效及时履行的，相互不承担违约责任。但是，遭遇不可抗力方应当立即通过电话、微信等方式通知对方，并在通知后的三日内将不可抗力的书面有效证明及本合同无法有效及时履行的书面理由提交给对方确认。否则应当承担相应的违约责任。

十二、合同的变更、解除

第二十六条 双方经协商一致，可以变更、解除合同。

第二十七条 任何一方违反本合同任何条款约定的，在对方催告后十五个工作日内没有改正为全面履行的，守约方有权书面通知违约方解除合同，且有权要求违约方赔偿相当于合同总额 5% 的违约金及所遭受的损失（包括但不限于直接损失、可得利益、律师费用等全部损失）。

第二十八条 一方只主张违约责任，没有主张解除合同的，合同应当继续履行。一方收到解除合同的通知后，对解除有异议的，应当在十五日内向法定机关提出，否则，视为对解除无异议。

十三、争议解决方式

第二十九条 本合同在履行中产生争议，双方友好协商解决，若协商不成，任何一方均可向有关部门申请调解，也有权向原告住所地或居住地人民法院起诉解决。双方还可以约定提交仲裁机构裁决。

十四、附则

第三十条 双方在签订本合同时，应提供经核实的身份证明和相应资质证明文件的复印件作为合同附件。

第三十一条 变更住所地(居住地)、代表人(联系人)、电话等联络方式的，变更方应在变更后24小时内以书面方式通知对方。否则视为本合同载明的联络方式继续有效，微信和短信内容也作为双方来往文件。通知、诉讼文书等文件以邮寄方式发送的，将文件按有效联络方式交给经营特快专递的单位邮寄后，邮件被签收或拒收均视为已经送达。

第三十二条 本合同的标题仅为便于阅读和对合同内容的理解，不作为确定双方权利义务的条款。

第三十三条 本合同自双方签章之日起生效。一式四份，甲乙双方各持两份，具有同等法律效力。

(以下无正文)

甲　方(签名捺印)/(盖章)：
代表人(签名)：
年　月　日

乙　方(签名捺印)/(盖章)：
代表人(签名)：
年　月　日

本合同签订地点：________________

农特产品买卖合同

合同编号：GDHT012A

甲方(买方)：________________
统一社会信用代码/身份证号：________________
住所地/居住地：________________
联系人：________________ 电话：________________
微信号：________________ 电子邮箱：________________
乙方(卖方)：________________
统一社会信用代码/身份证号：________________
住所地/居住地：________________
联系人：________________ 电话：________________
微信号：________________ 电子邮箱：________________

甲乙双方根据《中华人民共和国合同法》及相关法律法规的规定，在平等互利的基础上，经充分友好协商，自愿达成以下协议，以资遵守执行。

一、货物名称与描述

第一条 货物名称：×××(产地)×××(货物)

二、货物的等级与价格

第二条 货物的安全卫生标准______

第三条 货物的等级______

第四条 货物价格

一级：______元/市斤；

二级：______元/市斤；

三级：______元/市斤。

第五条 逾期交货的，遇价格上涨时，按原价格执行；遇价格下跌时，按新价格执行。逾期提货或逾期付款的，遇价格上涨时，按新价格执行；遇价格下跌时，按原价格执行。

三、货物装载、运输、卸载

第六条 货物由乙方负责装载、运输和卸载。

四、交货地点

第七条 双方约定货物交货地点：______

第八条 甲方如要求变更交货地点，应在合同规定的交货期限前三个工作日通知乙方，以便乙方调整车(船)计划，因此增加的费用由甲方承担。

五、交付批次与期限

第九条 乙方收到甲方定金后，于______年____月____日开始交付货物，分____批交付，于______年____月____日前交付完成。

六、交付方式与货物验收

第十条 货物交货方式：由乙方或乙方指定人员将货物运送到甲方指定地点卸载后交付给甲方过磅验收，甲方准备接收货物的场地与称量设施，装卸费用由乙方承担。

第十一条 甲方对乙方提供的货物进行清点、验收，查验货物品种、规格、数量；双方共同确认货物过磅重量与等级，甲方开具接收货物明细单据给乙方。法律规定需要强制进行检验、检疫的，乙方同时提供检验、检疫合格证明。

第十二条 甲方对货物质量提出异议的时限为收到货物之日起三个工作日内，并须以书面方式提出。否则，视为无异议。

七、货物风险的转移

第十三条 货物在交付前，装载与运输过程中产生的毁损、灭失及正常耗损的风险与责任，或由第三方承运人造成的损失，由乙方承担。

第十四条 货物在交接过磅与清点验收后，毁损、灭失及正常耗损的风险与责任，由甲方承担。

八、仓储费用的承担

第十五条 如乙方提前交货至甲方指定场所，则甲方有权拒收；或者接收后因此产生的临时保管费用，甲方可向乙方收取实际产生的成本费用。

九、货物结算与价款支付

第十六条 双方在货物交付后三个工作日内根据货物的等级、单价、数量进行结算，甲方在结算后三个工作日内将款项直接汇入乙方指定的收款银行账户，账户信息如下：

开户银行：____________________

户　　名：____________________

账　　号：____________________

第十七条 除第前条规定的银行汇款支付外，以下三种支付方式双方均予认可：

（一）支付宝转账；（二）微信转账；（三）现金支付。

十、定金条款

第十八条 双方约定定金为：人民币＿＿＿＿＿元（大写：＿＿＿＿＿元）。

第十九条 定金的支付时间为本合同生效后三个工作日内支付。

第二十条 定金在最后一期支付价款时冲抵；乙方无正当事由拒绝提供货物时，乙方向甲方支付双倍定金；甲方无正当事由拒收货物的，除不能要求退回定金外，还应向乙方赔偿货物价格下跌的损失和运输费用等全部损失。

十一、违约责任

第二十一条 非乙方原因，甲方延期付款的，每迟延一日，甲方按日向乙方支付迟延付款金额<u>1‰</u>的违约金，直至款项付清之日止，乙方可以顺延交付货物。

第二十二条 若乙方未能按本合同约定时间及方式将全部货物交付至甲方指定地点，每迟延一日，乙方按日向甲方支付逾期交付货物价款<u>1‰</u>的违约金，直至全部货物交付之日止。

第二十三条 一方接受对方逾期履行的，不视为对其违约行为的认可，仍然有权追究其违约责任，还有权解除合同。

第二十四条 在对方未履行义务前，一方按照合同的约定履行自己的义务的，不等于认可对方已经履行了先前的义务或同意对方可以不再履行其义务。

第二十五条 因出现不可预见、不可避免、不可克服的事件，导致本合同无法有效及时履行时，遭遇不可抗力方应立即通过电话、微信等方式通知对方，并在通知后的三日内将不可抗力的书面有效证明及本合同无法有效及时履行的书面理由提交给对方确认。否则，遭受不可抗力的一方应当承担相应的违约责任。

十二、合同的变更、解除

第二十六条 双方经协商一致，可以变更、解除合同。

第二十七条 任何一方违反本合同任何条款约定的，在对方催告后十五个工作日内没有改正为全面履行的，守约方有权书面通知违约方解除合同，且有权要求违约方赔偿相当于合同总额<u>5%</u>的违约金及所遭受的损失（包括但不限于直接损失、可得利益、律师费用等全部损失）。

第二十八条 一方只主张违约责任，没有主张解除合同的，合同应当继续履行。一方收到解除合同的通知后，对解除有异议的，应当在十五日内向法定机关提出，否则，视为对解除无异议。

十三、争议解决方式

第二十九条　本合同在履行中产生争议,双方友好协商解决,若协商不成,任何一方均有权在原告住所地或居住地人民法院起诉解决。双方还可以约定提交仲裁机构裁决。

十四、附则

第三十条　双方在签订本合同时,应提供经核实的身份证明和相应资质证明文件的复印件作为合同附件。

第三十一条　变更住所地(居住地)、代表人(联系人)、电话等联络方式的,变更方应在变更后 24 小时内以书面方式通知对方。否则视为本合同载明的联络方式继续有效,微信和短信内容也作为双方来往文件。通知、诉讼文书等文件以邮寄方式发送的,将文件按有效联络方式交给经营特快专递的单位邮寄后,邮件被签收或拒收均视为已经送达。

第三十二条　本合同的标题仅为便于阅读和对合同内容的理解,不作为确定双方权利义务的条款。

第三十三条　合同自双方签章之日起生效。一式四份,甲乙双方各持两份,具有同等法律效力。

(以下无正文)

甲　方(签名捺印)/(盖章):　　　　乙　方(签名捺印)/(盖章):
代表人(签名):　　　　代表人(签名):
年　月　日　　　　年　月　日

本合同签订地点:____________________

农特产品买卖合同

合同编号:GDHT012B

甲方(买方):____________________
统一社会信用代码/身份证号:____________________
住所地/居住地:____________________
联系人:____________________　电话:____________________
微信号:____________________　电子邮箱:____________________
乙方(卖方):____________________
统一社会信用代码/身份证号:____________________
住所地/居住地:____________________
联系人:____________________　电话:____________________
微信号:____________________　电子邮箱:____________________

甲乙双方根据《中华人民共和国合同法》及相关法律法规的规定，在平等互利的基础上，经充分友好协商，自愿达成以下协议，以资遵守执行。

一、货物名称与描述

第一条 货物名称：×××（产地+品种）农特货物名称

二、货物的等级与价格

第二条 货物的安全卫生标准

____

第三条 货物的等级

____

第四条 货物价格

一级：________元/市斤；

二级：________元/市斤；

三级：________元/市斤。

第五条 逾期交货的，遇价格上涨时，按原价格执行；遇价格下跌时，按新价格执行。逾期提货或逾期付款的，遇价格上涨时，按新价格执行；遇价格下跌时，按原价格执行。

三、货物装载、运输、卸载

第六条 本合同标的物由甲方负责装载、运输及卸载，乙方仅负责将货物从己方居住地或住所地运送到附近的交货地点。

四、交货地点

第七条 双方约定货物交货地点：____

第八条 甲方如要求变更交货地点，应在合同规定的交货期限前三个工作日通知乙方，以便乙方调整库存计划，因此增加的费用由甲方承担。

五、交付批次与期限

第九条 乙方收到甲方定金后，于______年____月____日开始交付货物，分____批交付，于______年____月____日前交付完成。

六、交付方式与货物验收

第十条 货物交货方式：由甲方或甲方指定人员到居住地或住所地附近交货地点清点货物并过磅验收，甲方自行准备接收货物的场地与称量设施，包括卸载人员与费用。

第十一条 甲方对乙方提供的货物进行清点、验收，查验货物品种、规格、数量；双方共同确认货物过磅重量与等级，甲方开具接收货物明细单据给乙方。法律规定需要强制进行检验、检疫的，乙方同时提供检验、检疫合格证明。

第十二条 甲方对货物质量提出异议的时限为收到货物之日起三个工作日内，并须以书面方式提出。否则，视为无异议。

七、货物风险的转移

第十三条 货物在交付前，装载与运输过程中产生的毁损、灭失及正常耗损的风险与责任，或由第三方承运人造成的损失，由乙方承担。

第十四条 货物在交接过磅与清点验收后,毁损、灭失及正常耗损的风险与责任,由甲方承担。

八、仓储费用的承担

第十五条 因甲方逾期到达指定交货地点,造成乙方产生的临时仓储成本费用,应由甲方承担。

九、货物结算与价款支付

第十六条 双方在货物交付后三个工作日内根据货物的等级、单价、数量进行结算,甲方在结算后三个工作日内将款项直接汇入乙方指定的收款银行账户,账户信息如下:

开户银行:______________________________

户　　名:______________________________

账　　号:______________________________

第十七条 除第十六条规定的银行汇款支付外,以下三种支付方式双方均予认可:(一)支付宝转账;(二)微信转账;(三)现金支付。

十、定金条款

第十八条 双方约定定金为:人民币__________元(大写:________元)。

第十九条 定金的支付时间为本合同生效后三个工作日内支付。

第二十条 双方在结算本合同约定价款时,定金在最后一期支付价款时冲抵;乙方无正当事由拒绝提供本合同约定的货物时,乙方应向甲方支付双倍定金;甲方无正当事由拒绝收购乙方货物的,除不能要求退回定金外,还应向乙方赔偿货物价格下跌的损失。

十一、违约责任

第二十一条 非乙方原因,甲方延期付款的,每迟延一日,甲方按日向乙方支付迟延付款金额1‰的违约金,直至款项付清之日止,乙方可以顺延交付货物。

第二十二条 若乙方未能按本合同约定时间及方式将全部货物交付至甲方指定地点,每迟延一日,乙方按日向甲方支付逾期交付货物价款1‰的违约金,直至全部货物交付之日止。

第二十三条 一方接受对方逾期履行的,不视为对其违约行为的认可,仍然有权追究其违约责任,还有权解除合同。

第二十四条 在对方未履行义务前,一方按照合同的约定履行自己的义务的,不等于认可对方已经履行了先前的义务或同意对方可以不再履行其义务。

第二十五条 因出现不可预见、不可避免、不可克服的事件,导致本合同无法有效及时履行的,相互不承担违约责任。但是,遭遇不可抗力方应当立即通过电话、微信等方式通知对方,并在通知后的三日内将不可抗力的书面有效证明及本合同无法有效及时履行的书面理由提交给对方确认。否则应当承担相应的违约责任。

十二、合同的变更、解除

第二十六条 双方经协商一致,可以变更、解除合同。

第二十七条 任何一方违反本合同任何条款约定的,在对方催告后十五个工作日内没有改正为全面履行的,守约方有权书面通知违约方解除合同,且有权要求违约方赔偿相当于合同总额 5% 的违约金及所遭受的损失(包括但不限于直接损失、可得利益、律师费用等全部损失)。

第二十八条 一方只主张违约责任,没有主张解除合同的,合同应当继续履行。一方收到解除合同的通知后,对解除有异议的,应当在十五日内向法定机关提出,否则,视为对解除无异议。

十三、争议解决方式

第二十九条 本合同在履行中产生争议,双方友好协商解决,若协商不成,任何一方均可向有关部门申请调解,也有权在原告住所地或居住地人民法院起诉解决。双方还可以约定提交仲裁机构裁决。

十四、附则

第三十条 双方在签订本合同时,应提供经核实的身份证明和相应资质证明文件的复印件作为合同附件。

第三十一条 变更住所地(居住地)、代表人(联系人)、电话等联络方式的,变更方应在变更后 24 小时内以书面方式通知对方。否则视为本合同载明的联络方式继续有效,微信和短信内容也作为双方来往文件。通知、诉讼文书等文件以邮寄方式发送的,将文件按有效联络方式交给经营特快专递的单位邮寄后,邮件被签收或拒收均视为已经送达。

第三十二条 本合同的标题仅为便于阅读和对合同内容的理解,不作为确定双方权利义务的条款。

第三十三条 本合同自双方签章之日起生效。一式四份,甲乙双方各持两份,具有同等法律效力。

(以下无正文)

甲　方(签名捺印)/(盖章):　　　　乙　方(签名捺印)/(盖章):

代表人(签名):　　　　代表人(签名):

年　月　日　　　　年　月　日

本合同签订地点:____________________

茶叶买卖合同

合同编号:GDHT013A

甲方(买方):______________________________

统一社会信用代码/身份证号:______________________________

住所地/居住地:______________________________

联系人:____________________　电话:____________________

微信号:____________________　电子邮箱:____________________

乙方(卖方):______________________________

统一社会信用代码/身份证号:______________________

住所地/居住地:______________________________

联系人:______________　电话:______________

微信号:______________　电子邮箱:______________

甲乙双方根据《中华人民共和国合同法》及相关法律法规的规定,在平等互利的基础上,经充分友好协商,自愿达成以下协议,以资遵守执行。

一、货物名称与描述

第一条　货物名称:×××(产地+品种)茶叶

二、货物等级标准与价格

第二条　茶叶等级标准

项目＼等级	特级	一级	二级	三级	四级
香气	清香持久	清香尚持久	清香	尚清香	纯正
滋味	鲜醇甘爽	鲜醇爽口	尚鲜	尚醇	尚醇
汤色	嫩绿明亮,清澈	嫩绿明亮	绿明亮	尚绿明亮	黄绿明亮
叶底	芽叶细嫩成朵,匀齐,嫩绿明亮	细嫩成朵,嫩绿明亮	尚细嫩成朵,绿明亮	尚成朵,有嫩单片,浅绿尚明亮	尚嫩匀,稍有青张,尚绿明
其他要求	无霉变,无劣变,无污染,无异味,货物洁净,不得着色,不得夹杂非茶类物质				

第三条　货物的价格

(一)特级茶叶:________元/市斤;

(二)一级茶叶:________元/市斤;

(三)二级茶叶:________元/市斤;

(四)三级茶叶:________元/市斤;

(五)四级茶叶:________元/市斤。

第四条　逾期交货的,遇价格上涨时,按原价格执行;遇价格下跌时,按新价格执行。逾期提货或逾期付款的,遇价格上涨时,按新价格执行;遇价格下跌时,按原价格执行。

三、货物装载、运输、卸载

第五条　货物由乙方负责装载、运输和卸载。

四、交货地点

第六条　双方约定货物交货地点:______________________________

第七条　甲方如要求变更交货地点,应在合同规定的交货期限前三个工作日通知乙方,以便乙方调整车(船)计划,因此增加的费用由甲方承担。

五、交付批次与期限

第八条　乙方收到甲方定金后,约定于______年____月____日开始交付货物,分____批交付,于______年____月____日前交付完成。

六、交付方式与货物验收

第九条 货物交货方式：由乙方或乙方指定人员将货物运送到甲方指定地点卸载后交付给甲方过磅验收，甲方准备接收货物的场地与称量设施，装卸费用由乙方支付并承担。

第十条 甲方对乙方提供的货物进行清点、验收，查验货物品种、规格、数量；双方共同确认产品过磅重量与等级，甲方开具接收货物明细单据给乙方。法律规定需要强制进行检验、检疫的，乙方同时提供检验、检疫合格证明。

第十一条 甲方对货物质量提出异议的时限为收到货物之日起三个工作日内，并须以书面方式提出。否则，视为无异议。

七、货物风险的转移

第十二条 货物在交付前，装载与运输过程中产生的毁损、灭失及正常耗损的风险与责任，或由第三方承运人造成的损失，由乙方承担。

第十三条 货物在交接过磅与清点验收后，毁损、灭失及正常耗损的风险与责任，由甲方承担。

八、仓储费用的承担

第十四条 如乙方提前交货至甲方指定场所，则甲方有权拒收；或者接收后因此产生的临时保管费用，甲方可向乙方收取实际产生的成本费用。

九、货物结算与价款支付

第十五条 双方在货物交付后三个工作日内根据货物的等级、单价、数量进行结算，甲方在结算后三个工作日内将款项直接汇入乙方指定的收款银行账户，账户信息如下：

开户银行：____

户　　名：____

账　　号：____

第十六条 除前条规定的银行汇款支付外，以下三种支付方式双方均予认可：

（一）支付宝转账；（二）微信转账；（三）现金支付。

十、定金条款

第十七条 双方约定定金为：人民币__________元（大写：________元）。

第十八条 定金的支付时间为本合同生效后三个工作日内支付。

第十九条 定金在最后一期支付价款时冲抵；乙方无正当事由拒绝提供货物时，乙方向甲方支付双倍定金；甲方无正当事由拒收货物的，除不能要求退回定金外，还应向乙方赔偿货物价格下跌的损失和运输费用等全部损失。

十一、违约责任

第二十条 非乙方原因，甲方延期付款的，每迟延一日，甲方按日向乙方支付迟延付款金额 1‰的违约金，直至款项付清之日止，乙方可以顺延交付货物。

第二十一条 若乙方未能按本合同约定时间及方式将全部货物交付至甲方指定地点，每迟延一日，乙方按日向甲方支付逾期交付货物价款 1‰的违约金，直至全部货物交付之日止。

第二十二条 一方接受对方逾期履行的，不视为对其违约行为的认可，仍然有权追究其违约责任,还有权解除合同。

第二十三条　在对方未履行义务前,一方按照合同的约定履行自己的义务的,不等于认可对方已经履行了先前的义务或同意对方可以不再履行其义务。

第二十四条　因出现不可预见、不可避免、不可克服的事件,导致本合同无法有效及时履行的,相互不承担违约责任。但是,遭遇不可抗力方应当立即通过电话、微信等方式通知对方,并在通知后的三日内将不可抗力的书面有效证明及本合同无法有效及时履行的书面理由提交给对方确认。否则应当承担相应的违约责任。

十二、合同的变更、解除

第二十五条　双方经协商一致,可以变更、解除合同。

第二十六条　任何一方违反本合同任何条款约定的,在对方催告后十五个工作日内没有改正为全面履行的,守约方有权书面通知违约方解除合同,且有权要求违约方赔偿相当于合同总额5%的违约金及所遭受的损失(包括但不限于直接损失、可得利益、律师费用等全部损失)。

第二十七条　一方只主张违约责任,没有主张解除合同的,合同应当继续履行。一方收到解除合同的通知后,对解除有异议的,应当在十五日内向法定机关提出,否则,视为对解除无异议。

十三、争议解决方式

第二十八条　本合同的约定和履行中产生的争议,双方友好协商解决,若协商不成,任何一方均可向有关部门申请调解,也有权在原告住所地或居住地人民法院起诉解决。双方还可以约定提交仲裁机构裁决。

十四、附则

第二十九条　双方在签订本合同时,应提供经核实的身份证明和相应资质证明文件的复印件作为合同附件。

第三十条　变更住所地(居住地)、代表人(联系人)、电话等联络方式的,变更方应在变更后24小时内以书面方式通知对方。否则视为本合同载明的联络方式继续有效,微信和短信内容也作为双方来往文件。通知、诉讼文书等文件以邮寄方式发送的,将文件按有效联络方式交给经营特快专递的单位邮寄后,邮件被签收或拒收均视为已经送达。

第三十一条　本合同的标题仅为便于阅读和对合同内容的理解,不作为确定双方权利义务的条款。

第三十二条　本合同自双方签章之日起生效。一式四份,甲乙双方各持两份,具有同等法律效力。

(以下无正文)

甲　方(签名捺印)/(盖章):	乙　方(签名捺印)/(盖章):
代表人(签名):	代表人(签名):
年　月　日	年　月　日

本合同签订地点:____________________

茶叶买卖合同

合同编号:GDHT013B

甲方(买方):______________________________

统一社会信用代码/身份证号:______________________

住所地/居住地:______________________________

联系人:________________　电话:________________

微信号:________________　电子邮箱:________________

乙方(卖方):______________________________

统一社会信用代码/身份证号:______________________

住所地/居住地:______________________________

联系人:________________　电话:________________

微信号:________________　电子邮箱:________________

甲乙双方根据《中华人民共和国合同法》及相关法律法规的规定,在平等互利的基础上,经充分友好协商,自愿达成以下协议,以资遵守执行。

一、货物名称与描述

第一条　货物名称:×××(产地+品种)茶叶

二、货物等级标准与价格

第二条　茶叶等级标准

项目＼等级	特级	一级	二级	三级	四级
香气	清香持久	清香尚持久	清香	尚清香	纯正
滋味	鲜醇甘爽	鲜醇爽口	尚鲜	尚醇	尚醇
汤色	嫩绿明亮,清澈	嫩绿明亮	绿明亮	尚绿明亮	黄绿明亮
叶底	芽叶细嫩成朵,匀齐,嫩绿明亮	细嫩成朵,嫩绿明亮	尚细嫩成朵,绿明亮	尚成朵,有嫩单片,浅绿尚明亮	尚嫩匀,稍有青张,尚绿明
其他要求	无霉变,无劣变,无污染,无异味,货物洁净,不得着色,不得夹杂非茶类物质				

第三条　货物的价格

(一)特级茶叶:________元/市斤;

(二)一级茶叶:________元/市斤;

(三)二级茶叶:________元/市斤;

(四)三级茶叶:________元/市斤;

(五)四级茶叶:________元/市斤。

第四条　逾期交货的,遇价格上涨时,按原价格执行;遇价格下跌时,按新价格执行。逾期提货或逾期付款的，遇价格上涨时，按新价格执行；遇价格下跌时，按原价格执行。

三、货物装载、运输、卸载

第五条　本合同标的物由甲方负责装载与运输及卸载，乙方仅负责将货物从己方居住地或住所地运送到附近的交货地点。

四、交货地点

第六条　双方约定货物交货地点：________________________________

第七条　甲方如要求变更交货地点，应在合同规定的交货期限前三个工作日通知乙方，以便乙方调整养殖库存计划，因此增加的费用由甲方承担。

五、交付批次与期限

第八条　乙方收到甲方定金后，于______年____月____日开始交付货物，分____批交付，于______年____月____日前交付完成。

六、交付方式与货物验收

第九条　货物交货方式：由甲方或甲方指定人员到乙方茶场或仓储地附近清点货物并过磅验收，甲方自行准备接收货物的车辆与称量设施，包括卸载人员与费用。

第十条　甲方对乙方提供的货物进行清点、验收，查验货物品种、规格、数量；双方共同确认产品过磅重量与等级，甲方开具接收货物明细单据给乙方。法律规定需要强制进行检验、检疫的，乙方同时提供检验、检疫合格证明。

第十一条　甲方对货物质量提出异议的时限为收到货物之日起三个工作日内，并须以书面方式提出。否则，视为无异议。

七、货物风险的转移

第十二条　货物在交付前，装载与运输过程中产生的毁损、灭失及正常耗损的风险与责任，或由第三方承运人造成的损失，由乙方承担。

第十三条　货物在交接过磅与清点验收后，毁损、灭失及正常耗损的风险与责任，由甲方承担。

八、仓储费用的承担

第十四条　因甲方逾期到达指定交货地点，造成乙方产生的临时保管成本费用，应由甲方承担。

九、货物结算与价款支付

第十五条　双方在货物交付后三个工作日内根据货物的等级、单价、数量进行结算，甲方在结算后三个工作日内将款项直接汇入乙方指定的收款银行账户，账户信息如下：

开户银行：________________________________

户　　名：________________________________

账　　号：________________________________

第十六条　除前条规定的银行汇款支付外，以下三种支付方式双方均予认可：

（一）支付宝转账；（二）微信转账；（三）现金支付。

十、定金条款

第十七条　双方约定定金为：人民币__________元（大写：________元）。

第十八条 定金的支付时间为本合同生效后三个工作日内支付。

第十九条 定金在最后一期支付价款时冲抵;乙方无正当事由拒绝提供货物时,乙方向甲方支付双倍定金;甲方无正当事由拒收货物的,除不能要求退回定金外,还应向乙方赔偿货物价格下跌的损失和运输费用等全部损失。

十一、违约责任

第二十条 非乙方原因,甲方延期付款的,每迟延一日,甲方按日向乙方支付迟延付款金额 1‰的违约金,直至款项付清之日止,乙方可以顺延交付货物。

第二十一条 若乙方未能按本合同约定时间及方式将全部货物交付至甲方指定地点,每迟延一日,乙方按日向甲方支付逾期交付货物价款 1‰的违约金,直至全部货物交付之日止。

第二十二条 一方接受对方逾期履行的,不视为对其违约行为的认可,仍然有权追究其违约责任,还有权解除合同。

第二十三条 在对方未履行义务前,一方按照合同的约定履行自己的义务的,不等于认可对方已经履行了先前的义务或同意对方可以不再履行其义务。

第二十四条 因出现不可预见、不可避免、不可克服的事件,导致本合同无法有效及时履行的,相互不承担违约责任。但是,遭遇不可抗力方应当立即通过电话、微信等方式通知对方,并在通知后的三日内将不可抗力的书面有效证明及本合同无法有效及时履行的书面理由提交给对方确认。否则应当承担相应的违约责任。

十二、合同的变更、解除

第二十五条 双方经协商一致,可以变更、解除合同。

第二十六条 任何一方违反本合同任何条款约定的,在对方催告后十五个工作日内没有改正为全面履行的,守约方有权书面通知违约方解除合同,且有权要求违约方赔偿相当于合同总额 5% 的违约金及所遭受的损失(包括但不限于直接损失、可得利益、律师费用等全部损失)。

第二十七条 一方只主张违约责任,没有主张解除合同的,合同应当继续履行。一方收到解除合同的通知后,对解除有异议的,应当在十五日内向法定机关提出,否则,视为对解除无异议。

十三、争议解决方式

第二十八条 本合同的约定和履行中产生的争议,双方友好协商解决,若协商不成,任何一方均可向有关部门申请调解,也有权在原告住所地或居住地人民法院起诉解决。双方还可以约定提交仲裁机构裁决。

十四、附则

第二十九条 双方在签订本合同时,应提供经核实的身份证明和相应资质证明文件的复印件作为合同附件。

第三十条 变更住所地(居住地)、代表人(联系人)、电话等联络方式的,变更方应在变更后 24 小时内以书面方式通知对方。否则视为本合同载明的联络方式继续有效,微信和短信内容也作为双方来往文件。通知、诉讼文书等文件以邮寄方式发送的,将文件按有效联络方式交给经营特快专递的单位邮寄后，邮件被签收或拒收均视为已经送达。

第三十一条 本合同的标题仅为便于阅读和对合同内容的理解，不作为确定双方权利义务的条款。

第三十二条 本合同自双方签章之日起生效。一式四份，甲乙双方各持两份，具有同等法律效力。

（以下无正文）

甲 方（签名捺印）/（盖章）： 乙 方（签名捺印）/（盖章）：
代表人（签名）： 代表人（签名）：
年 月 日 年 月 日

本合同签订地点：____________________

干辣椒买卖合同

合同编号：GDHT014A

甲方（买方）：____________________
统一社会信用代码/身份证号：____________________
住所地/居住地：____________________
联系人：____________________ 电话：____________________
微信号：____________________ 电子邮箱：____________________
乙方（卖方）：____________________
统一社会信用代码/身份证号：____________________
住所地/居住地：____________________
联系人：____________________ 电话：____________________
微信号：____________________ 电子邮箱：____________________

甲乙双方根据《中华人民共和国合同法》及相关法律法规的规定，在平等互利的基础上，经充分友好协商，自愿达成以下协议，以资遵守执行。

一、货物名称与描述

第一条 ×××（产地）×××（干辣椒）

第二条 双方买卖的干辣椒系指鲜辣椒经脱水晒干或烘干后带把的红辣椒。

二、货物等级标准与价格

第三条 干辣椒等级标准

(一)货物质量感官标准

品名		干辣椒		
项目		一级	二级	三级
感观指标	色泽	色泽鲜红或深红色,有光泽	色泽鲜红或深红色,有光泽	色泽鲜红或深红色,有光泽
	形态	辣椒大小均匀	辣椒大小均匀	辣椒大小基本均匀
	气味	有辣椒特有香气,无不良气味	有辣椒特有香气,无不良气味	有辣椒特有香气,无不良气味
	滋味	辣度适中,无不良滋味	辣度适中,无不良滋味	辣度适中,无不良滋味
	杂质	去梗去蒂,无外来杂质 杂质≤0.5%	去梗去蒂,无外来杂质 杂质≤1.0%	去梗去蒂,无外来杂质 杂质≤1.5%
	霉变	无腐烂变质,霉变椒≤2.0%	无腐烂变质,霉变椒≤5.0%	无腐烂变质,霉变椒≤8.0%
	异色椒/花斑椒	异色椒/花斑椒≤5.0%	异色椒/花斑椒≤10.0%	异色椒/花斑椒≤15.0%
农药及重金属残留量		应符合 NY5005—2001 农业行业标准要求		

(二)货物质量理化标准

项目		指标
线椒	水分(%)	≤14
板椒	水分(%)	≤18

第四条 货物价格

(一)一级干辣椒:________元/市斤;

(二)二级干辣椒:________元/市斤;

(三)三级干辣椒:________元/市斤。

第五条 逾期交货的,遇价格上涨时,按原价格执行;遇价格下跌时,按新价格执行。逾期提货或逾期付款的,遇价格上涨时,按新价格执行;遇价格下跌时,按原价格执行。

三、货物装载、运输、卸载

第六条 货物由乙方负责装载、运输和卸载。

四、交货地点

第七条 双方约定货物交货地点:____

第八条 甲方如要求变更交货地点,应在合同规定的交货期限前三个工作日通知乙方,以便乙方调整车(船)计划,因此增加到费用由甲方承担。

五、交付批次与期限

第九条 乙方收到甲方定金后,于______年____月____日开始交付货物,分____批交付,于______年____月____日前交付完成。

六、交付方式与货物验收

第十条 货物交货方式:由乙方或乙方指定人员将货物运送到甲方指定地点卸载后交付给甲方过磅验收,甲方准备接收货物的场地与称量设施,装卸费用由乙方支付并承担。

第十一条　甲方对乙方提供的货物进行清点、验收，查验货物品种、规格、数量；双方共同确认货物过磅重量与等级，甲方开具接收货物明细单据给乙方。法律规定需要强制进行检验、检疫的，乙方同时提供检验、检疫合格证明。

第十二条　甲方对货物质量提出异议的时限为收到货物之日起三个工作日内，并须以书面方式提出。否则，视为无异议。

七、货物风险的转移

第十三条　货物在交付前，装载与运输过程中产生的毁损、灭失及正常耗损的风险与责任，或由第三方承运人造成的损失，由乙方承担。

第十四条　货物在交接过磅与清点验收后，毁损、灭失及正常耗损的风险与责任，由甲方承担。

八、仓储费用的承担

第十五条　如乙方提前交货至甲方指定场所，则甲方有权拒收；或者接收后因此产生的临时保管费用，甲方可向乙方收取实际产生的成本费用。

九、货物结算与价款支付

第十六条　双方在货物交付后三个工作日内日根据货物的等级、单价、数量进行结算，甲方在结算后三个工作日内日将款项直接汇入乙方指定的收款银行账户，账户信息如下：

开户银行：____

户　　名：____

账　　号：____

第十七条　除前条规定的银行汇款支付外，以下三种支付方式双方均予认可：

（一）支付宝转账；（二）微信转账；（三）现金支付。

十、定金条款

第十八条　双方约定定金为：人民币__________元（大写：________元）。

第十九条　定金的支付时间为本合同生效后三个工作日内支付。

第二十条　定金在最后一期支付价款时冲抵；乙方无正当事由拒绝提供货物时，乙方向甲方支付双倍定金；甲方无正当事由拒收货物的，除不能要求退回定金外，还应向乙方赔偿货物价格下跌的损失和运输费用等全部损失。

十一、违约责任

第二十一条　非乙方原因，甲方延期付款的，每迟延一日，甲方按日向乙方支付迟延付款金额<u>1‰</u>的违约金，直至款项付清之日止，乙方有权相应迟延交付货物。

第二十二条　若乙方未能按本合同约定时间及方式将全部货物交付至甲方指定地点，每迟延一日，乙方按日向甲方支付逾期交付货物总价<u>1‰</u>的违约金，直至全部货物交付之日止。

第二十三条　一方接受对方逾期履行的，不视为对其违约行为的认可，仍然有权追究其违约责任，还有权解除合同。

第二十四条　在对方未履行义务前，一方按照合同约定履行自己的义务的，不等于认可对方已经履行了先前的义务或同意对方可以不再履行其义务。

第二十五条 因出现不可预见、不可避免、不可克服的事件，导致本合同无法有效及时履行的，相互不承担违约责任。但是，遭遇不可抗力方应当立即通过电话、微信等方式通知对方，并在通知后的三日内将不可抗力的书面有效证明及本合同无法有效及时履行的书面理由提交给对方确认。否则应当承担相应的违约责任。

十二、合同的变更、解除

第二十六条 双方经协商一致，可以变更、解除本合同。

第二十七条 任何一方违反本合同任何条款约定的，在对方催告后十五个工作日内没有改正为全面履行的，守约方有权书面通知违约方解除合同，且有权要求违约方赔偿相当于合同总额5%的违约金及所遭受的损失（包括但不限于直接损失、可得利益、律师费用等全部损失）。

第二十八条 一方只主张违约责任，没有主张解除合同的，合同应当继续履行。一方收到解除合同的通知后，对解除有异议的，应当在十五个工作日内向法定机关提出，否则，视为对解除无异议。

十三、争议解决方式

第二十九条 本合同在履行中产生争议，双方友好协商解决，若协商不成，任何一方均可向有关部门申请调解，也有权在原告住所地或居住地人民法院起诉解决。双方还可以约定提交仲裁机构裁决。

十四、附则

第三十条 双方在签订本合同时，应当提供经核实的身份证明和相应资质证明文件的复印件作为合同附件。

第三十一条 住所地（居住地）、代表人（联系人）、电话等联络方式如有变更，变更的一方应在变更后24小时内以书面方式通知对方。否则视为本合同载明的联络方式继续有效，微信和短信内容也作为双方来往文件。通知、诉讼文书等文件以邮寄方式发送的，将文件按有效联络方式交给经营特快专递的单位邮寄后，邮件被签收或拒收均视为已经送达。

第三十二条 本合同的标题仅为便于阅读和对合同内容的理解，不作为确定双方权利义务的条款。

第三十三条 本合同自双方签章之日起生效。一式四份，甲乙双方各持两份，具有同等法律效力。

（以下无正文）

甲　方（签名捺印）/（盖章）：	乙　方（签名捺印）/（盖章）：
代表人（签名）：	代表人（签名）：
年　月　日	年　月　日

本合同签订地点：______________

干辣椒买卖合同

合同编号：GDHT014B

甲方(买方)：＿＿＿＿＿＿＿＿＿＿＿＿＿＿＿＿＿＿＿＿＿＿＿＿

统一社会信用代码/身份证号：＿＿＿＿＿＿＿＿＿＿＿＿＿＿＿＿＿＿

住所地/居住地：＿＿＿＿＿＿＿＿＿＿＿＿＿＿＿＿＿＿＿＿＿＿＿

联系人：＿＿＿＿＿＿＿＿＿＿＿＿　电话：＿＿＿＿＿＿＿＿＿＿＿＿

微信号：＿＿＿＿＿＿＿＿＿＿　电子邮箱：＿＿＿＿＿＿＿＿＿＿＿＿

乙方(卖方)：＿＿＿＿＿＿＿＿＿＿＿＿＿＿＿＿＿＿＿＿＿＿＿＿

统一社会信用代码/身份证号：＿＿＿＿＿＿＿＿＿＿＿＿＿＿＿＿＿＿

住所地/居住地：＿＿＿＿＿＿＿＿＿＿＿＿＿＿＿＿＿＿＿＿＿＿＿

联系人：＿＿＿＿＿＿＿＿＿＿＿＿　电话：＿＿＿＿＿＿＿＿＿＿＿＿

微信号：＿＿＿＿＿＿＿＿＿＿　电子邮箱：＿＿＿＿＿＿＿＿＿＿＿＿

甲乙双方根据《中华人民共和国合同法》及相关法律法规的规定，在平等互利的基础上，经充分友好协商，自愿达成以下协议，以资遵守执行。

一、货物名称与描述

第一条　×××(产地)×××干辣椒

第二条　双方买卖的干辣椒系指鲜辣椒经脱水晒干或烘干后带把的红辣椒。

二、货物等级标准与价格

第三条　干辣椒等级标准

(一)货物质量感官标准

品　　名		干辣椒		
项目		一级	二级	三极
感观指标	色泽	色泽鲜红或深红色，有光泽	色泽鲜红或深红色，有光泽	色泽鲜红或深红色，有光泽
	形态	辣椒大小均匀	辣椒大小均匀	辣椒大小基本均匀
	气味	有辣椒特有香气，无不良气味	有辣椒特有香气，无不良气味	有辣椒特有香气，无不良气味
	滋味	辣度适中，无不良滋味	辣度适中，无不良滋味	辣度适中，无不良滋味
	杂质	去梗去蒂，无外来杂质 杂质≤0.5%	去梗去蒂，无外来杂质 杂质≤1.0%	去梗去蒂，无外来杂质 杂质≤1.5%
	霉变	无腐烂变质，霉变椒≤2.0%	无腐烂变质，霉变椒≤5.0%	无腐烂变质，霉变椒≤8.0%
	异色椒/花斑椒	异色椒/花斑椒≤5.0%	异色椒/花斑椒≤10.0%	异色椒/花斑椒≤15.0%
农药及重金属残留量		应符合 NY5005—2001 农业行业标准要求		

（二）货物质量理化标准

项目		指标
线椒	水分（%）	≤14
板椒	水分（%）	≤18

第四条 货物的价格

（一）一级干辣椒：________元/市斤；

（二）二级干辣椒：________元/市斤；

（三）三级干辣椒：________元/市斤。

第五条 逾期交货的，遇价格上涨时，按原价格执行；遇价格下跌时，按新价格执行。逾期提货或逾期付款的，遇价格上涨时，按新价格执行；遇价格下跌时，按原价格执行。

三、货物装载、运输、卸载

第六条 货物由甲方负责装载、运输及卸载，乙方仅负责将货物从养殖场运送到养殖场附近的交货地点。

四、交货地点

第七条 双方约定货物交货地点：________________________________

第八条 甲方如要求变更交货地点，应在合同规定的交货期限前三个工作日通知乙方，以便乙方调整库存计划。并由甲方承担因此增加的费用。

五、交付批次与期限

第九条 乙方收到甲方定金后，于______年____月____日开始交付货物，分____批交付，于______年____月____日前交付完成。

六、交付方式与货物验收

第十条 货物交货方式：由乙方或乙方指定人员将货物运送到甲方指定地点卸载后交付给甲方过磅验收，甲方准备接收货物的场地与称量设施，装卸费用由乙方承担。

第十一条 甲方对乙方提供的货物进行清点、验收，查验货物品种、质量；双方共同确认货物过磅重量与货物等级，甲方开具接收货物明细单据给乙方。法律规定需要强制进行检验、检疫的，乙方同时提供检验、检疫合格证明。

第十二条 甲方对货物质量提出异议的时限为收到货物之日起三个工作日内，并须以书面方式提出。否则，视为无异议。

七、货物风险的转移

第十三条 货物在交付前，装载与运输过程中产生的毁损、灭失及正常耗损的风险与责任，或由第三方承运人造成的损失，由乙方承担。

第十四条 货物在交接过磅与清点验收后，毁损、灭失及正常耗损的风险与责任，由甲方承担。

八、仓储费用的承担

第十五条 如因甲方逾期到达交货地点，造成乙方产生的临时保管成本费用，应由甲方承担。

九、货物结算与价款支付

第十六条　双方在货物交付后三个工作日内根据货物的等级、单价、数量进行结算，甲方在结算后三个工作日内将款项直接汇入乙方指定的收款银行账户，账户信息如下：

开户银行：____

户　　名：____

账　　号：____

第十七条　除第十六条规定的银行汇款支付外，以下三种支付方式双方均予认可：

（一）支付宝转账；（二）微信转账；（三）现金支付。

十、定金条款

第十八条　双方约定定金为：人民币__________元（大写：________元）。

第十九条　定金的支付时间为本合同生效后三个工作日内支付。

第二十条　双方在结算本合同约定价款时，定金在最后一期支付价款时冲抵；乙方无正当事由拒绝提供本合同约定的货物时，乙方应向甲方支付双倍定金；甲方无正当事由拒绝收购乙方货物的，除不能要求退回定金外，还应向乙方赔偿货物价格跌价的损失。

十一、违约责任

第二十一条　非乙方原因，甲方延期付款的，每迟延一日，甲方按日向乙方支付迟延付款金额1‰的违约金，直至款项付清之日止，乙方可以顺延交付货物。

第二十二条　若乙方未能按本合同约定时间及方式将全部货物交付至甲方指定地点，每迟延一日，乙方按日向甲方支付逾期交付货物价款1‰的违约金，直至全部货物交付之日止。

第二十三条　任何一方违反本合同任何条款约定的，在对方催告后十五个工作日内没有改正为全面履行的，守约方有权书面通知违约方解除合同，且有权要求违约方赔偿相当于合同总额5%的违约金及所遭受的损失（包括但不限于直接损失、可得利益、律师费用等全部损失）。

第二十四条　一方接受对方逾期履行的，不视为对其违约行为的认可，仍然有权追究其违约责任，还有权解除合同。

第二十五条　在对方未履行义务前，一方按照合同的约定履行自己的义务的，不等于认可对方已经履行了先前的义务或同意对方可以不再履行其义务。

第二十六条　因出现不可预见、不可避免、不可克服的事件，导致本合同无法有效及时履行的，相互不承担违约责任。但是，遭遇不可抗力方应当立即通过电话、微信等方式通知对方，并在通知后的三日内将不可抗力的书面有效证明及本合同无法有效及时履行的书面理由提交给对方确认。否则应当承担相应的违约责任。

十二、合同的变更、解除

第二十七条　双方经协商一致，可以变更、解除合同。

第二十八条　一方只主张违约责任，没有主张解除合同的，合同应当继续履行。一方收到解除合同的通知后，对解除有异议的，应当在十五个工作日内向法定机关提出，否则，视为对解除无异议。

十三、争议解决方式

第二十九条 本合同的约定和履行中产生的争议，双方友好协商解决，若协商不成，任何一方均可向有关部门申请调解，也有权在原告住所地或居住地人民法院起诉解决。双方还可以约定提交仲裁机构裁决。

十四、附则

第三十条 双方在签订本合同时，应当提供经核实的身份证明和相应资质证明文件的复印件作为合同附件。

第三十一条 变更住所地（居住地）、代表人（联系人）、电话等联络方式的，变更方应在变更后24小时内以书面方式通知对方。否则视为本合同载明的联络方式继续有效，微信和短信内容也作为双方来往文件。通知、诉讼文书等文件以邮寄方式发送的，将文件按有效联络方式交给经营特快专递的单位邮寄后，邮件被签收或拒收均视为已经送达。

第三十二条 本合同的标题仅为便于阅读和对合同内容的理解，不作为确定双方权利义务的条款。

第三十三条 本合同自双方签章之日起生效。一式四份，甲乙双方各持两份，具有同等法律效力。

（以下无正文）

甲　方（签名捺印）/（盖章）：　　　　乙　方（签名捺印）/（盖章）：
代表人（签名）：　　　　代表人（签名）：
年　月　日　　　　年　月　日

本合同签订地点：____________________

特色大米买卖合同

合同编号：GDHT015A

甲方（买方）：____________________
统一社会信用代码/身份证号：____________________
住所地/居住地：____________________
联系人：____________________　电话：____________________
微信号：____________________　电子邮箱：____________________
乙方（卖方）：____________________
统一社会信用代码/身份证号：____________________
住所地/居住地：____________________
联系人：____________________　电话：____________________
微信号：____________________　电子邮箱：____________________

根据《中华人民共和国合同法》及相关法律法规的规定，甲乙双方在平等互利的基础上，经充分友好协商一致，自愿达成以下协议，以资遵守执行。

一、货物名称

第一条 双方买卖货物：×××(产地+品种)大米

二、货物的规格与价格

第二条 大米等级标准

等级／项目	特等	标准一等	标准二等	标准三等
加工精度	背沟有皮，粒面米皮基本去净的占85%以上	背沟有皮，粒面留皮不超过1/5的占80%以上	背沟有皮，粒面留皮不超过1/3的占75%以上	背沟有皮，粒面留皮不超过1/2的占70%以上

第三条 货物价格

(一)特等大米：________元/市斤；

(二)标准一等大米：________元/市斤；

(三)标准二等大米：________元/市斤；

(四)标准三等大米：________元/市斤。

第四条 逾期交货的，遇价格上涨时，按原价格执行；遇价格下跌时，按新价格执行。逾期提货或逾期付款的，遇价格上涨时，按新价格执行；遇价格下跌时，按原价格执行。

三、货物装载、运输、卸载

第五条 货物由乙方负责装载、运输和卸载。

四、交货地点

第六条 双方约定货物交货地点：________________________________

第七条 甲方如要求变更交货地点，应在合同规定的交货期限前三个工作日通知乙方，以便乙方调整车(船)计划，因此增加的费用由甲方承担。

五、交付批次与期限

第八条 乙方收到甲方定金后，于______年____月____日开始交付货物，分____批交付，于______年____月____日前交付完成。

六、交付方式与货物验收

第九条 货物交货方式：由乙方或乙方指定人员将货物运送到甲方指定地点卸载后交付给甲方过磅验收，甲方准备接收货物的场地与称量设施，装卸费用由乙方承担。

第十条 甲方对乙方提供的货物进行清点、验收，查验货物品种、规格、数量；双方共同确认货物过磅重量与等级，甲方开具接收货物明细单据给乙方。法律规定需要强制进行检验、检疫的，乙方同时提供检验、检疫合格证明。

第十一条 甲方对货物质量提出异议的时限为收到货物之日起三个工作日内，且须以书面方式提出。否则，视为无异议。

七、货物风险的转移

第十二条 货物在交付前，装载与运输过程中产生的毁损、灭失及正常耗损的风险与责任失及正常耗损的风险与责任,或由第三方承运人造成的损失,由乙方承担。

第十三条 货物在交接过磅与清点验收后,毁损、灭失及正常耗损的风险与责任,由甲方承担。

八、仓储费用的承担

第十四条 如乙方提前交货至甲方指定场所,则甲方有权拒收;或者接收后因此产生的临时保管费用,甲方可向乙方收取实际产生的成本费用。

九、货物结算与价款支付

第十五条 双方在货物交付后三个工作日内根据货物的等级、单价、数量进行结算,甲方在结算后三个工作日内将款项直接汇入乙方指定的收款银行账户,账户信息如下:

开户银行:____________________

户　　名:____________________

账　　号:____________________

第十六条 除前条规定的银行汇款支付外,以下三种支付方式双方均予认可:

(一)支付宝转账;(二)微信转账;(三)现金支付。

十、定金条款

第十七条 双方约定定金为:人民币________元(大写:________元)。

第十八条 定金的支付时间为本合同生效后三个工作日内支付。

第十九条 定金在最后一期支付价款时冲抵;乙方无正当事由拒绝提供货物时,乙方向甲方支付双倍定金;甲方无正当事由拒收货物的,除不能要求退回定金外,还应向乙方赔偿货物价格下跌的损失和运输费用等全部损失。

十一、违约责任

第二十条 非乙方原因,甲方延期付款的,每迟延一日,甲方按日向乙方支付迟延付款金额 1‰的违约金,直至款项付清之日止,乙方有权相应迟延交付货物。

第二十一条 若乙方未能按本合同约定时间及方式将全部货物交付至甲方指定地点,每迟延一日,乙方按日向甲方支付逾期交付货物总价 1‰的违约金,直至全部货物交付之日止。

第二十二条 一方接受对方逾期履行的,不视为对其违约行为的认可,仍然有权追究其违约责任,还有权解除合同。

第二十三条 在对方未履行义务前,一方按照合同约定履行自己的义务的,不等于认可对方已经履行了先前的义务或同意对方可以不再履行其义务。

第二十四条 因出现不可预见、不可避免、不可克服的事件,导致本合同无法有效及时履行的,双方互不承担违约责任。但是遭遇不可抗力方应立即通过电话、微信等方式通知对方,并在通知后的三个工作日内将不可抗力的书面有效证明及本合同无法有效及时履行的书面理由提交给对方确认;否则遭受不可抗力方需承担相应的违约责任。

十二、合同的变更、解除

第二十五条 双方经协商一致,可以变更、解除本合同。

第二十六条 任何一方违反本合同任何条款约定的,在对方催告后十五个工作日内没有改正为全面履行的,守约方有权书面通知违约方解除合同,且有权要求违约方赔偿相当于合同总额 5% 的违约金及所遭受的损失(包括但不限于直接损失、可得利益、律师费用等全部损失)。

第二十七条 一方只主张违约责任,没有主张解除合同的,合同应当继续履行。一方收到解除合同的通知后,对解除有异议的,应当在十五个工作日内向法定机关提出,否则,视为对解除无异议。

十三、争议解决方式

第二十八条 本合同的约定和履行中产生的争议,双方友好协商解决,若协商不成,任何一方均可向有关部门申请调解,也有权在原告住所地或居住地人民法院起诉解决。双方还可以约定提交仲裁机构裁决。

十四、附则

第二十九条 双方在本合同签订时,应提供经核实的身份证明和相应的资质证明文件的复印件作为合同附件。

第三十条 变更住所地(居住地)、代表人(联系人)、电话等联络方式的,变更方应在变更后 24 小时内以书面方式通知对方。否则视为本合同载明的联络方式继续有效,微信和短信内容也作为双方来往文件。通知、诉讼文书等文件以邮寄方式发送的,将文件按有效联络方式交给经营特快专递的单位邮寄后,邮件被签收或拒收均视为已经送达。

第三十一条 本合同的标题仅为便于阅读和对合同内容的理解,不作为确定双方权利义务的条款。

第三十二条 本合同自双方签章之日起生效。一式四份,甲乙双方各持两份,具有同等法律效力。

(以下无正文)

甲 方(签名捺印)/(盖章): 乙 方(签名捺印)/(盖章):
代表人(签名): 代表人(签名):
年 月 日 年 月 日

本合同签订地点:____________________

特色大米买卖合同

合同编号:GDHT015B

甲方(买方):____________________
统一社会信用代码/身份证号:____________________
住所地/居住地:____________________
联系人:____________________ 电话:____________________

微信号：________________ 电子邮箱：________________

乙方（卖方）：________________________________

统一社会信用代码/身份证号：________________________

住所地/居住地：________________________________

联系人：________________ 电话：________________

微信号：________________ 电子邮箱：________________

根据《中华人民共和国合同法》及相关法律法规的规定，甲乙双方在平等互利的基础上，经充分友好协商一致，自愿达成以下协议，以资遵守执行。

一、货物名称

第一条 双方买卖货物：×××（产地＋品种）大米

二、货物的规格与价格

第二条 大米等级标准

等级 项目	特等	标准一等	标准二等	标准三等
加工精度	背沟有皮，粒面米皮基本去净的占85%以上	背沟有皮，粒面留皮不超过1/5的占80%以上	背沟有皮，粒面留皮不超过1/3的占75%以上	背沟有皮，粒面留皮不超过1/2的占70%以上

第三条 货物价格

（一）特等大米：________元/市斤；

（二）标准一等大米：________元/市斤；

（三）标准二等大米：________元/市斤；

（四）标准三等大米：________元/市斤。

第四条 逾期交货的，遇价格上涨时，按原价格执行；遇价格下跌时，按新价格执行。逾期提货或逾期付款的，遇价格上涨时，按新价格执行；遇价格下跌时，按原价格执行。

三、货物装载、运输、卸载

第五条 货物由甲方负责装载、运输和卸载。

四、交货地点

第六条 双方约定货物交货地点：________________________

第七条 甲方如要求变更交货地点，应在合同规定的交货期限前三个工作日通知乙方，以便乙方调整库存计划，因此增加的费用由甲方承担。

五、交付批次与期限

第八条 乙方收到甲方定金后，于______年____月____日开始交付货物，分____批交付，于______年____月____日前交付完成。

六、交付方式与货物验收

第九条 货物交货方式：由甲方或甲方指定人员清点货物并过磅验收，甲方自行准备接收货物的场地与设施，包括卸载人员与费用。

第十条 甲方对乙方提供的货物进行清点、验收，查验货物品种、规格、数量；双方共同确认货物过磅重量与等级，甲方开具接收货物明细单据给乙方。法律规定需要强制进行检验、检疫的，乙方同时提供检验、检疫合格证明。

第十一条 甲方对货物质量提出异议的时限为收到货物之日起三个工作日内，并须以书面方式提出。否则，视为无异议。

七、货物风险的转移

第十二条 货物在交付前，装载与运输过程中产生的毁损、灭失及正常耗损的风险与责任失及正常耗损的风险与责任，或由第三方承运人造成的损失，由乙方承担。

第十三条 货物在交接过磅与清点验收后，毁损、灭失及正常耗损的风险与责任，由甲方承担。

八、仓储费用的承担

第十四条 如因甲方逾期到达交货地点，造成乙方产生的临时保管成本费用，应由甲方承担。

九、货物结算与价款支付

第十五条 双方在货物交付后三个工作日内根据货物的等级、单价、数量进行结算，甲方在结算后三个工作日内将应付的款项直接汇入本条载明的乙方账户。乙方指定的收款银行账户信息如下：

开户银行：____

户　　名：____

账　　号：____

第十六条 除前条规定的银行汇款支付外，以下三种支付方式双方均予认可：

（一）现金支付；（二）微信转账；（三）支付宝转账。

十、定金条款

第十七条 双方约定定金为：人民币__________元（大写：________元）。

第十八条 定金的支付时间为本合同生效后三个工作日内支付。

第十九条 双方在结算本合同约定价款时，定金在最后一期支付价款时冲抵；乙方无正当事由拒绝提供本合同约定的货物时，乙方应向甲方支付双倍定金；甲方无正当事由拒绝收购乙方货物的，除不能要求退回定金外，还应向乙方赔偿货物价格下跌的损失。

十一、违约责任

第二十条 非乙方原因，甲方延期付款的，每迟延一日，甲方按日向乙方支付迟延付款金额1‰的违约金，直至款项付清之日止，乙方有权相应迟延交付货物。

第二十一条 若乙方未能按本合同约定时间及方式将全部货物交付至甲方指定地点，每迟延一日，乙方按日向甲方支付逾期交付货物总价1‰的违约金，直至全部货物交付之日止。

第二十二条 一方接受对方逾期履行的，不视为对其违约行为的认可，仍然有权追究其违约责任，还有权解除合同。

第二十三条 在对方未履行义务前，一方按照合同约定履行自己的义务的，不等于认可对方已经履行了先前的义务或同意对方可以不再履行其义务。

第二十四条 因出现不可预见、不可避免、不可克服的事件，导致本合同无法有效及时履行的，双方互不承担违约责任。但是遭遇不可抗力方应立即通过电话、微信等方式通知对方，并在通知后的三个工作日内将不可抗力的书面有效证明及本合同无法有效及时履行的书面理由提交给对方确认；否则遭受不可抗力方需承担相应的违约责任。

十二、合同的变更、解除

第二十五条 双方经协商一致，可以变更、解除本合同。

第二十六条 任何一方违反本合同任何条款约定的，在对方催告后十五个工作日内没有改正为全面履行的，守约方有权书面通知违约方解除合同，且有权要求违约方赔偿相当于合同总额 5% 的违约金及所遭受的损失（包括但不限于直接损失、可得利益、律师费用等全部损失）。

第二十七条 一方只主张违约责任，没有主张解除合同的，合同应当继续履行。一方收到解除合同的通知后，对解除有异议的，应当在十五个工作日内向法定机关提出，否则，视为对解除无异议。

十三、争议解决方式

第二十八条 本合同的约定和履行中产生的争议，双方友好协商解决，若协商不成，任何一方均可向有关部门申请调解，也有权在原告住所地或居住地人民法院起诉解决。双方还可以约定提交仲裁机构裁决。

十四、附则

第二十九条 双方在本合同签订时，应提供经核实的身份证明和相应的资质证明文件的复印件作为合同附件。

第三十条 变更住所地（居住地）、代表人（联系人）、电话等联络方式的，变更方应在变更后 24 小时内以书面方式通知对方。否则视为本合同载明的联络方式继续有效，微信和短信内容也作为双方来往文件。通知、诉讼文书等文件以邮寄方式发送的，将文件按有效联络方式交给经营特快专递的单位邮寄后，邮件被签收或拒收均视为已经送达。

第三十一条 本合同的标题仅为便于阅读和对合同内容的理解，不作为确定双方权利义务的条款。

第三十二条 本合同自双方签章之日起生效。一式四份，甲乙双方各持两份，具有同等法律效力。

（以下无正文）

甲　方（签名捺印）/（盖章）：　　　　乙　方（签名捺印）/（盖章）：

代表人（签名）：　　　　代表人（签名）：

年　月　日　　　　年　月　日

本合同签订地点：____________________

玉米买卖合同

合同编号:GDHT016A

甲方(买方):________________

统一社会信用代码/身份证号:________________

住所地/居住地:________________

联系人:________________　电话:________________

微信号:________________　电子邮箱:________________

乙方(卖方):________________

统一社会信用代码/身份证号:________________

住所地/居住地:________________

联系人:________________　电话:________________

微信号:________________　电子邮箱:________________

根据《中华人民共和国合同法》及相关法律法规的规定,甲乙双方在平等互利的基础上,经充分友好协商一致,自愿达成以下协议,以资遵守执行。

一、货物名称

第一条　双方买卖货物:×××(地方+品种)玉米

二、货物的规格与价格

第二条　玉米等级标准

等级 项目	A级	B级	C级	不合格
水分(%)	≤13.0	13.1~14.0	14.1~15.0	≥15.1
含杂率(%)	≤0.5	0.6~1.0	1.1~1.9	≥2.0
感官性状	籽粒整齐、均匀,色泽呈黄色,无霉变,无虫蛀,无异味、异嗅,无污染等	色泽呈黄色,籽粒不均,无霉变,无虫蛀,无异味、异嗅,无污染等	色杂,籽粒不均,有极少部分霉变、虫蛀粒,有轻微异味、异嗅,无污染等	色杂,籽粒不均,有部分霉变,虫蛀,有异味、异嗅,有污染等

第三条　货物的价格

(一)A级玉米:________元/市斤;

(二)B级玉米:________元/市斤;

(三)C级玉米:________元/市斤。

第四条　逾期交货的,遇价格上涨时,按原价格执行;遇价格下跌时,按新价格执行。逾期提货或逾期付款的,遇价格上涨时,按新价格执行;遇价格下跌时,按原价格执行。

三、货物装载、运输、卸载

第五条　货物由乙方负责装载、运输和卸载。

四、交货地点

第六条 双方约定货物交货地点：________________________

第七条 甲方如要求变更交货地点，应在合同规定的交货期限前三个工作日通知乙方，以便乙方调整车（船）计划，因此增加的费用由甲方承担。

五、交付批次与期限

第八条 乙方收到甲方定金后，于______年____月____日开始交付货物，分____批交付，于______年____月____日前交付完成。

六、交付方式与货物验收

第九条 货物交货方式：由乙方或乙方指定人员将货物运送到甲方指定地点卸载后交付给甲方过磅验收，甲方准备接收货物的场地与称量设施，装卸费用由乙方承担。

第十条 甲方对乙方提供的货物进行清点、验收，查验货物品种、规格、数量；双方共同确认货物过磅重量与等级，甲方开具接收货物明细单据给乙方。法律规定需要强制进行检验、检疫的，乙方同时提供检验、检疫合格证明。

第十一条 甲方对货物质量提出异议的时限为收到货物之日起三个工作日内，且须以书面方式提出。否则，视为无异议。

七、货物风险的转移

第十二条 货物在交付前，装载与运输过程中产生的毁损、灭失及正常耗损的风险与责任失及正常耗损的风险与责任，或由第三方承运人造成的损失，由乙方承担。

第十三条 货物在交接过磅与清点验收后，毁损、灭失及正常耗损的风险与责任，由甲方承担。

八、仓储费用的承担

第十四条 如乙方提前交货至甲方指定场所，则甲方有权拒收；或者接收后因此产生的临时保管费用，甲方可向乙方收取实际产生的成本费用。

九、货物结算与价款支付

第十五条 双方在货物交付后三个工作日内根据货物的等级、单价、数量进行结算，甲方在结算后三个工作日内将款项直接汇入乙方指定的收款银行账户，账户信息如下：

开户银行：________________________

户　　名：________________________

账　　号：________________________

第十六条 除前条规定的银行汇款支付外，以下四种支付方式双方均予认可：

（一）支付宝转账；（二）微信转账；（三）现金支付。

十、定金条款

第十七条 双方约定定金为：人民币__________元（大写：________元）。

第十八条 定金的支付时间为本合同生效后三个工作日内支付。

第十九条 定金在最后一期支付价款时冲抵；乙方无正当事由拒绝提供货物时，乙方向甲方支付双倍定金；甲方无正当事由拒收货物的，除不能要求退回定金外，还应向乙方赔偿货物价格下跌的损失和运输费用等全部损失。

十一、违约责任

第二十条　非乙方原因，甲方延期付款的，每迟延一日，甲方按日向乙方支付迟延付款金额 1‰的违约金，直至款项付清之日止，乙方有权相应迟延交付货物。

第二十一条　若乙方未能按本合同约定时间及方式将全部货物交付至甲方指定地点，每迟延一日，乙方按日向甲方支付逾期交付货物总价 1‰的违约金，直至全部货物交付之日止。

第二十二条　一方接受对方逾期履行的，不视为对其违约行为的认可，仍然有权追究其违约责任，还有权解除合同。

第二十三条　在对方未履行义务前，一方按照合同约定履行自己的义务的，不等于认可对方已经履行了先前的义务或同意对方可以不再履行其义务。

第二十四条　因出现不可预见、不可避免、不可克服的事件，导致本合同无法有效及时履行的，双方互不承担违约责任。但是遭遇不可抗力方应立即通过电话、微信等方式通知对方，并在通知后的三个工作日内将不可抗力的书面有效证明及本合同无法有效及时履行的书面理由提交给对方确认；否则遭受不可抗力方需承担相应的违约责任。

十二、合同的变更、解除

第二十五条　双方经协商一致，可以变更、解除本合同。

第二十六条　任何一方违反本合同任何条款约定的，在对方催告后十五个工作日内没有改正为全面履行的，守约方有权书面通知违约方解除合同，且有权要求违约方赔偿相当于合同总额 5% 的违约金及所遭受的损失（包括但不限于直接损失、可得利益、律师费用等全部损失）。

第二十七条　一方只主张违约责任，没有主张解除合同的，合同应当继续履行。一方收到解除合同的通知后，对解除有异议的，应当在十五个工作日内向法定机关提出，否则，视为对解除无异议。

十三、争议解决方式

第二十八条　本合同的约定和履行中产生的争议，双方友好协商解决，若协商不成，任何一方均可向有关部门申请调解，也有权在原告住所地或居住地人民法院起诉解决。双方还可以约定提交仲裁机构裁决。

十四、附则

第二十九条　双方在本合同签订时，应提供经核实的身份证明和相应的资质证明文件的复印件作为合同附件。

第三十条　变更住所地（居住地）、代表人（联系人）、电话等联络方式的，变更方应在变更后 24 小时内以书面方式通知对方。否则视为本合同载明的联络方式继续有效，微信和短信内容也作为双方来往文件。通知、诉讼文书等文件以邮寄方式发送的，将文件按有效联络方式交给经营特快专递的单位邮寄后，邮件被签收或拒收均视为已经送达。

第三十一条　本合同的标题仅为便于阅读和对合同内容的理解，不作为确定双方权利义务的条款。

第三十二条　本合同自双方签章之日起生效。一式四份，甲乙双方各持两份，具有同等法律效力。

（以下无正文）

甲　方（签名捺印）/（盖章）：　　　　　　　　乙　方（签名捺印）/（盖章）：
代表人（签名）：　　　　　　　　　　　　　　代表人（签名）：
年　月　日　　　　　　　　　　　　　　　　年　月　日

本合同签订地点：____________________

玉米买卖合同

合同编号：GDHT016B

甲方（买方）：____________________
统一社会信用代码/身份证号：____________________
住所地/居住地：____________________
联系人：__________ 电话：__________
微信号：__________ 电子邮箱：__________
乙方（卖方）：____________________
统一社会信用代码/身份证号：____________________
住所地/居住地：____________________
联系人：__________ 电话：__________
微信号：__________ 电子邮箱：__________

根据《中华人民共和国合同法》及相关法律法规的规定，甲乙双方在平等互利的基础上，经充分友好协商一致，自愿达成以下协议，以资遵守执行。

一、货物名称

第一条　双方买卖货物：×××（产地＋品种）玉米

二、货物的规格与价格

第二条　玉米等级标准

等级 项目	A级	B级	C级	不合格
水分（%）	≤13.0	13.1～14.0	14.1～15.0	≥15.1
含杂率（%）	≤0.5	0.6～1.0	1.1～1.9	≥2.0
感官性状	籽粒整齐、均匀，色泽呈黄色，无霉变，无虫蛀，无异味、异嗅，无污染等	色泽呈黄色，籽粒不均，无霉变，无虫蛀，无异味、异嗅，无污染等	色杂，籽粒不均，有极少部分霉变、虫蛀粒，有轻微异味、异嗅，无污染等	色杂，籽粒不均，有部分霉变、虫蛀粒，有异味、异嗅，有污染等

第三条 货物的价格

(一)A 级玉米:________元/市斤;

(二)B 级玉米:________元/市斤;

(三)C 级玉米:________元/市斤。

第四条 逾期交货的,遇价格上涨时,按原价格执行;遇价格下跌时,按新价格执行。逾期提货或逾期付款的,遇价格上涨时,按新价格执行;遇价格下跌时,按原价格执行。

三、货物装载、运输、卸载

第五条 货物由甲方负责装载、运输和卸载。

四、交货地点

第六条 双方约定货物交货地点:________________________________

第七条 甲方如要求变更交货地点,应在合同规定的交货期限前三个工作日通知乙方,以便乙方调整库存计划,因此增加的费用由甲方承担。

五、交付批次与期限

第八条 乙方收到甲方定金后,于______年____月____日开始交付货物,分____批交付,于______年____月____日前交付完成。

六、交付方式与货物验收

第九条 货物交货方式:由甲方或甲方指定人员清点货物并过磅验收,甲方自行准备接收货物的场地与设施,包括卸载人员与费用。

第十条 甲方对乙方提供的货物进行清点、验收,查验货物品种、规格、数量;双方共同确认货物过磅重量与等级,甲方开具接收货物明细单据给乙方。法律规定需要强制进行检验、检疫的,乙方同时提供检验、检疫合格证明。

第十一条 甲方对货物质量提出异议的时限为收到货物之日起三个工作日内,且须以书面方式提出。否则,视为无异议。

七、货物风险的转移

第十二条 货物在交付前,装载与运输过程中产生的毁损、灭失及正常耗损的风险与责任失及正常耗损的风险与责任,或由第三方承运人造成的损失,由乙方承担。

第十三条 货物在交接过磅与清点验收后,毁损、灭失及正常耗损的风险与责任,由甲方承担。

八、仓储费用的承担

第十四条 因甲方逾期到达指定交货地点,造成乙方产生的临时保管成本费用,应由甲方承担。

九、货物结算与价款支付

第十五条 双方在货物交付后三个工作日内根据货物的等级、单价、数量进行结算,甲方在结算后三个工作日内将应付的款项直接汇入本条载明的乙方账户。乙方指定的收款银行账户信息如下:

开户银行:________________________________

户　　名:________________________________

账　　号：______________________________

第十六条　除前条规定的银行汇款支付外，以下三种支付方式双方均予认可：

（一）支付宝转账；（二）微信转账；（三）现金支付。

十、定金条款

第十七条　双方约定定金为：人民币__________元（大写：________元）。

第十八条　定金的支付时间为本合同生效后三个工作日内支付。

第十九条　双方在结算本合同约定价款时，定金在最后一期支付价款时冲抵；乙方无正当事由拒绝提供本合同约定的货物时，乙方应向甲方支付双倍定金；甲方无正当事由拒绝收购乙方货物的，除不能要求退回定金外，还应向乙方赔偿货物价格下跌的损失。

十一、违约责任

第二十条　非乙方原因，甲方延期付款的，每迟延一日，甲方按日向乙方支付迟延付款金额1‰的违约金，直至款项付清之日止，乙方有权相应迟延交付货物。

第二十一条　若乙方未能按本合同约定时间及方式将全部货物交付至甲方指定地点，每迟延一日，乙方按日向甲方支付逾期交付货物总价1‰的违约金，直至全部货物交付之日止。

第二十二条　一方接受对方逾期履行的，不视为对其违约行为的认可，仍然有权追究其违约责任，还有权解除合同。

第二十三条　在对方未履行义务前，一方按照合同约定履行自己的义务的，不等于认可对方已经履行了先前的义务或同意对方可以不再履行其义务。

第二十四条　因出现不可预见、不可避免、不可克服的事件，导致本合同无法有效及时履行的，双方互不承担违约责任。但是遭遇不可抗力方应立即通过电话、微信等方式通知对方，并在通知后的三个工作日内将不可抗力的书面有效证明及本合同无法有效及时履行的书面理由提交给对方确认；否则遭受不可抗力方需承担相应的违约责任。

十二、合同的变更、解除

第二十五条　双方经协商一致，可以变更、解除本合同。

第二十六条　任何一方违反本合同任何条款约定的，在对方催告后十五个工作日内没有改正为全面履行的，守约方有权书面通知违约方解除合同，且有权要求违约方赔偿相当于合同总额5%的违约金及所遭受的损失（包括但不限于直接损失、可得利益、律师费用等全部损失）。

第二十七条　一方只主张违约责任，没有主张解除合同的，合同应当继续履行。一方收到解除合同的通知后，对解除有异议的，应当在十五个工作日内向法定机关提出，否则，视为对解除无异议。

十三、争议解决方式

第二十八条　本合同的约定和履行中产生的争议，双方友好协商解决，若协商不成，任何一方均可向有关部门申请调解，也有权在原告住所地或居住地人民法院起诉解决。双方还可以约定提交仲裁机构裁决。

十四、附则

第二十九条　双方在本合同签订时，应提供经核实的身份证明和相应的资质证明文件的复印件作为合同附件。

第三十条　变更住所地(居住地)、代表人(联系人)、电话等联络方式的,变更方应在变更后24小时内以书面方式通知对方。否则视为本合同载明的联络方式继续有效,微信和短信内容也作为双方来往文件。通知、诉讼文书等文件以邮寄方式发送的,将文件按有效联络方式交给经营特快专递的单位邮寄后,邮件被签收或拒收均视为已经送达。

第三十一条　本合同的标题仅为便于阅读和对合同内容的理解,不作为确定双方权利义务的条款。

第三十二条　本合同自双方签章之日起生效。一式四份,甲乙双方各持两份,具有同等法律效力。

(以下无正文)

甲　方(签名捺印)/(盖章):　　　　　　　　　　乙　方(签名捺印)/(盖章):
代表人(签名):　　　　　　　　　　　　　　　　代表人(签名):
　　　　　　年　月　日　　　　　　　　　　　　　　　　　　年　月　日

本合同签订地点:____________________

大豆买卖合同

合同编号:GDHT017A

甲方(买方):____
统一社会信用代码/身份证号:______________________________
住所地/居住地:____________________________________
联系人:____________________　电话:____________________
微信号:__________________　电子邮箱:____________________
乙方(卖方):____
统一社会信用代码/身份证号:______________________________
住所地/居住地:____________________________________
联系人:____________________　电话:____________________
微信号:__________________　电子邮箱:____________________

根据《中华人民共和国合同法》及相关法律法规的规定,甲乙双方在平等互利的基础上,经充分友好协商一致,自愿达成以下协议,以资遵守执行。

一、货物名称

第一条　双方买卖货物:×××(产地+品种)大豆

二、货物的规格与价格

第二条　大豆等级标准

等级 项目	一级	二级	三级	四级
完整粒率(%)	≥95.0	≥90.0	≥85.0	≥80.0
损伤粒率(%)	≤1.0	≤2.0	≤3.0	≤5.0
杂质含量(%)	≤1.0			
水分含量(%)	≤13.0			
色泽、气味	正常			

第三条 货物的价格

(一)一级大豆:________元/市斤;

(二)二级大豆:________元/市斤;

(三)三级大豆:________元/市斤;

(四)四级大豆:________元/市斤。

第四条 逾期交货的,遇价格上涨时,按原价格执行;遇价格下跌时,按新价格执行。逾期提货或逾期付款的,遇价格上涨时,按新价格执行;遇价格下跌时,按原价格执行。

三、货物装载、运输、卸载

第五条 货物由乙方负责装载、运输和卸载。

四、交货地点

第六条 双方约定货物交货地点:____

第七条 甲方如要求变更交货地点,应在合同规定的交货期限前三个工作日通知乙方,以便乙方调整车(船)计划,因此增加的费用由甲方承担。

五、交付批次与期限

第八条 乙方收到甲方定金后,于______年____月____日开始交付货物,分____批交付,于______年____月____日前交付完成。

六、交付方式与货物验收

第九条 货物交货方式:由甲方或甲方指定人员清点货物并过磅验收,甲方自行准备接收货物的场地与设施,包括卸载人员与费用。

第十条 甲方对乙方提供的货物进行清点、验收,查验货物品种、规格、数量;双方共同确认货物过磅重量与等级,甲方开具接收货物明细单据给乙方。法律规定需要强制进行检验、检疫的,乙方同时提供检验、检疫合格证明。

第十一条 甲方对货物质量提出异议的时限为收到货物之日起三个工作日内,且须以书面方式提出。否则,视为无异议。

七、货物风险的转移

第十二条 货物在交付前,装载与运输过程中产生的毁损、灭失及正常耗损的风险与责任失及正常耗损的风险与责任,或由第三方承运人造成的损失,由乙方承担。

第十三条 货物在交接过磅与清点验收后,毁损、灭失及正常耗损的风险与责任,由甲方承担。

八、仓储费用的承担

第十四条 如乙方提前交货至甲方指定场所，则甲方有权拒收；或者接收后因此产生的临时保管费用，甲方可向乙方收取实际产生的成本费用。

九、货物结算与价款支付

第十五条 双方在货物交付后三个工作日内根据货物的等级、单价、数量进行结算，甲方在结算后三个工作日内将应付的款项直接汇入本条载明的乙方账户。乙方指定的收款银行账户信息如下：

开户银行：____

户　　名：____

账　　号：____

第十六条 除前条规定的银行汇款支付外，以下三种支付方式双方均予认可：

（一）支付宝转账；（二）微信转账；（三）现金支付。

十、定金条款

第十七条 双方约定定金为：人民币__________元（大写：______元）。

第十八条 双方在结算本合同约定价款时，定金在最后一期支付价款时冲抵；乙方无正当事由拒绝提供本合同约定的货物时，乙方应向甲方支付双倍定金；甲方无正当事由拒绝收购乙方货物的，除不能要求退回定金外，还应向乙方赔偿货物价格下跌的损失。

十一、违约责任

第十九条 非乙方原因，甲方延期付款的，每迟延一日，甲方按日向乙方支付迟延付款金额 1‰的违约金，直至款项付清之日止，乙方有权相应迟延交付货物。

第二十条 若乙方未能按本合同约定时间及方式将全部货物交付至甲方指定地点，每迟延一日，乙方按日向甲方支付逾期交付货物总价 1‰的违约金，直至全部货物交付之日止。

第二十一条 一方接受对方逾期履行的，不视为对其违约行为的认可，仍然有权追究其违约责任，还有权解除合同。

第二十二条 在对方未履行义务前，一方按照合同约定履行自己的义务的，不等于认可对方已经履行了先前的义务或同意对方可以不再履行其义务。

第二十三条 因出现不可预见、不可避免、不可克服的事件，导致本合同无法有效及时履行的，双方互不承担违约责任。但是遭遇不可抗力方应立即通过电话、微信等方式通知对方，并在通知后的三个工作日内将不可抗力的书面有效证明及本合同无法有效及时履行的书面理由提交给对方确认；否则遭受不可抗力方需承担相应的违约责任。

十二、合同的变更、解除

第二十四条 双方经协商一致，可以变更、解除本合同。

第二十五条 任何一方违反本合同任何条款约定的，在对方催告后十五个工作日内没有改正为全面履行的，守约方有权书面通知违约方解除合同，且有权要求违约方赔偿相当于合同总额 5%的违约金及所遭受的损失（包括但不限于直接损失、可得利益、律师费用等全部损失）。

第二十六条 一方只主张违约责任,没有主张解除合同的,合同应当继续履行。一方收到解除合同的通知后,对解除有异议的,应当在十五个工作日内向法定机关提出,否则,视为对解除无异议。

十三、争议解决方式

第二十七条 本合同的约定和履行中产生的争议,双方友好协商解决,若协商不成,任何一方均可向有关部门申请调解,也有权在原告住所地或居住地人民法院起诉解决。双方还可以约定提交仲裁机构裁决。

十四、附则

第二十八条 双方在本合同签订时,应提供经核实的身份证明和相应的资质证明文件的复印件作为合同附件。

第二十九条 变更住所地(居住地)、代表人(联系人)、电话等联络方式的,变更方应在变更后24小时内以书面方式通知对方。否则视为本合同载明的联络方式继续有效,微信和短信内容也作为双方来往文件。通知、诉讼文书等文件以邮寄方式发送的,将文件按有效联络方式交给经营特快专递的单位邮寄后,邮件被签收或拒收均视为已经送达。

第三十条 本合同的标题仅为便于阅读和对合同内容的理解,不作为确定双方权利义务的条款。

第三十一条 本合同自双方签章之日起生效。一式四份,甲乙双方各持两份,具有同等法律效力。

(以下无正文)

甲　方(签名捺印)/(盖章):　　　　乙　方(签名捺印)/(盖章):

代表人(签名):　　　　代表人(签名):

年　月　日　　　　年　月　日

本合同签订地点:________________

大豆买卖合同

合同编号:GDHT017B

甲方(买方):________________

统一社会信用代码/身份证号:________________

住所地/居住地:________________

联系人:________________　电话:________________

微信号:________________　电子邮箱:________________

乙方(卖方):________________

统一社会信用代码/身份证号:________________

住所地/居住地：____

联系人：____________________ 电话：____________________

微信号：__________________ 电子邮箱：____________________

根据《中华人民共和国合同法》及相关法律法规的规定，甲乙双方在平等互利的基础上，经充分友好协商一致，自愿达成以下协议，以资遵守执行。

一、货物名称

第一条 双方买卖货物：×××(产地+品种)大豆

二、货物的规格与价格

第二条 大豆等级标准

项目＼等级	一级	二级	三级	四级
完整粒率(%)	≥95.0	≥90.0	≥85.0	≥80.0
损伤粒率(%)	≤1.0	≤2.0	≤3.0	≤5.0
杂质含量(%)	≤1.0			
水分含量(%)	≤13.0			
色泽、气味	正常			

第三条 货物的价格

(一)一级大豆：________元/市斤；

(二)二级大豆：________元/市斤；

(三)三级大豆：________元/市斤；

(四)四级大豆：________元/市斤。

第四条 逾期交货的，遇价格上涨时，按原价格执行；遇价格下跌时，按新价格执行。逾期提货或逾期付款的，遇价格上涨时，按新价格执行；遇价格下跌时，按原价格执行。

三、货物装载、运输、卸载

第五条 货物由甲方负责装载、运输和卸载。

四、交货地点

第六条 双方约定货物交货地点：________________________________

第七条 甲方如要求变更交货地点，应在合同规定的交货期限前三个工作日通知乙方，以便乙方调整库存计划，因此增加的费用由甲方承担。

五、交付批次与期限

第八条 乙方收到甲方定金后，于______年____月____日开始交付货物，分____批交付，于______年____月____日前交付完成。

六、交付方式与货物验收

第九条 货物交货方式：由甲方或甲方指定人员清点货物并过磅验收，甲方自行准备接收货物的场地与设施，包括卸载人员与费用。

第十条 甲方对乙方提供的货物进行清点、验收，查验货物品种、规格、数量；双方共同确认货物过磅重量与等级,甲方开具接收货物明细单据给乙方。法律规定需要强制进行检验、检疫的,乙方同时提供检验、检疫合格证明。

第十一条 甲方对货物质量提出异议的时限为收到货物之日起三个工作日内,且须以书面方式提出。否则,视为无异议。

七、货物风险的转移

第十二条 货物在交付前,装载与运输过程中产生的毁损、灭失及正常耗损的风险与责任失及正常耗损的风险与责任,或由第三方承运人造成的损失,由乙方承担。

第十三条 货物在交接过磅与清点验收后,毁损、灭失及正常耗损的风险与责任,由甲方承担。

八、仓储费用的承担

第十四条 如因甲方逾期到达交货地点,造成乙方产生的临时保管成本费用,应由甲方承担。

九、货物结算与价款支付

第十五条 双方在货物交付后三个工作日内根据货物的等级、单价、数量进行结算,甲方在结算后三个工作日内将应付的款项直接汇入本条载明的乙方账户。乙方指定的收款银行账户信息如下:

开户银行:________________________________

户　　名:________________________________

账　　号:________________________________

第十六条 除前条规定的银行汇款支付外,以下三种支付方式双方均予认可:

(一)支付宝转账;(二)微信转账;(三)现金支付。

十、定金条款

第十七条 双方约定定金为:人民币__________元(大写:________元)。

第十八条 双方在结算本合同约定价款时,定金在最后一期支付价款时冲抵;乙方无正当事由拒绝提供本合同约定的货物时,乙方应向甲方支付双倍定金;甲方无正当事由拒绝收购乙方货物的,除不能要求退回定金外,还应向乙方赔偿货物价格下跌的损失。

十一、违约责任

第十九条 非乙方原因,甲方延期付款的,每迟延一日,甲方按日向乙方支付迟延付款金额 1‰的违约金,直至款项付清之日止,乙方有权相应迟延交付货物。

第二十条 若乙方未能按本合同约定时间及方式将全部货物交付至甲方指定地点,每迟延一日,乙方按日向甲方支付逾期交付货物总价 1‰的违约金,直至全部货物交付之日止。

第二十一条 一方接受对方逾期履行的,不视为对其违约行为的认可,仍然有权追究其违约责任,还有权解除合同。

第二十二条 在对方未履行义务前,一方按照合同约定履行自己的义务的,不等于认可对方已经履行了先前的义务或同意对方可以不再履行其义务。

第二十三条 因出现不可预见、不可避免、不可克服的事件,导致本合同无法有效及时履行的，双方互不承担违约责任。但是遭遇不可抗力方应立即通过电话、微信等方式通知对方，并在通知后的三个工作日内将不可抗力的书面有效证明及本合同无法有效及时履行的书面理由提交给对方确认；否则遭受不可抗力方需承担相应的违约责任。

十二、合同的变更、解除

第二十四条　双方经协商一致，可以变更、解除本合同。

第二十五条　因乙方迟延交货超过三十日，甲方有权书面通知乙方单方解除合同，且有权要求乙方赔偿相当于合同总额 5% 的违约金。

第二十六条　任何一方违反本合同任何条款约定的，在对方催告后十五个工作日内没有改正为全面履行的，守约方有权书面通知违约方解除合同，且有权要求违约方赔偿相当于合同总额 5% 的违约金及所遭受的损失（包括但不限于直接损失、可得利益、律师费用等全部损失）。

第二十七条　一方只主张违约责任，没有主张解除合同的，合同应当继续履行。一方收到解除合同的通知后，对解除有异议的，应当在十五个工作日内向法定机关提出，否则，视为对解除无异议。

十三、争议解决方式

第二十八条　本合同的约定和履行中产生的争议，双方友好协商解决，若协商不成，任何一方均可向有关部门申请调解，也有权在原告住所地或居住地人民法院起诉解决。双方还可以约定提交仲裁机构裁决。

十四、附则

第二十九条　双方在本合同签订时，应提供经核实的身份证明和相应的资质证明文件的复印件作为合同附件。

第三十条　变更住所地（居住地）、代表人（联系人）、电话等联络方式的，变更方应在变更后 24 小时内以书面方式通知对方。否则视为本合同载明的联络方式继续有效，微信和短信内容也作为双方来往文件。通知、诉讼文书等文件以邮寄方式发送的，将文件按有效联络方式交给经营特快专递的单位邮寄后，邮件被签收或拒收均视为已经送达。

第三十一条　本合同的标题仅为便于阅读和对合同内容的理解，不作为确定双方权利义务的条款。

第三十二条　本合同自双方签章之日起生效。一式四份，甲乙双方各持两份，具有同等法律效力。

（以下无正文）

甲　方（签名捺印）/（盖章）：　　　　乙　方（签名捺印）/（盖章）：

代表人（签名）：　　　　代表人（签名）：

年　月　日　　　　年　月　日

本合同签订地点：________________

食用菌买卖合同

合同编号:GDHT018A

甲方(买方):______

统一社会信用代码/身份证号:______

住所地/居住地:______

联系人:______ 电话:______

微信号:______ 电子邮箱:______

乙方(卖方):______

统一社会信用代码/身份证号:______

住所地/居住地:______

联系人:______ 电话:______

微信号:______ 电子邮箱:______

根据《中华人民共和国合同法》及相关法律法规的规定,甲乙双方在平等互利的基础上,经充分友好协商一致,自愿达成以下协议,以资遵守执行。

一、货物名称

第一条 双方买卖货物:×××(产地+种类名)食用菌

二、货物标准与价格

第二条 货物的感官标准与理化标准

(一)货物按干品货与鲜品货要求如下:

项目	类型	
	干品	鲜品
形状	菇形正常、规整	菇形正常、规整、饱满
破损菇	≤10%(野生食用菌的破损菇≤15%)	≤5%(野生食用菌的破损菇≤10%)
松紧度	—	较实、有弹性
颜色	有正常食用菌的固有颜色	
大小	均匀一致	
气味	有正常食用菌特有的香味,无酸、臭、霉等异味	
虫蛀菇	无(野生食用菌的虫蛀菇≤1%)	
霉烂菇	无	
一般杂质	无(野生食用菌的杂质≤1%)	

(二)理化标准:按农业部关于菌类食品标准执行。

第三条 检验方法:手捏判断松紧度;鼻嗅判断气味;肉眼观察形状、颜色、大小;破损菇、霉烂菇、虫蛀菇的检测方法通过随机取样认定。

第四条　货物价格

干品食用菌单价：__________元/市斤；

鲜品食用菌单价：__________元/市斤。

第五条　逾期交货的，遇价格上涨时，按原价格执行；遇价格下跌时，按新价格执行。逾期提货或逾期付款的，遇价格上涨时，按新价格执行；遇价格下跌时，按原价格执行。

三、货物装载、运输、卸载

第六条　货物由乙方负责装载、运输和卸载。

四、交货地点

第七条　双方约定货物交货地点：______________________________

第八条　甲方如要求变更交货地点，应在合同规定的交货期限前三个工作日通知乙方，以便乙方调整车（船）计划，因此增加的费用由甲方承担。

五、交付批次与期限

第九条　乙方收到甲方定金后，于______年____月____日开始交付货物，分____批交付，于______年____月____日前交付完成。

六、交付方式与货物验收

第十条　货物交货方式：由甲方或甲方指定人员清点货物并过磅验收，甲方自行准备接收货物的场地与设施，包括卸载人员与费用。

第十一条　甲方对乙方提供的货物进行清点、验收，查验货物品种、规格、数量；双方共同确认货物过磅重量与等级，甲方开具接收货物明细单据给乙方。法律规定需要强制进行检验、检疫的，乙方同时提供检验、检疫合格证明。

第十二条　甲方对货物质量提出异议的时限为收到货物之日起三个工作日内，且须以书面方式提出。否则，视为无异议。

七、货物风险的转移

第十三条　货物在交付前，装载与运输过程中产生的毁损、灭失及正常耗损的风险与责任失及正常耗损的风险与责任，或由第三方承运人造成的损失，由乙方承担。

第十四条　货物在交接过磅与清点验收后，毁损、灭失及正常耗损的风险与责任，由甲方承担。

八、仓储费用的承担

第十五条　如乙方提前交货至甲方指定场所，则甲方有权拒收；或者接收后因此产生的临时保管费用，甲方可向乙方收取实际产生的成本费用。

九、货物结算与价款支付

第十六条　双方在货物交付后三个工作日内根据货物的等级、单价、数量进行结算，甲方在结算后三个工作日内将应付的款项直接汇入本条载明的乙方账户。乙方指定的收款银行账户信息如下：

开户银行：______________________________

户　　名：______________________________

账　　号：____

第十七条　除前条规定的银行汇款支付外，以下三种支付方式双方均予认可：

（一）支付宝转账；（二）微信转账；（三）现金支付。

十、定金条款

第十八条　双方约定定金为：人民币________元（大写：________元）。

第十九条　双方在结算本合同约定价款时，定金在最后一期支付价款时冲抵；乙方无正当事由拒绝提供本合同约定的货物时，乙方应向甲方支付双倍定金；甲方无正当事由拒绝收购乙方货物的，除不能要求退回定金外，还应向乙方赔偿货物价格下跌的损失。

十一、违约责任

第二十条　非乙方原因，甲方延期付款的，每迟延一日，甲方按日向乙方支付迟延付款金额1‰的违约金，直至款项付清之日止，乙方有权相应地迟延交付货物。

第二十一条　若乙方未能按本合同约定时间及方式将全部货物交付至甲方指定地点，按日计算，每迟延一日，应向甲方支付该批货物总价1‰的违约金，直至货物交付之日。

第二十二条　一方接受对方逾期履行的，不视为对其违约行为的认可，仍然有权追究其违约责任，还有权解除合同。

第二十三条　在对方未履行义务前，一方按照合同约定履行自己的义务的，不等于认可对方已经履行了先前的义务或同意对方可以不再履行其义务。

第二十四条　因出现不可预见、不可避免、不可克服的事件，导致本合同无法有效及时履行的，双方互不承担违约责任。但是遭遇不可抗力方应立即通过电话、微信等方式通知对方，并在通知后的三个工作日内将不可抗力的书面有效证明及本合同无法有效及时履行的书面理由提交给对方确认；否则遭受不可抗力方需承担相应的违约责任。

十二、合同的变更、解除

第二十五条　双方经协商一致，可以变更、解除本合同。

第二十六条　任何一方违反本合同任何条款约定的，在对方催告后十五个工作日内没有改正为全面履行的，守约方有权书面通知违约方解除合同，且有权要求违约方赔偿相当于合同总额5%的违约金及所遭受的损失（包括但不限于直接损失、可得利益、律师费用等全部损失）。

第二十七条　一方只主张违约责任，没有主张解除合同的，合同应当继续履行。一方收到解除合同的通知后，对解除有异议的，应当在十五个工作日内向法定机关提出，否则，视为对解除无异议。

十三、争议解决方式

第二十八条　本合同的约定和履行中产生的争议，双方友好协商解决，若协商不成，任何一方均可向有关部门申请调解，也有权在原告住所地或居住地人民法院起诉解决。双方还可以约定提交仲裁机构裁决。

十四、附则

第二十九条　双方在本合同签订时，应提供经核实的身份证明和相应的资质证明文件的复印件作为合同附件。

第三十条　变更住所地（居住地）、代表人（联系人）、电话等联络方式的，变更方应在变更后24小时内以书面方式通知对方。否则视为本合同载明的联络方式继续有效，微信和短信内容也作为双方来往文件。通知、诉讼文书等文件以邮寄方式发送的，将文件按有效联络方式交给经营特快专递的单位邮寄后，邮件被签收或拒收均视为已经送达。

第三十一条　本合同的标题仅为便于阅读和对合同内容的理解，不作为确定双方权利义务的条款。

第三十二条　本合同自双方签章之日起生效。一式四份，甲乙双方各持两份，具有同等法律效力。

（以下无正文）

甲　方（签名捺印）/（盖章）：　　　　乙　方（签名捺印）/（盖章）：
代表人（签名）：　　　　代表人（签名）：
年　月　日　　　　年　月　日

本合同签订地点：______________

食用菌买卖合同

合同编号：GDHT018B

甲方（买方）：______________
统一社会信用代码/身份证号：______________
住所地/居住地：______________
联系人：______________　电话：______________
微信号：______________　电子邮箱：______________
乙方（卖方）：______________
统一社会信用代码/身份证号：______________
住所地/居住地：______________
联系人：______________　电话：______________
微信号：______________　电子邮箱：______________

根据《中华人民共和国合同法》及相关法律法规的规定，甲乙双方在平等互利的基础上，经充分友好协商一致，自愿达成以下协议，以资遵守执行。

一、货物名称

第一条　双方买卖货物：×××（产地＋种类名）食用菌

二、货物标准与价格

第二条　货物的感官标准与理化标准

（一）货物按干品货与鲜品货要求如下：

项目	类型	
	干品	鲜品
形状	菇形正常、规整	菇形正常、规整、饱满
破损菇	≤10%（野生食用菌的破损菇≤15%）	≤5%（野生食用菌的破损菇≤10%）
松紧度	—	较实、有弹性
颜色	有正常食用菌的固有颜色	
大小	均匀一致	
气味	有正常食用菌特有的香味，无酸、臭、霉等异味	
虫蛀菇	无（野生食用菌的虫蛀菇≤1%）	
霉烂菇	无	
一般杂质	无（野生食用菌的杂质≤1%）	

（二）理化标准：按农业部关于菌类食品标准执行。

第三条 检验方法：手捏判断松紧度；鼻嗅判断气味；肉眼观察形状、颜色、大小；破损菇、霉烂菇、虫蛀菇的检测方法通过随机取样认定。

第四条 货物价格

干品食用菌单价：________元/市斤；

鲜品食用菌单价：________元/市斤。

第五条 逾期交货的，遇价格上涨时，按原价格执行；遇价格下跌时，按新价格执行。逾期提货或逾期付款的，遇价格上涨时，按新价格执行；遇价格下跌时，按原价格执行。

三、货物装载、运输、卸载

第六条 货物由甲方负责装载、运输和卸载。

四、交货地点

第七条 双方约定货物交货地点：________________________________

第八条 甲方如要求变更交货地点，应在合同规定的交货期限前三个工作日通知乙方，以便乙方调整库存计划，因此增加的费用由甲方承担。

五、交付批次与期限

第九条 乙方收到甲方定金后，于______年____月____日开始交付货物，分____批交付，于______年____月____日前交付完成。

六、交付方式与货物验收

第十条 货物交货方式：由甲方或甲方指定人员清点货物并过磅验收，甲方自行准备接收货物的车辆与设施，包括卸载人员与费用。

第十一条 甲方对乙方提供的货物进行清点、验收，查验货物品种、规格、数量；双方共同确认货物过磅重量与等级，甲方开具接收货物明细单据给乙方。法律规定需要强制进行检验、检疫的，乙方同时提供检验、检疫合格证明。

第十二条 甲方对货物质量提出异议的时限为收到货物之日起三个工作日内，且须以书面方式提出。否则，视为无异议。

七、货物风险的转移

第十三条 货物在交付前，装载与运输过程中产生的毁损、灭失及正常耗损的风险与责任失及正常耗损的风险与责任，或由第三方承运人造成的损失，由乙方承担。

第十四条　货物在交接过磅与清点验收后，毁损、灭失及正常耗损的风险与责任，由甲方承担。

八、仓储费用的承担

第十五条　因甲方逾期到达指定交货地点，造成乙方产生的临时保管成本费用，应由甲方承担。

九、货物结算与价款支付

第十六条　双方在货物交付后三个工作日内根据货物的等级、单价、数量进行结算，甲方在结算后三个工作日内将应付的款项直接汇入本条载明的乙方账户。乙方指定的收款银行账户信息如下：

开户银行：______________________________

户　　名：______________________________

账　　号：______________________________

第十七条　除前条规定的银行汇款支付外，以下三种支付方式双方均予认可：

（一）支付宝转账；（二）微信转账；（三）现金支付。

十、定金条款

第十八条　双方约定定金为：人民币__________元（大写：________元）。

第十九条　双方在结算本合同约定价款时，定金在最后一期支付价款时冲抵；乙方无正当事由拒绝提供本合同约定的货物时，乙方应向甲方支付双倍定金；甲方无正当事由拒绝收购乙方货物的，除不能要求退回定金外，还应向乙方赔偿货物价格下跌的损失。

十一、违约责任

第二十条　非乙方原因，甲方延期付款的，经乙方书面告知后十个工作日内仍未付款的，按日计算，每迟延一日，甲方应向乙方支付迟延付款金额 1‰的违约金，直至款项付清之日，但乙方不得以此为由迟延交付货物。

第二十一条　若乙方未能按本合同约定时间及方式将全部货物交付至甲方指定地点，每迟延一日，乙方按日向甲方支付逾期交付货物总价 1‰的违约金，直至全部货物交付之日止。

第二十二条　一方接受对方逾期履行的，不视为对其违约行为的认可，仍然有权追究其违约责任，还有权解除合同。

第二十三条　在对方未履行义务前，一方按照合同约定履行自己的义务的，不等于认可对方已经履行了先前的义务或同意对方可以不再履行其义务。

第二十四条　因出现不可预见、不可避免、不可克服的事件，导致本合同无法有效及时履行的，双方互不承担违约责任。但是遭遇不可抗力方应立即通过电话、微信等方式通知对方，并在通知后的三个工作日内将不可抗力的书面有效证明及本合同无法有效及时履行的书面理由提交给对方确认；否则遭受不可抗力方需承担相应的违约责任。

十二、合同的变更、解除

第二十五条　双方经协商一致，可以变更、解除本合同。

第二十六条 任何一方违反本合同任何条款约定的，在对方催告后十五个工作日内没有改正为全面履行的，守约方有权书面通知违约方解除合同，且有权要求违约方赔偿相当于合同总额 5% 的违约金及所遭受的损失（包括但不限于直接损失、可得利益、律师费用等全部损失）。

第二十七条 一方只主张违约责任，没有主张解除合同的，合同应当继续履行。一方收到解除合同的通知后，对解除有异议的，应当在十五个工作日内向法定机关提出，否则，视为对解除无异议。

十三、争议解决方式

第二十八条 本合同的约定和履行中产生的争议，双方友好协商解决，若协商不成，任何一方均有权在原告住所地或居住地人民法院起诉解决。双方还可以约定提交仲裁机构裁决。

十四、附则

第二十九条 双方在本合同签订时，应提供经核实的身份证明和相应的资质证明文件的复印件作为合同附件。

第三十条 住所地（居住地）、联系人、电话等的联络方式如有变更，变更的一方应在变更后 24 小时内以书面方式通知对方。否则视为本合同载明的联络方式继续有效，微信和短信内容也作为双方来往文件。通知、诉讼文书等文件以邮寄方式发送的，将文件按有效联络方式交给经营特快专递的单位邮寄后，邮件被签收或拒收均视为已经送达。

第三十一条 本合同的标题仅为便于阅读和对合同内容的理解，不作为确定双方权利义务的条款。

第三十二条 本合同自双方签章之日起生效。一式四份，甲乙双方各持两份，具有同等法律效力。

（以下无正文）

甲　方（签名捺印）/（盖章）：　　　　　　乙　方（签名捺印）/（盖章）：

代表人（签名）：　　　　　　　　　　　　代表人（签名）：

年　月　日　　　　　　　　　　　　　　　年　月　日

本合同签订地点：____________________

核桃买卖合同

合同编号：GDHT019A

甲方（买方）：____________________

统一社会信用代码/身份证号：____________________

住所地/居住地：____________________

联系人：________________________　电话：________________________
微信号：_____________________　电子邮箱：________________________
乙方（卖方）：____
统一社会信用代码/身份证号：______________________________________
住所地/居住地：____
联系人：________________________　电话：________________________
微信号：_____________________　电子邮箱：________________________

根据《中华人民共和国合同法》及相关法律法规的规定，甲乙双方在平等互利的基础上，经充分友好协商一致，自愿达成以下协议，以资遵守执行。

一、货物名称

第一条　双方买卖货物：×××（产地＋种类）核桃

二、货物的规格与价格

第二条　核桃等级标准

等级	感官性状
特级	核桃果形大小均匀，坚果横径不低于30毫米，平均单果质量不低于12.0克。外壳自然黄白色，果仁饱满、色黄白、涩味淡。出仁率达到53.0%，空壳果率不超过1.0%，破损果率不超过0.1%，含水率不高于8.0%，无黑斑果，易取整仁。粗脂肪含量不低于65.0%，蛋白质量达到14.0%
一级	核桃果形基本不一致，出仁率达到48.0%，空壳果率不超过2.0%，黑斑果率不超过0.1%，其他指标与特级果指标相同
二级	核桃果形基本一致，外壳自然黄白色，果仁较饱满、色黄白、涩味淡。坚果横径不低于28.0毫米，平均单果质量不低于10.0克，出仁率达到43.0%，空壳果率不超过2.0%，破损果率不超过0.2%，含水率不高于8.0%，黑斑果率不超过0.2%，易取半仁。粗脂肪含量不低于60.0%，蛋白质含量达到12.0%
三级	核桃无果形要求，外壳自然黄白色或黄褐色，果仁较饱满、色黄白色或浅琥珀色、稍涩。坚果横径不低于26.0毫米，平均单果质量不低于8.0克，出仁率达到38.0%，空壳果率不超过3.0%，破损果率不超过0.3%，含水率不高于8.0%，黑斑果率不超过0.3%，易取1/4仁。粗脂肪含量不低于60.0%，蛋白质含量达到10.0%

第三条　货物的价格

（一）特级核桃：________元/市斤；

（二）一级核桃：________元/市斤；

（三）二级核桃：________元/市斤；

（四）三级核桃：________元/市斤。

第四条　逾期交货的，遇价格上涨时，按原价格执行；遇价格下跌时，按新价格执行。逾期提货或逾期付款的，遇价格上涨时，按新价格执行；遇价格下跌时，按原价格执行。

三、货物装载、运输、卸载

第五条　货物由乙方负责装载、运输和卸载。

四、交货地点

第六条　双方约定货物交货地点：________________________________

第七条 甲方如要求变更交货地点,应在合同规定的交货期限前三个工作日通知乙方,以便乙方调整车(船)计划,因此增加的费用由甲方承担。

五、交付批次与期限

第八条 乙方收到甲方定金后,于______年____月____日开始交付货物,分____批交付,于______年____月____日前交付完成。

六、交付方式与货物验收

第九条 货物交货方式:由甲方或甲方指定人员清点货物并过磅验收,甲方自行准备接收货物的场地与设施,包括卸载人员与费用。

第十条 甲方对乙方提供的货物进行清点、验收,查验货物品种、规格、数量;双方共同确认货物过磅重量与等级,甲方开具接收货物明细单据给乙方。法律规定需要强制进行检验、检疫的,乙方同时提供检验、检疫合格证明。

第十一条 本核桃有地方标志与产地证明文件的,乙方应向甲方提供,否则甲方有权拒收。

第十二条 甲方对货物质量提出异议的时限为收到货物之日起三个工作日内,且须以书面方式提出。否则,视为无异议。

七、货物风险的转移

第十三条 货物在交付前,装载与运输过程中产生的毁损、灭失及正常耗损的风险与责任失及正常耗损的风险与责任,或由第三方承运人造成的损失,由乙方承担。

第十四条 货物在交接过磅与清点验收后,毁损、灭失及正常耗损的风险与责任,由甲方承担。

八、仓储费用的承担

第十五条 如乙方提前交货至甲方指定场所,则甲方有权拒收;或者接收后因此产生的临时保管费用,甲方可向乙方收取实际产生的成本费用。

九、货物结算与价款支付

第十六条 双方在货物交付后三个工作日内根据货物的等级、单价、数量进行结算,甲方在结算后三个工作日内将应付的款项直接汇入本条载明的乙方账户。乙方指定的收款银行账户信息如下:

开户银行:____

户　　名:____

账　　号:____

第十七条 除前条规定的银行汇款支付外,以下三种支付方式双方均予认可:

(一)支付宝转账;(二)微信转账;(三)现金支付。

十、定金条款

第十八条 双方约定定金为:人民币__________元(大写:________元)。

第十九条 双方在结算本合同约定价款时,定金在最后一期支付价款时冲抵;乙方无正当事由拒绝提供本合同约定的货物时,乙方应向甲方支付双倍定金;甲方无正当事由拒绝收购乙方货物的,除不能要求退回定金外,还应向乙方赔偿货物价格下跌的损失。

十一、违约责任

第二十条　非乙方原因，甲方延期付款的，经乙方书面告知后十个工作日内仍未付款的，按日计算，每迟延一日，甲方应向乙方支付迟延付款金额1‰的违约金，直至款项付清之日，但乙方不得以此为由迟延交付货物。

第二十一条　若乙方未能按本合同约定时间及方式将全部货物交付至甲方指定地点，每迟延一日，乙方按日向甲方支付逾期交付货物总价1‰的违约金，直至全部货物交付之日止。

第二十二条　一方接受对方逾期履行的，不视为对其违约行为的认可，仍然有权追究其违约责任，还有权解除合同。

第二十三条　在对方未履行义务前，一方按照合同约定履行自己的义务的，不等于认可对方已经履行了先前的义务或同意对方可以不再履行其义务。

第二十四条　因出现不可预见、不可避免、不可克服的事件，导致本合同无法有效及时履行的，双方互不承担违约责任。但是遭遇不可抗力方应立即通过电话、微信等方式通知对方，并在通知后的三个工作日内将不可抗力的书面有效证明及本合同无法有效及时履行的书面理由提交给对方确认；否则遭受不可抗力方需承担相应的违约责任。

十二、合同的变更、解除

第二十五条　双方经协商一致，可以变更、解除本合同。

第二十六条　任何一方违反本合同任何条款约定的，在对方催告后十五个工作日内没有改正为全面履行的，守约方有权书面通知违约方解除合同，且有权要求违约方赔偿相当于合同总额5%的违约金及所遭受的损失（包括但不限于直接损失、可得利益、律师费用等全部损失）。

第二十七条　一方只主张违约责任，没有主张解除合同的，合同应当继续履行。一方收到解除合同的通知后，对解除有异议的，应当在十五个工作日内向法定机关提出，否则，视为对解除无异议。

十三、争议解决方式

第二十八条　本合同的约定和履行中产生的争议，双方友好协商解决，若协商不成，任何一方均可向有关部门申请调解，也有权在原告住所地或居住地人民法院起诉解决。双方还可以约定提交仲裁机构裁决。

十四、附则

第二十九条　双方在本合同签订时，应提供经核实的身份证明和相应的资质证明文件的复印件作为合同附件。

第三十条　变更住所地（居住地）、代表人（联系人）、电话等联络方式的，变更方应在变更后24小时内以书面方式通知对方。否则视为本合同载明的联络方式继续有效，微信和短信内容也作为双方来往文件。通知、诉讼文书等文件以邮寄方式发送的，将文件按有效联络方式交给经营特快专递的单位邮寄后，邮件被签收或拒收均视为已经送达。

第三十一条　本合同的标题仅为便于阅读和对合同内容的理解，不作为确定双方权利义务的条款。

第三十二条 本合同自双方签章之日起生效。一式四份,甲乙双方各持两份,具有同等法律效力。

(以下无正文)

甲 方(签名捺印)/(盖章): 乙 方(签名捺印)/(盖章):
代表人(签名): 代表人(签名):
年 月 日 年 月 日

本合同签订地点:____________________

核桃买卖合同

合同编号:GDHT019B

甲方(买方):____________________
统一社会信用代码/身份证号:____________________
住所地/居住地:____________________
联系人:____________________ 电话:____________________
微信号:____________________ 电子邮箱:____________________
乙方(卖方):____________________
统一社会信用代码/身份证号:____________________
住所地/居住地:____________________
联系人:____________________ 电话:____________________
微信号:____________________ 电子邮箱:____________________

根据《中华人民共和国合同法》及相关法律法规的规定,甲乙双方在平等互利的基础上,经充分友好协商一致,自愿达成以下协议,以资遵守执行。

一、货物名称

第一条 双方买卖货物:×××(产地+种类)核桃

二、货物的规格与价格

第二条 核桃等级标准

等级	感官性状
特级	核桃果形大小均匀,坚果横径不低于30毫米,平均单果质量不低于12.0克。外壳自然黄白色,果仁饱满、色黄白、涩味淡。出仁率达到53.0%,空壳果率不超过1.0%,破损果率不超过0.1%,含水率不高于8.0%,无黑斑果,易取整仁。粗脂肪含量不低于65.0%,蛋白质量达到14.0%
一级	核桃果形基本不一致,出仁率达到48.0%,空壳果率不超过2.0%,黑斑果率不超过0.1%,其他指标与特级果指标相同

续表

等级	感官性状
二级	核桃果形基本一致,外壳自然黄白色,果仁较饱满、色黄白、涩味淡。坚果横径不低于28.0毫米,平均单果质量不低于10.0克,出仁率达到43.0%,空壳果率不超过2.0%,破损果率不超过0.2%,含水率不高于8.0%,黑斑果率不超过0.2%,易取半仁。粗脂肪含量不低于60.0%,蛋白质含量达到12.0%
三级	核桃无果形要求,外壳自然黄白色或黄褐色,果仁较饱满、色黄白色或浅琥珀色、稍涩。坚果横径不低于26.0毫米,平均单果质量不低于8.0克,出仁率达到38.0%,空壳果率不超过3.0%,破损果率不超过0.3%,含水率不高于8.0%,黑斑果率不超过0.3%,易取1/4仁。粗脂肪含量不低于60.0%,蛋白质含量达到10.0%

第三条 货物的价格

(一)特级核桃:________元/市斤;

(二)一级核桃:________元/市斤;

(三)二级核桃:________元/市斤;

(四)三级核桃:________元/市斤。

第四条 逾期交货的,遇价格上涨时,按原价格执行;遇价格下跌时,按新价格执行。逾期提货或逾期付款的,遇价格上涨时,按新价格执行;遇价格下跌时,按原价格执行。

三、货物装载、运输、卸载

第五条 货物由甲方负责装载、运输和卸载。

四、交货地点

第六条 双方约定货物交货地点:____

第七条 甲方如要求变更交货地点,应在合同规定的交货期限前三个工作日通知乙方,以便乙方调整库存计划,因此增加的费用由甲方承担。

五、交付批次与期限

第八条 乙方收到甲方定金后,于______年____月____日开始交付货物,分____批交付,于______年____月____日前交付完成。

六、交付方式与货物验收

第九条 货物交货方式:由甲方或甲方指定人员清点货物并过磅验收,甲方自行准备接收货物的车辆与设施,包括卸载人员与费用。

第十条 甲方对乙方提供的货物进行清点、验收,查验货物品种、规格、数量;双方共同确认货物过磅重量与等级,甲方开具接收货物明细单据给乙方。法律规定需要强制进行检验、检疫的,乙方同时提供检验、检疫合格证明。

第十一条 本核桃有地方标志与产地证明文件的,乙方应向甲方提供,否则甲方有权拒收。

第十二条 甲方对货物质量提出异议的时限为收到货物之日起三个工作日内,且须以书面方式提出。否则,视为无异议。

七、货物风险的转移

第十三条 货物在交付前,装载与运输过程中产生的毁损、灭失及正常耗损的风险与责任,或由第三方承运人造成的损失,由乙方承担。

第十四条 货物在交接过磅与清点验收后,毁损、灭失及正常耗损的风险与责任,由甲方承担。

八、仓储费用的承担

第十五条 因甲方逾期到达指定交货地点,造成乙方产生的临时保管成本费用,应由甲方承担。

九、货物结算与价款支付

第十六条 双方在货物交付后三个工作日内根据货物的等级、单价、数量进行结算,甲方在结算后三个工作日内将应付的款项直接汇入本条载明的乙方账户。乙方指定的收款银行账户信息如下:

开户银行:____

户　　名:____

账　　号:____

第十七条 除前条规定的银行汇款支付外,以下三种支付方式双方均予认可:

(一)支付宝转账;(二)微信转账;(三)现金支付。

十、定金条款

第十八条 双方约定定金为:人民币__________元(大写:________元)。

第十九条 定金的支付方式,按本合同第十六条、第十七条的约定。

第二十条 双方在结算本合同约定价款时,定金在最后一期支付价款时冲抵;乙方无正当事由拒绝提供本合同约定的货物时,乙方应向甲方支付双倍定金;甲方无正当事由拒绝收购乙方货物的,除不能要求退回定金外,还应向乙方赔偿货物价格下跌的损失。

十一、违约责任

第二十一条 非乙方原因,甲方延期付款的,经乙方书面告知后十个工作日内仍未付款的,按日计算,每迟延一日,甲方应向乙方支付迟延付款金额1‰的违约金,直至款项付清之日,但乙方不得以此为由迟延交付货物。

第二十二条 若乙方未能按本合同约定时间及方式将全部货物交付至甲方指定地点,每迟延一日,乙方按日向甲方支付逾期交付货物总价1‰的违约金,直至全部货物交付之日止。

第二十三条 一方接受对方逾期履行的,不视为对其违约行为的认可,仍然有权追究其违约责任,还有权解除合同。

第二十四条 在对方未履行义务前,一方按照合同约定履行自己的义务的,不等于认可对方已经履行了先前的义务或同意对方可以不再履行其义务。

第二十五条 因出现不可预见、不可避免、不可克服的事件,导致本合同无法有效及时履行的,双方互不承担违约责任。但是遭遇不可抗力方应立即通过电话、微信等方式通知对方,并在通知后的三个工作日内将不可抗力的书面有效证明及本合同无法有效及时履行的书面理由提交给对方确认;否则遭受不可抗力方需承担相应的违约责任。

十二、合同的变更、解除

第二十六条 双方经协商一致,可以变更、解除本合同。

第二十七条　任何一方违反本合同任何条款约定的，在对方催告后十五个工作日内没有改正为全面履行的，守约方有权书面通知违约方解除合同，且有权要求违约方赔偿相当于合同总额 5% 的违约金及所遭受的损失（包括但不限于直接损失、可得利益、律师费用等全部损失）。

第二十八条　一方只主张违约责任，没有主张解除合同的，合同应当继续履行。一方收到解除合同的通知后，对解除有异议的，应当在十五个工作日内向法定机关提出，否则，视为对解除无异议。

十三、争议解决方式

第二十九条　本合同的约定和履行中产生的争议，双方友好协商解决，若协商不成，任何一方均可向有关部门申请调解，也有权在原告住所地或居住地人民法院起诉解决。双方还可以约定提交仲裁机构裁决。

十四、附则

第三十条　双方在本合同签订时，应提供经核实的身份证明和相应的资质证明文件的复印件作为合同附件。

第三十一条　住所地（居住地）、联系人、电话等的联络方式如有变更，变更的一方应在变更后 24 小时内以书面方式通知对方。否则视为本合同载明的联络方式继续有效，微信和短信内容也作为双方来往文件。通知、诉讼文书等文件以邮寄方式发送的，将文件按有效联络方式交给经营特快专递的单位邮寄后，邮件被签收或拒收均视为已经送达。

第三十二条　本合同的标题仅为便于阅读和对合同内容的理解，不作为确定双方权利义务的条款。

第三十三条　本合同自双方签章之日起生效。一式四份，甲乙双方各持两份，具有同等法律效力。

（以下无正文）

甲　方（签名捺印）/（盖章）：	乙　方（签名捺印）/（盖章）：
代表人（签名）：	代表人（签名）：
年　月　日	年　月　日

本合同签订地点：____________________

板栗买卖合同

合同编号：GDHT020A

甲方（买方）：____

统一社会信用代码/身份证号：________________________________

住所地/居住地：____

联系人：________________ 电话：________________
微信号：________________ 电子邮箱：________________
乙方(卖方)：________________
统一社会信用代码/身份证号：________________
住所地/居住地：________________
联系人：________________ 电话：________________
微信号：________________ 电子邮箱：________________

根据《中华人民共和国合同法》及相关法律法规的规定，甲乙双方在平等互利的基础上，经充分友好协商一致，自愿达成以下协议，以资遵守执行。

一、货物名称

第一条 双方买卖货物：×××(产地+品种)板栗

二、货物的规格与价格

第二条 根据货物感官评定等级

(一)炒食型板栗

等级	每千克坚果数量/(粒/千克)	整齐度	缺陷容许度
特级	80～120	>90	霉烂果 虫蛀果 风干果 裂嘴果四项之和不超过2%
一	121～150	>85	霉烂果 虫蛀果 风干果 裂嘴果四项之和不超过5%
二	151～180	>80	霉烂果 虫蛀果 风干果 裂嘴果四项之和不超过8%

(二)菜用型板栗

等级	每千克坚果数量/(粒/千克)	整齐度	缺陷容许度
特级	50～70	>90	霉烂果 虫蛀果 风干果 裂嘴果四项之和不超过2%
一	71～90	>85	霉烂果 虫蛀果 风干果 裂嘴果四项之和不超过5%
二	91～120	>80	霉烂果 虫蛀果 风干果 裂嘴果四项之和不超过8%

第三条 货物价格

(一)炒食型板栗

特级价：__________元/市斤；
一级价：__________元/市斤；
二级价：__________元/市斤。

(二)菜用型板栗

特级价：__________元/市斤；
一级价：__________元/市斤；

二级价：____________元/市斤。

第四条　逾期交货的，遇价格上涨时，按原价格执行；遇价格下跌时，按新价格执行。逾期提货或逾期付款的，遇价格上涨时，按新价格执行；遇价格下跌时，按原价格执行。

三、货物装载、运输、卸载

第五条　货物由乙方负责装载、运输和卸载。

四、交货地点

第六条　双方约定货物交货地点：____

第七条　甲方如要求变更交货地点，应在合同规定的交货期限前三个工作日通知乙方，以便乙方调整车（船）计划，因此增加的费用由甲方承担。

五、交付批次与期限

第八条　乙方收到甲方定金后，于______年____月____日开始交付货物，分____批交付，于______年____月____日前交付完成。

六、交付方式与货物验收

第九条　货物交货方式：由甲方或甲方指定人员到交货地点清点货物并过磅验收，甲方自行准备接收货物的场地与称量设施，包括卸载人员与费用。

第十条　甲方对乙方提供的货物进行清点、验收，查验货物品种、规格、数量；双方共同确认货物过磅重量与等级，甲方开具接收货物明细单据给乙方。法律规定需要强制进行检验、检疫的，乙方同时提供检验、检疫合格证明。

第十一条　甲方对货物质量提出异议的时限为收到货物之日起三个工作日内，且须以书面方式提出。否则，视为无异议。

七、货物风险的转移

第十二条　货物在交付前，装载与运输过程中产生的毁损、灭失及正常耗损的风险与责任失及正常耗损的风险与责任，或由第三方承运人造成的损失，由乙方承担。

第十三条　货物在交接过磅与清点验收后，毁损、灭失及正常耗损的风险与责任，由甲方承担。

八、仓储费用的承担

第十四条　如乙方提前交货至甲方指定场所，则甲方有权拒收；或者接收后因此产生的临时保管费用，甲方可向乙方收取实际产生的成本费用。

九、货物结算与价款支付

第十五条　双方在货物交付后三个工作日内根据货物的等级、单价、数量进行结算，甲方在结算后三个工作日内将应付的款项直接汇入本条载明的乙方账户。乙方指定的收款银行账户信息如下：

开户银行：____

户　　名：____

账　　号：____

第十六条　除前条规定的银行汇款支付外，以下三种支付方式双方均予认可：

（一）支付宝转账；（二）微信转账；（三）现金支付。

十、定金条款

第十七条 双方约定定金为:人民币__________元(大写:________元)。

第十八条 双方在结算本合同约定价款时,定金在最后一期支付价款时冲抵;乙方无正当事由拒绝提供本合同约定的货物时,乙方应向甲方支付双倍定金;甲方无正当事由拒绝收购乙方货物的,除不能要求退回定金外,还应向乙方赔偿货物价格下跌的损失。

十一、违约责任

第十九条 非乙方原因,甲方延期付款的,经乙方书面告知后十个工作日内仍未付款的,按日计算,每迟延一日,甲方应向乙方支付迟延付款金额1‰的违约金,直至款项付清之日,但乙方不得以此为由迟延交付货物。

第二十条 若乙方未能按本合同约定时间及方式将全部货物交付至甲方指定地点,每迟延一日,乙方按日向甲方支付逾期交付货物总价 1‰的违约金,直至全部货物交付之日止。

第二十一条 一方接受对方逾期履行的,不视为对其违约行为的认可,仍然有权追究其违约责任,还有权解除合同。

第二十二条 在对方未履行义务前,一方按照合同约定履行自己的义务的,不等于认可对方已经履行了先前的义务或同意对方可以不再履行其义务。

第二十三条 因出现不可预见、不可避免、不可克服的事件,导致本合同无法有效及时履行的,双方互不承担违约责任。但是遭遇不可抗力方应立即通过电话、微信等方式通知对方,并在通知后的三个工作日内将不可抗力的书面有效证明及本合同无法有效及时履行的书面理由提交给对方确认;否则遭受不可抗力方需承担相应的违约责任。

十二、合同的变更、解除

第二十四条 双方经协商一致,可以变更、解除本合同。

第二十五条 任何一方违反本合同任何条款约定的,在对方催告后十五个工作日内没有改正为全面履行的,守约方有权书面通知违约方解除合同,且有权要求违约方赔偿相当于合同总额 5% 的违约金及所遭受的损失(包括但不限于直接损失、可得利益、律师费用等全部损失)。

第二十六条 一方只主张违约责任,没有主张解除合同的,合同应当继续履行。一方收到解除合同的通知后,对解除有异议的,应当在十五个工作日内向法定机关提出,否则,视为对解除无异议。

十三、争议解决方式

第二十七条 本合同的约定和履行中产生的争议,双方友好协商解决,若协商不成,任何一方均可向有关部门申请调解,也有权在原告住所地或居住地人民法院起诉解决。双方还可以约定提交仲裁机构裁决。

十四、附则

第二十八条 双方在本合同签订时,应提供经核实的身份证明和相应的资质证明文件的复印件作为合同附件。

第二十九条 变更住所地(居住地)、代表人(联系人)、电话等联络方式的,变更方应在变更后24小时内以书面方式通知对方。否则视为本合同载明的联络方式继续有效,微信和短信内容也作为双方来往文件。通知、诉讼文书等文件以邮寄方式发送的,将文件按有效联络方式交给经营特快专递的单位邮寄后,邮件被签收或拒收均视为已经送达。

第三十条　本合同的标题仅为便于阅读和对合同内容的理解,不作为确定双方权利义务的条款。

第三十一条　本合同自双方签章之日起生效。一式四份,甲乙双方各持两份,具有同等法律效力。

(以下无正文)

甲　方(签名捺印)/(盖章):　　　　乙　方(签名捺印)/(盖章):

代表人(签名):　　　　代表人(签名):

年　月　日　　　　年　月　日

本合同签订地点:______________________

板栗买卖合同

合同编号:GDHT020B

甲方(买方):______________________

统一社会信用代码/身份证号:______________________

住所地/居住地:______________________

联系人:______________　电话:______________

微信号:______________　电子邮箱:______________

乙方(卖方):______________________

统一社会信用代码/身份证号:______________________

住所地/居住地:______________________

联系人:______________　电话:______________

微信号:______________　电子邮箱:______________

根据《中华人民共和国合同法》及相关法律法规的规定,甲乙双方在平等互利的基础上,经充分友好协商一致,自愿达成以下协议,以资遵守执行。

一、货物名称

第一条　双方买卖货物:×××(产地+品种)板栗

二、货物的规格与价格

第二条　根据货物感官评定等级

（一）炒食型板栗

等级	每千克坚果数量/（粒/千克）	整齐度	缺陷容许度
特级	80～120	>90	霉烂果　虫蛀果　风干果　裂嘴果四项之和不超过2%
一	121～150	>85	霉烂果　虫蛀果　风干果　裂嘴果四项之和不超过5%
二	151～180	>80	霉烂果　虫蛀果　风干果　裂嘴果四项之和不超过8%

（二）菜用型板栗

等级	每千克坚果数量/（粒/千克）	整齐度	缺陷容许度
特级	50～70	>90	霉烂果　虫蛀果　风干果　裂嘴果四项之和不超过2%
一	71～90	>85	霉烂果　虫蛀果　风干果　裂嘴果四项之和不超过5%
二	91～120	>80	霉烂果　虫蛀果　风干果　裂嘴果四项之和不超过8%

第三条　货物价格如下

（一）炒食型板栗

特级价：____________元/市斤；

一级价：____________元/市斤；

二级价：____________元/市斤。

（二）菜用型板栗

特级价：____________元/市斤；

一级价：____________元/市斤；

二级价：____________元/市斤。

第四条　逾期交货的，遇价格上涨时，按原价格执行；遇价格下跌时，按新价格执行。逾期提货或逾期付款的，遇价格上涨时，按新价格执行；遇价格下跌时，按原价格执行。

三、货物装载、运输、卸载

第五条　货物由甲方负责装载、运输和卸载。

四、交货地点

第六条　双方约定货物交货地点：____

第七条　甲方如要求变更交货地点，应在合同规定的交货期限前三个工作日通知乙方，以便乙方调整库存计划，因此增加的费用由甲方承担。

五、交付批次与期限

第八条　乙方收到甲方定金后，于______年____月____日开始交付货物，分____批交付，于______年____月____日前交付完成。

六、交付方式与货物验收

第九条　货物交货方式：由甲方或甲方指定人员到交货地点进行清点货物并过磅验收，甲方自行准备接收货物的车辆与称量设施，包括卸载人员与费用。

第十条　甲方对乙方提供的货物进行清点、验收，查验货物品种、规格、数量；双方共同确认货物过磅重量与等级，甲方开具接收货物明细单据给乙方。法律规定需要强制进行检验、检疫的，乙方同时提供检验、检疫合格证明。

第十一条　甲方对货物质量提出异议的时限为收到货物之日起三个工作日内，且须以书面方式提出。否则，视为无异议。

七、货物风险的转移

第十二条　货物在交付前，装载与运输过程中产生的毁损、灭失及正常耗损的风险与责任失及正常耗损的风险与责任，或由第三方承运人造成的损失，由乙方承担。

第十三条　货物在交接过磅与清点验收后，毁损、灭失及正常耗损的风险与责任，由甲方承担。

八、仓储费用的承担

第十四条　因甲方逾期到达指定交货地点，造成乙方产生的临时保管成本费用，应由甲方承担。

九、货物结算与价款支付

第十五条　双方在货物交付后三个工作日内根据货物的等级、单价、数量进行结算，甲方在结算后三个工作日内将应付的款项直接汇入本条载明的乙方账户。乙方指定的收款银行账户信息如下：

开户银行：________________________________

户　　名：________________________________

账　　号：________________________________

第十六条　除前条规定的银行汇款支付外，以下三种支付方式双方均予认可：

（一）支付宝转账；（二）微信转账；（三）现金支付。

十、定金条款

第十七条　双方约定定金为：人民币__________元（大写：________元）。

第十八条　双方在结算本合同约定价款时，定金在最后一期支付价款时冲抵；乙方无正当事由拒绝提供本合同约定的货物时，乙方应向甲方支付双倍定金；甲方无正当事由拒绝收购乙方货物的，除不能要求退回定金外，还应向乙方赔偿货物价格下跌的损失。

十一、违约责任

第十九条　非乙方原因，甲方延期付款的，经乙方书面告知后十个工作日内仍未付款的，按日计算，每迟延一日，甲方应向乙方支付迟延付款金额 1‰的违约金，直至款项付清之日，但乙方不得以此为由迟延交付货物。

第二十条　若乙方未能按本合同约定时间及方式将全部货物交付至甲方指定地点，每迟延一日，乙方按日向甲方支付逾期交付货物总价 1‰的违约金，直至全部货物交付之日止。

第二十一条　一方接受对方逾期履行的，不视为对其违约行为的认可，仍然有权追究其违约责任，还有权解除合同。

第二十二条　在对方未履行义务前，一方按照合同约定履行自己的义务的，不等于认可对方已经履行了先前的义务或同意对方可以不再履行其义务。

第二十三条 因出现不可预见、不可避免、不可克服的事件,导致本合同无法有效及时履行的,双方互不承担违约责任。但是遭遇不可抗力方应立即通过电话、微信等方式通知对方,并在通知后的三个工作日内将不可抗力的书面有效证明及本合同无法有效及时履行的书面理由提交给对方确认;否则遭受不可抗力方需承担相应的违约责任。

十二、合同的变更、解除

第二十四条 双方经协商一致,可以变更、解除本合同。

第二十五条 任何一方违反本合同任何条款约定的,在对方催告后十五个工作日内没有改正为全面履行的,守约方有权书面通知违约方解除合同,且有权要求违约方赔偿相当于合同总额 5% 的违约金及所遭受的损失(包括但不限于直接损失、可得利益、律师费用等全部损失)。

第二十六条 一方只主张违约责任,没有主张解除合同的,合同应当继续履行。一方收到解除合同的通知后,对解除有异议的,应当在十五个工作日内向法定机关提出,否则,视为对解除无异议。

十三、争议解决方式

第二十七条 本合同的约定和履行中产生的争议,双方友好协商解决,若协商不成,任何一方均可向有关部门申请调解,也有权在原告住所地或居住地人民法院起诉解决。双方还可以约定提交仲裁机构裁决。

十四、附则

第二十八条 双方在本合同签订时,应提供经核实的身份证明和相应的资质证明文件的复印件作为合同附件。

第二十九条 变更住所地(居住地)、代表人(联系人)、电话等联络方式的,变更方应在变更后 24 小时内以书面方式通知对方。否则视为本合同载明的联络方式继续有效,微信和短信内容也作为双方来往文件。通知、诉讼文书等文件以邮寄方式发送的,将文件按有效联络方式交给经营特快专递的单位邮寄后,邮件被签收或拒收均视为已经送达。

第三十条 本合同的标题仅为便于阅读和对合同内容的理解,不作为确定双方权利义务的条款。

第三十一条 本合同自双方签章之日起生效。一式四份,甲乙双方各持两份,具有同等法律效力。

(以下无正文)

甲 方(签名捺印)/(盖章):	乙 方(签名捺印)/(盖章):
代表人(签名):	代表人(签名):
年 月 日	年 月 日

本合同签订地点:________________

中药材买卖合同

合同编号:GDHT021A

甲方(买方):____

统一社会信用代码/身份证号:______________________________

住所地/居住地:____

联系人:____________________ 电话:____________________

微信号:__________________ 电子邮箱:____________________

乙方(卖方):____

统一社会信用代码/身份证号:______________________________

住所地/居住地:____

联系人:____________________ 电话:____________________

微信号:__________________ 电子邮箱:____________________

根据《中华人民共和国合同法》及相关法律法规的规定,甲乙双方在平等互利的基础上,经充分友好协商一致,自愿达成以下协议,以资遵守执行。

一、货物名称

第一条 双方买卖货物:×××(中药材种类+名称)

第二条 货物规格

(一)中药材形体:干品/种苗/生鲜

(二)中药材包装:____

(三)计量方式:____

二、货物的规格与价格

第三条 货物等级评定分为以下( )种规格:

(一)特级品:____________________

(二)一级品:____________________

(三)二级品:____________________

第四条 货物价格

(一)特级品:__________元/市斤;

(二)一级品:__________元/市斤;

(三)二级品:__________元/市斤。

第五条 逾期交货的,遇价格上涨时,按原价格执行;遇价格下跌时,按新价格执行。逾期提货或逾期付款的,遇价格上涨时,按新价格执行;遇价格下跌时,按原价格执行。

三、货物装载、运输、卸载

第六条 货物由乙方负责装载、运输和卸载。

四、交货地点

第七条 双方约定货物交货地点：________________________________

第八条 甲方如要求变更交货地点，应在合同规定的交货期限前三个工作日通知乙方，以便乙方调整车（船）计划，因此增加的费用由甲方承担。

五、交付批次与期限

第九条 乙方收到甲方定金后，于______年____月____日开始交付货物，分____批交付，于______年____月____日前交付完成。

六、交付方式与货物验收

第十条 货物交货方式：由甲方或甲方指定人员到交货地点清点货物并过磅验收，甲方自行准备接收货物的场地与称量设施，包括卸载人员与费用。

第十一条 甲方对乙方提供的货物进行清点、验收，查验货物品种、规格、数量；双方共同确认货物过磅重量与等级，甲方开具接收货物明细单据给乙方。法律规定需要强制进行检验、检疫的，乙方同时提供检验、检疫合格证明。

第十二条 甲方对货物质量提出异议的时限为收到货物之日起三个工作日内，且须以书面方式提出。否则，视为无异议。

七、货物风险的转移

第十三条 货物在交付前，装载与运输过程中产生的毁损、灭失及正常耗损的风险与责任失及正常耗损的风险与责任，或由第三方承运人造成的损失，由乙方承担。

第十四条 货物在交接过磅与清点验收后，毁损、灭失及正常耗损的风险与责任，由甲方承担。

八、仓储费用的承担

第十五条 如乙方提前交货至甲方指定场所，则甲方有权拒收；或者接收后因此产生的临时保管费用，甲方可向乙方收取实际产生的成本费用。

九、货物结算与价款支付

第十六条 双方在货物交付后三个工作日内根据货物的等级、单价、数量进行结算，甲方在结算后三个工作日内将应付的款项直接汇入本条载明的乙方账户。乙方指定的收款银行账户信息如下：

开户银行：________________________________

户　　名：________________________________

账　　号：________________________________

第十七条 除前条规定的银行汇款支付外，以下三种支付方式双方均予认可：

（一）现金支付；（二）微信转账；（三）支付宝转账。

十、定金条款

第十八条 双方约定定金为：人民币__________元（大写：________元）。

第十九条 双方在结算本合同约定价款时，定金在最后一期支付价款时冲抵；乙方无正当事由拒绝提供本合同约定的货物时，乙方应向甲方支付双倍定金；甲方无正当事由拒绝收购乙方货物的，除不能要求退回定金外，还应向乙方赔偿货物价格下跌的损失。

十一、违约责任

第二十条　非乙方原因，甲方延期付款的，经乙方书面告知后十个工作日内仍未付款的，按日计算，每迟延一日，甲方应向乙方支付迟延付款金额1‰的违约金，直至款项付清之日，但乙方不得以此为由迟延交付货物。

第二十一条　若乙方未能按本合同约定时间及方式将全部货物交付至甲方指定地点，每迟延一日，乙方按日向甲方支付逾期交付货物总价1‰的违约金，直至全部货物交付之日止。

第二十二条　一方接受对方逾期履行的，不视为对其违约行为的认可，仍然有权追究其违约责任，还有权解除合同。

第二十三条　在对方未履行义务前，一方按照合同约定履行自己的义务的，不等于认可对方已经履行了先前的义务或同意对方可以不再履行其义务。

第二十四条　因出现不可预见、不可避免、不可克服的事件，导致本合同无法有效及时履行的，双方互不承担违约责任。但是遭遇不可抗力方应立即通过电话、微信等方式通知对方，并在通知后的三个工作日内将不可抗力的书面有效证明及本合同无法有效及时履行的书面理由提交给对方确认；否则遭受不可抗力方需承担相应的违约责任。

十二、合同的变更、解除

第二十五条　双方经协商一致，可以变更、解除本合同。

第二十六条　任何一方违反本合同任何条款约定的，在对方催告后十五个工作日内没有改正为全面履行的，守约方有权书面通知违约方解除合同，且有权要求违约方赔偿相当于合同总额5%的违约金及所遭受的损失（包括但不限于直接损失、可得利益、律师费用等全部损失）。

第二十七条　一方只主张违约责任，没有主张解除合同的，合同应当继续履行。一方收到解除合同的通知后，对解除有异议的，应当在十五个工作日内向法定机关提出，否则，视为对解除无异议。

十三、争议解决方式

第二十八条　本合同的约定和履行中产生的争议，双方友好协商解决，若协商不成，任何一方均可向有关部门申请调解，也有权在原告住所地或居住地人民法院起诉解决。双方还可以约定提交仲裁机构裁决。

十四、附则

第二十九条　双方在本合同签订时，应提供经核实的身份证明和相应的资质证明文件的复印件作为合同附件。

第三十条　变更住所地（居住地）、代表人（联系人）、电话等联络方式的，变更方应在变更后24小时内以书面方式通知对方。否则视为本合同载明的联络方式继续有效，微信和短信内容也作为双方来往文件。通知、诉讼文书等文件以邮寄方式发送的，将文件按有效联络方式交给经营特快专递的单位邮寄后，邮件被签收或拒收均视为已经送达。

第三十一条　本合同的标题仅为便于阅读和对合同内容的理解，不作为确定双方权利义务的条款。

第三十二条　本合同自双方签章之日起生效。一式四份，甲乙双方各持两份，具有同等法律效力。

（以下无正文）

甲　方（签名捺印）/（盖章）：　　　　　　乙　方（签名捺印）/（盖章）：

代表人（签名）：　　　　　　　　　　　　　代表人（签名）：

年　月　日　　　　　　　　　　　　　　　　年　月　日

本合同签订地点：______________________

中药材买卖合同

合同编号：GDHT021B

甲方（买方）：______________________

统一社会信用代码/身份证号：______________________

住所地/居住地：______________________

联系人：______________　电话：______________

微信号：______________　电子邮箱：______________

乙方（卖方）：______________________

统一社会信用代码/身份证号：______________________

住所地/居住地：______________________

联系人：______________　电话：______________

微信号：______________　电子邮箱：______________

根据《中华人民共和国合同法》及相关法律法规的规定，甲乙双方在平等互利的基础上，经充分友好协商一致，自愿达成以下协议，以资遵守执行。

一、货物名称

第一条　双方买卖货物：×××（中药材种类＋名称）

第二条　货物规格

（一）中药材形体：干品/种苗/生鲜

（二）中药材包装：______________________

（三）计量方式：______________________

二、货物的规格与价格

第三条　货物等级评定分为以下（　）种规格：

（一）特级品：______________

（二）一级品：______________

（三）二级品：______________

第四条　货物价格如下：

(一)特级品：____________元/市斤；

(二)一级品：____________元/市斤；

(三)二级品：____________元/市斤。

第五条　逾期交货的，遇价格上涨时，按原价格执行；遇价格下跌时，按新价格执行。逾期提货或逾期付款的，遇价格上涨时，按新价格执行；遇价格下跌时，按原价格执行。

三、货物装载、运输、卸载

第六条　货物由甲方负责装载、运输和卸载。

四、交货地点

第七条　双方约定货物交货地点：____

第八条　甲方如要求变更交货地点，应在合同规定的交货期限前三个工作日通知乙方，以便乙方调整库存计划，因此增加的费用由甲方承担。

五、交付批次与期限

第九条　乙方收到甲方定金后，于______年____月____日开始交付货物，分____批交付，于______年____月____日前交付完成。

六、交付方式与货物验收

第十条　货物交货方式：由甲方或甲方指定人员到交货地点清点货物并过磅验收，甲方自行准备接收货物的车辆与称量设施，包括卸载人员与费用。

第十一条　甲方对乙方提供的货物进行清点、验收，查验货物品种、规格、数量；双方共同确认货物过磅重量与等级，甲方开具接收货物明细单据给乙方。法律规定需要强制进行检验、检疫的，乙方同时提供检验、检疫合格证明。

第十二条　甲方对货物质量提出异议的时限为收到货物之日起三个工作日内，且须以书面方式提出。否则，视为无异议。

七、货物风险的转移

第十三条　货物在交付前，装载与运输过程中产生的毁损、灭失及正常耗损的风险与责任失及正常耗损的风险与责任，或由第三方承运人造成的损失，由乙方承担。

第十四条　货物在交接过磅与清点验收后，毁损、灭失及正常耗损的风险与责任，由甲方承担。

八、仓储费用的承担

第十五条　因甲方逾期到达指定交货地点，造成乙方产生的临时保管成本费用，应由甲方承担。

九、货物结算与价款支付

第十六条　双方在货物交付后三个工作日内根据货物的等级、单价、数量进行结算，甲方在结算后三个工作日内将应付的款项直接汇入本条载明的乙方账户。乙方指定的收款银行账户信息如下：

开户银行：____

户　　名：____

账　　号：____

第十七条　除前条规定的银行汇款支付外，以下三种支付方式双方均予认可：

（一）支付宝转账；（二）微信转账；（三）现金支付。

十、定金条款

第十八条　双方约定定金为：人民币__________元（大写：________元）。

第十九条　双方在结算本合同约定价款时，定金在最后一期支付价款时冲抵；乙方无正当事由拒绝提供本合同约定的货物时，乙方应向甲方支付双倍定金；甲方无正当事由拒绝收购乙方货物的，除不能要求退回定金外，还应向乙方赔偿货物价格下跌的损失。

十一、违约责任

第二十条　非乙方原因，甲方延期付款的，经乙方书面告知后十个工作日内仍未付款的，按日计算，每迟延一日，甲方应向乙方支付迟延付款金额1‰的违约金，直至款项付清之日，但乙方不得以此为由迟延交付货物。

第二十一条　若乙方未能按本合同约定时间及方式将全部货物交付至甲方指定地点，每迟延一日，乙方按日向甲方支付逾期交付货物总价1‰的违约金，直至全部货物交付之日止。

第二十二条　一方接受对方逾期履行的，不视为对其违约行为的认可，仍然有权追究其违约责任，还有权解除合同。

第二十三条　在对方未履行义务前，一方按照合同约定履行自己的义务的，不等于认可对方已经履行了先前的义务或同意对方可以不再履行其义务。

第二十四条　因出现不可预见、不可避免、不可克服的事件，导致本合同无法有效及时履行的，双方互不承担违约责任。但是遭遇不可抗力方应立即通过电话、微信等方式通知对方，并在通知后的三个工作日内将不可抗力的书面有效证明及本合同无法有效及时履行的书面理由提交给对方确认；否则遭受不可抗力方需承担相应的违约责任。

十二、合同的变更、解除

第二十五条　双方经协商一致，可以变更、解除本合同。

第二十六条　任何一方违反本合同任何条款约定的，在对方催告后十五个工作日内没有改正为全面履行的，守约方有权书面通知违约方解除合同，且有权要求违约方赔偿相当于合同总额5%的违约金及所遭受的损失（包括但不限于直接损失、可得利益、律师费用等全部损失）。

第二十七条　一方只主张违约责任，没有主张解除合同的，合同应当继续履行。一方收到解除合同的通知后，对解除有异议的，应当在十五个工作日内向法定机关提出，否则，视为对解除无异议。

十三、争议解决方式

第二十八条　本合同的约定和履行中产生的争议，双方友好协商解决，若协商不成，任何一方均可向有关部门申请调解，也有权在原告住所地或居住地人民法院起诉解决。双方还可以约定提交仲裁机构裁决。

十四、附则

第二十九条　双方在本合同签订时，应提供经核实的身份证明和相应的资质证明文件的复印件作为合同附件。

第三十条 变更住所地(居住地)、代表人(联系人)、电话等联络方式的,变更方应在变更后24小时内以书面方式通知对方。否则视为本合同载明的联络方式继续有效,微信和短信内容也作为双方来往文件。通知、诉讼文书等文件以邮寄方式发送的,将文件按有效联络方式交给经营特快专递的单位邮寄后,邮件被签收或拒收均视为已经送达。

第三十一条 本合同的标题仅为便于阅读和对合同内容的理解,不作为确定双方权利义务的条款。

第三十二条 本合同自双方签章之日起生效。一式四份,甲乙双方各持两份,具有同等法律效力。

(以下无正文)

甲　方(签名捺印)/(盖章):　　　　　　　　乙　方(签名捺印)/(盖章):

代表人(签名):　　　　　　　　　　　　　　代表人(签名):

　　　　年　月　日　　　　　　　　　　　　　　　　年　月　日

本合同签订地点:____________________

种子买卖合同

合同编号:GDHT022A

甲方(买方):______________________________

统一社会信用代码/身份证号:______________________________

住所地/居住地:______________________________

联系人:____________________ 电话:____________________

微信号:____________________ 电子邮箱:____________________

乙方(卖方):______________________________

统一社会信用代码/身份证号:______________________________

住所地/居住地:______________________________

联系人:____________________ 电话:____________________

微信号:____________________ 电子邮箱:____________________

根据《中华人民共和国合同法》及相关法律法规的规定,甲乙双方在平等互利的基础上,经充分友好协商一致,自愿达成以下协议,以资遵守执行。

一、货物名称

第一条 双方买卖货物:×××(种子各类+品种名称)

第二条 乙方生产许可证/销售许可证号:____________________

二、货物的规格与价格

第三条 乙方应向甲方提供由检疫员签名的本批次《农作物种子质量合格证》与《植物检疫证书》证明文件。

第四条 种子价格

单价:________元/市斤(件);

总价:________元(以实际结算为准)。

第五条 逾期交货的,遇价格上涨时,按原价格执行;遇价格下跌时,按新价格执行。逾期提货或逾期付款的,遇价格上涨时,按新价格执行;遇价格下跌时,按原价格执行。

三、货物装载、运输、卸载

第六条 货物由乙方负责装载、运输和卸载。

四、交货地点

第七条 双方约定货物交货地点:____

第八条 甲方如要求变更交货地点,应在合同规定的交货期限前三个工作日通知乙方,以便乙方调整车(船)计划,因此增加的费用由甲方承担。

五、交付批次与期限

第九条 乙方收到甲方定金后,于______年____月____日开始交付货物,分____批交付,于______年____月____日前交付完成。

六、交付方式与货物验收

第十条 货物交货方式:由甲方或甲方指定人员到交货地点清点货物并过磅验收,甲方自行准备接收货物的场地与称量设施,包括卸载人员与费用。

第十一条 甲方对乙方提供的货物进行清点、验收,查验货物品种、规格、数量;双方共同确认货物过磅重量与等级,甲方开具接收货物明细单据给乙方。法律规定需要强制进行检验、检疫的,乙方同时提供检验、检疫合格证明。

双方应对每批次货物抽样封存,因农作物质量问题引起争议的,按国家标准执行,没有国家标准的,按农业部发布的标准执行。

第十二条 甲方对货物质量提出异议的时限为收到货物之日起三个工作日内,且须以书面方式提出。否则,视为无异议。

七、货物风险的转移

第十三条 货物在交付前,装载与运输过程中产生的毁损、灭失及正常耗损的风险与责任失及正常耗损的风险与责任,或由第三方承运人造成的损失,由乙方承担。

第十四条 货物在交接过磅与清点验收后,毁损、灭失及正常耗损的风险与责任,由甲方承担。

八、仓储费用的承担

第十五条 如乙方提前交货至甲方指定场所,则甲方有权拒收;或者接收后因此产生的临时保管费用,甲方可向乙方收取实际产生的成本费用。

九、货物结算与价款支付

第十六条 双方在货物交付后三个工作日内根据货物的等级、单价、数量进行结算,甲方在结算后三个工作日内将应付的款项直接汇入本条载明的乙方账户。乙方指定的收款银行账户信息如下：

开户银行：________________________________

户　　名：________________________________

账　　号：________________________________

第十七条　除前条规定的银行汇款支付外，以下三种支付方式双方均予认可：

（一）支付宝转账；（二）微信转账；（三）现金支付。

十、定金条款

第十八条　双方约定定金为：人民币________元（大写：________元）。

第十九条　双方在结算本合同约定价款时，定金在最后一期支付价款时冲抵；乙方无正当事由拒绝提供本合同约定的货物时，乙方应向甲方支付双倍定金；甲方无正当事由拒绝收购乙方货物的，除不能要求退回定金外，还应向乙方赔偿货物价格下跌的损失。

十一、违约责任

第二十条　非乙方原因，甲方延期付款的，经乙方书面告知后十个工作日内仍未付款的，按日计算，每迟延一日，甲方应向乙方支付迟延付款金额1‰的违约金，直至款项付清之日，但乙方不得以此为由迟延交付货物。

第二十一条　若乙方未能按本合同约定时间及方式将全部货物交付至甲方指定地点，每迟延一日，乙方按日向甲方支付逾期交付货物总价1‰的违约金，直至全部货物交付之日止。

第二十二条　因种子质量导致甲方受到的损失，包括减产、无收，除直接损失外，还应赔偿甲方因此可取得的间接损失。

第二十三条　一方接受对方逾期履行的，不视为对其违约行为的认可，仍然有权追究其违约责任，还有权解除合同。

第二十四条　在对方未履行义务前，一方按照合同约定履行自己的义务的，不等于认可对方已经履行了先前的义务或同意对方可以不再履行其义务。

第二十五条　因出现不可预见、不可避免、不可克服的事件，导致本合同无法有效及时履行的，双方互不承担违约责任。但是遭遇不可抗力方应立即通过电话、微信等方式通知对方，并在通知后的三个工作日内将不可抗力的书面有效证明及本合同无法有效及时履行的书面理由提交给对方确认；否则遭受不可抗力方需承担相应的违约责任。

十二、合同的变更、解除

第二十六条　双方经协商一致，可以变更、解除本合同。

第二十七条　任何一方违反本合同任何条款约定的，在对方催告后十五个工作日内没有改正为全面履行的，守约方有权书面通知违约方解除合同，且有权要求违约方赔偿相当于合同总额5%的违约金及所遭受的损失（包括但不限于直接损失、可得利益、律师费用等全部损失）。

第二十八条　一方只主张违约责任，没有主张解除合同的，合同应当继续履行。一方收到解除合同的通知后，对解除有异议的，应当在十五个工作日内向法定机关提出，否则，视为对解除无异议。

十三、争议解决方式

第二十九条 本合同的约定和履行中产生的争议，双方友好协商解决，若协商不成，任何一方均可向有关部门申请调解，也有权在原告住所地或居住地人民法院起诉解决。双方还可以约定提交仲裁机构裁决。

十四、附则

第三十条 双方在本合同签订时，应提供经核实的身份证明和相应的资质证明文件的复印件作为合同附件。

第三十一条 变更住所地（居住地）、代表人（联系人）、电话等联络方式的，变更方应在变更后24小时内以书面方式通知对方。否则视为本合同载明的联络方式继续有效，微信和短信内容也作为双方来往文件。通知、诉讼文书等文件以邮寄方式发送的，将文件按有效联络方式交给经营特快专递的单位邮寄后，邮件被签收或拒收均视为已经送达。

第三十二条 本合同的标题仅为便于阅读和对合同内容的理解，不作为确定双方权利义务的条款。

第三十三条 本合同自双方签章之日起生效。一式四份，甲乙双方各持两份，具有同等法律效力。

（以下无正文）

甲　方（签名捺印）/（盖章）：　　　　乙　方（签名捺印）/（盖章）：

代表人（签名）：　　　　代表人（签名）：

年　月　日　　　　年　月　日

本合同签订地点：____________________

种子买卖合同

合同编号：GDHT022B

甲方（买方）：____________________

统一社会信用代码/身份证号：____________________

住所地/居住地：____________________

联系人：____________________ 电话：____________________

微信号：____________________ 电子邮箱：____________________

乙方（卖方）：____________________

统一社会信用代码/身份证号：____________________

住所地/居住地：____________________

联系人:________________　电话:________________

微信号:________________　电子邮箱:________________

根据《中华人民共和国合同法》及相关法律法规的规定,甲乙双方在平等互利的基础上,经充分友好协商一致,自愿达成以下协议,以资遵守执行。

一、货物名称

第一条　双方买卖货物:×××(种子各类+品种名称)

第二条　乙方生产许可证/销售许可证号:________________

二、货物的规格与价格

第三条　乙方应向甲方提供由检疫员签名的本批次《农作物种子质量合格证》与《植物检疫证书》证明文件。

第四条　种子价格

单价:________元/市斤(件);

总价:________元(以实际结算为准)。

第五条　逾期交货的,遇价格上涨时,按原价格执行;遇价格下跌时,按新价格执行。逾期提货或逾期付款的,遇价格上涨时,按新价格执行;遇价格下跌时,按原价格执行。

三、货物装载、运输、卸载

第六条　货物由甲方负责装载、运输和卸载。

四、交货地点

第七条　双方约定货物交货地点:________________

第八条　甲方如要求变更交货地点,应在合同规定的交货期限前三个工作日通知乙方,以便乙方调整库存计划,因此增加的费用由甲方承担。

五、交付批次与期限

第九条　乙方收到甲方定金后,于______年____月____日开始交付货物,分____批交付,于______年____月____日前交付完成。

六、交付方式与货物验收

第十条　货物交货方式:由甲方或甲方指定人员到交货地点清点货物并过磅验收,甲方自行准备接收货物的车辆与称量设施,包括卸载人员与费用。

第十一条　甲方对乙方提供的货物进行清点、验收,查验货物品种、规格、数量;双方共同确认货物过磅重量与等级,甲方开具接收货物明细单据给乙方。法律规定需要强制进行检验、检疫的,乙方同时提供检验、检疫合格证明。

双方应对每批次货物抽样封存,因农作物质量问题引起争议的,按国家标准执行,没有国家标准的,按农业部发布的标准执行。

第十二条　甲方对货物质量提出异议的时限为收到货物之日起三个工作日内,且须以书面方式提出。否则,视为无异议。

七、货物风险的转移

第十三条　货物在交付前,装载与运输过程中产生的毁损、灭失及正常耗损的风险与责任失及正常耗损的风险与责任,或由第三方承运人造成的损失,由乙方承担。

第十四条 货物在交接过磅与清点验收后,毁损、灭失及正常耗损的风险与责任,由甲方承担。

八、仓储费用的承担

第十五条 因甲方逾期到达指定交货地点,造成乙方产生的临时保管成本费用,应由甲方承担。

九、货物结算与价款支付

第十六条 双方在货物交付后三个工作日内根据货物的等级、单价、数量进行结算,甲方在结算后三个工作日内将应付的款项直接汇入本条载明的乙方账户。乙方指定的收款银行账户信息如下:

开户银行:______________________________

户　　名:______________________________

账　　号:______________________________

第十七条 除前条规定的银行汇款支付外,以下三种支付方式双方均予认可:

(一)支付宝转账;(二)微信转账;(三)现金支付。

十、定金条款

第十八条 双方约定定金为:人民币__________元(大写:________元)。

第十九条 双方在结算本合同约定价款时,定金在最后一期支付价款时冲抵;乙方无正当事由拒绝提供本合同约定的货物时,乙方应向甲方支付双倍定金;甲方无正当事由拒绝收购乙方货物的,除不能要求退回定金外,还应向乙方赔偿货物价格下跌的损失。

十一、违约责任

第二十条 非乙方原因,甲方延期付款的,经乙方书面告知后十个工作日内仍未付款的,按日计算,每迟延一日,甲方应向乙方支付迟延付款金额1‰的违约金,直至款项付清之日,但乙方不得以此为由迟延交付货物。

第二十一条 若乙方未能按本合同约定时间及方式将全部货物交付至甲方指定地点,每迟延一日,乙方按日向甲方支付逾期交付货物总价1‰的违约金,直至全部货物交付之日止。

第二十二条 因种子质量导致甲方受到的损失,包括减产、无收,除直接损失外,还应赔偿甲方因此可取得的间接损失。

第二十三条 一方接受对方逾期履行的,不视为对其违约行为的认可,仍然有权追究其违约责任,还有权解除合同。

第二十四条 在对方未履行义务前,一方按照合同约定履行自己的义务的,不等于认可对方已经履行了先前的义务或同意对方可以不再履行其义务。

第二十五条 因出现不可预见、不可避免、不可克服的事件,导致本合同无法有效及时履行的,双方互不承担违约责任。但是遭遇不可抗力方应立即通过电话、微信等方式通知对方,并在通知后的三个工作日内将不可抗力的书面有效证明及本合同无法有效及时履行的书面理由提交给对方确认;否则遭受不可抗力方需承担相应的违约责任。

十二、合同的变更、解除

第二十六条 双方经协商一致,可以变更、解除本合同。

第二十七条　任何一方违反本合同任何条款约定的，在对方催告后十五个工作日内没有改正为全面履行的，守约方有权书面通知违约方解除合同，且有权要求违约方赔偿相当于合同总额 5% 的违约金及所遭受的损失（包括但不限于直接损失、可得利益、律师费用等全部损失）。

第二十八条　一方只主张违约责任，没有主张解除合同的，合同应当继续履行。一方收到解除合同的通知后，对解除有异议的，应当在十五个工作日内向法定机关提出，否则，视为对解除无异议。

十三、争议解决方式

第二十九条　本合同的约定和履行中产生的争议，双方友好协商解决，若协商不成，任何一方均可向有关部门申请调解，也有权在原告住所地或居住地人民法院起诉解决。双方还可以约定提交仲裁机构裁决。

十四、附则

第三十条　双方在本合同签订时，应提供经核实的身份证明和相应的资质证明文件的复印件作为合同附件。

第三十一条　变更住所地（居住地）、代表人（联系人）、电话等联络方式的，变更方应在变更后 24 小时内以书面方式通知对方。否则视为本合同载明的联络方式继续有效，微信和短信内容也作为双方来往文件。通知、诉讼文书等文件以邮寄方式发送的，将文件按有效联络方式交给经营特快专递的单位邮寄后，邮件被签收或拒收均视为已经送达。

第三十二条　本合同的标题仅为便于阅读和对合同内容的理解，不作为确定双方权利义务的条款。

第三十三条　本合同自双方签章之日起生效。一式四份，甲乙双方各持两份，具有同等法律效力。

（以下无正文）

甲　方（签名捺印）/（盖章）：　　　　乙　方（签名捺印）/（盖章）：

代表人（签名）：　　　　代表人（签名）：

年　月　日　　　　年　月　日

本合同签订地点：____________________

农村旧房买卖合同

合同编号：GDHT023

甲方（买方）：____________________

身份证号：____________________

居住地：____

联系电话：____________________ QQ 号：____________________

微信号：____________________ 电子邮箱：____________________

乙方（卖方）：____

身份证号：____

居住地：____

联系电话：____________________ QQ 号：____________________

微信号：____________________ 电子邮箱：____________________

根据《中华人民共和国合同法》及相关法律法规的规定，甲乙双方在平等互利的基础上，经充分友好协商一致，自愿达成以下协议，以资遵守执行。

一、甲乙双方的基本情况

第一条 甲方与乙方同属一个集体经济组织，即属于__________县（市、区）________乡（镇）______村集体经济组织成员。

二、房屋宅基地登记与房屋基本情况

第二条 房屋宅基地证（集体建设用地使用证）证号：____________，登记土地使用权人姓名（户主）：_______________，登记共有人姓名：_____________。

第三条 旧房位于____乡（镇）____村____组（寨）____号，占地面积为：____平方米，房屋四至为：南抵______，东邻______，北靠______，西接________。

房屋建筑面积______平方米，系________结构，为______层______间。

房屋的附属物有：____

三、房屋价款与支付方式

第四条 双方约定房屋买卖价格为人民币____________元（大写：________________元）。

第五条 房屋价款支付方式

双方约定选择以下第______种付款方式：

（一）本合同签字按手印之日一次性支付，当面点清。

（二）房屋交接之日，即甲方接到房屋钥匙之日一次性支付，当面点清。

（三）分期支付：本合同签订之日，甲方支付首期款：______元；尾款______元于房屋钥匙交付之日支付。

（四）其他支付方式：____

第六条 按照第五条的付款方式，以下四种支付方式双方均予认可：

（一）现金支付；（二）银行汇款；（三）微信转账；（四）支付宝转账。

四、甲乙双方的权利和义务

第七条 甲方的权利与义务

（一）甲方有权根据本合同约定要求乙方交付房屋并占有使用房屋，成为房屋所有权人。

（二）甲方应按合同约定支付房屋价款。

（三）甲方应向乙方提供属于本集体经济组织成员的相应证明文件，包括居民身份证复印件、户口簿登记页复印件,并作为合同附件。

第八条 乙方权利与义务

(一)乙方有权根据本合同规定要求甲方按约支付房屋交易价款。

(二)乙方应于本合同签订之日到房屋交付之日期间,不得损毁房屋结构或致使房屋门柱、墙壁、楼道楼梯等遭受损坏,除为房屋正常居住或使用外,不得采取任何致房屋损毁损坏的行为。

(三)本合同签订之日起到房屋交付之日止,乙方不得破坏或切断房屋原附属或原使用的水、电、有线电视与网络、煤气或燃气等设施管线;该附属设施相应的登记证件亦应在房屋交接时移交甲方。

(四)本房屋买卖合同签订后,乙方有义务将房屋有关的宅基地登记证书或集体建设用地使用证书及相应行政规费票据的原件作为合同附件交付甲方。

(五)甲方按照法律规定办理宅基地使用手续或集体建设用地手续变更登记时,乙方应当予以积极配合,无正当理由不得拒绝。

五、房屋的交付时间

第九条 双方约定房屋移交时间按以下第____种方式执行:

(一)本合同签字之日。

(二)本合同约定的第一笔房屋价款支付到账之日。

(三)本合同约定的最后一笔尾款支付到账之日。

(四)本合同约定的房屋价款全部到账之日。

(五)其他方式:________________________________

六、双方的承诺与保证

第十条 乙方向甲方承诺与保证,已如实告之乙方房屋的信息情况,包括房屋的宅基地登记证或集体建设用地使用证登记情况、共有人情况;房屋使用情况及存在的质量或瑕疵问题;房屋对外抵押或出租情况;房屋的附属物设施情况。

第十一条 乙方已知房屋出售甲方后,再行申请宅基地使用权或集体建设用地使用权已不符合法律规定条件,但仍决定出卖。

第十二条 双方出具的所有证明文件均为真实有效,否则由此造成的损失,违约方应承担赔偿责任。

七、违约条款

第十三条 乙方未如实告知房屋全部信息,甲方因此遭受损失的,乙方应承担赔偿责任。

第十四条 乙方在房屋移交前不当使用或管理不当造成的房屋毁损或损失,甲方有权要求乙方承担赔偿责任。

第十五条 一方接受对方逾期履行的,不视为对其违约行为的认可,仍然有权追究其违约责任,还有权解除合同。

第十六条 在对方未履行义务前,一方按照合同约定履行自己的义务的,不等于认可对方已经履行了先前的义务或同意对方可以不再履行其义务。

第十七条 乙方迟延交付房屋的,甲方有权以已付购房款总额为基数按月息 1% 收取违约金,直至乙方交付房屋之日止。

第十八条 甲方迟延支付房屋价款的,乙方有权要求甲方以应付未付购房款总额为基数按月息 1% 收取违约金,直至甲方付清全部购房款之日止。

第十九条 因出现不可预见、不可避免、不可克服的事件,导致本合同无法有效及时履行的,双方互不承担违约责任。但是遭遇不可抗力方应立即通过电话、微信等方式通知对方,并在通知后的三个工作日内将不可抗力的书面有效证明及本合同无法有效及时履行的书面理由提交给对方确认;否则遭受不可抗力的方应承担相应的违约责任。

八、合同的变更、解除

第二十条 双方经协商一致,可以变更、解除本合同。

第二十一条 任何一方违反本合同任何条款约定的,在对方催告后十五个工作日内没有改正为全面履行的,守约方有权书面通知违约方解除合同,且有权要求违约方赔偿相当于合同总额 5% 的违约金及所遭受的损失(包括但不限于直接损失、可得利益、律师费用等全部损失)。

第二十二条 一方只主张违约责任,没有主张解除合同的,合同应当继续履行。一方收到解除合同的通知后,对解除有异议的,应当在十五个工作日内向法定机关提出,否则,视为对解除无异议。

九、争议解决方式

第二十三条 本合同履行过程中产生争议,双方应友好协商解决,若经协商仍无法达成一致意见,任何一方均可向有关部门申请调解,也有权在原告住所地或居住地人民法院起诉解决。双方还可以约定提交仲裁机构裁决。

十、附则

第二十四条 双方在本合同签订时,应提供经核实的身份证明和相应的资质证明文件的复印件作为合同附件。

第二十五条 变更住所地(居住地)、代表人(联系人)、电话等联络方式的,变更方应在变更后 24 小时内以书面方式通知对方。否则视为本合同载明的联络方式继续有效,微信和短信内容也作为双方来往文件。通知、诉讼文书等文件以邮寄方式发送的,将文件按有效联络方式交给经营特快专递的单位邮寄后,邮件被签收或拒收均视为已经送达。

第二十六条 本合同的标题仅为便于阅读和对合同内容的理解,不作为确定双方权利义务的条款。

第二十七条 房屋宅基地证或集体建设用地使用证原件,行政规费收据原件以及房屋附属水、电、煤气或燃气、有线电视或网络登记文件等原件在房屋交接时交由甲方保存,复印件由乙方保存。

第二十八条 本合同自双方签章之日起生效。一式四份,甲乙双方各持两份,具有同等法律效力。

(以下无正文)

甲　方(签名捺印)/(盖章):　　　　乙　方(签名捺印)/(盖章):
代表人(签名):　　　　代表人(签名):
年　月　日　　　　年　月　日
本合同签订地点:____________________

农村新建房屋买卖合同

合同编号:GDHT024

甲方(买方):____________________
身份证号:____________________
居住地:____________________
联系电话:____________________　QQ号:____________________
微信号:____________________　电子邮箱:____________________
乙方(卖方):____________________
身份证号:____________________
居住地:____________________
联系电话:____________________　QQ号:____________________
微信号:____________________　电子邮箱:____________________

根据《中华人民共和国合同法》及相关法律法规的规定,甲乙双方在平等互利的基础上,经充分友好协商一致,自愿达成以下协议,以资遵守执行。

一、甲乙双方的基本情况

第一条　甲方与乙方同属一个集体经济组织,即属于__________县(市、区)________乡(镇)_____村集体经济组织成员。

二、房屋宅基地登记与房屋基本情况

第二条　房屋宅基地证(集体建设用地使用证)证号:__________,登记土地使用权人姓名(户主):__________,登记共有人姓名:____________________。

第三条　新建房屋位于____乡(镇)____村____组(寨)____号,占地面积为:____平方米,房屋四至为:南抵______,东邻______,北靠______,西接______。

房屋建筑面积______平方米,系________结构,为______层______间。

房屋的附属物有:____________________

三、房屋价款与支付方式

第四条　双方约定房屋买卖价格为人民币__________元(大写:__________元)。

第五条 房屋价款支付方式

双方约定选择以下第______种付款方式：

(一)本合同签字捺手印之日一次性支付，当面点清。

(二)房屋交接之日，即甲方接到房屋钥匙之日一次性支付，当面点清。

(三)分期支付：本合同签订之日，乙方支付首期款：______元；尾款______元于房屋钥匙交付之日支付。

(四)其他支付方式：____

第六条 按照第五条的付款方式，以下四种支付方式双方均予认可：

(一)现金支付；(二)银行汇款；(三)微信转账；(四)支付宝转账。

四、甲乙双方的权利和义务

第七条 甲方的权利与义务

(一)甲方有权根据本合同约定要求乙方交付房屋并占有使用房屋，成为房屋所有权人。

(二)甲方应按合同约定支付房屋价款。

(三)甲方应向乙方提供属于本集体经济组织成员的相应证明文件，包括居民身份证复印件、户口簿登记页复印件，并作为合同附件。

第八条 乙方权利与义务

(一)乙方有权根据本合同规定要求甲方按约支付房屋交易价款。

(二)本合同签订之日到房屋交付之日期间，乙方不得损毁房屋结构或损坏房屋门柱、墙壁、楼道楼梯等，除为房屋正常居住或使用外，不得采取任何致房屋损毁损坏的行为。

(三)本合同签订之日起到房屋交付之日期间，乙方不得破坏或切断房屋原附属或原使用的水、电、有线电视与网络、煤气或燃气等设施管线；该附属设施相应的登记证件亦应在房屋交接时移交甲方。

(四)本房屋买卖合同签订后，乙方有义务将房屋有关的宅基地登记证书或集体建设用地使用证书及相应行政规费票据的原件作为合同附件交付甲方。

(五)甲方按照法律规定办理宅基地使用手续或集体建设用地手续变更登记时，乙方应当予以积极配合，无正当理由不得拒绝。

五、房屋的交付时间

第九条 双方约定房屋移交时间按以下第____种方式执行：

(一)本合同签字之日。

(二)本合同约定的第一笔房屋价款支付到账之日。

(三)本合同约定的最后一笔尾款支付到账之日。

(四)本合同约定的房屋价款全部到账之日。

(五)其他方式：________________________

六、双方的承诺与保证

第十条 乙方向甲方承诺与保证，如实告知甲方房屋的信息情况，包括但不限于房屋的宅基地登记证或集体建设用地使用证登记情况、房屋共有人情况、房屋存在的质量或瑕疵情况、房屋抵押情况、房屋交易前的使用或出租情况等。

第十一条　甲方向乙方承诺与保证,向乙方提供符合购买资格的同一集体经济组织成员证明资料,并于本合同签订前或房屋交付前已查验新建房屋的使用现状,对房屋质量或瑕疵现状已知悉。

第十二条　双方出具的所有证明文件均为真实有效,否则由此造成的损失,违约方应承担赔偿责任。

七、违约条款

第十三条　乙方未如实告知房屋全部信息,甲方因此遭受损失的,乙方应承担赔偿责任。

第十四条　乙方在房屋移交前不当使用或管理不当造成的房屋毁损或损失,甲方有权要求乙方承担赔偿责任。

第十五条　乙方迟延交付新建房屋的,甲方有权以已付购房款总额为基数按月息1%收取违约金,直至乙方交付房屋之日止。

第十六条　甲方迟延支付房屋价款的,乙方有权要求甲方以应付未付购房款总额为基数按月息1%收取违约金,直至甲方付清全部购房款之日止。

第十七条　因出现不可预见、不可避免、不可克服的事件,导致本合同无法有效及时履行的,双方互不承担违约责任。但是遭遇不可抗力方应立即通过电话、微信等方式通知对方,并在通知后的三个工作日内将不可抗力的书面有效证明及本合同无法有效及时履行的书面理由提交给对方确认;否则遭受不可抗力方需承担相应的违约责任。

八、合同的变更、解除

第十八条　双方经协商一致,可以变更、解除本合同。

第十九条　任何一方违反本合同任何条款约定的,在对方催告后十五个工作日内没有改正为全面履行的,守约方有权书面通知违约方解除合同,且有权要求违约方赔偿相当于合同总额5%的违约金及所遭受的损失(包括但不限于直接损失、可得利益、律师费用等全部损失)。

第二十条　一方只主张违约责任,没有主张解除合同的,合同应当继续履行。一方收到解除合同的通知后,对解除有异议的,应当在十五个工作日内向法定机关提出,否则,视为对解除无异议。

九、争议解决方式

第二十一条　本合同履行过程中产生争议,双方应友好协商解决,若经协商仍无法达成一致意见,任何一方均可向有关部门申请调解,也有权在原告住所地或居住地人民法院起诉解决。双方还可以约定提交仲裁机构裁决。

十、附则

第二十二条　双方在本合同签订时,应提供经核实的身份证明和相应的资质证明文件的复印件作为合同附件。

第二十三条 变更住所地(居住地)、代表人(联系人)、电话等联络方式的,变更方应在变更后24小时内以书面方式通知对方。否则视为本合同载明的联络方式继续有效,微信和短信内容也作为双方来往文件。通知、诉讼文书等文件以邮寄方式发送的,将文件按有效联络方式交给经营特快专递的单位邮寄后,邮件被签收或拒收均视为已经送达。

第二十四条 本合同的标题仅为便于阅读和对合同内容的理解,不作为确定双方权利义务的条款。

第二十五条 房屋宅基地证或集体建设用地使用证原件,行政规费收据原件以及房屋附属水、电、煤气或燃气、有线电视或网络登记文件等原件在房屋交接时交由甲方保存,复印件由乙方保存。

第二十六条 本合同自双方签章之日起生效。一式四份,甲乙双方各持两份,具有同等法律效力。

(以下无正文)

甲　方(签名捺印)/(盖章):　　　　乙　方(签名捺印)/(盖章):

代表人(签名):　　　　代表人(签名):

年　月　日　　　　年　月　日

本合同签订地点:________________

农村在建房屋买卖合同

合同编号:GDHT025

甲方(买方):________________

身份证号:________________

居住地:________________

联系电话:________________ QQ号:________________

微信号:________________ 电子邮箱:________________

乙方(卖方):________________

身份证号:________________

居住地:________________

联系电话:________________ QQ号:________________

微信号:________________ 电子邮箱:________________

根据《中华人民共和国合同法》及相关法律法规的规定,甲乙双方在平等互利的基础上,经充分友好协商一致,自愿达成以下协议,以资遵守执行。

一、甲乙双方的基本情况

第一条 甲方与乙方同属一个集体经济组织，即属于________县（市、区）________乡（镇）______村集体经济组织成员。

二、房屋宅基地登记与房屋基本情况

第二条 房屋宅基地证（集体建设用地使用证）证号：____________，登记土地使用权人姓名（户主）：________________，登记共有人姓名：______________。

第三条 房屋基本情况

（一）在建房屋位于____乡（镇）____村____组（寨）____号，占地面积为：____平方米，房屋四至为：南抵______，东邻______，北靠______，西接_______。

（二）该在建房屋建设情况为：

1. ____

2. ____

（三）该房屋的附属物有：____

三、房屋价款与支付方式

第四条 双方约定房屋买卖价格为人民币_________元（大写：______________元）。

第五条 双方约定选择以下第______种付款方式：

（一）本合同签字按手印之日一次性支付，当面点清。

（二）房屋交接之日，即乙方向甲方交接在建房屋之日一次性支付，当面点清。

（三）分期支付：本合同签订之日，乙方支付首期款：______元；尾款______元于在建房屋交接之日支付。

（四）其他支付方式：____

第六条 按照第五条的付款方式，以下四种支付方式双方均予认可：

（一）现金支付；（二）银行汇款；（三）微信转账；（四）支付宝转账。

四、甲乙双方的权利和义务

第七条 甲方的权利与义务

（一）甲方有权根据本合同约定要求乙方移交在建房屋工程及相应的建筑材料，享有在建房屋工程的全部权利。

（二）甲方应按合同约定支付房屋价款。

（三）甲方应向乙方提供属于本集体经济组织成员的相应证明文件，包括居民身份证复印件、户口簿登记页复印件，并作为合同附件。

第八条 乙方权利与义务

（一）乙方有权根据本合同规定要求甲方按约支付在建房屋交易价款。

（二）本合同签订之日到房屋交付之日期间，乙方不得损毁房屋结构，除为房屋正常管理外，不得采取任何致房屋损毁损坏的行为。

（三）本合同签订后，乙方应将房屋有关的宅基地或集体建设用地申请手续及其相应票据资料交于甲方；同时提交与第三方施工人员签订的工程建设施工合同及已支付的工程款及向材料供应商支付的材料款凭据等文件。

（四）甲方按照法律规定办理宅基地使用手续或集体建设用地手续变更登记或申请新设户名登记时，乙方应当予以积极配合，无正当理由不得拒绝。

五、房屋的交付时间

第九条 双方约定房屋移交时间按以下第____种方式执行：

（一）本合同签字之日。

（二）本合同约定的第一笔房屋价款支付到账之日。

（三）本合同约定的最后一笔尾款支付到账之日。

（四）本合同约定的房屋价款全部到账之日。

（五）其他方式：________________________________

六、双方的承诺与保证

第十条 乙方向甲方承诺与保证，如实告知甲方房屋的信息情况，包括但不限于房屋宅基地或集体建设用地使用权手续的申请办理情况，在建房屋的共同出资人、施工人员情况及施工合同资料；库存建材以及向建筑材料商付款或欠付材料款情况等。

第十一条 甲方向乙方承诺与保证，本合同签订前乙方对第三方所欠付的工程款或建筑材料款等，由乙方自行解决并承担相应责任。

第十二条 双方出具的所有证明文件均为真实有效，否则由此造成的损失，违约方应承担赔偿责任。

七、违约条款

第十三条 乙方未如实告知房屋全部信息，甲方因此遭受损失的，乙方应承担赔偿责任。

第十四条 乙方在房屋移交前不当使用或管理不当造成的房屋毁损或损失，甲方有权要求乙方承担赔偿责任。

第十五条 乙方迟延交付在建房屋的，甲方有权以已付购房款总额为基数按月息1%收取违约金，直至乙方交付房屋之日止。

第十六条 甲方迟延支付房屋价款的，乙方有权要求甲方以应付未付购房款总额为基数按月息1%收取违约金，直至甲方付清全部购房款之日止。

第十七条 因出现不可预见、不可避免、不可克服的事件，导致本合同无法有效及时履行的，双方互不承担违约责任。但是遭遇不可抗力方应立即通过电话、微信等方式通知对方，并在通知后的三个工作日内将不可抗力的书面有效证明及本合同无法有效及时履行的书面理由提交给对方确认；否则遭受不可抗力方应承担相应的违约责任。

八、合同的变更、解除

第十八条 双方经协商一致，可以变更、解除本合同。

第十九条 任何一方违反本合同任何条款约定的，在对方催告后十五个工作日内没有改正为全面履行的，守约方有权书面通知违约方解除合同，且有权要求违约方赔偿相当于合同总额5%的违约金及所遭受的损失(包括并不限于直接损失、可得利益、律师费用等全部损失)。

第二十条　一方只主张违约责任,没有主张解除合同的,合同应当继续履行。一方收到解除合同的通知后,对解除有异议的,应当在十五个工作日内向法定机关提出,否则,视为对解除无异议。

九、争议解决方式

第二十一条　本合同履行过程中产生争议,双方应友好协商解决,若经协商仍无法达成一致意见,任何一方均可向有关部门申请调解,也有权在原告住所地或居住地人民法院起诉解决。双方还可以约定提交仲裁机构裁决。

十、附则

第二十二条　双方在本合同签订时,应提供经核实的身份证明和相应的资质证明文件的复印件作为合同附件。

第二十三条　变更住所地(居住地)、代表人(联系人)、电话等联络方式的,变更方应在变更后24小时内以书面方式通知对方。否则视为本合同载明的联络方式继续有效,微信和短信内容也作为双方来往文件。通知、诉讼文书等文件以邮寄方式发送的,将文件按有效联络方式交给经营特快专递的单位邮寄后,邮件被签收或拒收均视为已经送达。

第二十四条　本合同的标题仅为便于阅读和对合同内容的理解,不作为确定双方权利义务的条款。

第二十五条　房屋宅基地证或集体建设用地使用证申请办理文件、房屋建设施工合同及支付工程款收据、建材供应合同及相应建材货款支付凭据等原件在在建房屋交移交时交由甲方保存,复印件由乙方保存。

第二十六条　本合同自双方签章之日起生效。一式四份,甲乙双方各持两份,具有同等法律效力。

(以下无正文)

甲　方(签名捺印)/(盖章):
代表人(签名):
年　月　日

乙　方(签名捺印)/(盖章):
代表人(签名):
年　月　日

本合同签订地点:____________________

第三章

涉农建设工程和承揽合同

【本章导语】

本章涉及涉农建设工程合同和承揽合同示范文本共计23份。涉农建设工程合同范本旨在服务于农村基础设施的建设，为农村基础设施的科学推进，重大扶贫项目的落地实施提供智力支持。其中《农村建设工程施工合同》《农村工程勘察设计合同》为农村建设工程通用合同，作为农村建设工程合同的总合同，依据农村的实际情况，对相关条款进行最详细的约定，以普遍适用于农村各种建设工程，大至文化广场、公路、工厂建设，小至农村房屋修建皆可使用。《农村建房承包合同》着眼于农村农户的自建房工程，目的在于明确自建房承包工程中各方的权利义务，保证自建房的质量。《乡村道路施工合同》着力于乡村道路工程的建设，通过研究乡村道路建设的特点，制定符合乡村道路建设的具体施工条款，确保乡村道路建设的有序开展。《电力工程分包合同》《铝合金门窗工程分包合同》《工程劳务分包合同》《装饰装修工程施工合同》《通信工程外包合作合同》《消防工程合同》《农村工程材料采购合同》旨在服务于农村大型基础设施建设、扶贫产业落地建设工程、农村文化广场建设工程、特色农村产业工程建设、集体建房等较为大型的工程建设，通过对不同分包项目的把握，制定符合分包项目特点的条款，减少工程建设中的纠纷，提高工程建设的效率与质量。

涉农承揽合同示范文本旨在为促进农业供给质量的稳步提高、农业生产力的提高提供智力支持。其中《农业机械作业服务合同》《农业机械维修合同》《蔬菜大棚定作合同》《收割承包合同》《农村房屋维修合同》旨在改善农民的生产工具，提高农民生活质量，助推农业生产力发展；《农产品加工合同》《代加工合作合同》《农作物种子加工合同》《烟叶专业化烘烤合同》《茶叶委托加工合同》《农产品质量委托检验合同》为农产品加工和检验合作提供示范文本，助力农产品供给质量的提升；《农产品加工合同》《代加工合作合同》是总合同，普遍适用于各类农产品的加工、代加工；《农作物种子加工合同》《烟叶专业化烘烤合同》《茶叶委托加工合同》是根据农作物种子、烟叶专业化烘烤、茶叶委托加工所作出的专用型合同，目的在于把握种子、烟叶、茶叶的特性，科学设置相关合同条款，为农产品的安全生产保驾护航。

本章合同与前面的合同示范文本中类似和/或相同内容的，适用其注释。

农村建设工程施工合同

合同编号：GDHT026

甲方(发包方)：______________________________

统一社会信用代码/身份证号：______________________________

住所地/居住地：______________________________

联系人：______________________________ 电话：______________________________

微信号：______________________________ 电子邮箱：______________________________

乙方(承包方)：______________________________

统一社会信用代码/身份证号：______________________________

住所地/居住地：______________________________

联系人：______________________________ 电话：______________________________

微信号：______________________________ 电子邮箱：______________________________

根据《中华人民共和国合同法》《中华人民共和国建筑法》及其他有关法律、行政法规，为明确双方在施工过程中的权利和义务，双方经友好充分协商一致，自愿达成如下合同，双方共同信守。

一、工程项目概况

第一条　本合同所涉工程项目如下：

(一)工程名称：______________________________

(二)工程地点：______________________________

(三)工程内容：______________________________

(四)承包方式：______________________________

二、工程期限

第二条　合同工期总日历天数______天，开工日期：______年______月____日，竣工日期：______年______月____日。

第三条　如遇下列情况，经甲方现场代表签证后，工期可相应顺延：

(一)工程量变化和设计变更；

(二)在施工中如因停电、停水 8 小时以上或连续间歇性停水、停电 3 小时以上(每次连续 4 小时以上)，影响正常施工；停水停电 2 天以上；

(三)不可抗力及风雨雪等不能施工的恶劣天气；

(四)甲方未按时拨付工程款超过 15 天或未按合同规定提供相关材料、设施；

(五)合同规定或甲方代表同意工期顺延的；

(六)因甲方原因造成的其他延停工。

第四条　因乙方原因造成施工延迟的，不得请求顺延工期。

三、工程价款、履约保证金及付款方式

第五条 本合同价款采第______________种方式确定。

(一)采用固定价格的,合同价款包括的风险范围:________________________________

风险费用的计算方法:________________________________

风险范围以外合同价款调整方法:________________________________

(二)采用可调价格的,合同价款的调整方法:________________________________

(三)采用成本加酬金的,有关成本加酬金的约定:________________________________

第六条 双方约定合同价款的其他调整因素:________________________________

第七条 双方约定甲方向乙方支付工程款的时间和方式:________________________

第八条 本合同生效后,为保证乙方各阶段工作完成情况符合双方约定,乙方应在本合同签订之日起____日内向甲方交纳履约保证金人民币__________元(大写:________元),双方约定履约保证金退还方式:在本工程竣工验收合格之日起 15 日内由甲方退还乙方保证金,超过 15 日的,甲方按中国人民银行同期同类贷款利息向乙方支付资金占用费。

第九条 双方委托银行代付代收有关费用

甲方开户行:________________________________

甲方账户名:________________________________

甲方账号:________________________________

乙方开户行:________________________________

乙方账户名:________________________________

乙方账号:________________________________

甲方在收到乙方提供发票之日起____日内支付乙方款项。

第十条 除上述规定的银行汇款支付外,以下三种支付方式双方均予认可:

(一)支付宝转账;(二)微信转账;(三)现金支付。

四、建筑材料、设备的供应和采购

第十一条 工程材料、设备由______方采购。

第十二条 因工程需要所采购的材料、设备,必须附有产品合格证和试验报告才能使用。一方负责采购的材料、设备,对方认为需要复验的,另一方应按要求提供复验报告。经复验符合质量要求的,方可用于工程使用;复验不符合质量要求的,不得用于工程使用,其复验费和其他损失由负责提供材料一方承担。

五、施工与设计变更

第十三条 甲方签字认定交付的设计图纸、说明和有关技术资料,作为施工的有效根据,乙方不得擅自修改。

第十四条 甲方指定代表____对工程施工进行监督,并对乙方进行签证,乙方现场派驻____为项目经理,对工程进行施工管理。

第十五条 设计变更增减数应以甲方代表签证单为根据,对增减部分的工程款由甲、乙双方协商确认。

六、工程质量管理及验收

第十六条 工程具备隐蔽条件,乙方先进行自检,并在隐蔽验收前 48 小时以书面形式通知甲方验收。验收合格，甲方现场代表在验收记录上签字后，承包人可进行隐蔽和继续施工。验收不合格，乙方予以整改后再交由甲方重新验收。

第十七条　工程具备竣工验收条件，乙方按国家工程竣工验收有关规定，向甲方提供完整竣工资料及竣工验收报告(含竣工图、隐蔽工程签证和现场签证单及保修书等)。验收合格的，双方进行交接，验收不合格的，乙方应及时返工，费用由乙方自行承担，返工导致工期延误的，乙方应承担相应的违约责任。

第十八条　工程质量应符合国家及行业规定的建筑工程质量检验评定的______标准。

七、安全施工

第十九条　乙方应遵守工程建设安全生产有关管理规定，严格按安全标准组织施工，采取必要的安全防护措施，消除事故隐患。由于乙方安全措施不力造成事故的责任和因此发生的费用，由乙方承担。

八、质量保修

第二十条　本工程保修期限为______年，自工程竣工验收合格之日起算。

第二十一条　在免费保修期内，乙方应保证通信畅通，令甲方能够随时同乙方取得联系。乙方在接到甲方维修通知后12小时内到达现场并及时处理。如乙方更换保修人员或联系电话，应及时通知甲方。若因乙方通信不畅或故意拖延推诿，甲方将视为乙方放弃保修责任，有权自行解决，乙方无条件认可甲方支付的维修费用，由乙方承担所有费用并加收____%的劳务费。

乙方保修联系人：__________；乙方保修联系电话：__________。

九、双方其他权利义务

第二十二条　甲方应按合同约定向乙方及时支付合同价款和退还履约保证金。应按合同约定及时组织竣工验收。

第二十三条　甲方负责办理法律规定由其办理的许可、批准或备案，包括但不限于建设用地规划许可证，建设工程规划许可证，建设工程施工许可证，施工所需临时用水、临时用电、中断道路交通、临时占用土地等许可和批准。甲方应协助乙方办理法律规定的有关施工证件和批件。因甲方原因未能及时办理完毕前述许可、批准或备案，由甲方承担由此增加的费用和(或)延误的工期，并支付乙方合理的补偿。

第二十四条　甲方应负责提供施工所需要的条件和材料，包括：

(一)将施工水利、电力、通信线路等施工所必需的条件接至施工现场内。

(二)保证向承包人提供正常施工所需要的进入施工现场的交通条件。

(三)协调处理施工现场周围地下管线和邻近建筑物、构筑物、古树名木的保护工作，并承担相关费用。

(四)在移交施工现场前向承包人提供施工现场及工程施工所必需的毗邻区域内供水、排水、供电、供气、供热、通信、广播电视等地下管线资料，气象和水文观测资料，地质勘察资料，相邻建筑物、构筑物和地下工程等有关基础资料，并对所提供资料的真实性、准确性和完整性负责。按照法律规定确需在开工后才能提供的基础资料，甲方应尽其努力及时地在相应工程施工前的合理期限内提供，合理期限应以不影响乙方的正常施工为限。

（五）应提供的施工所需要其他设施条件和材料。

第二十五条 乙方在履行合同过程中应严格遵守法律和工程建设标准规范，并履行以下义务：

（一）办理法律规定应由承包人办理的许可和批准，并将办理结果书面报送发包人留存。

（二）按法律规定和合同约定完成工程，并在保修期内承担保修义务。

（三）按法律规定和合同约定采取施工安全措施和环境保护措施，办理工伤保险，确保工程及人员、材料、设备和设施的安全。

（四）按合同约定的工作内容和施工进度要求，编制施工组织设计和施工措施计划，并对所有施工作业和施工方法的完备性、安全可靠性负责。

（五）在进行合同约定的各项工作时，不得侵害发包人与他人使用公用道路、水源、市政管网等公共设施的权利，避免对邻近的公共设施产生干扰。承包人占用或使用他人的施工场地，影响他人作业或生活的，应承担相应责任。

（六）按照法律规定和合同约定编制竣工资料，完成竣工资料立卷及归档，并按专用合同条款约定的竣工资料的套数、内容、时间等要求移交发包人。

十、违约责任

第二十六条 乙方未能按合同约定工期竣工的，每延期一日应按工程总价款1‰向甲方支付违约金（从工程款中直接扣除）。

第二十七条 甲方应当按合同约定向乙方支付工程款，每延期一日应按照逾期支付工程总额1‰向甲方支付违约金。

第二十八条 一方接受对方逾期履行的，不视为对其违约行为的认可，仍然有权追究其违约责任，还有权解除合同。

第二十九条 在对方未履行义务前，一方按照合同履行自己的义务的，不等于认可对方已经履行了先前的义务或同意对方可以不再履行其义务。

第三十条 因出现不可预见、不可避免、不可克服的事件，导致本合同无法有效及时履行的，相互不承担违约责任，但是遭遇不可抗力方应立即通过电话、微信等方式通知对方，并在通知后的三个工作日内将不可抗力的书面有效证明及本合同无法有效及时履行的书面理由提交给对方确认。否则，遭受不可抗力的一方应当承担相应的违约责任。

十一、合同的变更、解除及争议解决

第三十一条 经双方协商一致可以变更、解除合同。一方要求变更或解除合同，应在30日前以书面方式通知另一方，双方协商解决。因变更或解除合同，致使守约方遭受实际损失的，除按合同约定和依法可免除责任的情形以外，应由违约方负责赔偿。

第三十二条 一方只主张违约责任，没有主张解除合同的，合同应当继续履行。一方收到解除合同的通知后，对解除有异议的，应当在15个工作日内向法定机关提出，否则，视为对解除无异议。

第三十三条 任何一方违反本合同任何条款约定的，在对方催告后15个工作日内没有改正为全面履行的，守约方有权书面通知违约方解除合同，且有权要求违约方赔偿相当于合同总额5%的违约金及所遭受的损失(包括但不限于直接损失、可得利益、律师费用等全部损失)。

第三十四条 合同在履行过程中发生争议的,双方应通过友好协商的方式解决。如协商不成时,应先向调解组织申请调解。调解不成的,双方均有权向原告所在地人民法院提起诉讼。但在判决结果作出之前,双方有义务保证本合同不中断履行。

十二、附则

第三十五条 双方在签订本合同时,应当提供经核实的身份证明和相应资质证明文件的复印件作为合同附件。

第三十六条 甲乙任何一方住所地(住址)、代表人(联系人)、电话等联络方式如有变更,变更的一方应在变更后24小时内以书面方式通知对方。否则视为本合同载明的联络方式继续有效,微信和短信内容也作为双方来往文件。通知、诉讼文书等文件以邮寄方式发送的,将文件按有效联络方式交给经营特快专递的单位邮寄后,邮件被签收或拒收均视为已经送达。

第三十七条 如有其他未尽事宜,甲乙双方可另行签订补充协议,补充协议与本合同有冲突或不一致的,以补充协议为准。

第三十八条 本合同的标题仅为便于阅读和对合同内容的理解的作用,不作为确定双方权利义务的条款。

第三十九条 本合同自双方签章后生效。一式四份,甲乙双方各持两份,具有同等法律效力。

(以下无正文)

甲　方(签名捺印)/(盖章):　　　　　　　　乙　方(签名捺印)/(盖章):
代表人(签名):　　　　　　　　　　　　　　代表人(签名):
　　　　　年　月　日　　　　　　　　　　　　　　　年　月　日

本合同签订地点:____________________

农村工程勘察设计合同

合同编号:GDHT027

甲方(发包方):______________________________

统一社会信用代码/身份证号:______________________________

住所地/居住地:______________________________

联系人:____________________　电话:____________________

微信号:____________________　电子邮箱:____________________

乙方(承包方):______________________________

统一社会信用代码/身份证号：________________

住所地/居住地：________________

联系人：________________ 电话：________________

微信号：________________ 电子邮箱：________________

根据《中华人民共和国合同法》《中华人民共和国建筑法》及其他有关法律、行政法规，为明确双方在施工过程中的权利、义务，双方经友好充分协商一致，自愿达成如下合同，双方共同信守。

一、工程项目概况

第一条 本合同所涉工程项目如下：

（一）工程名称：________________

（二）工程地点：________________

（三）工程规模：________________

（四）工程阶段：________________

二、勘察范围、设计内容及工作进度

第二条 勘察范围

____

第三条 设计内容

____

第四条 工作进度

(勘察设计项目建议书、可行性研究、初步设计、招标设计、施工图设计以及相关专题报告提交时间)

三、工程价款、履约保证金及付款方式

第五条 本合同价款采第________种方式确定。

（一）采用总价合同的，合同价款包括的风险范围：________________

风险费用的计算方法：________________

风险范围以外合同价款调整方法：________________

（二）采用单价价格的，合同价款的调整方法：________________

（三）采用其他合同价款形式及调整因素和方法：________________

第六条 双方约定合同价款的其他调整因素：________________

第七条 双方约定甲方向乙方支付工程款的时间和方式：________________

第八条 本合同生效后，为保证乙方各阶段工作完成情况符合双方约定，乙方应在本合同签订之日起____日内向甲方交纳履约保证金人民币____________元（大写：________元），双方约定履约保证金退还方式：在本工程竣工验收合格之日起15日内由甲方退还乙方保证金，超过15日的，甲方按中国人民银行同期同类贷款利息支付乙方资金占用损失。

第九条 双方委托银行代付代收有关费用

甲方开户银行：________________

开户名：________________

银行账号：____

乙方开户银行：____________________________________

开户名：____

银行账号：____

甲方在收到乙方提供发票之日起____日内支付乙方款项。

第十条　除上述规定的银行汇款支付方式外，以下三种支付方式双方均予认可：（一）支付宝转账；（二）微信转账；（三）现金支付。

四、甲方提供材料及乙方交付成果质量要求

第十一条　甲方向乙方提供有关资料、文件项目及时间：________________

第十二条　乙方向甲方交付的文件成果、份数、质量要求：*(勘察设计项目建议书、可行性研究、初步设计、招标设计、施工图设计以及相关专题报告的交付成果份数、质量)*

以上文件成果的交付地点：__________________________

五、安全责任

第十三条　甲方应为乙方派驻现场的工作人员提供必要的安全保障和劳动保护装备；除甲方原因外，乙方应对其派驻现场人员的人身伤害和经济损失负责。

六、知识产权及保密条款

第十四条　双方均应保护对方的知识产权，未经对方同意，任何一方均不得将对方的资料及文件擅自修改、复制、向第三人转让或用于本合同项目外的其他项目。如发生以上情况，泄密方应承担由此引起的后果的所有法律责任。

七、双方其他权利义务

第十五条　甲方应按本合同第四条规定的内容和时间向乙方提交基础资料及文件，并对其真实性及时限负责。甲方提供本合同第四条中任何一项资料及文件超过规定期限15天以内的，乙方提交勘察/设计成果文件的时间按照推迟期日顺延；超过规定期限15天以上时，乙方有权要求与甲方签订补充协议重新确定提交后续成果文件的时间。但是甲方所应提交的资料迟延提交并不会对乙方开展勘察/设计工作造成实质性影响的除外。

第十六条　甲方变更委托勘察范围、设计项目、规模、条件，以致乙方勘察/设计返工时，勘察/设计工期顺延，双方可另行协商签订补充协议（或另订合同），甲方应按乙方所耗工作量向其支付返工费。

第十七条　甲方应为乙方派驻现场的工作人员提供工作、生活及交通等方面的便利条件，并可适当收取必要的成本费用。

第十八条　进场前，甲方应完成工程勘察设计所需的工作场地使用、建筑物构筑物拆迁、青苗树木赔偿、障碍物清除等工作，解决扰民和影响正常工作进行的有关问题，并承担相关费用。

第十九条　甲方应向乙方提供工作现场地下已知埋藏物[如电力、电讯光（电）缆、各种管道、人防设施等]的资料及具体位置。若因提供上述资料不清致使乙方在现场施工中发生人身伤害或造成经济损失时，由甲方承担有关民事责任。

第二十条　乙方应按本合同第四条约定的内容、时间、份数及质量向甲方交付勘察/设计成果文件和专题报告文件，并对以上文件、资料的准确性、真实性和科学性负责，设计合理使用年限应符合国家有关规定。

第二十一条 乙方负责对勘察/设计成果文件中出现的遗漏和错误采取修改和补充等相关补救措施。

第二十二条 在勘察/设计阶段，为满足工程需要，设计人应安排有关专业人员在工程现场处理有关地质和设计问题，开展技术服务、采购服务等工作。根据采购进度和甲方要求，乙方应派相关专业人员参与采购的技术交流、提供技术服务等。甲方要求乙方参与外出技术交流、咨询、采购服务等，所发生的费用由甲方负责。

第二十三条 乙方交付勘察/设计文件后，应按规定配合甲方参加有关上级的勘察/设计审查和评审工作，并根据审查结论负责不超出原定范围内容做必要调整补充。乙方负责向甲方及施工单位进行技术交底，处理施工过程中有关地质、设计问题和技术指导，根据施工现场情况对设计文件进行合理修改、变更和优化设计，参加竣工验收并按上级主管部门和发包人的要求编写相关勘察设计验收文件。

第二十四条 乙方不得将甲方委托其进行的勘察/设计工作：

（一）转包或将各阶段工作的主要工作分包；

（二）进行任何形式的转包和分包。

八、违约责任

第二十五条 由于甲方提供的资料、文件错误、不准确，造成工期延误或返工时，除顺延工期外，甲方应向乙方支付停工费或返工费；造成质量、安全事故时，由甲方承担法律和经济责任。

第二十六条 除本合同约定的有关交付设计文件顺延的情况外，由于乙方的原因造成符合合同约定的勘察/设计文件提交迟延，每延误一天，应减收该项目延误阶段勘察/设计费 1‰。

第二十七条 专题报告文件提交迟延的，每延误一天，应减收该项专题报告费用 1‰。

第二十八条 甲方逾期向乙方支付勘察/设计费用的，每逾期支付一天，应承担相当于该阶段应支付金额1‰的逾期违约金，且乙方提交设计文件的时间顺延。一个阶段逾期超过5 个工作日以上时，乙方有权暂停履行下一阶段工作，并书面通知甲方。

第二十九条 由于乙方勘察、设计遗漏或错误造成工程质量事故损失，乙方除承担由此产生的法律责任并负责采取补救措施外，应免收直接受损失部分的勘察/设计费，并根据损失程度向甲方支付赔偿金。

第三十条 一方接受对方逾期履行的，不视为对其违约行为的认可，仍然有权追究其违约责任，还有权解除合同。

第三十一条 在对方未履行义务前，一方按照合同约定履行自己的义务的，不等于认可对方已经履行了先前的义务或同意对方可以不再履行其义务。

第三十二条 因出现不可预见、不可避免、不可克服的不可抗力事件，导致本合同无法有效及时履行的，相互不承担违约责任，但是遭遇不可抗力方应立即通过电话、微信等方式通知对方，并在通知后的三个工作日内将不可抗力的书面有效证明及本合同无法有效及时履行的书面理由提交给对方确认。否则，遭受不可抗力的一方应当承担相应的违约责任。

九、合同的变更、解除及争议解决

第三十三条 经双方协商一致可以变更、解除合同。一方要求变更或解除合同，应在30日前以书面方式通知另一方，双方协商解决。因变更或解除合同，致使守约方遭受实际损失的，除按合同约定和依法可免除责任的情形外，应由违约方负责赔偿。

第三十四条 一方只主张违约责任，没有主张解除合同的，合同应当继续履行。一方收到解除合同的通知后，对解除有异议的，应当在15个工作日内向法定机关提出，否则，视为对解除无异议。

第三十五条 任何一方违反本合同任何条款约定的，在对方催告后15个工作日内没有改正为全面履行的，守约方有权书面通知违约方解除合同，且有权要求违约方赔偿相当于合同总额5%的违约金及所遭受的损失（包括但不限于直接损失、可得利益、律师费用等全部损失）。

第三十六条 合同在履行过程中发生争议，双方应通过友好协商的方式解决。如协商不成时，应先向调解组织申请调解。调解不成的，双方均有权向原告所在地人民法院提起诉讼。但在判决结果作出之前，双方有义务保证本合同不中断履行。

十、附则

第三十七条 双方在签订本合同时，应当提供经核实的身份证明和相应资质证明文件的复印件作为合同附件。

第三十八条 甲乙任何一方住所地（住址）、代表人（联系人）、电话等联络方式如有变更，变更的一方应在变更后24小时内以书面方式通知对方。否则视为本合同载明的联络方式继续有效，微信和短信内容也作为双方来往文件。通知、诉讼文书等文件以邮寄方式发送的，将文件按有效联络方式交给经营特快专递的单位邮寄后，邮件被签收或拒收均视为已经送达。

第三十九条 如有其他未尽事宜，甲乙双方可另行签订补充协议，补充协议与本合同有冲突或不一致的，以补充协议为准。

第四十条 本合同的标题仅为便于阅读和对合同内容的理解的作用，不作为确定双方权利义务的条款。

第四十一条 本合同自双方签章后生效。一式四份，甲乙双方各持两份，具有同等法律效力。

（以下无正文）

甲　方（签名捺印）/（盖章）：	乙　方（签名捺印）/（盖章）：
代表人（签名）：	代表人（签名）：
年　月　日	年　月　日

本合同签订地点：____________________

农村建房承包合同

合同编号:GDHT028

甲方(发包方):____________________

统一社会信用代码/身份证号:____________________

住所地/居住地:____________________

联系人:______________ 电话:______________

微信号:______________ 电子邮箱:______________

乙方(承包方):____________________

统一社会信用代码/身份证号:____________________

住所地/居住地:____________________

联系人:______________ 电话:______________

微信号:______________ 电子邮箱:______________

甲方拟建房屋一座,由乙方负责。根据《中华人民共和国合同法》及其他有关法律、行政法规的规定,为明确双方在建房过程中的权利、义务,双方经友好充分协商一致,自愿达成如下合同,双方共同信守。

一、工作内容

第一条 工作内容:房屋基坑开挖清理、基础及墙身砌筑、混凝土浇筑等,并满足规范和甲方要求。

二、工程期限

第二条 合同工期总日历天数为______天,开工日期:______年____月____日,竣工日期:______年____月____日。

第三条 如遇下列情况,工期可相应顺延:

(一)工程量变化和设计变更。

(二)在施工中如因停电、停水8小时以上或连续间歇性停水、停电3以上(每次连续4小时以上),影响正常施工;停水停电2天以上。

(三)不可抗力(不可抗力是指当事人不能预见,对其发生和后果不能避免并不能克服的客观情况)及风雨雪等不能施工的恶劣天气。

(四)甲方未按时拨付工程款超过15天或未按合同规定提供相关材料、设施。

(五)合同规定或甲方代表同意工期顺延的。

(六)因甲方原因造成的其他延停工。

第四条 因乙方原因造成施工延迟的,不得请求顺延工期。

三、工程价款、结算及付款方式

第五条 本合同价款采用包干固定价格,工程总价款为人民币______________元(大写:________元)。

第六条　该房屋建筑工程为包工包料承包方式，机械设备、水泥、砂、砖、钢筋、工具、水、电、保险费、杂费等一切费用均由乙方自己负责。如果甲方提供该房屋建设的部分材料，该部分材料应按照市场价从向乙方支付工程款中扣除。

第七条　工程结算按照乙方施工进度进行计算，本合同签订后甲方支付工程总价款的20%用于乙方购置工程建设材料。完成房屋总建筑面积的30%，支付工程总价款的20%。完成房屋总建筑面积的60%，再支付工程总价款的20%。工程竣工以后支付工程总价款的20%。剩余20%作为质量保证金，待质量缺陷责任期两年届满时支付给乙方。

第八条　双方委托银行代付代收有关费用

甲方开户银行：______________________________

银行账号：______________________________

乙方开户银行：______________________________

银行账号：______________________________

第九条　除上述规定的银行汇款支付方式外，以下三种支付方式双方均予认可：

（一）支付宝转账；（二）微信转账；（三）现金支付。

四、双方其他权利与义务

第十条　甲方负责现场指导、协调。甲方监督乙方工程质量、安全、进度，乙方服务甲方的管理。

第十一条　乙方严格按规范进行施工，如果因乙方在施工中违反规范、规程而留下质量隐患造成工程质量达不到甲方的要求，甲方有权利制止继续施工，并责令其返工，直到符合要求为止。

第十二条　乙方负责所完成工程的施工及质量缺陷责任期内的维修保养工作。如在质量缺陷责任期内，乙方不进行缺陷修复，甲方扣除质量保证金，两年质量缺陷责任期满无质量问题的，甲方全额退还乙方的质量保证金。

第十三条　乙方根据甲方的进度要求，组织相应的人力、物力确保工程进度。乙方自行负责施工人员的安全，发生任何意外事故，均由乙方自行负责。乙方施工人员不得违反法律法规，不得打架斗殴，发生纠纷和矛盾时，积极与甲方联系，通过正当途径解决。

第十四条　一切与乙方相关的债权与债务均由乙方享有和承担。

五、违约责任

第十五条　因乙方原因致使合同无法履行的，乙方应当按照工程总价款的<u>5%</u>支付违约金，并赔偿因其违约给甲方造成的一切损失。

第十六条　甲方若不按照合同约定支付工程价款，应当每日承担逾期支付工程款额<u>1‰</u>的违约金。乙方逾期交工的，应当每日承担逾期已经收到的工程款额<u>1‰</u>的违约金。

第十七条　一方接受对方逾期履行的，不视为对其违约行为的认可，仍然有权追究其违约责任，还有权解除合同。

第十八条　在对方未履行义务前，一方按照合同约定履行自己的义务的，不等于认可对方已经履行了先前的义务或同意对方可以不再履行其义务。

第十九条　因出现不可预见、不可避免、不可克服的事件，导致本合同无法有效及时履行的，相互不承担违约责任，但是遭遇不可抗力方应立即通过电话、微信等方式通知对方，并在通知后的三个工作日内将不可抗力的书面有效证明及本合同无法有效及时履行的书面理由提交给对方确认。否则，遭受不可抗力的一方应当承担相应的违约责任。

六、合同的变更、解除及争议解决

第二十条 经双方协商一致可以变更、解除合同。一方要求变更或解除合同，应在30日前以书面通知另一方，双方协商解决。因变更或解除合同，致使守约方遭受实际损失的，除按合同约定或法律规定可免除责任的情形以外，应由违约方承担赔偿责任。

第二十一条 任何一方违反本合同任何条款约定的，在对方催告后15个工作日内没有改正为全面履行的，守约方有权书面通知违约方解除合同，且有权要求违约方赔偿相当于合同总额5%的违约金及所遭受的损失（包括但不限于直接损失、可得利益、律师费用等全部损失）。

第二十二条 一方只主张违约责任，没有主张解除合同的，合同应当继续履行。一方收到解除合同的通知后，对解除有异议的，应当在15个工作日内向法定机关提出，否则，视为对解除无异议。

第二十三条 合同在履行过程中发生争议，双方应通过友好协商的方式解决。如协商不成时，应先向调解组织申请调解。调解不成的，双方均有权向原告所在地人民法院提起诉讼。但在判决结果作出之前，双方有义务保证本合同不中断履行。

七、附则

第二十四条 双方在签订本合同时，应当提供经核实的身份证明和相应资质证明文件的复印件作为合同附件。

第二十五条 甲乙任何一方住所地（住址）、代表人（联系人）、电话等联络方式如有变更，变更的一方应在变更后24小时内以书面方式通知对方。否则视为本合同载明的联络方式继续有效，微信和短信内容也作为双方来往文件，通知、诉讼文书等文件以邮寄方式发送的，将文件按有效联络方式交给经营特快专递的单位邮寄后，邮件被签收或拒收均视为已经送达。

第二十六条 本合同的标题仅为便于阅读和对合同内容的理解的作用，不作为确定双方权利义务的条款。

第二十七条 如有其他未尽事宜，甲乙双方可另行签订补充协议，补充协议与本合同有冲突或不一致的，以补充协议为准。

第二十八条 本合同自双方签章后生效。一式四份，甲乙双方各持两份，具有同等法律效力。

（以下无正文）

甲　方（签名捺印）/（盖章）：	乙　方（签名捺印）/（盖章）：
代表人（签名）：	代表人（签名）：
年　月　日	年　月　日

本合同签订地点：________________________

电力工程分包合同

合同编号:GDHT029

甲方(发包方):____

统一社会信用代码/身份证号:________________________________

住所地/居住地:____

联系人:____________________ 电话:____________________

微信号:__________________ 电子邮箱:____________________

乙方(承包方):____

统一社会信用代码/身份证号:________________________________

住所地/居住地:____

联系人:____________________、电话:____________________

微信号:__________________ 电子邮箱:____________________

根据《中华人民共和国合同法》和《中华人民共和国建筑法》及其他有关法律、行政法规,为明确双方在电力工程分包过程中的权利、义务,双方经友好充分协商一致,自愿达成如下合同,共同信守。

一、工程项目概况

第一条　本合同所涉工程项目如下:

(一)工程名称:____

(二)工程地点:____

(三)工程内容:____

(四)承包方式:____

二、工程期限

第二条　合同工期总日历天数______天,开工日期:______年____月____日,竣工日期:______年____月____日。

第三条　如遇下列情况,经甲方现场代表签证后,工期可相应顺延:

(一)工程量变化和设计变更。

(二)在施工中如因停电、停水8小时以上或连续间歇性停水、停电3以上(每次连续4小时以上),影响正常施工;停水停电2天以上。

(三)不可抗力(不可抗力是指当事人不能预见,对其发生和后果不能避免并不能克服的客观情况)及风雨雪等不能施工的恶劣天气。

(四)甲方未按时拨付工程款超过15天或未按合同规定提供相关材料、设施的。

(五)合同规定或甲方代表同意工期顺延的。

(六)因甲方原因造成的其他延停工。

第四条　因乙方原因造成施工延迟的,不得请求顺延工期。

三、工程价款、履约保证金、结算及付款方式

第五条 本合同价款采第______种方式确定。

(一)采用固定价格的,合同价款包括的风险范围:______

风险费用的计算方法:______

风险范围以外合同价款调整方法:______

(二)采用可调价格的,合同价款的调整方法:______

(三)采用成本加酬金的,有关成本加酬金的约定:______

第六条 双方约定合同价款的其他调整因素:______

第七条 双方约定甲方向乙方支付工程款的时间和方式:______

第八条 本合同生效后,为保证乙方各阶段工作完成情况符合双方约定,乙方应在本合同签订之日起____日内向甲方交纳履约保证金人民币______元(大写:______元),双方约定履约保证金退还方式:在本工程竣工验收合格之日起15日内由甲方退还乙方保证金,超过15日的,甲方按中国人民银行同期同类贷款利息支付乙方资金占用损失。

第九条 双方委托银行代付代收有关费用

甲方开户银行:______

银行账号:______

乙方开户银行:______

银行账号:______

甲方在收到乙方提供发票之日起____日内支付乙方款项。

第十条 除上述规定的银行汇款支付外,以下三种支付方式双方均予认可:

(一)支付宝转账;(二)微信转账;(三)现金支付。

四、建筑材料、设备的供应和采购

第十一条 工程材料、设备由______方采购。

第十二条 工程采购的材料、设备,必须附有产品合格证和试验报告才能用于工程。一方负责采购的材料、设备,对方认为提供的材料需要复验的,另一方应按要求提供复验报告。经复验符合质量要求的,方可用于工程;复验不符合质量要求的,应退货处理,复验费和退货损失由负责提供材料一方承担。

五、施工与设计变更

第十三条 甲方签字认定交付的设计图纸、说明和有关技术资料,作为施工的有效根据,乙方不得擅自修改。

第十四条 甲方指定代表____对工程施工进行监督,并对乙方进行签证,乙方现场派驻____为项目经理,对工程进行施工管理。

第十五条 设计变更增减数应以甲方代表签证单为根据,对增减部分的工程款由甲乙双方协商确认。

六、工程质量管理及验收

第十六条 工程竣工且具备验收条件后即由甲方组织以施工图及国家颁发的施工验收规范为根据进行验收。若验收不合格,乙方必须按规范要求限期整改。属乙方责任的,整改费用由乙方负责;属甲方责任的,返工费用由甲方负责。

第十七条 工程质量应符合国家及行业规定的建筑工程质量检验评定的______标准。

七、安全施工

第十八条 乙方应遵守工程建设安全生产有关管理规定,严格按安全标准组织施工,采取必要的安全防护措施,消除事故隐患。由于乙方安全措施不力造成事故的责任和因此发生的费用,由乙方承担。

八、质量保修

第十九条 本工程保修期限为______年,自工程竣工验收合格之日起算。

第二十条 在免费保修期内,乙方应保证通信畅通,令甲方能够随时同乙方取得联系。乙方在接到甲方维修通知后12小时内到达现场并及时处理。如乙方更换保修人员或联系电话,应及时通知甲方。若乙方通信不畅或拖延推诿,甲方将视为乙方放弃保修责任,有权自行解决,乙方无条件认可甲方支付的维修费用,由乙方承担所有费用并加收____%的劳务费。

乙方保修联系人:__________;乙方保修联系电话:__________。

九、双方其他权利义务

第二十一条 甲方委托乙方对工程进行施工,乙方应按国家电力部门颁发的规程规定进行施工。

第二十二条 工程杆洞、拉线洞、拉线及线路走廊征地、赔青费用由甲方负责,施工过程中若需要甲方配合的工作甲方应积极给予配合。

第二十三条 乙方应按《3~110kV高压配电装置设计规范》《电气装置安装工程35kV及以下架空电力线路施工及验收规范》《架空送电线路设计技术规范》等国家电力部门颁发的规程、规范要求保质保量按时完成工程施工并保证供电部门验收通过且供电等工作。

第二十四条 乙方指派__________为项目经理(联系电话:____________),负责组织本工程项目的实施。

第二十五条 施工期间,乙方应严格执行电力建设安全施工管理的法律、法规、规章和规范性文件,做好安全管理工作,严防事故发生。若乙方原因造成安全问题,责任由乙方自负。

第二十六条 本工程施工过程中,若遇自然灾害等不可抗力因素,造成的经济损失及工期拖延,由甲乙双方另行协商解决。

十、违约责任

第二十七条 因乙方原因致使合同无法履行的,乙方应按工程总价款额的5%支付违约金,并赔偿因其违约给甲方造成的一切损失。

第二十八条 甲方若不按合同约定支付工程价款,应当每日承担逾期支付工程款额1‰的违约金。乙方逾期交工的,应当每日承担逾期已经收到工程款额1‰的违约金。

第二十九条 一方接受对方逾期履行的,不视为对其违约行为的认可,仍然有权追究其违约责任,还有权解除合同。

第三十条 在对方未履行义务前,一方按照合同约定履行自己的义务的,不等于认可对方已经履行了先前的义务或同意对方可以不再履行其义务。

第三十一条 因出现不可预见、不可避免、不可克服的事件,导致本合同无法有效及时履行的,相互不承担违约责任,但是遭遇不可抗力方应立即通过电话、微信等方式通知对方,并在通知后的三个工作日内将不可抗力的书面有效证明及本合同无法有效及时履行的书面理由提交给对方确认。否则,遭受不可抗力的一方应当承担相应的违约责任。

十一、合同的变更、解除及争议解决

第三十二条 经双方协商一致可以变更、解除合同。一方要求变更或解除合同,应在30日前书面通知另一方,协商解决。因变更或解除合同,致使守约方遭受实际损失的,除按合同约定和法律规定可免除责任的情形以外,应由违约方负责赔偿。

第三十三条 任何一方违反本合同任何条款约定的,在对方催告后15个工作日内没有改正为全面履行的,守约方有权书面通知违约方解除合同,且有权要求违约方赔偿相当于合同总额<u>5%</u>的违约金及所遭受的损失(包括但不限于直接损失、可得利益、律师费用等全部损失)。

第三十四条 一方只主张违约责任,没有主张解除合同的,合同应当继续履行。一方收到解除合同的通知后,对解除有异议的,应当在15个工作日内向法定机关提出,否则,视为对解除无异议。

第三十五条 合同在履行过程中发生争议,双方应通过友好协商的方式解决。如协商不成时,应先向调解组织申请调解。调解不成的,双方均有权向原告所在地人民法院提起诉讼。但在判决结果作出之前,双方有义务保证本合同不中断履行。

十二、附则

第三十六条 双方在签订本合同时,应当提供经核实的身份证明和相应资质证明文件的复印件作为合同附件。

第三十七条 甲乙任何一方住所地(住址)、代表人(联系人)、电话等联络方式如有变更,变更的一方应在变更后24小时内以书面方式通知对方。否则视为本合同载明的联络方式继续有效,微信和短信内容也作为双方来往文件,通知、诉讼文书等文件以邮寄方式发送的,将文件按有效联络方式交给经营特快专递的单位邮寄后,邮件被签收或拒收均视为已经送达。

第三十八条 本合同的标题仅为便于阅读和对合同内容的理解的作用,不作为确定双方权利义务的条款。

第三十九条 如有其他未尽事宜,甲乙双方可另行签订补充协议,补充协议与本合同有冲突或不一致的,以补充协议为准。

第四十条 本合同自双方签章后生效。一式四份,甲乙双方各持两份,具有同等法律效力。

(以下无正文)

甲 方(签名捺印)/(盖章):	乙 方(签名捺印)/(盖章):
代表人(签名):	代表人(签名):
年 月 日	年 月 日

本合同签订地点:____________________

铝合金门窗工程分包合同

合同编号:GDHT030

甲方(发包方):____

统一社会信用代码/身份证号:________________________________

住所地/居住地:____

联系人:____________________　电话:____________________

微信号:__________________　电子邮箱:____________________

乙方(承包方):____

统一社会信用代码/身份证号:________________________________

住所地/居住地:____

联系人:____________________　电话:____________________

微信号:__________________　电子邮箱:____________________

根据《中华人民共和国合同法》和《中华人民共和国建筑法》及其他有关法律、行政法规,为明确双方在施工过程中的权利、义务,双方经友好充分协商一致,自愿达成如下合同,双方共同信守。

一、工程项目概况

第一条　本合同所涉工程项目如下:

(一)工程名称:____

(二)工程地点:____

(三)工程内容:____

(四)承包方式:____

二、工程期限

第二条　合同工期总日历天数______天,开工日期:______年____月____日,竣工日期:______年____月____日。

第三条　如遇下列情况,经甲方现场代表签证后,工期可相应顺延:

(一)工程量变化或设计变更。

(二)在施工中如因停电、停水 8 小时以上或连续间歇性停水、停电 3 以上(每次连续 4 小时以上),影响正常施工;停水停电 2 天以上。

(三)不可抗力(不可抗力是指当事人不能预见,对其发生和后果不能避免并不能克服的客观情况)及风雨雪等不能施工的恶劣天气。

(四)甲方未按时拨付工程款超过 15 天或未按合同规定提供相关材料、设施的。

(五)合同规定或甲方代表同意工期顺延的。

(六)因甲方原因造成的其他延停工。

第四条　因乙方原因造成施工延迟的,不得请求顺延工期。

三、工程价款、履约保证金及付款方式

第五条 本工程总造价约人民币__________元(大写:______元)。价款明细须按实际约定。

第六条 双方签订合同后,甲方支付乙方合同总金额的20%作为备料款,窗外框安装完毕并经监理单位和甲方共同验收合格后一周内,付至工程总价款的20%,扇和玻璃安装完毕并经监理单位和甲方共同验收合格一周内,付至工程总价款的20%,工程全部安装完毕并经相关职能部门竣工验收合格后一周内办理结算,办理完结算后一周内付至该栋工程总价款的20%,剩余的20%作为质保金,竣工验收合格后一年质保期内若无质量问题,甲方于一年质保期满后一周内付清。

第七条 本合同生效后,为保证乙方各阶段工作完成情况符合双方约定,乙方应在本合同签订之日起____日内向甲方交纳履约保证金人民币____________元(大写:________元),双方约定履约保证金退还方式:在本工程竣工验收合格之日起15日内由甲方退还乙方保证金,超过15日的,甲方按中国人民银行同期同类贷款利息支付乙方资金占用损失。

第八条 双方委托银行代付代收有关费用

甲方开户银行:____

银行账号:____

乙方开户银行:____

银行账号:____

甲方在收到乙方提供发票之日起____日内支付乙方款项。

第九条 除上述规定的银行汇款支付外,以下三种支付方式双方均予认可:

(一)支付宝转账;(二)微信转账;(三)现金支付。

四、材料的使用

第十条 铝合金窗型材采用________系列注胶断桥节能型材,颜色以甲方提供色板颜色为准,型材壁厚:________。玻璃选用______中空玻璃。本工程门窗配件选用__________。

五、工程质量要求及验收标准

第十一条 门窗的制作安装应符合设计及国家规定的验收标准。

第十二条 铝合金门窗进入现场,送检合格后乙方方可进行安装施工。

第十三条 竣工后乙方必须提供三套完整的工程技术资料,如果资料因乙方原因不符合备案要求,由乙方在商定的期限内补充完善,由此产生的费用由乙方自行承担。

第十四条 甲方、监理、质监部门抽检不符合要求的产品及工艺做法,乙方无条件返工。

六、安全施工

第十五条 乙方应遵守工程建设安全生产有关管理规定,严格按安全标准组织施工,采取必要的安全防护措施,消除事故隐患。由于乙方安全措施不力造成事故的责任和因此发生的费用,由乙方承担。

七、质量保修

第十六条 本工程保修期限为______年,自工程竣工验收合格之日起算。

第十七条 在免费保修期内,乙方应保证通信畅通,令甲方能够随时同乙方取得联系。乙方在接到甲方维修通知后12小时内到达现场并及时处理。如乙方更换保修人员或联系电话,应及时通知甲方。若因乙方通信不畅或拖延推诿,甲方将视为乙方放弃保修责任,有权自行解决,乙方无条件认可甲方支付的维修费用,由乙方承担所有费用并加收____%的劳务费。

乙方保修联系人:__________;乙方保修联系电话:__________。

八、双方其他权利义务

第十八条 甲方提供施工所需的电源、脚手架、升降电梯等门窗工程进场应具备的开工条件。

第十九条 甲方负责协助乙方办理向质监部门报检事宜,所需费用由甲方承担。

第二十条 甲方负责对铝合金门窗的工程进度和质量进行监督检查。

第二十一条 乙方应根据甲方安排的施工计划按期完成约定工作内容,并遵守施工现场的各项安全文明施工制度,服从甲方现场负责人的指挥。

第二十二条 乙方应严格按甲方提供的铝合金窗设计施工图和监理方确认的样板进行施工。

第二十三条 甲方指定代表____对工程施工进行监督,并对乙方进行签证,乙方现场派驻____为项目经理,对工程进行施工管理。

九、违约责任

第二十四条 乙方未能按合同约定工期竣工的,每延期一日应按工程总价款1‰向甲方支付违约金,甲方可以从工程款中直接扣除。

第二十五条 甲方逾期支付工程款,每逾期一日应按照逾期支付工程款额1‰向乙方支付违约金。

第二十六条 由于乙方责任导致工程质量和室内环境污染控制不达标的工程,乙方对工程质量不合格的部位应彻底返工修理,对室内空气质量不达标的应进行全面综合治理,由于以上原因造成工程延期交付的视同延误工期。

第二十七条 因出现不可预见、不可避免、不可克服的不可抗力事件,导致本合同无法有效及时履行的,相互不承担违约责任,但是遭遇不可抗力方应立即通过电话、微信等方式通知对方,并在通知后的三个工作日内将不可抗力的书面有效证明及本合同无法有效及时履行的书面理由提交给对方确认。否则,遭受不可抗力的一方应当承担相应的违约责任。

十、合同的变更、解除及争议解决

第二十八条 经双方协商一致可以变更、解除合同。

第二十九条 一方要求变更或解除合同,应在30日前以书面方式通知另一方,协商解决。因变更或解除合同,致使守约方遭受实际损失的,除按合同约定或法律规定可免除责任的情形外,应由违约方负责赔偿。

第三十条 一方只主张违约责任,没有主张解除合同的,合同应当继续履行。一方收到解除合同的通知后,对解除有异议的,应当在15个工作日内向法定机关提出,否则,视为对解除无异议。

第三十一条 任何一方违反本合同任何条款约定的,在对方催告后15个工作日内没有改正为全面履行的,守约方有权书面通知违约方解除合同,且有权要求违约方赔偿相当于合同总额5%的违约金及所遭受的损失(包括但不限于直接损失、可得利益、律师费用等全部损失)。

第三十二条 合同在履行过程中发生争议,双方应通过友好协商的方式解决。如协商不成时,应先向调解组织申请调解。调解不成的,双方均有权向原告所在地人民法院提起诉讼。但在判决结果作出之前,双方有义务保证本合同不中断履行。

十一、附则

第三十三条 双方在签订本合同时,应当提供经核实的身份证明和相应资质证明文件的复印件作为合同附件。

第三十四条 甲乙任何一方住所地(住址)、代表人(联系人)、电话等联络方式如有变更,变更的一方应在变更后24小时内以书面方式通知对方。否则视为本合同载明的联络方式继续有效,微信和短信内容也作为双方来往文件。通知、诉讼文书等文件以邮寄方式发送的,将文件按有效联络方式交给经营特快专递的单位邮寄后,邮件被签收或拒收均视为已经送达。

第三十五条 本合同的标题仅为便于阅读和对合同内容的理解的作用,不作为确定双方权利义务的条款。

第三十六条 如有其他未尽事宜,甲乙双方可另行签订补充协议,补充协议与本合同有冲突或不一致的,以补充协议为准。

第三十七条 本合同自双方签章后生效。一式四份,甲乙双方各持两份,具有同等法律效力。

(以下无正文)

甲　方(签名捺印)/(盖章):　　　　乙　方(签名捺印)/(盖章):
代表人(签名):　　　　代表人(签名):
年　月　日　　　　年　月　日
本合同签订地点:____________________

工程劳务分包合同

合同编号:GDHT031

甲方(发包方):________________________________
统一社会信用代码/身份证号:________________________
住所地/居住地:________________________________
联系人:____________________　电话:____________________

微信号：______________________　电子邮箱：______________________

乙方(承包方)：______________________

统一社会信用代码/身份证号：______________________

住所地/居住地：______________________

联系人：______________________　电话：______________________

微信号：______________________　电子邮箱：______________________

根据《中华人民共和国合同法》和《中华人民共和国建筑法》及其他有关法律、行政法规，为明确双方在劳务分包过程中的权利、义务，双方经友好充分协商一致，自愿达成如下合同，双方共同信守。

一、工程项目概况

第一条　本合同所涉工程项目如下：

(一)工程名称：______________________

(二)工程地点：______________________

(三)工程内容：______________________

(四)承包方式：______________________

二、工程期限

第二条　合同工期总日历天数______天，开工日期：______年____月____日，竣工日期：______年____月____日。

第三条　若乙方工程工期明显与控制工期不符，甲方可要求乙方赶工，若乙方在收到甲方通知后15天内无明显改进，或乙方无能力承担工程任务，甲方有权增派或改派其他施工单位，由此增加的承包价差由乙方承担，在乙方工程款中扣除，或责令乙方按已完成并合格的工程量的50%结算退场。

第四条　如遇下列情况，经甲方现场代表签证后，工期可相应顺延：

(一)工程量变化和设计变更。

(二)在施工中如因停电、停水8小时以上或连续间歇性停水、停电3以上(每次连续4小时以上)，影响正常施工；停水停电2天以上。

(三)不可抗力(不可抗力是指当事人不能预见，对其发生和后果不能避免并不能克服的客观情况)及风雨雪等不能施工的恶劣天气。

(四)甲方未按时拨付工程款超过15天或未按合同规定提供相关材料、设施的。

(五)合同规定或甲方代表同意工期顺延的。

(六)因甲方原因造成的其他延停工。

第五条　因乙方原因造成施工延迟的，不得请求顺延工期。

三、工程价款、履约保证金及付款方式

第六条　本工程的劳务报酬采用下列第__________种方式计算：

(一)固定劳务报酬(含管理费)。

(二)约定不同工种劳务的计时单价(含管理费)，按确认的工时计算。

(三)约定不同工作成果的计件单价(含管理费)，按确认的工程量计算。

第七条 本工程的劳务报酬，除本合同第十一条规定的情况外，均为一次包死，不再调整。

第八条 采用第（一）种方式计价的，劳务报酬共计________元。

第九条 采用第（二）种方式计价的，不同工种劳务的计时单价分别为：

________________________________，单价为____________元；

________________________________，单价为____________元。

第十条 采用第（三）种方式计价的，不同工作成果的计件单价分别为：

________________________________，单价为____________元；

________________________________，单价为____________元。

第十一条 在下列情况下，固定劳务报酬或单价可以调整：

（一）以本合同约定价格为基准，市场人工价格的变化幅度超过____%，按变化前后价格的差额予以调整。

（二）后续法律及政策变化，导致劳务价格变化的，按变化前后价格的差额予以调整。

（三）双方约定的其他情形：________________________________

第十二条 付款方式：

（一）采用固定劳务报酬方式支付劳务报酬的，劳务分包人与工程承包人约定按下列方法支付：

1. 合同生效即支付预付款____________元。

2. 中间支付：

第一次支付时间为______年____月____日，支付__________元；

第二次支付时间为______年____月____日，支付__________元。

3. 全部工作完成后，乙方向甲方递交结算资料，甲方审查确认结算资料无误后支付剩余劳务报酬。

（二）采用计时单价或计件单价方式支付劳务报酬的，劳务分包人与工程承包人双方约定支付方法为________________________________

（三）本合同确定调整的劳务报酬、工程变更调整的劳务报酬及其他条款中约定的追加劳务报酬，应与上述劳务报酬同期调整支付。

第十三条 本合同生效后，为保证乙方各阶段工作完成情况符合双方约定，乙方应在本合同签订之日起____日内向甲方交纳履约保证金人民币__________元（大写：________元），双方约定履约保证金退还方式：在本工程竣工验收合格之日起15日内由甲方退还乙方保证金，超过15日的，甲方按中国人民银行同期同类贷款利息支付乙方资金占用损失。

第十四条 双方委托银行代付代收有关费用

甲方开户银行：________________________________

户名：________________________________

银行账号：________________________________

乙方开户银行：________________________________

户名：________________________________

银行账号：____

甲方在收到乙方提供发票之日起____日内支付乙方款项。

第十五条　除上述规定的银行汇款支付外，以下三种支付方式双方均予认可：

（一）支付宝转账；（二）微信转账；（三）现金支付。

四、建筑材料、设备的供应和采购

第十六条　工程材料、设备由______方采购。

第十七条　工程采购的材料、设备，必须附有产品合格证和试验报告才能用于工程。一方负责采购的材料、设备，对方认为提供的材料需要复验的，另一方应按照要求提供复验报告。经复验符合质量要求的，方可用于工程；复验不符合质量要求的，应退货处理，复验费和退货损失由负责提供材料一方承担。

第十八条　材料施工损耗率为1%。乙方凭领料单到甲方仓库领用甲方提供的材料。材料损耗率计算：没有规定材料损耗率和限额用料的其他相关材料以甲方公司的成本控制指标（成本控制指标没有部分以定额材料允许消耗量）为准办理结算，超出限额的按甲方材料进价结算。

五、施工与设计变更

第十九条　甲方签字认定交付的设计图纸、说明和有关技术资料，作为施工的有效依据，乙方不得擅自修改。

第二十条　甲方因使用功能提出的变更内容，为不影响施工进度，乙方应先行实施，并及时做好现场签证。施工中如发生对原工作内容进行变更，甲方应提前7天以书面形式向乙方发出变更通知，并提供变更的相应图纸和说明。乙方按照甲方发出的变更通知及有关要求，进行变更。

第二十一条　因变更导致劳务报酬的增加及造成的乙方损失，由甲方承担，延误的工期相应顺延；因变更减少工程量，劳务报酬应相应减少，工期相应调整。

第二十二条　施工中乙方不得对原工程设计进行变更。因乙方擅自变更设计发生的费用和由此导致甲方的直接损失，由乙方承担，延误的工期不予顺延。

第二十三条　因乙方自身原因导致的工程变更，乙方无权要求追加劳务报酬。

第二十四条　甲方指定代表____对工程施工进行监督，并对乙方进行签证，乙方现场派驻____为项目经理，对工程进行施工管理。

六、工程质量管理及验收

第二十五条　乙方应确保所完成施工的质量符合本合同约定的质量标准。乙方施工完毕，应向甲方提交完工报告，通知甲方验收；甲方应当在收到乙方的上述报告后7天内对乙方施工成果进行验收，验收合格或者甲方在上述期限内未组织验收的，视为乙方已经完成了本合同约定的工作。甲方与发包人间的隐蔽工程验收结果或工程竣工验收结果表明乙方施工质量不合格时，乙方应负责无偿修复，不延长工期，并承担由此导致的甲方的相关损失。

第二十六条　全部工程竣工（包括乙方完成工作在内）后，一经发包人验收合格，乙方对其分包的劳务作业的施工质量不再承担责任，在质量保修期内的质量保修责任由甲方承担。

第二十七条 工程质量应符合国家及行业规定的建筑工程质量检验评定的________标准。

七、安全施工

第二十八条 乙方应遵守工程建设安全生产有关管理规定，严格按安全标准组织施工，采取必要的安全防护措施，消除事故隐患。由于乙方安全措施不力造成事故的责任和因此发生的费用，由乙方承担。

八、质量保修

第二十九条 本工程保修期限为______年，自工程竣工验收合格起算。

第三十条 在免费保修期内，乙方应保证通信畅通，令甲方能够随时同乙方取得联系。乙方在接到甲方维修通知后12小时内到达现场并及时处理。如乙方更换保修人员或联系电话，应及时通知甲方。若乙方通信不畅或拖延推诿，甲方将视为乙方放弃保修责任，有权自行解决，乙方无条件认可甲方支付的维修费用，由乙方承担所有费用并加收____%的劳务费。乙方保修联系人：__________；乙方保修联系电话：__________。

九、双方其他权利义务

第三十一条 甲方负责统筹安排、协调解决非乙方独立使用的生产、生活临时设施、工作用水、用电及施工场地。

第三十二条 甲方应按时提供图纸，及时交付应供材料、设备，所提供的施工机械设备、周转材料、安全设施要满足施工需要。

第三十三条 甲方负责与总发包人、监理、设计及有关部门联系，协调现场工作关系。

第三十四条 乙方不得将承包范围内的工程转包给他人，否则，甲方有权解除合同，乙方向甲方支付承包总价5%的违约金，对给甲方造成的损失承担赔偿责任。

第三十五条 乙方施工中必须每天做到工完料（场）清，工程竣工后负责场地的清理（包括临时生产和生活设施），如不清理，甲方派杂工清理，按人民币____元/工日在乙方工程款中扣除。建筑废料由甲方指定地点堆放（费用由乙方负责）。

第三十六条 在执行合同期间，乙方对发生的工程量签证根据（包括数量、承包范围、工作内容等）必须属实，如发现签证单内容有虚假记录、串谋作弊等行为，则按分项工程总价款的5%进行处罚，甲方有权终止合同，责令乙方退场，另选施工班组。

第三十七条 乙方施工完毕或中途退场，应在接到甲方书面通知之日起____天（中途退场的当天内）内，负责将其所有工人、施工机械、工器具等撤离甲方工地；逾期未撤离的甲方有权采取任何强制措施，强行责令乙方退场，发生的所有费用（包括甲方垫付的工人工资等费用）在乙方工程款中扣除，由此造成的经济损失和法律后果均由乙方完全承担，与甲方无关。

第三十八条 乙方中途退场，乙方结算的工程量及结算总价以甲方项目部验收签证结算为准；若乙方有异议，可书面要求甲方审定，审定结果作为乙方结算的最终根据。

十、违约责任

第三十九条 乙方未能按合同约定工期竣工的，每延期一日应按工程劳务费总额1‰向甲方支付违约金，甲方可以从劳务费中直接扣除。甲方逾期支付劳务费，每逾期一日应按照逾期支付劳务费额 1‰向乙方支付违约金。

第四十条 由于乙方责任导致工程质量和室内环境污染控制不达标的工程，乙方对工程质量不合格的部位应进行彻底返工修理，对室内空气质量不达标的应进行全面综合治理，由于以上原因造成工程延期交付的视同延误工期。

第四十一条 因出现不可预见、不可避免、不可克服的不可抗力事件，导致本合同无法有效及时履行的，相互不承担违约责任，但是遭遇不可抗力方应立即通过电话、微信等方式通知对方，并在通知后的三个工作日内将不可抗力的书面有效证明及本合同无法有效及时履行的书面理由提交给对方确认。否则，遭受不可抗力的一方应当承担相应的违约责任。

十一、合同的变更、解除及争议解决

第四十二条 经双方协商一致可以变更、解除合同。

第四十三条 一方要求变更或解除合同，应在 30 日前书面通知另一方，双方协商解决。因变更或解除合同，致使守约方遭受实际损失的，除按合同约定或法律规定可免除责任的情形外，应由违约方负责赔偿。

第四十四条 一方只主张违约责任，没有主张解除合同的，合同应当继续履行。一方收到解除合同的通知后，对解除有异议的，应当在 15 个工作日内向法定机关提出，否则，视为对解除无异议。

第四十五条 任何一方违反本合同任何条款约定的，在对方催告后 15 个工作日内没有改正为全面履行的，守约方有权书面通知违约方解除合同，且有权要求违约方赔偿相当于合同总额 5% 的违约金及所遭受的损失（包括但不限于直接损失、可得利益、律师费用等全部损失）。

第四十六条 合同在履行过程中发生争议，双方应通过友好协商的方式解决。如协商不成时，应先向调解组织申请调解。调解不成的，双方均有权向原告所在地人民法院提起诉讼。但在判决结果作出之前，双方有义务保证本合同不中断履行。

十二、附则

第四十七条 双方在签订本合同时，应当提供经核实的身份证明和相应资质证明文件的复印件作为合同附件。

第四十八条 甲乙任何一方住所地（住址）、代表人（联系人）、电话等联络方式如有变更，变更的一方应在变更后 24 小时内以书面方式通知对方。否则视为本合同载明的联络方式继续有效，微信和短信内容也作为双方来往文件，通知、诉讼文书等文件以邮寄方式发送的，将文件按有效联络方式交给经营特快专递的单位邮寄后，邮件被签收或拒收均视为已经送达。

第四十九条 本合同的标题仅为便于阅读和对合同内容的理解的作用，不作为确定双方权利义务的条款。

第五十条 如有其他未尽事宜，甲乙双方可另行签订补充协议，补充协议与本合同有冲突或不一致的，以补充协议为准。

第五十一条 本合同自双方签章后生效。一式四份，甲乙双方各持两份，具有同等法律效力。

（以下无正文）

甲　方（签名捺印）/（盖章）：　　　　　　　　乙　方（签名捺印）/（盖章）：
代表人（签名）：　　　　　　　　　　　　　　代表人（签名）：
年　月　日　　　　　　　　　　　　　　　　　年　月　日
本合同签订地点：____________

装饰装修工程施工合同

合同编号：GDHT032

甲方（发包方）：____________
统一社会信用代码/身份证号：____________
住所地/居住地：____________
联系人：____________　电话：____________
微信号：____________　电子邮箱：____________
乙方（承包方）：____________
统一社会信用代码/身份证号：____________
住所地/居住地：____________
联系人：____________　电话：____________
微信号：____________　电子邮箱：____________

根据《中华人民共和国合同法》和《中华人民共和国建筑法》及其他有关法律、行政法规，为明确双方在施工过程中的权利、义务，双方经友好充分协商一致，自愿达成如下合同，双方共同信守。

一、工程项目概况

第一条　本合同所涉工程项目如下：

（一）工程名称：____________

（二）工程地点：____________

（三）工程内容：____________

（四）承包方式：____________

二、工程期限

第二条　合同工期总日历天数______天，开工日期：______年____月____日，竣工日期：______年____月____日。

第三条　如遇下列情况，经甲方现场代表签证后，工期可相应顺延：

（一）工程量变化和设计变更。

（二）在施工中如因停电、停水 8 小时以上或连续间歇性停水、停电 3 以上（每次连续 4

小时以上)，影响正常施工；停水停电 2 天以上。

(三)不可抗力(不可抗力是指当事人不能预见，对其发生和后果不能避免并不能克服的客观情况)及风雨雪等不能施工的恶劣天气。

(四)甲方未按时拨付工程款超过 15 天或未按合同规定提供相关材料、设施的。

(五)合同规定或甲方代表同意工期顺延的。

(六)因甲方原因造成的其他延停工。

第四条　因乙方原因造成施工延迟的，不得请求顺延工期。

三、工程价款、履约保证金及付款方式

第五条　本合同实行固定总价，经甲乙双方核定按本工程合同包干价为人民币______元(大写：________元)。任何政策性因素和市场因素均不调整包干价。

该价格属于含税价格，经双方协商一次性包死，该价格含乙方在该工地现场所有人员的安全保险费及意外伤害保险费(乙方应为上述人员缴纳安全保险费及意外伤害保险费)。

第六条　工程进度达____%，甲方付至工程总价的____%作工程进度款；工程进度达____%，甲方付至工程总价的____%作工程进度款；所有工程完工，经甲方、监理验收全部工程达到合格标准，付至工程总价的____%作工程进度款；余款____%作为质保金，若乙方无违约行为，在保修期满后______天内支付。

第七条　乙方必须在每次领取款项之前向甲方提交付款申请报告，甲方收到乙方付款申请报告之日起____个工作日内审核完毕，并按上述条款的约定向乙方付款。若甲方对乙方提交的付款申请报告存有异议，应在收到报告之日起____个工作日内书面通知乙方，由双方协商确定后再行付款。

第八条　本合同生效后，为保证乙方各阶段工作完成情况符合双方约定，乙方应在本合同签订之日起____日内向甲方交纳履约保证金人民币____________元(大写：________元)，双方约定履约保证金退还方式：<u>在本工程竣工验收合格之日起 15 日内由甲方退还乙方保证金，超过 15 日的，甲方按中国人民银行同期同类贷款利息支付乙方资金占用损失。</u>

第九条　双方委托银行代付代收有关费用

甲方开户银行：____

银行账号：____

乙方开户银行：____

银行账号：____

甲方在收到乙方提供发票之日起____日内支付乙方款项。

第十条　除上述规定的银行汇款支付外，以下三种支付方式双方均予认可：

(一)支付宝转账；(二)微信转账；(三)现金支付。

四、材料、设备供应和采购

第十一条　本工程由甲方供应主要材料设备的，双方约定编制甲方供应材料设备一览表作为本合同附件，一览表中应准确写明材料设备的品种、规格、型号、数量、质量等级、提供时间和地点等。

第十二条　本工程由乙方采购材料设备的，应按照设计说明、施工图纸和有关技术资料标准要求进行采购,提供材料设备产品的质量、环保合格证明,并对所购材料设备质量负责。

第十三条 甲方提供和乙方采购的材料设备按约定到达指定地点前应通知对方,双方应对材料、设备进行共同验收。甲方供应的材料设备经验收合格后,应移交给乙方管理、使用。

第十四条 本工程中的主要材料应由双方选定样品样本。样品样本应经双方验收后封存,作为材料供应和竣工验收的实物标准。

第十五条 双方所提供的工程主要材料应符合国家质检总局发布的《室内装饰装修有害物质限量标准》。

五、工程质量

第十六条 工程质量应符合国家及行业规定的建筑工程质量检验评定的________标准或双方约定的其他标准。

第十七条 约定标准:____

六、施工与设计变更

第十八条 甲方签字认定交付的设计图纸、说明和有关技术资料,作为施工的有效依据,乙方不得擅自修改。

第十九条 设计图纸及技术文件的提供方式:

由甲方于开工____日前向乙方提供满足施工需要的设计图纸及技术文件。

□由乙方于开工____日前提供满足施工需要的设计图纸及技术文件送甲方审批,甲方应于____日内审批完毕并交还乙方。

□由甲方委托的专业设计公司于开工____日前向乙方提供满足施工需要的设计图纸及技术文件。

第二十条 设计变更

(一)甲方要求变更设计时,应在该分部或分项工程施工3日前通知乙方。乙方应立即停止对涉及部分的施工及准备活动。

(二)由于设计变更造成乙方材料积压,由甲方负责处理并承担相应损失。

(三)已完工程设计变更造成乙方返工的损失,由甲方承担。

(四)设计变更应由甲方代表办理洽商确认手续,乙方应变更施工进度计划,送甲方批准,同时调整工程价款。

(五)涉及设计变更的,设计图纸提供方应给出变更设计图纸及材料样品,以作计价及施工依据。

第二十一条 甲方指定代表____对工程施工进行监督,并对乙方进行签证,乙方现场派驻____为项目经理,对工程进行施工管理。

七、工程验收

第二十二条 隐蔽工程验收:具备隐蔽条件的工程部位,乙方应在自检合格后48小时内以书面形式通知甲方代表(监理工程师)______验收,验收合格并经甲方代表(监理工程师)______在检验记录上签字后,乙方才可进行隐蔽和继续施工。

第二十三条　竣工验收：

(一)工程具备竣工验收条件的,乙方应按国家竣工验收的有关规定向甲方提供竣工验收报告、竣工资料、竣工图纸。甲方应在收到报告后7日内组织验收,并在验收后28日内书面通知乙方同意或提出修改意见,双方根据修改工程量的多少约定修改期限。乙方应按甲方意见进行修改并承担因自身原因造成的修改费用。

(二)甲方逾期未组织验收或提出修改意见的,视为工程合格同意验收,应办理竣工结算手续。

(三)竣工日期为乙方送交竣工验收报告的日期,需修改后达到竣工验收标准的,竣工日期为修改后提请甲方验收的日期。竣工日期也视为保修起始日期。

(四)工程未经竣工验收或竣工验收未通过的工程,甲方不得使用;如甲方强行使用,则视为竣工验收合格,由此发生的质量责任及其他责任均由甲方自行承担。

(五)因特殊原因部分工程暂时不能竣工的,双方可通过签订甩项竣工协议处理。

(六)竣工结算:竣工报告经甲方同意后,乙方按国家有关规定或合同约定向甲方递交竣工结算报告及完整的结算资料。甲方自收到报告和结算资料之日起28日内进行审核确认,按合同约定向乙方支付工程尾款,同时甲、乙双方办理工程交接手续。甲方无正当理由逾期未办理竣工结算的,应承担乙方相应的保管费和利息损失。

八、安全施工

第二十四条　乙方必须安全施工,具体做到:

(一)按有关规定,严格安全防护和防火措施,并承担由于管理不善造成的人员及财产损失。非乙方责任造成的损失,由相应责任人承担。

(二)发生伤亡事故,应在第一时间报有关部门及通知甲方,并按政府有关部门的要求处理。甲方应提供抢救抢险的必要条件,协助处理事故。事故引发的费用由责任方承担。

(三)按工程及安全需要提供看守和警卫、维修施工使用的照明、围栏,在动力设备、高压线路、地下管线、易燃易爆、有毒有害地段以及临时交通要道附近施工时,应与甲方协商安全防护措施,经甲方同意后实施,防护费用由甲方承担。

(四)在未腾空和继续使用的建筑物内施工的,应制定专用安全和防火措施,以确保建筑物内财产和人身安全。以上措施应报甲方同意,并由甲方承担相应费用。

九、质量保修

第二十五条　本工程保修期限为______年,自工程竣工验收合格之日起算。

第二十六条　在免费保修期内,乙方应保证通信畅通,令甲方能够随时同乙方取得联系。乙方在接到甲方维修通知后12小时内到达现场并及时处理。如乙方更换保修人员或联系电话,应及时通知甲方。若乙方通信不畅或拖延推诿,甲方将视为乙方放弃保修责任,有权自行解决,乙方无条件认可甲方支付的维修费用,由乙方承担所有费用并加收____%的劳务费。

乙方保修联系人:__________;乙方保修联系电话:__________。

十、双方其他权利义务

第二十七条　甲方有权根据工程需要撤换派驻施工现场的代表和监理工程师,但应提前7日书面通知乙方。撤换后代表或监理工程师的权责不变。

第二十八条 甲方有权监督乙方履行各项合同义务，有权审批乙方编制的施工进度计划。甲方有权对工程质量、施工进度进行监督，参加材料验收、设备验收、隐蔽工程验收、竣工验收。

第二十九条 乙方有权根据工程需要撤换派驻本工程施工场地的代表，但应提前7日书面通知甲方，撤换后代表的权责不变。

第三十条 乙方代表认为甲方代表的指令不合理时，有权在收到甲方代表指令后24小时内向甲方代表提出修改指令的书面报告，如甲方代表坚持执行原指令的决定，乙方代表应予执行，但由于指令错误而发生的费用和给乙方造成的损失由甲方承担。

第三十一条 甲方按约定向乙方支付工程款。

第三十二条 甲方负责办理施工许可证及其他施工所需的审批证件。甲方负责组织乙方和设计单位进行图纸会审和技术交底工作。

第三十三条 甲方提供施工场地，清除影响施工的障碍物并承担乙方在不腾空场地条件下施工的相应措施费用。甲方提供房屋主体结构及水、电、暖风机电设备的技术资料。甲方提供施工所需水、电、冬季供暖设备，保证施工期间的需要。

第三十四条 甲方协调施工场地进行交叉作业的各专业施工单位间的关系，保证工程有序进行。

第三十五条 乙方必须严格执行国家安全生产和环境保护的有关规定，遵守政府有关主管部门对施工场地交通、施工噪声、环境保护和安全生产等管理规定。

第三十六条 乙方在原有建筑物中进行装饰装修工程，要保证建筑结构的安全，并不得有下列行为：

（一）随意改动房屋主体和承重结构。

（二）在外墙上开窗、门或扩大原有门窗尺寸，拆除连接阳台门窗的墙体。

（三）增加楼、地面荷载。

（四）破坏地面、层面防水层和拆改热、暖、燃气等管道设施。

（五）强令乙方违章作业施工等。

凡必须涉及以上所列内容的，应有涉及改动方案的设计图纸，并对安全使用性出具书面说明。

第三十七条 乙方制定并组织落实施工进度计划。已竣工工程在未正式交付甲方之前，乙方应负责工程成品保护工作。乙方负责施工场地的清洁，确保符合环境卫生管理的有关规定。

十一、违约责任

第三十八条 乙方未能按合同约定工期竣工的，每延期一日应按工程总价款<u>1‰</u>向甲方支付违约金，甲方可以从工程款中直接扣除。

第三十九条 甲方逾期支付工程款，每逾期一日应按照逾期支付工程款额<u>1‰</u>向乙方支付违约金。

第四十条 由于乙方责任导致工程质量和室内环境污染控制不达标的工程，乙方对工程质量不合格的部位应进行彻底返工修理,对室内空气质量不达标的应进行全面综合治理,由于以上原因造成工程延期交付的视同延误工期。

第四十一条 因出现不可预见、不可避免、不可克服的不可抗力事件,导致本合同无法有效及时履行的,相互不承担违约责任,但是遭遇不可抗力方应立即通过电话、微信等方式通知对方,并在通知后的三个工作日内将不可抗力的书面有效证明及本合同无法有效及时履行的书面理由提交给对方确认。否则,遭受不可抗力的一方应当承担相应的违约责任。

十二、合同的变更、解除及争议解决

第四十二条 经双方协商一致可以变更、解除合同。

第四十三条 一方要求变更或解除合同,应在30日前以书面形式通知另一方,协商解决。因变更或解除合同,致使守约方遭受实际损失的,除按合同约定和依法可免除责任的情形以外,应由违约方负责赔偿。

第四十四条 一方只主张违约责任,没有主张解除合同的,合同应当继续履行。一方收到解除合同的通知后,对解除有异议的,应当在15个工作日内向法定机关提出,否则,视为对解除无异议。

第四十五条 任何一方违反本合同任何条款约定的,在对方催告后15个工作日内没有改正为全面履行的,守约方有权书面通知违约方解除合同,且有权要求违约方赔偿相当于合同总额5%的违约金及所遭受的损失(包括但不限于直接损失、可得利益、律师费用等全部损失)。

第四十六条 合同在履行过程中发生争议,双方应通过友好协商的方式解决。如协商不成时,应先向调解组织申请调解。调解不成的,双方均有权向原告所在地人民法院提起诉讼。但在判决结果作出之前,双方有义务保证本合同不中断履行。

十三、附则

第四十七条 双方在签订本合同时,应当提供经核实的身份证明和相应资质证明文件的复印件作为合同附件。

第四十八条 甲乙任何一方住所地(住址)、代表人(联系人)、电话等联络方式如有变更,变更的一方应在变更后24小时内以书面方式通知对方。否则视为本合同载明的联络方式继续有效,微信和短信内容也作为双方来往文件。通知、诉讼文书等文件以邮寄方式发送的,将文件按有效联络方式交给经营特快专递的单位邮寄后,邮件被签收或拒收均视为已经送达。

第四十九条 本合同的标题仅为便于阅读和对合同内容的理解的作用,不作为确定双方权利义务的条款。

第五十条 如有其他未尽事宜,甲乙双方可另行签订补充协议,补充协议与本合同有冲突或不一致的,以补充协议为准。

第五十一条 本合同自双方签章后生效。一式四份,甲乙双方各持两份,具有同等法律效力。

(以下无正文)

甲　方(签名捺印)/(盖章)：　　　　　　　　乙　方(签名捺印)/(盖章)：
代表人(签名)：　　　　　　　　　　　　　代表人(签名)：
年　月　日　　　　　　　　　　　　　　　年　月　日
本合同签订地点：________________

农村工程材料采购合同

合同编号：GDHT033

甲方(采购方)：________________
统一社会信用代码/身份证号：________________
住所地/居住地：________________
联系人：________________　电话：________________
微信号：________________　电子邮箱：________________
乙方(供应方)：________________
统一社会信用代码/身份证号：________________
住所地/居住地：________________
联系人：________________　电话：________________
微信号：________________　电子邮箱：________________

根据《中华人民共和国合同法》及其他有关法律、行政法规，为明确双方在采购过程中的权利、义务，双方经友好充分协商一致，自愿达成如下合同，双方共同信守。

一、合同标的

第一条　货物的名称、品牌、规格、尺寸、材质、单价及总额见合同附件一(采购清单)。

第二条　以上材料数量为暂定数量，具体结算数量以甲方提货计划及实际供货数量为准；甲方有权根据工程实际情况调整供货数量，乙方不得以供货数量变化而提出供货价格调整，此价格在合同执行期内不论何种情况均不予调整。

第三条　货物的出厂证明、产地、合格证、质量保证书和测试合格证等资料在交货时必须随箱装。

二、采购价款及支付方式

第四条　采购货款总额为人民币__________元(大写：________元)。

第五条　货物价格采取总价包干的形式，包括但不限于产品价款、运送到甲方指定位置的运输费、装卸费、搬运费，成套产品组装费、检验及检测费、税金。

第六条　货物的具体数量和进货时间以甲方在本合同签订后发出的书面供货通知书为准，合同总价款以货物单价乘以甲方实际验收合格的供货量为准。

第七条　双方约定货款结算方式：________________

第八条　在货款承付期内若发现乙方所供产品的质量、规格、数量与合同约定不符或缺少必要的依据以及验收的技术资料等,甲方有权拒付部分或全部货款,乙方无条件接受。

三、交付地点、方式及期限

第九条　交付地点:__________________

第十条　供货方式:乙方送货上门;

如上述指定地点临时有变更,甲方另行通知乙方,乙方仍须将货物以安全、合理的方式运送到甲方另行指定的地点。

第十一条　交付时间:______年____月____日前运送到甲方指定地点。

第十二条　甲方可因实际需要对货物品种、规格、型号、数量、质量等级等作出调整,但甲方应及时书面通知乙方,乙方保证按甲方指定的时间及要求交货,否则应当按本合同约定承担违约责任。

四、质量要求、技术标准

第十三条　乙方应严格按照《采购清单》中注明的品牌、规格、型号、尺寸、材质等质量参数要求供货,严禁提供假冒伪劣产品。

第十四条　采购清单中列明的成套水、电材料或产品,乙方应组装成套,不得缺漏备品、配件或配套工具等。

第十五条　乙方交付的货物必须为全新的、未经使用的优等品,其质量、技术标准应符合国家现行规范标准或行业优良标准,如没有国家标准的应符合行业标准,没有行业标准的须符合通常的使用标准。除以上标准外,须通过国家或相关质量技术监督部门的验收和认证的,应提供检测合格报告。

第十六条　乙方须保证甲方在使用该货物或其他任何一部分时不受到第三方关于侵犯专利权、商标权或工业设计权等知识产权的指控。如果任何第三方提出侵权指控与甲方无关,乙方必须与第三方交涉并承担可能发生的责任与一切费用。如甲方因此而招致损失,乙方应赔偿该损失。

五、所有权及风险移转

第十七条　双方约定,货物的所有权及风险自交付之日起转移至甲方。甲方按照合同约定拒绝接收货物、退货或者解除合同的,产品毁损、灭失的风险由乙方承担。

六、产品验收与检测

第十八条　工程材料送达甲方指定位置的后通知甲方依据合同约定的品牌、规格、型号、尺寸、材质、数量以及相关质量标准进行检查。

第十九条　甲方有权单方面决定将乙方所供产品委托第三方有资质的鉴定机构进行鉴定,如检测不合格,检测费用由乙方承担,并按合同有关约定处理。

第二十条　甲方在使用过程中发现产品质量与合同约定标准不符,以及产品外观破损等,乙方无条件更换或退货,产生相关费用由乙方自行承担。

第二十一条　乙方按合同总价开具合法、有效的增值税专用发票,连同货物一并交付甲方。

七、违约责任

第二十二条　甲方延期付款,按日计算,每迟延一日,甲方应向乙方支付迟延付款金额

1‰的违约金,直至款项付清之日止。

第二十三条 若乙方未能按本合同约定时间及方式将全部产品交付至甲方指定地点,按日计算,每迟延一日,应向甲方支付该批产品总价 1‰的违约金,直至产品交付之日止。

第二十四条 一方接受对方逾期履行的,不视为对其违约行为的认可,仍然有权追究其违约责任,还有权解除合同。

第二十五条 在对方未履行义务前,一方按照合同约定履行自己的义务的,不等于认可对方已经履行了先前的义务或同意对方可以不再履行其义务。

第二十六条 因出现不可预见、不可避免、不可克服的事件,导致本合同无法有效及时履行的,相互不承担违约责任,但是遭遇不可抗力方应立即通过电话、微信等方式通知对方,并在通知后的三个工作日内将不可抗力的书面有效证明及本合同无法有效及时履行的书面理由提交给对方确认。否则,遭受不可抗力的一方应当承担相应的违约责任。

八、合同的变更、解除及和争议解决

第二十七条 经双方协商一致可以变更、解除合同。

第二十八条 一方要求变更或解除合同,应在 30 日前以书面通知另一方,协商解决。因变更或解除合同,致使守约方遭受实际损失的,除按合同约定和依法可免除责任的情形以外,应由违约方负责赔偿。

第二十九条 一方只主张违约责任,没有主张解除合同的,合同应当继续履行。一方收到解除合同的通知后,对解除有异议的,应当在 15 个工作日内向法定机关提出,否则,视为对解除无异议。

第三十条 任何一方违反本合同任何条款约定的,在对方催告后 15 个工作日内没有改正为全面履行的,守约方有权书面通知违约方解除合同,且有权要求违约方赔偿相当于合同总额 5% 的违约金及所遭受的损失(包括但不限于直接损失、可得利益、律师费用等全部损失)。

第三十一条 合同在履行过程中发生争议,双方应通过友好协商的方式解决。如协商不成时,应先向调解组织申请调解。调解不成的,双方均有权向原告所在地人民法院提起诉讼。但在判决结果作出之前,双方有义务保证本合同不中断履行。

九、附则

第三十二条 双方在签订本合同时,应当提供经核实的身份证明和相应资质证明文件的复印件作为合同附件。

第三十三条 甲乙任何一方住所地(住址)、代表人(联系人)、电话等联络方式如有变更,变更的一方应在变更后 24 小时内以书面方式通知对方。否则视为本合同载明的联络方式继续有效,微信和短信内容也作为双方来往文件。通知、诉讼文书等文件以邮寄方式发送的,将文件按有效联络方式交给经营特快专递的单位邮寄后,邮件被签收或拒收均视为已经送达。

第三十四条 本合同中的标题只为便于双方阅读和理解合同内容,不作为权利义务的约定。

第三十五条 如有其他未尽事宜,甲乙双方可另行签订补充协议,补充协议与本合同有冲突或不一致的,以补充协议为准。

第三十六条 本合同自双方签章后生效。一式四份,甲乙双方各持两份,具有同等法律效力。

(以下无正文)

甲 方(签名捺印)/(盖章):

代表人(签名):

年 月 日

乙 方(签名捺印)/(盖章):

代表人(签名):

年 月 日

本合同签订地点:____________________

附件:

采购清单

编号	名称	品牌	规格	数量	单价	总额	备注
1							
2							
3							
4							
5							
6							
7							
8							
9							
10							
11							
12							
13							
14							
15							
16							
17							
18							
19							
20							

乡村道路施工合同

合同编号:GDHT034

甲方(发包方):______________________

统一社会信用代码/身份证号:______________________

住所地/居住地:______________________

联系人:______________ 电话:______________

微信号:______________ 电子邮箱:______________

乙方(承包方):______________________

统一社会信用代码/身份证号:______________________

住所地/居住地:______________________

联系人:______________ 电话:______________

微信号:______________ 电子邮箱:______________

依照《中华人民共和国合同法》及其他有关法律法规的规定,甲方将农村公路建设项目施工发包给乙方,由乙方负责承包施工。遵循平等、自愿、公平和诚实信用的原则,双方就本建设工程施工事项协商一致,明确双方的权利义务关系,经协商订立本合同。

一、工程项目概况

第一条 本合同所涉工程项目如下:

(一)工程名称:______________________

(二)工程地点:______________________

(三)工程内容:______________________

(四)承包方式:______________________

第二条 合同工期总日历天数______天,开工日期:______年____月____日,竣工日期:______年____月____日。

第三条 如遇下列情况,经甲方现场代表签证后,工期可相应顺延:

(一)工程量变化和设计变更。

(二)施工中因停电、停水8小时以上或连续间歇性停水、停电3以上(每次连续4小时以上),影响正常施工;停水停电2天以上。

(三)不可抗力(不可抗力是指当事人不能预见,对其发生和后果不能避免并不能克服的客观情况)及风雨雪等不能施工的恶劣天气。

(四)甲方未按时拨付工程款超过15天或未按合同规定提供相关材料、设施的。

(五)合同规定或甲方代表同意工期顺延的。

(六)因甲方原因造成的其他延迟或停工。

第四条 因乙方原因造成施工延迟的,不得请求顺延工期。

二、工程价款及支付方式

第五条　合同价款总额合计人民币＿＿＿＿＿元(大写:＿＿＿＿元)。

第六条　工程价款按工程进度分期分批支付,工程验收合格后决算。甲方扣工程总价款的＿＿%作为质量保证金,工程竣工无质量缺陷后付给乙方。分批支付方法:＿＿＿＿＿

第七条　双方委托银行代付代收有关费用

甲方开户银行:＿＿＿＿＿＿＿＿＿＿＿＿＿＿＿＿＿＿＿＿＿

银行账号:＿＿＿＿＿＿＿＿＿＿＿＿＿＿＿＿＿＿＿＿＿＿＿

乙方开户银行:＿＿＿＿＿＿＿＿＿＿＿＿＿＿＿＿＿＿＿＿＿

银行账号:＿＿＿＿＿＿＿＿＿＿＿＿＿＿＿＿＿＿＿＿＿＿＿

第八条　除上述规定的银行汇款支付外,以下三种支付方式双方均予认可:

(一)支付宝转账;

(二)微信转账;

(三)现金支付。

三、建筑材料、设备的供应和采购

第九条　工程材料、设备由＿＿＿方采购。

第十条　工程采购的材料、设备,必须附有产品合格证和试验报告才能用于工程。一方负责采购的材料、设备,对方认为提供的材料需要复验的,另一方应按要求提供复验报告。经复验符合质量要求的,方可用于工程;复验不符合质量要求的,应退货处理,复验费和退货损失由负责提供材料一方承担。

四、施工与设计

第十一条　由甲方提供道路设计图纸、说明和有关技术资料,作为施工的有效依据,乙方必须按图纸和公路改造工程技术规范的要求施工,不得擅自修改。

第十二条　甲方指定代表＿＿＿对工程施工进行监督,并对乙方进行签证,乙方现场派驻＿＿＿为项目经理,对工程进行施工管理。

五、工程质量管理及验收

第十三条　工程具备竣工验收条件,乙方按国家工程竣工验收有关规定,向甲方提供完整竣工资料及竣工验收报告。验收合格的,双方进行交接,验收不合格的,乙方应及时返工,费用由乙方自行承担,返工导致工期延误的,乙方应承担相应的违约责任。

第十四条　工程质量应符合国家及行业规定的建筑工程质量检验评定的＿＿标准。

六、安全施工

第十五条　乙方应遵守工程建设安全生产有关管理规定,严格按安全标准组织施工,采取必要的安全防护措施,消除事故隐患。由于乙方安全措施不力造成事故的责任和因此发生的费用,由乙方承担。

七、质量保修

第十六条　乙方向甲方承诺按照合同约定进行施工、竣工并在质量保修期＿＿＿年内承担工程质量保修责任。

第十七条　在免费保修期内,乙方应保证通信畅通,令甲方能够随时同乙方取得联系。

乙方在接到甲方维修通知后12小时内到达现场并及时处理。如乙方更换保修人员或联系电话,应及时通知甲方。若乙方通信不畅或拖延推诿,甲方将视为乙方放弃保修责任,有权自行解决,乙方无条件认可甲方支付的维修费用,由乙方承担所有费用并加收____%的劳务费。

乙方保修联系人:__________;乙方保修联系电话:__________。

八、双方其他权利义务

第十八条 甲方对乙方的施工有监督管理权,甲方按施工进度对乙方的施工进行验收,验收合格后,方可进行下一工序的施工。

第十九条 未经甲方同意,乙方不得更换项目经理,否则,甲方有权终止合同。

第二十条 乙方不得将工程项目转包,未经甲方同意不得分包。否则一经查实,甲方有权终止合同,同时不承担任何由此引发的法律责任。

第二十一条 乙方在施工过程中应确保施工安全。若出现工伤等安全事故,由乙方负责。若乙方的施工对国家、集体、个人的财产或人身造成损害,由乙方负责赔偿。

第二十二条 甲方负责施工过程周边纠纷的协调处理。

第二十三条 施工所需缴纳的各种税费由____方承担。

九、违约责任

第二十四条 乙方必须按时竣工,否则,按日计算,每迟延一日,应向甲方支付该工程总价1‰的违约金,直至工程交付之日止。

第二十五条 甲方必须按时支付工程款,否则,按日计算,每迟延一日,应向乙方支付该迟延支付工程款部分1‰的违约金,直至付清之日止。

第二十六条 若甲方对工程质量进行验收不合格,需要返工、修复的,则乙方无条件返工、修复,直到达到要求的标准,其损失由乙方支付并承担。

第二十七条 若甲方无故中途终止合同,给乙方造成损失的,由甲方负责赔偿乙方的损失。若工程质量达不到标准,需要返工、修复,而乙方不予返工、修复的,则甲方有权终止合同,解除承包关系,甲方所拨付的工程款由乙方扣除合格工程的工程款后退回甲方。

第二十八条 一方接受对方逾期履行的,不视为对其违约行为的认可,仍然有权追究其违约责任,还有权解除合同。

第二十九条 在对方未履行义务前,一方按照合同约定履行自己的义务的,不等于认可对方已经履行了先前的义务或同意对方可以不再履行其义务。

第三十条 因出现不可预见、不可避免、不可克服的事件,导致本合同无法有效及时履行的,相互不承担违约责任,但是遭遇不可抗力方应立即通过电话、微信等方式通知对方,并在通知后的三个工作日内将不可抗力的书面有效证明及本合同无法有效及时履行的书面理由提交给对方确认。否则,遭受不可抗力的一方应当承担相应的违约责任。

十、合同的变更、解除及争议解决

第三十一条 经双方协商一致可以变更、解除合同。

第三十二条 一方要求变更或解除合同,应在30日前以书面通知另一方,协商解决。因变更或解除合同,致使守约方遭受实际损失的,除按合同约定和依法可免除责任的情形以外,应由违约方负责赔偿。

第三十三条　一方只主张违约责任,没有主张解除合同的,合同应当继续履行。一方收到解除合同的通知后,对解除有异议的,应当在15个工作日内向法定机关提出,否则,视为对解除无异议。

第三十四条　任何一方违反本合同任何条款约定的,在对方催告后15个工作日内没有改正为全面履行的,守约方有权书面通知违约方解除合同,且有权要求违约方赔偿相当于合同总额5%的违约金及所遭受的损失(包括但不限于直接损失、可得利益、律师费用等全部损失)。

第三十五条　合同在履行过程中发生争议,双方应通过友好协商的方式解决。如协商不成时,应先向调解组织申请调解。调解不成的,双方均有权向原告所在地人民法院提起诉讼。但在判决结果作出之前,双方有义务保证本合同不中断履行。

十一、附则

第三十六条　双方在签订本合同时,应当提供经核实的身份证明和相应资质证明文件的复印件作为合同附件。

第三十七条　甲乙任何一方住所地(住址)、代表人(联系人)、电话等联络方式如有变更,变更的一方应在变更后24小时内以书面方式通知对方。否则视为本合同载明的联络方式继续有效,微信和短信内容也作为双方来往文件。通知、诉讼文书等文件以邮寄方式发送的,将文件按有效联络方式交给经营特快专递的单位邮寄后,邮件被签收或拒收均视为已经送达。

第三十八条　本合同中的标题只为便于双方阅读和理解合同内容,不作为权利义务的约定。

第三十九条　如有其他未尽事宜,甲乙双方可另行签订补充协议,补充协议与本合同有冲突或不一致的,以补充协议为准。

第四十条　本合同自双方签章后生效。一式四份,甲乙双方各持两份,具有同等法律效力。

(以下无正文)

甲　方(签名捺印)/(盖章):	乙　方(签名捺印)/(盖章):
代表人(签名):	代表人(签名):
年　月　日	年　月　日

本合同签订地点:____________________

通信工程外包合作合同

合同编号：GDHT035

甲方(发包方)：______________________________

统一社会信用代码/身份证号：______________________________

住所地/居住地：______________________________

联系人：______________________ 电话：______________________

微信号：______________________ 电子邮箱：______________________

乙方(承包方)：______________________________

统一社会信用代码/身份证号：______________________________

住所地/居住地：______________________________

联系人：______________________ 电话：______________________

微信号：______________________ 电子邮箱：______________________

根据《中华人民共和国合同法》和《中华人民共和国建筑法》及其他有关法律、行政法规,为明确双方在施工过程中的权利、义务,双方经友好充分协商一致,自愿达成如下合同,双方共同信守。

一、工程项目概况

第一条 本合同所涉工程项目如下：

(一)工程名称：______________________________

(二)工程地点：______________________________

(三)工程内容：______________________________

(四)承包方式：______________________________

二、工程期限

第二条 合同工期总日历天数______天,开工日期：______年____月____日,竣工日期：______年____月____日。

第三条 如遇下列情况,经甲方现场代表签证后,工期可相应顺延：

(一)工程量变化和设计变更。

(二)施工中如因停电、停水8小时以上或连续间歇性停水、停电3以上(每次连续4小时以上),影响正常施工;停水停电2天以上。

(三)不可抗力(不可抗力是指当事人不能预见,对其发生和后果不能避免并不能克服的客观情况)及风雨雪等不能施工的恶劣天气。

(四)甲方未按时拨付工程款超过15天或未按合同规定提供相关材料、设施的。

(五)合同规定或甲方代表同意工期顺延的。

(六)因甲方原因造成的其他延停工。

第四条 因乙方原因造成施工延迟的,不得请求顺延工期。

三、工程价款、履约保证金及付款方式

第五条 本合同实行固定总价,经甲乙双方核定按本工程合同包干价为人民币______元(大写:________元)。

第六条 合同生效后,甲方在一周内向乙方支付工程总价________%作为预付款,即人民币__________元(大写:________元)。工程施工结束后,甲方在一周内向乙方支付工程总价____%的款项,即人民币__________元(大写:________元)。工程验收结束后,甲方在一周内向乙方付清全部余款,即人民币__________元(大写:________元)。

第七条 本合同生效后,为保证乙方各阶段工作完成情况符合双方约定,乙方应在本合同签订之日起______日内向甲方交纳履约保证金人民币__________元(大写:________元)。双方约定履约保证金退还方式:在本工程竣工验收合格之日起15日内由甲方退还乙方保证金,超过15日的,甲方按中国人民银行同期同类贷款利息支付乙方资金占用损失。

第八条 双方委托银行代付代收有关费用

甲方开户银行:____

银行账号:____

乙方开户银行:____

银行账号:____

甲方在收到乙方提供发票之日起____日内支付乙方款项。

第九条 除上述规定的银行汇款支付外,以下三种支付方式双方均予认可:

(一)支付宝转账;(二)微信转账;(三)现金支付。

四、建筑材料、设备的供应和采购

第十条 工程材料、设备由________方采购。

第十一条 工程采购的材料、设备,必须附有产品合格证和试验报告才能用于工程。一方负责采购的材料、设备,对方认为提供的材料需要复验的,另一方应按要求提供复验报告。经复验符合质量要求的,方可用于工程;复验不符合质量要求的,应退货处理,其复验费和退货损失由负责提供材料一方承担。

五、施工与设计变更

第十二条 甲方签字认定交付的设计图纸、说明和有关技术资料,作为施工的有效依据,乙方不得擅自修改。

第十三条 甲方指定监理工程师______对工程施工进行监督,并对乙方进行签证,乙方现场派驻________为项目经理,对工程进行施工管理。

第十四条 设计变更增减数应以甲方代表签证单为依据,对增减部分的工程款由甲乙双方协商确认。

六、工程质量管理及验收

第十五条 该工程完工后,由乙方向甲方提出书面竣工验收申请。甲方应在____天内安排验收工作,并告知乙方参加验收。乙方自提出申请验收报告____天后,因甲方原因未安排验收的,则视为该工程符合设计和施工方案要求,运行正常,通过验收。

第十六条 工程未经验收,甲方若需启用,须与乙方协商,经乙方同意方可使用。若甲方未经乙方同意启用，将视为通过验收。

第十七条 整个工程验收合格，则通过竣工验收的当天即为竣工日期。因双方争议工程未通过验收，可请求第三方验收。

七、双方其他权利义务

第十八条 甲方有权指派工地代表，负责协调甲方的相关事宜。在工程履行过程中此指派人员的所有签名按印视为甲方行为。

第十九条 甲方负责本工程的监督，负责对乙方进度、安装质量、安全保护、综合管理的监督。

第二十条 甲方应提供有利施工的现场条件，积极协调施工配合关系。

第二十一条 甲方审核工程计划进度表，负责对图纸、方案的审核、确认，负责对工程进度、工程质量、隐蔽工程、配套工程和合同执行情况进行监督检查及设计图纸变更签证、工程中间验收和其他必要的签证。

第二十二条 本工程以相关设计方案、图纸为依据，按照国家标准进行验收。没有国家标准的，则按照行业标准进行验收。

八、安全施工

第二十三条 乙方应遵守工程建设安全生产有关管理规定，严格按安全标准组织施工，采取必要的安全防护措施，消除事故隐患。由于乙方安全措施不力造成事故的责任和因此发生的费用，由乙方承担。

九、质量保修

第二十四条 本工程保修期限为______年，自工程竣工验收合格起算。

第二十五条 在免费保修期内，乙方应保证通信畅通，令甲方能够随时同乙方取得联系。乙方在接到甲方维修通知后12小时内到达现场并及时处理。如乙方更换保修人员或联系电话，应及时通知甲方。若因乙方通信不畅或拖延推诿，甲方将视为乙方放弃保修责任，有权自行解决，乙方无条件认可甲方支付的维修费用，由乙方承担所有费用并加收15%的劳务费。

乙方保修联系人：________；乙方保修联系电话：__________。

第二十六条 甲方负责竣工验收工作，在收到乙方提交所有竣工资料后7天内组织验收。

第二十七条 甲方应按合同向乙方支付本合同规定的价款。

第二十八条 乙方应严格按设计图施工，质量技术指标符合工程的各类标准和规范的要求。在施工中发现问题及时向甲方报告并提出解决方案。

第二十九条 乙方应编制施工组织方案、施工总进度计划、材料进场计划、开竣工通知书等，及时送至甲方。

第三十条 乙方应提供竣工验收技术资料，并准备竣工技术图纸，办理工程竣工结算，参加竣工验收。竣工资料应满足甲方要求。

第三十一条 乙方负责组织有技术水平的施工队伍，明确现场技术及施工负责人、主要管理人员，技术人员不得随意变动。

十、违约责任

第三十二条　乙方未能按合同约定工期竣工的，每延期一日应按工程总价款的1‰向甲方支付违约金（从工程款中直接扣除）；无故延期60日以上视为根本性违约，甲方有权解除本合同，乙方在扣除验收合格的工程的工程款后，应退还甲方多支付的工程款，并赔偿甲方因此遭受的全部损失（包括不限于直接损失、可得利益，律师费用等）。

第三十三条　甲方逾期支付工程款的，每逾期一日应按照逾期支付工程额的1‰向甲方支付违约金；无故延期30日以上视为根本性违约，乙方有权停止施工，并有权解除本合同，甲方除应支付已建工程的工程款、全额退还乙方已支付履约保证金外，并赔偿甲方因此遭受的全部损失（包括不限于直接损失、可得利益，律师费用等）。

第三十四条　一方接受对方逾期履行的，不视为对其违约行为的认可，仍然有权追究其违约责任，还有权解除合同。

第三十五条　在对方未履行义务前，一方按照合同约定履行自己的义务的，不等于认可对方已经履行了先前的义务或同意对方可以不再履行其义务。

第三十六条　因出现不可预见、不可避免、不可克服的不可抗力事件，导致本合同无法有效及时履行的，相互不承担违约责任，但是遭遇不可抗力方应立即通过电话、微信等方式通知对方，并在通知后的三个工作日内将不可抗力的书面有效证明及本合同无法有效及时履行的书面理由提交给对方确认。否则，遭受不可抗力的一方应当承担相应的违约责任。

十一、合同的变更、解除及争议解决

第三十七条　经双方协商一致可以变更、解除合同。

第三十八条　一方要求变更或解除合同，应在30日前以书面通知另一方，协商解决。因变更或解除合同，致使守约方遭受实际损失的，除按合同约定和依法可免除责任的情形以外，应由违约方负责赔偿。

第三十九条　一方只主张违约责任，没有主张解除合同的，合同应当继续履行。一方收到解除合同的通知后，对解除有异议的，应当在15个工作日内向法定机关提出，否则，视为对解除无异议。

第四十条　任何一方违反本合同任何条款约定的，在对方催告后15个工作日内没有改正为全面履行的，守约方有权书面通知违约方解除合同，且有权要求违约方赔偿相当于合同总额5%的违约金及所遭受的损失（包括但不限于直接损失、可得利益、律师费用等全部损失）。

第四十一条　合同在履行过程中发生争议，双方应通过友好协商的方式解决。如协商不成时，应先向调解组织申请调解。调解不成的，双方均有权向原告所在地人民法院提起诉讼。但在判决结果作出之前，双方有义务保证本合同不中断履行。

十二、附则

第四十二条　双方在签订本合同时，应当提供经核实的身份证明和相应资质证明文件的复印件作为合同附件。

第四十三条　甲乙任何一方住所地（住址）、代表人（联系人）、电话等联络方式如有变更，变更的一方应在变更后24小时内以书面方式通知对方。否则视为本合同载明的联络方式继续有效,微信和短信内容也作为双方来往文件。通知、诉讼文书等文件以邮寄方式发送的,将文件按有效联络方式交给经营特快专递的单位邮寄后,邮件被签收或拒收均视为已经送达。

第四十四条 本合同的标题仅为便于阅读和对合同内容的理解的作用,不作为确定双方权利义务的条款。

第四十五条 如有其他未尽事宜,甲乙双方可另行签订补充协议,补充协议与本合同有冲突或不一致的,以补充协议为准。

第四十六条 本合同自双方签章后生效。一式四份,甲乙双方各持两份,具有同等法律效力。

(以下无正文)

甲　方(签名捺印)/(盖章):　　　　乙　方(签名捺印)/(盖章):
代表人(签名):　　　　代表人(签名):
年　月　日　　　　年　月　日

本合同签订地点:____________________

消防工程合同

合同编号:GDHT036

甲方(发包方):____________________
统一社会信用代码/身份证号:____________________
住所地/居住地:____________________
联系人:____________________　电话:____________________
微信号:____________________　电子邮箱:____________________
乙方(承包方):____________________
统一社会信用代码/身份证号:____________________
住所地/居住地:____________________
联系人:____________________　电话:____________________
微信号:____________________　电子邮箱:____________________

根据《中华人民共和国合同法》和《中华人民共和国建筑法》及其他有关法律、行政法规,为明确双方在施工过程中的权利、义务,双方经友好充分协商一致,自愿达成如下合同,双方共同信守。

一、工程项目概况

第一条 本合同所涉工程项目如下:

(一)工程名称:____________________

（二）工程地点：____

（三）工程内容：____

按甲方提供的消防工程图纸及设计说明和经乙方完善、优化后的消防工程设计施工方案。乙方承诺已对原消防图纸及设计说明中存在的缺陷和不足在本次工程设计中作出修正，乙方自愿承包甲方消防工程。主要内容如下：

1. 与泵房连接、与消防中心连接的水、电管线工程接口。

2. 消火栓及稳压系统：包括整栋大楼室内外消火栓系统。

3. 喷淋系统：包括整栋大楼室内自动喷淋系统。

4. 自动寻的喷水灭火系统：包括整栋大楼室内自动寻的喷水灭火系统。

5. 自动报警及联动控制系统：包括整栋大楼室内自动报警联动控制系统及消防中心的设备。

6. 消防广播、电话系统设备及控制线路；消防广播兼做背景音乐。

7. 整栋大楼通风排烟系统设备和新风系统设备及控制线路，各设备从相对应的双电源转换器直接取电。

8. 楼内滚动电梯和货梯消防系统相关消防控制线路，由消防施工单位向电梯专业提出配合要求。

9. 风机、防火卷帘设备的控制线路（防火卷帘及设备除外）；双电源转换器的后面部分全部由消防施工单位完成。

10. 切断非消防电源线路。

11. 消防设备的监控及反馈系统。

12. 按政府相关职能部门及消防要求应完善的其他项目。

上述消防设计方案和图纸，由乙方负责报送消防部门审核批准；如需在上述图纸基础上增加工程内容才能通过消防部门审核和验收的，增加的工程费用由乙方承担，但由于间隔或功能改变增加的工程除外。

上述第1～12项工程内容涉及的材料、设备、设施均由乙方采购供货、运输和安装，所有费用包含在合同价内。

（四）承包方式：

承包方式采用总价包干方式，即本工程乙方必须包报建及费用、包工包料、包深化设计、包工期包质量、包安全文明施工、包配合费、包调试、包整体消防系统工程验收通过、包施工安装发生水电费、包利润及税金等方式进行。该工程乙方不得分包，如发生分包现象属乙方违约，甲方有权终止合同并将乙方清出现场，乙方已完成的工程量按____%结算。甲方另行对外承包，由此产生的法律责任和经济损失由乙方承担。

二、工程期限

第二条　合同工期总日历天数______天，开工日期：______年____月____日，竣工日期：______年____月____日。

第三条　如遇下列情况，经甲方现场代表签证后，工期可相应顺延：

（一）工程量变化和设计变更。

(二)施工中因停电、停水8小时以上或连续间歇性停水、停电3以上(每次连续4小时以上),影响正常施工;停水停电2天以上。

(三)不可抗力(不可抗力是指当事人不能预见,对其发生和后果不能避免并不能克服的客观情况)及风雨雪等不能施工的恶劣天气。

(四)甲方未按时拨付工程款超过15天或未按合同规定提供相关材料、设施的。

(五)合同规定或甲方代表同意工期顺延的。

(六)因甲方原因造成的其他延停工。

第四条 因乙方原因造成施工延迟的,不得请求顺延工期。

三、工程价款、履约保证金及付款方式

第五条 本合同实行固定总价,经甲乙双方核定按本工程合同包干价为人民币______元(大写:________元)。

任何政策性因素和市场因素均不调整包干价。

该价格属于含税价格,经双方协商一次性包死,该价格含乙方在该工地现场所有人员的安全保险费及意外伤害保险费(乙方应为上述人员缴纳安全保险费及意外伤害保险费)。

第六条 工程进度达______%,甲方付至工程总价的____%作工程进度款;工程进度达______%,甲方付至工程总价的____%作工程进度款;所有工程完工,经甲方、监理验收全部工程达到合格标准,且消防系统全部开通后,付至工程总价的______%作工程进度款;工程经消防管理部门验收合格,乙方向甲方提交____份完整竣工图纸资料和结算资料,工程变更不大的,由乙方在原施工图上加上注明及编制竣工资料;工程变更较大的,应由乙方重新绘制竣工图,所需费用由乙方承担。结算资料经甲方审核确认后____天内甲方支付工程款至合同结算价的____%;余款____%作为质保金,若乙方无违约行为,在保修期满后____天内支付完毕。

第七条 乙方必须在每次领取款项之前向甲方提交付款申请报告,甲方收到乙方付款申请报告之日起____个工作日内审核完毕,并按上述条款的约定向乙方付款。若甲方对乙方提交的付款申请报告存有异议,应在收到报告之日起______个工作日内书面通知乙方,由双方协商确定后再行付款。

第八条 本合同生效后,为保证乙方各阶段工作完成情况符合双方约定,乙方应在本合同签订之日起____日内向甲方交纳履约保证金人民币__________元(大写:________元)。双方约定履约保证金退还方式:在本工程竣工验收合格之日起15日内由甲方退还乙方保证金,超过15日的,甲方按中国人民银行同期同类贷款利息支付乙方资金占用损失。

第九条 双方委托银行代付代收有关费用

甲方开户银行:________________________________

账户名:________________________________

银行账号:________________________________

账户名:________________________________

乙方开户银行:________________________________

银行账号:________________________________

甲方在收到乙方提供发票之日起____日内支付乙方款项。

第十条　除上述银行汇款支付外，以下三种支付方式双方均予认可：

（一）支付宝转账；（二）微信转账；（三）现金支付。

四、材料、设备的供应

第十一条　由乙方按报价单所注明的品牌规格购买后供应到施工现场；产品成品材料由乙方提供样板给甲方、监理方看样板封样认可同意后，由乙方购买供应到施工现场。

第十二条　乙方所进场的各种原材料必须是国标合格品（各种规格镀锌钢管必须达到国标，不允许出现不符合国标情况），所有材料及设备必须有出厂合格证书及生产许可证，试验、化验报告单，使用说明，检测报告及近两年的省级以上检验报告和设备验收标准，严格按照国家有关部门的规定及要求进行送样检验，符合国家规定的安全和质量标准。甲方或政府消防主管部门可以随机抽检原材料和设备，并有权对其进行化验、检测（化验、检测的费用由乙方承担），不合格的材料、设备不允许进场使用和安装。

五、现场签证与结算

第十三条　本工程属于大包干工程，原则上不应有现场签证及设计变更，如因极特殊情况出现变更或增项，增加工程造价总计在3万元以内的甲方不支付工程款，乙方自行承担；多于3万元部分按实支付。因设计变更或甲方原因导致的项目增减或发生合同外的签证项目时，乙方须在签证项目完成后____天内组织甲方和监理公司验收并提交签证申请（涉及隐蔽项目的必须在隐蔽前通知甲方验收）。已签证确认的费用按含税造价处理（不再另外计算其他任何费用），到工程竣工结算时按双方协商的计费方式计付。

第十四条　工程竣工验收合格之日起30天内，乙方应提交以下结算资料：

（一）工程结算书打印稿四份及电子文件一份，结算书装订内容及顺序为封面、《单项（或分部）工程验收证明书》、编制说明、计费表、分部分项结算书、主要材料用量价格表；

（二）工程量计算书打印稿及电子文件一份；

（三）工程竣工设计资料（含工程竣工设计图纸、图纸会审纪要、修改及变更通知书）一套（原件、独立编号装订）；

（四）现场签证单一份（原件、独立编号装订）；

（五）合同书一份（复印件）；

（六）施工组织设计或施工方案（经甲方确认）一份。

第十五条　在工程结算时经甲方核实乙方没有按照图纸、施工规范和甲方的指令及消防规范进行施工和/或出现偷工减料的情况，甲方有权对上述事项不予结算，视乙方违约，由此造成的一切损失概由乙方负责。

六、工程验收

第十六条　本工程由政府相关职能部门及消防主管部门按照施工图纸、设计说明、设计变更和国家（行业）的相关标准、规范为标准验收。

第十七条　工程质量必须符合《建设工程施工质量验收统一标准》[GB 50300—2013]、《火灾自动报警系统施工及验收规范》[GB 50166—2007]、《自动喷水灭火系统施工及验收规范》[GB 50261—2017]、《机械设备安装工程施工及验收规范》[GB 50231—2009]、《建筑电气工程施工质量验收规范》[GB50303—2015]及其他的国家和行业现行的相关标准、规范。

第十八条 乙方交工前应做48小时的试运行试验。

第十九条 隐蔽工程在乙方自检后填制验收表,以书面方式通知甲方检查。甲方接通知后2天内到场验收,经检验合格并符合设计要求时由双方签字后方可进行下一工序的施工。

第二十条 单项工程竣工前2天,由乙方通知甲方验收,并在竣工后3天内验收完毕。

第二十一条 乙方在本工程施工安装完毕,应在完工前5天由乙方申请要求消防部门进行竣工验收,并保证验收合格和开通使用,即属于交钥匙工程。验收合格并开通使用的日期为实际竣工日期,如实际竣工日期比合同约定竣工日期晚的,乙方应承担延期竣工的违约责任。

第二十二条 经乙方优化设计后,如消防部门验收通不过而需重新整改所需的工程费用均由乙方全部负责,并由乙方承担因此延误交工而造成甲方的损失。

第二十三条 属于甲方负责完善的消防工程项目(包括防火门)应在消防验收前达到验收标准,否则乙方竣工验收时间顺延。在工程未通过验收前甲方提前使用的,并不免除乙方应承担的质量保证及保修责任。

七、质量保修期及保修金支付方法

第二十四条 本工程保修按建设部有关规定执行,保修期自消防等有关部门验收合格报告正式批出之日起______年,终身维护保养。

第二十五条 如消防系统发现故障,乙方在接到甲方维修通知后4小时内到达现场并及时处理。

第二十六条 在免费保修期内,乙方应有专人负责该项目的保修工作,定期与甲方沟通达到2次/月,以书面记录材料为准。同时,必须保证通信畅通,令甲方能够随时同乙方取得联系。如乙方更换保修人员或联系电话,应及时通知甲方。若乙方通信不畅或拖延推诿,甲方将视为乙方放弃保修责任,有权自行解决,由乙方承担所有费用并加收10%的劳务费。

联系人:________________ 联系电话:____

联系地址:____

第二十七条 质量保修金在规定的质保期满后,如无任何质量问题,甲方一次性无息付给乙方。

第二十八条 在免费质量保修期内,出现质量问题,乙方接到甲方维修通知后,未能在规定时间内进行维修,则视为授权甲方组织维修,并由乙方承担所有费用和质量责任,同时甲方加收维修费用10%的劳务费。上述费用在乙方质保金中直接扣除后,乙方负责补足质保金。

第二十九条 出现质量问题后,甲方是否与乙方指定的联系人取得联系及联系时间以甲方联系记录为准,维修项目及费用以甲方、实际施工方双方签字的发票为准。

第三十条 乙方维修人员到达现场后,必须按照甲方规定的时间、材料、工艺进行维修,对同一问题重复维修两次以上者(含两次),甲方有权视乙方为责任心不强,技术不过关而自行解决,费用由质保金中扣除。

第三十一条　免费保修期结束后,三年内乙方维修只收取材料成本费,不收取工时费等其他任何费用。

八、双方其他权利义务

第三十二条　甲方在开工前10天内完成由甲方、乙方和设计方、监理方参加的施工图会审。

第三十三条　甲方委派______为现场管理代表,监督检查工程质量、进度,负责设计图纸的变更、工程期间的质量验收及其他事宜。

第三十四条　甲方保证按第六条支付工程款的办法进行工程款项支付。

第三十五条　甲方协助乙方解决施工期间水源、电源及材料堆放和施工人员的住宿场所。

第三十六条　乙方在开工前10天内完成施工图会审,在开工前10天内编制详细切实可行的施工组织设计和材料、设备进场计划并送甲方。

第三十七条　乙方委派__________为现场项目经理,并持有与工程项目相适应的资格证书,负责施工期间的施工质量、进度、安全管理等问题。委派__________为现场技术员,并持有与工程项目相适应的资格证书,负责该工程的施工技术、质量等问题。

第三十八条　乙方做好施工原始记录。施工中如发现设计错误或严重不合理时,应立即以书面方式通知甲方。

第三十九条　施工中因乙方责任造成的停工、返工、材料、器材损失等均由乙方承担。竣工验收后,施工单位人员必须在2天内清理场地并撤离施工现场。

第四十条　在施工中,甲方发现乙方工程进度或工程质量等与合同要求或施工组织设计等不符时,经指出仍不纠正的,甲方有权终止本合同并向乙方追究因此而遭受的所有损失。如因乙方材料质量不合格或材料质量不符合国家和地方政府部门的要求而导致工程不能按期通过质量监督站或消防部门的验收,乙方要承担全部责任,甲方有权要求乙方赔偿由此给甲方造成的一切经济损失。

九、违约责任

第四十一条　乙方未能按合同约定工期竣工的,每延期一日应按工程总价款的1‰向甲方支付违约金(从工程款中直接扣除);无故延期____日以上视为根本性违约,甲方有权解除本合同,乙方除应全额退还甲方已支付的工程款外,还应向甲方支付工程总价款5%的违约金。

第四十二条　甲方应当按合同约定向乙方支付工程款,每延期一日应按工程总价款的1‰向甲方支付违约金;无故延期____日以上视为根本性违约,乙方有权停止施工,并有权解除本合同,甲方除应支付已建工程的工程款、全额退还乙方已支付履约保证金外,还应向乙方支付工程总价款的5%的违约金。

第四十三条　工程出现质量问题视为乙方严重违约,视情节轻重乙方应按工程总价款的____%内向甲方支付违约金,该笔违约金可从工程款中直接扣除,并应赔偿因此给甲方造成的损失。

第四十四条 协议一方擅自解除或终止本合同的,违约方应按工程总价款的5%向守约方支付违约金。

第四十五条 一方接受对方逾期履行的,不视为对其违约行为的认可,仍然有权追究其违约责任,还有权解除合同。

第四十六条 在对方未履行义务前,一方按照合同约定履行自己的义务的,不等于认可对方已经履行了先前的义务或同意对方可以不再履行其义务。

第四十七条 因出现不可预见、不可避免、不可克服的事件,导致本合同无法有效及时履行的,相互不承担违约责任,但是遭遇不可抗力方应立即通过电话、微信等方式通知对方,并在通知后的三个工作日内将不可抗力的书面有效证明及本合同无法有效及时履行的书面理由提交给对方确认。否则,遭受不可抗力的一方应当承担相应的违约责任。

十、合同的变更、解除及争议解决

第四十八条 经双方协商一致可以变更、解除合同。

第四十九条 一方要求变更或解除合同,应在30日前以书面通知另一方,协商解决。因变更或解除合同,致使守约方遭受实际损失的,除按合同约定和依法可免除责任的情形以外,应由违约方负责赔偿。

第五十条 一方只主张违约责任,没有主张解除合同的,合同应当继续履行。一方收到解除合同的通知后,对解除有异议的,应当在15个工作日内向法定机关提出,否则,视为对解除无异议。

第五十一条 任何一方违反本合同任何条款约定的,在对方催告后15个工作日内没有改正为全面履行的,守约方有权书面通知违约方解除合同,且有权要求违约方赔偿相当于合同总额5%的违约金及所遭受的损失(包括但不限于直接损失、可得利益、律师费用等全部损失)。

第五十二条 合同在履行过程中发生争议,双方应通过友好协商的方式解决。如协商不成时,应先向调解组织申请调解。调解不成的,双方均有权向原告所在地人民法院提起诉讼。但在判决结果作出之前,双方有义务保证本合同不中断履行。

十一、附则

第五十三条 双方在签订本合同时,应当提供经核实的身份证明和相应资质证明文件的复印件作为合同附件。

第五十四条 甲乙任何一方住所地(住址)、代表人(联系人)、电话等联络方式如有变更,变更的一方应在变更后24小时内以书面方式通知对方。否则视为本合同载明的联络方式继续有效,微信和短信内容也作为双方来往文件。通知、诉讼文书等文件以邮寄方式发送的,将文件按有效联络方式交给经营特快专递的单位邮寄后,邮件被签收或拒收均视为已经送达。

第五十五条 本合同的标题仅为便于阅读和对合同内容的理解的作用,不作为确定双方权利义务的条款。

第五十六条 如有其他未尽事宜,甲乙双方可另行签订补充协议,补充协议与本合同有冲突或不一致的,以补充协议为准。

第五十七条　本合同自双方签章后生效。一式四份,甲乙双方各持两份,具有同等法律效力。

(以下无正文)

甲　方(签名捺印)/(盖章):　　　　乙　方(签名捺印)/(盖章):
代表人(签名):　　　　代表人(签名):
年　月　日　　　　年　月　日
本合同签订地点:____________________

农产品加工合同

合同编号:GDHT037

甲方(定作人):____________________
信用代码/身份证号码:____________________
住所地/住址:____________________
联系人:____________________　电话:____________________
微信:____________________　邮箱:____________________
乙方(承揽人):____________________
信用代码/身份证号码:____________________
住所地/住址:____________________
职务:____________________
联系人:____________________　电话:____________________
微信:____________________　邮箱:____________________

甲、乙双方就农产品加工事宜,在平等、诚实信用的基础上,经双方自愿、充分协商一致,根据《中华人民共和国合同法》及相关法律法规的规定,签订本合同。

一、加工内容

第一条　乙方为甲方加工农产品。

第二条　加工农产品

名称:____________________
品质:____________________
规格:____________________
重量:____________________公斤

第三条　加工工期____日,从______年____月____日至______年____月____日。

二、加工标准

第四条　乙方按照经甲方确认的(□产品样品/□产品加工工艺文件)进行加工。

第五条 甲方对产品加工的其他要求：

（一）乙方提供的产品配方和工艺应当符合《中华人民共和国食品法》《中华人民共和国产品质量法》等国家相关法律法规的规定，并对其产品质量和安全性负责。

（二）经乙方加工的产品质量应当符合所执行国家标准或企业备案标准的要求。

（三）其他约定：____

三、费用和支付

第六条 加工费用为每公斤人民币__________元（大写：________元）。

总计加工费用为人民币__________元（大写：________元）。

第七条 甲方应在产品验收合格之日起三个工作日内以（□银行转账/□微信转账/□支付宝转账/□现金）的方式支付加工费用。

四、原料的提供和运输

第八条 甲方提供产品原材料。乙方对甲方提供的产品原材料进行数量核对和材料抽检，如发现问题应及时反馈给甲方，甲方须在合理时间内给予解决，由此造成的生产延期由甲方负责。

第九条 加工后的产品需要包装的，包装材料由甲方提供，乙方应当节约使用，避免材料的浪费。包装材料需由乙方提供的，甲方应另行向乙方支付材料费。

第十条 产品原材料由甲方运输至乙方厂房内，乙方负责卸货。需由乙方运输原材料的，甲方应另行向乙方支付原材料的运输费用。

第十一条 农产品加工完成后乙方立即将货物组织运输至甲方指定地点，并向甲方发送交货通知，运输费用由乙方承担。

五、验收

第十二条 甲方依本合同确定的质量标准对产品进行验收。

第十三条 甲方在收到乙方的交货通知之日起两个工作日内必须对产品进行验收，如发现数量、质量不符合约定，甲方应在验收之日立即通知乙方处理，乙方在接到甲方异议后，应立即负责处理。甲方超过约定的验收时间才验收货物，验收时产品变质的，不视为乙方加工产品质量不合格。

第十四条 经验收产品质量不合格，甲方应通知乙方及时处理，处理后质量仍不合格的，甲方有权拒收货物。

六、双方的其他权利义务

第十五条 甲方有权对乙方的生产标准、产品质量进行检查监督，并提出意见和建议。

第十六条 乙方应当严格按照甲方的委托内容及确定的标准从事加工事宜，乙方不得以任何形式或理由改动或降低该标准。

第十七条 乙方优先安排工人完成甲方的生产任务。

第十八条 乙方应当妥善储存、保管材料，除正常生产损耗和材料本身问题外的材料损失，因乙方管理不善造成的损失，乙方须按市场价赔偿损失材料费用。

七、违约责任

第十九条 一方未按合同约定履行义务的，应当承担因此所造成的损失。

第二十条　一方不履行其合同主要义务致使合同目的不能实现的，应向对方承担合同总价款 5% 的违约金，并赔偿全部损失。

第二十一条　若乙方未能按本合同约定时间及方式将全部货物交付至甲方指定地点，每迟延一日，乙方按日向甲方支付逾期交付货物加工价款 1‰的违约金，直至全部货物交付之日止。

第二十二条　非乙方原因，甲方延期付款的，每迟延一日，甲方按日向乙方支付迟延付款金额 1‰的违约金，直至款项付清之日止，乙方可以顺延交付货物。

第二十三条　一方接受对方的逾期和/或不完全履行的，不等于对对方违约行为的认可，仍有权追究违约方的违约责任，还有权解除合同。

第二十四条　在对方未履行义务前，一方按照合同的约定履行自己的义务的，不等于认可对方已经履行了先前的义务或同意对方可以不再履行其义务。

第二十五条　乙方因甲方未及时提供产品原材料，未能在合同约定期限内完成加工事宜的，不视为乙方违约，乙方不承担逾期责任。

第二十六条　因出现不可预见、不可避免、不可克服的事件，导致本合同无法有效及时履行的，相互不承担违约责任。但是，遭遇不可抗力方应当立即通过电话、微信等方式通知对方，并在通知后的三日内将不可抗力的书面有效证明及本合同无法有效及时履行的书面理由提交给对方确认。否则应当承担相应的违约责任。

八、合同的变更、解除和争议解决

第二十七条　经双方协商一致，可以变更、解除合同。

第二十八条　任何一方违反本合同任何条款约定的，在对方催告后 15 个工作日内没有改正为全面履行的，守约方有权书面通知违约方解除合同，且有权要求违约方赔偿相当于合同总额 5% 的违约金及所遭受的损失（包括但不限于直接损失、可得利益、律师费用等全部损失）。

第二十九条　一方只主张违约责任，没有主张解除合同的，合同应当继续履行。一方收到解除合同的通知后，对解除有异议的，应当在收到通知后 15 个工作日内向法定机关提出，否则，视为对解除无异议。

第三十条　本合同的约定和履行中产生的争议，双方友好协商解决，若协商不成，任何一方均可向有关部门申请调解，也有权在原告住所地或居住地人民法院起诉解决。双方还可以约定提交仲裁机构裁决。

九、附则

第三十一条　双方在签订本合同时，应当提供经核实的身份证明和相应资质证明文件的复印件作为合同附件。

第三十二条　变更住所地（居住地）、代表人（联系人）、电话等联络方式的，变更方应在变更后 24 小时内以书面方式通知对方。否则视为本合同载明的联络方式继续有效，微信和短信内容也作为双方来往文件。通知、诉讼文书等文件以邮寄方式发送的，将文件按有效联络方式交给经营特快专递的单位邮寄后，邮件被签收或拒收均视为已经送达。

第三十三条　本合同中的标题只为便于双方阅读和理解合同内容，不作为权利义务的约定。

第三十四条 如有其他未尽事宜，甲乙双方可另行签订补充协议，补充协议与本合同有冲突或不一致的，以补充协议为准。

第三十五条 本合同自双方签章后生效。一式四份，甲乙双方各持两份，具有同等法律效力。

（以下无正文）

甲 方（签名捺印）/（盖章）：
代表人（签名）：
年 月 日

乙 方（签名捺印）/（盖章）：
代表人（签名）：
年 月 日

本合同签订地点：________________

代加工合作合同

合同编号：GDHT038

甲方（定作人）：________________
信用代码/身份证号码：________________
住所地/住址：________________
法定代表人/负责人/执行事务合伙人：________________
职务：________________
联系人：________________ 电话：________________
微信：________________ 邮箱：________________
乙方（承揽人）：________________
信用代码/身份证号码：________________
住所地/居住地：________________
法定代表人/负责人/执行事务合伙人：________________
职务：________________
联系人：________________ 电话：________________
微信：________________ 邮箱：________________

甲、乙双方就代加工合作事宜，在平等、诚实信用的基础上，经双方自愿、充分协商一致，根据《中华人民共和国合同法》及相关法律法规的规定，签订本合同。

一、代加工内容

第一条 甲乙双方就代加工事宜达成合作，乙方为甲方进行产品代加工。

第二条 代加工产品

名称：________________

品质：____

规格：____

数量/重量：____

第三条　加工工期____日，从______年____月____日至______年____月____日。

二、加工标准

第四条　乙方按照经甲方确认的(□产品样品/□产品加工工艺文件)进行加工。

第五条　甲方对产品加工的其他要求：

(一)乙方提供的产品工艺应当符合《中华人民共和国产品质量法》及其他国家相关法律法规的规定。

(二)乙方加工的产品质量应当符合所执行国家标准或企业备案标准的要求。

(三)其他：____

三、费用和支付

第六条　加工费用每公斤/件人民币__________元(大写：________元)。

总计加工费用为人民币_________元(大写：________元)。

第七条　甲方应在产品验收合格之日起三个工作日内以银行转账、微信转账、支付宝转账、现金的方式支付加工费用。

四、材料的提供和运输

第八条　产品的原材料和加工后产品所需的包装等材料由乙方准备。

第九条　加工完成的产品由乙方组织运输至甲方指定地点，并向甲方发送交货通知，运输费用由乙方承担。

五、验收

第十条　甲方依本合同确定的标准对产品进行验收。

第十一条　甲方在收到乙方的交货通知之日起三个工作日内必须对产品进行验收，如发现质量不符合约定，甲方应在验货之日起二日内通知乙方处理，乙方在接到甲方异议后，应立即负责处理，否则即视为默认甲方提出的异议和处理意见。

第十二条　甲方按照合同约定的标准进行产品验收，如经验收产品质量不合格，应及时通知乙方处理，处理后质量仍不合格的，甲方有权拒收货物。甲方在超过约定的验收时间才验收货物，验收时产品变质的，不视为乙方加工产品质量不合格。

六、双方的其他权利义务

第十三条　甲方有权对乙方的生产标准、产品质量进行检查监督，并提出意见和建议。

第十四条　乙方应当严格按照甲方的委托内容及确定的标准从事代加工事宜，乙方不得以任何形式和理由改动或降低该标准。

第十五条　乙方应妥善储存、保管产品，因乙方管理不善造成的损失由乙方承担。

第十六条　乙方应当严格管理甲方提供的商标，因乙方管理不善造成甲方商标丢失，所带来的后果和责任由乙方承担。

第十七条　乙方不得擅自向他人提供甲方的商标，不得擅自销售为甲方代加工的产品。

第十八条 甲乙双方均不得将在合作过程中知悉的对方所提供的一切工艺文件资料透露给第三者，双方必须保护对方的技术秘密，否则资料提供方有权要求泄露方赔偿因此受到的损失并追究其法律责任。

七、违约责任

第十九条 一方未按合同约定履行义务的，应赔偿对方因此受到的损失。

第二十条 一方不履行其合同主要义务致使合同目的不能实现的，应向对方承担合同总价款 5% 的违约金。

第二十一条 若乙方未能按本合同约定时间及方式将全部货物交付至甲方指定地点，每迟延一日，乙方按日向甲方支付逾期交付货物加工价款 1‰的违约金，直至全部货物交付之日止。

第二十二条 非乙方原因，甲方延期付款的，每迟延一日，甲方按日向乙方支付迟延付款金额 1‰的违约金，直至款项付清之日止，乙方可以顺延交付货物。

第二十三条 一方接受对方逾期履行的，不视为对其违约行为的认可，仍然有权追究其违约责任，还有权解除合同。

第二十四条 乙方擅自生产销售甲方产品，应赔付其擅自销售的产品所得价款数额三倍的违约金，甲方可追究乙方的法律责任。

第二十五条 在对方未履行义务前，一方按照合同约定履行自己的义务的，不等于认可对方已经履行了先前的义务或同意对方可以不再履行其义务。

第二十六条 因出现不可预见、不可避免、不可克服的事件，导致本合同无法有效及时履行的，相互不承担违约责任。但是，遭遇不可抗力方应当立即通过电话、微信等方式通知对方，并在通知后的三日内将不可抗力的书面有效证明及本合同无法有效及时履行的书面理由提交给对方确认。否则应当承担相应的违约责任。

八、合同的变更、解除和争议解决

第二十七条 经双方协商一致，可以变更、解除合同。

第二十八条 一方只主张违约责任，没有主张解除合同的，合同应当继续履行。一方收到解除合同的通知后，对解除有异议的，应当在收到通知后 15 个工作日内向法定机关提出，否则，视为对解除无异议。

第二十九条 任何一方违反本合同任何条款约定的，在对方催告后 15 个工作日内没有改正为全面履行的，守约方有权书面通知违约方解除合同，且有权要求违约方赔偿相当于合同总额 5% 的违约金及所遭受的损失（包括但不限于直接损失、可得利益、律师费用等全部损失）。

第三十条 本合同的约定和履行中产生的争议，双方友好协商解决，若协商不成的，任何一方均可向有关部门申请调解，也有权在原告住所地或居住地人民法院起诉解决。双方还可以约定提交仲裁机构裁决。

九、附则

第三十一条 双方在签订本合同时，应当提供经核实的身份证明和相应资质证明文件的复印件作为合同附件。

第三十二条　变更住所地(居住地)、代表人(联系人)、电话等联络方式的,变更方应在变更后24小时内以书面方式通知对方。否则视为本合同载明的联络方式继续有效,微信和短信内容也作为双方来往文件。通知、诉讼文书等文件以邮寄方式发送的,将文件按有效联络方式交给经营特快专递的单位邮寄后,邮件被签收或拒收均视为已经送达。

第三十三条　本合同中的标题只为便于双方阅读和理解合同内容,不作为权利义务的约定。

第三十四条　如有其他未尽事宜,甲乙双方可另行签订补充协议,补充协议与本合同有冲突或不一致的,以补充协议为准。

第三十五条　本合同自双方签章后生效。一式四份,甲乙双方各持两份,具有同等法律效力。

(以下无正文)

甲　方(签名捺印)/(盖章):　　　　乙　方(签名捺印)/(盖章):

代表人(签名):　　　　代表人(签名):

年　月　日　　　　年　月　日

本合同签订地点:____________

农业机械作业服务合同

合同编号:GDHT039

甲方(定作人):____________

统一社会信用代码/身份证号:____________

住所地/居住地:____________

联系人:____________　电话:____________

微信号:____________　电子邮箱:____________

乙方(承揽人):____________

统一社会信用代码/身份证号:____________

住所地/居住地:____________

联系人:____________　电话:____________

微信号:____________　电子邮箱:____________

甲、乙双方就农业机械作业服务事宜,在平等、诚实信用的基础上,经双方自愿、充分协商一致,根据《中华人民共和国合同法》及相关法律法规的规定,签订本合同。

一、作业内容

第一条　乙方为甲方提供农业机械作业服务。

第二条　作业项目:

□耕地 □播种 □除草 □收割 □中耕 其他:________________

机械名称:________________

作业地点:________区/县________乡/镇________村________

作业面积:□______亩, □实际丈量________________

第三条 作业时间:

□______年____月____日至______年____月____日

□订立合同时不能确定具体起始作业时间,甲方应在作业前______天通知乙方具体作业时间

二、费用和支付

第四条 作业费用:

单价:□____元/亩;□____元/平方米;□____元/块

总价:人民币____________元(大写:__________元)

第五条 甲方应在作业验收合格之日起三日内以银行转账、微信转账、支付宝转账、现金的方式支付作业费用。

三、作业标准

第六条 乙方提供的作业服务质量应符合国家和地方标准。无国家和地方标准的,或作业条件特殊的,应经双方协商共同约定作业质量或乙方进行作业示范,得到甲方认可后,再作为大面积作业质量标准。

第七条 甲方其他质量要求:

(一)________________

(二)________________

(三)________________

四、验收

第八条 甲方依本合同确定的作业标准对乙方服务进行验收。

第九条 乙方在全部机械作业结束后向甲方提供《作业质量验收单》,甲方在收到验收单之日起三个工作日内进行验收,双方在验收单上签名视为验收合格。如发现质量不符合约定,甲方应在验收之日起二个工作日内通知乙方处理,乙方在接到甲方异议通知后,应立即负责处理,否则即视为默认甲方提出的异议和处理意见。

第十条 甲方在超过约定的验收时间才验收的,验收时作业质量发生变化的,不视为乙方作业质量不合格。双方对作业质量存在争议需要进行鉴定的,以具有法定资格的鉴定部门出具的书面鉴定意见为准。鉴定费用由主张方垫付,由责任方承担。

五、双方的其他权利义务

第十一条 甲方及时做好作业前期准备工作,为乙方提供农机作业便利条件。

第十二条 乙方应保证投入作业服务的农业机械状况良好,驾驶操作人员具备合法资格,熟悉农艺要求和作业质量标准,按规范规程操作。

第十三条 甲方有权对乙方的作业进行检查监督,并提出意见和建议。

第十四条 乙方应当严格按照甲方的委托内容及确定的标准从事农机作业,乙方不得

以任何形式和理由改动或降低该标准。

六、违约责任

第十五条　一方未按合同约定履行义务的，应赔偿对方因此受到的损失。

第十六条　一方不履行其合同主要义务致使合同目的不能实现的，应向对方承担合同总价款 5% 的违约金，并赔偿全部损失。

第十七条　若乙方未能按本合同约定时间及方式完成作业服务，每迟延一日，乙方按日向甲方支付已经支付服务价款 1‰的违约金，直至全部货物交付之日止。

第十八条　非乙方原因，甲方延期付款的，每迟延一日，甲方按日向乙方支付迟延付款金额 1‰的违约金，直至款项付清之日止，乙方可以顺延交付货物。

第十九条　一方接受对方的逾期和/或不完全履行的，不等于对对方违约行为的认可，接收方仍有权追究对方的违约责任，还有权解除合同。

第二十条　在对方未履行义务前，一方按照合同约定履行自己的义务的，不等于认可对方已经履行了先前的义务或同意对方可以不再履行其义务。

第二十一条　因出现不可预见、不可避免、不可克服的事件，导致本合同无法有效及时履行的，相互不承担违约责任。但是，遭遇不可抗力方应当立即通过电话、微信等方式通知对方，并在通知后的三日内将不可抗力的书面有效证明及本合同无法有效及时履行的书面理由提交给对方确认。否则应当承担相应的违约责任。

七、合同的变更、解除和争议解决

第二十二条　经双方协商一致，可以变更、解除合同。

第二十三条　一方只主张违约责任，没有主张解除合同的，合同应当继续履行。一方收到解除合同的通知后，对解除有异议的，应当在收到通知后 15 个工作日内向法定机关提出，否则，视为对解除无异议。

第二十四条　本合同的约定和履行中产生的争议，双方友好协商解决，若协商不成，任何一方均可向有关部门申请调解，也有权在原告住所地或居住地人民法院起诉解决。双方还可以约定提交仲裁机构裁决。

八、附则

第二十五条　双方在签订本合同时，应当提供经核实的身份证明和相应资质证明文件的复印件作为合同附件。

第二十六条　变更住所地（居住地）、代表人（联系人）、电话等联络方式的，变更方应在变更后 24 小时内以书面方式通知对方。否则视为本合同载明的联络方式继续有效，微信和短信内容也作为双方来往文件。通知、诉讼文书等文件以邮寄方式发送的，将文件按有效联络方式交给经营特快专递的单位邮寄后，邮件被签收或拒收均视为已经送达。

第二十七条　本合同中的标题只为便于双方阅读和理解合同内容，不作为权利义务的约定。

第二十八条　如有其他未尽事宜，甲乙双方可另行签订补充协议，补充协议与本合同有冲突或不一致的，以补充协议为准。

第二十九条　本合同自双方签章后生效。一式四份，甲乙双方各持两份，具有同等法律效力。

（以下无正文）

甲　方（签名捺印）/（盖章）：　　　　　　乙　方（签名捺印）/（盖章）：
代表人（签名）：　　　　　　　　　　　　代表人（签名）：
年　月　日　　　　　　　　　　　　　　年　月　日

本合同签订地点：________________

农业机械维修合同

合同编号：GDHT040

甲方（定作人）：________________
统一社会信用代码/身份证号：________________
住所地/居住地：________________
联系人：________________　电话：________________
微信号：________________　电子邮箱：________________
乙方（承揽人）：________________
统一社会信用代码/身份证号：________________
住所地/居住地：________________
联系人：________________　电话：________________
微信号：________________　电子邮箱：________________

甲、乙双方就农业机械维修事宜，在平等、诚实信用的基础上，经双方自愿、充分协商一致，根据《中华人民共和国合同法》及相关法律法规的规定，签订本合同。

一、维修内容

第一条　乙方为甲方维修农业机械。

第二条　托修机械

机具名称：________________
品牌：________________　规格型号：________________
牌照号/机械编码：________________
随车附件及油料状：________________

第三条　甲方简述的故障情况：

（一）________________
（二）________________
（三）________________

第四条　初步检测结果

（一）____

（二）____

（三）____

第五条　拟维修项目

（一）____

（二）____

（三）____

第六条　维修工期____日，从______年____月____日至______年____月____日。

二、维修标准和配件的使用

第七条　经乙方维修后的农业机械质量应符合国家和地方标准和行业规范。

第八条　双方提供的配件和辅料

乙方提供的配件和辅料		
名称	类别及品牌	价格
合计		

甲方提供的配件和辅料	
名称	类别及品牌

三、费用和结算

第九条　维修人工费用为人民币______元（大写：______元），

配件和辅料的费用为人民币______元（大写：______元），

暂定总维修费用为人民币______元（大写：______元）。

最终价款总额以甲方指定乙方实际完成的维修项目结算。

第十条　甲方于维修完工验收合格之日起三个工作日内向乙方支付维修款。甲方以银行转账、微信转账、支付宝转账、现金支付的方式支付维修费用。

四、验收和交货

第十一条　维修结束后，乙方向甲方提供《详细维修清单》，甲方依本合同确定的标准进行验收，双方在《详细维修清单》签名并盖章视为验收合格。

第十二条　甲方在收到乙方的完工通知之日起7个工作日内对托修机械进行验收，如发现质量不符合约定，甲方应立即通知乙方处理，乙方应立即负责处理。

第十三条 托修机械经验收合格后，甲方自行将其提取。需由乙方运送的，甲方应当另向乙方支付运输费用。

五、保修

第十四条 自乙方维修完工后，乙方须对甲方指定的维修项目承担保修责任，保修期为____月，自维修验收合格并交付甲方使用之日起计算。

第十五条 保修期内，如属于本合同约定的维修项目出现质量问题，乙方应保证在接到甲方通知后48小时内派人进行检查及维修，并应在甲方确定的合理期限内修复完毕，如乙方逾期未派人修复或二次维修后仍出现问题的，甲方有权另行委托他人维修，所需费用和甲方因此受到的损失均由乙方承担。

第十六条 乙方应当以书面方式预留保修负责人的书面通信地址和电话，以便甲方通知乙方进行维修。

六、双方的其他权利义务

第十七条 乙方应保证其具备维修所需设施和技术。

第十八条 乙方应妥善保管托修机械，除维修或检验目的外，不得使用托修机械。

第十九条 乙方必须使用合格零配件，在质量保证期内的维修配件，应当按照有关规定包修、包换、包退。乙方使用可再利用旧配件进行维修时，应当征得甲方同意，并保证安全性能符合国家有关技术标准。

第二十条 乙方在维修中换下的配件、总成，竣工交付时交由甲方自行处理；但对环保有影响的废弃物品，在征得甲方同意的情况下，由乙方按照有关规定统一处理。

第二十一条 对甲方提供的维修配件和材料，乙方发现不符合质量标准时，应及时通知更换或补救。甲方拒不更换或补救的，乙方不承担因甲方提供的维修配件和材料质量问题引发的责任。

第二十二条 在维修质量保证期内，托修机械因同一故障或维修项目经两次维修仍不能正常使用的，乙方应当负责联系其他维修企业，并承担相应的维修费用。

第二十三条 甲方有权监督乙方按照约定提供维修服务。

第二十四条 乙方在维修过程中需要甲方提供协助的，甲方应当履行协助义务。

第二十五条 因维修质量问题给甲方造成人身伤害或财产损失的，乙方应当承担赔偿责任。

七、违约责任

第二十六条 任何一方未按合同约定履行义务的，其应当承担因此所造成的损失。

第二十七条 乙方逾期开工、逾期完工或逾期履行其他义务的，每逾期一日，均应当向甲方承担暂定维修费用1‰的违约金，

第二十八条 非乙方原因，甲方延期付款的，每迟延一日，甲方按日向乙方支付迟延付款金额1‰的违约金，直至款项付清之日止，乙方可以顺延交付货物。

第二十九条 一方接受对方的逾期和/或不完全履行的，不等于对对方违约行为的认可，接收方仍有权追究对方的违约责任。

第三十条 凡因乙方原因导致本合同解除的，乙方应承担合同暂定价款5%的违约赔

偿金，如该违约赔偿金不足以弥补甲方所受到的损失，乙方还应赔偿甲方所受到的损失。

第三十一条　对乙方故意或疏忽导致的材料和施工工艺不符合技术规范引起的质量问题，或与合同约定不符的，无论维修是否已验收合格、交付使用以及是否超过保修期，均自甲方知道之日起三年内享有对乙方的索赔追偿权利。

第三十二条　乙方未尽妥善保管义务或擅自使用托修机械的，应照价赔偿油料等直接损失；造成托修机械损坏的，应无偿修理并赔偿损失。

第三十三条　在对方未履行义务前，一方按照合同约定履行自己的义务的，不等于认可对方已经履行了先前的义务或同意对方可以不再履行其义务。

第三十四条　因出现不可预见、不可避免、不可克服的事件，导致本合同无法有效及时履行的，相互不承担违约责任。但是，遭遇不可抗力方应当立即通过电话、微信等方式通知对方，并在通知后的三日内将不可抗力的书面有效证明及本合同无法有效及时履行的书面理由提交给对方确认。否则应当承担相应的违约责任。

八、合同的变更、解除和争议解决

第三十五条　经双方协商一致，可以变更、解除合同。

第三十六条　任何一方违反本合同任何条款约定的，在对方催告后15个工作日内没有改正为全面履行的，守约方有权书面通知违约方解除合同，且有权要求违约方赔偿相当于合同总额5%的违约金及所遭受的损失（包括但不限于直接损失、可得利益、律师费用等全部损失）。

第三十七条　一方只主张违约责任，没有主张解除合同的，合同应当继续履行。一方收到解除合同的通知后，对解除有异议的，应当在收到通知后15个工作日内向法定机关提出，否则，视为对解除无异议。

第三十八条　本合同的约定和履行中产生的争议，双方友好协商解决，若协商不成的，任何一方均可向有关部门申请调解，也有权在原告住所地或居住地人民法院起诉解决。双方还可以约定提交仲裁机构裁决。

九、附则

第三十九条　双方在签订本合同时，应当提供经核实的身份证明和相应资质证明文件的复印件作为合同附件。

第四十条　变更住所地（居住地）、代表人（联系人）、电话等联络方式的，变更方应在变更后24小时内以书面方式通知对方。否则视为本合同载明的联络方式继续有效，微信和短信内容也作为双方来往文件。通知、诉讼文书等文件以邮寄方式发送的，将文件按有效联络方式交给经营特快专递的单位邮寄后，邮件被签收或拒收均视为已经送达。

第四十一条　本合同中的标题只为便于双方阅读和理解合同内容，不作为权利义务的约定。

第四十二条　如有其他未尽事宜，甲乙双方可另行签订补充协议，补充协议与本合同有冲突或不一致的，以补充协议为准。

第四十三条　本合同自双方签章后生效。一式四份，甲乙双方各持两份，具有同等法律效力。

(以下无正文)

甲　方(签名捺印)/(盖章):　　　　　　　　　　　乙　方(签名捺印)/(盖章):
代表人(签名):　　　　　　　　　　　　　　　　代表人(签名):
年　月　日　　　　　　　　　　　　　　　　　　年　月　日

本合同签订地点:______________________

农作物种子加工合同

合同编号:GDHT041

甲方(定作人):______________________
统一社会信用代码/身份证号:______________________
住所地/居住地:______________________
联系人:______________________　电话:______________________
微信号:______________________　电子邮箱:______________________

乙方(承揽人):______________________
统一社会信用代码/身份证号:______________________
住所地/居住地:______________________
联系人:______________________　电话:______________________
微信号:______________________　电子邮箱:______________________

甲、乙双方就农作物种子加工事宜,在平等、诚实信用的基础上,经双方自愿、充分协商一致,根据《中华人民共和国合同法》及相关法律法规的规定,签订本合同。

一、加工内容

第一条　甲方委托乙方加工农作物种子。

第二条　种子情况

名称:______________________

品质:______________________

重量:______________________公斤

第三条　加工地点:______________________

第四条　加工工期____日,从______年____月____日至______年____月____日。

二、加工标准

第五条　乙方按照经甲方确认的(□产品样品/□产品加工工艺文件)进行加工。

第六条　甲方对加工的其他要求:

(一)经乙方加工的农作物种子质量应当符合所执行国家标准和地方有关标准

(二)______________________

（三）____

三、费用及支付

第七条　加工费用为每公斤人民币__________元（大写：________元）。总计加工费用为人民币__________元（大写：________元）。

第八条　甲方应在产品验收合格之日起三日内以银行转账、微信转账、支付宝转账、现金的方式支付加工费用。

四、原料的提供和运输

第九条　甲方提供种子原料。乙方对甲方提供的种子原料进行数量核对和查验，如发现问题应及时反馈给甲方，甲方须在合理时间内给予解决，由此造成的生产延期由甲方负责。

第十条　种子加工所需的种衣剂、包装袋等由甲方负担，如种衣剂、包装袋需由乙方提供，则费用另计。

第十一条　原材料由甲方运输至乙方指定作业地点，乙方负责卸货。需由乙方运输原材料的，甲方应另行向乙方支付原材料的运输费用。

第十二条　种子加工完成后，乙方应当立即将货物组织运输至甲方指定地点，并向甲方发送交货通知，运输费用由乙方承担。

五、验收

第十三条　甲方依本合同确定的标准对种子进行验收。

第十四条　甲方在收到乙方的交货通知之日起三日内必须对种子进行验收，如发现质量不符合约定，甲方应在验收之日起二日内通知乙方处理，乙方在接到甲方异议后，应立即负责处理，否则即视为默认甲方提出的异议和处理意见。

第十五条　如乙方交货的数量、质量与合同约定不符，经甲方通知乙方处理后仍不符合合同约定的，甲方有权拒收。

六、双方的其他权利义务

第十六条　乙方应当保证加工的种子净度、计量精度、获选率（种子损失率）、破碎率、种衣牢固度、包衣合格率等应当符合国家标准、地方标准和行业标准。

第十七条　乙方保证设备加工能力、每天加工能力能够满足加工需求。

第十八条　种子加工前，甲方应提供甲方种子质量检验单，纯度、发芽率、水分等指标应达到国家标准。

第十九条　甲方提供的种子需包衣时，应提供质量合格、成膜性好、使种子包衣后能够连续进行自动计量包装的种衣剂。

第二十条　种子加工的废种子和下脚料由乙方处理。

七、违约责任

第二十一条　一方未按合同约定履行义务的，由其赔偿对方因此受到的损失。

第二十二条　一方不履行其合同主要义务致使合同目的不能实现的，应向对方承担合同总价款5%的违约金，并赔偿全部损失。

第二十三条　若乙方未能按本合同约定时间及方式将全部货物交付至甲方指定地点，

每迟延一日,乙方按日向甲方支付加工费用总额 1‰的违约金,直至全部货物交付之日止。

第二十四条 非乙方原因,甲方延期付款的,每迟延一日,甲方按日向乙方支付迟延付款金额 1‰的违约金,直至款项付清之日止,乙方可以顺延交付货物。

第二十五条 一方接受对方逾期和/或不完全履行的,不等于对对方违约行为的认可,其仍有权追究对方的违约责任,还有权依照约定或法律规定解除合同。

第二十六条 乙方因甲方未及时提供种子原料,未能在合同约定期限内完成加工事宜的,不视为乙方违约,乙方不承担逾期责任。

第二十七条 在对方未履行义务前,一方按照合同约定履行自己的义务的,不等于认可对方已经履行了先前的义务或同意对方可以不再履行其义务。

第二十八条 因出现不可预见、不可避免、不可克服的事件,导致本合同无法有效及时履行的,相互不承担违约责任。但是,遭遇不可抗力方应当立即通过电话、微信等方式通知对方,并在通知后的三日内将不可抗力的书面有效证明及本合同无法有效及时履行的书面理由提交给对方确认。否则应当承担相应的违约责任。

八、合同的变更、解除和争议解决

第二十九条 经双方协商一致,可以变更、解除合同。

第三十条 任何一方违反本合同任何条款约定的,在对方催告后 15 个工作日内没有改正为全面履行的,守约方有权书面通知违约方解除合同,且有权要求违约方赔偿相当于合同总额 5% 的违约金及所遭受的损失(包括但不限于直接损失、可得利益、律师费用等全部损失)。

第三十一条 一方只主张违约责任,没有主张解除合同的,合同应当继续履行。一方收到解除合同的通知后,对解除有异议的,应当在收到通知后 15 个工作日内向法定机关提出,否则,视为对解除无异议。

第三十二条 本合同的约定和履行中产生的争议,双方友好协商解决,若协商不成,任何一方均可向有关部门申请调解,也有权在原告住所地或居住地人民法院起诉解决。双方还可以约定提交仲裁机构裁决。

九、附则

第三十三条 双方在签订本合同时,应当提供经核实的身份证明和相应资质证明文件的复印件作为合同附件。

第三十四条 变更住所地(居住地)、代表人(联系人)、电话等联络方式的,变更方应在变更后 24 小时内以书面方式通知对方。否则视为本合同载明的联络方式继续有效,微信和短信内容也作为双方来往文件。通知、诉讼文书等文件以邮寄方式发送的,将文件按有效联络方式交给经营特快专递的单位邮寄后,邮件被签收或拒收均视为已经送达。

第三十五条 本合同中的标题只为便于双方阅读和理解合同内容,不作为权利义务的约定。

第三十六条 如有其他未尽事宜,甲乙双方可另行签订补充协议,补充协议与本合同有冲突或不一致的,以补充协议为准。

第三十七条 本合同自双方签章后生效。一式四份,甲乙双方各持两份,具有同等法律效力。

(以下无正文)

甲　方(签名捺印)/(盖章)：　　　　　　　乙　方(签名捺印)/(盖章)：
代表人(签名)：　　　　　　　　　　　　　代表人(签名)：
　　　　年　月　日　　　　　　　　　　　　　　年　月　日

本合同签订地点：____________________

农村房屋维修合同

合同编号：GDHT042

甲方(定作人)：____

统一社会信用代码/身份证号：________________________________

住所地/居住地：____

联系人：____________________　电话：____________________

微信号：____________________　电子邮箱：____________________

乙方(承揽人)：____

统一社会信用代码/身份证号：________________________________

住所地/居住地：____

联系人：____________________　电话：____________________

微信号：____________________　电子邮箱：____________________

甲、乙双方就房屋维修事宜，在平等、诚实信用的基础上，经双方自愿、充分协商一致，根据《中华人民共和国合同法》及相关法律法规的规定，签订本合同。

一、维修内容

第一条　房屋位置：____

第二条　修缮修理项目：

(一)____

(二)____

(三)____

第三条　服务形式

(一)房屋维修由乙方包工、包料进行。

(二)定作人______(是/否)允许乙方将维修事项分包予第三人完成修缮修理项目的主要工作。

第四条　维修工期____日，从______年____月____日至______年____月____日止。

二、费用和支付

第五条 甲方在______年____月____日前向承揽人支付预付款人民币________元整（大写：________元）。

甲方除以银行汇款支付方式外，以下三种支付方式双方均予认可：

（一）支付宝转账；（二）微信转账；（三）现金支付。

第六条 维修工程总价暂定为人民币________元整（大写：________元）。最终价款总额以甲方指定乙方实际完成的维修项目进行结算。

第七条 甲方于维修完工验收合格后7日内支付维修款总额的95%，剩下5%作为质量保证金，保修期满后无质量问题甲方全额支付乙方。

三、技术标准及质量要求

第八条 乙方在维修施工中应当严格按照国家、行业标准和企业规范及本合同约定进行施工。

第九条 甲方对维修的其他要求：

（一）____

（二）____

（三）____

四、验收

第十条 维修工程结束后，甲方依本合同确定的标准进行验收。验收合格以双方签字确认的《施工记录单》为准。

第十一条 甲方在收到乙方的完工通知之日起七日内对房屋进行验收，如发现质量不符合约定，甲方应在验收之日起三日内书面通知乙方处理，乙方在接到甲方书面异议后，应立即负责处理，否则即视为默认甲方提出的异议和处理意见。

五、保修

第十二条 自乙方维修工程完工后，乙方须对甲方指定的维修项目承担保修责任，保修期为______年，自竣工验收合格并交付甲方之日起计算。

第十三条 质量保修金为工程款的5%，保修期满后十日内，甲方将保修金的剩余部分无息返还乙方。

第十四条 保修期内，如房屋经乙方维修的项目出现质量问题，乙方应保证在接到甲方通知后24小时内派人进行检查及维修，并应在甲方确定的合理期限内修复完毕，如乙方逾期未派人修复或二次维修后仍出现问题的，甲方有权另行委托他人维修，所需费用和因此受到的损失均由乙方承担。

第十五条 在保修期内，乙方应定期对房屋进行巡访，做好回访记录，并对存在隐患的质量问题，予以及时解决。乙方应预留保修负责人的书面通信地址和电话，以便通知乙方进行维修。

六、双方的其他权利及义务

第十六条 乙方在施工中必须严格按施工工艺要求操作，维修后的房屋如果再出现问题，乙方承担由于再次发生问题而引发的一切影响和经济赔偿的后果。

第十七条　甲方应当协助乙方进行维修事项，保证维修房屋的水、电等能够正常使用，否则因甲方未及时予以协助导致的工期延误，乙方不承担责任。

第十八条　甲方在施工中有权随时委派人员进行质量检查、检验及监督，乙方为检查、检验、监督提供便利条件。

第十九条　乙方应当严格按照甲方确认的施工做法以及质量标准要求进行施工，做好各项质量检查记录。严格执行施工规范、安全操作规程、防火安全规定、环境保护规定，确保工程达到合同约定及甲方要求。

第二十条　验收合格且交付使用前乙方负责对现场的一切设施和工程成品、半成品进行保护并承担费用。

第二十一条　乙方维修时应当保持施工现场的清洁，做好卫生清扫和处理工作，在甲方要求的时间内清除施工垃圾，否则，甲方委托他人清理所发生的费用由甲方在应付给乙方的维修款中扣除。

第二十二条　乙方在维修工程中，凡由于乙方原因导致甲方或第三人人身或财产损害的，乙方应当予以赔偿。甲方可在应付乙方的工程款中扣除，不足部分甲方或有关权利人有权向乙方追偿。

第二十三条　乙方在维修过程中应注意与邻里保持良好的沟通，避免产生纠纷，如因乙方原因与邻里产生纠纷而使甲方受到损失的，由乙方承担责任，甲方有权在应付乙方的维修款中扣除，不足部分甲方有权向乙方追偿。

七、违约责任

第二十四条　任何一方未按合同约定履行义务的，其应当承担因此所造成的损失。

第二十五条　乙方逾期开工、逾期竣工或逾期履行其他义务的，每逾期一日，均应当向甲方承担暂定维修总造价 5‰的违约金，任何一项逾期达七个工作日或累计出现三次以上（含三次）迟延履行的，甲方有权解除合同，乙方应当承担因此而造成的甲方的一切损失。

第二十六条　非乙方原因，甲方迟延支付维修金的，每迟延一日，甲方按日向乙方支付迟延付款金额 1‰的违约金，直至款项付清之日止，乙方可以顺延维修期。

第二十七条　一方接受对方的逾期和/或不完全履行的，不等于对对方违约行为的认可，其仍有权追究对方的违约责任，还有权解除合同。

第二十八条　凡因乙方原因导致本合同解除的，乙方应承担合同暂定价款 5% 的违约赔偿金，如该违约赔偿金不足以弥补甲方所受到的损失的，乙方还应赔偿甲方所受到的损失。

第二十九条　对乙方故意或疏忽导致的材料和施工工艺不符合技术规范引起的质量问题，或与合同约定不符的，无论工程是否已验收合格、交付使用以及是否超过保修期，均自甲方知道之日起三年内享有对乙方的索赔追偿权利。

第三十条　在对方未履行义务前，一方按照合同约定履行自己的义务的，不等于认可对方已经履行了先前的义务或同意对方可以不再履行其义务。

第三十一条　因出现不可预见、不可避免、不可克服的事件，导致本合同无法有效及时履行的，相互不承担违约责任。但是，遭遇不可抗力方应当立即通过电话、微信等方式通知对方，并在通知后的三日内将不可抗力的书面有效证明及本合同无法有效及时履行的书面理由提交给对方确认。否则应当承担相应的违约责任。

八、合同的变更、解除和争议解决

第三十二条 经双方协商一致，可以变更、解除合同。

第三十三条 任何一方违反本合同任何条款约定的，在对方催告后15个工作日内没有改正为全面履行的，守约方有权书面通知违约方解除合同，且有权要求违约方赔偿相当于合同总额5%的违约金及所遭受的损失（包括但不限于直接损失、可得利益、律师费用等全部损失）。

第三十四条 一方只主张违约责任，没有主张解除合同的，合同应当继续履行。

第三十五条 一方收到解除合同的通知后，对解除有异议的，应当在收到通知后15个工作日内向法定机关提出，否则，视为对解除无异议。

第三十六条 合同的约定和履行中产生的争议，双方友好协商解决，若协商不成，任何一方均可向有关部门申请调解，也有权在原告住所地或居住地人民法院起诉解决。双方还可以约定提交仲裁机构裁决。

九、附则

第三十七条 双方在签订本合同时，应提供经核实的身份证明和相应资质证明文件的复印件作为合同附件。

第三十八条 变更住所地（居住地）、代表人（联系人）、电话等联络方式的，变更方应在变更后24小时内以书面方式通知对方。否则视为本合同载明的联络方式继续有效，微信和短信内容也作为双方来往文件。通知、诉讼文书等文件以邮寄方式发送的，将文件按有效联络方式交给经营特快专递的单位邮寄后，邮件被签收或拒收均视为已经送达。

第三十九条 本合同中的标题只为便于双方阅读和理解合同内容，不作为权利义务的约定。

第四十条 如有其他未尽事宜，甲乙双方可另行签订补充协议，补充协议与本合同有冲突或不一致的，以补充协议为准。

第四十一条 本合同自双方签章后生效。一式四份，甲乙双方各持两份，具有同等法律效力。

（以下无正文）

甲　方（签名捺印）/（盖章）：　　　　乙　方（签名捺印）/（盖章）：
代表人（签名）：　　　　代表人（签名）：
年　月　日　　　　年　月　日

本合同签订地点：____________________

蔬菜大棚定作合同

合同编号:GDHT043

甲方(定作人):________________

统一社会信用代码/身份证号:________________

住所地/居住地:________________

联系人:________________　电话:________________

微信号:________________　电子邮箱:________________

乙方(承揽人):________________

统一社会信用代码/身份证号:________________

住所地/居住地:________________

联系人:________________　电话:________________

微信号:________________　电子邮箱:________________

甲、乙双方就蔬菜大棚定作事宜,在平等、诚实信用的基础上,经双方自愿、充分协商一致,根据《中华人民共和国合同法》及相关法律法规的规定,签订本合同。

一、定作内容

第一条　项目名称:________________

建设地点:________________

建设蔬菜大棚____个,每个约_____平方米,总计约_________平方米。

第二条　大棚乙方包工包料建设,但另有约定的除外。

第三条　建设要求:

(一)乙方根据甲方要求制作的蔬菜大棚应当符合国家质量标准

(二)________________

(三)________________

二、费用及支付

第四条　建设费用

(一)蔬菜大棚建设费用每平方米费用人民币________元整(大写:________元),

暂定价款总额为人民币________元整(大写:________元),最终价款总额以甲方指定乙方实际完成的大棚进行结算。

(二)除银行汇款支付方式外,以下三种支付方式双方均予认可:

(1)支付宝转账;(2)微信转账;(3)现金支付。

第五条　甲方按照下列时间向乙方支付暂定合同价款:

乙方人员设备进入施工场地之日起3日内支付暂定合同价款的20%,计人民币______元(大写:________元)。

乙方完成半数大棚骨架安装之日起3日内支付暂定合同价款的30%,计人民币______

元(大写:________元)。乙方完成大棚内外卷帘机安装一半后支付暂定合同价款的30%,计人民币__________元(大写:________元)。

工程竣工验收合格后,甲、乙双方确定实际建设面积后,甲方付款至合同实际价款的90%。剩余10%价款作为工程质量保证金,在工程验收合格之日起1年内一次性付清。

第六条 本合同签订后,乙方向甲方缴纳______万元工程保证金,待乙方工人及材料进场之日起15个工作日内甲方全额退还乙方,不计收利息。

三、工程工期

第七条 工程工期____日,从______年____月____日至______年____月____日。

第八条 对以下造成竣工日期推迟的延误,工期应予顺延。

(一)工程量变化和设计变更。

(二)一周内,非乙方原因停水、停电、停气造成停工累计超过8小时的。

(三)甲方未按时拨付工程款或未按合同规定提供相关材料、设施的。

(四)不可抗力及风雨雪等不能施工的恶劣天气。

(五)合同规定或甲方代表同意工期顺延的其他情况。

(六)因当地部门或人员阻挠施工,甲方未能及时协调导致施工无法进行的。以上情况发生后,乙方就延误的内容和因此发生的经济支出向甲方提出报告,甲方应在3日内予以确认、答复,逾期不予答复,乙方即可视为延期及赔偿要求已被确认。

(七)因行政机关要求停工的或因甲方未办理合法手续由执法部门责令停顿。

(八)因甲方原因造成的其他延停工情况或甲方违约的。

四、设计变更

第九条 甲方需要做大棚工程变更时,应提前____日通知乙方,并给乙方充分的准备时间,由此造成乙方增加的材料费、工时费等费用由甲方承担,工程工期相应顺延。

第十条 乙方需要做大棚工程变更时,需经甲方代表同意,工程工期相应顺延。

第十一条 因以上任何一方变更给对方造成经济支出和损失,由变更方承担,该工程工期相应变更。

五、验收

第十二条 工程全部安装调试完成,乙方自检合格后应书面通知甲方验收;工程需要分步验收的,乙方应在单项工作完成前3日书面通知甲方。甲乙双方按照乙方提供的工程验收标准共同进行验收,验收时同时丈量实际建设面积,经验收合格在验收文件上签字确认。

第十三条 在接到乙方书面验收通知3个工作日内甲方不进行验收,可视为甲方认可工程质量合格(或单项工作合格),通过验收,甲方应按合同规定支付工程款。同时乙方人员可以撤回,工程保管及附随义务由甲方负责。

第十四条 如果甲方在验收中发现不合格品,乙方应及时配合甲方采取有效措施予以补救(免费维修、更换或退货),以满足甲方正常生产的需要。

第十五条 工程未经验收,甲方不得提前使用和擅自动用。否则视为验收合格。

六、质保

第十六条 本合同的定作物质保期为______年,自大棚工程验收合格之日起计算。

第十七条　质保期内甲方在正常使用情况下出现质量问题的，乙方负责免费维修或更换（包括但不限于零件的更换、材料费、人工费；若需现场维修的乙方应24小时内到现场维修）。

七、双方的其他权利义务

第十八条　在乙方开工前，甲方确保已完成土地征用，房屋征收，土地及地上建筑、苗木的赔偿，消除地面、架空和地下障碍及施工应办理的一切合法手续等工作，使施工现场达到"三通一平"（通水、通电、通路、地面平整），具备施工条件，并负责施工现场正常的供水、电保证，负责施工期间运输道路的通畅。施工用水、用电由甲方通到大棚施工区域50米以内。本工程不含土建部分。

第十九条　甲方应当协助乙方办理施工中当地有关部门要求办理的相关手续，协调好与相关部门的关系，并负责协调解决工地的纠纷。

第二十条　甲方处理施工现场周围地下管线和邻近建筑物、构筑物、文物等设施的迁移或保护，并承担有关费用。

第二十一条　甲方不按约定完成以上工作造成延误，承担由此造成的经济支出，赔偿乙方有关损失，工期相应顺延。

第二十二条　甲方未按期支付应付价款的，乙方有权利拒绝施工。

八、违约责任

第二十三条　乙方逾期开工、逾期竣工或逾期履行其他义务的，每逾期一日，应向甲方承担暂定工程总造价1‰的违约金，任何一项逾期达七日或累计出现三次以上（含三次）迟延履行的，甲方有权解除合同，乙方应当承担因此而造成的甲方的一切损失。

第二十四条　非乙方原因，甲方延期付款的，每迟延一日，甲方按日向乙方支付迟延付款金额1‰的违约金，直至款项付清之日止，乙方可以顺延工期。

第二十五条　凡因乙方原因导致本合同解除的，乙方应承担合同暂定价款5%的违约赔偿金，如该违约赔偿金不足以弥补甲方所受到的损失的，乙方还应赔偿甲方所受到的损失。

第二十六条　因定作物质量不合格引发安全事故或造成人身、财产损失的，乙方应承担全部责任。

第二十七条　在对方未履行义务前，一方按照合同约定履行自己的义务的，不等于认可对方已经履行了先前的义务或同意对方可以不再履行其义务。

第二十八条　一方接受对方的逾期和/或不完全履行的，不等于对对方违约行为的认可，其仍有权追究对方的违约责任，还有权解除合同。

第二十九条　因出现不可预见、不可避免、不可克服的不可抗力事件，导致本合同无法有效及时履行的，相互不承担违约责任。但是，遭遇不可抗力方应当立即通过电话、微信等方式通知对方，并在通知后的三日内将不可抗力的书面有效证明及本合同无法有效及时履行的书面理由提交给对方确认。否则应当承担相应的违约责任。

九、合同的变更、解除和争议解决

第三十条　经双方一致同意，可对本合同的条款内容进行变更。

第三十一条　任何一方违反本合同任何条款约定的，在对方催告后15个工作日内没有改正为全面履行的，守约方有权书面通知违约方解除合同，且有权要求违约方赔偿相当于合同总额5%的违约金及所遭受的损失(包括但不限于直接损失、可得利益、律师费用等全部损失)。

第三十二条 一方只主张违约责任,没有主张解除合同的,合同应当继续履行。

第三十三条 一方收到解除合同的通知后,对解除有异议的,应当在收到通知后15个工作日内向法定机关提出,否则,视为对解除无异议。

第三十四条 合同的约定和履行中产生的争议,双方友好协商解决,若协商不成,任何一方均可向有关部门申请调解,也有权在原告住所地或居住地人民法院起诉解决。双方还可以约定提交仲裁机构裁决。

十、附则

第三十五条 双方在签订本合同时,应当提供经核实的身份证明和相应资质证明文件的复印件作为合同附件。

第三十六条 变更住所地(居住地)、代表人(联系人)、电话等联络方式的,变更方应在变更后24小时内以书面方式通知对方。否则视为本合同载明的联络方式继续有效,微信和短信内容也作为双方来往文件。通知、诉讼文书等文件以邮寄方式发送的,将文件按有效联络方式交给经营特快专递的单位邮寄后,邮件被签收或拒收均视为已经送达。

第三十七条 本合同中的标题只为便于双方阅读和理解合同内容,不作为权利义务的约定。

第三十八条 如有其他未尽事宜,甲乙双方可另行签订补充协议,补充协议与本合同有冲突或不一致的,以补充协议为准。

第三十九条 本合同的约定和履行中产生的争议,双方友好协商解决,若协商不成,任何一方均可向有关部门申请调解,也有权在原告住所地或居住地人民法院起诉解决。双方还可以约定提交仲裁机构裁决。

第四十条 本合同自双方签章后生效。一式四份,甲乙双方各持两份,具有同等法律效力。

(以下无正文)

甲　方(签名捺印)/(盖章):　　　　乙　方(签名捺印)/(盖章):

代表人(签名):　　　　代表人(签名):

年　月　日　　　　年　月　日

本合同签订地点:____________

农产品质量委托检验合同

合同编号:GDHT044

甲方(定作人):____________

统一社会信用代码/身份证号:____________

住所地/居住地:______________________________

联系人:________________　电话:________________

微信号:________________　电子邮箱:________________

乙方(承揽人):______________________________

统一社会信用代码/身份证号:______________________

住所地/居住地:______________________________

联系人:________________　电话:________________

微信号:________________　电子邮箱:________________

甲、乙双方就农产品质量委托检验事宜,在平等、诚实信用的基础上,经双方自愿、充分协商一致,根据《中华人民共和国合同法》及相关法律法规的规定,签订本合同。

一、委托内容

第一条　为检验农产品质量,甲方委托乙方承担甲方指定农产品的检测任务,对送检农产品进行科学、公正的检测,乙方向甲方出具检验报告。

第二条　样品情况

样品名称:____________　规格型号:____________________

生产单位:____________　原编号、批号:__________________

样品质量(g):__________　备份样情况:□留有□未留有

样品外观性状颜色:______________________________

第三条　检测(验)项目:______________________________

第四条　执行技术标准:□国家标准　□行业标准　□地方标准　□企业标准

第五条　检测(验)方法

□标准规定的方法　□其他非标准方法

第六条　甲方的其他检验要求

(一)______________________________________

(二)______________________________________

(三)______________________________________

第七条　乙方收取样品的日期:______年____月____日,乙方应当完成检测(验)日期:______年____月____日。

二、检验结果和样品处理

第八条　检测(验)报告领取方式:

□承检方完成检测后三日内通知甲方,甲方凭本合同自取。

□由承检方完成检测后三日内按本合同中的甲方名称、送达地址寄回。

第九条　甲方对检验结果有异议的,须在一个月内凭检验报告原件向乙方要求复检,检验方应于十日内安排复检。复检结果维持原检验结果的,甲方须按本合同约定的检验费向检验方支付复检费。复检结果确认原检验结果有误的,检验方不再收取复检费。

第十条　样品处理方式:

□甲方在报告异议期后将样品领回

□承检方按期限保管后自行处理

三、费用和支付

第十一条 检测费用为人民币____________元(大写:________元)。

第十二条 甲方应在收到检测(验)报告之日起七个工作日内以银行转账、微信转账、支付宝转账、现金支付的方式支付检验费用。

四、双方的其他权利义务

第十三条 甲方保证不干预乙方开展正常检测工作。

第十四条 乙方严格按照国家农产品质量安全检测规范对甲方送检农产品开展检测工作。

第十五条 乙方定期对检测工作中发现的问题进行汇总,以书面形式报甲方并提出建议。

第十六条 检测结果未经甲方书面同意乙方不得擅自对外公布。

五、违约责任

第十七条 一方未按合同约定履行义务的,由其赔偿对方因此受到的损失。

第十八条 一方不履行其合同主要义务致使合同目的不能实现的,应向对方承担合同总价款 5% 的违约金。

第十九条 乙方未在约定时间内出具检验报告的,每逾期一日,乙方承担检验费总价 1‰的违约金。

第二十条 非乙方原因,甲方延期付款的,每迟延一日,甲方按日向乙方支付迟延付款金额 1‰的违约金,直至款项付清之日止,乙方可以顺延交付检验成果。

第二十一条 一方接受对方的逾期和/或不完全履行的,不等于对对方违约行为的认可,接收方仍有权追究对方的违约责任,还有权解除合同。

第二十二条 乙方因甲方未及时提供送检样本,未能在合同约定期限内完成检测事宜的,不视为乙方违约,乙方不承担逾期责任。

第二十三条 在对方未履行义务前,一方按照合同约定履行自己的义务的,不等于认可对方已经履行了先前的义务或同意对方可以不再履行其义务。

第二十四条 因出现不可预见、不可避免、不可克服的事件,导致本合同无法有效及时履行的,相互不承担违约责任。但是,遭遇不可抗力方应当立即通过电话、微信等方式通知对方,并在通知后的三日内将不可抗力的书面有效证明及本合同无法有效及时履行的书面理由提交给对方确认。否则应当承担相应的违约责任。

六、合同的变更、解除和争议解决

第二十五条 经双方一致同意,可对本合同的条款内容进行变更。

第二十六条 任何一方违反本合同任何条款约定的,在对方催告后 15 个工作日内没有改正为全面履行的,守约方有权书面通知违约方解除合同,且有权要求违约方赔偿相当于合同总额 5% 的违约金及所遭受的损失(包括但不限于直接损失、可得利益、律师费用等全部损失)。

第二十七条 一方只主张违约责任,没有主张解除合同的,合同应当继续履行。

第二十八条　一方收到解除合同的通知后，对解除有异议的，应当在收到通知后 15 个工作日内向法定机关提出，否则，视为对解除无异议。

第二十九条　本合同的约定和履行中产生的争议，双方友好协商解决，若协商不成，任何一方均可向有关部门申请调解，也有权在原告住所地或居住地人民法院起诉解决。双方还可以约定提交仲裁机构裁决。

七、附则

第三十条　双方在签订本合同时，应当提供经核实的身份证明和相应资质证明文件的复印件作为合同附件。

第三十一条　甲乙任何一方住所地（住址）、代表人（联系人）、电话等联络方式如有变更，变更的一方应在变更后 24 小时内以书面方式通知对方。否则视为本合同载明的联络方式继续有效，微信和短信内容也作为双方来往文件。通知、诉讼文书等文件以邮寄方式发送的，将文件按有效联络方式交给经营特快专递的单位邮寄后，邮件被签收或拒收均视为已经送达。

第三十二条　本合同中的标题只为便于双方阅读和理解合同内容，不作为权利义务的约定。

第三十三条　如有其他未尽事宜，甲乙双方可另行签订补充协议，补充协议与本合同有冲突或不一致的，以补充协议为准。

第三十四条　本合同自双方签章后生效。一式四份，甲乙双方各持两份，具有同等法律效力。

（以下无正文）

甲　方（签名捺印）/（盖章）：	乙　方（签名捺印）/（盖章）：
代表人（签名）：	代表人（签名）：
年　月　日	年　月　日

本合同签订地点：____________________

农业器械定作合同

合同编号：GDHT045

甲方（定作人）：____________________

统一社会信用代码/身份证号：____________________

住所地/居住地：____________________

联系人：____________________　电话：____________________

微信号：____________________　电子邮箱：____________________

乙方（承揽人）：____________________

统一社会信用代码/身份证号：________________________________
住所地/居住地：________________________________
联系人：____________________ 电话：____________________
微信号：____________________ 电子邮箱：____________________

甲、乙双方就农业器械定作事宜，在平等、诚实信用的基础上，经双方自愿、充分协商一致，根据《中华人民共和国合同法》及相关法律法规的规定，签订本合同。

一、定作内容

第一条 甲方向乙方定作农业器械，乙方按照甲方的要求制作器械。

第二条 定作农业器械概况

定作物名称	规格型号	计量单位	数量	单价	合计
合计：					

第三条 承揽人提供的材料

序号	材料名称	牌号商标	规格型号	生产厂家	计量单位	用料数量	质量

第四条 制作工期____日，从______年____月____日至______年____月____日。

二、费用及支付

第五条 本合同签订后，甲方向乙方支付定金人民币________元（大写：______元）。

第六条 甲方在乙方交付器械且经验收合格时支付所有货款人民币________元（大写：______元），定金抵作货款予以扣除。

第七条 当事人可以选择下四种支付方式，双方均予认可：

（一）银行转账；（二）支付宝转账；（三）微信转账；（四）现金支付。

三、技术标准

第八条 定作物的技术标准（质量要求）：

乙方应按经甲方确认的（□产品样品；□定作物图样；□产品制造工艺文件）进行制作。

第九条 甲方对定作器械的其他要求：

（一）________________________________

（二）________________________________

（三）________________________________

第十条 甲方提供技术

（一）甲方提供定作物图纸或者技术要求的，乙方应当严格按照甲方的要求进行工作，如果乙方在工作之前或者工作之中发现甲方提供的图纸或者技术要求不合理，即按此图纸或者技术要求难以产生符合合同约定的定作物的情况下，乙方应当及时将该情况书面通知甲方。乙方未及时通知甲方的，怠于通知期间的误工损失由乙方自行承担；造成工期拖延的，给甲方造成损失的，乙方应当赔偿甲方损失。如果乙方发现甲方提供的图纸或者技术要求不合理而未通知甲方，仍然按照原图纸或者技术要求进行工作致使工作成果不符合合同约定的，由乙方承担违约责任，甲方有权要求乙方修理、更换、减少价款或者解除合同。造成甲方损失的，乙方应当赔偿。

（二）甲方在接到乙方关于图纸或者技术要求不合理的通知后，应当立即采取措施，修改图纸和技术要求。修改完成后，甲方应当及时答复乙方，并提出修改意见。在乙方发出通知至收到甲方答复期间，乙方可以停止工作，工期顺延，甲方还应当赔偿乙方在此期间的误工损失以及其他损失。

（三）甲方在接到通知后，未能及时答复乙方并提出修改意见的，乙方有权要求甲方赔偿其误工等损失。甲方怠于答复的，乙方可以催告甲方在合理期限内予以答复并提出修改意见，在合理期限内乙方仍未收到甲方答复的，乙方有权解除合同，并通知甲方，因此造成的损失，由甲方赔偿。

（四）定作物资料和图纸的名称、数量和编号应当注明并经甲、乙双方签字盖章进行确认。

第十一条　乙方提供技术

（一）乙方提供的技术标准应当符合：□国家标准/□地方标准/□行业规范，应当保证据此技术标准生产的器械设备质量符合甲方要求。

（二）若定作物由乙方提供技术资料或图纸、样品生产制造，甲方因此定作物受到第三方关于侵犯其专利权、商标权或工业设计权等知识产权的指控，由乙方负责与第三方交涉并承担一切法律责任与因此产生的所有费用。甲方因此而招致损失的，乙方应全额赔偿。

第十二条　甲乙双方在与对方合作时了解到的一切有关于对方的数据、资料等信息，双方均需保密，该保密义务即使双方合同履行完毕亦不被免除。乙方须在甲方验收合格的同时将甲方提供的所有资料交回，不得复制，不能交回的销毁。

第十三条　若乙方未经甲方同意擅自将定作物转由第三方制作，无论甲方是否因商业秘密的泄露而遭受实际损失，乙方均需向甲方支付合同约定的违约金。

四、验收

第十四条　乙方制作完成后向甲方发送交货通知。甲方依本合同确定的标准对产品进行验收。

第十五条　甲方在收到乙方的交货通知之日起三日内必须对产品进行验收，如发现质量不符合约定，甲方应在验收之日起二日内通知乙方处理，乙方在接到甲方的异议后，应立即负责处理，否则即视为默认甲方提出的异议和处理意见。经处理后的器械仍不符合约定的，甲方有权拒收。

五、质保

第十六条　定作农业器械的质保期为____月，自器械验收合格之日起计算。

第十七条 如果甲方在验收中发现不合格品，乙方应及时配合甲方采取有效措施予以补救（免费维修，更换或退货），以满足甲方正常生产的需要。

第十八条 质保期内甲方在正常使用定作物情况下出现质量问题的，乙方负责免费维修或更换（包括但不限于零件的更换）。

第十九条 因定作物质量不合格引发安全事故或造成人身、财产损失的，乙方应承担全部责任。

六、双方的其他权利义务

第二十条 甲乙双方均不得泄露对方提供的信息、技术资料等。

第二十一条 因甲方的原因，乙方交付时间可相应顺延。

第二十二条 甲方未按合同约定的时间支付定金的，乙方有权拒绝开工生产或停工。

第二十三条 甲方不支付货款的，乙方对货物享有留置权，由此导致的损失由甲方承担。

第二十四条 甲方有权对乙方的生产进行监督，若发现乙方生产过程不合规范或技术标准存在争议的，可与乙方确认。

七、违约责任

第二十五条 任何一方未按合同约定履行义务的，其应当承担因此所造成的损失。

第二十六条 一方不履行其合同主要义务致使合同目的不能实现的，应向对方承担合同总价款 5% 的违约金并赔偿损失。

第二十七条 任何一方逾期履行合同义务即构成违约，违约方仍应当继续履行其合同义务，一方接受对方的逾期履行或不完全履行的，不等于对对方违约行为的认可，接收方仍有权追究对方的违约责任。

第二十八条 若乙方未能按本合同约定时间及方式将全部货物交付至甲方指定地点，每迟延一日，乙方按日向甲方支付逾期交付服务价款 1‰的违约金，直至全部货物交付之日止。

第二十九条 非乙方原因，甲方延期付款的，每迟延一日，甲方按日向乙方支付迟延付款金额 1‰的违约金，直至款项付清之日止，乙方可以顺延交付货物。

第三十条 对乙方故意或疏忽导致的材料和制作工艺不符合技术规范引起的质量问题，或与合同约定不符的，无论器械是否已验收合格、交付使用以及是否超过保修期，甲方自知道之日起三年内享有对乙方的索赔追偿权利。

第三十一条 因定作物质量不合格引发安全事故或造成人身、财产损失的，乙方应承担全部责任。

第三十二条 在对方未履行义务前，一方按照合同约定履行自己的义务的，不等于认可对方已经履行了先前的义务或同意对方可以不再履行其义务。

第三十三条 因出现不可预见、不可避免、不可克服的事件，导致本合同无法有效及时履行的，相互不承担违约责任。但是，遭遇不可抗力方应当立即通过电话、微信等方式通知对方，并在通知后的三日内将不可抗力的书面有效证明及本合同无法有效及时履行的书面理由提交给对方确认。否则应当承担相应的违约责任。

八、合同的变更、解除和争议解决

第三十四条 经双方协商一致，可以变更、解除合同。

第三十五条　任何一方违反本合同任何条款约定的，在对方催告后 15 个工作日内没有改正为全面履行的，守约方有权书面通知违约方解除合同，且有权要求违约方赔偿相当于合同总额 5%的违约金及所遭受的损失（包括但不限于直接损失、可得利益、律师费用等全部损失）。

第三十六条　一方只主张违约责任，没有主张解除合同的，合同应当继续履行。

第三十七条　一方收到解除合同的通知后，对解除有异议的，应当在收到通知后 15 个工作日内向法定机关提出，否则，视为对解除无异议。

第三十八条　本合同的约定和履行中产生的争议，双方友好协商解决，若协商不成，任何一方均可向有关部门申请调解，也有权在原告住所地或居住地人民法院起诉解决。双方还可以约定提交仲裁机构裁决。

九、附则

第三十九条　双方在签订本合同时，应当提供经核实的身份证明和相应资质证明文件的复印件作为合同附件。

第四十条　变更住所地（居住地）、代表人（联系人）、电话等联络方式的，变更方应在变更后 24 小时内以书面方式通知对方。否则视为本合同载明的联络方式继续有效，微信和短信内容也作为双方来往文件。通知、诉讼文书等文件以邮寄方式发送的，将文件按有效联络方式交给经营特快专递的单位邮寄后，邮件被签收或拒收均视为已经送达。

第四十一条　本合同中的标题只为便于双方阅读和理解合同内容，不作为权利义务的约定。

第四十二条　如有其他未尽事宜，甲乙双方可另行签订补充协议，补充协议与本合同有冲突或不一致的，以补充协议为准。

第四十三条　本合同自双方签章后生效，一式四份，甲乙双方各持两份，具有同等法律效力。

（以下无正文）

甲　方（签名捺印）/（盖章）：　　　　乙　方（签名捺印）/（盖章）：
代表人（签名）：　　　　代表人（签名）：
年　月　日　　　　年　月　日
本合同签订地点：____________________

烟叶专业化烘烤合同

合同编号：GDHT046

甲方（定作人）：____
统一社会信用代码/身份证号：____________________________
住所地/居住地：____

联系人：________________ 电话：________________

微信号：________________ 电子邮箱：________________

乙方(承揽人)：________________

统一社会信用代码/身份证号：________________

住所地/居住地：________________

联系人：________________ 电话：________________

微信号：________________ 电子邮箱：________________

甲、乙双方就烟叶专业化烘烤事宜，在平等、诚实信用的基础上，经双方自愿、充分协商一致，根据《中华人民共和国合同法》及相关法律法规的规定，签订本合同。

一、烘烤内容

第一条 为减轻烟农种烟的劳动强度，降低烘烤成本，提高烟叶烘烤质量，乙方烘烤专业队负责为甲方提供烟叶专业化烘烤服务。

第二条 烟叶品质：________________

烟叶数量：________________公斤

第三条 烘烤工期____日，从______年____月____日至______年____月____日。

作业地点：________________

二、烘烤标准

第四条 乙方按照经甲方确认的(□产品样品/□产品烘烤工艺)进行烘烤。

第五条 甲方对烟叶烘烤的其他要求：

(一)________________

(二)________________

(三)________________

三、费用和支付

第六条 烘烤费用为每公斤人民币__________元(大写：________元)。总计烘烤费用人民币__________元(大写：________元)。

当事人可以选择下四种支付方式，双方均予认可：

(一)银行汇款支付；(二)支付宝转账；(三)微信转账；(四)现金支付。

第七条 甲方应当在烘烤烟叶验收合格之日以银行转账、微信转账、支付宝转账、现金支付的方式支付烘烤费用。

四、原料的提供、储存和运输

第八条 甲方提供烟叶原料。乙方对甲方提供的产品原材料进行数量核对和材料抽检，如发现问题应及时反馈给甲方，甲方须在合理时间内给予解决，由此造成的延期由甲方负责。

第九条 原材料和烘烤完成的烟叶均由甲方自行负责运输。乙方在作业时要做好防潮、防火、防盗的安全工作。

第十条 烘烤后的烟叶需要包装的，包装材料由甲方提供，乙方应当节约使用，避免材料的浪费。包装材料需由乙方提供的，甲方应另行向乙方支付材料费。

五、验收

第十一条　甲方依本合同确定的标准对产品进行验收。

第十二条　甲方在收到乙方的交货通知之日起三日内必须对烟叶进行验收，如发现质量不符合约定，甲方应在验收之日起二日内通知乙方处理，乙方在接到甲方异议后，应立即负责处理，否则即视为默认甲方提出的异议和处理意见。经处理的烟叶仍不符合约定的，甲方有权拒收。

六、双方的其他权利义务

第十三条　乙方组织烘烤人员接受烟草部门烘烤标准培训，获得烘烤从业资质，持证上岗。烘烤操作人员应当熟练掌握烟叶烘烤标准，按照烟草部门要求，保证烟叶烘烤质量。

第十四条　乙方根据烟叶的不同长势情况，制定相应的烘烤技术方案。

第十五条　乙方制定甲方的烟叶烘烤计划，将甲方烟叶进行标识，安排烘烤及出炉等工作，并负责对完成的烘烤烟叶数量进行造册登记。

第十六条　乙方按协议要求组织烘烤专业人员准时到达甲方指定的作业地点，开展烘烤作业服务。

第十七条　甲方按烟草部门的技术指导和要求，配合乙方烘烤专业队适时采收成熟烟叶，提供达到烟叶密集式操作要求的烟叶供乙方烘烤。

第十八条　甲方配合乙方烘烤专业队对采收的鲜烟叶进行分类编竿入炉，烟叶烘烤结束时及时配合乙方烘烤专业队做好烟叶出炉工作。

第十九条　甲方有权对乙方烘烤人员的服务质量进行监督，对于因烘烤造成烟叶损坏或质量降低的情况有权要求赔偿经济损失。

第二十条　乙方在作业期间所发生的一切安全责任事故由乙方承担。

七、违约责任

第二十一条　一方未按合同约定履行义务的，由其赔偿对方因此受到的损失。

第二十二条　一方不履行其合同主要义务致使合同目的不能实现的，应向对方承担合同总价款 5% 的违约金并赔偿损失。

第二十三条　乙方因烘烤操问题或设备出现故障，损坏烟叶，造成烤后烟叶素质与鲜烟叶素质相距甚远的，乙方承担由此带来的经济损失，并赔付甲方合同总价款 5% 的违约金。

第二十四条　乙方未在合同约定时间内完成烟叶烘烤作业的，每超期一日向甲方赔付合同总价款 1‰的违约金。

第二十五条　非乙方原因，甲方延期付款的，每迟延一日，甲方按日向乙方支付迟延付款金额 1‰的违约金，直至款项付清之日止，乙方可以顺延交付货物。

第二十六条　乙方因甲方未及时提供原料，未能在合同约定期限内完成加工事宜的，不视为乙方违约，乙方不承担逾期责任。

第二十七条　一方接受对方的逾期和/或不完全履行的，不等于对对方违约行为的认可，其仍有权追究对方的违约责任，还有权解除合同。

第二十八条　在对方未履行义务前，一方按照合同约定履行自己的义务的，不等于认可对方已经履行了先前的义务或同意对方可以不再履行其义务。

第二十九条 因出现不可预见、不可避免、不可克服的事件，导致本合同无法有效及时履行的，相互不承担违约责任。但是，遭遇不可抗力方应当立即通过电话、微信等方式通知对方，并在通知后的三日内将不可抗力的书面有效证明及本合同无法有效及时履行的书面理由提交给对方确认。否则应当承担相应的违约责任。

八、合同的变更、解除和争议解决

第三十条 经双方协商一致，可以变更、解除合同。

第三十一条 任何一方违反本合同任何条款约定的，在对方催告后15个工作日内没有改正为全面履行的，守约方有权书面通知违约方解除合同，且有权要求违约方赔偿相当于合同总额5%的违约金及所遭受的损失（包括但不限于直接损失、可得利益、律师费用等全部损失）。

第三十二条 一方只主张违约责任，没有主张解除合同的，合同应当继续履行。

第三十三条 一方收到解除合同的通知后，对解除有异议的，应当在收到通知后15个工作日内向法定机关提出，否则，视为对解除无异议。

第三十四条 本合同的约定和履行中产生的争议，双方友好协商解决，若协商不成，任何一方均可向有关部门申请调解，也有权在原告住所地或居住地人民法院起诉解决。双方还可以约定提交仲裁机构裁决。

九、附则

第三十五条 双方在签订本合同时，应当提供经核实的身份证明和相应资质证明文件的复印件作为合同附件。

第三十六条 甲乙任何一方住所地（住址）、代表人（联系人）、电话等联络方式如有变更，变更的一方应在变更后24小时内以书面方式通知对方。否则视为本合同载明的联络方式继续有效，微信和短信内容也作为双方来往文件。通知、诉讼文书等文件以邮寄方式发送的，将文件按有效联络方式交给经营特快专递的单位邮寄后，邮件被签收或拒收均视为已经送达。

第三十七条 本合同中的标题只为便于双方阅读和理解合同内容，不作为权利义务的约定。

第三十八条 如有其他未尽事宜，甲乙双方可另行签订补充协议，补充协议与本合同有冲突或不一致的，以补充协议为准。

第三十九条 本合同自双方签章后生效，一式四份，甲乙双方各持两份，具有同等法律效力。

（以下无正文）

甲　方（签名捺印）/（盖章）：	乙　方（签名捺印）/（盖章）：
代表人（签名）：	代表人（签名）：
年　月　日	年　月　日

本合同签订地点：____________________

收割承包合同

合同编号：GDHT047

甲方(定作人)：____________________
统一社会信用代码/身份证号：____________________
住所地/居住地：____________________
联系人：______________　电话：______________
微信号：______________　电子邮箱：______________
乙方(承揽人)：____________________
统一社会信用代码/身份证号：____________________
住所地/居住地：____________________
联系人：______________　电话：______________
微信号：______________　电子邮箱：______________

甲、乙双方就收割承包事宜,在平等、诚实信用的基础上,经双方自愿、充分协商一致,根据《中华人民共和国合同法》及相关法律法规的规定,签订本合同。

一、承包内容

第一条　为快速抢收农作物,甲方委托乙方收割其种植的__________农作物,乙方按甲方的质量要求进行农机收割作业,收割机由乙方自行准备。

第二条　收割作物：____________________

作业地点：________区/县________乡/镇________村

作业面积：□______亩　□实际丈量____________________

第三条　乙方准备机车________台以上进行收割,

机车型号：____________________

第四条　作业时间：

(一)______年____月____日至______年____月____日,订立合同时不能确定具体起始作业时间,甲方在作业前24小时通知乙方具体作业时间。

(二)如因天气原因影响收割进度,约定期限可顺延。

二、费用和支付

第五条　收割费用为每亩人民币________元(大写：________元)；

暂定价款总额为人民币________元(大写：________元),最终价款总额以甲方指定乙方实际完成收割的面积进行结算。

第六条　当事人可以选择下四种支付方式,双方均予认可：

(一)银行汇款支付；(二)支付宝转账；(三)微信转账；(四)现金支付。

三、作业标准和验收

第七条　收割标准和质量要求：

（一）____

（二）____

（三）____

第八条 甲方依本合同确定的收割标准对乙方作业进行验收。

第九条 乙方在全部收割作业结束向甲方后提供《收割质量验收单》，甲方在收到验收单之日起二日内进行验收，双方在验收单上签名视为验收合格。如发现质量不符合约定，甲方应在验收之日立即通知乙方处理，乙方在接到甲方异议后，应立即负责处理，否则视为默认甲方提出的异议和处理意见。

第十条 甲方在超过约定的验收时间才验收的，验收时作物情况发生变化的，不视为乙方作业质量不合格。

四、双方的其他权利义务

第十一条 乙方按照委托范围，依据不同地垅作物的成熟早晚差异、交通条件综合因素，安排收割机行走路线及收割顺序。

第十二条 乙方按照甲方的要求将收割的农作物卸到指定的地点。甲方应配合乙方做好收割后的收运工作。

第十三条 进入大面积收割时，乙方需配足足够车辆进行抢收。

第十四条 乙方必须按照相关安全作业操作规程及收割质量要求进行作业。因违规操作造成的机械或人身事故，所有责任由乙方自己承担。

第十五条 作业结束后如发现有漏割，乙方应当返工收割完全。

第十六条 甲方有权在乙方进行收割工作时进行检查监督。

第十七条 甲方应配合乙方进行收割工作，为乙方提供开展工作所需的便利条件。

五、违约责任

第十八条 一方未按合同约定履行义务的，赔偿对方因此受到的损失。

第十九条 一方不履行其合同主要义务致使合同目的不能实现的，应向对方承担合同总价款5%金额的违约金。

第二十条 如乙方作业质量与合同约定不符，甲方有权通知乙方采取补救措施，经乙方处理后仍不符合合同约定质量的，乙方应当承担甲方因此遭受的经济损失。

第二十一条 乙方如因机车不足影响收割进度的，承担合同价款5%的违约金。

第二十二条 若乙方未能按本合同约定时间及方式完成工作任务，每迟延一日，乙方按日向甲方支付逾期完成工作任务价款1‰的违约金，直至完成全部工作任务之日止。

第二十三条 非乙方原因，甲方延期付款的，每迟延一日，甲方按日向乙方支付迟延付款金额1‰的违约金，直至款项付清之日止，乙方可以顺延交付货物。

第二十四条 一方接受对方的逾期和/或不完全履行的，不等于对对方违约行为的认可，其仍有权追究对方的违约责任，还有权解除合同。

第二十五条 在对方未履行义务前，一方按照合同约定履行自己的义务的，不等于认可对方已经履行了先前的义务或同意对方可以不再履行其义务。

第二十六条 因出现不可预见、不可避免、不可克服的不可抗力事件，导致本合同无法有效及时履行的，相互不承担违约责任。但是，遭遇不可抗力方应当立即通过电话、微信等方式通知对方，并在通知后的三日内将不可抗力的书面有效证明及本合同无法有效及时履行的书面理由提交给对方确认。否则应当承担相应的违约责任。

六、合同的变更、解除和争议解决

第二十七条　经双方协商一致，可以变更、解除合同。

第二十八条　任何一方违反本合同任何条款约定的，在对方催告后15个工作日内没有改正为全面履行的，守约方有权书面通知违约方解除合同，且有权要求违约方赔偿相当于合同总额5%的违约金及所遭受的损失（包括但不限于直接损失、可得利益、律师费用等全部损失）。

第二十九条　一方只主张违约责任，没有主张解除合同的，合同应当继续履行。

第三十条　一方收到解除合同的通知后，对解除有异议的，应当在收到通知后15个工作日内向法定机关提出，否则，视为对解除无异议。

第三十一条　本合同的约定和履行中产生的争议，双方友好协商解决，若协商不成，任何一方均可向有关部门申请调解，也有权在原告住所地或居住地人民法院起诉解决。双方还可以约定提交仲裁机构裁决。

七、附则

第三十二条　双方在签订本合同时，应当提供经核实的身份证明和相应资质证明文件的复印件作为合同附件。

第三十三条　甲乙任何一方住所地（住址）、代表人（联系人）、电话等联络方式如有变更，变更的一方应在变更后24小时内以书面方式通知对方。否则视为本合同载明的联络方式继续有效，微信和短信内容也作为双方来往文件。通知、诉讼文书等文件以邮寄方式发送的，将文件按有效联络方式交给经营特快专递的单位邮寄后，邮件被签收或拒收均视为已经送达。

第三十四条　本合同中的标题只为便于双方阅读和理解合同内容，不作为权利义务的约定。

第三十五条　如有其他未尽事宜，甲乙双方可另行签订补充协议，补充协议与本合同有冲突或不一致的，以补充协议为准。

第三十六条　本合同自双方签章后生效。一式四份，甲乙双方各持两份，具有同等法律效力。

（以下无正文）

甲　方（签名捺印）/（盖章）：	乙　方（签名捺印）/（盖章）：
代表人（签名）：	代表人（签名）：
年　月　日	年　月　日

本合同签订地点：____________________

茶叶委托加工合同

合同编号:GDHT048

甲方(定作人):____________________

统一社会信用代码/身份证号:____________________

住所地/居住地:____________________

联系人:____________________ 电话:____________________

微信号:____________________ 电子邮箱:____________________

乙方(承揽人):____________________

统一社会信用代码/身份证号:____________________

住所地/居住地:____________________

联系人:____________________ 电话:____________________

微信号:____________________ 电子邮箱:____________________

甲、乙双方就茶叶加工事宜,在平等、诚实信用的基础上,经双方自愿、充分协商一致,根据《中华人民共和国合同法》及相关法律法规的规定,签订本合同。

一、加工内容

第一条 为充分发挥双方资源优势,甲方委托乙方加工茶叶产品。

第二条 加工产品

名称:____________________茶叶

品质:____________________

重量:____________________公斤

第三条 加工工期____日,从______年____月____日至______年____月____日。

二、加工标准

第四条 乙方为甲方加工茶叶产品必须严格按照国家及茶叶产地地方政府以及相关组织规定的茶叶生产标准和加工工艺进行生产和加工。

第五条 乙方按照经甲方确认的(□茶叶样品/□茶叶加工工艺文件)进行加工。

第六条 甲方对加工的其他要求:

(一)____________________

(二)____________________

(三)____________________

三、费用和支付

第七条 加工费用为每公斤人民币__________元(大写:________元),

总计加工费用为人民币__________元(大写:__________元)。

第八条 当事人可以选择下四种支付方式,双方均予认可:

(一)银行汇款支付;(二)支付宝转账;(三)微信转账;(四)现金支付。

四、原料的提供、仓储和运输

第九条　甲方提供茶叶原材料。茶叶原材料由甲方运输至乙方厂房内，乙方负责卸货。需由乙方运输原材料的，甲方应另行向乙方支付原材料的运输费用。

第十条　货物入库时，乙方需核对入库货物，并在入库通知单中如实注明入库货物的数量、包装、件数、质量及入库时间等情况，确认无误后签字传真给甲方。乙方对甲方提供的原材料进行数量核对和材料抽检，如发现问题应及时反馈给甲方，甲方须在合理时间内给予解决，由此造成的生产延期由甲方负责。

第十一条　乙方要做好防潮、防火、防盗的安全工作。储存、装运要确保货物质量，在乙方运输过程中货物遭受雨淋、水湿或其他毁损灭失等，损失均由乙方承担，并及时通知甲方。

第十二条　乙方须对仓储的茶叶负责管理。不得出现交叉污染或与其他非甲方专供原辅料内包装混放混用现象。

第十三条　加工后的茶叶需要包装的，包装材料由甲方提供，乙方应当节约使用，所有包装材料的损耗必须控制在核定范围之内，超过核定标准的包装材料，由乙方承担费用。包装材料需由乙方提供的，甲方应另行向乙方支付材料费。

第十四条　茶叶加工完成后乙方应立即将货物组织运输至甲方指定地点，并向甲方发送交货通知，运输费用由乙方承担。

五、验收

第十五条　甲方依本合同确定的标准对产品进行验收。

第十六条　甲方在收到乙方的交货通知之日起三日内必须对茶叶进行验收，如发现质量不符合约定，甲方应在验收之日起二日内通知乙方处理，乙方在接到甲方异议后，应立即负责处理，否则即视为默认甲方提出的异议和处理意见。经处理的茶叶仍不符合约定的，甲方有权拒收。

六、双方的其他权利义务

第十七条　乙方根据甲方的加工要求准备设备和人员。

第十八条　乙方必须提供生产和加工的每批次茶叶产品的各类合格证书，如（包括但不限于）卫生防疫合格检验报告、农残合格检验报告、重金属残留合格检验报告。

第十九条　乙方所生产和加工的该类茶叶产品以批次为单位，每批茶叶产品都应提供产品封样作为合同附件，甲方以该封样作为验收该批茶叶产品的标准。

第二十条　甲方有权利对乙方的生产加工进行检查监督，乙方有义务配合甲方对产品的抽查抽检工作。

第二十一条　乙方不得将甲方委托生产的茶叶产品转卖给第三方。

第二十二条　由于茶叶产品受天气等不可控因素的影响，乙方不能及时供应与封样相同质量的茶叶产品时，乙方应提前七个工作日以书面形式告知甲方，双方协商解决，不视为乙方违约。

七、违约责任

第二十三条　一方未按合同约定履行义务的，由其赔偿对方因此受到的损失。

第二十四条 一方不履行其合同主要义务致使合同目的不能实现的，应向对方承担合同总价款 5% 的违约金，并赔偿全部损失。

第二十五条 非乙方原因，甲方延期付款的，每迟延一日，甲方按日向乙方支付迟延付款金额 1‰的违约金，直至款项付清之日止，乙方可以顺延交付货物。

第二十六条 若乙方未能按本合同约定时间及方式将全部货物交付至甲方指定地点，每迟延一日，乙方按日向甲方支付逾期交付货物价款 1‰的违约金，直至全部货物交付之日止。

第二十七条 乙方因甲方未及时提供产品原材料，未能在合同约定期限内完成加工事宜的，不视为乙方违约，乙方不承担逾期责任。甲方在超过约定的验收时间才验收货物，验收时产品变质的，不视为乙方加工产品质量不合格。

第二十八条 如乙方提供的茶叶出现质量问题使甲方或甲方的顾客遭受身体或精神损失时，乙方负责赔偿甲方或甲方顾客的全部损失。乙方承担由此产生的相关费用，包括但不限于诉讼费、律师费、责任赔付费等。

第二十九条 一方接受对方的逾期和/或不完全履行的，不等于对对方违约行为的认可，其仍有权追究对方的违约责任，还有权解除合同。

第三十条 在对方未履行义务前，一方按照合同约定履行自己的义务的，不等于认可对方已经履行了先前的义务或同意对方可以不再履行其义务。

第三十一条 因出现不可预见、不可避免、不可克服的事件，导致本合同无法有效及时履行的，相互不承担违约责任。但是，遭遇不可抗力方应当立即通过电话、微信等方式通知对方，并在通知后的三日内将不可抗力的书面有效证明及本合同无法有效及时履行的书面理由提交给对方确认。否则应当承担相应的违约责任。

八、合同的变更、解除和争议解决

第三十二条 经双方协商一致，可以变更、解除合同。

第三十三条 任何一方违反本合同任何条款约定的，在对方催告后 15 个工作日内没有改正为全面履行的，守约方有权书面通知违约方解除合同，且有权要求违约方赔偿相当于合同总额 5% 的违约金及所遭受的损失（包括但不限于直接损失、可得利益、律师费用等全部损失）。

第三十四条 一方只主张违约责任，没有主张解除合同的，合同应当继续履行。

第三十五条 一方收到解除合同的通知后，对解除有异议的，应当在收到通知后 15 个工作日内向法定机关提出，否则，视为对解除无异议。

第三十六条 本合同的约定和履行中产生的争议，双方友好协商解决，若协商不成，任何一方均可向有关部门申请调解，也有权在原告住所地或居住地人民法院起诉解决。双方还可以约定提交仲裁机构裁决。

九、附则

第三十七条 双方在签订本合同时，应当提供经核实的身份证明和相应资质证明文件的复印件作为合同附件。

第三十八条 甲乙任何一方住所地（住址）、代表人（联系人）、电话等联络方式如有变更,变更的一方应在变更后24小时内以书面方式通知对方。否则视为本合同载明的联络方式继续有效,微信和短信内容也作为双方来往文件。通知、诉讼文书等文件以邮寄方式发送的,将文件按有效联络方式交给经营特快专递的单位邮寄后,邮件被签收或拒收均视为已经送达。

第三十九条　本合同中的标题只为便于双方阅读和理解合同内容,不作为权利义务的约定。

第四十条　如有其他未尽事宜,甲乙双方可另行签订补充协议,补充协议与本合同有冲突或不一致的,以补充协议为准。

第四十一条　本合同自双方签章之日起生效。一式四份,甲乙双方各持两份,具有同等法律效力。

(以下无正文)

甲　方(签名捺印)/(盖章):　　　　乙　方(签名捺印)/(盖章):
代表人(签名):　　　　代表人(签名):
年　月　日　　　　年　月　日

本合同签订地点:____________________

第四章

涉农技术合同

【本章导语】

《中华人民共和国合同法》中规定的技术合同主要包括三类:(1)技术开发合同;(2)技术转让合同;(3)技术咨询合同和技术服务合同。其中,技术服务合同是指当事人一方以技术知识为另一方解决特定技术问题所订立的合同,其又分为技术培训合同和技术中介合同。

本章收录涉农特定品种技术类合同共计28份,一方面按照《中华人民共和国合同法》中技术合同的分类,兼以国务院下发的农产品(初级产品)名单目录为依据,将技术合同分为两大类:农产品种植技术服务合同和农产品养殖技术服务合同;另一方面围绕脱贫攻坚与地方特色生态农业为主题,突出体现生态农业发展的特色和农业产业的品牌功能进行分类,分为茶叶、中药材、特色水果服务合同等。本章合同示范文本的应用,一方面有效防范合同签订过程中的风险,另一方面推进高校、科研机构和企业在扶贫攻坚中的作用,加强“产、学、研、销”相结合,促进技术转化为生产力。此外,当事人更易于确定“产、学、研、销”各方的权利义务,为扶贫攻坚事业助力。

本章合同与前面的合同示范文本中类似和/或相同内容的,适用其注释。

农作物种植技术服务合同

合同编号:GDHT049

甲方(委托方):______________________________

统一社会信用代码:______________________________

法定代表人:____________　职务:____________

住所地:______________________________

联系电话:__________　电子邮箱:__________　微信号:__________

乙方(服务方):______________________________

统一社会信用代码:______________________________

法定代表人:____________　职务:____________

住所地:______________________________

联系电话:__________　电子邮箱:__________　微信号:__________

甲乙双方在平等互利基础上,就农作物种植技术服务相关事宜,经充分协商一致,根据《中华人民共和国合同法》及其他法律法规的规定,自愿达成如下合同。

一、技术服务内容

第一条　甲方委托乙方为农作物种植提供技术服务。乙方应为甲方提供以下各项技术服务:

(一)农作物种植的完整计划方案。

(二)不少于____人的专业技术服务团队,保证种植过程的顺利进行。

(三)为甲方培训____名农作物种植的专业技术人员。

(四)从农作物种苗选购、栽种、收成到成品加工,全程协助甲方建立农作物种植的资料库。

第二条　技术服务的方式:以农作物种植技术顾问的身份组织不少于____人的专业技术服务团队为甲方提供全程服务。

第三条　技术服务的期限:本合同服务期限为______年,自______年____月____日至______年____月____日止。合同期满或终止前30日内,甲乙双方应当就是否续签合同交换意见并进行必要的协商,以保证服务工作的连续性。

二、技术服务费及支付方式

第四条　甲方应将技术服务费人民币__________元(大写:________元)支付到乙方指定账户。

第五条　账户信息如下:

开户银行:______________________________

户　　名:______________________________

账　　号:______________________________

第六条 除前条规定的银行汇款支付外，以下三种支付方式双方均予认可：

（一）支付宝转账；（二）微信转账；（三）现金支付。

第七条 乙方进行必要的调查研究、分析论证、试验测定活动经费包含在合同报酬中，甲方不再额外支付。

第八条 报酬的支付方式和期限如下：

（一）本合同生效之日起五个工作日内甲方向乙方支付 50% 的费用；

（二）农作物首次收成并销售后甲方支付剩余 50% 的费用。

三、双方的其他权利义务

第九条 甲方应向乙方提供现有的所有资料，包括具体要求、投资计划等。

第十条 甲方保证为乙方提供以下工作条件：

（一）筹备阶段的办公场地，办公设备。

（二）种植阶段的试验、检测设备。

（三）技术服务团队的必要生活设施和交通工具。

第十一条 甲方应严格按照乙方的指导对作物进行种植，如因甲方未按要求进行操作的，所有损失自行承担。

第十二条 乙方需提供技术服务团队人员指导他人成功种植该农作物的证明。

第十三条 乙方对甲方农作物种植的所有计划方案均应提供书面材料并加盖乙方公章。

第十四条 乙方在本服务合同期限内，应当为甲方提供 3 次以上技术培训课。培训内容包括但不限于栽种、育苗、剪枝、病虫害防治、田间管理、加工等。

第十五条 自农作物首次收成开始，乙方应当收购农作物成品或为甲方介绍其他买家，保证农作物以不低于市场价的价格出售。同等条件下，乙方享有优先购买权。

第十六条 本合同期限届满后，乙方仍需为甲方提供免费的技术咨询服务。

四、合同的变更、解除

第十七条 双方经协商一致，可以变更、解除合同。

第十八条 任何一方违反本合同任何条款约定的，在对方催告后十五个工作日内没有改正为全面履行的，守约方有权书面通知违约方解除合同，且有权要求违约方赔偿相当于合同总额 5% 的违约金及所遭受的损失（包括但不限于直接损失、可得利益、律师费用等全部损失）。

第十九条 一方只主张违约责任，没有主张解除合同的，合同应当继续履行。一方收到解除合同的通知后，对解除有异议的，应当在十五日内向法定机关提出，否则，视为对解除无异议。

五、违约责任

第二十条 合同一方因另一方违约而享有单方解除权的，若守约方仅主张解除部分合同条款，违约方应就剩余条款继续履约，否则将承担相应的违约责任。

第二十一条 一方接受对方逾期履行的，不视为对其违约行为的认可，仍然有权追究其违约责任，还有权解除合同。

第二十二条　在对方未履行义务前,一方按照合同的约定履行自己的义务的,不等于认可对方已经履行了先前的义务或同意对方可以不再履行其义务。

第二十三条　乙方未对甲方进行培训的,除支付违约金外,还需按缺少一次培训赔偿________元的标准赔偿甲方损失。

六、争议的解决办法

第二十四条　本合同的约定和履行中产生的争议,双方友好协商解决,若协商不成,任何一方均可向有关部门申请调解,也有权在原告住所地或居住地人民法院起诉解决。双方还可以约定提交仲裁机构裁决。

七、附则

第二十五条　双方在签订本合同时,应提供经核实的身份证明和相应资质证明文件的复印件作为合同附件。

第二十六条　变更住所地(居住地)、代表人(联系人)、电话等联络方式的,变更方应在变更后24小时内以书面方式通知对方。否则视为本合同载明的联络方式继续有效,微信和短信内容也作为双方来往文件。通知、诉讼文书等文件以邮寄方式发送的,将文件按有效联络方式交给经营特快专递的单位邮寄后,邮件被签收或拒收均视为已经送达。

第二十七条　本合同的标题仅为便于阅读和对合同内容的理解,不作为确定双方权利义务的条款。

第二十八条　本合同自双方签章之日起生效。一式四份,甲乙双方各持两份,具有同等法律效力。

(以下无正文)

甲　方(签名捺印)/(盖章):　　　　　乙　方(签名捺印)/(盖章):
代表人(签名):　　　　　代表人(签名):
年　月　日　　　　　年　月　日

本合同签订地点:______________________

农作物种植技术咨询合同

合同编号:GDHT050

甲方(委托方):____________________________
统一社会信用代码:____________________________
法定代表人:________________　职务:____________________
住所地:____________________________
联系电话:____________　电子邮箱:____________　微信号:____________
乙方(服务方):____________________________

统一社会信用代码：________________________________

法定代表人：____________ 职务：____________________________

住所地：____

联系电话：__________ 电子邮箱：__________ 微信号：______________

甲乙双方在平等互利的基础上，就农作物种植技术咨询服务相关事宜，经充分协商一致，根据《中华人民共和国合同法》及其他法律法规的规定，自愿达成如下协议。

一、技术咨询内容、形式和要求

第一条 本合同的履行标的不是技术成果，而是供甲方决策和选择的咨询报告，即乙方为甲方就科学研究、技术开发、技术改造、成果推广、工程设计、科技管理等科技项目提出的建议、意见和方案。

第二条 乙方就甲方的农作物种植技术项目向甲方提供咨询报告，其工作内容如下：

（一）可行性论证：对农作物种植的经济技术项目实施的技术先进性、经济合理性进行综合分析、计算和评价，从而确定该项目有无成功和发展的可能。

（二）技术预测：对农作物种植项目的发展趋势进行展望和预测，主要对新技术、新设备、新工艺、新材料、新产品的发展动态，以及这些技术的发展对某些产品需求的影响的预测。

（三）专题技术调查：针对农作物种植项目的技术要求，采取多种方式对专题资料、数据的考查与收集工作。

（四）分析评价报告：对农作物种植技术的发展给社会带来的积极作用和消极作用进行全面分析研究和全面评价工作。

第三条 乙方向甲方提供的咨询报告应当符合以下三个条件：

（一）咨询报告是对特定技术项目的分析、论证、评价、调查和预测的报告或意见。

（二）以可行性论证、技术预测、专题技术调查、分析评价报告或意见的形式提交。

（三）应达到合同约定的科技水平，对甲方有相应的参考价值。

第四条 甲方和乙方约定乙方提交的咨询报告应达到以下要求：达到合同约定的形式内容和通过约定的验收方法，不能扩大理解为保证甲方按咨询报告实施达到理想的经济效益和社会效益。

二、技术咨询服务期限及技术咨询费

第五条 本合同的履行期限是自______年____月____日至______年____月____日止。

第六条 甲方应将技术服务费人民币__________元（大写：________元）支付到乙方指定账户。

开户行：____

账户名：____

账　号：____

第七条 除前条规定的银行汇款支付外，以下三种支付方式双方均予认可：

（一）支付宝转账；（二）微信转账；（三）现金支付。

第八条 乙方进行调查研究、分析论证、试验测定等活动的交通费、食宿费、文印费等费用已经包含在合同报酬中,甲方不再额外支付。

第九条　双方约定报酬的支付方式和期限如下:

(一)本合同生效之日起 5 日内甲方向乙方支付 50% 的费用。

(二)乙方出具最终咨询报告并经甲方审查通过后,甲方支付剩余 50% 的费用。

三、双方的其他权利义务

第十条　甲方应向乙方提供以下工作条件:

(一)必要的办公场地,办公设备。

(二)技术服务团队的必要生活设施和交通工具。

第十一条　甲方应向乙方提供必要的背景资料,包括:

(一)阐明咨询的问题,向乙方提供技术背景材料及有关技术、数据。

(二)根据乙方的要求补充说明有关情况,追回有关资料、数据。

(三)提供给乙方的技术资料、数据有明显错误和缺陷,应及时修改、完善。

第十二条　乙方应提供技术咨询人员的资质证明,核实一致后在资质证明复印件上加盖乙方公章,作为附件附于每份咨询报告后。

第十三条　甲乙双方均应指定一名总代表供彼此及时联系对方。甲方总代表可在农作物种植过程中随时电话咨询乙方,乙方在需要甲方提供协助时可由总代表随时通知甲方。

四、合同的变更、解除

第十四条　双方经协商一致,可以变更、解除合同。

第十五条　任何一方违反本合同任何条款约定的,在对方催告后十五个工作日内没有改正为全面履行的,守约方有权书面通知违约方解除合同,且有权要求违约方赔偿相当于合同总额 5% 的违约金及所遭受的损失(包括但不限于直接损失、可得利益、律师费用等全部损失)。

第十六条　一方只主张违约责任,没有主张解除合同的,合同应当继续履行。一方收到解除合同的通知后,对解除有异议的,应当在十五日内向法定机关提出,否则,视为对解除无异议。

五、违约责任

第十七条　一方接受对方逾期履行的,不视为对其违约行为的认可,仍然有权追究其违约责任,还有权解除合同。

第十八条　在对方未履行义务前,一方按照合同的约定履行自己的义务的,不等于认可对方已经履行了先前的义务或同意对方可以不再履行其义务。

第十九条　因出现不可预见、不可避免、不可克服的事件,导致本合同无法有效及时履行的,相互不承担违约责任。但是,遭遇不可抗力方应当立即通过电话、微信等方式通知对方,并在通知后的三日内将不可抗力的书面有效证明及本合同无法有效及时履行的书面理由提交给对方确认。否则应当承担相应的违约责任。

六、争议的解决办法

第二十条　本合同的约定和履行中产生的争议,双方友好协商解决,若协商不成,任何一方均可向有关部门申请调解，也有权在原告住所地或居住地人民法院起诉解决。双方还可以约定提交仲裁机构裁决。

七、附则

第二十一条 双方在签订本合同时，应提供经核实的身份证明和相应资质证明文件的复印件作为合同附件。

第二十二条 变更住所地（居住地）、代表人（联系人）、电话等联络方式的，变更方应在变更后24小时内以书面方式通知对方。否则视为本合同载明的联络方式继续有效，微信和短信内容也作为双方来往文件。通知、诉讼文书等文件以邮寄方式发送的，将文件按有效联络方式交给经营特快专递的单位邮寄后，邮件被签收或拒收均视为已经送达。

第二十三条 本合同的标题仅为便于阅读和对合同内容的理解，不作为确定双方权利义务的条款。

第二十四条 本合同自双方签章之日起生效。一式四份，甲乙双方各持两份，具有同等法律效力。

（以下无正文）

甲　方（签名捺印）/（盖章）：　　　　乙　方（签名捺印）/（盖章）：

代表人（签名）：　　　　代表人（签名）：

年　月　日　　　　年　月　日

本合同签订地点：______________________

茶叶种植技术服务合同

合同编号：GDHT051

甲方（委托方）：______________________

统一社会信用代码：______________________

法定代表人：__________ 职务：__________

住所地：______________________

联系电话：__________ 电子邮箱：__________ 微信号：__________

乙方（服务方）：______________________

统一社会信用代码：______________________

法定代表人：__________ 职务：__________

住所地：______________________

联系电话：__________ 电子邮箱：__________ 微信号：__________

甲乙双方在平等互利基础上，就茶叶种植技术服务相关事宜，经充分协商一致，根据《中华人民共和国合同法》及其他法律法规的规定，自愿达成如下协议。

一、技术服务内容

第一条　甲方委托乙方为茶叶种植提供技术服务。乙方应为甲方提供以下各项技术服务：

（一）茶叶种植的完整计划方案。

（二）不少于____人的专业技术服务团队，保证种植及后期加工的顺利进行。

（三）为甲方培训____名茶叶种植及加工的专业技术人员。

（四）从茶树品种选购、定植、采摘到后期加工，全程协助甲方建立种茶、制茶的资料库。

第二条　技术服务的方式：以茶叶种植技术顾问的身份组织不少于____人的专业技术服务团队提供全程服务。

第三条　技术服务的期限：本合同服务期限为______年，自______年____月____日至______年____月____日止。合同期满或终止前30日内，甲乙双方应当就是否续签合同交换意见并进行必要的协商，以保证服务工作的连续性。

二、技术服务费及支付方式

第四条　甲方应将技术服务费人民币__________元（大写：________元）支付到乙方指定账户。

开户行：______________________________

账户名：______________________________

账　号：______________________________

第五条　除前条规定的银行汇款支付外，以下三种支付方式双方均予认可：

（一）支付宝转账；（二）微信转账；（三）现金支付。

第六条　乙方进行必要的调查研究、分析论证、试验测定活动经费已经包含在合同报酬中，甲方不再额外支付。

第七条　双方约定报酬的支付方式和期限如下：

（一）本合同生效之日起5日内甲方向乙方支付50%的费用；

（二）茶树全部成活并初次采摘制茶销售后，甲方支付剩余50%的费用。

三、双方的其他权利义务

第八条　甲方应向乙方提供现有的所有资料，包括具体要求、投资计划等。

第九条　甲方保证为乙方提供以下工作条件：

（一）筹备阶段的办公场地，办公设备；

（二）种植阶段的试验、检测设备；

（三）技术服务团队的必要生活设施和交通工具。

第十条　甲方应严格按照乙方的指导对茶树进行种植看护，如甲方未按要求进行操作，则所有损失甲方自行承担。

第十一条　乙方需提供技术服务团队人员指导他人成功种植茶树的证明。

第十二条　乙方对甲方茶叶种植的所有计划方案均应提供书面材料并加盖乙方公章。

第十三条　乙方在本服务合同期限内，应当为甲方进行3次以上技术培训课。培训内容包括但不限于栽种、病虫害防治、茶叶采摘、茶叶加工等。

第十四条 自茶叶初次收成开始,乙方应当收购甲方茶叶或为甲方介绍其他买家,保证以不低于市场同级别茶叶的价格出售。同等条件下,乙方享有优先购买权。

第十五条 本合同期限届满后,乙方仍需为甲方提供免费的技术咨询服务。

四、合同的变更、解除

第十六条 双方经协商一致,可以变更、解除合同。

第十七条 任何一方违反本合同任何条款约定的,在对方催告后十五个工作日内没有改正为全面履行的,守约方有权书面通知违约方解除合同,且有权要求违约方赔偿相当于合同总额5%的违约金及所遭受的损失(包括但不限于直接损失、可得利益、律师费用等全部损失)。

第十八条 一方只主张违约责任,没有主张解除合同的,合同应当继续履行。一方收到解除合同的通知后,对解除有异议的,应当在十五日内向法定机关提出,否则,视为对解除无异议。

五、违约责任

第十九条 一方接受对方逾期履行的,不视为对其违约行为的认可,仍然有权追究其违约责任,还有权解除合同。

第二十条 在对方未履行义务前,一方按照合同的约定履行自己的义务的,不等于认可对方已经履行了先前的义务或同意对方可以不再履行其义务。

第二十一条 因出现不可预见、不可避免、不可克服的事件,导致本合同无法有效及时履行的,相互不承担违约责任。但是,遭遇不可抗力方应当立即通过电话、微信等方式通知对方,并在通知后的三日内将不可抗力的书面有效证明及本合同无法有效及时履行的书面理由提交给对方确认。否则应当承担相应的违约责任。

第二十二条 乙方的技术服务团队人员缺乏相应经验,无法为甲方解决种植中遇到的问题达三次以上的,视为乙方违约。

第二十三条 乙方未对甲方进行培训的,除支付违约金外,还需按缺少一次培训赔偿________元的标准赔偿甲方损失。

第二十四条 若甲方严格按照乙方制订的计划对茶树进行栽种、养护、采摘、加工,成品茶叶达不到国家____等级标准,乙方需赔偿甲方损失并承担违约责任。

六、争议的解决办法

第二十五条 本合同的约定和履行中产生的争议,双方友好协商解决,若协商不成,任何一方均可向有关部门申请调解,也有权在原告住所地或居住地人民法院起诉解决。双方还可以约定提交仲裁机构裁决。

七、附则

第二十六条 双方在签订本合同时,应提供经核实的身份证明和相应资质证明文件的复印件作为合同附件。

第二十七条 变更住所地(居住地)、代表人(联系人)、电话等联络方式的,变更方应在变更后24小时内以书面方式通知对方。否则视为本合同载明的联络方式继续有效,微信和短信内容也作为双方来往文件。通知、诉讼文书等文件以邮寄方式发送的,将文件按有效联络方式交给经营特快专递的单位邮寄后,邮件被签收或拒收均视为已经送达。

第二十八条　本合同的标题仅为便于阅读和对合同内容的理解,不作为确定双方权利义务的条款。

第二十九条　本合同自双方签章之日起生效。一式四份,甲乙双方各持两份,具有同等法律效力。

(以下无正文)

甲　方(签名捺印)/(盖章):　　　　　　乙　方(签名捺印)/(盖章):
代表人(签名):　　　　　　　　　　　　代表人(签名):
　　　　年　月　日　　　　　　　　　　　　　　年　月　日

本合同签订地点:____________________

杨梅种植技术服务合同

合同编号:GDHT052

甲方(委托方):____
统一社会信用代码:____
法定代表人:______________　职务:________________________________
住所地:____
联系电话:__________　电子邮箱:__________　微信号:________________
乙方(服务方):____
统一社会信用代码:____
法定代表人:______________　职务:________________________________
住所地:____
联系电话:__________　电子邮箱:__________　微信号:________________

甲乙双方在平等互利基础上,就杨梅种植技术服务相关事宜,经充分协商一致,根据《中华人民共和国合同法》及其他法律法规的规定,自愿达成如下协议:

一、技术服务内容

第一条　甲方委托乙方为杨梅种植提供技术服务。乙方应为甲方提供以下各项技术服务:

(一)杨梅种植的完整计划方案;

(二)不少于____人的专业技术服务团队,保证种植过程的顺利进行;

(三)为甲方培训____名杨梅种植的专业技术人员;

(四)从杨梅品种选购、杨梅树定植、杨梅采摘到成品加工,全程协助甲方建立杨梅种植的资料库。

第二条 技术服务的方式：以杨梅种植技术顾问的身份组织不少于____人的专业技术服务团队提供全程服务。

第三条 技术服务的期限：本合同服务期限为______年，______年____月____日起至______年____月____日止。合同期满或终止前30日内，甲乙双方应当就是否续签合同交换意见并进行必要的协商，以保证服务工作的连续性。

二、技术服务费及支付方式

第四条 甲方应将技术服务费人民币__________元(大写：________元)支付到乙方指定账户。

开户行：______________________________

账户名：______________________________

账　号：______________________________

第五条 除前条规定的银行汇款支付外，以下三种支付方式双方均予认可：

(一)支付宝转账；(二)微信转账；(三)现金支付。

第六条 乙方进行必要的调查研究、分析论证、试验测定活动经费包含在合同报酬中，甲方不再额外支付。

第七条 双方约定报酬的支付方式和期限如下：

(一)本合同生效之日起5日内甲方向乙方支付50%的费用；

(二)杨梅树全部成活并初次采摘销售后，甲方支付剩余50%的费用。

三、双方的其他权利义务

第八条 甲方应向乙方提供现有的所有资料，包括具体要求、投资计划等。

第九条 甲方保证为乙方提供以下工作条件：

(一)筹备阶段的办公场地，办公设备；

(二)种植阶段的试验、检测设备；

(三)技术服务团队的必要生活设施和交通工具。

第十条 甲方应严格按照乙方的指导对杨梅树进行种植看护，如因甲方未按要求进行操作的，所有损失自行承担。

第十一条 乙方需提供技术服务团队人员指导他人成功种植杨梅树的证明。

第十二条 乙方对甲方杨梅种植的所有计划方案均应提供书面材料并加盖乙方公章。

第十三条 乙方在本服务合同期限内，应当为甲方提供3次以上技术培训课。培训内容包括但不限于栽种、病虫害防治、杨梅采摘等。

第十四条 自杨梅初次收成开始，乙方应当收购甲方杨梅或为甲方介绍其他买家，保证以不低于市场同级别杨梅的价格出售。同等条件下，乙方享有优先购买权。

第十五条 本合同期限届满后，乙方仍需为甲方提供免费的技术咨询服务。

四、合同的变更、解除

第十六条 双方经协商一致，可以变更、解除合同。

第十七条 任何一方违反本合同任何条款约定的，在对方催告后十五个工作日内没有改正为全面履行的，守约方有权书面通知违约方解除合同，且有权要求违约方赔偿相当于合同总额5%的违约金及所遭受的损失(包括但不限于直接损失、可得利益、律师费用等全部损失)。

第十八条　一方只主张违约责任,没有主张解除合同的,合同应当继续履行。一方收到解除合同的通知后,对解除有异议的,应当在十五日内向法定机关提出,否则,视为对解除无异议。

五、违约责任

第十九条　一方接受对方逾期履行的,不视为对其违约行为的认可,仍然有权追究其违约责任,还有权解除合同。

第二十条　在对方未履行义务前,一方按照合同的约定履行自己的义务的,不等于认可对方已经履行了先前的义务或同意对方可以不再履行其义务。

第二十一条　因出现不可预见、不可避免、不可克服的事件,导致本合同无法有效及时履行的,相互不承担违约责任。但是,遭遇不可抗力方应当立即通过电话、微信等方式通知对方,并在通知后的三日内将不可抗力的书面有效证明及本合同无法有效及时履行的书面理由提交给对方确认。否则应当承担相应的违约责任。

第二十二条　乙方的技术服务团队人员缺乏相应经验,无法为甲方解决种植中遇到的问题达三次以上的,视为乙方违约。

第二十三条　乙方未对甲方进行培训的,除支付违约金外,还需按缺少一次培训赔偿________元的标准赔偿甲方损失。

第二十四条　若甲方严格按照乙方制订的计划对杨梅进行栽种、养护、采摘,杨梅达不到国家____等级标准,乙方需赔偿甲方损失并承担违约责任。

六、争议的解决办法

第二十五条　本合同的约定和履行中产生的争议,双方友好协商解决,若协商不成,任何一方均可向有关部门申请调解,也有权在原告住所地或居住地人民法院起诉解决。双方还可以约定提交仲裁机构裁决。

七、附则

第二十六条　双方在签订本合同时,应提供经核实的身份证明和相应资质证明文件的复印件作为合同附件。

第二十七条　变更住所地(居住地)、代表人(联系人)、电话等联络方式的,变更方应在变更后24小时内以书面方式通知对方。否则视为本合同载明的联络方式继续有效,微信和短信内容也作为双方来往文件。通知、诉讼文书等文件以邮寄方式发送的,将文件按有效联络方式交给经营特快专递的单位邮寄后,邮件被签收或拒收均视为已经送达。

第二十八条　本合同的标题仅为便于阅读和对合同内容的理解,不作为确定双方权利义务的条款。

第二十九条　本合同自双方签章之日起生效。一式四份,甲乙双方各持两份,具有同等法律效力。

(以下无正文)

甲　方(签名捺印)/(盖章)：　　　　　　　　　　乙　方(签名捺印)/(盖章)：
代表人(签名)：　　　　　　　　　　　　　　　代表人(签名)：
　　　　　年　月　日　　　　　　　　　　　　　　　　年　月　日
本合同签订地点：____________________

猕猴桃种植技术服务合同

合同编号：GDHT053

甲方(委托方)：________________________
统一社会信用代码：________________________
法定代表人：______________　职务：______________
住所地：________________________
联系电话：__________　电子邮箱：__________　微信号：__________
乙方(服务方)：________________________
统一社会信用代码：________________________
法定代表人：______________　职务：______________
住所地：________________________
联系电话：__________　电子邮箱：__________　微信号：__________

甲乙双方在平等互利基础上，就猕猴桃种植技术服务相关事宜，经充分协商一致，根据《中华人民共和国合同法》及其他法律法规的规定，自愿达成如下协议：

一、技术服务内容

第一条　甲方委托乙方为猕猴桃种植提供技术服务。乙方应为甲方提供以下各项技术服务：

(一)猕猴桃种植的完整计划方案。

(二)不少于____人的专业技术服务团队，保证种植过程的顺利进行。

(三)为甲方培训____名猕猴桃种植的专业技术人员。

(四)从猕猴桃果树品种选购、果树定植到果实采摘，全程协助甲方建立猕猴桃种植的资料库。

第二条　技术服务的方式：以猕猴桃种植技术顾问的身份组织不少于____人的专业技术服务团队提供全程服务。

第三条　技术服务的期限：本合同服务期限为_____年，自_____年____月____日至_____年____月____日止。合同期满或终止前30日内，甲乙双方应当就是否续签合同交换意见并进行必要的协商，以保证服务工作的连续性。

二、技术服务费及支付方式

第四条　甲方应将技术服务费人民币__________元(大写：________元)支付到下列乙

方指定账户。

开户行：____

账户名：____

账　号：____

第五条　除前条规定的银行汇款支付外，以下三种支付方式双方均予认可：

（一）支付宝转账；（二）微信转账；（三）现金支付。

第六条　乙方进行必要的调查研究、分析论证、试验测定活动的经费包含在合同报酬中，甲方不再额外支付。

第七条　双方约定报酬的支付方式和期限如下：

（一）本合同生效之日起5日内甲方向乙方支付50%的费用；

（二）猕猴桃全部成活并初次采摘销售后，甲方支付剩余50%的费用。

三、双方的其他权利义务

第八条　甲方应向乙方提供现有的所有资料，包括具体要求、投资计划等。

第九条　甲方保证为乙方提供以下工作条件：

（一）筹备阶段的办公场地，办公设备；

（二）种植阶段的试验、检测设备；

（三）技术服务团队的必要生活设施和交通工具。

第十条　甲方应严格按照乙方的指导对猕猴桃果树进行种植看护，如因甲方未按要求进行操作的，所有损失自行承担。

第十一条　乙方需提供技术服务团队人员指导他人成功种植猕猴桃果树的证明。

第十二条　乙方对甲方猕猴桃种植的所有计划方案均应提供书面材料并加盖乙方公章。

第十三条　乙方在本服务合同期限内，应当为甲方提供3次以上技术培训课。培训内容包括但不限于栽种、病虫害防治、果实采摘等。

第十四条　自猕猴桃果实初次收成开始，乙方应当收购甲方果实或为甲方介绍其他买家，保证果实以不低于市场同级别猕猴桃的价格出售。同等条件下，乙方享有优先购买权。

第十五条　本合同期限届满后，乙方仍需为甲方提供免费的技术咨询服务。

四、合同的变更、解除

第十六条　双方经协商一致，可以变更、解除合同。

第十七条　任何一方违反本合同任何条款约定的，在对方催告后十五个工作日内没有改正为全面履行的，守约方有权书面通知违约方解除合同，且有权要求违约方赔偿相当于合同总额5%的违约金及所遭受的损失（包括但不限于直接损失、可得利益、律师费用等全部损失）。

第十八条　一方只主张违约责任，没有主张解除合同的，合同应当继续履行。一方收到解除合同的通知后，对解除有异议的，应当在十五日内向法定机关提出，否则，视为对解除无异议。

五、违约责任

第十九条　一方接受对方逾期履行的，不视为对其违约行为的认可，仍然有权追究其违约责任,还有权解除合同。

第二十条 在对方未履行义务前,一方按照合同的约定履行自己的义务的,不等于认可对方已经履行了先前的义务或同意对方可以不再履行其义务。

第二十一条 因出现不可预见、不可避免、不可克服的事件,导致本合同无法有效及时履行的,相互不承担违约责任。但是,遭遇不可抗力方应当立即通过电话、微信等方式通知对方,并在通知后的三日内将不可抗力的书面有效证明及本合同无法有效及时履行的书面理由提交给对方确认。否则应当承担相应的违约责任。

第二十二条 乙方的技术服务团队人员缺乏相应经验,无法为甲方解决种植中遇到的问题达三次以上的,视为乙方违约。

第二十三条 乙方未对甲方进行培训的,除支付违约金外,还需按缺少一次培训赔偿________元的标准赔偿甲方损失。

第二十四条 若甲方严格按照乙方制订的计划对猕猴桃进行栽种、养护、采摘,果实达不到国家____等级标准,乙方需赔偿甲方损失并承担违约责任。

六、争议的解决办法

第二十五条 本合同的约定和履行中产生的争议,双方友好协商解决,若协商不成,任何一方均可向有关部门申请调解,也有权在原告住所地或居住地人民法院起诉解决。双方还可以约定提交仲裁机构裁决。

七、附则

第二十六条 双方在签订本合同时,应提供经核实的身份证明和相应资质证明文件的复印件作为合同附件。

第二十七条 变更住所地(居住地)、代表人(联系人)、电话等联络方式的,变更方应在变更后24小时内以书面方式通知对方。否则视为本合同载明的联络方式继续有效,微信和短信内容也作为双方来往文件。通知、诉讼文书等文件以邮寄方式发送的,将文件按有效联络方式交给经营特快专递的单位邮寄后,邮件被签收或拒收均视为已经送达。

第二十八条 本合同的标题仅为便于阅读和对合同内容的理解,不作为确定双方权利义务的条款。

第二十九条 本合同自双方签章之日起生效。一式四份,甲乙双方各持两份,具有同等法律效力。

(以下无正文)

甲　方(签名捺印)/(盖章):	乙　方(签名捺印)/(盖章):
代表人(签名):	代表人(签名):
年　月　日	年　月　日

本合同签订地点:____________________

天麻种植技术服务合同

合同编号:GDHT054

甲方(委托方):______________________________

统一社会信用代码:______________________________

法定代表人:______________ 职务:______________

住所地:______________________________

联系电话:__________ 电子邮箱:__________ 微信号:__________

乙方(服务方):______________________________

统一社会信用代码:______________________________

法定代表人:______________ 职务:______________

住所地:______________________________

联系电话:__________ 电子邮箱:__________ 微信号:__________

甲乙双方在平等互利基础上,就天麻种植技术服务相关事宜,经充分协商一致,根据《中华人民共和国合同法》及其他法律法规的规定,自愿达成如下协议:

一、技术服务内容

第一条 甲方委托乙方为天麻种植提供技术服务,乙方应为甲方提供以下各项技术服务:

(一)天麻种植的完整计划方案;

(二)帮助甲方设置适合天麻种植的环境。

(三)不少于____人的专业技术服务团队,保证种植过程的顺利进行。

(四)为甲方培训____名天麻种植及加工的专业技术人员。

(五)从天麻品种选购、栽种、田间管理、采挖到成品加工,全程协助甲方建立天麻种植的资料库。

第二条 技术服务的方式:以天麻种植技术顾问的身份组织不少于______人的专业技术服务团队提供全程服务。

第三条 技术服务的期限:本合同服务期限为______年,______年____月____日起至______年____月______日止。合同期满或终止前30日内,甲乙双方应当就是否续签合同交换意见并进行必要的协商,以保证服务工作的连续性。

二、技术服务费及支付方式

第四条 甲方应将技术服务费人民币__________元(大写:________元)支付到下列乙方指定账户。

开户行:______________________________

账户名:______________________________

账　号:______________________________

第五条 除前条规定的银行汇款支付外,以下三种支付方式双方均予认可:

（一）支付宝转账；（二）微信转账；（三）现金支付。

第六条 乙方进行必要的调查研究、分析论证、试验测定活动的经费包含在合同报酬中，甲方不再额外支付。

第七条 双方约定报酬的支付方式和期限如下：

（一）本合同生效之日起5日内甲方向乙方支付50%的费用；

（二）天麻全部成活并初次采挖销售后，甲方支付剩余50%的费用。

三、双方的其他权利义务

第八条 甲方应向乙方提供现有的所有资料，包括具体要求、投资计划等。

第九条 甲方保证为乙方提供以下工作条件：

（一）筹备阶段的办公场地，办公设备；

（二）种植阶段的试验、检测设备；

（三）技术服务团队的必要生活设施和交通工具。

第十条 甲方应严格按照乙方的指导对天麻进行栽种管理，如因甲方未按要求进行操作的，所有损失自行承担。

第十一条 乙方需提供技术服务团队人员指导他人成功种植天麻的证明。

第十二条 乙方对甲方天麻种植的所有计划方案均应提供书面材料并加盖乙方公章。

第十三条 乙方在本服务合同期限内，应当为甲方提供3次以上技术培训课。培训内容包括但不限于栽种、田间管理、病虫害防治、采挖、天麻加工等。

第十四条 自天麻初次收成开始，乙方应当收购甲方天麻或为甲方介绍其他买家，保证以不低于市场同级别天麻的价格出售。同等条件下，乙方享有优先购买权。

第十五条 本合同期限届满后，乙方仍需为甲方提供免费的技术咨询服务。

四、合同的变更、解除

第十六条 双方经协商一致，可以变更、解除合同。

第十七条 任何一方违反本合同任何条款约定的，在对方催告后十五个工作日内没有改正为全面履行的，守约方有权书面通知违约方解除合同，且有权要求违约方赔偿相当于合同总额5%的违约金及所遭受的损失（包括但不限于直接损失、可得利益、律师费用等全部损失）。

第十八条 一方只主张违约责任，没有主张解除合同的，合同应当继续履行。一方收到解除合同的通知后，对解除有异议的，应当在十五日内向法定机关提出，否则，视为对解除无异议。

五、违约责任

第十九条 一方接受对方逾期履行的，不视为对其违约行为的认可，仍然有权追究其违约责任，还有权解除合同。

第二十条 在对方未履行义务前，一方按照合同的约定履行自己的义务的，不等于认可对方已经履行了先前的义务或同意对方可以不再履行其义务。

第二十一条 因出现不可预见、不可避免、不可克服的事件，导致本合同无法有效及时履行的，相互不承担违约责任。但是，遭遇不可抗力方应当立即通过电话、微信等方式通知对方，并在通知后的三日内将不可抗力的书面有效证明及本合同无法有效及时履行的书面理由提交给对方确认。否则应当承担相应的违约责任。

第二十二条 乙方的技术服务团队人员缺乏相应经验，无法为甲方解决种植中遇到的问题达三次以上的，视为乙方违约。

第二十三条 乙方未对甲方进行培训的，除支付违约金外，还需按缺少一次培训赔偿________元的标准赔偿甲方损失。

第二十四条 若甲方严格按照乙方制订的计划对天麻进行栽种、田间管理、采挖、加工，天麻及天麻制品达不到国家____等级标准，乙方需赔偿甲方损失并承担违约责任。

六、争议的解决办法

第二十五条 本合同的约定和履行中产生的争议，双方友好协商解决，若协商不成，任何一方均可向有关部门申请调解，也有权在原告住所地或居住地人民法院起诉解决。双方还可以约定提交仲裁机构裁决。

七、附则

第二十六条 双方在签订本合同时，应提供经核实的身份证明和相应资质证明文件的复印件作为合同附件。

第二十七条 变更住所地（居住地）、代表人（联系人）、电话等联络方式的，变更方应在变更后24小时内以书面方式通知对方。否则视为本合同载明的联络方式继续有效，微信和短信内容也作为双方来往文件。通知、诉讼文书等文件以邮寄方式发送的，将文件按有效联络方式交给经营特快专递的单位邮寄后，邮件被签收或拒收均视为已经送达。

第二十八条 本合同的标题仅为便于阅读和对合同内容的理解，不作为确定双方权利义务的条款。

第二十九条 本合同自双方签章之日起生效。一式四份，甲乙双方各持两份，具有同等法律效力。

（以下无正文）

甲　方（签名捺印）/（盖章）：　　　　乙　方（签名捺印）/（盖章）：

代表人（签名）：　　　　代表人（签名）：

年　月　日　　　　年　月　日

本合同签订地点：____________________

杜仲种植技术服务合同

合同编号：GDHT055

甲方（委托方）：____

统一社会信用代码/身份证号：________________________________

住所地/住址：________________

联系人：________________ 联系电话：________________

微信号：________________ 电子邮箱：________________

乙方(服务方)：________________

统一社会信用代码/身份证号：________________

住所地/住址：________________

联系人：________________ 联系电话：________________

微信号：________________ 电子邮箱：________________

根据《中华人民共和国合同法》及相关法律法规的规定，甲乙双方在平等、互利、自愿的基础上，经充分友好协商，自愿达成以下杜仲种植技术服务合同条款，以资遵守执行。

一、技术服务内容

第一条 甲方委托乙方为杜仲种植提供技术服务。乙方应为甲方提供以下各项技术服务：

(一)杜仲种植的完整计划方案；

(二)不少于____人的专业技术服务团队，保证种植过程的顺利进行；

(三)为甲方培训____名杜仲种植的专业技术人员；

(四)从杜仲品种选购、杜仲树定植、采摘到成品加工，全程协助甲方建立杜仲种植的资料库；

(五)________________

(六)________________

第二条 技术服务的方式：以杜仲种植技术顾问的身份组织不少于____人的专业技术服务团队提供全程服务。

第三条 技术服务的期限：本合同服务期限为______年，______年____月____日起至______年____月______日止。合同期满或终止前30日内，甲乙双方应当就是否续签合同交换意见并进行必要的协商，以保证服务工作的连续性，否则，视为双方同意解除合同。

二、技术服务费及支付方式

第四条 甲方应将技术服务费人民币________元(大写：________元)支付到下列乙方指定账户：

开户行：________________

账户名：________________

账　号：________________

第五条 除前条规定的银行汇款支付外，以下三种支付方式双方均予认可：

(一)支付宝转账；(二)微信转账；(三)现金支付。

第六条 乙方进行必要的调查研究、分析论证、试验测定活动的经费包含在合同报酬中，甲方不再额外支付。

第七条 双方约定报酬的支付方式和期限如下：

(一)本合同生效之日起5日内甲方向乙方支付50%的费用；

(二)杜仲树全部成活并初次采摘销售后,甲方支付剩余50%的费用。

三、双方的其他权利义务

第八条　甲方应向乙方提供现有的所有资料,包括具体要求、投资计划等。

第九条　甲方保证为乙方提供以下工作条件:

(一)筹备阶段的办公场地,办公设备;

(二)种植阶段的试验、检测设备;

(三)技术服务团队的必要生活设施和交通工具。

第十条　甲方应严格按照乙方的指导对杜仲树进行种植看护,如因甲方未按要求进行操作的,所有损失自行承担。

第十一条　乙方需提供技术服务团队人员指导他人成功种植杜仲树的证明。

第十二条　乙方对甲方杜仲种植的所有计划方案均应提供书面材料并加盖乙方公章。

第十三条　乙方在本服务合同期限内,应当为甲方提供3次以上技术培训课。培训内容包括但不限于栽种、病虫害防治、杜仲制品采摘等。

第十四条　自杜仲成熟开始,乙方应当收购甲方杜仲或为甲方介绍其他买家,保证以不低于市场同级别杜仲的价格出售。同等条件下,乙方享有优先购买权。

第十五条　本合同期限届满后,乙方仍需为甲方提供免费的技术咨询服务。

四、合同的变更、解除

第十六条　双方经协商一致,可以变更、解除合同。

第十七条　任何一方违反本合同任何条款约定的,在对方催告后十五个工作日内没有改正为全面履行的,守约方有权书面通知违约方解除合同,且有权要求违约方赔偿相当于合同总额5%的违约金及所遭受的损失(包括但不限于直接损失、可得利益、律师费用等全部损失)。

第十八条　一方只主张违约责任,没有主张解除合同的,合同应当继续履行。一方收到解除合同的通知后,对解除有异议的,应当在十五日内向法定机关提出,否则,视为对解除无异议。

五、违约责任

第十九条　一方接受对方逾期履行的,不视为对其违约行为的认可,仍然有权追究其违约责任,还有权解除合同。

第二十条　在对方未履行义务前,一方按照合同的约定履行自己的义务的,不等于认可对方已经履行了先前的义务或同意对方可以不再履行其义务。

第二十一条　因出现不可预见、不可避免、不可克服的事件,导致本合同无法有效及时履行的,相互不承担违约责任。但是,遭遇不可抗力方应当立即通过电话、微信等方式通知对方,并在通知后的三日内将不可抗力的书面有效证明及本合同无法有效及时履行的书面理由提交给对方确认。否则应当承担相应的违约责任。

第二十二条　若甲方严格按照乙方制订的计划对杜仲进行栽种、养护、采摘、加工,杜仲达不到国家________________等级标准,乙方需赔偿甲方损失并承担违约责任。

第二十三条　在对方未履行义务前,一方按照合同约定履行自己的义务的,不等于认可对方已经履行了先前的义务或同意对方可以不再履行其义务。

第二十四条 一方接受对方逾期履行的，不视为对其违约行为的认可，仍然有权追究其违约责任；还有权解除合同。

六、争议的解决办法

第二十五条 本合同的约定和履行中产生的争议，双方友好协商解决，若协商不成，任何一方均有权在原告住所地或居住地人民法院起诉解决。双方还可以约定提交仲裁机构裁决。

七、附则

第二十六条 双方在签订本合同时，应提供经核实的身份证明和相应资质证明文件的复印件作为合同附件。

第二十七条 变更住所地（居住地）、代表人（联系人）、电话等联络方式的，变更方应在变更后 24 小时内以书面方式通知对方。否则视为本合同载明的联络方式继续有效，微信和短信内容也作为双方来往文件。通知、诉讼文书等文件以邮寄方式发送的，将文件按有效联络方式交给经营特快专递的单位邮寄后，邮件被签收或拒收均视为已经送达。

第二十八条 本合同的标题仅为便于阅读和对合同内容的理解，不作为确定双方权利义务的条款。

第二十九条 本合同自双方签章之日起生效。一式四份，甲乙双方各持两份，具有同等法律效力。

（以下无正文）

甲　方（签名捺印）/（盖章）：　　　　乙　方（签名捺印）/（盖章）：

代表人（签名）：　　　　代表人（签名）：

年　月　日　　　　年　月　日

本合同签订地点：________________

灵芝种植技术服务合同

合同编号：GDHT056

甲方（委托方）：________________

统一社会信用代码/身份证号：________________

住所地/住址：________________

联系人：________________　联系电话：________________

微信号：________________　电子邮箱：________________

乙方（服务方）：________________

统一社会信用代码/身份证号：________________

住所地/住址：________________

联系人：____________________　联系电话：____________________

微信号：____________________　电子邮箱：____________________

根据《中华人民共和国合同法》及相关法律法规的规定，甲乙双方在平等、互利、自愿的基础上，经充分友好协商，自愿达成以下灵芝种植技术服务合同条款，以资遵守执行。

一、技术服务内容

第一条　甲方委托乙方为灵芝种植提供技术服务。乙方应为甲方提供以下各项技术服务：

（一）灵芝种植的完整计划方案；

（二）帮助甲方设置适合灵芝种植的环境；

（三）不少于____人的专业技术服务团队，保证种植过程的顺利进行；

（四）为甲方培训____名灵芝种植及加工的专业技术人员；

（五）从灵芝品种选购、栽种、田间管理、采摘到成品加工，全程协助甲方建立灵芝种植的资料库。

第二条　技术服务的方式：以灵芝种植技术顾问的身份组织不少于____人的专业技术服务团队提供全程服务。

第三条　技术服务的期限：本合同服务期限为______年，______年____月____日起至______年____月____日止。合同期满或终止前30日内，甲乙双方应当就是否续签合同交换意见并进行必要的协商，以保证服务工作的连续性，否则，视为双方同意解除合同。

二、技术服务费及支付方式

第四条　甲方应将技术服务费人民币________元（大写：________元），支付到下列乙方指定账户：

开户行：____

户主名：____

账　号：____

第五条　除前条规定的银行汇款支付外，以下三种支付方式双方均予认可：

（一）支付宝转账；（二）微信转账；（三）现金支付。

第六条　乙方进行必要的调查研究、分析论证、试验测定活动的经费包含在合同报酬中，甲方不再额外支付。

第七条　双方约定报酬的支付方式和期限如下：

（一）本合同生效之日起5日内甲方向乙方支付50%的费用；

（二）灵芝全部成活并初次采摘销售后，甲方支付剩余50%的费用。

三、双方的其他权利义务

第八条　甲方应向乙方提供现有的所有资料，包括具体要求、投资计划等。

第九条　甲方保证为乙方提供以下工作条件：

（一）筹备阶段的办公场地，办公设备；

（二）种植阶段的试验、检测设备；

（三）技术服务团队的必要生活设施和交通工具。

第十条　甲方应严格按照乙方的指导对灵芝进行栽种管理，如因甲方未按要求进行操作的,所有损失自行承担。

第十一条 乙方需提供技术服务团队人员指导他人成功种植灵芝的证明。

第十二条 乙方对甲方灵芝种植的所有计划方案均应提供书面材料并加盖乙方公章。

第十三条 乙方在本服务合同期限内,应当为甲方提供3次以上技术培训课。培训内容包括但不限于栽种、田间管理、病虫害防治、采挖、灵芝加工等。

第十四条 自灵芝初次收成开始,乙方应当收购甲方灵芝或为甲方介绍其他买家,保证以不低于市场同级别灵芝的价格出售。同等条件下,乙方享有优先购买权。

第十五条 本合同期限届满后,乙方仍需为甲方提供免费的技术咨询服务。

四、合同的变更、解除

第十六条 双方经协商一致,可以变更、解除合同。

第十七条 任何一方违反本合同任何条款约定的,在对方催告后十五个工作日内没有改正为全面履行的,守约方有权书面通知违约方解除合同,且有权要求违约方赔偿相当于合同总额5%的违约金及所遭受的损失(包括但不限于直接损失、可得利益、律师费用等全部损失)。

第十八条 一方只主张违约责任,没有主张解除合同的,合同应当继续履行。一方收到解除合同的通知后,对解除有异议的,应当在十五日内向法定机关提出,否则,视为对解除无异议。

五、违约责任

第十九条 一方接受对方逾期履行的,不视为对其违约行为的认可,仍然有权追究其违约责任,还有权解除合同。

第二十条 在对方未履行义务前,一方按照合同的约定履行自己的义务的,不等于认可对方已经履行了先前的义务或同意对方可以不再履行其义务。

第二十一条 因出现不可预见、不可避免、不可克服的事件,导致本合同无法有效及时履行的,相互不承担违约责任。但是,遭遇不可抗力方应当立即通过电话、微信等方式通知对方,并在通知后的三日内将不可抗力的书面有效证明及本合同无法有效及时履行的书面理由提交给对方确认。否则应当承担相应的违约责任。

第二十二条 若甲方严格按照乙方制定的计划对灵芝进行栽种、养护、采摘、加工,灵芝达不到国家____等级标准,乙方需赔偿甲方损失并承担违约责任。

第二十三条 在对方未履行义务前,一方按照合同约定履行自己的义务的,不等于认可对方已经履行了先前的义务或同意对方可以不再履行其义务。

第二十四条 一方接受对方逾期履行的,不视为对其违约行为的认可,仍然有权追究其违约责任,还有权解除合同。

六、争议的解决办法

第二十五条 本合同的约定和履行中产生的争议,双方友好协商解决,若协商不成,任何一方均可向有关部门申请调解,也有权在原告住所地或居住地人民法院起诉解决。双方还可以约定提交仲裁机构裁决。

七、附则

第二十六条 双方在签订本合同时,应提供经核实的身份证明和相应资质证明文件的复印件作为合同附件。

第二十七条　变更住所地(居住地)、代表人(联系人)、电话等联络方式的,变更方应在变更后24小时内以书面方式通知对方。否则视为本合同载明的联络方式继续有效,微信和短信内容也作为双方来往文件。通知、诉讼文书等文件以邮寄方式发送的,将文件按有效联络方式交给经营特快专递的单位邮寄后,邮件被签收或拒收均视为已经送达。

第二十八条　本合同的标题仅为便于阅读和对合同内容的理解,不作为确定双方权利义务的条款。

第二十九条　本合同自双方签章之日起生效。一式四份,甲乙双方各持两份,具有同等法律效力。

(以下无正文)

甲　方(签名捺印)/(盖章):　　　　乙　方(签名捺印)/(盖章):
代表人(签名):　　　　代表人(签名):
年　月　日　　　　年　月　日
本合同签订地点:____________________

烟草种植技术服务合同

合同编号:GDHT057

甲方(委托方):____________________
统一社会信用代码/身份证号:____________________
住所地/住址:____________________
联系人:__________　联系电话:__________
电子邮箱:__________　微信号:__________
乙方(服务方):____________________
统一社会信用代码/身份证号:____________________
住所地/住址:____________________
联系人:__________　联系电话:__________
电子邮箱:__________　微信号:__________

根据《中华人民共和国合同法》及相关法律法规的规定,甲乙双方在平等、互利、自愿的基础上,经充分友好协商,自愿达成以下烟草种植技术服务合同条款,以资遵守执行。

一、技术服务内容

第一条　甲方委托乙方为烟草种植提供技术服务。乙方应为甲方提供以下各项技术服务:

(一)烟草种植的完整计划方案;

（二）帮助甲方设置适合烟草种植的环境；

（三）不少于____人的专业技术服务团队，保证种植过程的顺利进行；

（四）为甲方培训____名烟草种植及加工的专业技术人员；

（五）从烟草栽种、田间管理到烟草收割，全程协助甲方建立烟草种植的资料库。

第二条 技术服务的方式：以烟草种植技术顾问的身份组织不少于____人的专业技术服务团队提供全程服务。

第三条 技术服务的期限：本合同服务期限为______年，______年____月____日起至______年____月____日止。合同期满或终止前30日内，甲乙双方应当就是否续签合同交换意见并进行必要的协商，以保证服务工作的连续性，否则，视为双方同意解除合同。

二、技术服务费及支付方式

第四条 甲方应将技术服务费人民币________元（大写：________元）支付到下列乙方指定账户。

开户行：______________________________

账户名：______________________________

账　号：______________________________

第五条 除前条规定的银行汇款支付外，以下三种支付方式双方均予认可：

（一）支付宝转账；（二）微信转账；（三）现金支付。

第六条 乙方进行必要的调查研究、分析论证、试验测定活动的经费包含在合同报酬中，甲方不再额外支付。

第七条 双方约定报酬的支付方式和期限如下：

（一）本合同生效之日起5日内甲方向乙方支付50%的费用。

（二）烟草全部成活并被烟草公司或烟草公司授权单位收购后，甲方支付剩余50%的费用。

三、双方的其他权利义务

第八条 甲方应向乙方提供现有的所有资料，包括具体要求、投资计划等。

第九条 甲方保证为乙方提供以下工作条件：

（一）筹备阶段的办公场地，办公设备；

（二）种植阶段的试验、检测设备；

（三）技术服务团队的必要生活设施和交通工具。

第十条 甲方应严格按照乙方的指导对烟草进行栽种管理，如因甲方未按要求进行操作的，所有损失自行承担。

第十一条 乙方需提供技术服务团队人员指导他人成功种植烟草的证明。

第十二条 乙方对甲方烟草种植的所有计划方案均应提供书面材料并加盖乙方公章。

第十三条 乙方在本服务合同期限内，应当为甲方提供3次以上技术培训课。培训内容包括但不限于栽种、田间管理、病虫害防治、烟草收割等。

第十四条 本合同期限届满后，乙方仍需为甲方提供免费的技术咨询服务。

四、合同的变更、解除

第十五条 双方经协商一致，可以变更、解除合同。

第十六条 任何一方违反本合同任何条款约定的，在对方催告后十五个工作日内没有改正为全面履行的，守约方有权书面通知违约方解除合同，且有权要求违约方赔偿相当于合同总额 5% 的违约金及所遭受的损失（包括但不限于直接损失、可得利益、律师费用等全部损失）。

第十七条 一方只主张违约责任，没有主张解除合同的，合同应当继续履行。一方收到解除合同的通知后，对解除有异议的，应当在十五日内向法定机关提出，否则，视为对解除无异议。

五、违约责任

第十八条 一方接受对方逾期履行的，不视为对其违约行为的认可，仍然有权追究其违约责任，还有权解除合同。

第十九条 在对方未履行义务前，一方按照合同的约定履行自己的义务的，不等于认可对方已经履行了先前的义务或同意对方可以不再履行其义务。

第二十条 因出现不可预见、不可避免、不可克服的事件，导致本合同无法有效及时履行的，相互不承担违约责任。但是，遭遇不可抗力方应当立即通过电话、微信等方式通知对方，并在通知后的三日内将不可抗力的书面有效证明及本合同无法有效及时履行的书面理由提交给对方确认。否则应当承担相应的违约责任。

第二十一条 若甲方严格按照乙方制定的计划对烟草进行栽种、养护、采摘、加工，烟草达不到国家____等级标准，乙方需赔偿甲方损失并承担违约责任。

第二十二条 在对方未履行义务前，一方按照合同约定履行自己的义务的，不等于认可对方已经履行了先前的义务或同意对方可以不再履行其义务。

第二十三条 一方接受对方逾期履行的，不视为对其违约行为的认可，仍然有权追究其违约责任，还有权解除合同。

六、争议的解决办法

第二十四条 本合同的约定和履行中产生的争议，双方友好协商解决，若协商不成，任何一方均可向有关部门申请调解，也有权在原告住所地或居住地人民法院起诉解决。双方还可以约定提交仲裁机构裁决。

七、附则

第二十五条 双方在签订本合同时，应提供经核实的身份证明和相应资质证明文件的复印件作为合同附件。

第二十六条 变更住所地（居住地）、代表人（联系人）、电话等联络方式的，变更方应在变更后 24 小时内以书面方式通知对方。否则视为本合同载明的联络方式继续有效，微信和短信内容也作为双方来往文件。通知、诉讼文书等文件以邮寄方式发送的，将文件按有效联络方式交给经营特快专递的单位邮寄后，邮件被签收或拒收均视为已经送达。

第二十七条 本合同的标题仅为便于阅读和对合同内容的理解，不作为确定双方权利义务的条款。

第二十八条 本合同自双方签章之日起生效。一式四份，甲乙双方各持两份，具有同等法律效力。

（以下无正文）

甲　方（签名捺印）/（盖章）：
代表人（签名）：
年　月　日

乙　方（签名捺印）/（盖章）：
代表人（签名）：
年　月　日

本合同签订地点：______________________

食用菌种植技术服务合同

合同编号：GDHT058

甲方（委托方）：______________________
统一社会信用代码/身份证号：______________________
住所地/住址：______________________
联系人：______________　联系电话：______________
电子邮箱：______________　微信号：______________
乙方（服务方）：______________________
统一社会信用代码/身份证号：______________________
住所地/住址：______________________
联系人：______________　联系电话：______________
电子邮箱：______________　微信号：______________

根据《中华人民共和国合同法》及相关法律法规的规定，甲乙双方在平等、互利、自愿的基础上，经充分友好协商，自愿达成以下食用菌种植技术服务合同条款，以资遵守执行。

一、技术服务内容

第一条　甲方委托乙方为食用菌种植提供技术服务。乙方应为甲方提供以下各项技术服务：

（一）食用菌种植的完整计划方案；

（二）帮助甲方设置适合食用菌种植的环境；

（三）不少于____人的专业技术服务团队，保证种植过程的顺利进行；

（四）为甲方培训____名食用菌种植及加工的专业技术人员；

（五）从食用菌品种选购、栽种、田间管理、采挖到成品加工，全程协助甲方建立食用菌种植的资料库。

第二条　技术服务的方式：以食用菌种植技术顾问的身份组织不少于____人的专业技术服务团队提供全程服务。

第三条　技术服务的期限：本合同服务期限为______年，______年____月____日起至______年____月____日止。合同期满或终止前30日内，甲乙双方应当就是否续签合同交换意见并进行必要的协商,以保证服务工作的连续性。

二、技术服务费及支付方式

第四条 甲方应将技术服务费人民币________元(大写:________元)支付到下列乙方指定账户。

开户行:________________________________

账户名:________________________________

账 号:________________________________

第五条 除前条规定的银行汇款支付外,以下三种支付方式双方均予认可:

(一)支付宝转账;(二)微信转账;(三)现金支付。

第六条 乙方进行必要的调查研究、分析论证、试验测定活动的经费包含在合同报酬中,甲方不再额外支付。

第七条 双方约定报酬的支付方式和期限如下:

(一)本合同生效之日起5日内甲方向乙方支付50%的费用;

(二)食用菌全部成活并初次采挖销售后,甲方支付剩余50%的费用。

三、双方的其他权利义务

第八条 甲方应向乙方提供现有的所有资料,包括具体要求、投资计划等。

第九条 甲方保证为乙方提供以下工作条件:

(一)筹备阶段的办公场地,办公设备;

(二)种植阶段的试验、检测设备;

(三)技术服务团队的必要生活设施和交通工具。

第十条 甲方应严格按照乙方的指导对食用菌进行栽种管理,如因甲方未按要求进行操作的,所有损失自行承担。

第十一条 乙方需提供技术服务团队人员指导他人成功种植食用菌的证明。

第十二条 乙方对甲方食用菌种植的所有计划方案均应提供书面材料并加盖乙方公章。

第十三条 乙方在本服务合同期限内,应当为甲方进行3次以上技术培训课。培训内容包括但不限于栽种、田间管理、病虫害防治、采挖、食用菌加工等。

第十四条 自食用菌初次收成开始,乙方应当收购甲方食用菌或为甲方介绍其他买家,保证以不低于市场同级别食用菌的价格出售。同等条件下,乙方享有优先购买权。

第十五条 本合同期限届满后,乙方仍需为甲方提供免费的技术咨询服务。

四、合同的变更、解除

第十六条 双方经协商一致,可以变更、解除合同。

第十七条 任何一方违反本合同任何条款约定的,在对方催告后十五个工作日内没有改正为全面履行的,守约方有权书面通知违约方解除合同,且有权要求违约方赔偿相当于合同总额5%的违约金及所遭受的损失(包括但不限于直接损失、可得利益、律师费用等全部损失)。

第十八条 一方只主张违约责任,没有主张解除合同的,合同应当继续履行。一方收到解除合同的通知后,对解除有异议的,应当在十五日内向法定机关提出,否则,视为对解除无异议。

五、违约责任

第十九条 一方接受对方逾期履行的，不视为对其违约行为的认可，仍然有权追究其违约责任，还有权解除合同。

第二十条 在对方未履行义务前，一方按照合同的约定履行自己的义务的，不等于认可对方已经履行了先前的义务或同意对方可以不再履行其义务。

第二十一条 因出现不可预见、不可避免、不可克服的事件，导致本合同无法有效及时履行的，相互不承担违约责任。但是，遭遇不可抗力方应当立即通过电话、微信等方式通知对方，并在通知后的三日内将不可抗力的书面有效证明及本合同无法有效及时履行的书面理由提交给对方确认。否则应当承担相应的违约责任。

第二十二条 若甲方严格按照乙方制订的计划对食用菌进行栽种、养护、采摘、加工，食用菌达不到国家____等级标准，乙方需赔偿甲方损失并承担违约责任。

第二十三条 在对方未履行义务前，一方按照合同约定履行自己的义务的，不等于认可对方已经履行了先前的义务或同意对方可以不再履行其义务。

第二十四条 一方接受对方逾期履行的，不视为对其违约行为的认可，仍然有权追究其违约责任，还有权解除合同。

六、争议的解决办法

第二十五条 本合同的约定和履行中产生的争议，双方友好协商解决，若协商不成，任何一方均可向有关部门申请调解，也有权在原告住所地或居住地人民法院起诉解决。双方还可以约定提交仲裁机构裁决。

七、附则

第二十六条 双方在签订本合同时，应提供经核实的身份证明和相应资质证明文件的复印件作为合同附件。

第二十七条 变更住所地（居住地）、代表人（联系人）、电话等联络方式的，变更方应在变更后24小时内以书面方式通知对方。否则视为本合同载明的联络方式继续有效，微信和短信内容也作为双方来往文件。通知、诉讼文书等文件以邮寄方式发送的，将文件按有效联络方式交给经营特快专递的单位邮寄后，邮件被签收或拒收均视为已经送达。

第二十八条 本合同的标题仅为便于阅读和对合同内容的理解，不作为确定双方权利义务的条款。

第二十九条 本合同自双方签章之日起生效。一式四份，甲乙双方各持两份，具有同等法律效力。

（以下无正文）

甲 方（签名捺印）/（盖章）：　　　　乙 方（签名捺印）/（盖章）：

代表人（签名）：　　　　代表人（签名）：

年 月 日　　　　年 月 日

本合同签订地点：________________

农产品养殖技术咨询合同

合同编号:GDHT059

甲方(咨询方):____

统一社会信用代码/身份证号:______________________________

住所地/居住地:____

联系人:____________________　联系电话:____________________

电子邮箱:__________________　微信号:______________________

乙方(顾问方):____

统一社会信用代码/身份证号:______________________________

住所地/居住地:____

联系人:____________________　联系电话:____________________

电子邮箱:__________________　微信号:______________________

根据《中华人民共和国合同法》及相关法律法规的规定,甲乙双方在平等、互利、自愿的基础上,经充分友好协商,就甲方聘请乙方为农产品养殖技术提供咨询服务达成以下条款,以资遵守执行。

一、服务内容

第一条　本合同的技术咨询项目名称为:____________________________

第二条　本合同的履行地点为:__________________________________

第三条　本合同的履行方式为:__________________________________

第四条　乙方就甲方的某项特定技术项目向甲方提供咨询报告,其工作内容如下:

(一)可行性论证:对某项特定的经济技术项目实施的技术先进性、经济合理性进行综合分析、计算和评价,从而确定该项目是否具有成功和发展的可能。

(二)技术预测:对咨询技术项目的发展趋势进行展望和预测,主要对新技术、新设备、新工艺、新材料、新产品的发展动态以及这些技术的发展对某些产品需求的影响进行预测。

(三)专题技术调查:针对咨询技术项目的技术要求,采取多种方式对专题资料、数据进行考查与收集。

(四)分析评价报告:对某项技术的发展给社会带来的积极作用和消极作用进行全面分析研究和评价。

二、咨询服务费及支付方式

第五条　甲方应向乙方支付咨询服务费人民币________元(大写:________元)。

第六条　双方约定第____种服务费支付方式和期限:

(一)一次性付清,即在本合同签订之日起____日内支付所有咨询服务费。

(二)分期支付,即在本合同签订之日起____日内支付第一笔咨询服务费______元,并在之后____日内分____期将剩余咨询服务费支付完毕。

第七条 甲方以银行转账方式支付咨询服务费给乙方：

开户行：________________

账户名：________________

账　号：________________

第八条 除前条规定的银行汇款支付外，以下三种支付方式双方均予认可：

（一）支付宝转账；（二）微信转账；（三）现金支付。

三、双方其他权利义务

第九条 甲方应向乙方提供有关的资料、已收集的技术咨询报告和可能得到的信息并为乙方开展工作提供力所能及的协助。

第十条 甲方应协作的事项包括：

（一）阐明咨询的问题，向乙方提供技术背景材料及有关技术、数据。

（二）根据乙方的要求补充说明有关情况、提供有关资料、数据。

（三）提供给乙方的技术资料、数据有明显错误和缺陷，应及时修改、完善。

（四）为乙方进行调查论证提供必要的工作条件。

第十一条 本合同的履行标的不是技术成果，而是供甲方决策和选择的咨询报告，即乙方为甲方就科学研究、技术开发、技术改造、成果推广、工程设计、科技管理等科技项目提出的建议、意见和方案。

第十二条 乙方向甲方提供的咨询报告应当符合以下三个条件：

（一）咨询报告是对特定技术项目的分析、论证、评价、调查和预测的意见和建议。

（二）以可行性论证、技术预测、专题技术调查、分析评价报告或意见的形式提交。

（三）应达到合同约定的科技水平，对甲方有相应的参考价值。

四、合同期限

第十三条 本合同的履行期限是______年____月____日起至______年____月____日止。合同期满前30日内，甲乙双方应当就是否续签合同交换意见并进行必要的协商，以保证服务工作的连续性，否则，视为双方同意期满终止合同。

五、保密

第十四条 本合同内容如涉及国家安全和重大利益需要保密的，应就该保密事项的范围、密级和保密期限以及各方承担的保密义务进行约定。一方提供给另一方的资料和信息，应当在提供时书面说明，否则接收方没有保密义务。

第十五条 双方保证对从另一方取得且无法自公开渠道获得的商业秘密（技术信息、经营信息及其他商业秘密）予以保密。未经该商业秘密的原提供方同意，一方不得向任何第三方泄露该商业秘密的全部或部分内容。但法律、法规另有规定或双方另有约定的除外。

第十六条 本协议终止后五年内，双方继续负有前款约定的保密义务。一方违反上述保密义务的，应承担相应的违约责任并赔偿对方因此遭受的损失。

六、合同的变更、解除

第十七条 双方经协商一致，可以变更、解除合同。

第十八条　任何一方违反本合同任何条款约定的，在对方催告后十五个工作日内没有改正为全面履行的，守约方有权书面通知违约方解除合同，且有权要求违约方赔偿相当于合同总额5%的违约金及所遭受的损失（包括但不限于直接损失、可得利益、律师费用等全部损失）。

第十九条　一方只主张违约责任，没有主张解除合同的，合同应当继续履行。一方收到解除合同的通知后，对解除有异议的，应当在十五日内向法定机关提出，否则，视为对解除无异议。

七、违约责任

第二十条　甲方未按照合同约定提供必要的数据和资料，影响乙方工作进度和质量的，所支付的咨询费不得追回，未支付的报酬应当如数支付。

第二十一条　甲方逾期两个月不提供或者不补充有关技术资料、数据和工作条件，导致乙方无法开展工作的，乙方有权解除合同，甲方应当支付违约金并赔偿损失。

第二十二条　乙方未按期提出咨询报告或者提出的咨询报告不符合合同约定的，应当免收服务费，并支付违约金、赔偿损失。

第二十三条　乙方迟延提交咨询报告和意见的，应当支付违约金；咨询报告和意见不符合合同约定条件的，应当免收服务费，并支付违约金、赔偿损失。

第二十四条　乙方不提交咨询报告，或者所提交的咨询报告水平低劣，无参考价值的，应当免收服务费，并支付违约金、赔偿损失。

第二十五条　一方接受对方逾期履行的，不视为对其违约行为的认可，仍然有权追究其违约责任，还有权解除合同。

第二十六条　在对方未履行义务前，一方按照合同的约定履行自己的义务的，不等于认可对方已经履行了先前的义务或同意对方可以不再履行其义务。

第二十七条　因出现不可预见、不可避免、不可克服的事件，导致本合同无法有效及时履行的，相互不承担违约责任。但是，遭遇不可抗力方应当立即通过电话、微信等方式通知对方，并在通知后的三日内将不可抗力的书面有效证明及本合同无法有效及时履行的书面理由提交给对方确认。否则应当承担相应的违约责任。

八、争议解决方式

第二十八条　本合同的约定和履行中产生的争议，双方友好协商解决，若协商不成，任何一方均可向有关部门申请调解，也有权在原告住所地或居住地人民法院起诉解决。双方还可以约定提交仲裁机构裁决。

九、附则

第二十九条　双方在签订本合同时，应提供经核实的身份证明和相应资质证明文件的复印件作为合同附件。

第三十条　变更住所地（居住地）、代表人（联系人）、电话等联络方式的，变更方应在变更后24小时内以书面方式通知对方。否则视为本合同载明的联络方式继续有效，微信和短信内容也作为双方来往文件。通知、诉讼文书等文件以邮寄方式发送的，将文件按有效联络方式交给经营特快专递的单位邮寄后，邮件被签收或拒收均视为已经送达。

第三十一条 本合同的标题仅为便于阅读和对合同内容的理解，不作为确定双方权利义务的条款。

第三十二条 本合同自双方签章之日起生效。一式四份，甲乙双方各持两份，具有同等法律效力。

（以下无正文）

甲 方（签名捺印）/（盖章）： 乙 方（签名捺印）/（盖章）：

代表人（签名）： 代表人（签名）：

年 月 日 年 月 日

本合同签订地点：____________________

水产品养殖技术咨询合同

合同编号：GDHT060

甲方（咨询方）：____________________

统一社会信用代码/身份证号：____________________

住所地/居住地：____________________

联系人：____________________ 联系电话：____________________

电子邮箱：____________________ 微信号：____________________

乙方（顾问方）：____________________

统一社会信用代码/身份证号：____________________

住所地/居住地：____________________

联系人：____________________ 联系电话：____________________

电子邮箱：____________________ 微信号：____________________

根据《中华人民共和国合同法》及相关法律法规的规定，甲乙双方在平等、互利、自愿的基础上，经充分友好协商，就甲方聘请乙方为水产品养殖技术提供咨询服务达成以下条款，以资遵守执行。

一、服务内容

第一条 本合同的技术咨询项目名称为：____________________

第二条 本合同的履行地点为：____________________

第三条 本合同的履行方式为：____________________

第四条 乙方就甲方的某项特定技术项目向甲方提供咨询报告，其工作内容如下：

（一）可行性论证：对某项特定的经济技术项目实施的技术先进性、经济合理性进行综合分析、计算和评价，从而确定该项目是否具备成功和发展的可能；

（二）技术预测：对咨询技术项目的发展趋势进行展望和预测，主要对新技术、新设备、新工艺、新材料、新产品的发展动态以及这些技术的发展对某些产品需求的影响进行预测；

(三)专题技术调查：针对咨询技术项目的技术要求，采取多种方式对专题资料、数据进行考查与收集；

(四)分析评价报告：对某项技术的发展给社会带来的积极作用和消极作用进行全面分析研究和全面评价。

二、咨询服务费及支付方式

第五条 甲方应向乙方支付咨询服务费人民币________元(大写：________元)。

第六条 双方约定第____种服务费支付方式和期限：

(一)一次性付清，即在本合同签订之日起____个工作日内支付所有咨询服务费。

(二)分期支付，即在本合同签订之日起____个工作日内支付第一笔咨询服务费______元，并在之后____日内分____期将剩余咨询服务费支付完毕。

第七条 甲方以银行转账方式支付咨询服务费给乙方：

开户行：________________________________

账户名：________________________________

账　号：________________________________

第八条 除前款约定的银行汇款支付外，以下三种支付方式双方均予认可：

(一)支付宝转账；(二)微信转账；(三)现金支付。

三、双方其他权利义务

第九条 甲方应向乙方提供有关的资料、已收集的技术咨询报告和可能得到的信息并为乙方开展工作提供力所能及的协助。

第十条 甲方应协作的事项包括：

(一)阐明咨询的问题，向乙方提供技术背景材料及有关技术、数据；

(二)根据乙方的要求补充说明有关情况，提供有关资料、数据；

(三)提供给乙方的技术资料、数据有明显错误和缺陷的，应及时修改、完善；

(四)为乙方进行调查论证提供必要的工作条件。

第十一条 本合同的履行标的不是技术成果，而是供甲方决策和选择的咨询报告，即乙方为甲方就科学研究、技术开发、技术改造、成果推广、工程设计、科技管理等科技项目提出的建议、意见和方案。

第十二条 乙方向甲方提供的咨询报告应当符合以下三个条件：

(一)咨询报告是对特定技术项目的分析、论证、评价、调查和预测的意见和建议。

(二)以可行性论证、技术预测、专题技术调查、分析评价报告或意见的形式提交。

(三)应达到合同约定的科技水平，对甲方具有相应的参考价值。

四、合同期限

第十三条 本合同的履行期限是______年____月____日起至______年____月____日止。合同期满前30日内，甲乙双方应当就是否续签合同交换意见并进行必要的协商，以保证服务工作的连续性，否则，视为双方同意期满终止合同。

五、保密

第十四条 本合同内容如涉及国家安全和重大利益需要保密的，应就该保密事项的范围、密级和保密期限以及各方承担的保密义务进行约定。一方提供给另一方的资料和信息，应当在提供时书面说明，否则接收方没有保密义务。

第十五条 双方保证对从另一方取得且无法自公开渠道获得的商业秘密（技术信息、经营信息及其他商业秘密）予以保密。未经该商业秘密的原提供方同意，一方不得向任何第三方泄露该商业秘密的全部或部分内容。但法律、法规另有规定或双方另有约定的除外。

第十六条 本协议终止后五年内，双方继续负有前款约定的保密义务。一方违反上述保密义务的，应承担相应的违约责任并赔偿对方因此遭受的损失。

六、合同的变更、解除

第十七条 双方经协商一致，可以变更、解除合同。

第十八条 任何一方违反本合同任何条款约定的，在对方催告后十五个工作日内没有改正为全面履行的，守约方有权书面通知违约方解除合同，且有权要求违约方赔偿相当于合同总额 5% 的违约金及所遭受的损失（包括但不限于直接损失、可得利益、律师费用等全部损失）。

第十九条 一方只主张违约责任，没有主张解除合同的，合同应当继续履行。一方收到解除合同的通知后，对解除有异议的，应当在十五日内向法定机关提出，否则，视为对解除无异议。

七、违约责任

第二十条 甲方未按照合同约定提供必要的数据和资料，影响乙方工作进度和质量的，所支付的咨询费不得追回，未支付的报酬应当如数支付。

第二十一条 甲方逾期两个月不提供或者不补充有关技术资料、数据和工作条件，导致乙方无法开展工作的，乙方有权解除合同，甲方应当支付违约金并赔偿损失。

第二十二条 乙方未按期提出咨询报告或者提出的咨询报告不符合合同约定的，应当免收服务费，并支付违约金、赔偿损失。

第二十三条 乙方迟延提交咨询报告和意见的，应当支付违约金；咨询报告和意见不符合合同约定条件的，应当免收服务费，并支付违约金、赔偿损失。

第二十四条 乙方不提交咨询报告，或者所提交的咨询报告水平低劣，无参考价值的，应当免收服务费，并支付违约金、赔偿损失。

第二十五条 乙方在接到甲方提交的技术资料和数据之日起两个月内，不进行调查论证的，甲方有权解除合同。乙方应当返还已收取的服务费，并支付违约金、赔偿损失。

第二十六条 在对方未履行义务前，一方按照合同的约定履行自己的义务的，不等于认可对方已经履行了先前的义务或同意对方可以不再履行其义务。

第二十七条 一方接受对方逾期履行的，不视为对其违约行为的认可，仍然有权追究其违约责任，还有权解除合同。

第二十八条 因出现不可预见、不可避免、不可克服的事件，导致本合同无法有效及时履行的，相互不承担违约责任。但是，遭遇不可抗力方应当立即通过电话、微信等方式通知对方，并在通知后的三日内将不可抗力的书面有效证明及本合同无法有效及时履行的书面理由提交给对方确认。否则应当承担相应的违约责任。

八、争议解决方式

第二十九条　本合同的约定和履行中产生的争议，双方友好协商解决，若协商不成，任何一方均可向有关部门申请调解，也有权在原告住所地或居住地人民法院起诉解决。双方还可以约定提交仲裁机构裁决。

九、附则

第三十条　双方在签订本合同时，应提供经核实的身份证明和相应资质证明文件的复印件作为合同附件。

第三十一条　变更住所地(居住地)、代表人(联系人)、电话等联络方式的，变更方应在变更后24小时内以书面方式通知对方。否则视为本合同载明的联络方式继续有效，微信和短信内容也作为双方来往文件。通知、诉讼文书等文件以邮寄方式发送的，将文件按有效联络方式交给经营特快专递的单位邮寄后，邮件被签收或拒收均视为已经送达。

第三十二条　本合同的标题仅为便于阅读和对合同内容的理解，不作为确定双方权利义务的条款。

第三十三条　本合同自双方签章之日起生效。一式四份，甲乙双方各持两份，具有同等法律效力。

(以下无正文)

甲　方(签名捺印)/(盖章)：　　　　　　乙　方(签名捺印)/(盖章)：
代表人(签名)：　　　　　　　　　　　　代表人(签名)：
　　　　年　月　日　　　　　　　　　　　　　　年　月　日

本合同签订地点：____________________

家禽家畜养殖技术服务合同

合同编号：GDHT061

甲方(委托方)：________________________________
统一社会信用代码/身份证号：________________________
住所地/居住地：________________________________
联系人：____________________　联系电话：____________________
电子邮箱：____________________　微信号：____________________
乙方(服务方)：________________________________
统一社会信用代码/身份证号：________________________
住所地/居住地：________________________________
联系人：____________________　联系电话：____________________

电子邮箱：____________________ 微信号：____________________

根据《中华人民共和国合同法》及相关法律法规的规定，甲乙双方在平等、互利、自愿的基础上，经充分友好协商，就甲方聘请乙方为家禽家畜养殖提供技术服务达成以下条款，以资遵守执行。

一、服务内容

第一条 乙方应甲方要求向甲方提供以下各项技术服务：

（一）提供家禽家畜养殖的完整计划方案；

（二）提供专业的技术服务团队，保证养殖过程的顺利进行；

（三）为甲方培训养殖家禽家畜的专业技术人员；

（四）协助甲方建立家禽家畜养殖的资料库。

第二条 技术服务的方式：____________________________________

二、技术服务费及支付方式

第三条 甲方应向乙方支付技术服务费人民币______元（大写：______元）。

第四条 双方约定第___种报酬支付方式和期限：

（一）一次性付清，即在本合同签订之日起___个工作日内支付所有技术服务费；

（二）分期支付，即在本合同签订之日起___个工作日内支付第一笔技术服务费_____元，并在之后___日内分___期将剩余技术服务费支付完毕。

第五条 甲方以银行转账方式支付技术服务费给乙方：

开户行：____

户主名：____

账　号：____

除前款约定的银行汇款支付外，以下三种支付方式双方均予认可：

（一）支付宝转账；（二）微信转账；（三）现金支付。

三、双方的其他权利义务

第六条 甲方需按照乙方的指导对家禽家畜进行养殖，如因甲方违规操作造成损失的，甲方自行承担所有损失。

第七条 甲方应向乙方提供现有的所有资料，包括具体要求、投资计划等。

第八条 为乙方提供以下工作条件：

（一）筹备阶段的办公场地，办公设备；

（二）养殖阶段的试验、检测设备；

（三）技术服务团队的必要生活设施和交通便利。

第九条 乙方保证自身具有相关的技术指导资质且其他相关手续齐全。

第十条 按照合同第一条的约定为甲方提供技术服务，并保证提供的技术服务满足甲方的质量需要。

第十一条 乙方每年举办___次培训课，甲方可派___人免费参加。具体内容以培训课程为准。培训期间，甲方派遣人员的食宿由乙方安排。

第十二条 乙方设立专家热线，甲方养殖期间的任何问题均可免费向专家咨询；若甲方遇到重大技术难题，乙方应派遣专家现场免费指导解决问题。

第十三条 若乙方的技术指导失误，除退还相关技术服务费用外，还需赔偿甲方因此遭受的损失。

四、合同期限

第十四条 本合同的履行期限是______年____月____日起至______年____月____日止。合同期满或终止前30日内，甲乙双方应当就是否续签合同交换意见并进行必要的协商，以保证服务工作的连续性，否则，视为双方同意期满终止合同。

五、保密

第十五条 本合同内容如涉及国家安全和重大利益需要保密的，应就该保密事项的范围、密级和保密期限以及各方承担的保密义务进行约定。一方提供给另一方的资料和信息，应当在提供时书面说明，否则接收方没有保密义务。

第十六条 双方保证对从另一方取得且无法自公开渠道获得的商业秘密（技术信息、经营信息及其他商业秘密）予以保密。未经该商业秘密的原提供方同意，一方不得向任何第三方泄露该商业秘密的全部或部分内容。但法律、法规另有规定或双方另有约定的除外。

第十七条 本协议终止后五年内，双方继续负有前款约定的保密义务。一方违反上述保密义务的，应承担相应的违约责任并赔偿由此造成的损失。

六、合同的变更、解除

第十八条 双方经协商一致，可以变更、解除合同。

第十九条 任何一方违反本合同任何条款约定的，在对方催告后十五个工作日内没有改正为全面履行的，守约方有权书面通知违约方解除合同，且有权要求违约方赔偿相当于合同总额5%的违约金及所遭受的损失（包括但不限于直接损失、可得利益、律师费用等全部损失）。

第二十条 一方只主张违约责任，没有主张解除合同的，合同应当继续履行。一方收到解除合同的通知后，对解除有异议的，应当在十五日内向法定机关提出，否则，视为对解除无异议。

七、违约责任

第二十一条 因出现不可预见、不可避免、不可克服的事件，导致本合同无法有效及时履行的，相互不承担违约责任。但是，遭遇不可抗力方应当立即通过电话、微信等方式通知对方，并在通知后的三日内将不可抗力的书面有效证明及本合同无法有效及时履行的书面理由提交给对方确认。否则应当承担相应的违约责任。

第二十二条 甲方未按照合同约定提供必要的数据和资料，影响乙方工作进度和质量的，所支付的技术服务费不得追回，未支付的报酬应当如数支付。

第二十三条 甲方逾期两个月不提供或者不补充有关技术资料、数据和工作条件，导致乙方无法开展工作的，乙方有权解除合同，甲方应当支付违约金并赔偿损失。

第二十四条 在对方未履行义务前，一方按照合同的约定履行自己的义务的，不等于认可对方已经履行了先前的义务或同意对方可以不再履行其义务。

第二十五条 一方接受对方逾期履行的,不视为对其违约行为的认可,仍然有权追究其违约责任,还有权解除合同。

八、争议解决方式

第二十六条 本合同的约定和履行中产生的争议,双方友好协商解决,若协商不成,任何一方均有权在原告住所地或居住地人民法院起诉解决。双方还可以约定提交仲裁机构裁决。

九、附则

第二十七条 双方在签订本合同时,应提供经核实的身份证明和相应资质证明文件的复印件作为合同附件。

第二十八条 变更住所地(居住地)、代表人(联系人)、电话等联络方式的,变更方应在变更后24小时内以书面方式通知对方。否则视为本合同载明的联络方式继续有效,微信和短信内容也作为双方来往文件。通知、诉讼文书等文件以邮寄方式发送的,将文件按有效联络方式交给经营特快专递的单位邮寄后,邮件被签收或拒收均视为已经送达。

第二十九条 本合同的标题仅为便于阅读和对合同内容的理解,不作为确定双方权利义务的条款。

第三十条 本合同自双方签章之日起生效。一式四份,甲乙双方各持两份,具有同等法律效力。

(以下无正文)

甲　方(签名捺印)/(盖章):　　乙　方(签名捺印)/(盖章):
代表人(签名):　　代表人(签名):
年　月　日　　年　月　日

本合同签订地点:______________

水产品养殖技术服务合同

合同编号:GDHT062

甲方(委托方):______________
统一社会信用代码/身份证号:______________
住所地/居住地:______________
联系人:______________　联系电话:______________
电子邮箱:______________　微信号:______________
乙方(服务方):______________
统一社会信用代码/身份证号:______________
住所地/居住地:______________

联系人:________________________　联系电话:________________________

电子邮箱:________________________　微信号:________________________

根据《中华人民共和国合同法》及相关法律法规的规定,甲乙双方在平等、互利、自愿的基础上,经充分友好协商,就甲方聘请乙方为水产品养殖提供技术服务达成以下条款,以资遵守执行。

一、服务内容

第一条　乙方应甲方要求向甲方提供以下各项技术服务:

(一)提供水产品养殖的完整计划方案;

(二)提供专业的技术服务团队,保证养殖过程的顺利进行;

(三)为甲方培训养殖水产品的专业技术人员;

(四)协助甲方建立水产品养殖的资料库。

第二条　技术服务的方式:____

二、技术服务费及支付方式

第三条　甲方应向乙方支付技术服务费人民币________元(大写:________元)。

第四条　双方约定第____种报酬支付方式和期限:

(一)一次性付清,即在本合同签订之日起____个工作日内支付所有技术服务费。

(二)分期支付,即在本合同签订之日起____个工作日内支付第一笔技术服务费______元,并在之后____日内分____期将剩余技术服务费支付完毕。

第五条　甲方以银行转账方式支付技术服务费给乙方:

开户银行:____

户　　名:____

账　　号:____

除前款约定的银行汇款支付外,以下三种支付方式双方均予认可:

(一)支付宝转账;(二)微信转账;(三)现金支付。

三、双方的其他权利义务

第六条　甲方需按照乙方的指导对水产品进行养殖,如因甲方违规操作造成损失的,甲方自行承担所有损失。

第七条　甲方应向乙方提供现有的所有资料,包括具体要求、投资计划等。

第八条　为乙方提供以下工作条件:

(一)筹备阶段的办公场地,办公设备;

(二)养殖阶段的试验、检测设备;

(三)技术服务团队的必要生活设施和交通便利。

第九条　乙方保证自身具有相关的技术指导资质且其他相关手续齐全。

第十条　乙方按照合同第一条的约定为甲方提供技术服务,并保证提供的技术服务满足甲方的质量需要。

第十一条　乙方每年举办____次培训课,甲方可派____人免费参加。具体内容以培训课程为准。培训期间,甲方派遣人员的食宿由乙方安排。

第十二条 乙方设立专家热线，甲方养殖期间的任何问题均可免费向专家咨询；若甲方遇到重大技术难题，乙方应派遣专家现场免费指导解决问题。

第十三条 若乙方的技术指导失误，除退还相关技术服务费用外，还需赔偿甲方遭受的其他损失。

四、合同期限

第十四条 本合同的履行期限是______年____月____日起至______年____月____日止。合同期满或终止前30日内，甲乙双方应当就是否续签合同交换意见并进行必要的协商，以保证服务工作的连续性，否则，视为双方同意期满终止合同。

五、保密

第十五条 本合同内容如涉及国家安全和重大利益需要保密的，应就该保密事项的范围、密级和保密期限以及各方承担的保密义务进行约定。一方提供给另一方的资料和信息，应当在提供时书面说明，否则接收方没有保密义务。

第十六条 双方保证对从另一方取得且无法自公开渠道获得的商业秘密（技术信息、经营信息及其他商业秘密）予以保密。未经该商业秘密的原提供方同意，一方不得向任何第三方泄露该商业秘密的全部或部分内容。但法律、法规另有规定或双方另有约定的除外。

第十七条 本协议终止后五年内，双方继续负有前款约定的保密义务。一方违反上述保密义务的，应承担相应的违约责任并赔偿对方因此遭受的损失。

六、合同的变更、解除

第十八条 双方经协商一致，可以变更、解除合同。

第十九条 任何一方违反本合同任何条款约定的，在对方催告后十五个工作日内没有改正为全面履行的，守约方有权书面通知违约方解除合同，且有权要求违约方赔偿相当于合同总额5%的违约金及所遭受的损失（包括但不限于直接损失、可得利益、律师费用等全部损失）。

第二十条 一方只主张违约责任，没有主张解除合同的，合同应当继续履行。一方收到解除合同的通知后，对解除有异议的，应当在十五日内向法定机关提出，否则，视为对解除无异议。

七、违约责任

第二十一条 因出现不可预见、不可避免、不可克服的事件，导致本合同无法有效及时履行的，相互不承担违约责任。但是，遭遇不可抗力方应当立即通过电话、微信等方式通知对方，并在通知后的三日内将不可抗力的书面有效证明及本合同无法有效及时履行的书面理由提交给对方确认。否则应当承担相应的违约责任。

第二十二条 甲方未按照合同约定提供必要的数据和资料，影响乙方工作进度和质量的，所支付的技术服务费不得追回，未支付的报酬应当如数支付。

第二十三条 甲方逾期两个月不提供或者不补充有关技术资料、数据和工作条件，导致乙方无法开展工作的，乙方有权解除合同，甲方应当支付违约金并赔偿损失。

第二十四条 在对方未履行义务前，一方按照合同的约定履行自己的义务的，不等于认可对方已经履行了先前的义务或同意对方可以不再履行其义务。

第二十五条　一方接受对方逾期履行的,不视为对其违约行为的认可,仍然有权追究其违约责任,还有权解除合同。

八、争议解决方式

第二十六条　本合同的约定和履行中产生的争议,双方友好协商解决,若协商不成,任何一方均可向有关部门申请调解,也有权在原告住所地或居住地人民法院起诉解决。双方还可以约定提交仲裁机构裁决。

九、附则

第二十七条　双方在签订本合同时,应提供经核实的身份证明和相应资质证明文件的复印件作为合同附件。

第二十八条　变更住所地(居住地)、代表人(联系人)、电话等联络方式的,变更方应在变更后24小时内以书面方式通知对方。否则视为本合同载明的联络方式继续有效,微信和短信内容也作为双方来往文件。通知、诉讼文书等文件以邮寄方式发送的,将文件按有效联络方式交给经营特快专递的单位邮寄后,邮件被签收或拒收均视为已经送达。

第二十九条　本合同中的标题只为便于双方阅读和理解合同内容,不作为权利义务的约定。

第三十条　本合同自双方签章之日起生效。一式四份,甲乙双方各持两份,具有同等法律效力。

(以下无正文)

甲　方(签名捺印)/(盖章):　　　　乙　方(签名捺印)/(盖章):
代表人(签名):　　　　代表人(签名):
年　月　日　　　　年　月　日

本合同签订地点:____________________

生猪养殖技术服务合同

合同编号:GDHT063

甲方(委托方):____________________
统一社会信用代码/身份证号:____________________
住所地/居住地:____________________
联系人:____________________　联系电话:____________________
电子邮箱:____________________　微信号:____________________
乙方(服务方):____________________
统一社会信用代码/身份证号:____________________

住所地/居住地:____

联系人:______________________ 联系电话:______________________

电子邮箱:______________________ 微信号:______________________

根据《中华人民共和国合同法》及相关法律法规的规定,甲乙双方在平等、互利、自愿的基础上,经充分友好协商,就甲方聘请乙方对生猪养殖提供技术服务达成以下条款,以资遵守执行。

一、服务内容

第一条 乙方应甲方要求向甲方提供以下各项技术服务:

(一)提供生猪养殖的完整计划方案;

(二)提供专业的技术服务团队,保证养殖过程的顺利进行;

(三)为甲方培训养殖生猪的专业技术人员;

(四)协助甲方建立生猪养殖的资料库。

第二条 技术服务的方式:____

二、技术服务费及支付方式

第三条 甲方应向乙方支付技术服务费人民币________元(大写:________元)。

第四条 双方约定第____种报酬支付方式和期限:

(一)一次性付清,即在本合同签订之日起____个工作日内支付所有技术服务费。

(二)分期支付,即在本合同签订之日起____个工作日内支付第一笔技术服务费______元,并在之后____日内分____期将剩余技术服务费支付完毕。

第五条 甲方以银行转账方式支付技术服务费给乙方:

开户行:____

户主名:____

账　号:____

除前款约定的银行汇款支付外,以下三种支付方式双方均予认可:

(一)支付宝转账;(二)微信转账;(三)现金支付。

三、双方的其他权利义务

第六条 甲方需按照乙方的指导对生猪进行养殖,如因甲方违规操作造成损失的,甲方自行承担所有损失。

第七条 甲方应向乙方提供现有的所有资料,包括具体要求、投资计划等。

第八条 为乙方提供以下工作条件:

(一)筹备阶段的办公场地,办公设备;

(二)养殖阶段的试验、检测设备;

(三)技术服务团队的必要生活设施和交通便利。

第九条 乙方保证自身具有相关的技术指导资质且其他相关手续齐全。

第十条 乙方按照合同第一条的约定为甲方提供技术服务,并保证提供的技术服务满足甲方的质量需要。

第十一条 乙方每年举办____次培训课,甲方可派____人免费参加。具体内容以培训课程为准。培训期间,甲方派遣人员的食宿由乙方安排。

第十二条　乙方设立专家热线,甲方养殖期间的任何问题均可免费向专家咨询;若甲方遇到重大技术难题,乙方应派遣专家现场免费指导解决问题。

第十三条　若乙方的技术指导失误,除退还相关技术服务费用外,还需赔偿甲方其他损失。

四、合同期限

第十四条　本合同的履行期限是______年____月____日起至______年____月____日止。合同期满或终止前30日内,甲乙双方应当就是否续签合同交换意见并进行必要的协商,以保证服务工作的连续性,否则,视为双方同意期满终止合同。

五、保密

第十五条　本合同内容如涉及国家安全和重大利益需要保密的,应就该保密事项的范围、密级和保密期限以及各方承担的保密义务进行约定。一方提供给另一方的资料和信息,应当在提供时书面说明,否则接收方没有保密义务。

第十六条　双方保证对从另一方取得且无法自公开渠道获得的商业秘密(技术信息、经营信息及其他商业秘密)予以保密。未经该商业秘密的原提供方同意,一方不得向任何第三方泄露该商业秘密的全部或部分内容。但法律、法规另有规定或双方另有约定的除外。

第十七条　本协议终止后五年内,双方继续负有前款约定的保密义务。一方违反上述保密义务的,应承担相应的违约责任并赔偿对方因此遭受的损失。

六、合同的变更、解除

第十八条　双方经协商一致,可以变更、解除合同。

第十九条　任何一方违反本合同任何条款约定的,在对方催告后十五个工作日内没有改正为全面履行的,守约方有权书面通知违约方解除合同,且有权要求违约方赔偿相当于合同总额5%的违约金及所遭受的损失(包括但不限于直接损失、可得利益、律师费用等全部损失)。

第二十条　一方只主张违约责任,没有主张解除合同的,合同应当继续履行。一方收到解除合同的通知后,对解除有异议的,应在十五日内向法定提出,否则,视为对解除无异议。

七、违约责任

第二十一条　因出现不可预见、不可避免、不可克服的事件,导致本合同无法有效及时履行的,相互不承担违约责任。但是,遭遇不可抗力方应当立即通过电话、微信等方式通知对方,并在通知后的三日内将不可抗力的书面有效证明及本合同无法有效及时履行的书面理由提交给对方确认。否则应当承担相应的违约责任。

第二十二条　甲方未按照合同约定提供必要的数据和资料,影响乙方工作进度和质量的,所支付的技术服务费不得追回,未支付的报酬应当如数支付。

第二十三条　甲方逾期两个月不提供或者不补充有关技术资料、数据和工作条件,导致乙方无法开展工作的,乙方有权解除合同,甲方应当支付违约金并赔偿损失。

第二十四条 在对方未履行义务前，一方按照合同约定履行自己的义务的，不等于认可对方已经履行了先前的义务或同意对方可以不再履行其义务。

第二十五条 一方接受对方逾期履行的，不视为对其违约行为的认可，仍然有权追究其违约责任，还有权解除合同。

八、争议解决方式

第二十六条 本合同的约定和履行中产生的争议，双方友好协商解决，若协商不成，任何一方均可向有关部门申请调解，也有权在原告住所地或居住地人民法院起诉解决。双方还可以约定提交仲裁机构裁决。

九、附则

第二十七条 双方在签订本合同时，应提供经核实的身份证明和相应资质证明文件的复印件作为合同附件。

第二十八条 变更住所地（居住地）、代表人（联系人）、电话等联络方式的，变更方应在变更后 24 小时内以书面方式通知对方。否则视为本合同载明的联络方式继续有效，微信和短信内容也作为双方来往文件。通知、诉讼文书等文件以邮寄方式发送的，将文件按有效联络方式交给经营特快专递的单位邮寄后，邮件被签收或拒收均视为已经送达。

第二十九条 本合同中的标题只为便于双方阅读和理解合同内容，不作为权利义务的约定。

第三十条 本合同自双方签章之日起生效。一式四份，甲乙双方各持两份，具有同等法律效力。

（以下无正文）

甲　方（签名捺印）/（盖章）：　　　　乙　方（签名捺印）/（盖章）：
代表人（签名）：　　　　代表人（签名）：
年　月　日　　　　年　月　日

本合同签订地点：____________________

山羊养殖技术服务合同

合同编号：GDHT064

甲方（委托方）：____________________
统一社会信用代码/身份证号：____________________
住所地/居住地：____________________
联系人：____________________　联系电话：____________________
电子邮箱：____________________　微信号：____________________
乙方（服务方）：____________________

统一社会信用代码/身份证号：________________________________

住所地/居住地：________________________________

联系人：______________ 联系电话：______________

电子邮箱：______________ 微信号：______________

根据《中华人民共和国合同法》及相关法律法规的规定，甲乙双方在平等、互利、自愿的基础上，经充分友好协商，就甲方聘请乙方为山羊养殖提供技术服务达成以下条款，以资遵守执行。

一、服务内容

第一条 乙方应甲方要求向甲方提供以下各项技术服务：

（一）提供山羊养殖的完整计划方案；

（二）提供专业的技术服务团队，保证养殖过程的顺利进行；

（三）为甲方培训养殖山羊的专业技术人员；

（四）协助甲方建立山羊养殖的资料库。

第二条 技术服务的方式：________________________________

二、技术服务费及支付方式

第三条 甲方应向乙方支付技术服务费人民币________元（大写：________元）。

第四条 双方约定第____种报酬支付方式和期限：

（一）一次性付清，即在本合同签订之日起____个工作日内支付所有技术服务费。

（二）分期支付，即在本合同签订之日起____个工作日内支付第一笔技术服务费______元，并在之后____日内分____期将剩余技术服务费支付完毕。

第五条 甲方以银行转账方式支付技术服务费给乙方：

开户行：________________________________

户主名：________________________________

账　号：________________________________

除前款约定的银行汇款支付外，以下三种支付方式双方均予认可：

（一）支付宝转账；（二）微信转账；（三）现金支付。

三、双方的其他权利义务

第六条 甲方需按照乙方的指导对山羊进行养殖，如因甲方违规操作造成损失的，甲方自行承担所有损失。

第七条 甲方应向乙方提供现有的所有资料，包括具体要求、投资计划等。

第八条 为乙方提供以下工作条件：

（一）筹备阶段的办公场地，办公设备；

（二）养殖阶段的试验、检测设备；

（三）技术服务团队的必要生活设施和交通便利。

第九条 乙方保证自身具有相关的技术指导资质且其他相关手续齐全。

第十条 乙方按照合同第一条的约定为甲方提供技术服务，并保证提供的技术服务满足甲方的质量需要。

第十一条 乙方每年举办____次培训课，甲方可派____人免费参加。具体内容以培训课程为准。培训期间，甲方派遣人员的食宿由乙方安排。

第十二条 乙方设立专家热线，甲方养殖期间的任何问题均可免费向专家咨询；若甲方遇到重大技术难题，乙方应派遣专家现场免费指导解决问题。

第十三条 若乙方的技术指导失误，除退还相关技术服务费用外，还需赔偿甲方其他损失。

四、合同期限

第十四条 本合同的履行期限是______年____月____日起至______年____月____日止。合同期满或终止前30日内，甲乙双方应当就是否续签合同交换意见并进行必要的协商，以保证服务工作的连续性，否则，视为双方同意期满终止合同。

五、保密

第十五条 本合同内容如涉及国家安全和重大利益需要保密的，应就该保密事项的范围、密级和保密期限以及各方承担的保密义务进行约定。一方提供给另一方的资料和信息，应当在提供时书面说明，否则接收方没有保密义务。

第十六条 双方保证对从另一方取得且无法自公开渠道获得的商业秘密（技术信息、经营信息及其他商业秘密）予以保密。未经该商业秘密的原提供方同意，一方不得向任何第三方泄露该商业秘密的全部或部分内容。但法律、法规另有规定或双方另有约定的除外。

第十七条 本协议终止后五年内，双方继续负有前款约定的保密义务。一方违反上述保密义务的，应承担相应的违约责任并赔偿由此造成的损失。

六、合同的变更、解除

第十八条 双方经协商一致，可以变更、解除合同。

第十九条 任何一方违反本合同任何条款约定的，在对方催告后十五个工作日内没有改正为全面履行的，守约方有权书面通知违约方解除合同，且有权要求违约方赔偿相当于合同总额5%的违约金及所遭受的损失（包括但不限于直接损失、可得利益、律师费用等全部损失）。

第二十条 一方只主张违约责任，没有主张解除合同的，合同应当继续履行。一方收到解除合同的通知后，对解除有异议的，应当在十五日内向法定机关提出，否则，视为对解除无异议。

七、违约责任

第二十一条 因出现不可预见、不可避免、不可克服的事件，导致本合同无法有效及时履行的，相互不承担违约责任。但是，遭遇不可抗力方应当立即通过电话、微信等方式通知对方，并在通知后的三日内将不可抗力的书面有效证明及本合同无法有效及时履行的书面理由提交给对方确认。否则应当承担相应的违约责任。

第二十二条 甲方未按照合同约定提供必要的数据和资料，影响乙方工作进度和质量的，所支付的技术服务费不得追回，未支付的报酬应当如数支付。

第二十三条 甲方逾期两个月不提供或者不补充有关技术资料、数据和工作条件，导致乙方无法开展工作的,乙方有权解除合同,甲方应当支付违约金并赔偿损失。

第二十四条　在对方未履行义务前,一方按照合同约定履行自己的义务的,不等于认可对方已经履行了先前的义务或同意对方可以不再履行其义务。

第二十五条　一方接受对方逾期履行的,不视为对其违约行为的认可,仍然有权追究其违约责任,还有权解除合同。

八、争议解决方式

第二十六条　本合同的约定和履行中产生的争议,双方友好协商解决,若协商不成,任何一方均可向有关部门申请调解,也有权在原告住所地或居住地人民法院起诉解决。双方还可以约定提交仲裁机构裁决。

九、附则

第二十七条　双方在签订本合同时,应提供经核实的身份证明和相应资质证明文件的复印件作为合同附件。

第二十八条　变更住所地(居住地)、代表人(联系人)、电话等联络方式的,变更方应在变更后24小时内以书面方式通知对方。否则视为本合同载明的联络方式继续有效,微信和短信内容也作为双方来往文件。通知、诉讼文书等文件以邮寄方式发送的,将文件按有效联络方式交给经营特快专递的单位邮寄后,邮件被签收或拒收均视为已经送达。

第二十九条　本合同中的标题只为便于双方阅读和理解合同内容,不作为权利义务的约定。

第三十条　本合同自双方签章之日起生效。一式四份,甲乙双方各持两份,具有同等法律效力。

(以下无正文)

甲　方(签名捺印)/(盖章):　　　　乙　方(签名捺印)/(盖章):
代表人(签名):　　　　代表人(签名):
年　月　日　　　　年　月　日

本合同签订地点:____________

肉牛养殖技术服务合同

合同编号:GDHT065

甲方(委托方):____________
统一社会信用代码/身份证号:____________
住所地/居住地:____________
联系人:____________　联系电话:____________
电子邮箱:____________　微信号:____________

乙方(服务方):____

统一社会信用代码/身份证号:____________________________________

住所地/居住地:____

联系人:______________________ 联系电话:______________________

电子邮箱:____________________ 微信号:________________________

根据《中华人民共和国合同法》及相关法律法规的规定,甲乙双方在平等、互利、自愿的基础上,经充分友好协商,就甲方聘请乙方为肉牛养殖提供技术服务达成以下条款,以资遵守执行。

一、服务内容

第一条 乙方应甲方要求向甲方提供以下各项技术服务:

(一)提供肉牛养殖的完整计划方案;

(二)提供专业的技术服务团队,保证养殖过程的顺利进行;

(三)为甲方培训养殖肉牛的专业技术人员;

(四)协助甲方建立肉牛养殖的资料库。

第二条 技术服务的方式:__________________________________

二、技术服务费及支付方式

第三条 甲方应向乙方支付技术服务费人民币________元(大写:________元)。

第四条 双方约定第____种报酬支付方式和期限:

(一)一次性付清,即在本合同签订之日起____个工作日内支付所有技术服务费。

(二)分期支付,即在本合同签订之日起____个工作日内支付第一笔技术服务费______元,并在之后____日内分____期将剩余技术服务费支付完毕。

第五条 甲方以银行转账方式支付技术服务费给乙方:

开户行:____

户主名:____

账　号:____

除前款约定的银行汇款支付外,以下三种支付方式双方均予认可:

(一)支付宝转账;(二)微信转账;(三)现金支付。

三、双方的其他权利义务

第六条 甲方需按照乙方的指导对肉牛进行养殖,如因甲方违规操作造成损失的,甲方自行承担所有损失。

第七条 甲方应向乙方提供现有的所有资料,包括具体要求、投资计划等。

第八条 为乙方提供以下工作条件:

(一)筹备阶段的办公场地,办公设备;

(二)养殖阶段的试验、检测设备;

(三)技术服务团队的必要生活设施和交通便利。

第九条 乙方保证自身具有相关的技术指导资质且其他相关手续齐全。

第十条 按照合同第一条的约定为甲方提供技术服务,并保证提供的技术服务满足甲方的质量需要。

第十一条　乙方每年举办____次培训课，甲方可派____人免费参加。具体内容以培训课程为准。培训期间，甲方派遣人员的食宿由乙方安排。

第十二条　乙方设立专家热线，甲方养殖期间的任何问题均可免费向专家咨询；若甲方遇到重大技术难题，乙方应派遣专家现场免费指导解决问题。

第十三条　若因乙方的技术指导失误，除退还相关技术服务费用外，还需赔偿甲方其他损失。

四、合同期限

第十四条　本合同的履行期限是______年____月____日起至______年____月____日止。合同期满或终止前30日内，甲乙双方应当就是否续签合同交换意见并进行必要的协商，以保证服务工作的连续性，否则，视为双方同意期满终止合同。

五、保密

第十五条　本合同内容如涉及国家安全和重大利益需要保密的，应就该保密事项的范围、密级和保密期限以及各方承担的保密义务进行约定。一方提供给另一方的资料和信息，应当在提供时书面说明，否则接收方没有保密义务。

第十六条　双方保证对从另一方取得且无法自公开渠道获得的商业秘密（技术信息、经营信息及其他商业秘密）予以保密。未经该商业秘密的原提供方同意，一方不得向任何第三方泄露该商业秘密的全部或部分内容。但法律、法规另有规定或双方另有约定的除外。

第十七条　本协议终止后五年内，双方继续负有前款约定的保密义务。一方违反上述保密义务的，应承担相应的违约责任并赔偿对方因此遭受的损失。

六、合同的变更、解除

第十八条　双方经协商一致，可以变更、解除合同。

第十九条　任何一方违反本合同任何条款约定的，在对方催告后十五个工作日内没有改正为全面履行的，守约方有权书面通知违约方解除合同，且有权要求违约方赔偿相当于合同总额<u>5%</u>的违约金及所遭受的损失（包括但不限于直接损失、可得利益、律师费用等全部损失）。

第二十条　一方只主张违约责任，没有主张解除合同的，合同应当继续履行。一方收到解除合同的通知后，对解除有异议的，应当在十五日内向法定机关提出，否则，视为对解除无异议。

七、违约责任

第二十一条　因出现不可预见、不可避免、不可克服的事件，导致本合同无法有效及时履行的，相互不承担违约责任。但是，遭遇不可抗力方应当立即通过电话、微信等方式通知对方，并在通知后的三日内将不可抗力的书面有效证明及本合同无法有效及时履

第二十二条　甲方未按照合同约定提供必要的数据和资料，影响乙方工作进度和质量的，所支付的技术服务费不得追回，未支付的报酬应当如数支付。

第二十三条　甲方逾期两个月不提供或者不补充有关技术资料、数据和工作条件，导

致乙方无法开展工作的，乙方有权解除合同，甲方应当支付违约金并赔偿损失。

第二十四条 在对方未履行义务前，一方按照合同约定履行自己的义务的，不等于认可对方已经履行了先前的义务或同意对方可以不再履行其义务。

第二十五条 一方接受对方逾期履行的，不视为对其违约行为的认可，仍然有权追究其违约责任，还有权解除合同。

八、争议解决方式

第二十六条 本合同的约定和履行中产生的争议，双方友好协商解决，若协商不成，任何一方均可向有关部门申请调解，也有权在原告住所地或居住地人民法院起诉解决。双方还可以约定提交仲裁机构裁决。

九、附则

第二十七条 双方在签订本合同时，应提供经核实的身份证明和相应资质证明文件的复印件作为合同附件。

第二十八条 变更住所地（居住地）、代表人（联系人）、电话等联络方式的，变更方应在变更后24小时内以书面方式通知对方。否则视为本合同载明的联络方式继续有效，微信和短信内容也作为双方来往文件。通知、诉讼文书等文件以邮寄方式发送的，将文件按有效联络方式交给经营特快专递的单位邮寄后，邮件被签收或拒收均视为已经送达。

第二十九条 本合同中的标题只为便于双方阅读和理解合同内容，不作为权利义务的约定。

第三十条 本合同自双方签章之日起生效。一式四份，甲乙双方各持两份，具有同等法律效力。

（以下无正文）

甲　方（签名捺印）/（盖章）：　　　　乙　方（签名捺印）/（盖章）：

代表人（签名）：　　　　代表人（签名）：

年　月　日　　　　年　月　日

本合同签订地点：____________________

特色鸡养殖技术服务合同

合同编号：GDHT066

甲方（委托方）：____________________

统一社会信用代码/身份证号：____________________

住所地/居住地：____________________

联系人：____________________　联系电话：____________________

电子邮箱：____________________　微信号：____________________

乙方(服务方):____

统一社会信用代码/身份证号:________________________________

住所地/居住地:____

联系人:____________________　联系电话:____________________

电子邮箱:____________________　微信号:____________________

根据《中华人民共和国合同法》及相关法律法规的规定,甲乙双方在平等、互利、自愿的基础上,经充分友好协商,就甲方聘请乙方为特色鸡养殖提供技术服务达成以下条款,以资遵守执行。

一、服务内容

第一条　乙方应甲方要求向甲方提供以下各项技术服务:

(一)提供特色鸡养殖的完整计划方案;

(二)提供专业的技术服务团队,保证养殖过程的顺利进行;

(三)为甲方培训养殖特色鸡的专业技术人员;

(四)协助甲方建立特色鸡养殖的资料库。

第二条　技术服务的方式:____

二、技术服务费及支付方式

第三条　甲方应向乙方支付技术服务费人民币________元(大写:________元)。

第四条　双方约定第____种报酬支付方式和期限:

(一)一次性付清,即在本合同签订之日起____日内支付所有技术服务费;

(二)分期支付,即在本合同签订之日起____日内支付第一笔技术服务费______元,并在之后____日内分____期将剩余技术服务费支付完毕。

第五条　甲方以银行转账方式支付技术服务费给乙方:

开户行:____

户主名:____

账　号:____

除前款约定的银行汇款支付外,以下三种支付方式双方均予认可:

(一)支付宝转账;(二)微信转账;(三)现金支付。

三、双方的其他权利义务

第六条　甲方需按照乙方的指导对特色鸡进行养殖,如因甲方违规操作造成损失的,甲方自行承担所有损失。

第七条　甲方应向乙方提供现有的所有资料,包括具体要求、投资计划等。

第八条　为乙方提供以下工作条件:

(一)筹备阶段的办公场地,办公设备;

(二)养殖阶段的试验、检测设备;

(三)技术服务团队的必要生活设施和交通便利。

第九条　乙方保证自身具有相关的技术指导资质且其他相关手续齐全。

第十条　按照合同第一条的约定为甲方提供技术服务,并保证提供的技术服务满足甲方的质量需要。

第十一条 乙方每年举办____次培训课，甲方可派____人免费参加。具体内容以培训课程为准。培训期间，甲方派遣人员的食宿由乙方安排。

第十二条 乙方设立专家热线，甲方养殖期间的任何问题均可免费向专家咨询；若甲方遇到重大技术难题，可由乙方派遣专家现场免费指导解决问题。

第十三条 若因乙方的技术指导失误，除退还相关技术服务费用外，还需赔偿甲方其他损失。

四、合同期限

第十四条 本合同的履行期限是______年____月____日起至______年____月____日止。合同期满或终止前30日内，甲乙双方应当就是否续签合同交换意见并进行必要的协商，以保证服务工作的连续性，否则，视为双方同意期满终止合同。

五、保密

第十五条 本合同内容如涉及国家安全和重大利益需要保密的，应就该保密事项的范围、密级和保密期限以及各方承担的保密义务进行约定。一方提供给另一方的资料和信息，应当在提供时书面说明，否则接收方没有保密义务。

第十六条 双方保证对从另一方取得且无法自公开渠道获得的商业秘密（技术信息、经营信息及其他商业秘密）予以保密。未经该商业秘密的原提供方同意，一方不得向任何第三方泄露该商业秘密的全部或部分内容。但法律、法规另有规定或双方另有约定的除外。

第十七条 本协议终止后五年内，双方继续负有前款约定的保密义务。一方违反上述保密义务的，应承担相应的违约责任并赔偿对方因此遭受的损失。

六、合同的变更、解除

第十八条 经甲乙双方充分协商一致，可对合同条款进行变更。

第十九条 任何一方违反本合同任何条款约定的，在对方催告后十五个工作日内没有改正为全面履行的，守约方有权书面通知违约方解除合同，且有权要求违约方赔偿相当于合同总额5%的违约金及所遭受的损失（包括但不限于直接损失、可得利益、律师费用等全部损失）。

第二十条 一方只主张违约责任，没有主张解除合同的，合同应当继续履行。一方收到解除合同的通知后，对解除有异议的，应当在十五日内向法定机关提出，否则，视为对解除无异议。

七、违约责任

第二十一条 甲方未按照合同约定提供必要的数据和资料，影响乙方工作进度和质量的，所支付的技术服务费不得追回，未支付的报酬应当如数支付。

第二十二条 甲方逾期两个月不提供或者不补充有关技术资料、数据和工作条件，导致乙方无法开展工作的，乙方有权解除合同，甲方应当支付违约金并赔偿损失。

第二十三条 在对方未履行义务前，一方按照合同约定履行自己的义务的，不等于认可对方已经履行了先前的义务或同意对方可以不再履行其义务。

第二十四条　一方接受对方逾期履行的，不视为对其违约行为的认可，仍然有权追究其违约责任，还有权解除合同。

八、争议解决方式

第二十五条　本合同的约定和履行中产生的争议，双方友好协商解决，若协商不成，任何一方均有权在原告住所地或居住地人民法院起诉解决。双方还可以约定提交仲裁机构裁决。

九、不可抗力

第二十六条　因出现不可预见、不可避免、不可克服的事件，导致本合同无法有效及时履行的，想互不承担违约责任。但是，遭遇不可抗力方应立即通过电话、微信等方式通知对方，并在通知后的三日内将不可抗力的书面有效证明及本合同无法有效及时履行的书面理由提交给对方确认。否则应当承担相应的违约责任。

十、附则

第二十七条　双方在签订本合同时，应当提供经核实的身份证明和相应资质证明文件的复印件作为合同附件。

第二十八条　住所地(居住地)、联系人、电话等的联络方式如有变更，变更的一方应在变更后 24 小时内以书面方式通知对方。否则视为本合同载明的联络方式继续有效，微信和短信内容也作为双方来往文件。通知、诉讼文书等文件以邮寄方式发送的，将文件按有效联络方式交给经营特快专递的单位邮寄后，邮件被签收或拒收均视为已经送达。

第二十九条　本合同中的标题只为便于双方阅读和理解合同内容，不作为权利义务的约定。

第三十条　本合同自双方签名按印或代表人签名盖章之日起生效。一式四份，甲乙双方各持两份，具有同等法律效力。

(以下无正文)

甲　方(签名捺印)/(盖章)：	乙　方(签名捺印)/(盖章)：
代表人(签名)：	代表人(签名)：
年　月　日	年　月　日

本合同签订地点：____________________

家畜家禽养殖产销合同

合同编号：GDHT067

甲方(养殖方)：____

统一社会信用代码/身份证号：________________________________

住所地/居住地：____

联系人：________________ 联系电话：________________

电子邮箱：________________ 微信号：________________

乙方（收购方）：________________________________

统一社会信用代码/身份证号：________________________

住所地/居住地：________________________________

联系人：________________ 联系电话：________________

电子邮箱：________________ 微信号：________________

根据《中华人民共和国合同法》及相关法律法规的规定，甲乙双方在平等、互利、自愿的基础上，经充分友好协商，就甲乙双方对家禽家畜养殖产销达成以下条款，以资遵守执行。

一、服务内容

第一条 甲方负责____的养殖生产管理，乙方负责____养殖生产的技术指导及销售。

第二条 养殖的技术标准为：________________________

第三条 养殖时间为______年____月____日至______年____月____日。

二、费用及支付方式

第四条 乙方向甲方支付人民币__________元（大写：________元）。

第五条 双方约定第____种报酬支付方式和期限：

（一）一次性付清，即在本合同签订之日起____个工作日内支付所有费用；

（二）分期支付，即在本合同签订之日起____个工作日内支付第一笔费用______元，并在之后____日内分____期将剩余费用支付完毕。

第六条 乙方以银行转账方式支付费用给甲方指定账户：

开户行：________________________________

账户名：________________________________

账　号：________________________________

除前款约定的银行汇款支付外，以下三种支付方式双方均予认可：

（一）支付宝转账；（二）微信转账；（三）现金支付。

三、双方的其他权利义务

第七条 甲方承诺养殖的______为____只（头），按照乙方提出的技术标准要求进行养殖管理，并于约定日期________前足额向乙方交售符合质量标准和等级的______计______千克（只、头）。

第八条 甲方承诺在乙方未放弃收购权时，其养殖的____________不向他人出售。

第九条 甲方养殖的________________符合约定质量标准和等级，乙方承诺负责包销。每千克（只、头）的收购价为__________元。

第十条 乙方应做好养殖生产的信息技术和培训工作，指导甲方科学养殖，预防畜禽疾病，提高养殖质量。如确需适量收取技术信息服务费的，其收取的标准和时间为________

第十一条 乙方需统一提供畜禽种苗及预防治疗用药的，应以优惠价格供应，具体价格为__________种苗__________元（只、头）。预防治疗用药________________

四、合同的变更、解除

第十二条 双方经协商一致，可以变更、解除合同。

第十三条 任何一方违反本合同任何条款约定的，在对方催告后十五个工作日内没有改正为全面履行的，守约方有权书面通知违约方解除合同，且有权要求违约方赔偿相当于合同总额5%的违约金及所遭受的损失（包括但不限于直接损失、可得利益、律师费用等全部损失）。

第十四条 一方只主张违约责任，没有主张解除合同的，合同应当继续履行。一方收到解除合同的通知后，对解除有异议的，应当在十五日内向法定机关提出，否则，视为对解除无异议。

五、违约责任

第十五条 因出现不可预见、不可避免、不可克服的事件，导致本合同无法有效及时履行的，相互不承担违约责任。但是，遭遇不可抗力方应当立即通过电话、微信等方式通知对方，并在通知后的三日内将不可抗力的书面有效证明及本合同无法有效及时履行的书面理由提交给对方确认。否则应当承担相应的违约责任。

第十六条 在对方未履行义务前，一方按照合同约定履行自己的义务的，不等于认可对方已经履行了先前的义务或同意对方可以不再履行其义务。

第十七条 一方接受对方逾期履行的，不视为对其违约行为的认可，仍然有权追究其违约责任，还有权解除合同。

六、争议解决方式

第十八条 本合同的约定和履行中产生的争议，双方友好协商解决，若协商不成，任何一方均可向有关部门申请调解，也有权在原告住所地或居住地人民法院起诉解决。双方还可以约定提交仲裁机构裁决。

七、附则

第十九条 双方在签订本合同时，应提供经核实的身份证明和相应资质证明文件的复印件作为合同附件。

第二十条 变更住所地（居住地）、代表人（联系人）、电话等联络方式的，变更方应在变更后24小时内以书面方式通知对方。否则视为本合同载明的联络方式继续有效，微信和短信内容也作为双方来往文件。通知、诉讼文书等文件以邮寄方式发送的，将文件按有效联络方式交给经营特快专递的单位邮寄后，邮件被签收或拒收均视为已经送达。

第二十一条 本合同中的标题只为便于双方阅读和理解合同内容，不作为权利义务的约定。

第二十二条 本合同自双方签章之日起生效。一式四份，甲乙双方各持两份，具有同等法律效力。

（以下无正文）

甲　方（签名捺印）/（盖章）：	乙　方（签名捺印）/（盖章）：
代表人（签名）：	代表人（签名）：
年　月　日	年　月　日

本合同签订地点：______________________

农产品技术服务和产销合作合同

合同编号:GDHT068

甲方(收购方):____

统一社会信用代码/身份证号:________________________________

住所地/居住地:____

联系人:____________________ 联系电话:____________________

电子邮箱:__________________ 微信号:______________________

乙方(种植方):____

统一社会信用代码/身份证号:________________________________

住所地/居住地:____

联系人:____________________ 联系电话:____________________

电子邮箱:__________________ 微信号:______________________

根据《中华人民共和国合同法》及相关法律法规的规定,甲乙双方在平等、互利、自愿的基础上,经充分友好协商,就甲乙双方对农产品产销达成以下条款,以资遵守执行。

一、服务内容

第一条 乙方在________________种植______________等农产品,种植基地规模为____亩,年产________万吨。

第二条 乙方可根据市场行情自行制定农产品种植计划,也可根据甲方提供的种植信息制定种植计划。

第三条 农产品产量以乙方收获时的实际产量为准。

二、费用及支付方式

第四条 甲方向乙方支付人民币____________元(大写:________元)。

第五条 甲方应在每次交易完成的当天,根据双方核定的费用总计,以____________(电汇/转账/现金)方式支付给乙方。甲方不得无故拖欠乙方农产品购销款项。

第六条 甲方应将购销款项汇至乙方下列指定账户:

开户行:____

账户名:____

账　号:____

除前款约定的银行汇款支付外,以下三种支付方式双方均予认可:

(一)支付宝转账;(二)微信转账;(三)现金支付。

三、双方其他权利义务

第七条 甲方无偿向乙方提供生产过程中的技术咨询服务、市场信息服务和农产品检验检测服务。

第八条 甲方技术服务人员应定期深入乙方生产基地进行技术指导,每周不少于一次。

第九条　甲方无偿通过网络或电话向乙方提供每日农产品价格和交易信息。

第十条　在甲乙双方合作期间，甲方可以根据乙方需要代购生产所需的种子（种苗）、专用农药和生产设备，并协调生产，提供适宜的技术支持。

第十一条　甲方应免费为乙方农产品提供推介服务。

第十二条　乙方应规范操作，严格按照国家标准使用农药和化肥，保证质量符合国家无公害农产品质量标准。

第十三条　甲方无偿向乙方提供农产品质量检验检测服务。

第十四条　乙方保证及时、准确地向甲方提供所种植农产品的种植面积、区域分布、上市时间、总产量预测等信息资料，以便甲方制订收购、运输、储藏和营销工作计划。

第十五条　甲方可在其经营场所内设立交易专区，用于乙方农产品的销售。

第十六条　同等条件下，甲方应优先收购和销售乙方所生产的农产品，购销量不得小于乙方产量的80%。乙方也可自行选择销售渠道销售所产农产品。

第十七条　经甲方检验检测，乙方生产的农产品质量不符合国家无公害农产品质量标准，甲方有权拒绝收购和销售。

第十八条　由于市场原因，导致乙方农产品滞销时，甲方应优先为乙方提供冷藏保鲜服务并适当收取冷藏保鲜成本费用。

第十九条　甲方不得无故拒绝购销乙方所生产的农产品。

第二十条　乙方应根据甲方要求进行农产品的包装，包装物可由甲方负责提供，包装材料和人工费用由乙方承担或另行约定。

第二十一条　农产品的运输方式根据农产品种类、数量、运输要求以及费用承担由双方在交易时另行约定。

四、合同的变更、解除

第二十二条　双方经协商一致，可以变更、解除合同。

第二十三条　任何一方违反本合同任何条款约定的，在对方催告后十五个工作日内没有改正为全面履行的，守约方有权书面通知违约方解除合同，且有权要求违约方赔偿相当于合同总额 5% 的违约金及所遭受的损失（包括但不限于直接损失、可得利益、律师费用等全部损失）。

第二十四条　一方只主张违约责任，没有主张解除合同的，合同应当继续履行。一方收到解除合同的通知后，对解除有异议的，应当在十五日内向法定机关提出，否则，视为对解除无异议。

五、违约责任

第二十五条　因出现不可预见、不可避免、不可克服的事件，导致本合同无法有效及时履行的，相互不承担违约责任。但是，遭遇不可抗力方应当立即通过电话、微信等方式通知对方，并在通知后的三日内将不可抗力的书面有效证明及本合同无法有效及时履行的书面理由提交给对方确认。否则应当承担相应的违约责任。

第二十六条　在对方未履行义务前，一方按照合同约定履行自己的义务的，不等于认可对方已经履行了先前的义务或同意对方可以不再履行其义务。

第二十七条 一方接受对方逾期履行的,不视为对其违约行为的认可,仍然有权追究其违约责任,还有权解除合同。

六、争议解决方式

第二十八条 本合同的约定和履行中产生的争议,双方友好协商解决,若协商不成,任何一方均可向有关部门申请调解,也有权在原告住所地或居住地人民法院起诉解决。双方还可以约定提交仲裁机构裁决。

七、附则

第二十九条 双方在签订本合同时,应提供经核实的身份证明和相应资质证明文件的复印件作为合同附件。

第三十条 变更住所地(居住地)、代表人(联系人)、电话等联络方式的,变更方应在变更后 24 小时内以书面方式通知对方。否则视为本合同载明的联络方式继续有效,微信和短信内容也作为双方来往文件。通知、诉讼文书等文件以邮寄方式发送的,将文件按有效联络方式交给经营特快专递的单位邮寄后,邮件被签收或拒收均视为已经送达。

第三十一条 本合同中的标题只为便于双方阅读和理解合同内容,不作为权利义务的约定。

第三十二条 本合同自双方签章之日起生效。一式四份,甲乙双方各持两份,具有同等法律效力。

(以下无正文)

甲 方(签名捺印)/(盖章):　　　　乙 方(签名捺印)/(盖章):

代表人(签名):　　　　代表人(签名):

年 月 日　　　　年 月 日

本合同签订地点:____________________

委托农产品种植技术开发合同

合同编号:GDHT069

甲方(委托方):____

统一社会信用代码/身份证号:________________________________

住所地/住址:____

联系人:____________________ 联系电话:____________________

微信号:____________________ 电子邮箱:____________________

乙方(受托方):____

统一社会信用代码/身份证号:________________________________

住所地/住址:____

联系人:______________________　　联系电话:______________________

微信号:______________________　　电子邮箱:______________________

甲乙双方在真实自愿的基础上,就委托农产品种植技术开发合同,根据《中华人民共和国合同法》的规定,经过充分平等协商一致,达成如下协议,双方共同恪守。

一、委托内容

第一条　本合同研究开发项目的要求如下:

(一)技术目标:____

(二)技术内容:____

(三)技术方法和路线:____

第二条　乙方应在本合同生效后____个工作日内向甲方提交研究开发计划。研究开发计划应包括以下主要内容:

(一)____

(二)____

(三)____

第三条　乙方应按下列进度完成研究开发工作:

(一)____

(二)____

(三)____

第四条　甲方应向乙方提供的技术资料及协作事项如下:

(一)技术资料清单:____

(二)提供时间和方式:____

(三)其他协作事项:____

本合同履行完毕后,上述技术资料按以下方式处理:______________________

二、费用和支付

第五条　甲方应向乙方支付研究开发经费和报酬人民币__________元(大写:__________元)。

第六条　双方约定第____种报酬支付方式和期限:

(一)一次性付清,即在本合同签订之日起____日内支付所有费用;

(二)分期支付,即在本合同签订之日起____日内支付第一笔费用______元,并在之后____日内分____期将剩余费用支付完毕。

(三)双方确定,甲方以实施研究开发成果所产生的利益提成支付乙方的研究开发经费和报酬的,乙方有权以______的方式查阅甲方有关会计账目。

第七条　甲方以银行转账方式支付费用给乙方:

开户行:____

账户名:____

账　号:____

除前款约定的银行汇款支付外，以下三种支付方式双方均予认可：

（一）支付宝转账；（二）微信转账；（三）现金支付。

第八条 本合同的研究开发经费由乙方以______的方式使用。甲方有权以________的方式检查乙方进行研究开发工作和使用研究开发经费的情况，但不得妨碍乙方的正常工作。

三、双方的其他权利义务

第九条 未经甲方同意，乙方不得将本合同项目部分或全部研究开发工作转让第三人承担。但有下列情况之一的，乙方可以不经甲方同意，将本合同项目部分或全部研究开发工作转让第三人承担：

（一）____

（二）____

（三）____

乙方可以转让研究开发工作的具体内容包括：________________________

第十条 双方确定因履行本合同应遵守的保密义务如下：

甲方：

（一）保密内容（包括技术信息和经营信息）：____________________

（二）涉密人员范围：________________________________

（三）保密期限：____________________________________

（四）泄密责任：____________________________________

乙方：

（一）保密内容（包括技术信息和经营信息）：____________________

（二）涉密人员范围：________________________________

（三）保密期限：____________________________________

（四）泄密责任：____________________________________

第十一条 乙方应当按以下方式向甲方交付研究开发成果：

（一）研究开发成果交付的形式及数量：________________________

（二）研究开发成果交付的时间及地点：________________________

第十二条 双方确定，按以下标准及方法对乙方完成的研究开发成果进行验收：______

____

第十三条 乙方应当保证其交付给甲方的研究开发成果不侵犯任何第三人的合法权益。否则乙方承担全部责任。

第十四条 双方确定，因履行本合同所产生的研究开发成果及其相关知识产权权利归属，按下列第____种方式处理：

（一）____________（甲/乙/双）方享有申请专利的权利。专利权取得后的使用和有关利益分配方式如下：____

（二）按技术秘密方式处理。有关使用和转让的权利归属及由此产生的利益按以下约定处理：

1. 技术秘密的转让权：____________________

2. 技术秘密的使用权：____________________

3. 相关利益的分配办法：____________________

第十五条　乙方不得在向甲方交付研究开发成果之前，自行将研究开发成果转让给第三人。

第十六条　乙方完成本合同项目的研究开发人员享有在有关技术成果文件上写明技术成果完成者的权利和取得有关荣誉证书、奖励的权利。

第十七条　乙方利用研究开发经费所购置与研究开发工作有关的设备、器材、资料等财产，归__________（甲/乙/双）方所有。

第十八条　双方确定，乙方应在向甲方交付研究开发成果后，根据甲方的请求，为甲方指定的人员提供技术指导和培训，或提供与使用该研究开发成果相关的技术服务。

（一）技术服务和指导内容：____________________

（二）地点：____________________

（三）方式：____________________

第十九条　与履行本合同有关的下列技术文件，经双方以第__________种方式确认后，为本合同的组成部分：

（一）技术背景资料：____________________

____

（二）可行性论证报告：____________________

____

（三）技术评价报告：____________________

____

（四）技术标准和规范：____________________

____

（五）原始设计和工艺文件：____________________

____

（六）其他：____________________

第二十条　双方确定，甲乙双方有权利用乙方按照本合同约定提供的研究开发成果进行后续改进，由此产生的具有实质性或创造性技术进步特征的新的技术成果及其权利归属，由__________方享有。

四、合同的变更、解除

第二十一条　双方经协商一致，可以变更、解除合同。

第二十二条　任何一方违反本合同任何条款约定的，在对方催告后十五个工作日内没有改正为全面履行的，守约方有权书面通知违约方解除合同，且有权要求违约方赔偿相当于合同总额<u>5%</u>的违约金及所遭受的损失（包括但不限于直接损失、可得利益、律师费用等全部损失）。

第二十三条　一方只主张违约责任，没有主张解除合同的，合同应当继续履行。一方收到解除合同的通知后，对解除有异议的，应当在十五日内向法定机关提出，否则，视为对解除无异议。

五、违约责任

第二十四条 因出现不可预见、不可避免、不可克服的事件,导致本合同无法有效及时履行的,相互不承担违约责任。但是,遭遇不可抗力方应当立即通过电话、微信等方式通知对方,并在通知后的三日内将不可抗力的书面有效证明及本合同无法有效及时履行的书面理由提交给对方确认。否则应当承担相应的违约责任。

第二十五条 在本合同履行中,因出现在现有技术水平和条件下难以克服的技术困难,导致研究开发失败或部分失败,并造成一方或双方损失的,双方按如下约定承担风险损失:____

____

____

____

第二十六条 双方确定,本合同项目的技术风险按____的方式认定。认定技术风险的基本内容应当包括技术风险的存在、范围、程度及损失大小等。

认定技术风险的基本条件是:

(一)本合同项目在现有技术水平条件下具有足够的难度;

(二)乙方在主观上无过错且经认定研究开发失败为合理的失败。

一方发现技术风险存在并有可能致使研究开发失败或部分失败的情形时,应当在____个工作日内通知另一方并采取适当措施减少损失。逾期未通知并未采取适当措施而致使损失扩大的,应当就扩大的损失承担赔偿责任。

第二十七条 在对方未履行义务前,一方按照合同约定履行自己的义务的,不等于认可对方已经履行了先前的义务或同意对方可以不再履行其义务。

第二十八条 一方接受对方逾期履行的,不视为对其违约行为的认可,仍然有权追究其违约责任,还有权解除合同。

六、争议解决方式

第二十九条 本合同的约定和履行中产生的争议,双方友好协商解决,若协商不成,任何一方均可向有关部门申请调解,也有权在原告住所地或居住地人民法院起诉解决。双方还可以约定提交仲裁机构裁决。

七、附则

第三十条 双方在签订本合同时,应提供经核实的身份证明和相应资质证明文件的复印件作为合同附件。

第三十一条 变更住所地(居住地)、代表人(联系人)、电话等联络方式的,变更方应在变更后24小时内以书面方式通知对方。否则视为本合同载明的联络方式继续有效,微信和短信内容也作为双方来往文件。通知、诉讼文书等文件以邮寄方式发送的,将文件按有效联络方式交给经营特快专递的单位邮寄后,邮件被签收或拒收均视为已经送达。

第三十二条 本合同的标题仅为便于阅读和对合同内容的理解的作用,不作为确定双方权利义务的条款。

第三十三条　本合同自双方签章之日起生效。一式四份，甲乙双方各持两份，具有同等法律效力。

（以下无正文）

甲　方（签名捺印）/（盖章）：　　　　　　　　乙　方（签名捺印）/（盖章）：
代表人（签名）：　　　　　　　　　　　　　　代表人（签名）：
　　　　年　月　日　　　　　　　　　　　　　　　　　年　月　日

本合同签订地点：____________________

委托养殖技术开发合同

合同编号：GDHT070

甲方（委托方）：____
统一社会信用代码/身份证号：________________________________
住所地/住址：____
联系人：________________________　联系电话：________________________
微信号：________________________　电子邮箱：________________________
乙方（受托方）：____
统一社会信用代码/身份证号：________________________________
住所地/住址：____
联系人：________________________　联系电话：________________________
微信号：________________________　电子邮箱：________________________

甲方委托乙方研究开发农产品养殖技术，并支付研究开发经费和报酬，乙方接受委托并进行此项研究开发工作，为此，甲乙双方经过平等协商，在真实、充分地表达各自意愿的基础上，根据《中华人民共和国合同法》的规定，达成如下协议，并由双方共同恪守。

一、委托内容

第一条　本合同研究开发项目的要求如下：

（一）技术目标：____

（二）技术内容：____

（三）技术方法和路线：______________________________________

第二条　乙方应在本合同生效后____个工作日内向甲方提交研究开发计划。研究开发计划应包括以下主要内容：

（一）____

（二）____

（三）____

（四）________________

第三条 乙方应按下列进度完成研究开发工作：

（一）________________

（二）________________

（三）________________

（四）________________

第四条 甲方应向乙方提供的技术资料及协作事项如下：

（一）技术资料清单：________________

（二）提供时间和方式：________________

（三）其他协作事项：________________

本合同履行完毕后，上述技术资料按以下方式处理：________________

____

二、费用和支付

第五条 甲方应按以下方式支付研究开发经费和报酬：

（一）研究开发经费和报酬总额为________________

（二）研究开发经费由甲方______（一次、分期或提成）支付乙方。具体支付方式和时间如下：

1. ________________

2. ________________

3. ________________

4. ________________

乙方开户行名称、账户名和账号为：

开户行：________________

账户名：________________

账　号：________________

（三）双方确定，甲方以实施研究开发成果所产生的利益提成支付乙方的研究开发经费和报酬的，乙方有权以________________的方式查阅甲方有关的会计账目。

第六条 本合同的研究开发经费由乙方以______的方式使用。甲方有权以______的方式检查乙方进行研究开发工作和使用研究开发经费的情况，但不得妨碍乙方的正常工作。

三、合同的履行

第七条 未经甲方同意，乙方不得将本合同项目部分或全部研究开发工作转让第三人承担。但有下列情况之一的，乙方可以不经甲方同意，将本合同项目部分或全部研究开发工作转让第三人承担：

（一）________________

（二）________________

（三）________________

(四)________________________________

乙方可以转让研究开发工作的具体内容包括:________________________________

____

____

第八条　在本合同履行中,因作为研究开发标的的技术已经由他人公开(包括以专利方式公开),一方应在____工作日内通知另一方解除合同。逾期未通知并致使另一方产生损失的,另一方有权要求赔偿。

第九条　双方确定因履行本合同应遵守的保密义务如下:

甲方:

(一)保密内容(包括技术信息和经营信息):________________________________

(二)涉密人员范围:________________________________

(三)保密期限:________________________________

(四)泄密责任:________________________________

乙方:

(一)保密内容(包括技术信息和经营信息):________________________________

(二)涉密人员范围:________________________________

(三)保密期限:________________________________

(四)泄密责任:________________________________

第十条　乙方应当按以下方式向甲方交付研究开发成果:

(一)研究开发成果交付的形式及数量:________________________________

(二)研究开发成果交付的时间及地点:________________________________

第十一条　双方确定,按以下标准及方法对乙方完成的研究开发成果进行验收:______

____

第十二条　乙方应当保证其交付给甲方的研究开发成果不侵犯任何第三人的合法权益。否则乙方承担全部责任。

第十三条　双方确定,因履行本合同所产生的研究开发成果及其相关知识产权权利归属,按下列第______种方式处理:

(一)________(甲、乙)双方享有申请专利的权利。专利权取得后的使用和有关利益分配方式如下:________________________________

____

(二)按技术秘密方式处理。有关使用和转让的权利归属及由此产生的利益按以下约定处理:

1. 技术秘密的转让权:________________________________

2. 技术秘密的使用权:________________________________

3. 相关利益的分配办法:________________________________

第十四条　与履行本合同有关的下列技术文件,经双方以方式确认后,为本合同的组成部分:

(一)技术背景资料:____

____

(二)可行性论证报告:____

____

(三)技术评价报告:____

____

(四)技术标准和规范:____

____

(五)原始设计和工艺文件:____

____

(六)其他:____

____

第十五条 乙方不得在向甲方交付研究开发成果之前,自行将研究开发成果转让给第三人。

第十六条 乙方完成本合同项目的研究开发人员享有在有关技术成果文件上写明技术成果完成者的权利和取得有关荣誉证书、奖励的权利。

第十七条 乙方利用研究开发经费所购置与研究开发工作有关的设备、器材、资料等财产,归____(甲/乙/双)方所有。

第十八条 乙方应在向甲文交付研究开发成果后,根据甲方的请求,为甲方指定的人员提供技术指导和培训,或提供与使用该研究开发成果相关的技术服务。

(一)技术服务和指导内容:____

(二)地点和方式:____

第十九条 甲乙双方有权利用乙方按照本合同约定提供的研究开发成果进行后续改进,由此产生的具有实质性或创造性技术进步特征的新的技术成果及其权利归属,由____方享有。

四、违约责任

第二十条 在本合同履行中,因出现在现有技术水平和条件下难以克服的技术困难,导致研究开发失败或部分失败,并造成一方或双方损失的,双方按如下约定承担风险损失:

____

本合同项目的技术风险按__________的方式认定。认定技术风险的基本内容应当包括技术风险的存在、范围、程度及损失大小等。

认定技术风险的基本条件是:

(一)本合同项目在现有技术水平条件下具有足够的难度;

(二)乙方在主观上无过错且经认定研究开发失败为合理的失败。

一方发现技术风险存在并有可能致使研究开发失败或部分失败的情形时,应当在____个工作日内通知另一方并采取适当措施减少损失。逾期未通知并未采取适当措施而致使损失扩大的,应当就扩大的损失承担赔偿责任。

第二十一条　任何一方违反本合同约定，造成研究开发工作停滞、延误或失败的，应向对方赔偿相当于研究开发经费和报酬总额15%的违约金。

第二十二条　一方接受对方逾期履行的，不视为对其违约行为的认可，仍然有权追究其违约责任，还有权解除合同。

第二十三条　在对方未履行义务前，一方按照合同约定履行自己的义务的，不等于认可对方已经履行了先前的义务或同意对方可以不再履行其义务。

第二十四条　因出现不可预见、不可避免、不可克服的事件，导致本合同无法有效及时履行的，相互不承担违约责任，但是遭遇不可抗力方应立即通过电话、微信等方式通知对方，并在通知后的三个工作日内将不可抗力的书面有效证明及本合同无法有效及时履行的书面理由提交给对方确认。否则需承担相应的违约责任。

五、合同的变更、解除

第二十五条　经双方协商一致可以变更、解除合同。

第二十六条　一方只主张违约责任，没有主张解除合同的，合同应当继续履行。一方收到解除合同的通知后，对解除有异议的，应当在十五个工作日内向法定机关提出，否则，视为对解除无异议。

第二十七条　任何一方违反本合同任何条款约定的，在对方催告后十五个工作日内没有改正为全面履行的，守约方有权书面通知违约方解除合同，且有权要求违约方赔偿相当于合同总额5%的违约金及所遭受的损失（包括但不限于直接损失、可得利益、律师费用等全部损失）。

第二十八条　在本合同履行中，因作为研究开发标的的技术已经由他人公开（包括以专利方式公开），一方应在七个工作日内通知另一方解除合同。逾期未通知并致使另一方产生损失的，另一方有权要求赔偿。

六、争议解决方式

第二十九条　本合同的约定和履行中产生的争议，双方友好协商解决，若协商不成，任何一方均可向有关机构申请调解，也有权向原告住所地或居住地人民法院起诉解决。双方还可以约定提交仲裁机构裁决。

七、附则

第三十条　双方在签订本合同时，应当提供经核实的身份证明和相应资质证明文件的复印件作为合同附件。

第三十一条　甲乙任何一方住所地（住址）、代表人（联系人）、电话等联络方式如有变更，变更的一方应在变更后24小时内以书面方式通知对方。否则视为本合同载明的联络方式继续有效，微信和短信内容也作为双方来往文件。通知、诉讼文书等文件以邮寄方式发送的，将文件按有效联络方式交给经营特快专递的单位邮寄后，邮件被签收或拒收均视为已经送达。

第三十二条　本合同未尽事宜或合同变更，经双方协商一致后签订补充合同，补充合同与本合同具有同等法律效力。

第三十三条　本合同的标题仅为便于阅读和对合同内容的理解的作用，不作为确定双方权利义务的条款。

第三十四条 本合同自双方签章后生效。一式四份，甲乙双方各持两份，具有同等法律效力。

（以下无正文）

甲　方（签名捺印）/（盖章）：　　　　乙　方（签名捺印）/（盖章）：

代表人（签名）：　　　　代表人（签名）：

年　月　日　　　　年　月　日

本合同签订地点：________________

合作农产品种植技术开发合同

合同编号：GDHT071

甲方：________________

统一社会信用代码/身份证号：________________

住所地/居住地：________________

联系人：________________ 电话：________________

微信号：________________ 电子邮箱：________________

乙方：________________

统一社会信用代码/身份证号：________________

住所地/居住地：________________

联系人：________________ 电话：________________

微信号：________________ 电子邮箱：________________

丙方：________________

统一社会信用代码/身份证号：________________

住所地/居住地：________________

联系人：________________ 电话：________________

微信号：________________ 电子邮箱：________________

本合同合作各方就共同参与研究开发________________农产品种植技术项目事项，经过平等协商，三方在真实、充分地表达各自意愿的基础上，根据《中华人民共和国合同法》的规定，达成如下协议，并由三方共同恪守。

一、合作研究开发项目要求

第一条 本合同合作研究开发项目的要求如下：

（一）技术目标：________________

（二）技术内容：________________

（三）技术方法和路线：____________________

二、各方的分工

第二条 本合同合作各方在研究开发项目中的分工如下：

甲方：

（一）研究开发内容：____________________

（二）工作进度：____________________

（三）研究开发期限：____________________

（四）研究开发地点：____________________

乙方：

（一）研究开发内容：____________________

（二）工作进度：____________________

（三）研究开发期限：____________________

（四）研究开发地点：____________________

丙方：

（一）研究开发内容：____________________

（二）工作进度：____________________

（三）研究开发期限：____________________

（四）研究开发地点：____________________

第三条 为确保本合同的全面履行，合作各方确定，采取以下方式对研究开发工作进行组织管理和协调：____________________

第四条 各自为本合同项目的研究开发工作提供以下技术资料和条件：

甲方：____________________

乙方：____________________

丙方：____________________

本合同履行完毕后，上述技术资料和条件按以下方式处理：____________________

三、项目研究开发经费的提供或支付

第五条 合作各方确定，按如下方式提供或支付本合同项目的研究开发经费及其他投资：

甲方：

（一）提供或支付方式：____________________

（二）支付或折算为技术投资的金额为人民币________元（大写：________元）

（三）使用方式：____________________

乙方：

（一）提供或支付方式：____________________

（二）支付或折算为技术投资的金额为人民币________元（大写：________元）

（三）使用方式：____________________

丙方：

（一）提供或支付方式：____

（二）支付或折算为技术投资的金额为人民币________元（大写：________元）

（三）使用方式：____

四、承诺与保证

第六条 以提供技术为投资的合作方应保证其所提供技术不侵犯任何第三人的合法权益。如发生第三人指控合作一方或多方因实施该项技术而侵权的，提供技术方应当就此承担相应责任。

第七条 未经其他合作方同意，合作一方或多方不得将本合同项目部分或全部研究开发工作转让给第三人承担。但有下列情况之一的，合作一方或多方可以不经其他合作方同意，将本合同项目部分或全部研究开发工作转让给第三人承担：

（一）____

（二）____

（三）____

合作一方或多方可以转让的具体内容包括：__________________________

____

第八条 在本合同履行中，因出现在现有技术水平和条件下难以克服的技术困难，导致研究开发失败或部分失败，并造成一方或双方损失的，双方按如下约定承担风险损失：___

____

本合同项目的技术风险按________________________________的方式认定。认定技术风险的基本内容应当包括技术风险的存在、范围、程度及损失大小等。

认定技术风险的基本条件是：

（一）本合同项目在现有技术水平条件下具有足够的难度；

（二）乙方在主观上无过错且经认定研究开发失败为合理的失败。

一方发现技术风险存在并有可能致使研究开发失败或部分失败的情形时，应当在____个工作日内通知另一方并采取适当措施减少损失。逾期未通知并未采取适当措施而致使损失扩大的，应当就扩大的损失承担赔偿责任。

第九条 在本合同履行中，因作为研究开发标的的技术已经由他人公开（包括以专利权方式公开），一方应在____个工作日内通知另一方解除合同。逾期未通知并致使另一方产生损失的，另一方有权要求赔偿。

五、保密条款

第十条 合作各方确定因履行本合同应遵守的保密义务如下：

甲方：

（一）保密内容（包括技术信息和经营信息）：________________________

（二）涉密人员范围：______________________________________

（三）保密期限：____

（四）泄密责任：____

乙方：

（一）保密内容（包括技术信息和经营信息）：____________________

（二）涉密人员范围：____________________

（三）保密期限：____________________

（四）泄密责任：____________________

丙方：

（一）保密内容（包括技术信息和经营信息）：____________________

（二）涉密人员范围：____________________

（三）保密期限：____________________

（四）泄密责任：____________________

六、研究成果交付及验收

第十一条 合作各方确定按以下方式交付研究开发成果：

甲方：

（一）研究开发成果交付的形式及数量：____________________

（二）研究开发成果交付的时间及地点：____________________

乙方：

（一）研究开发成果交付的形式及数量：____________________

（二）研究开发成果交付的时间及地点：____________________

丙方：

（一）研究开发成果交付的形式及数量：____________________

（二）研究开发成果交付的时间及地点：____________________

第十二条 按以下标准及方法对本合同最终完成的研究开发工作成果进行验收：_____
____

七、知识产权权利的归属

第十三条 合作各方确定，因履行本合同所产生并由合作各方分别独立完成的阶段性技术成果及其相关知识产权权利归属，按下列第____种方式处理：

（一）________（完成方/合作各方）享有申请专利的权利。

专利权取得后的使用和有关利益分配方式如下：____________________

（二）按技术秘密方式处理。有关使用和转让的权利归属及由此产生的利益按以下约定处理：

1. 技术秘密的使用权：____________________

2. 技术秘密的转让权：____________________

3. 相关利益的分配办法：____________________

合作各方对因履行本合同所产生并由合作各方分别独立完成的阶段性技术成果及其相关知识产权权利归属，特别约定如下：____________________

第十四条 合作各方确定，因履行本合同所产生的最终研究开发技术成果及其相关知识产权权利归属，按第______种方式处理：

（一）________方享有申请专利的权利。专利权取得后的使用和有关利益分配方式如下：____

（二）按技术秘密方式处理。有关使用和转让的权利归属及由此产生的利益按以下约定处理：

1. 技术秘密的使用权：____

2. 技术秘密的转让权：____

3. 相关利益的分配办法：______________________________________

合作各方对因履行本合同所产生的最终研究开发技术成果及其相关知识产权权利归属，特别约定如下：____

第十五条 合作各方分别独立完成并与履行本合同有关的阶段性技术成果的研究开发人员，享有在此阶段性技术成果文件上写明技术成果完成者的权利和取得有关荣誉证书、奖励的权利。合作各方应以协商方式确定最终研究成果的完成人员名单。此完成人员享有在有关最终技术成果文件上写明技术成果完成者的权利和取得有关荣誉证书、奖励的权利。

第十六条 合作一方或多方利用共同投资的研究开发经费所购置与研究开发工作有关的设备、器材、资料等财产，归____________方所有。

第十七条 合作各方确定，任何一方均有权利用本合同项目研究开发所完成的技术成果进行后续改进，由此产生的具有实质性或创造性技术进步特征的新的技术成果，归________（完成方、合作各方）方所有。具体相关利益的分配办法各方可补充签订相关协议书予以约定。

八、项目联系人

第十八条 为有效履行本合同，合作各方确定，在本合同有效期内，甲方指定______为甲方项目联系人，乙方指定________为乙方项目联系人，丙方指定______为丙方联系人。项目联系人承担以下责任：

（一）____

（二）____

（三）____

（四）____

（五）____

（六）____

九、违约责任

第十九条 合作各方确定：任何一方违反本合同约定，造成研究开发工作停滞、延误或失败的，向相对各方赔偿相当于研究开发经费和报酬总额5%的违约金。

第二十条 非其他两方原因，________方延期付款，按日计算，每迟延一日，违约方应向其他两方支付迟延付款金额1‰的违约金，直至款项付清之日，其他两方可以相应顺延交付研究成果。

第二十一条 一方接受相对各方逾期履行的，不视为对其违约行为的认可，仍然有权追究其违约责任，还有权解除合同。

第二十二条 在相对各方未履行义务前，一方按照合同约定履行自己的义务的，不等于认可对方已经履行了先前的义务或同意对方可以不再履行其义务。

第二十三条 因出现不可预见、不可避免、不可克服的事件，导致本合同无法有效及时履行的，相互不承担违约责任。但是遭遇不可抗力方应立即通过电话、微信等方式通知相对各方，并在通知后的三个工作日内将不可抗力的书面有效证明及本合同无法有效及时履行的书面理由提交给相对各方确认，否则需承担相应的违约责任。

十、合同的变更、解除

第二十四条 经各方协商一致可以变更、解除合同。

第二十五条 任何一方违反本合同任何条款约定的，在相对各方催告后十五个工作日内没有改正为全面履行的，守约方有权书面通知违约方解除合同，且有权要求违约方赔偿相当于合同总额5%的违约金及所遭受的损失（包括但不限于直接损失、可得利益、律师费用等全部损失）。

第二十六条 一方只主张违约责任，没有主张解除合同的，合同应当继续履行。一方收到解除合同的通知后，对解除有异议的，应当在十五个工作日内向法定机关提出，否则，视为对解除无异议。

十一、争议解决方式

第二十七条 本合同的约定和履行中产生的争议，各方友好协商解决，若协商不成，任何一方均可向有关机构申请调解，也有权在原告住所地或居住地人民法院起诉解决。各方还可以约定提交仲裁机构裁决。

十二、附则

第二十八条 各方在签订本合同时，应当提供经核实的身份证明和相应资质证明文件的复印件作为合同附件。

第二十九条 与履行本合同有关的下列技术文件，经各方确认后，为本合同的组成部分：

（一）技术背景资料：____

____

（二）可行性论证报告：____

____

（三）技术评价报告：____

____

（四）技术标准和规范：____

____

（五）原始设计和工艺文件：____

____

（六）其他：____

____

第三十条 住所地（居住地）、代表人（联系人）、电话等联络方式如有变更，变更的一方应在变更后24小时内以书面方式通知相对各方。否则视为本合同载明的联络方式继续有效,微信和短信内容也作为双方来往文件。通知、诉讼文书等文件以邮寄方式发送的,将文件按有效联络方式交给经营特快专递的单位邮寄后,邮件被签收或拒收均视为已经送达。

第三十一条 本合同中的标题只为便于各方阅读和理解合同内容,不作为权利义务的约定。

第三十二条 本合同自各方签章之日起生效。一式六份,甲乙丙三方各持两份,具有同等法律效力。

(以下无正文)

甲　方(签名捺印)/(盖章):
代表人(签名):
年　月　日

乙　方(签名捺印)/(盖章):
代表人(签名):
年　月　日

丙　方(签名捺印)/(盖章):
代表人(签名):
年　月　日

本合同签订地点:____________________

合作农产品养殖技术开发合同

合同编号:GDHT072

甲方:____________________
统一社会信用代码/身份证号:____________________
住所地/居住地:____________________
联系人:____________________　电话:____________________
微信号:____________________　电子邮箱:____________________
乙方:____________________
统一社会信用代码/身份证号:____________________
住所地/居住地:____________________
联系人:____________________　电话:____________________
微信号:____________________　电子邮箱:____________________
丙方:____________________
统一社会信用代码/身份证号:____________________
住所地/居住地:____________________
联系人:____________________　电话:____________________
微信号:____________________　电子邮箱:____________________

本合同合作各方就共同参与研究开发＿＿＿＿＿＿＿＿农产品养殖技术项目事项，经过平等协商，甲乙丙三方在真实、充分地表达各自意愿的基础上，根据《中华人民共和国合同法》的规定，达成如下协议，并由各方共同恪守。

一、合作研究开发项目要求

第一条　本合同合作研究开发项目的要求如下：

（一）技术目标：＿＿＿＿＿＿＿＿＿＿＿＿＿＿＿＿＿＿＿＿＿＿

（二）技术内容：＿＿＿＿＿＿＿＿＿＿＿＿＿＿＿＿＿＿＿＿＿＿

（三）技术方法和路线：＿＿＿＿＿＿＿＿＿＿＿＿＿＿＿＿＿＿＿

二、各方的分工

第二条　本合同合作各方在研究开发项目中，分工承担如下工作：

甲方：

（一）研究开发内容：＿＿＿＿＿＿＿＿＿＿＿＿＿＿＿＿＿＿＿＿

（二）工作进度：＿＿＿＿＿＿＿＿＿＿＿＿＿＿＿＿＿＿＿＿＿＿

（三）研究开发期限：＿＿＿＿＿＿＿＿＿＿＿＿＿＿＿＿＿＿＿＿

（四）研究开发地点：＿＿＿＿＿＿＿＿＿＿＿＿＿＿＿＿＿＿＿＿

乙方：

（一）研究开发内容：＿＿＿＿＿＿＿＿＿＿＿＿＿＿＿＿＿＿＿＿

（二）工作进度：＿＿＿＿＿＿＿＿＿＿＿＿＿＿＿＿＿＿＿＿＿＿

（三）研究开发期限：＿＿＿＿＿＿＿＿＿＿＿＿＿＿＿＿＿＿＿＿

（四）研究开发地点：＿＿＿＿＿＿＿＿＿＿＿＿＿＿＿＿＿＿＿＿

丙方：

（一）研究开发内容：＿＿＿＿＿＿＿＿＿＿＿＿＿＿＿＿＿＿＿＿

（二）工作进度：＿＿＿＿＿＿＿＿＿＿＿＿＿＿＿＿＿＿＿＿＿＿

（三）研究开发期限：＿＿＿＿＿＿＿＿＿＿＿＿＿＿＿＿＿＿＿＿

（四）研究开发地点：＿＿＿＿＿＿＿＿＿＿＿＿＿＿＿＿＿＿＿＿

第三条　为确保本合同的全面履行，合作各方确定，采取以下方式对研究开发工作进行组织管理和协调：＿＿＿＿＿＿＿＿＿＿＿＿＿＿＿＿＿＿＿＿＿＿

第四条　合作各方确定，各自为本合同项目的研究开发工作提供以下技术资料和条件：

甲方：＿＿＿＿＿＿＿＿＿＿＿＿＿＿＿＿＿＿＿＿＿＿＿＿＿＿

乙方：＿＿＿＿＿＿＿＿＿＿＿＿＿＿＿＿＿＿＿＿＿＿＿＿＿＿

丙方：＿＿＿＿＿＿＿＿＿＿＿＿＿＿＿＿＿＿＿＿＿＿＿＿＿＿

本合同履行完毕后，上述技术资料和条件按以下方式处理：＿＿＿＿＿＿＿＿

三、项目研究开发经费的提供或支付

第五条　合作各方确定，按如下方式提供或支付本合同项目的研究开发经费及其他投资：

甲方：

（一）提供或支付方式：＿＿＿＿＿＿＿＿＿＿＿＿＿＿＿＿＿＿＿

(二)支付或折算为技术投资的金额为人民币________元(大写:________元)

(三)使用方式:____

乙方:

(一)提供或支付方式:____

(二)支付或折算为技术投资的金额为人民币________元(大写:________元)

(三)使用方式:____

丙方:

(一)提供或支付方式:____

(二)支付或折算为技术投资的金额为人民币________元(大写:________元)

(三)使用方式:____

四、承诺与保证

第六条 以技术投资的合作方应保证其所提供的技术不侵犯任何第三人的合法权益。如发生第三人指控合作一方或多方因实施该项技术而侵权的,提供技术方应当就此承担相应责任。

第七条 未经其他合作方同意,合作一方或多方不得将本合同项目部分或全部研究开发工作转让给第三人承担。但有下列情况之一的,合作一方或多方可以不经其他合作方同意,将本合同项目部分或全部研究开发工作转让给第三人承担:

(一)____

(二)____

(三)____

合作一方或多方可以转让的具体内容包括:____________________

第八条 在本合同履行中,因出现在现有技术水平和条件下难以克服的技术困难,导致研究开发失败或部分失败,并造成一方或双方损失的,各方按如下约定承担风险损失:___

____

本合同项目的技术风险按____________________的方式认定。认定技术风险的基本内容应当包括技术风险的存在、范围、程度及损失大小等。

认定技术风险的基本条件是:

(一)本合同项目在现有技术水平条件下具有足够的难度;

(二)乙方在主观上无过错且经认定研究开发失败为合理的失败。

一方发现技术风险存在并有可能致使研究开发失败或部分失败的情形时,应当在____个工作日内通知其他各方并采取适当措施减少损失。逾期未通知并未采取适当措施而致使损失扩大的,应当就扩大的损失承担赔偿责任。

第九条 在本合同履行中,因作为研究开发标的的技术已经由他人公开(包括以专利方式公开),一方应在____个工作日内通知他方解除合同。逾期未通知并致使其他各方产生损失的,其他各方有权要求予以赔偿。

五、保密

第十条 本合同内容如涉及国家安全和重大利益需要保密的,应就该保密事项的范围、密级和保密期限以及各方承担的保密义务进行约定。一方提供给接收方的资料和信息，应当在提供时书面说明，否则接收方没有保密义务。

第十一条　三方保证对从其他各方取得且无法自公开渠道获得的商业秘密（技术信息、经营信息及其他商业秘密）予以保密。未经该商业秘密的原提供方同意，一方不得向任何第三方泄露该商业秘密的全部或部分内容。但法律、法规另有规定或三方另有约定的除外。

第十二条　本协议终止后五年内，各方继续负有前款约定的保密义务。一方违反上述保密义务的，应承担相应的违约责任并赔偿其他各方因此遭受的损失。

六、研究成果交付及验收

第十三条　合作各方确定按以下方式交付研究开发成果：

甲方：

1. 研究开发成果交付的形式及数量：________________

2. 研究开发成果交付的时间及地点：________________

乙方：

1. 研究开发成果交付的形式及数量：________________

2. 研究开发成果交付的时间及地点：________________

丙方：

1. 研究开发成果交付的形式及数量：________________

2. 研究开发成果交付的时间及地点：________________

第十四条　合作各方确定，按以下标准及方法对本合同最终完成的研究开发工作成果进行验收：________________

七、知识产权权利的归属

第十五条　合作各方确定，因履行本合同所产生并由合作各方分别独立完成的阶段性技术成果及其相关知识产权权利归属，按下列第____种方式处理：

（一）________（完成方/合作各方）享有申请专利的权利。

专利权取得后的使用和有关利益分配方式如下：________________

（二）按技术秘密方式处理。有关使用和转让的权利归属及由此产生的利益按以下约定处理：

1. 技术秘密的使用权：________________

2. 技术秘密的转让权：________________

3. 相关利益的分配办法：________________

合作各方对因履行本合同所产生并由合作各方分别独立完成的阶段性技术成果及其相关知识产权权利归属，特别约定如下：________________

第十六条　合作各方确定，因履行本合同所产生的最终研究开发技术成果及其相关知识产权权利归属，按下列第______种方式处理：

（一）________方享有申请专利的权利。专利权取得后的使用和有关利益分配方式如下：________________

（二）按技术秘密方式处理。有关使用和转让的权利归属及由此产生的利益按以下约定处理：

1. 技术秘密的使用权：____

2. 技术秘密的转让权：____

3. 相关利益的分配办法：______________________________________

合作各方对因履行本合同所产生的最终研究开发技术成果及其相关知识产权权利归属，特别约定如下：____。

第十七条 合作各方分别独立完成并与履行本合同有关的阶段性技术成果的研究开发人员，享有在有关此阶段性技术成果文件上写明技术成果完成者的权利和取得有关荣誉证书、奖励的权利。

合作各方应以协商方式确定最终研究成果的完成人员名单。此完成人员享有在有关最终技术成果文件上写明技术成果完成者的权利和取得有关荣誉证书、奖励的权利。

第十八条 合作一方或多方利用共同投资的研究开发经费所购置与研究开发工作有关的设备、器材、资料等财产，归______方所有。

第十九条 任何一方有权利用本合同项目研究开发所完成的技术成果，进行后续改进。由此产生的具有实质性或创造性技术进步特征的新的技术成果，归________（完成方、合作各方）方所有。具体相关利益的分配办法各方可补充签订相关协议书予以约定。

八、项目联系人

第二十条 为有效履行本合同，合作各方确定，在本合同有效期内，甲方指定________为甲方项目联系人，乙方指定______________为乙方项目联系人，丙方指定___________为丙方联系人。项目联系人承担以下责任：

（一）____

（二）____

（三）____

九、违约责任

第二十一条 合作各方确定：任何一方违反本合同约定，造成研究开发工作停滞、延误或失败的，向相对各方赔偿相当于研究开发经费和报酬总额5%的违约金。

第二十二条 非其他两方原因，________方延期付款，经其他两方书面告知后十个工作日内仍未付款的，按日计算，每迟延一日，违约方应向其他两方支付迟延付款金额1‰的违约金，直至款项付清之日，但其他两方不得以此为由迟延交付研究成果。

第二十三条 一方接受相对各方逾期履行的，不视为对其违约行为的认可，仍然有权追究其违约责任，还有权解除合同。

第二十四条 在相对各方未履行义务前，一方按照合同约定履行自己的义务的，不等于认可对方已经履行了先前的义务或同意对方可以不再履行其义务。

第二十五条 因出现不可预见、不可避免、不可克服的事件，导致本合同无法有效及时履行的，相互不承担违约责任，但是遭遇不可抗力方应立即通过电话、微信等方式通知对方，并在通知后的三个工作日内将不可抗力的书面有效证明及本合同无法有效及时履行的书面理由提交给对方确认。否则应当承担相应的违约责任。

十、合同的变更、解除

第二十六条　经各方协商一致可以变更、解除合同。

第二十七条　任何一方违反本合同任何条款约定的，在对方催告后十五个工作日内没有改正为全面履行的，守约方有权书面通知违约方解除合同，且有权要求违约方赔偿相当于合同总额5%的违约金及所遭受的损失（包括但不限于直接损失、可得利益、律师费用等全部损失）。

第二十八条　一方只主张违约责任，没有主张解除合同的，合同应当继续履行。一方收到解除合同的通知后，对解除有异议的，应当在十五个工作日内向法定机关提出，否则，视为对解除无异议。

十一、争议解决方式

第二十九条　本合同的约定和履行中产生的争议，各方友好协商解决，若协商不成，任何一方均可向有关机构申请调解，也有权在原告住所地或居住地人民法院起诉解决。各方还可以约定提交仲裁机构裁决。

十二、附则

第三十条　各方在签订本合同时，应当提供经核实的身份证明和相应资质证明文件的复印件作为合同附件。

第三十一条　与履行本合同有关的下列技术文件，经双方以方式确认后，为本合同的组成部分：

（一）技术背景资料：____

____

（二）可行性论证报告：____

____

（三）技术评价报告：____

____

（四）技术标准和规范：____

____

（五）原始设计和工艺文件：____

____

（六）其他：____

____

第三十二条　住所地（居住地）、代表人（联系人）、电话等联络方式如有变更，变更的一方应在变更后24小时内以书面方式通知各相对方。否则视为本合同载明的联络方式继续有效，微信和短信内容作为各方来往文件，通知、诉讼文书等文件以邮寄方式发送的，将文件按有效联络方式交给经营特快专递的单位邮寄后，邮件被签收或拒收均视为已经送达。

第三十三条　本合同中的标题只为便于各方阅读和理解合同内容，不作为权利义务的约定。

第三十四条 本合同自各方签章之日起生效。一式六份,甲乙丙各方各持两份,具有同等法律效力。

(以下无正文)

甲　方(签名捺印)/(盖章):　　　　乙　方(签名捺印)/(盖章):
代表人(签名):　　　　代表人(签名):
年　月　日　　　　年　月　日

丙　方(签名捺印)/(盖章):
代表人(签名):
年　月　日

本合同签订地点:____________________

新品种委托试验种植合同

合同编号:GDHT073

甲方(委托方):____________________
统一社会信用代码/身份证号:____________________
住所地/居住地:____________________
联系人:____________________　电话:____________________
微信号:____________________　电子邮箱:____________________
乙方(受托方):____________________
统一社会信用代码/身份证号:____________________
住所地/居住地:____________________
联系人:____________________　电话:____________________
微信号:____________________　电子邮箱:____________________

甲乙双方经过平等协商,在真实、充分地表达各自意愿的基础上,根据《中华人民共和国合同法》的规定,就__________新品种委托实验种植事宜达成以下协议,并由双方共同恪守。

一、新品种委托实验种植的情况

第一条 新品种委托实验种植的种类、名称、面积

(一)种类及名称:____________________

(二)数量:种植__________,由委托方按本合同标准分级收购。

(三)种植面积:共______亩。

第二条 种植地点

(一)乙方提供种植场地或____________________

（二）种植场地位置为：____

二、双方权利、义务

第三条　甲方权利义务

（一）按照实验目的，及时记录、收集实验数据。

（二）拨付乙方__________种子款人民币________元（大写：________元）。该费用于______年____月日前支付。

（三）拨付乙方种植费用______元/亩，共计人民币________元（大写：________元），于______年____月____日前支付。

（四）制定具体种植技术要求。

第四条　乙方权利义务

（一）提供的地块必须______________________具体要求为：__________________

（二）按照甲方提供的种植要求做好地块的翻耕、施足底肥、准备地膜、除草剂等前期各项工作。

（三）甲方在采集实验数据时，乙方要全力配合。

（四）按照甲方需求购置________________种子，共计________亩播种。

（五）种植期间：______年____月____日起至______年____月____日止。该期间内指定地块必须用于本次试验种植，未经甲方同意不能作其他种植。

（六）满足甲方的其他要求：____

三、违约责任

第五条　非乙方原因，甲方延期付款，按日计算，每迟延一日，甲方应向乙方支付迟延付款金额 1‰的违约金，直至款项付清之日，乙方可以相应顺延交付产品。

第六条　若乙方未能按本合同约定时间及方式将全部产品交付至甲方指定地点，按日计算，每迟延一日，应向甲方支付该批产品总价 1‰的违约金，直至产品交付之日。

第七条　一方接受对方逾期履行的，不视为对其违约行为的认可，仍然有权追究其违约责任，还有权解除合同。

第八条　在对方未履行义务前，一方按照合同约定履行自己的义务的，不等于认可对方已经履行了先前的义务或同意对方可以不再履行其义务。

第九条　因出现不可预见、不可避免、不可克服的事件，导致本合同无法有效及时履行的，相互不承担违约责任，但是遭遇不可抗力方应立即通过电话、微信等方式通知对方，并在通知后的三个工作日内将不可抗力的书面有效证明及本合同无法有效及时履行的书面理由提交给对方确认。否则需承担相应的违约责任。

四、合同的变更、解除

第十条　经双方协商一致可以变更、解除合同。

第十一条　任何一方违反本合同任何条款约定的，在对方催告后十五个工作日内没有改正为全面履行的，守约方有权书面通知违约方解除合同，且有权要求违约方赔偿相当于合同总额 5% 的违约金及所遭受的损失（包括但不限于直接损失、可得利益、律师费用等全部损失）。

第十二条 一方只主张违约责任,没有主张解除合同的,合同应当继续履行。一方收到解除合同的通知后,对解除有异议的,应当在十五个工作日内向法定机关提出,否则,视为对解除无异议。

五、争议解决方式

第十三条 本合同的约定和履行中产生的争议,双方友好协商解决,若协商不成,任何一方均可向有关机构申请调解,也有权在原告住所地或居住地人民法院起诉解决。双方还可以约定提交仲裁机构裁决。

六、附则

第十四条 双方在签订本合同时,应当提供经核实的身份证明和相应资质证明文件的复印件作为合同附件。

第十五条 住所地(居住地)、代表人(联系人)、电话等联络方式如有变更,变更的一方应在变更后24小时内以书面方式通知对方。否则视为本合同载明的联络方式继续有效,微信和短信内容也作为双方来往文件。通知、诉讼文书等文件以邮寄方式发送的,将文件按有效联络方式交给经营特快专递的单位邮寄后,邮件被签收或拒收均视为已经送达。

第十六条 本合同中的标题只为便于双方阅读和理解合同内容,不作为权利义务的约定。

第十七条 本合同自双方签章之日起生效。一式四份,甲乙双方各持两份,具有同等法律效力。

(以下无正文)

甲　方(签名捺印)/(盖章):	乙　方(签名捺印)/(盖章):
代表人(签名):	代表人(签名):
年　月　日	年　月　日

本合同签订地点:____________________

新品种委托试验养殖合同

合同编号:GDHT074

甲方(委托方):____________________

统一社会信用代码/身份证号:____________________

住所地/居住地:____________________

联系人:____________________ 电话:____________________

微信号:____________________ 电子邮箱:____________________

乙方(受托方):____________________

统一社会信用代码/身份证号:____________________

住所地/居住地：____________________

联系人：____________　电话：____________

微信号：____________　电子邮箱：____________

甲乙双方经过平等协商，在真实、充分地表达各自意愿的基础上，根据《中华人民共和国合同法》的规定，就新品种委托实验养殖事宜达成以下合同，并由双方共同恪守。

一、新品种委托实验养殖情况

第一条　新品种委托实验养殖的种类、名称、数量

（一）种类及名称：____________________

（二）数量：养殖______只（头等），由委托方按本合同标准分级收购。

第二条　种类、饲料、药物、疫苗等供应规定

（一）委托方向养殖方提供____只（头），每只价格人民币________元（大写：________元），合计人民币__________元（大写：________元）

（二）委托方向养殖方提供饲料种类、数量及价格：____________

（三）委托方向养殖方提供药物、疫苗种类、数量及价格：____________

（四）委托方向养殖方提供的其他物资交付方法及费用分担：____________

以上物资应符合国家法律法规和行业标准规定，费用由委托方垫支，在养殖方交付____________时从收购款中抵扣。

二、收购价格及交货方式

第三条　收购标准及价格

一级标准为____________收购保护价：________元/公斤；

二级标准为____________收购保护价：________元/公斤；

三级标准为____________收购保护价：________元/公斤；

具体收购价按照收购时市场收购价另行确定，但不得低于保护价。

结算方式

双方同意采取以下第________种结算方式：

1. 现金结算的，委托方应在收购后________天内付给养殖方。

2. 银行转账方式结算的，所有收购款应在交付后________天内转账完毕。

第四条　交货时间、地点、运输方式和包装要求

（一）委托方应提前____天将收购清单交付养殖方；收购时间不得迟于养殖开始后的____天，超过收购期限____天，视为拒绝收购；

（二）交货地点：____________________

（三）运输方式及费用：____________________

（四）包装要求及费用承担：____________________

三、双方的其他权利与义务

第五条　委托方权利和义务

（一）有权了解、指导和规范养殖方的各项养殖管理工作；

（二）按时、按量收购养殖方饲养的符合标准的____________________

(三)及时支付收购款项;

(四)按时提供本合同第二条约定的物资及免费的养殖技术指导。

第六条 养殖方权利和义务

(一)按合同规定及时获得委托方各种物资、技术指导和养殖收购款;有权对委托方提供的物资的规格和质量进行审核,如有异议,可在委托方交付物资时提出。

(二)提供符合委托方要求的场地、设施和劳动力。

(三)按照委托方的免疫程序进行免疫,未经委托方同意,不得使用其他饲料、疫苗及药物。

(四)根据实际情况认真做好饲养日记表,接受委托方的定期检查。

(五)不得将委托方以外的________掺入委托方的__________饲养。

(六)交付______时不得掺杂非委托方_____________不得以次充好。

四、违约责任

第七条 非乙方原因,甲方延期付款,按日计算,每迟延一日,甲方应向乙方支付迟延付款金额 1‰的违约金,直至款项付清之日,乙方可以相应顺延交付产品。

第八条 若乙方未能按本合同约定时间及方式将全部产品交付至甲方指定地点,按日计算,每迟延一日,应向甲方支付该批产品总价 1‰的违约金,直至产品交付之日。

第九条 一方接受对方逾期履行的,不视为对其违约行为的认可,仍然有权追究其违约责任,还有权解除合同。

第十条 在对方未履行义务前,一方按照合同约定履行自己的义务的,不等于认可对方已经履行了先前的义务或同意对方可以不再履行其义务。

第十一条 因出现不可预见、不可避免、不可克服的事件,导致本合同无法有效及时履行的,相互不承担违约责任,但是遭遇不可抗力方应立即通过电话、微信等方式通知对方,并在通知后的三个工作日内将不可抗力的书面有效证明及本合同无法有效及时履行的书面理由提交给对方确认。否则需承担相应的违约责任。

五、合同的变更、解除

第十二条 经双方协商一致可以变更、解除合同。

第十三条 任何一方违反本合同任何条款约定的,在对方催告后十五个工作日内没有改正为全面履行的,守约方有权书面通知违约方解除合同,且有权要求违约方赔偿相当于合同总额 5% 的违约金及所遭受的损失(包括但不限于直接损失、可得利益、律师费用等全部损失)。

第十四条 一方只主张违约责任,未主张解除合同,合同应继续履行。一方收到解除合同通知后,对解除有异议的,应十五个工作日内向法定机关提出,否则,视为对解除无异议。

六、争议解决方式

第十五条 本合同的约定和履行中产生的争议,双方友好协商解决,若协商不成,任何一方均可向有关机构申请调解,也有权在原告住所地或居住地人民法院起诉解决。双方还可以约定提交仲裁机构裁决。

七、附则

第十六条 双方在签订本合同时,应当提供经核实的身份证明和相应资质证明文件的复印件作为合同附件。

第十七条　住所地(居住地)、代表人(联系人)、电话等联络方式如有变更,变更的一方应在变更后24小时内以书面方式通知对方。否则视为本合同载明的联络方式继续有效,微信和短信内容也作为双方来往文件。通知、诉讼文书等文件以邮寄方式发送的,将文件按有效联络方式交给经营特快专递的单位邮寄后,邮件被签收或拒收均视为已经送达。

第十八条　本合同中的标题只为便于双方阅读和理解合同内容,不作为权利义务的约定。

第十九条　本合同自双方签章之日起生效。一式四份,甲乙双方各持两份,具有同等法律效力。

(以下无正文)

甲　方(签名捺印)/(盖章):　　　　乙　方(签名捺印)/(盖章):
代表人(签名):　　　　代表人(签名):
年　月　日　　　　年　月　日

本合同签订地点:____________________

种子繁育技术服务合同

合同编号:GDHT075

甲方(委托方):________________________________
统一社会信用代码/身份证号:________________________
住所地/居住地:____________________________
联系人:____________________　电话:____________________
微信号:____________________　电子邮箱:____________________
乙方(受托方):________________________________
统一社会信用代码/身份证号:________________________
住所地/居住地:____________________________
联系人:____________________　电话:____________________
微信号:____________________　电子邮箱:____________________

甲方委托乙方就种子繁育技术进行专项技术服务,并支付相应的技术服务报酬。双方经过平等协商,在真实、充分地表达各自意愿的基础上,根据《中华人民共和国合同法》的规定,达成如下合同,双方共同恪守。

一、技术服务的内容

第一条　甲方委托乙方进行技术服务的内容如下:

(一)技术服务的目标:____________________________

(二)技术服务的内容:____________________________

（三）技术服务的方式：________________________________

第二条 乙方应按下列要求完成技术服务工作：

（一）技术服务地点：________________________________

（二）技术服务期限：________________________________

（三）技术服务进度：________________________________

（四）技术服务质量要求：________________________________

（五）技术服务质量期限要求：________________________________

第三条 为保证乙方有效进行技术服务工作，甲方应当向乙方提供下列工作条件和协作事项：

（一）提供技术资料

1. ________________________________

2. ________________________________

3. ________________________________

4. ________________________________

（二）提供工作条件

1. ________________________________

2. ________________________________

3. ________________________________

4. ________________________________

（三）其他：________________________________

（四）甲方提供上述工作条件和协作事项的时间及方式：________________

二、支付方式

第四条 甲方向乙方支付技术服务报酬及支付方式为：

（一）技术服务费总额为人民币__________元（大写：________元）。

（二）技术服务费由甲方____________（一次或分期）支付乙方。

具体支付方式和时间如下：________________________________

（三）乙方开户银行名称、地址、开户名和账号为：

开户银行：________________________________

地　　址：________________________________

开 户 名：________________________________

账　　号：________________________________

（四）除上述规定的银行汇款支付外，以下三种支付方式双方均予认可：

（1）支付宝转账；（2）微信转账；（3）现金支付。

三、保密条款

第五条 双方确定因履行本合同应遵守的保密义务如下：

甲方：

（一）保密内容（包括技术信息和经营信息）：________________

（二）涉密人员范围：________________

（三）保密期限：________________

（四）泄密责任：________________

乙方：

（一）保密内容（包括技术信息和经营信息）：________________

（二）涉密人员范围：________________

（三）保密期限：________________

（四）泄密责任：________________

四、工作成果验收及权利归属

第六条　双方确定以下列标准和方式对乙方的技术服务工作成果进行验收：

（一）乙方完成技术服务工作的形式：________________

（二）技术服务工作成果的验收标准：________________

（三）技术服务工作成果的验收方法：________________

（四）验收的时间和地点：________________

第七条　双方确定：

（一）在本合同有效期内，甲方利用乙方提交的技术服务工作成果所完成的新的技术成果________归（甲、双）方所有。

（二）在本合同有效期内，乙方利用甲方提供的技术资料和工作条件所完成的新的技术成果______归（乙、双）方所有。

五、项目联系人

第八条　为有效履行本合同，合作各方确定，在本合同有效期内，甲方指定__________为甲方项目联系人，乙方指定______________________为乙方项目联系人，项目联系人承担以下责任：

（一）________________

（二）________________

（三）________________

六、违约责任

第九条　非乙方原因，甲方延期付款，按日计算，每迟延一日，甲方应向乙方支付迟延付款金额 1‰的违约金，直至款项付清之日，乙方可以相应顺延交付技术服务工作成果。

第十条　一方接受对方逾期履行的，不视为对其违约行为的认可，仍然有权追究其违约责任，还有权解除合同。

第十一条　在对方未履行义务前，一方按照合同约定履行自己的义务的，不等于认可对方已经履行了先前的义务或同意对方可以不再履行其义务。

第十二条　因出现不可预见、不可避免、不可克服的事件，导致本合同无法有效及时履行的，相互不承担违约责任，但是遭遇不可抗力方应立即通过电话、微信等方式通知对方，并在通知后的三个工作日内将不可抗力的书面有效证明及本合同无法有效及时履行的书面理由提交给对方确认。否则需承担相应的违约责任。

七、合同的变更、解除

第十三条 经双方协商一致可以变更、解除合同。

第十四条 任何一方违反本合同任何条款约定的，在对方催告后十五个工作日内没有改正为全面履行的，守约方有权书面通知违约方解除合同，且有权要求违约方赔偿相当于合同总额5%的违约金及所遭受的损失（包括但不限于直接损失、可得利益、律师费用等全部损失）。

第十五条 一方只主张违约责任，没有主张解除合同的，合同应当继续履行。一方收到解除合同的通知后，对解除有异议的，应当在十五个工作日内向法定机关提出，否则，视为对解除无异议。

八、争议解决方式

第十六条 本合同的约定和履行中产生的争议，双方友好协商解决，若协商不成，任何一方均可向有关机构申请调解，也有权在原告住所地或居住地人民法院起诉解决。双方还可以约定提交仲裁机构裁决。

九、附则

第十七条 双方在签订本合同时，应当提供经核实的身份证明和相应资质证明文件的复印件作为合同附件。

第十八条 住所地（居住地）、代表人（联系人）、电话等联络方式如有变更，变更的一方应在变更后24小时内以书面方式通知对方。否则视为本合同载明的联络方式继续有效；微信和短信内容可作为双方来往文件；通知、诉讼文书等文件以邮寄方式发送的，将文件按有效联络方式交给经营特快专递的单位邮寄后，邮件被签收或拒收均视为已经送达。

第十九条 与履行本合同有关的下列技术文件，经双方以方式确认后，为本合同的组成部分：

（一）技术背景资料：______________________________

____

（二）可行性论证报告：____________________________

____

（三）技术评价报告：______________________________

____

（四）技术标准和规范：____________________________

____

（五）原始设计和工艺文件：________________________

____

（六）其他：______________________________________

____

第二十条 本合同中的标题只为便于双方阅读和理解合同内容，不作为权利义务的约定。

第二十一条 本合同自双方签章之日起生效。一式四份，甲乙双方各持两份，具有同等法律效力。

(以下无正文)

甲　方(签名捺印)/(盖章)：　　　　乙　方(签名捺印)/(盖章)：
代表人(签名)：　　　　代表人(签名)：
年　月　日　　　　年　月　日

本合同签订地点：____________

种子繁育技术咨询服务合同

合同编号：GDHT076

甲方(委托方)：____________
统一社会信用代码/身份证号：____________
住所地/居住地：____________
联系人：____________　电话：____________
微信号：____________　电子邮箱：____________
乙方(受托方)：____________
统一社会信用代码/身份证号：____________
住所地/居住地：____________
联系人：____________　电话：____________
微信号：____________　电子邮箱：____________

甲方委托乙方就种子繁育技术进行专项技术咨询服务，并支付相应的技术咨询服务报酬。双方经过平等协商，在真实、充分地表达各自意愿的基础上，根据《中华人民共和国合同法》的规定，达成如下合同，并由双方共同恪守。

一、委托技术服务内容

第一条　甲方委托乙方进行技术服务的内容如下：

(一)咨询内容：____________
(二)咨询要求：____________
(三)咨询方式：____________

第二条　乙方应当按照下列进度要求进行本合同项目的技术咨询工作：

____

第三条　为保证乙方有效进行技术咨询工作，甲方应当向乙方提供下列协作事项：

(一)提供技术资料

1. ____________
2. ____________

3. ____________________

4. ____________________

（二）提供工作条件

1. ____________________

2. ____________________

3. ____________________

4. ____________________

（三）其他：____________________

（四）甲方提供上述工作条件和协作事项的时间及方式：____________________

二、支付方式

第四条 甲方向乙方支付技术咨询服务报酬及支付方式为：

（一）技术咨询服务费总额为人民币________元（大写：________元）。

（二）技术咨询服务费由甲方________________（一次或分期）支付给乙方。

具体支付方式和时间如下：____________________

（三）乙方开户银行信息为：

开户银行：____________________

开 户 名：____________________

账　　号：____________________

（四）除上述规定的银行汇款支付外，以下三种支付方式双方均予认可：

（1）支付宝转账；（2）微信转账；（3）现金支付。

三、保密条款

第五条 双方确定因履行本合同应遵守的保密义务如下：

甲方：

（一）保密内容（包括技术信息和经营信息）：____________________

（二）涉密人员范围：____________________

（三）保密期限：____________________

（四）泄密责任：____________________

乙方：

（一）保密内容（包括技术信息和经营信息）：____________________

（二）涉密人员范围：____________________

（三）保密期限：____________________

（四）泄密责任：____________________

四、工作成果验收及权利归属

第六条 双方确定以下列标准和方式对乙方的技术咨询服务工作成果进行验收：

（一）乙方完成技术咨询服务工作的形式：____________________

（二）技术咨询服务工作成果的验收标准：____________________

（三）技术咨询服务工作成果的验收方法：____________________

（四）验收的时间和地点：____

第七条　双方确定：

（一）在本合同有效期内，甲利用乙方提交的技术服务工作成果所完成的新的技术成果________________归（甲、双）方所有。

（二）在本合同有效期内，乙方利用甲方提供的技术资料和工作条件所完成的新的技术成果__________________归（乙、双）方所有。

五、项目联系人

第八条　为有效履行本合同，合作各方确定，在本合同有效期内，甲方指定__________为甲方项目联系人，乙方指定______________为乙方项目联系人。项目联系人承担以下责任：

（一）____

（二）____

（三）____

六、违约责任

第九条　非乙方原因，甲方延期付款，按日计算，每迟延一日，甲方应向乙方支付迟延付款金额 1‰的违约金，直至款项付清之日，乙方可以相应顺延交付技术服务工作成果。

第十条　一方接受对方逾期履行的，不视为对其违约行为的认可，仍然有权追究其违约责任，还有权解除合同。

第十一条　在对方未履行义务前，一方按照合同约定履行自己的义务的，不等于认可对方已经履行了先前的义务或同意对方可以不再履行其义务。

第十二条　因出现不可预见、不可避免、不可克服的事件，导致本合同无法有效及时履行的，相互不承担违约责任，但是遭遇不可抗力方应立即通过电话、微信等方式通知对方，并在通知后的三个工作日内将不可抗力的书面有效证明及本合同无法有效及时履行的书面理由提交给对方确认。否则需承担相应的违约责任。

七、合同的变更、解除

第十三条　经双方协商一致可以变更、解除合同。

第十四条　任何一方违反本合同任何条款约定的，在对方催告后十五个工作日内没有改正为全面履行的，守约方有权书面通知违约方解除合同，且有权要求违约方赔偿相当于合同总额 5% 的违约金及所遭受的损失（包括但不限于直接损失、可得利益、律师费用等全部损失）。

第十五条　一方只主张违约责任，没有主张解除合同的，合同应当继续履行。一方收到解除合同的通知后，对解除有异议的，应当在十五个工作日内向法定机关提出，否则，视为对解除无异议。

八、争议解决方式

第十六条　本合同的约定和履行中产生的争议，双方友好协商解决，若协商不成，任何一方均可向有关机构申请调解，也有权在原告住所地或居住地人民法院起诉解决。双方还可以约定提交仲裁机构裁决。

九、附则

第十七条 双方在签订本合同时,应当提供经核实的身份证明和相应资质证明文件的复印件作为合同附件。

第十八条 住所地(居住地)、代表人(联系人)、电话等联络方式如有变更,变更的一方应在变更后24小时内以书面方式通知对方。否则视为本合同载明的联络方式继续有效,微信和短信内容也作为双方来往文件。通知、诉讼文书等文件以邮寄方式发送的,将文件按有效联络方式交给经营特快专递的单位邮寄后,邮件被签收或拒收均视为已经送达。

第十九条 与履行本合同有关的下列技术文件,经双方以＿＿＿＿＿＿方式确认后,为本合同的组成部分:

(一)技术背景资料:＿＿＿＿＿＿＿＿＿＿＿＿＿＿＿＿＿＿＿＿＿＿＿＿＿＿＿＿＿＿

＿＿＿＿＿＿＿＿＿＿＿＿＿＿＿＿＿＿＿＿＿＿＿＿＿＿＿＿＿＿＿＿＿＿＿＿

(二)可行性论证报告:＿＿＿＿＿＿＿＿＿＿＿＿＿＿＿＿＿＿＿＿＿＿＿＿＿＿＿＿

＿＿＿＿＿＿＿＿＿＿＿＿＿＿＿＿＿＿＿＿＿＿＿＿＿＿＿＿＿＿＿＿＿＿＿＿

(三)技术评价报告:＿＿＿＿＿＿＿＿＿＿＿＿＿＿＿＿＿＿＿＿＿＿＿＿＿＿＿＿＿＿

＿＿＿＿＿＿＿＿＿＿＿＿＿＿＿＿＿＿＿＿＿＿＿＿＿＿＿＿＿＿＿＿＿＿＿＿

(四)技术标准和规范:＿＿＿＿＿＿＿＿＿＿＿＿＿＿＿＿＿＿＿＿＿＿＿＿＿＿＿＿

＿＿＿＿＿＿＿＿＿＿＿＿＿＿＿＿＿＿＿＿＿＿＿＿＿＿＿＿＿＿＿＿＿＿＿＿

(五)原始设计和工艺文件:＿＿＿＿＿＿＿＿＿＿＿＿＿＿＿＿＿＿＿＿＿＿＿＿＿＿

＿＿＿＿＿＿＿＿＿＿＿＿＿＿＿＿＿＿＿＿＿＿＿＿＿＿＿＿＿＿＿＿＿＿＿＿

(六)其他:＿＿＿＿＿＿＿＿＿＿＿＿＿＿＿＿＿＿＿＿＿＿＿＿＿＿＿＿＿＿＿＿＿＿

＿＿＿＿＿＿＿＿＿＿＿＿＿＿＿＿＿＿＿＿＿＿＿＿＿＿＿＿＿＿＿＿＿＿＿＿

第二十条 本合同中的标题只为便于双方阅读和理解合同内容,不作为权利义务的约定。

第二十一条 本合同自双方签章之日起生效。一式四份,甲乙双方各持两份,具有同等法律效力。

(以下无正文)

甲　方(签名捺印)/(盖章):	乙　方(签名捺印)/(盖章):
代表人(签名):	代表人(签名):
年　月　日	年　月　日

本合同签订地点:＿＿＿＿＿＿＿＿＿＿

第五章

涉农其他有名合同

【本章导语】

脱贫攻坚涉及农村生产生活的方方面面，本章将本书其他各章示范文本中没有包含的《中华人民共和国合同法》中有名合同归入，包含了农村供用水合同、农村供电合同、捐赠协议、民间借贷合同、农村房屋租赁合同、农具租赁合同、农用机动车租赁合同、农村土地租赁合同、农村林地租赁合同、农村融资租赁合同、农村运输合同、农村保管合同、粮食仓储合同、农产品委托加工合同、通用委托合同、遗赠扶养合同、行纪合同、农副产品行纪合同、居间合同、房屋租赁居间合同、房屋买卖居间合同、鱼塘租赁合同、集体水库租赁合同，共计23份。涉农当事人使用本章综合类合同示范文本，可避免产生不必要的纷争，防患风险于未然，减少社会矛盾，促进脱贫攻坚事业的健康持续发展。

本章合同与前面的合同示范文本中类似和/或相同内容的，适用其注释。

农村供用水合同

合同编号:GDHT077

甲方(供水人):______________________________

统一社会信用代码/身份证号:______________________

住所地/居住地:______________________________

联系人:______________　电话:______________

微信号:______________　电子邮箱:______________

乙方(用水人):______________________________

统一社会信用代码/身份证号:______________________

住所地/居住地:______________________________

联系人:______________　电话:______________

微信号:______________　电子邮箱:______________

为了明确供水人和用水人在水的供应和使用中的权利和义务,根据《中华人民共和国合同法》等有关法律、法规和规章的规定,经供、用水双方协商,订立本合同,以便共同遵守。

一、用水地址、用水性质和用水量

第一条　用水地址为______________,用水四至范围(用水人用水区域四周边界)是____________(可制作详图作为附件)。

第二条　用水性质系________用水,执行____________供水价格。

第三条　计费总水表安装地点为:____________(可制订详图作为附件)。

第四条　安装计费总水表共__________具,注册号为____________。

二、供水方式和质量

第五条　在合同有效期内,供水人通过联村公共供水管网及附属设施向用水人提供不间断供水。

第六条　用水人不能间断用水或者对水压、水质有特殊要求的,应当自行设置贮水、间接加压设施及水处理设备。

第七条　供水人保证联村公共供水管网水质符合国家《生活饮用水卫生标准》。

第八条　供水人保证在计费总水表处的水压≥__________兆帕;以户表方式计费的,保证进入建筑物前阀门处的水压≥__________兆帕。

三、用水计量、水价及水费结算方式

第九条　用水的计量器具为:________计量表/__________IC卡计量表/________安装时应当登记注册。供、用水双方将注册登记的计费水表计量的水量作为水费结算的依据。结算用计量器具须经当地技术监督部门检定、认定。

用水人用水按照用水性质实行分类计量。不同用水性质的用水共用一具计费水表时,供水人按照比例划分不同用水性质用水量,分类计收水费。

第十条 供水价格:供水人依据用水人用水性质,按照____________________政府________________(部门)批准的供水分类价格收取水费。

在合同有效期内,遇水价调整时,按照调价文件规定执行。

第十一条 供水人按照规定周期抄验表并结算水费,用水人在____月____日前交清水费。

四、供、用水设施产权分界与维护管理

第十二条 供、用水设施产权分界点是:供水人设计安装的计费总水表处。以户表计费的为进入建筑物前阀门处。

第十三条 产权分界点(含计费水表)水源侧的管道和附属设施由供水人负责维护管理。产权分界点另侧的管道及设施由用水人负责维护管理,或者有偿委托供水人维护管理。

五、供水人、用水人的权利和义务

第十四条 监督用水人按照合同约定的用水量、用水性质、用水四至范围用水。

第十五条 用水人逾期不缴纳水费,供水人有权从逾期之日起向用水人收取水费滞纳金。

第十六条 用水人搬迁或者因其他原因不再使用计费水表和供水设施,又没有办理过户手续的,供水人有权拆除其计费水表和供水设施。

第十七条 监督供水人按照合同约定的水压、水质向用水人供水。

第十八条 用水人有权要求供水人按照国家的规定对计费水表进行周期检定。

第十九条 用水人有权向供水人提出进行计费水表复核和校验。

第二十条 用水人有权对供水人收缴的水费及确定的水价申请复核。

第二十一条 用水人应当按照合同约定按期向供水人交水费。

第二十二条 用水人保证计费水表、表井(箱)及附属设施完好,配合供水人抄验表或者协助供水人做好水表等设施的更换、维修工作。

第二十三条 除发生火灾等特殊原因,用水人不得擅自开封启动无表防险(用水人消火栓)。需要试验内部消防设施的,应当通知供水人派人启封。发生火灾时,用水人可以自行启动使用,灭火后应当及时通知供水人重新铅封。

第二十四条 不得私自向其他用水人转供水,不得擅自向合同约定的四至外供水。

第二十五条 当用水人用水量增加,连续半年超过水表公称流量时,应当办理换表手续;当用水人全月平均小时用水量低于水表最小流量时,供水人可将水表口径改小,用水人承担工料费;当用水人月用水量达不到底度流量时,按照底度流量收费。

第二十六条 供水人供水期间因管网、设备检修需临时性停水,供水人应于停水前24小时告知用水人,连续停水时间不得超过48小时。

第二十七条 供水人负责水源工程、供水主管网及村内官网的维护与管理,用水人发现问题及时告知供水人,供水人应在24小时内进行维修。

六、违约责任

第二十八条 供水人违反合同约定未向用水人供水的,延期1日,应当支付用水人停水期间正常用水量水费1‰的违约金，直至正常供水时止。

第二十九条　由于供水人责任事故造成的停水、水压降低、水质量事故，给用水人造成损失的，供水人应当承担赔偿责任。

第三十条　用水人未按期交水费的，还应当支付滞纳金。超过规定交费日期一个月的，供水人按照国家规定有权中止供水。用水人于半年之内交齐水费和滞纳金后，供水人应当于48小时内恢复供水。中止供水超过半年，用水人要求复装的，应当交齐欠费和供水设施复装工料费后，另行办理新装手续。

第三十一条　用水人终止用水，未到供水人处办理相关手续，给供水人造成损失的，由用水人承担赔偿责任。

第三十二条　用水人私自改变用水性质、向其他用水人转供水、向合同约定的四至外供水，未到供水人处办理变更手续的，用水人除补交水价差价的水费外，还应当按每日应支付水费1‰的标准支付违约金。

第三十三条　前款约定的损失赔偿比例，系各方综合各种因素确定。在主张该违约金时，甲方无须对其损失另行举证，同时双方均放弃《中华人民共和国合同法》第一百一十四条规定的违约金或损失赔偿金调整请求权。

第三十四条　一方接受对方逾期履行的，不视为对其违约行为的认可，仍然有权追究其违约责任，还有权解除合同。

第三十五条　在对方未履行义务前，一方按照合同约定履行自己的义务的，不等于认可对方已经履行了先前的义务或同意对方可以不再履行其义务。

第三十六条　因出现不可预见、不可避免、不可克服的事件，导致本合同无法有效及时履行的，相互不承担违约责任，但是遭遇不可抗力方应立即通过电话、微信等方式通知对方，并在通知后的三个工作日内将不可抗力的书面有效证明及本合同无法有效及时履行的书面理由提交给对方确认。遭受不可抗力的一方凭此证明免除全部或部分违约责任，具体免除范围和方式由双方另行协商。

七、供水期限

第三十七条　合同期限为______年，______年____月____日起至______年____月____日止。

八、合同的变更、解除

第三十八条　经双方协商一致可以变更、解除合同。

第三十九条　任何一方违反本合同任何条款约定的，在对方催告后十五个工作日内没有改正为全面履行的，守约方有权书面通知违约方解除合同，且有权要求违约方赔偿相当于合同总额5%的违约金及所遭受的损失（包括但不限于直接损失、可得利益、律师费用等全部损失）。

第四十条　一方只主张违约责任，没有主张解除合同的，合同应当继续履行。一方收到解除合同的通知后，对解除有异议的，应当在十五个工作日内向法定机关提出，否则，视为对解除无异议。

九、争议解决方式

第四十一条　本合同的约定和履行中产生的争议，双方友好协商解决，若协商不成，任何一方均可向有关机构申请调解,也有权在原告住所地或居住地人民法院起诉解决。双方还可以约定提交仲裁机构裁决。

十、附则

第四十二条 双方在签订本合同时,应当提供经核实的身份证明和相应资质证明文件的复印件作为合同附件。

第四十三条 住所地(居住地)、代表人(联系人)、电话等联络方式如有变更,变更的一方应在变更后24小时内以书面方式通知对方。否则视为本合同载明的联络方式继续有效,微信和短信内容也作为双方来往文件。通知、诉讼文书等文件以邮寄方式发送的,将文件按有效联络方式交给经营特快专递的单位邮寄后,邮件被签收或拒收均视为已经送达。

第四十四条 本合同中的标题只为便于双方阅读和理解合同内容,不作为权利义务的约定。

第四十五条 本合同自双方签章之日起生效。一式四份,甲乙双方各持两份,具有同等法律效力。

(以下无正文)

甲　方(签名)/(盖章):　　　　　　乙　方(签名)/(盖章):
代表人(签名):　　　　　　　　　　代表人(签名):
年　月　日　　　　　　　　　　　　年　月　日

本合同签订地点:____________________

农村供电合同

合同编号:GDHT078

甲方(供电人):____
统一社会信用代码/身份证号:________________________________
住所地/居住地:____
联系人:________________________　电话:________________________
微信号:____________________　电子邮箱:________________________
乙方(用电人):____
统一社会信用代码/身份证号:________________________________
住所地/居住地:____
联系人:________________________　电话:________________________
微信号:____________________　电子邮箱:________________________

为了明确农村用电管理的安全责任和法律责任,加强农村安全用电管理工作,保护农村用电户的利益,协调电力供、用双方的关系,明确双方的责任,确立正常的供用电秩序,安全、经济、合理地使用电力,根据《中华人民共和国合同法》的规定,经供、用电双方充分协商,特订立本合同,以便共同遵守。

一、受电地点、受电电压、受电容量及限期

第一条 受电地点:______________________________

第二条 受电电压:________千伏______线三相交流__________________千伏。

受电容量:三相变流________千伏安,其中________千伏安________台,________千伏安________台。

第三条 合同期限为______年,______年________月____日起至______年____月____日止。

二、用电方新装、增容与变更用电

第四条 用电方新装或增加用电,均应向供电方申请办理用电手续,并按规定办理有关事项。

第五条 供电方为新装或增加用电的用电方确定的供电方案,高压的有效期限为____年,低压的有效期限为________个月,逾期注销。用电方如有特殊情况,应及时与供电方协商延长。

第六条 用电方新装或增加用电,应按国家有关规定,向供电方交纳贴费,①以分担电力部门为适应用电增加而进行的输电、变电、配电工程建设或改造的部分费用。专线供电或用户已列入基建项目的工程,由用户投资建设。

第七条 用电方投资建设的输电、变电、配电设施,建成送电后,其产权归属,按《全国供用电规则》的规定确定。

第八条 用电方提出减少用电容量,供电方应根据用电方所提的期限,保留其原容量,保留期最长不得超过五年。在保留期限内恢复用电时,再交付帖费;超过保留期限要求恢复用电时,按新装、增容手续办理。按变压器容量计算基本电费的用电方,必须停止整台或整组变压器的运行,方可认定为暂停用电。

第九条 用电方变更用电性质、变更户名、减少用电容量、暂停或停止用电、移动表位和迁移用电地址,均应事先向供电方申请办理手续。

第十条 停止用电时,应将电费结清。迁移用电地址而引起供电点变更时,新址用电按新装用电办理。

三、设计、安装、试验与接电

第十一条 用电方新装、增装或改装电气装置的设计、安装和试验,应符合国家的有关标准,国家尚未制定标准的,应符合国家电力部门或省级电力部门的规定和规程。

第十二条 高压方式供电的用电方,应向供电方提供下列电气装置的设计文件和资料:

(一)电气设计说明。

---

① 供电工程贴费是指用户在申请用电或增加用电容量时,供电企业向用户收取的用于建设110千伏及以下各级电压处部供电工程建设和改造等费用的总和。

（二）用电负荷分布图。

（三）负荷组成、性质及保安电力。

（四）用电功率因数的计算和无功补偿及容量。

（五）高压设备的一次接线方式和布置。

（六）过高电压保护、继电保护和计量装置的方式。

低压方式供电的用电方应提供负荷组成和用电设备清单，100 千伏安（千瓦）及以上低压用电方还应提供用电功率的计算和无功补偿资料。

用电方提供的设计文件和资料应一式两份，供电方审核提出书面意见后，退还用电方一份据以施工。用电方如改变设计，应将变更方案再交供电方审核。用电方安装竣工后，应向供电方提供高压电气设备试验及继电保护装置整定记录，由供电方检查，直至合格。

第十三条 无功电力应就地平衡。用电方应在提高用电自然功率因数的基础上，设计和装置无功补偿设备，并做到随其负荷和电压变动及时投入或切除，防止无功电力倒送。用电方在供电规定的电网高峰负荷时的功率因数应达到下列标准：

（一）高压供电的工业用电和高压供电装有带负荷调整电压装置的用电，功率因数为 0.90 以上；

（二）其他 100 千伏安（千瓦）以上用电（包括大、中型电力排灌站），功率因数为 0.85 以上；

（三）趸售和农业用电，功率因数为 0.80。

第十四条 用电方在供电前应申请用电指标，并就供电方式、装接容量、用电时间、产权划分、调度、通信、计量方式和电费计收等项，与供电方签订供用电合同（或协议），供电方即可装表接电。

第十五条 用电方的冲击性负荷、不对称负荷和整流用电等对供电质量和安全经济运行有影响者，应采取技术措施消除影响，否则供电方可不供电。

四、安全用电

第十六条 供电方供电设施的检修、校验和试验工作应统一安排，需要对用电方停电时，35 千伏以上的每年不超过一次；10 千伏每年不超过三次。计划检修停电应在 7 天前通知用电方。

第十七条 用电方应定期进行电气设备和保护装置的检查、检修和试验，防止电气设备事故的发生；用电方的电气设备危及人身和运行安全时，应立即检修；多路电源供电的用电方应加装连锁装置，并按照双方签订的协议进行调度操作；装有自备发电机组的应向供电方备案，并应采取保安措施，防止在电网停电时向电网反送电。

（一）用电方发生人身触电伤亡，主要电气设备损坏及因用电方的原因引起电网停电等事故时，应立即向供电方报告，并在 15 天内提出事故分析报告。

（二）用电方与电力系统的继电保护方式应相互配合，并按照国家主管部门颁发的有关规程进行整定和检验。由供电方整定、加封的继电保护装置及其二次回路和供电方规定的继电保护整定值，用电方不得自行变动。

（三）供电方对用电方的安全用电工作督促检查，并积极协助有关主管部门及用电方共同做好对用电方电工的技术培训和管理工作，定期进行安全技术考核。

五、计划用电

第十八条　用电方应定期提出计划用电指标的申请，内容包括：计划期内的生产任务、单位产品电耗定额、需用电量、最高电力负荷、生产班次和节约用电措施等。

第十九条　用电方设备的检修应尽量安排在枯水期。

第二十条　供电方和用电方应服从电网统一调度，严格按指标供电和用电，不得超分超用。供电方应认真执行"谁超限谁""超用扣还"的原则。

六、节约用电

第二十一条　用电方应定期编制节约用电措施计划，完成节约用电任务；供电方应督促、检查、帮助用电方的节约用电工作。

第二十二条　用电方应积极采用节约用电的技术措施，推广行之有效的节约经验。用电方因此节约用电，"三电"办公室不得减少其用电指标，凡国家推广的节约用电技术措施，用电方必须纳入节约用电措施计划，付诸实施。用电方如不采用，"三电"办公室可相应扣除用电指标。

第二十三条　供电方和用电方应加强非生产用电的管理，取消对家庭生活用电的包用、包费制，一律按实用电量由个人缴费。使用非生产性电炉，应经供电局批准。

七、维护管理与产权分界

第二十四条　供电方与用电方电气设备的维护管理范围按产权分界点划分，其确定原则如下：

（一）低压供电的，以供电接户线的最后支持物为分界点，支持物属供电方；

（二）10 千伏及以下高压供电的，以用电方界外或配电室前的第一断路器或进线套管为分界点；

（三）35 千伏及以上高压供电的，以用电方界外或用电方变电站外第一基电杆为分界点；

（四）产权属于用电方的线路，以分支点或供电方变电所外第一基电杆为分界点。

第二十五条　供电方和用电方分工维护管理的供电、用电设备，未经分管单位同意，不得操作或更动。如因紧急事故必须操作或更动者，事后应迅速通知分管单位。

第二十六条　供电方由于工程施工或线路维护的需要，在用电方处凿墙、挖沟、掘坑、巡线时，用户应给予方便，供电方人员应遵守用电方的有关安全保卫制度。用电方到供电方维护的设备区工作，应征得供电方同意，并接受供电方人员监护。竣工后，均应及时修复。

八、电度计量与收费

第二十七条　计费电度表及其附件的购置、安装、移动、更换、校验、拆除、加封、启封等，均由供电方负责办理。高压电用电方的成套设备装有自备电度表及其附件的，经供电方同意并检验合格后，可用作计费电度表，并办理固定资产无偿转移手续，用电期间由供电方负责维护管理，用电终了后，再办理资产无偿转还手续。

装设在 63 千伏及以上计量点的计费电度表应使用互感器的专用二次回路；装设在 63 千伏以下计量点的计费电度表应设置专用的互感器，不得与保护、测量等回路共用。现已共用的,应逐步改进。

第二十八条 计费电度表应装在产权分界处,变压器的有功、无功损耗和线路损失由产权所有者负担。

第二十九条 用电方应负责保管供电方安装的计费电度表及附件,如遗失或因用电方责任损坏,应赔偿或负担修理费。由于用电方原因需要移动表位时,工料费由用电方负担。

第三十条 用电方要求校验计费电度表时,供电方应尽速办理,经检验合格者,应收校验费;不合格者,不收校验费。用电方对校验结果仍有异议时,可要求供电方上级计量监督机构直至国家计量局参加处理。用电方自备的分表,供电方应接受修理校验,收取费用。

第三十一条 计费电度计量装置误差超过允许范围或记录不准,供电方应按实际误差及起讫时间,退还或补收电费。起讫时间查不清时,可按《全国供用电规则》规定的办法计算。

第三十二条 供电方应固定抄表日期,按期抄表收费。用电方应按供电方规定的期限交付电费。对逾期不交者,按规定加收滞纳金,并可停止供电。供电方对用电量较多的用电方,由银行分次划拨电费、月末抄表结算。供电方可以委托银行、农村信用社等金融机构托收或代收电费。

九、违约责任

第三十三条 供电方未按计划指标向用电方供电时,事后应补还少供的电力、电量,应向用电方偿付少供电量电费 1‰的违约金,违约金不足以赔偿用电方损失的,供电方并应赔偿用电方的损失;用电方超计划指标用电时(包括抵容少用电力),供电方除扣其超用电量外,还应要求用电方支付违约金,违约金按多用电量电费的 6% 计算。

第三十四条 供电方由于运行、操作的责任事故造成用电方停电时,供电方应按用电方在停电时间内可能用电量的电费的五倍(单一制电价为四倍)给予赔偿,该可能用电量按停电前用电方正常用电量计算。但电力系统开关掉闸,经自动重合闸重合良好或对有备用电源的用电方,只停其中一路电源,其他电源可以满足用电方备用供电设备能力时,供电方不负赔偿责任。

第三十五条 由于用电方的责任造成供电方对外停电,用电方应按少供电量电费予以赔偿。用电方引起的事故,因供电方的责任而扩大停电范围,则用电方不负事故扩大部分的赔偿责任。

第三十六条 供电电压超出本合同规定的变动幅度时,供电方应按用电方实际所用的不合格电量电费的 20% 给予经济赔偿。但用电方用电的功率因数未达到本合同规定,或其他用电方的内部原因引起电压波动,供电方不负责任。

电压波动超出允许变动幅度的时间,以用户自备并经供电方校验合格的电压自动记录仪的记录为准;如用电方未装此仪表,则以供电方变电所的电压记录为准。

第三十七条 供电周率超出本合同规定的允许偏差时,供电方应按用电方实际所用不合格电量电费的 20% 给予赔偿。

周率变动超出允许偏差的时间,以用电方自备并经供电方检验合格的周率自动记录仪表记录为准。

第三十八条　供电方如因施工错误或由于供电方的责任导致高压带电线路断落连接到低压供电线路,造成用电方用电设备烧毁时,应对该设备修复或给予合理赔偿。

第三十九条　用电方如在电价低的带电线路上,私自接用电价高的用电设备或私自改变用电类别,按实际使用时间向供电方补交差额电费,并处以一至二倍差额电费的罚金。对使用起讫日期难以确定者,至少按3个月计算。

第四十条　用电方超过报装容量私自增加用电容量,应追补电费,处以每千瓦(千伏安)20元的违约金,并拆、封私增设备。用电方擅自使用已报暂停电气设备或启用封存电气设备,应追补电费,处以每千瓦20元的罚金,并再次封存擅自启用的电气设备。

第四十一条　用电方如私自迁移、更动和擅自操作供电方的电度计量装置、电力定量装置、线路或其他供电设施,处以1000元的罚金。用电方未经供电方同意,自行引入备用电源,按用电量处以每千瓦50元的罚金。

第四十二条　前款约定的损失赔偿比例,由各方综合各种因素确定。在主张该违约金时,甲方无须对其损失另行举证,同时双方均放弃《中华人民共和国合同法》第一百一十四条规定的违约金或损失赔偿金调整请求权。

第四十三条　一方违约后守约方继续履行合同的,不视为守约方放弃追究违约方责任。

第四十四条　在对方未履行义务前,一方按照合同约定履行自己的义务的,不等于认可对方已经履行了先前的义务或同意对方可以不再履行其义务。

第四十五条　因出现不可预见、不可避免、不可克服的事件,导致本合同无法有效及时履行的,相互不承担违约责任,但是遭遇不可抗力方应立即通过电话、微信等方式通知对方,并在通知后的三个工作日内将不可抗力的书面有效证明及本合同无法有效及时履行的书面理由提交给对方确认。遭受不可抗力的一方凭此证明免除全部或部分违约责任,具体免除范围和方式由双方另行协商。

十、合同的变更、解除

第四十六条　经双方协商一致可以变更、解除合同。

第四十七条　任何一方违反本合同任何条款约定的,在对方催告后十五个工作日内没有改正为全面履行的,守约方有权书面通知违约方解除合同,且有权要求违约方赔偿相当于合同总额5%的违约金及所遭受的损失(包括但不限于直接损失、可得利益、律师费用等全部损失)。

第四十八条　一方只主张违约责任,没有主张解除合同的,合同应当继续履行。一方收到解除合同的通知后,对解除有异议的,应当在十五个工作日内向法定机关提出,否则,视为对解除无异议。

十一、附则

第四十九条　双方在签订本合同时,应当提供经核实的身份证明和相应资质证明文件的复印件作为合同附件。

第五十条　住所地(居住地)、代表人(联系人)、电话等联络方式如有变更,变更的一方应在变更后24小时内以书面方式通知对方。否则视为本合同载明的联络方式继续有效,微信和短信内容也作为双方来往文件。通知、诉讼文书等文件以邮寄方式发送的，将文件按有效联络方式交给经营特快专递的单位邮寄后，邮件被签收或拒收均视为已经送达。

第五十一条 本合同中的标题只为便于双方阅读和理解合同内容，不作为权利义务的约定。

第五十二条 本合同自双方签章之日起生效。一式四份，甲乙双方各持两份，具有同等法律效力。

（以下无正文）

甲 方（签名捺印）/（盖章）： 乙 方（签名捺印）/（盖章）：

代表人（签名）： 代表人（签名）：

年 月 日 年 月 日

本合同签订地点：____________________

捐赠协议

合同编号：GDHT079

甲方（捐赠人）：____

统一社会信用代码/身份证号：________________________________

住所地/居住地：____

联系人：________________________ 电话：____________________

微信号：______________________ 电子邮箱：____________________

乙方（受赠组织）：______________________________________

统一社会信用代码：____

住所地：____

联系人：________________________ 电话：____________________

微信号：______________________ 电子邮箱：____________________

根据《中华人民共和国慈善法》《中华人民共和国公益事业捐赠法》及其他相关法律法规，甲方与乙方就捐赠事项订立以下协议：

一、捐赠财产的信息

第一条 甲方自愿将下述第____项之财产（以下简称捐赠财产）捐赠乙方，乙方同意接受捐赠财产。

（一）货币：人民币__________元（大写：________元）；

（二）动产：（名称、数量、质量、价值）______________________________

（三）不动产：（该不动产的价值、所处详细位置、状况及所有权证明）____________

（四）其他：（如捐财产属有价证券、股权、知识产权等有无形财产等）____________

二、捐赠财产的用途

第二条　(写明捐赠财产的用途)______________________________

三、捐赠财产的交付时间和交付方式

第三条　甲方于本协议生效后的____个工作日内(____月____日前)将捐赠财产交付给乙方。

第四条　双方同意采取以下第____种方式交付财产:

(一)转账

乙方的开户名:______________________________

开户行:______________________________

账号:______________________________

(二)现场交付

交付地点:______________________________

(三)其他方式:______________________________

四、双方的权利义务

第五条　甲为应当依本捐赠协议规定履行义务,按照捐赠协议的期限和方式将捐赠财产交付给乙方。若因甲方逾期未履行义务而给乙方造成的损失,由甲方承担相应的责任。

第六条　甲方保证捐赠财产系其所有之合法财产且无权利瑕疵,并有权捐赠乙方。

第七条　甲方有权向乙方查询捐赠财产的使用、管理情况,并提出不违反法律法规的意见和建议。对于甲方的查询,乙方应在个3个工作日内如实按照约定方式给予答复。

第八条　乙方应按照本协议约定用途使用捐赠财产,不得擅自改变捐赠财产的用途,若确因公益需改变捐赠财产用途,应当征得甲方的同意。

第九条　甲方表示不愿公开的其名称、住所、通信方式等信息的,乙方不得公开。

五、违约责任

第十条　甲方逾期履行捐赠义务,应承担因此给乙方所造成的一切损失,包括但不限于甲方支出之律师费、诉讼费、差旅费等。

第十一条　在对方未履行义务前,一方按照合同约定履行自己的义务的,不等于认可对方已经履行了先前的义务或同意对方可以不再履行其义务。

第十二条　一方违约后守约方继续履行合同的,不视为守约方放弃追究违约方责任。

第十三条　因出现不可预见、不可避免、不可克服的事件,导致本合同无法有效及时履行的,相互不承担违约责任,但是遭遇不可抗力方应立即通过电话、微信等方式通知对方,并在通知后的三个工作日内将不可抗力的书面有效证明及本合同无法有效及时履行的书面理由提交给对方确认。遭受不可抗力的一方凭此证明免除全部或部分违约责任,具体免除范围和方式由双方另行协商。

六、合同的变更、解除

第十四条　经双方协商一致可以变更、解除合同。

第十五条　任何一方违反本合同任何条款约定的,在对方催告后十五个工作日内没有改正为全面履行的,守约方有权书面通知违约方解除合同,且有权要求违约方赔偿相当于合同总额5%的违约金及所遭受的损失（包括但不限于直接损失、可得利益、律师费用等全部损失）。

第十六条 一方只主张违约责任，没有主张解除合同的，合同应当继续履行。一方收到解除合同的通知后，对解除有异议的，应当在十五个工作日内向法定机关提出，否则，视为对解除无异议。

七、争议解决方式

第十七条 本合同的约定和履行中产生的争议，双方友好协商解决，若协商不成，任何一方均可向有关机构申请调解，也有权在原告住所地或居住地人民法院起诉解决。双方还可以约定提交仲裁机构裁决。

八、附则

第十八条 双方在签订本合同时，应当提供经核实的身份证明和相应资质证明文件的复印件作为合同附件。

第十九条 住所地（居住地）、代表人（联系人）、电话等联络方式如有变更，变更的一方应在变更后24小时内以书面方式通知对方。否则视为本合同载明的联络方式继续有效，微信和短信内容作为双方来往文件。通知、诉讼文书等文件以邮寄方式发送的，将文件按有效联络方式交给经营特快专递的单位邮寄后，邮件被签收或拒收均视为已经送达。

第二十条 本合同中的标题只为便于双方阅读和理解合同内容，不作为权利义务的约定。

第二十一条 本合同自双方签章之日起生效。一式四份，甲乙双方各持两份，具有同等法律效力。

（以下无正文）

甲　方（签名捺印）/（盖章）：　　　　乙　方（签名捺印）/（盖章）：

代表人（签名）：　　　　代表人（签名）：

年　月　日　　　　年　月　日

本合同签订地点：____________________

民间借贷合同

合同编号：GDHT080

甲方（出借人）：____________________

统一社会信用代码/身份证号：____________________

住所地/居住地：____________________

联系人：____________________　电话：____________________

微信号：____________________　电子邮箱：____________________

乙方(借款人):____

统一社会信用代码/身份证号:______________________________________

住所地/居住地:____

联系人:______________________________ 电话:____________________________

微信号:__________________________ 电子邮箱:____________________________

丙方(担保人):____

统一社会信用代码/身份证号:______________________________________

住所地/居住地:____

联系人:______________________________ 电话:____________________________

微信号:__________________________ 电子邮箱:____________________________

乙方向甲方借款,丙方愿意为乙方借款向甲方提供连带保证担保,现甲乙丙三方在平等互利的基础上,经友好协商一致,自愿达成如下协议,各方共同信守。

一、借款用途

第一条 乙方因________________,急需一笔资金周转,甲方同意出借。

二、借款金额

第二条 乙方向甲方借款金额人民币__________元(大写:________元)。

乙方指定的收款账户为:

开户银行:____

账户名称:____

账号:____

三、借款期限

第三条 借款期限____月,______年____月____日起(以甲方实际出借款项之日起算,乙方应另行出具收条)至______年____月____日止,逾期未还款的,按本合同第八条处理。

四、借款利息

第四条 自收到借款之日起,按实际借款金额计算利息,在合同第三条约定的借款期内月利率为1%,乙方如果不按期还款付息,则每逾期一日按欠款金额的万分之五加收违约金。

五、还款方式

第五条 乙方应按照本协议规定的时间主动偿还对甲方的欠款及利息。

第六条 甲方指定的还款账户为:

开户银行:____

账户名称:____

账号:____

第七条 除上述规定的银行汇款支付外,以下三种支付方式双方均予认可:

(一)支付宝转账;(二)微信转账;(三)现金支付。

六、各方的权利义务

第八条 甲方有权监督借款使用情况,了解乙方的偿债能力等情况,乙方应该如实提供有关的资料,乙方如不按合同约定使用借款,甲方有权随时收回借款。

七、保证条款

第九条 乙方自愿用____________________作抵押，并于本合同签订后十个工作日内办理抵押登记。到期不能归还甲方的借款，甲方有权请求拍卖抵押物优先收回借款。乙方到期如数归还贷款的，抵押权消灭。

第十条 丙方自愿为乙方的借款提供连带责任保证担保，保证期限为自乙方借款期限届满之日起三年。保证担保范围包括借款本金、逾期还款的违约金或赔偿金、甲方实现债权的费用（包括但不限于诉讼费、律师费、差旅费等。）

八、违约责任

第十一条 乙方逾期还款，经甲方书面告知后十个工作日内仍未还款的，按日计算，每迟延一日，乙方应向甲方支付欠付金额的1‰的违约金，直至款项付清之日。

第十二条 一方接受对方逾期履行的，不视为对其违约行为的认可，仍然有权追究其违约责任，还有权解除合同。

第十三条 在对方未履行义务前，一方按照合同约定履行自己的义务的，不等于认可对方已经履行了先前的义务或同意对方可以不再履行其义务。

第十四条 因出现不可预见、不可避免、不可克服的事件，导致本合同无法有效及时履行的，相互不承担违约责任，但是遭遇不可抗力方应立即通过电话、微信等方式通知对方，并在通知后的三个工作日内将不可抗力的书面有效证明及本合同无法有效及时履行的书面理由提交给对方确认。否则需承担相应的违约责任。

九、合同的变更、解除

第十五条 经各方协商一致可以变更、解除合同。

第十六条 任何一方违反本合同任何条款约定的，在对方催告后十五个工作日内没有改正为全面履行的，守约方有权书面通知违约方解除合同，且有权要求违约方赔偿相当于合同总额5%的违约金及所遭受的损失（包括但不限于直接损失、可得利益、律师费用等全部损失）。

第十七条 一方只主张违约责任，没有主张解除合同的，合同应当继续履行。一方收到解除合同的通知后，对解除有异议的，应当在十五个工作日内向法定机关提出，否则，视为对解除无异议。

十、争议解决方式

第十八条 本合同的约定和履行中产生的争议，各方友好协商解决，若协商不成，任何一方均可向有关机构申请调解，也有权在原告住所地或居住地人民法院起诉解决。各方还可以约定提交仲裁机构裁决。

十一、附则

第十九条 各方在签订本合同时，应当提供经核实的身份证明和相应资质证明文件的复印件作为合同附件。

第二十条 住所地（居住地）、代表人（联系人）、电话等联络方式如有变更，变更的一方应在变更后24小时内以书面方式通知对方。否则视为本合同载明的联络方式继续有效，微信和短信内容作为双方来往文件。通知、诉讼文书等文件以邮寄方式发送的，将文件按有效联络方式交给经营特快专递的单位邮寄后,邮件被签收或拒收均视为已经送达。

第二十一条　本合同中的标题只为便于各方阅读和理解合同内容,不作为权利义务的约定。

第二十二条　本合同自双方签章之日起生效。一式六份,甲乙丙各方各持两份,具有同等法律效力。

(以下无正文)

甲　方(签名捺印)/(盖章):　　　　　　乙　方(签名捺印)/(盖章):
代表人(签名):　　　　　　　　　　　代表人(签名):
年　月　日　　　　　　　　　　　　　年　月　日

丙　方(签名捺印)/(盖章):
代表人(签名):
年　月　日

本合同签订地点:____________________

农村房屋租赁合同

合同编号:GDHT081

甲方(出租方):____

统一社会信用代码/身份证号:________________________________

住所地/居住地:____

联系人:__________________________　电话:__________________________

微信号:________________________　电子邮箱:__________________________

乙方(承租方):____

统一社会信用代码/身份证号:________________________________

住所地/居住地:____

联系人:__________________________　电话:__________________________

微信号:________________________　电子邮箱:__________________________

甲、乙双方就乙方承租甲方可依法出租的房屋事宜,根据《中华人民共和国合同法》的有关规定,在平等、自愿、公平和诚实信用的基础上,经充分协商一致,订立本合同。

一、租赁物概况

第一条　甲方将自有的坐落在________市____街____巷___号的房屋___间,建筑面积______平方米,使用面积______平方米,主要装修设备____________________________,出租给乙方。

第二条 租赁物(是/否)已设立抵押,抵押权人为________,抵押期限为____________

二、租赁物用途

第三条 乙方使用租赁房屋作__________,具体用于__________________________

三、租赁期限

第四条 租赁期限:共计____个月,______年____月____日起至______年____月____日止。

第五条 租赁物业交付日为:______年____月____日,交付标准为:________________

第六条 甲方延迟交付租赁物业的,租赁期限及装修免租期相应顺延。

第七条 租赁期满,甲方有权收回租赁房屋,乙方应如期返还。乙方需要继续承租租赁房屋的,则应于租赁期限届满前3个月,向甲方提出续租要求,乙方在同等条件下享有优先续租权。

第八条 乙方有下列情形之一的,甲方可以终止合同,收回房屋:

(一)擅自将房屋转租、分租、转让、转借、联营、入股或与他人调剂交换的;

(二)利用承租房屋进行非法活动,损害公共利益的;

(三)拖欠租金1个月。

四、租金、支付方式和期限

第九条 乙方向甲方支付租金的方式,按先付后用的原则,每月固定租金,从甲方交付租赁物业给乙方之日起计算年度,按每年租金递增3%计算租金。

第十条 甲乙双方议定月租金人民币__________元(大写:________元),租金的支付时间为甲方交付租赁房屋后3个工作日内,乙方预先支付3个月的租金人民币________元(大写:________元)给甲方,作为第1个月至第3个月的月租金,乙方在每满三个月之前15日支付以下3个月的租金。

五、租赁保证金和其他费用

第十一条 租赁保证金:乙方须于本合同签订后3个工作日内,向甲方交纳首年的2个月租金金额的租赁保证金,即人民币________元(大写:________元)。

(一)上述租赁保证金为保证乙方履行本合同约定之各项义务和责任,该租赁保证金不是预付的租金,仅作为乙方忠实履行所约定义务的保证。

(二)甲方收取租赁保证金后3个工作日内应向乙方开具收款凭证。

第十二条 除租金与保证金外,乙方还应当支付租赁物业实际发生的能源费用与其他公用事业费用:租赁房屋实际使用的水、电、空调、煤气、通信费等能源费用及其他公用事业费用。该笔费用以独立计量装置所得为计算依据。乙方须在收到书面结算通知后3日内支付上一月的该笔费用。

六、房屋使用要求和维修责任

第十三条 租赁期内,因乙方自身使用原因导致租赁房屋及附属设施设备损毁时,或租赁房屋发生火警或意外,或租赁房屋内的水管通道、煤气管道、电线、装置、附属物或其他设施出现损坏、破裂或缺陷时,乙方应当自行维修。

第十四条 对于在乙方承租的租赁房屋以及管理的租赁房屋设施及区域内发生的事

故以及造成第三方人身或财产损失、损害的，由乙方承担全部赔偿责任，甲方不承担责任。

七、房屋返还

第十五条 乙方应在本合同的租期届满或提前终止后的3天内返还租赁房屋，乙方清理现场可移动设施、设备、物料（包括但不限于厨房、空调、饰品、餐具用品及物料）后，现状返还。归乙方所有而没有清理的设施、设备、物料，甲方有权处置，处置产生的费用由乙方承担。

第十六条 乙方返还租赁房屋时，双方应同时到场，经甲方验收认可，并相互结清各自应当承担的费用后30日内，甲方退还乙方保证金。

八、转租、房屋转让

第十七条 除甲方书面同意乙方转租外，乙方在租赁期内，不得以任何形式将租赁房屋部分或全部转租给他人。

九、违约责任

第十八条 乙方未征得甲方书面同意或者超出甲方书面同意的范围和要求装修房屋或者增设附属设施的，甲方可以要求乙方恢复房屋原状并赔偿损失，并有权解除本合同。

第十九条 租赁期内，未经对方同意，任何一方提出终止协议，需承担赔偿责任。甲方提出终止，需承担赔偿乙方的一切经济损失，包括但不限于装修、设备、用品、人员遣散等费用，乙方若提前终止协议，则需自行承担所有经济损失，并将租赁保证金赔偿给甲方，乙方撤离场地时，设施设备及物品、物料均属乙方所有，甲方不得阻碍乙方清场，乙方清场签字交付甲方后，所留物品，甲方可任意处置。租赁期间，非本合同约定的情形，甲方擅自解除本合同，提前收回租赁房屋的，甲方除承担上述的经济赔偿外，应按月租金2倍向乙方支付违约金。

第二十条 租赁期间，非本合同约定的情形，乙方中途擅自退租的，甲方可以拒绝；如甲方同意乙方退租，乙方应按月租金2倍向甲方支付违约金。

第二十一条 乙方没有按时足额支付按照合同约定应当支付的租金、费用等的，逾期每日，按照逾期支付数额1‰计算损失偿付给甲方，逾期没有按时足额支付按照合同约定应当支付的租金、费用等超过30日的，甲方有权解除本合同。合同解除后，乙方按照3年租金数额计算损失赔偿给甲方，并且，乙方和第三人在租赁房屋内的财物，甲方认为可用的归甲方所有；甲方认为无用的，乙方在收到解除通知之日起30天内清理搬离，否则，甲方有权处置，处置费用由乙方承担。因此给第三人造成的损失由乙方赔偿。

第二十二条 前款约定的损失赔偿比例，系各方综合各种因素确定。在主张该违约金时，甲方无须对其损失另行举证，同时双方均放弃《中华人民共和国合同法》第一百一十四条规定的违约金或损失赔偿金调整请求权。

第二十三条 一方接受对方逾期履行的，不视为对其违约行为的认可，仍然有权追究其违约责任，还有权解除合同。

第二十四条 在对方未履行义务前，一方按照合同约定履行自己的义务的，不等于认可对方已经履行了先前的义务或同意对方可以不再履行其义务。

第二十五条 因出现不可预见、不可避免、不可克服的事件，导致本合同无法有效及时履行的，相互不承担违约责任，但是遭遇不可抗力方应立即通过电话、微信等方式通知对方,并在通知后的三个工作日内将不可抗力的书面有效证明及本合同无法有效及时履行的书面理由提交给对方确认。否则需承担相应的违约责任。

十、合同的变更、解除

第二十六条 经双方协商一致可以变更、解除合同。

第二十七条 任何一方违反本合同任何条款约定的,在对方催告后十五个工作日内没有改正为全面履行的,守约方有权书面通知违约方解除合同,且有权要求违约方赔偿相当于合同总额5%的违约金及所遭受的损失(包括但不限于直接损失、可得利益、律师费用等全部损失)。

第二十八条 一方只主张违约责任,没有主张解除合同的,合同应当继续履行。一方收到解除合同的通知后,对解除有异议的,应当在15个工作日内向法定机关提出,否则,视为对解除无异议。

十一、争议解决方式

第二十九条 本合同的约定和履行中产生的争议,双方友好协商解决,若协商不成,任何一方均可向有关机构申请调解,也有权在原告住所地或居住地人民法院起诉解决。双方还可以约定提交仲裁机构裁决。

十二、附则

第三十条 双方在签订本合同时,应当提供经核实的身份证明和相应资质证明文件的复印件作为合同附件。

第三十一条 住所地(居住地)、代表人(联系人)、电话等联络方式如有变更,变更的一方应在变更后24小时内以书面方式通知对方。否则视为本合同载明的联络方式继续有效,微信和短信内容也作为双方来往文件,通知、诉讼文书等文件以邮寄方式发送的,将文件按有效联络方式交给经营特快专递的单位邮寄后,邮件被签收或拒收均视为已经送达。

第三十二条 本合同中的标题只为便于双方阅读和理解合同内容,不作为权利义务的约定。

第三十三条 本合同自双方签章之日起生效。一式四份,甲乙双方各持两份,具有同等法律效力。

(以下无正文)

甲　方(签名捺印)/(盖章):　　　　乙　方(签名捺印)/(盖章):

代表人(签名):　　　　代表人(签名):

年　月　日　　　　年　月　日

本合同签订地点:____________________

农具租赁合同

合同编号:GDHT082

甲方(出租方):______________________________

统一社会信用代码/身份证号:______________________

住所地/居住地:______________________________

联系人:__________________　电话:__________________

微信号:________________　电子邮箱:__________________

乙方(承租方):______________________________

统一社会信用代码/身份证号:______________________

住所地/居住地:______________________________

联系人:__________________　电话:__________________

微信号:________________　电子邮箱:__________________

为了充分发挥农具的经济效益,经双方协商,由出租方将农具租给承租方经营,特订立本合同。

一、租赁农具的名称、数量

第一条　______________________________

二、租赁农具的期限和用途

第二条　______________________________

三、租金标准及支付方式、支付时间

第三条　租金标准:______________________________

第四条　支付方式:______________________________

第五条　支付时间:______________________________

四、甲乙双方的权利义务

第六条　乙方合理使用出租的农具,不受出租方干预。

第七条　乙方对于租用的农具只有使用权,没有所有权,不准以任何形式转租,转让。

第八条　乙方必须爱护租赁农具,在租赁期间如损坏所租赁农具,必须承担修复或赔偿责任。

第九条　甲方有权要求承租方按期交付租金。

五、违约责任

第十条　乙方未按照约定使用农具,应承担给甲方造成的一切损失,包括但不限于甲方支出之律师费、诉讼费、差旅费等。

第十一条　前款约定的损失赔偿比例,系各方综合各种因素确定。在主张该违约金时,甲方无须对其损失另行举证,同时双方均放弃《中华人民共和国合同法》第一百一十四条规定的违约金或损失赔偿金调整请求权。

第十二条　在对方未履行义务前,一方按照合同约定履行自己的义务的,不等于认可对方已经履行了先前的义务或同意对方可以不再履行其义务。

第十三条 一方违约后守约方继续履行合同的，不视为守约方放弃追究违约方责任。

六、合同的变更、解除

第十四条 经双方协商一致可以变更、解除合同。

第十五条 任何一方违反本合同任何条款约定的，在对方催告后十五个工作日内没有改正为全面履行的，守约方有权书面通知违约方解除合同，且有权要求违约方赔偿相当于合同总额5%的违约金及所遭受的损失（包括但不限于直接损失、可得利益、律师费用等全部损失）。

第十六条 一方只主张违约责任，没有主张解除合同的，合同应当继续履行。一方收到解除合同的通知后，对解除有异议的，应当在十五个工作日内向法定机关提出，否则，视为对解除无异议。

第十七条 因出现不可预见、不可避免、不可克服的事件，导致本合同无法有效及时履行的，相互不承担违约责任，但是遭遇不可抗力方应立即通过电话、微信等方式通知对方，并在通知后的三个工作日内将不可抗力的书面有效证明及本合同无法有效及时履行的书面理由提交给对方确认。遭受不可抗力的一方凭此证明免除全部或部分违约责任，具体免除范围和方式由双方另行协商。

七、争议解决方式

第十八条 本合同的约定和履行中产生的争议，双方友好协商解决，若协商不成，任何一方均可向有关机构申请调解，也有权在原告住所地或居住地人民法院起诉解决。双方还可以约定提交仲裁机构裁决。

八、附则

第十九条 双方在签订本协议时，提供经核实身份证明和相应资质证明文件的复印件作为合同的附件。

第二十条 住所地（居住地）、代表人（联系人）、电话等联络方式如有变更，变更的一方应在变更后24小时内以书面方式通知对方。否则视为本合同载明的联络方式继续有效，微信和短信内容作为双方来往文件。通知、诉讼文书等文件以邮寄方式发送的，将文件按有效联络方式交给经营特快专递的单位邮寄后，邮件被签收或拒收均视为已经送达。

第二十一条 本合同中的标题只为便于双方阅读和理解合同内容，不作为权利义务的约定。

第二十二条 本合同自双方签章之日起生效。一式四份，甲乙双方各持两份，具有同等法律效力。

（以下无正文）

甲　方（签名捺印）/（盖章）：	乙　方（签名捺印）/（盖章）：
代表人（签名）：	代表人（签名）：
年　月　日	年　月　日

本合同签订地点：____________________

农用机动车租赁合同

合同编号:GDHT083

甲方(出租方):________________________________

统一社会信用代码/身份证号:________________________

住所地/居住地:______________________________

联系人:____________________　　电话:____________________

微信号:__________________　　电子邮箱:____________________

乙方(承租方):________________________________

统一社会信用代码/身份证号:________________________

住所地/居住地:______________________________

联系人:____________________　　电话:____________________

微信号:__________________　　电子邮箱:____________________

为便利甲乙双方的生产生活,根据《合同法》及相关法律法规的规定,甲乙双方在平等互利的基础上,经充分协商一致,自愿就农用机动车租赁事宜达成以下合同,以供共同遵守:

一、合同基础内容

第一条　甲方租给乙方的车具体为____________(型号),车辆牌号:____________,发动机编号:______________________________

第二条　乙方租赁该车仅用于:____________________且乙方只有调度权,行车安全、技术操作由甲方司机负责。

第三条　租赁期限为_____年,_____年____月____日起至_____年____月____日止。如需续租,甲乙双方应重新商定续租事宜。

二、租金及交付方式

第四条　在签订本协议之日起三个工作日内,乙方应向甲方一次性支付押金人民币__________元(大写:________元)。

第五条　乙方需每个月向甲方支付农用机动车租金,租金具体为人民币__________元(大写:________元)。

第六条　乙方按照甲方指定的银行账户支付款项,每季度一付,且于每季度最后一个月的____日前支付,每季度租金总计人民币____________元(大写:________元)。

付款方(乙方)开户行:____________________________

付款方(乙方)账号:____________________________

收款方(甲方)开户行:____________________________

收款方(甲方)账号:____________________________

第七条　除上述规定的银行汇款支付外,以下三种支付方式双方均予认可:

（一）支付宝转账；（二）微信转账；（三）现金支付。

三、双方其他权利义务

第八条 因甲方所派司机驾驶不当造成损坏的由甲方自负。

第九条 甲方有权制止乙方实施严重损害出租车辆的行为。

第十条 甲方有权依据合同的约定向乙方收取租金，在合同有效期内，甲方不得提高租金。

第十一条 车辆所用燃料由乙方负责。

第十二条 乙方要负责对所租车辆进行维护保养。

第十三条 在退租时如对车辆设备造成损坏，乙方应负责维修或赔偿，修复期间照收租金。

四、违约责任

第十四条 非乙方原因，甲方延期付款，按日计算，每迟延一日，甲方应向乙方支付迟延付款金额1‰的违约金，直至款项付清之日止。

第十五条 一方接受对方逾期履行的，不视为对其违约行为的认可，仍然有权追究其违约责任，并有权解除合同。

第十六条 在对方未履行义务前，一方按照合同约定履行自己的义务的，不等于认可对方已经履行了先前的义务或同意对方可以不再履行其义务。

第十七条 因出现不可预见、不可避免、不可克服的事件，导致本合同无法有效、及时履行时，遭遇不可抗力方应立即通过电话、微信等方式通知对方，并在通知后的三个工作日内将不可抗力的书面有效证明及本合同无法有效及时履行的书面理由提交给对方确认。否则需承担相应的违约责任。

五、合同变更、解除

第十八条 经双方协商一致可以变更、解除合同。

第十九条 任何一方违反本合同任何条款约定的，在对方催告后十五个自然日内没有改正为全面履行的，守约方有权书面通知违约方解除合同，且有权要求违约方赔偿相当于合同总额5%的违约金及所遭受的损失（包括但不限于直接损失、可得利益、律师费用、诉讼费等全部损失）。

第二十条 一方只主张违约责任，没有主张解除合同的，合同应当继续履行。一方收到解除合同的通知后，对解除有异议的，应当在十五个工作日内向法定机关提出，否则，视为对解除无异议。

六、争议解决方式

第二十一条 本合同的约定和履行中产生的争议，由双方友好协商解决，若协商不成，任何一方均可向有关机构申请调解，也有权在原告住所地或居住地人民法院起诉解决。双方还可以约定提交仲裁机构裁决。

七、附则

第二十二条 双方在签订本合同时，应当提供经核实的身份证明和相应资质证明文件的复印件作为合同附件。

第二十三条　住所地(居住地)、代表人(联系人)、电话等联络方式如有变更,变更的一方应在变更后24小时内以书面方式通知对方。否则视为本合同载明的联络方式继续有效,微信和短信内容也作为双方来往文件。通知、诉讼文书等文件以邮寄方式发送的,将文件按有效联络方式交给经营特快专递的单位邮寄后,邮件被签收或拒收均视为已经送达。

第二十四条　本合同中的标题只为便于双方阅读和理解合同内容,不作为权利义务的约定。

第二十五条　本合同自双方签章之日起生效。一式四份,甲乙双方各持两份,具有同等法律效力。

(以下无正文)

甲　方(签名捺印)/(盖章):　　　　乙　方(签名捺印)/(盖章):

代表人(签名):　　　　代表人(签名):

年　月　日　　　　年　月　日

本合同签订地点:____________________

农村土地租赁合同

合同编号:GDHT084

甲方(出租方):____________________

统一社会信用代码/身份证号:____________________

住所地/居住地:____________________

联系人:____________________　电话:____________________

微信号:____________________　电子邮箱:____________________

乙方(承租方):____________________

统一社会信用代码/身份证号:____________________

住所地/居住地:____________________

联系人:____________________　电话:____________________

微信号:____________________　电子邮箱:____________________

为便利甲乙双方的生产生活,根据《中华人民共和国合同法》《中华人民共和国土地管理法》及相关法律法规之规定,甲乙双方在平等互利的基础上,经充分协商一致,自愿就农村土地租赁事宜达成以下合同,以供共同遵守:

一、合同基础内容

第一条　甲方租赁给乙方的土地位于______省______市______区______村,总面积共计________平方米,四至界限方位如下:

东起:____________________

西至：____

北至：____

南至：____

具体面积、位置以合同附图为准，附图已经甲乙双方签字确认方能生效。土地地下资源、藏物和公用设施均不在土地使用权租赁范围。

第二条 租赁土地用途

土地用途：________________________，禁止用于非农业用途。

第三条 租赁期限为______年，________年________月____日起至______年____月____日止，租赁期限内土地经营使用权属乙方，所有权属甲方。土地租赁期限内如遇国家政策性调整，另行议定。如需续租，甲乙双方应重新商定续租事宜。

二、租金及交付方式

第四条 在签订本协议之日起三个自然日内，乙方应向甲方一次性支付押金人民币__________元(大写：________元)。

第五条 乙方需每个月向甲方支付租金，租金为每月人民币______________元(大写：__________元)。

第六条 乙方按照甲方指定的银行账户支付土地租赁租金，每季度一付，于每季度最后一个月的________________日前支付，每季度金额总计人民币________________元(大写：__________元)。

付款方(乙方)开户行：________________________________

付款方(乙方)账号：__________________________________

收款方(甲方)开户行：________________________________

收款方(甲方)账号：__________________________________

第七条 除上述规定的银行汇款支付外，以下三种支付方式双方均予认可：

(一)支付宝转账；(二)微信转账；(三)现金支付。

三、甲乙双方其他权利义务

第八条 甲方对所租土地拥有所有权或者使用权，并已经通过法定程序，获得了无瑕疵的出租土地的权利，需要审批、登记和/或备案的，双方及时积极办理审批、登记和/或备案手续。

第九条 甲方有权对乙方租用的土地使用进行监督，保证土地按照合同约定的用途合法合理地使用。

第十条 甲方有权收回乙方不按合同约定使用的土地。

第十一条 甲方有权制止乙方实施的严重损害土地资源和土地上其他资产的行为。

第十二条 甲方有权在租赁期限届满时提出新的租赁标准。

第十三条 甲方应保证乙方在村内无偿使用通往承租地的道路。

第十四条 甲方不得在租用期间内以任何理由干涉乙方的自主经营管理权。

第十五条 甲方不得在合同履行期内重复出租该地块。在租赁期限内，如因租赁范围出现土地纠纷，由甲方负责解决，若致使乙方遭受经济损失，由甲方按国家相关规定进行赔偿。甲方必须确保乙方在租赁期内不受出租土地纠纷的干扰。

第十六条 甲方为乙方提供所在地村民的其他同等待遇。

第十七条 乙方有权依法按照合同约定的用途和期限,合法利用和经营所租赁的土地。

第十八条 乙方对其所租赁的土地有独立自主的经营权和收益权,任何单位和个人不得干涉,所发生的一切债权债务及其他纠纷均由乙方单独享有和承担,与甲方无关。

第十九条 乙方有权在其所租赁的土地上建设与合同约定用途有关且合法的生产、生活设施,甲方及甲方所在村不收取任何费用。

第二十条 乙方有权在租赁期内对所租赁的土地进行基本改造,改造形成的资产如电网、水利设施等由乙方全部投入建设的,乙方在租赁合同到期后享有处置权。

第二十一条 租赁期满后,同等条件下,乙方对原租赁的土地有继续租赁的优先权。

第二十二条 乙方应按本合同的约定按期足额向甲方支付租赁费用,并有权拒绝交纳除合同规定租赁费用外的任何其他非国家规定的费用。

第二十三条 乙方的生产经营活动不得污染乙方所在村的土地、空气以及水源等,不得产生影响村民正常生活的其他污染。

第二十四条 乙方应遵纪守法,保护自然环境,合理利用土地资源。

四、违约责任

第二十五条 双方信守并全面履行合同的约定,任何一方违约的,赔偿其违约行为给对方造成的损失。

第二十六条 非甲方原因,乙方延期付款,按日计算,每迟延一日,乙方应向甲方支付迟延付款金额 1‰的违约金,直至款项付清之日。

第二十七条 一方接受对方逾期履行的,不视为对其违约行为的认可,仍然有权追究其违约责任,并有权解除合同。

第二十八条 在对方未履行义务前,一方按照合同约定履行自己的义务的,不等于认可对方已经履行了先前的义务或同意对方可以不再履行其义务。

第二十九条 因出现不可预见、不可避免、不可克服的事件,导致本合同无法有效及时履行的,相互不承担违约责任,但是遭遇不可抗力方应立即通过电话、微信等方式通知对方,并在通知后的三个工作日内将不可抗力的书面有效证明及本合同无法有效及时履行的书面理由提交给对方确认。否则需承担相应的违约责任。

五、合同变更、解除

第三十条 经双方协商一致可以变更、解除合同。

第三十一条 任何一方违反本合同任何条款约定的,在对方催告后十五个自然日内没有改正为全面履行的,守约方有权书面通知违约方解除合同,且有权要求违约方赔偿相当于合同总额 5% 的违约金及所遭受的损失(包括但不限于直接损失、可得利益、律师费用等全部损失)。

第三十二条 一方只主张违约责任,没有主张解除合同的,合同应当继续履行。一方收到解除合同的通知后,对解除有异议的,应当在十五个工作日内向法定机关提出,否则,视为对解除无异议。

六、争议的解决

第三十三条 本合同的约定和履行中产生的争议，双方友好协商解决，若协商不成，任何一方均可向有关机构申请调解，也有权在原告住所地或居住地人民法院起诉解决。双方还可以约定提交仲裁机构裁决。

七、附则

第三十四条 双方在签订本合同时，应当提供经核实的身份证明和相应资质证明文件的复印件作为合同附件。

第三十五条 住所地(居住地)、代表人(联系人)、电话等联络方式如有变更，变更的一方应在变更后24小时内以书面方式通知对方。否则视为本合同载明的联络方式继续有效，微信和短信内容作为双方来往文件。通知、诉讼文书等文件以邮寄方式发送的，将文件按有效联络方式交给经营特快专递的单位邮寄后，邮件被签收或拒收均视为已经送达。

第三十六条 本合同中的标题只为便于双方阅读和理解合同内容，不作为权利义务的约定。

第三十七条 本合同自双方签章之日起生效。一式四份，甲乙双方各持两份，具有同等法律效力。

(以下无正文)

甲 方(签名捺印)/(盖章)： 乙 方(签名捺印)/(盖章)：

代表人(签名)： 代表人(签名)：

年 月 日 年 月 日

本合同签订地点：____________________

农村林地租赁合同

合同编号：GDHT085

甲方(出租方)：____________________

统一社会信用代码/身份证号：____________________

住所地/居住地：____________________

联系人：__________ 电话：__________

微信号：__________ 电子邮箱：__________

乙方(承租方)：____________________

统一社会信用代码/身份证号：____________________

住所地/居住地：____________________

联系人：__________ 电话：__________

微信号：________________________　电子邮箱：____________________________

为便利甲乙双方的生产生活，根据《合同法》及相关法律法规之规定，甲乙双方在平等互利的基础上，经充分协商一致，自愿就农村林地租赁事宜达成以下合同，以供共同遵守：

一、合同基础内容

第一条　租赁林地

甲方租赁给乙方的林地位于____省____市____区____村，总面积共计________平方米，四至界限方位如下：

东起：____

西至：____

北至：____

南至：____

具体面积、位置以合同附图为准，附图已经甲乙双方签字确认方能生效。林地地下资源、藏物和公用设施均不在林地使用权租赁范围。

第二条　租赁林地用途：____

第三条　本合同租赁期限为______年，______年____月____日起至______年____月____日止。租赁期限内林地经营使用权属乙方，所有权属甲方。林地租赁期限内如遇国家政策性调整，另行议定。如需续租，甲乙双方应重新商定续租事宜。

二、租金及交付方式

第四条　在签订本协议之日起三个工作日内，乙方应向甲方一次性支付押金人民币__________元（大写：______元）。

第五条　乙方需每个月向甲方支付租金，租金为每个月人民币____________元（大写：__________元）。

第六条　乙方按照甲方指定的银行账户支付租金，每季度一付，于每季度最后一个月的______日前支付，每季租金金额总计人民币______________元（大写：________元）。

付款方（乙方）开户行：____

付款方（乙方）账号：____

收款方（甲方）开户行：____

收款方（甲方）账号：____

第七条　除上述规定的银行汇款支付外，以下三种支付方式双方均予认可：

（一）支付宝转账；（二）微信转账；（三）现金支付。

三、双方其他权利义务

第八条　本合同成立后，甲方会同乙方查看林地，按合同规定，如约移交给乙方生产使用。

第九条　甲方保证租赁林地享有合法的出租权，不得在租赁期限内进行抵押、另行出租等权处分属行为，保证林地租赁时不存在任何权属上的争议，若因造林基地权属不合法，造成乙方经济损失的，甲方应承担赔偿责任。

第十条　租赁林地系其他人的种植物，若甲方村民在租赁林地上的种植物与乙方发生纠纷,甲方必须协商解决,作好村民的思想工作,保证乙方正常生产。

第十一条 甲方帮助乙方加强生产管理,协助乙方做好防火、防盗工作。

第十二条 林地生产经营所有需办理的有关手续,甲方必须全力协助乙方办理,不得以任何理由阻挠。

第十三条 甲方负责办理林地生产经营的有关手续(林权证等),办理费用由甲方承担。

第十四条 乙方对租赁的林地只有使用权,没有所有权。

第十五条 乙方必须加强管理,做好防火、防盗工作,因乙方管理不当造成的经济损失由乙方向甲方承担相应的赔偿责任。

第十六条 乙方生产建设设施不能影响甲方农业、水利等设施的正常使用。

第十七条 林道及林业设施承包期限内,乙方对造林基地及其投资建设的林业设施享有专有使用权,林地内原有林道及林业设施双方可以共同使用。

第十八条 乙方在租赁期满后,同等条件下,乙方对原租赁的林地有继续租赁的优先权。

第十九条 租赁前甲方林地现有的林木均归甲方所有。为生产需要乙方认为必须砍伐的,甲方应当办理相关砍伐审批手续,乙方依法砍伐,乙方应将砍伐的木材归还甲方,费用由甲方负责或折价补偿给乙方,若甲方在履行协议前自行组织砍伐,应尽早实施,不得影响乙方正常生产。

第二十条 乙方应按本合同的约定按期足额向甲方支付租赁费用,并有权拒绝交纳除合同规定租赁费用外的任何其他非国家规定的费用。

第二十一条 乙方的生产经营活动不得污染乙方所在村的林地、空气以及水源,不得产生影响村民正常生活的其他污染。

第二十二条 乙方应遵纪守法,保护自然环境,合理利用土地资源。

四、合同的转包

第二十三条 本合同出租的林地承包经营权流转应符合《中华人民共和国农村土地承包法》之规定,乙方经登记取得林权证书并在不违反国家法律、行政法规强制性规定的前提下,其林地承包经营权可以采取转让、转包、出租或者其他方式流转,但须经甲方书面同意。林地承包经营权流转取得的收入全部归乙方享有。林地转包后,甲方与乙方之间仍应按原承包合同的约定行使权利和承担义务;乙方与第三方按转包合同的约定行使权利和承担义务。因甲方的原因致使转包合同不能履行,给转包后的承包方造成损失的,甲方应承担相应的责任。

五、违约责任

第二十四条 非甲方原因,乙方延期付款,按日计算,每迟延一日,乙方应向甲方支付迟延付款金额 1‰的违约金,直至款项付清之日止。

第二十五条 一方接受对方逾期履行的,不视为对其违约行为的认可,仍然有权追究其违约责任,还有权解除合同。

第二十六条 在对方未履行义务前,一方按照合同约定履行自己的义务的,不等于认可对方已经履行了先前的义务或同意对方可以不再履行其义务。

第二十七条 因出现不可预见、不可避免、不可克服的事件,导致本合同无法有效及时履行的，相互不承担违约责任，但是遭遇不可抗力方应立即通过电话、微信等方式通知对方，并在通知后的三个工作日内将不可抗力的书面有效证明及本合同无法有效及时履行的书面理由提交给对方确认。否则需承担相应的违约责任。

六、合同变更、解除

第二十八条　经双方协商一致可以变更、解除合同。

第二十九条　任何一方违反本合同任何条款约定的，在对方催告后十五个自然日内没有改正为全面履行的，守约方有权书面通知违约方解除合同，且有权要求违约方赔偿相当于合同总额5%的违约金及所遭受的损失（包括但不限于直接损失、可得利益、律师费用等全部损失）。

第三十条　一方只主张违约责任，没有主张解除合同的，合同应当继续履行。一方收到解除合同的通知后，对解除有异议的，应当在十五个工作日内向法定机关提出，否则，视为对解除无异议。

七、争议的解决

第三十一条　本合同的约定和履行中产生的争议，双方友好协商解决，若协商不成，任何一方均可向有关机构申请调解，也有权在原告住所地或居住地人民法院起诉解决。双方还可以约定提交仲裁机构裁决。

八、附　则

第三十二条　双方在签订本合同时，应当提供经核实的身份证明和相应资质证明文件的复印件作为合同附件。

第三十三条　住所地（居住地）、代表人（联系人）、电话等联络方式如有变更，变更的一方应在变更后24小时内以书面方式通知对方。否则视为本合同载明的联络方式继续有效，微信和短信内容作为双方来往文件。通知、诉讼文书等文件以邮寄方式发送的，将文件按有效联络方式交给经营特快专递的单位邮寄后，邮件被签收或拒收均视为已经送达。

第三十四条　本合同中的标题只为便于双方阅读和理解合同内容，不作为权利义务的约定。

第三十五条　本合同自双方签章之日起生效。一式四份，甲乙双方各持两份，具有同等法律效力。

（以下无正文）

甲　方（签名捺印）/（盖章）：	乙　方（签名捺印）/（盖章）：
代表人（签名）：	代表人（签名）：
年　月　日	年　月　日

本合同签订地点：____________________

农村融资租赁合同

合同编号:GDHT086

甲方(出租方):______________________________

统一社会信用代码/身份证号:______________________________

住所地/居住地:______________________________

联系人:________________ 电话:________________

微信号:________________ 电子邮箱:________________

乙方(承租方):______________________________

统一社会信用代码/身份证号:______________________________

住所地/居住地:______________________________

联系人:________________ 电话:________________

微信号:________________ 电子邮箱:________________

为便利甲乙双方的生产生活,根据《中华人民共和国合同法》及相关法律法规之规定,甲乙双方在平等互利的基础上,经充分协商一致,自愿就农村融资租赁事宜达成以下协议,以供共同遵守:

一、合同基础内容

第一条 甲方根据乙方的需要和委托,按照乙方提供的租赁财产的名称、品质、规格、数量和金额等要求,购进本合同第二条规定的租赁物件出租给乙方,并由乙方承租。

第二条 租赁物:

(一)名称:______________________________

(二)品质:______________________________

(三)规格:______________________________

(四)数量:______________________________

(五)金额:______________________________

二、租赁物的交货、验收、交货地点和使用地点

第三条 租赁物由供货方直接运交承租人指定的交货地点向承租人交货。

第四条 租赁物运达安装或使用地点后,乙方应在二个工作日内检查租赁物件,并将签收盖章后的租赁物件验收收据交给甲方。

第五条 如果在二个工作日内乙方未按前款规定向甲方交付验收收据,视为租赁物已在完整良好状态下由乙方验收完毕,并视同乙方已经将租赁物的验收收据交付给甲方。

第六条 如果乙方在验收时发现租赁物的品质、规格、数量等有不符、不良或瑕疵等情况,属于卖方的责任时,乙方应在接货后三个工作日内从商检部门取得商检证明并立即将上述情况书面通知甲方,甲方将根据与供货方签订的购货合同规定的有关条款协助乙方对外进行交涉,办理索赔等事宜。

三、租赁期限

第七条　租赁期限为______年，______年____月____日起至______年____月____日止。如需续租，甲乙双方应重新商定续租事宜。

四、租金及支付方式

第八条　乙方需每个月向甲方支付租金，租金为人民币____元（大写：________元）。总租金额为人民币____元（大写：________元）。

第九条　乙方按照甲方指定的银行账户支付款项，每季度一付，于每季度最后一个月的______日前支付，每季金额总计____________________人民币______________元（大写：____________元）。

付款方（乙方）开户行：____

付款方（乙方）账号：____

收款方（甲方）开户行：____

收款方（甲方）账号：____

第十条　除上述规定的银行汇款支付外，以下三种支付方式双方均予认可：

（一）支付宝转账；（二）微信转账；（三）现金支付。

五、合同的担保

第十一条　本合同一经签订，乙方即向甲方支付双方商定的保证金________元，作为履行本合同的保证。租赁保证金不计利息，在租赁期满时归还乙方或抵冲最后一期租金的全部或一部分。乙方违反本合同任何条款时，甲方有权从租赁保证金中扣除乙方应支付给甲方的款项。

第十二条　乙方委托______为本合同乙方的担保人。无论发生何种情况乙方未按照本合同的要求支付租金时，由乙方担保人按《中华人民共和国担保法》之规定承担担保责任。

第十三条　合同期限届满前十五个工作日内，应由合同双方书面约定对租赁物的处理（确定是退租、续租，还是留购）。

六、双方其他权利义务

第十四条　因甲方原因造成租赁物损坏的由甲方自负。

第十五条　甲方有权制止乙方实施严重损害租赁物的行为。

第十六条　乙方支付完总租金额之日起，租赁物归乙方所有。

第十七条　乙方有权对租赁物进行检验，达到双方约定的交付条件时方接收使用。

第十八条　乙方要负责对租赁物的日常消耗和维护。

第十九条　如退租时租赁物有损坏，乙方应负责维修或赔偿，修复期间照收租金。

七、违约责任

第二十条　非甲方原因，乙方延期付款，经甲方书面告知后十个工作日内仍未付款的，按日计算，每迟延一日，乙方应向甲方支付迟延付款金额1‰的违约金，直至款项付清之日。

第二十一条　一方接受对方逾期履行的，不视为对其违约行为的认可，仍然有权追究其违约责任，还有权解除合同。

第二十二条　在对方未履行义务前，一方按照合同约定履行自己的义务的，不等于认可对方已经履行了先前的义务或同意对方可以不再履行其义务。

第二十三条 因出现不可预见、不可避免、不可克服的事件，导致本合同无法有效及时履行的，相互不承担违约责任，但是遭遇不可抗力方应立即通过电话、微信等方式通知对方，并在通知后的三个工作日内将不可抗力的书面有效证明及本合同无法有效及时履行的书面理由提交给对方确认。否则需承担相应的违约责任。

八、合同的变更、解除

第二十四条 经双方协商一致可以变更、解除合同。

第二十五条 任何一方违反本合同任何条款约定的，在对方催告后十五个工作日内没有改正为全面履行的，守约方有权书面通知违约方解除合同，且有权要求违约方赔偿相当于合同总额5%的违约金及所遭受的损失（包括但不限于直接损失、可得利益、律师费、诉讼费等全部损失）。

第二十六条 一方只主张违约责任，没有主张解除合同的，合同应当继续履行。一方收到解除合同的通知后，对解除有异议的，应当在十五个工作日内向法定机关提出，否则，视为对解除无异议。

九、争议的解决

第二十七条 本合同的约定和履行中产生的争议，双方友好协商解决，若协商不成，任何一方均可向有关机构申请调解，也有权在原告住所地或居住地人民法院起诉解决。双方还可以约定提交仲裁机构裁决。

十、附则

第二十八条 双方在签订本合同时，应当提供经核实的身份证明和相应资质证明文件的复印件作为合同附件。

第二十九条 住所地（居住地）、代表人（联系人）、电话等联络方式如有变更，变更的一方应在变更后24小时内以书面方式通知对方。否则视为本合同载明的联络方式继续有效，微信和短信内容作为双方来往文件。通知、诉讼文书等文件以邮寄方式发送的，将文件按有效联络方式交给经营特快专递的单位邮寄后，邮件被签收或拒收均视为已经送达。

第三十条 本合同中的标题只为便于双方阅读和理解合同内容，不作为权利义务的约定。

第三十一条 本合同自双方签章之日起生效。一式四份，甲乙双方各持两份，具有同等法律效力。

（以下无正文）

甲　方（签名捺印）/（盖章）：
代表人（签名）：
年　月　日

乙　方（签名捺印）/（盖章）：
代表人（签名）：
年　月　日

担保人（签名捺印）/（盖章）：
代表人（签名）：
年　月　日

本合同签订地点：____________________

农村运输合同

合同编号:GDHT087

甲方(托运方):______________________________

统一社会信用代码/身份证号:______________________

住所地/居住地:______________________________

联系人:____________________ 电话:____________________

微信号:__________________ 电子邮箱:____________________

乙方(承运方):______________________________

统一社会信用代码/身份证号:______________________

住所地/居住地:______________________________

联系人:____________________ 电话:____________________

微信号:__________________ 电子邮箱:____________________

为便利甲乙双方的生产生活,根据《中华人民共和国合同法》及相关法律法规之规定,甲乙双方在平等互利的基础上,经充分协商一致,自愿就农村运输事宜达成以下协议,以供共同遵守:

一、合同基础内容

第一条　货物基本信息

货物编号	品名	规格	单位	单价	数量	金额(元)

第二条　甲方必须按照国家主管机关规定的标准包装;没有统一规定包装标准的,应根据保证货物运输安全的原则进行包装,否则乙方有权拒绝承运。

第三条　货物起运地点:______________________________

货物到达地点:______________________________

第四条　货物承运日期为:______年____月____日

货物运到日期为:______年____月____日

第五条　货物的装卸工作由乙方承担。

第六条　货物的装卸费用由甲方承担。

二、运输费用及支付方式

第七条　本合同托运费用为人民币__________元(大写:________元)。

第八条 乙方按照甲方指定的账户支付款项,选择以下第______种支付方式。

(一)一次性支付:人民币______________元(大写:__________元)。

(二)分阶段支付:本合同签订之日起三个工作日内支付一半的费用,货物安全运抵并经验收合格后支付剩余一半费用。

付款方(乙方)开户行:____

付款方(乙方)账　号:____

收款方(甲方)开户行:____

收款方(甲方)账　号:____

第九条 除上述规定的银行汇款支付外,以下三种支付方式双方均予认可:

(一)现金支付;(二)微信转账;(三)支付宝转账。

三、双方的其他权利义务

第十条 乙方按照合同规定的时间、地点把货物运输到目的地。

第十一条 货物托运后,甲方需要变更到货地点或收货人,或者取消托运时,有权向乙方提出变更合同的内容或解除合同的要求。但必须在货物未运到目的地之前通知乙方,并应按合同约定标准向乙方支付额外产生的费用。

第十二条 甲方应按约定向乙方交付运输费用以及装卸费用。否则,乙方有权停止运输,并要求甲方支付违约金。

第十三条 甲方对托运的货物,应按照规定的标准进行包装,遵守有关危险品运输的规定,按照合同中规定的时间和数量交付托运货物。

第十四条 合同签订之后,未经甲方书面同意乙方不得擅自委托第三方进行运输。

第十五条 在承运时,乙方有权开箱检查承运货物是否符合国家法律法规的规定。

第十六条 如果收货方不交或不按时交纳规定的各种运杂费用,乙方有权扣押货物。

第十七条 乙方在将货物交给收货人时应协助收货人亲笔签收货物以作为完成运输义务的证明,如乙方联系不上收货人,则应及时通知甲方,甲方有责任协助乙方及时通知收货人提货。

第十八条 甲方若未能及时协助乙方找到收货人收货,则乙方负责保管货物并有权收取保管费用。

第十九条 乙方在合同规定的期限内,将货物运到指定的地点,按时向收货人发出货物到达的通知。对托运的货物要负责安全,保证货物无短缺、无损坏、无人为的变质,如有上述问题,应承担赔偿义务。在货物到达以后,按规定的期限负责保管。

第二十条 因发生自然灾害等不可抗力造成货物无法按期运达目的地时,乙方应将情况及时通知甲方,并取得相关证明,以便甲方与客户协商处理时到达。

第二十一条 若乙方与第三方合作或者成立新的公司进行经营,则应取得甲方书面同意,并签订相应的补充协议,否则视为乙方违约。

四、违约责任

第二十二条 非乙方原因,甲方延期付款,按日计算,每迟延一日,甲方应向乙方支付迟延付款金额1‰的损失,直至款项付清之日。

第二十三条 一方接受对方逾期履行的,不视为对其违约行为的认可,仍然有权追究其违约责任,还有权解除合同。

第二十四条 在对方未履行义务前,一方按照合同约定履行自己的义务的,不等于认可对方已经履行了先前的义务或同意对方可以不再履行其义务。

第二十五条 因出现不可预见、不可避免、不可克服的事件,导致本合同无法有效及时履行的,相互不承担违约责任,但是遭遇不可抗力方应立即通过电话、微信等方式通知对方,并在通知后的三个工作日内将不可抗力的书面有效证明及本合同无法有效及时履行的书面理由提交给对方确认。遭受不可抗力的一方凭此证明免除全部或部分违约责任,具体免除范围和方式由双方另行协商。

五、合同的变更、解除

第二十六条 经双方协商一致可以变更、解除合同。

第二十七条 任何一方违反本合同任何条款约定的,在对方催告后十五个工作日内没有改正为全面履行的,守约方有权书面通知违约方解除合同,且有权要求违约方赔偿合同标的总额 5% 的违约金及所遭受的损失(包括但不限于直接损失、可得利益、律师费、诉讼费等全部损失)。

第二十八条 任何一方不得随意解除合同,如有正当理由须解除合同的,应提前十五个工作日内书面通知另一方,并为甲方预留合理时间处理保管物;如合同被终止的,应按实际保管日期结算保管费用;一方未按约定通知擅自终止合同的,应支付另一方相当于____个月保管费的违约金。

第二十九条 一方只主张违约责任,没有主张解除合同的,合同应当继续履行。一方收到解除合同的通知后,对解除有异议的,应当在十五个工作日内向法定机关提出,否则,视为对解除无异议。

六、争议解决方式

第三十条 本合同的约定和履行中产生的争议,双方友好协商解决,若协商不成,任何一方均可向有关机构申请调解,也有权在原告住所地或居住地人民法院起诉解决。双方还可以约定提交仲裁机构裁决。

七、附　则

第三十一条 双方在签订本合同时,应当提供经核实的身份证明和相应资质证明文件的复印件作为合同附件。

第三十二条 住所地(居住地)、代表人(联系人)、电话等联络方式如有变更,变更的一方应在变更后 24 小时内以书面方式通知对方。否则视为本合同载明的联络方式继续有效,微信和短信内容也作为双方来往文件。通知、诉讼文书等文件以邮寄方式发送的,将文件按有效联络方式交给经营特快专递的单位邮寄后,邮件被签收或拒收均视为已经送达。

第三十三条 本合同中的标题只为便于双方阅读和理解合同内容,不作为权利义务的约定。

第三十四条 本合同自双方签名或盖章之日起生效。一式四份,甲乙双方各持两份,具有同等法律效力。

（以下无正文）

甲　方（签名捺印）/（盖章）：

代表人（签名）：

年　月　日

乙　方（签名捺印）/（盖章）：

代表人（签名）：

年　月　日

本合同签订地点：____________________

农村保管合同

合同编号：GDHT088

甲方（寄存方）：____________________

统一社会信用代码/身份证号：____________________

法定代表人/授权代表人：____________________

住所地/居住地：____________________　电话：____________________

微信号：____________________　电子邮箱：____________________

乙方（保管方）：____________________

统一社会信用代码/身份证号：____________________

法定代表人/授权代表人：____________________

住所地/居住地：____________________　电话：____________________

微信号：____________________　电子邮箱：____________________

丙方（担保方）：____________________

统一社会信用代码/身份证号：____________________

法定代表人/授权代表人：____________________

住所地/居住地：____________________　电话：____________________

微信号：____________________　电子邮箱：____________________

根据《中华人民共和国合同法》及国家相关法律法规的规定，甲、乙、丙各方在遵循平等自愿、诚实守约的原则，就乙方为甲方保管物品的事宜，经充分协商一致，达成以下协议，共同遵守执行。

一、保管内容

第一条　保管物：____________________

第二条　保管地点：____________________，面积为____________平方米。

第三条　保管要求：符合甲方货物的保管要求，乙方每月至少须为甲方预留____平方米的面积用于保管甲方货物，乙方变更保管场所的，应提前书面通知甲方，经甲方同意后方可更换。

第四条　保管期限：______年____月____日起至______年____月____日止。

二、保管费用及付款方式

第五条　保管费用为：含税包干价人民币______元/月(大写：________元/月)。

第六条　保管费按月支付，乙方于每月 5 日前向甲方提供次月保管服务费发票或收据，甲方自收到发票后三个工作日内通过银行转账方式支付保管费给乙方，乙方未按要求提交发票或收据的，甲方有权顺延付款期限。

乙方开户行：________________________________

乙方收款户名：______________________________

乙方收款账号：______________________________

第七条　合同期限内甲方提取保管物的，甲乙双方按实际保管天数进行结算。

第八条　除上述规定的银行汇款支付外，以下三种支付方式双方均予认可：

(一)现金支付；(二)微信转账；(三)支付宝转账。

三、保管物的交付

第九条　保管物在交付保管时，乙方应当现场验收，确认有无损坏，并当面书面记录。甲方在提取保管物品时，应该当面检查，如有记录外的损坏的，由乙方负责按保管物售价赔偿。

四、各方其他权利义务

第十条　甲方应按时支付保管费。

第十一条　甲方有权检查保管场所及保管方式，如发现未达到甲方要求的，甲方有权要求乙方整改或更换场所。

第十二条　乙方应确保保管地点、场所符合甲方保管物存放要求，保证保管物及保管场所的安全并对保管物的进出仓进行登记管理。

第十三条　乙方不得将保管物转交他人、他地保管。

第十四条　保管物在保管期间发生的损坏，由乙方负赔偿责任；甲方隐瞒保管物自身的缺陷，导致保管期间发生损坏，由甲方承担责任。

第十五条　第三人对保管物主张权利的，除依法对保管物采取保全或者执行措施的以外，乙方应当履行向甲方返还保管物的义务。

第十六条　第三人对乙方提起诉讼或者对保管物申请扣押的，乙方应当及时通知甲方。

五、合同的变更、解除

第十七条　经各方协商一致可以变更、解除合同。

第十八条　任何一方违反本合同任何条款约定的，在对方催告后十五个工作日内没有改正为全面履行的，守约方有权书面通知违约方解除合同，且有权要求违约方赔偿合同标的总额 5% 的违约金及所遭受的损失(包括但不限于直接损失、可得利益、律师费用等全部损失)。

第十九条　任何一方不得随意解除合同，如有正当理由须解除合同的，应提前十五个工作日内书面通知另一方，并为甲方预留合理时间处理保管物；如合同被终止的，应按实际保管日期结算保管费用；一方未按约定通知擅自终止合同的，应支付另一方相当于____个月保管费的违约金。

第二十条 一方只主张违约责任，没有主张解除合同的，合同应当继续履行。一方收到解除合同的通知后，对解除有异议的，应当在十五个工作日内向法定机关提出，否则，视为对解除无异议。

六、保密

第二十一条 本合同内容如涉及国家安全和重大利益需要保密的，应就该保密事项的范围、密级和保密期限以及各方承担的保密义务进行约定。一方提供给另一方的资料和信息，应当在提供时书面说明，否则接收方没有保密义务。

第二十二条 各方保证对从另一方取得且无法自公开渠道获得的商业秘密（技术信息、经营信息及其他商业秘密）予以保密。未经该商业秘密的原提供方同意，其他各方不得向任何第三方泄露该商业秘密的全部或部分内容。但法律、法规另有规定或各方另有约定的除外。

第二十三条 本协议终止后五年内，双方继续负有前款约定的保密义务。一方违反上述保密义务的，应承担相应的违约责任并赔偿由此造成的损失。

七、违约责任

第二十四条 一方逾期履行的，逾期每日按照其逾期履行标的价款的1‰偿付对方违约金。在对方未履行义务前，一方按照合同约定履行自己的义务的，不等于认可对方已经履行了先前的义务或同意对方可以不再履行其义务。

第二十五条 一方接受对方逾期履行的，不视为对其违约行为的认可，仍然有权追究其违约责任，还有权解除合同。

第二十六条 因出现不可预见、不可避免、不可克服的事件，导致本合同无法有效及时履行的，相互不承担违约责任，但是遭遇不可抗力方应立即通过电话、微信等方式通知对方，并在通知后的三个工作日内将不可抗力的书面有效证明及本合同无法有效及时履行的书面理由提交给对方确认。遭受不可抗力的一方凭此证明免除全部或部分违约责任，具体免除范围和方式由各方另行协商。

八、争议解决方式

第二十七条 本合同的约定和履行中产生的争议，双方友好协商解决，若协商不成，任何一方均可向有关机构申请调解，也有权在原告住所地或居住地人民法院起诉解决。各方还可以约定提交仲裁机构裁决。但在判决结果作出之前，双方有义务保证本合同不中断履行。

九、附则

第二十八条 各方在签订本合同时，应当提供经核实的身份证明和相应资质证明文件的复印件作为合同附件。

第二十九条 丙方自愿为乙方提供履约担保，承担连带责任。

第三十条 各方在本合同签订前的其他所有文件内容与本合同约定不一致的，按照本合同执行。未尽事宜，双方协商一致，签订补充协议约定。本合同的附件和补充协议均为本合同不可分割的组成部分，与本合同具有同等的法律效力。

第三十一条　住所地(居住地)、代表人(联系人)、电话等联络方式如有变更,变更的一方应在变更后24小时内以书面方式通知对方。否则视为本合同载明的联络方式继续有效,微信和短信内容也作为双方来往文件。通知、诉讼文书等文件以邮寄方式发送的,将文件按有效联络方式交给经营特快专递的单位邮寄后,邮件被签收或拒收均视为已经送达。

第三十二条　本合同的标题仅为便于阅读和对合同内容的理解的作用,不作为确定各方权利义务的条款。

第三十三条　本合同自双方签章之日起生效。一式六份,甲乙丙各方各持两份,具有同等法律效力。

(以下无正文)

甲　方(签名捺印)/(盖章):
代表人(签名):
年　月　日

乙　方(签名捺印)/(盖章):
代表人(签名):
年　月　日

丙　方(签名捺印)/(盖章):
代表人(签名):
年　月　日

本合同签订地点:____________________

粮食仓储合同

合同编号:GDHT089

甲方(存货方):____________________
统一社会信用代码/身份证号:____________________
法定代表人/授权代表人:____________________
住所地/居住地:____________________　电话:____________________
微信号:____________________　电子邮箱:____________________
乙方(仓储方):____________________
统一社会信用代码/身份证号:____________________
法定代表人/授权代表人:____________________
住所地/居住地:____________________　电话:____________________
微信号:____________________　电子邮箱:____________________

根据《中华人民共和国合同法》及国家相关法律法规的规定,甲、乙双方在遵循平等自愿、诚实守约的原则,就乙方为甲方仓储粮食的事宜,经充分协商一致,达成以下协议,共同遵守执行。

一、仓储内容

第一条　仓储物

品名	规格	性质	数量	质量	包装	件数	标记

第二条　储存场所________________;储存物占用仓库位置及面积:________________

第三条　仓储物(是/否)需要采取特殊仓储措施。特殊仓储措施是:__________(如防潮、通风)。

第四条　甲方交付仓储物后,乙方应当给付仓单。

第五条　仓储物的损耗标准及计算方法:按照仓储损耗率,上限为________。仓储人发现仓储物有变质或损坏的,应及时通知存货人或仓单持有人。

第六条　储存期限:______年____月____日起至______年____月____日止。

二、仓储费用及付款方式

第七条　仓储费:每月人民币__________元(大写:________元)。

第八条　仓储费按月支付,乙方于每月____日前向甲方提供次月仓储服务费发票或收据,甲方自收到发票后三个工作日内通过银行转账方式支付仓储费给乙方,乙方未按要求提交发票或收据的,甲方有权顺延付款期限。

乙方开户行:____

乙方收款户名:____

乙方收款账号:____

除上述规定的银行汇款支付外,以下三种支付方式双方均予认可:

(一)支付宝转账;(二)微信转账;(三)现金支付。

第九条　甲方未向乙方支付仓储费的,仓储人(是/否)可以留置仓储物。

三、仓储物的交付

第十条　仓储物在交付储存时,乙方应当现场验收,确认有无损坏,并当面书面记录。甲方在提取仓储物品时,应该当面检查,如有记录外的损坏的,由乙方负责按仓储物售价赔偿。

四、双方其他权利义务

第十一条　甲方应按时支付仓储费。

第十二条　甲方有权检查仓储场所及仓储方式,如发现未达到甲方要求的,甲方有权要求乙方整改或更换场所。

第十三条　每次出库前,甲方应提前____天通知乙方出库方式、数量、出库时间及其他相关内容。乙方接到甲方的通知(包括传真)方可将货物出库。如需办理过户,甲方需出具相关书面资料。

第十四条 甲方应尊重并严格按照乙方的入出库规定办理入出库手续,承认乙方磅房出据磅单,如甲方要指定磅房过磅,发生过磅费由甲方承担。

第十五条 乙方应确保仓储地点、场所符合甲方仓储物存放要求,保证仓储物及仓储场所的安全并对仓储物的进出仓进行登记管理。

第十六条 乙方不得随意将仓储物转交他人、他地储存。

第十七条 乙方承诺对向甲方提供的仓库的使用权所产生的一切争议与甲方无关,甲方不承担连带责任,甲方名下所入货物所有权归甲方所有。

第十八条 乙方免费提供地磅供甲方使用。不收取甲方的卸车费用。

五、违约责任

第十九条 乙方验收仓储物后,在仓储期间发生仓储物的品种、数量、质量、规格、型号不符合合同约定的,由乙方承担违约赔偿责任。

第二十条 仓储期间,因乙方储存不善或储存条件发生变化,乙方未及时通知甲方造成仓储物毁损、灭失的,乙方应承担违约赔偿责任。

第二十一条 一方接受对方逾期履行的,不视为对其违约行为的认可,仍然有权追究其违约责任,还有权解除合同。

第二十二条 在对方未履行义务前,一方按照合同约定履行自己的义务的,不等于认可对方已经履行了先前的义务或同意对方可以不再履行其义务。

第二十三条 因出现不可预见、不可避免、不可克服的事件,导致本合同无法有效及时履行的,相互不承担违约责任,但是遭遇不可抗力方应立即通过电话、微信等方式通知对方,并在通知后的三个工作日内将不可抗力的书面有效证明及本合同无法有效及时履行的书面理由提交给对方确认。遭受不可抗力的一方凭此证明免除全部或部分违约责任,具体免除范围和方式由双方另行协商。

六、合同的变更、解除

第二十四条 经双方协商一致可以变更、解除合同。

第二十五条 双方信守并全面履行本合同。任何一方违反本合同任何条款约定的,在对方催告后十五个工作日内没有改正为全面履行的,守约方有权书面通知违约方解除合同,且有权要求违约方赔偿相当于合同总额5%的违约金及所遭受的损失(包括但不限于直接损失、可得利益、律师费用等全部损失)。

第二十六条 一方只主张违约责任,没有主张解除合同的,合同应当继续履行。一方收到解除合同的通知后,对解除有异议的,应当在十五个工作日内向法定机关提出,否则,视为对解除无异议。

七、争议解决方式

第二十七条 本合同的约定和履行中产生的争议,双方友好协商解决,若协商不成,任何一方均可向有关机构申请调解,也有权在原告住所地或居住地人民法院起诉解决。双方还可以约定提交仲裁机构裁决。

八、附则

第二十八条 双方在签订本合同时，应当提供经核实的身份证明和相应资质证明文件的复印件作为合同附件。

第二十九条 双方在本合同签订前的其他所有文件内容与本合同约定不一致的，按照本合同执行。未尽事宜，双方协商一致，签订补充协议约定。本合同的附件和补充协议均为本合同不可分割的组成部分，与本合同具有同等的法律效力。

第三十条 变住所地（居住地）、代表人（联系人）、电话等联络方式如有变更，变更的一方应在变更后24小时内以书面方式通知对方。否则视为本合同载明的联络方式继续有效，微信和短信内容也作为双方来往文件。通知、诉讼文书等文件以邮寄方式发送的，将文件按有效联络方式交给经营特快专递的单位邮寄后，邮件被签收或拒收均视为已经送达。

第三十一条 本合同的标题仅为便于阅读和对合同内容的理解的作用，不作为确定双方权利义务的条款。

第三十二条 本合同自双方签章之日起生效。一式四份，甲乙双方各持两份，具有同等法律效力。

（以下无正文）

甲　方（签名捺印）/（盖章）：	乙　方（签名捺印）/（盖章）：
代表人（签名）：	代表人（签名）：
年　月　日	年　月　日

本合同签订地点：____________________

农产品委托加工合同

合同编号：GDHT090

甲方（委托方）：____

统一社会信用代码/身份证号：________________________________

法定代表人/授权代表人：____________________________________

住所地/居住地：________________________ 电话：________________________

微信号：____________________________ 电子邮箱：________________________

乙方（受托方）：____

统一社会信用代码/身份证号：________________________________

法定代表人/授权代表人：____________________________________

住所地/居住地：________________________ 电话：________________________

微信号：____________________________ 电子邮箱：________________________

根据《中华人民共和国合同法》及国家相关法律法规的规定，甲、乙双方在遵循平等自愿、诚实守约的原则，就甲方委托乙方为其加工指定产品的事宜，经充分协商一致，达成以下协议，共同遵守执行。

一、委托加工内容

第一条　甲方委托乙方为其加工系列产品，加工数量、款式、标准、质量要求由甲方制定，价格由双方协商确定，另在订单上详述。

第二条　甲方确定委托加工款式、数量、技术标准后，向乙方发出委托加工通知单，乙方接到通知单后即按该单的要求进行生产，乙方提供的货品经甲方验收合格后入库存储，交货地点为________________

第三条　本委托加工合同期限为____日，______年____月____日起至______年____月____日止，生产期限以甲方通知单确定的日期为准。

二、委托加工费用及付款方式

第四条　本合同项下全部合同价款为________元（大写：________元），甲方应在向乙方发出委托加工通知单的当日向乙方支付合同价款的一半即________元（大写：________元），剩余合同价款待乙方交付合格的加工产品后，由甲方一次性付清。

第五条　甲方以银行转账方式支付委托加工费给乙方：

乙方开户行：________________

乙方收款户名：________________

乙方收款账号：________________

除上述规定的银行汇款支付外，以下三种支付方式双方均予认可：

（一）支付宝转账；（二）微信转账；（三）现金支付。

三、双方的其他权利义务

第六条　甲方应当按照本合同约定支付款项给乙方。

第七条　甲方应向乙方提供加工品款式、数量、技术要求、交货时间等。

第八条　甲方有权对乙方的生产标准、产品质量进行检查监督，并提出意见和建议，按确认的样品验收货品。

第九条　甲方按照国家标准或企业备案标准及甲乙双方确定的样板和标准进行货品验收，如经验收货品质量不合格，甲方有权拒收。

第十条　乙方应当严格按照甲方的委托内容及要求从事代加工活动。

第十一条　乙方应当按甲方确定的款式、数量、质量及生产期限等标准进行生产，不得以任何形式和理由改动或降低该标准。

第十二条　乙方应当保证产品质量符合所执行国家标准或企业备案标准的要求，保证合法使用食品添加剂。

第十三条　乙方应当保证提供的产品配方和工艺要求，符合《中华人民共和国食品法》《中华人民共和国产品质量法》等国家相关法律法规的规定，并对其产品质量和安全性负责。

第十四条　本合同所签订的加工品的商标及图案文字、款式为甲方所有，乙方不得擅自为他人生产或提供。按本合同要求生产的产品全部由甲方负责销售，乙方不得擅自销售。

四、验收标准

第十五条　双方在下订单之前确定生产品种样品及质量指标，甲乙双方以此作为验收标准。

第十六条 甲方在接到乙方交货通知之日起 3 日内必须对产品进行验收，如发现质量有异，甲方应在验货之日起 3 日内书面通知乙方处理，乙方在接到甲方书面异议后，应在 3 日内负责处理，否则，即视为默认甲方提出的异议和处理意见。

五、合同的变更、解除

第十七条 经双方协商一致可以变更、解除合同。

第十八条 任何一方违反本合同任何条款约定的，在对方催告后十五个工作日内没有改正为全面履行的，守约方有权书面通知违约方解除合同，且有权要求违约方赔偿合同标的总额 5% 的违约金及所遭受的损失（包括但不限于直接损失、可得利益、律师费用等全部损失）。

第十九条 任何一方不得随意解除合同，如有正当理由须解除合同的，应提前十五个工作日内书面通知另一方，并为甲方预留合理时间处理保管物；如合同被终止的，应按实际保管日期结算保管费用；未按约定通知擅自终止合同的，应支付另一方相当于____个月保管费的违约金。

第二十条 一方只主张违约责任，没有主张解除合同的，合同应当继续履行。一方收到解除合同的通知后，对解除有异议的，应当在十五个工作日内向法定机关提出，否则，视为对解除无异议。

六、违约责任

第二十一条 甲方逾期支付乙方费用的，逾期支付部分从逾期之日起转为甲方向乙方的借款，借款期限为三个月，按照年利率 36% 计算每月应支付的利息。甲方在借款期限到后未还本付息的，按每三个月结算一次利息计入下期借款本金，至本息付清为止。该利息损失不影响甲方承担违约责任。

第二十二条 在对方未履行义务前，一方按照合同约定履行自己的义务的，不等于认可对方已经履行了先前的义务或同意对方可以不再履行其义务。

第二十三条 一方接受对方逾期履行的，不视为对其违约行为的认可，仍然有权追究其违约责任，还有权解除合同。

第二十四条 因出现不可预见、不可避免、不可克服的事件，导致本合同无法有效及时履行的，相互不承担违约责任，但是遭遇不可抗力方应立即通过电话、微信等方式通知对方，并在通知后的三个工作日内将不可抗力的书面有效证明及本合同无法有效及时履行的书面理由提交给对方确认。遭受不可抗力的一方凭此证明免除全部或部分违约责任，具体免除范围和方式由双方另行协商。

七、争议解决方式

第二十五条 本合同的约定和履行中产生的争议，双方友好协商解决，若协商不成，任何一方均可向有关机构申请调解，也有权在原告住所地或居住地人民法院起诉解决。双方还可以约定提交仲裁机构裁决。

八、附则

第二十六条 双方在签订本合同时，应当提供经核实的身份证明和相应资质证明文件的复印件作为合同附件。

第二十七条　住所地(居住地)、代表人(联系人)、电话等联络方式如有变更,变更的一方应在变更后24小时内以书面方式通知对方,否则视为本合同载明的联络方式继续有效,微信和短信内容也作为双方来往文件。通知、诉讼文书等文件以邮寄方式发送的,将文件按有效联络方式交给经营特快专递的单位邮寄后,邮件被签收或拒收均视为已经送达。

第二十八条　本合同中的标题只为便于双方阅读和理解合同内容,不作为权利义务的约定。

第二十九条　本合同自双方签章之日起生效。一式四份,甲乙双方各持两份,具有同等法律效力。

(以下无正文)

甲　方(签名捺印)/(盖章):　　　　乙　方(签名捺印)/(盖章):
代表人(签名):　　　　代表人(签名):
年　月　日　　　　年　月　日
本合同签订地点:____________________

通用委托合同

合同编号:GDHT091

甲方(委托方):____________________
统一社会信用代码/身份证号:____________________
法定代表人/授权代表人:____________________
住所地/居住地:____________________　电话:____________________
微信号:____________________　电子邮箱:____________________
乙方(受托方):____________________
统一社会信用代码/身份证号:____________________
法定代表人/授权代表人:____________________
住所地/居住地:____________________　电话:____________________
微信号:____________________　电子邮箱:____________________

根据《中华人民共和国合同法》及国家相关法律法规的规定,甲、乙双方在遵循平等自愿、诚实守约的原则,就甲方委托乙方处理相关事宜,经充分协商一致,达成以下协议,共同遵守执行。

一、委托内容、要求、权限及期限

第一条　委托事务的内容:____________________

第二条　委托事务的具体要求:____________________

第三条　乙方处理委托事务的权限:____________________

第四条 委托期限为____日，______年____月____日起至______年____月____日止。

第五条 本合同约定的委托期限届满，双方的权利义务自行终止。未经甲方书面同意，乙方不得再行处理委托事务。

二、委托费用及付款方式

第六条 乙方办理委托事务的报酬总计为人民币________元（大写：________元）。

第七条 甲方以银行转账方式支付委托费给乙方：

乙方开户行：________________________________

乙方收款户名：________________________________

乙方收款账号：________________________________

除上述规定的银行汇款支付外，以下三种支付方式双方均予认可：

（一）支付宝转账；（二）微信转账；（三）现金支付。

第八条 甲方在收到乙方开具的符合财务、税务规定的票据后，按合同约定，应向乙方支付办理委托事务的报酬。

第九条 报酬的支付，双方约定采用以下第____种方式：

（一）一次性支付：甲方于______年____月____日前一次付清本合同约定的报酬总额：人民币__________元（大写：________元）

（二）分期支付：

1. 本合同签订之日起3个工作日之内，甲方向乙方支付报酬总额的50%，即人民币__________元（大写：________元）；

2. 本合同约定的委托事务办理完毕后15个工作日之内，甲方向乙方支付报酬总额的50%即人民币__________元（大写：________元）。

三、双方其他权利义务

第十条 甲方应当真实、详尽、及时地向乙方披露与委托事务相关的具体情况，提供与委托事务有关的文件及其他事实材料。

第十一条 甲方有权要求乙方按照合同约定按时完成委托事务。

第十二条 甲方有权要求乙方及时报告委托事务的处理情况。

第十三条 甲方有义务按照合同约定的时间和金额支付乙方的报酬及费用。

第十四条 乙方应当充分运用自己的专业知识和技能，尽心尽职地根据法律法规的规定完成本合同约定的委托事务，最大限度地维护甲方的合法权益。

第十五条 乙方应当按照甲方的要求处理委托事务，未经甲方同意不得擅自变更委托事务或者超越授权范围办理委托事务。

第十六条 乙方应当在委托权限和期限内亲自处理委托事务，未经甲方书面同意不得转委托给任何第三方。

第十七条 乙方应当按照甲方的要求，及时向甲方报告委托事务的处理情况，对甲方需了解委托事务情况的正当要求，应当及时给予答复。

第十八条 应甲方要求，就本委托合同所涉事务及相关信息，乙方应当保守秘密；未经甲方书面同意，乙方不得对任何第三方进行披露。

第十九条 乙方处理委托事务取得的财产应当按照约定交付给甲方。

第二十条 乙方有权按照合同约定获得报酬和相关费用。

第二十一条 乙方在办理委托事务完毕或者委托期限届满后,应按甲方要求将办理委托事务所相关的资料和文件移交甲方。

四、处理委托事务取得的财产

第二十二条 乙方处理委托事务取得的财产应当交付甲方的,乙方按下列约定将处理委托事务所取得的财产转交给甲方:

(一)交付时间:________________________________

(二)交付地点:________________________________

(三)交付方式:________________________________

五、验收

第二十三条 乙方完成委托事务后,须经甲方确认是否符合甲方要求或者本合同约定,经确认符合约定的,乙方委托事务完成。

第二十四条 乙方办理或完成的委托事务不符合甲方要求或者本合同约定的,应当在____个工作日内采取补救措施。如采取的补救措施仍不符合甲方要求或者本合同约定,或者委托事务无法采取补救措施的,甲方有权单方解除本合同,乙方应承担由此产生的责任。

六、保密

第二十五条 本合同内容如涉及国家安全和重大利益需要保密的,应就该保密事项的范围、密级和保密期限以及各方承担的保密义务进行约定。一方提供给另一方的资料和信息,应当在提供时书面说明,否则接收方没有保密义务。

第二十六条 双方保证对从另一方取得且无法自公开渠道获得的商业秘密(技术信息、经营信息及其他商业秘密)予以保密。未经该商业秘密的原提供方同意,他方不得向任何第三方泄露该商业秘密的全部或部分内容。但法律、法规另有规定或双方另有约定的除外。

第二十七条 本协议终止后五年内,双方继续负有前款约定的保密义务。一方违反上述保密义务的,应承担相应的违约责任并赔偿由此造成的损失。

七、合同的变更、终止和解除

第二十八条 经双方协商一致可以变更、解除合同。

第二十九条 任何一方违反本合同任何条款约定的,在对方催告后十五个工作日内没有改正为全面履行的,守约方有权书面通知违约方解除合同,且有权要求违约方赔偿合同标的总额5%的违约金及所遭受的损失(包括但不限于直接损失、可得利益、律师费用等全部损失)。

第三十条 合同一方要求变更、终止或解除合同,应在30日前以书面通知另一方,协商解决。因变更、终止或解除合同,致使守约方遭受实际损失的,除按合同约定和法律规定可免除责任的情形以外,应由违约方负责赔偿。

第三十一条 对解除合同的异议:一方只主张违约责任,没有主张解除合同的,合同应当继续履行。一方收到解除合同的通知后，对解除有异议的，应当在十五个工作日内向法定机关提出，否则，视为对解除无异议。

八、违约责任

第三十二条 一方逾期履行的，逾期每日按照其逾期履行标的价款的1‰偿付对方违约金。一方接受对方逾期履行的，不视为对其违约行为的认可，仍然有权追究其违约责任，还有权解除合同。

第三十三条 在对方未履行义务前，一方按照合同约定履行自己的义务的，不等于认可对方已经履行了先前的义务或同意对方可以不再履行其义务。

第三十四条 因出现不可预见、不可避免、不可克服的事件，导致本合同无法有效及时履行时，遭遇不可抗力方应立即通过电话、微信等方式通知对方，并在通知后的3日内将不可抗力的书面有效证明及本合同无法有效及时履行的书面理由提交给对方确认。遭受不可抗力的一方凭此证明免除全部或部分违约责任，具体免除范围和方式由双方另行协商。

九、争议解决方式

第三十五条 本合同的约定和履行中产生的争议，双方友好协商解决，若协商不成，任何一方均可向有关机构申请调解，也有权在原告住所地或居住地人民法院起诉解决。双方还可以约定提交仲裁机构裁决。

十、附则

第三十六条 双方在签订本合同时，应当提供经核实的身份证明和相应资质证明文件的复印件作为合同附件。

第三十七条 住所地(居住地)、代表人(联系人)、电话等联络方式如有变更，变更的一方应在变更后24小时内以书面方式通知对方。否则视为本合同载明的联络方式继续有效，微信和短信内容也作为双方来往文件。通知、诉讼文书等文件以邮寄方式发送的，将文件按有效联络方式交给经营特快专递的单位邮寄后，邮件被签收或拒收均视为已经送达。

第三十八条 本合同中的标题只为便于双方阅读和理解合同内容，不作为权利义务的约定。

第三十九条 本合同自双方签章之日起生效。一式四份，甲乙双方各持两份，具有同等法律效力。

(以下无正文)

甲　方(签名或盖章)：	乙　方(签名或盖章)：
代表人(签名)：	代表人(签名)：
年　月　日	年　月　日

本合同签订地点：____________________

遗赠扶养协议

合同编号:GDHT092

甲方(遗赠人、被扶养人):______________________________

身份证号:______________________________

住所地/居住地:______________　电话:______________

微信号:______________　电子邮箱:______________

乙方(受赠人、扶养人):______________________________

统一社会信用代码/身份证号:______________________________

住所地/居住地:______________　电话:______________

微信号:______________　电子邮箱:______________

根据《中华人民共和国继承法》及国家相关法律法规的规定,甲方愿意将本协议第一条中所有的个人财产遗赠乙方,乙方承担扶养甲方的义务;乙方愿意承担扶养甲方的义务,并愿意接受甲方遗赠的财产,为此,就遗赠扶养相关事宜,在双方平等自愿基础上经协商一致达成如下协议,共同遵守执行。

一、遗赠财产范围

第一条　房产:______________________________

第二条　机动车:______________________________

第三条　存款:______________________________

第四条　其他财产:______________________________

二、遗赠财产所有权的转移

第五条　乙方在甲方生前不得占有、转移、处置甲方任何个人财产。

第六条　乙方应在甲方去世之后30日内办理遗赠财产的所有权变更登记手续。不需办理财产所有权变更登记手续的,乙方占有遗赠财产即视为已经取得该财产的所有权。

三、遗赠财产的保管、管理和维护责任

第七条　甲方应当负责对遗赠遗产的保管和维护,不得单方处置上述第一条列明遗赠的财产(包括但不限于赠与、买卖、设置抵押等)。遗赠的财产损坏或者甲方单方处置给第三方,乙方有权要求甲方修理、更换或收回;甲方拒不修理、更换或收回的,乙方有权终止协议。

第八条　因管理遗赠财产发生的费用以及遗赠的财产确需维修的,首先用甲方财产支付,甲方财产不足于支付上述费用的,由乙方承担。

四、丧葬事务办理及费用承担

第九条　甲方过世后的丧葬事务由乙方负责,乙方应当按照当地政策和风俗办妥甲方丧葬事务。办理甲方丧葬事务的费用首先用甲方去世后留下的财物支付,不足部分由乙方承担。

五、乙方的扶养义务

第十条 乙方负责甲方的吃、穿、住、行、医疗、养老等扶养义务，扶养义务是指在生活上照顾、经济上给予帮助、精神上给予慰藉。具体为：

（一）饮食安排：乙方负责甲方一日三餐，饮食上应照顾甲方年纪和习惯。

（二）生活安排：保障甲方四季穿衣，衣物、被褥整洁、常洗常换。同时乙方应于每月十日前给付甲方生活费人民币________________元（大写：____________元）。

（三）医疗安排：甲方生病乙方应及时安排治疗，住院等医疗费用由乙方承担。同时乙方应于每月十日前给付甲方医疗补助费人民币________________元（大写：________元）。

（四）其他安排：____

____

六、遗赠扶养协议的执行

第十一条 甲乙双方指定______村民委员会（居民委员会）和/或________律师事务所负责监督本协议书的履行。

七、违约责任和协议解除

第十二条 任何一方违反本协议的任何约定的，在对方催告后30日内仍然没有改正为全面履行的，对方可以解除本协议。协议解除的，双方相互返还以本协议取得的对方的财物，并赔偿对方因此受到的损失。

第十三条 甲方单方处置遗赠的财产导致本协议解除的，乙方有权要求甲方退还已支付的扶养费。

第十四条 乙方无故不履行扶养义务导致本协议解除的，不得享有受遗赠的财产，已支付的扶养费也不予退回。

第十五条 如果乙方在甲方生前未经其同意处置（包括但不限于赠与、买卖、设置抵押等）甲方的个人财产，甲方有权单方解除该协议。

一方只主张违约责任，没有主张解除合同的，合同应当继续履行。一方收到解除合同的通知后，对解除有异议的，应当在十五个工作日内向法定机关提出，否则，视为对解除无异议。

八、争议解决方式

第十六条 本合同的约定和履行中产生的争议，双方友好协商解决，若协商不成，任何一方均可向有关机构申请调解，也有权在原告住所地或居住地人民法院起诉解决。双方还可以约定提交仲裁机构裁决。

九、附则

第十七条 双方在签订本合同时，应当提供经核实的身份证明或相应资质证明文件的复印件作为合同附件。

第十八条 住所地（居住地）、代表人（联系人）、电话等联络方式如有变更，变更的一方应在变更后24小时内以书面方式通知对方。否则视为本合同载明的联络方式继续有效，微信和短信内容作为双方来往文件。通知、诉讼文书等文件以邮寄方式发送的，将文件按有效联络方式交给经营特快专递的单位邮寄后，邮件被签收或拒收均视为已经送达。

第十九条　本合同中的标题只为便于双方阅读和理解合同内容,不作为权利义务的约定。

第二十条　本合同自双方签章之日起生效。一式四份,甲乙双方各持两份,具有同等法律效力。

(以下无正文)

甲　方(签名或盖章):　　　　　　　　　　乙　方(签名或盖章):

代表人(签名):　　　　　　　　　　　　　代表人(签名):

年　月　日　　　　　　　　　　　　　　年　月　日

本合同签订地点:____________________

行纪合同

合同编号:GDHT093

甲方(委托方):____

统一社会信用代码/身份证号:________________________________

法定代表人/授权代表人:____________________________________

住所地/居住地:________________________　电话:________________

微信号:__________________________　电子邮箱:________________

乙方(受托方):____

统一社会信用代码/身份证号:________________________________

法定代表人/授权代表人:____________________________________

住所地/居住地:________________________　电话:________________

微信号:__________________________　电子邮箱:________________

根据《中华人民共和国合同法》及国家相关法律法规的规定,甲、乙双方在遵循平等自愿、诚实守约原则的基础上,就甲方委托乙方从事贸易活动的相关事宜订立本合同,并由双方共同恪守。

一、委托内容、权限、期限及要求

第一条　甲方委托乙方的事项:

(一)____

(二)____

(三)____

第二条　乙方处理委托事务的权限:________________________________

第三条　甲方委托乙方从事行纪活动的期限为____日,______年____月____日起至______年____月____日止。

第四条 前款约定的期限届满，双方未就续延行纪期限另行达成协议，本合同自行终止，双方不再享有本合同约定的权利，也不再承担本合同约定的义务。

第五条 乙方从事行纪活动的具体要求：

（一）甲方委托乙方以自己的名义为甲方____（提示：填写采购或者销售）以下委托物：____（提示：若委托物较多，可另行制作清单为合同附件）

（二）甲方委托乙方以自己的名义为甲方从事其他贸易活动的具体要求：

1. ______________________________

2. ______________________________

3. ______________________________

二、乙方的报酬及支付方式

第六条 双方约定，乙方完成本合同约定的全部义务，甲方向其支付的报酬为：人民币__________元（大写：________元）；乙方完成本合同约定的部分义务，乙方不得要求甲方支付报酬。

第七条 甲方在乙方完成本合同约定的全部行纪义务之日起3日内向乙方支付报酬。

第八条 乙方向甲方开具经甲方认可的相关收款凭证或票据之后，甲方按本合同约定向乙方支付报酬。

第九条 甲方的付款方式为：□银行转账\□支票\□汇款\□\现金，其他____________

三、行纪费用及承担

第十条 乙方受托从事行纪活动的费用包含：乙方的差旅费、食宿费、通信费、接待费、资料费等与委托事务有关的其他一切费用。

第十一条 乙方应当向甲方提交书面的从事行纪活动的方案和费用预算，甲方对乙方的方案和预算审核同意后，乙方才可以开展行纪活动。

第十二条 双方约定，行纪费用按下列第__________项的约定承担：

（一）乙方办理委托事务支出的费用，由乙方自行承担。

（二）对于乙方从事行纪活动所支出的必要费用，在甲方确认的预算数额内，由甲方承担。乙方向甲方出具甲方认可的相关收费凭证或票据之后，甲方按本合同约定向乙方支付行纪费用。

四、双方其他权利义务

第十三条 乙方按本合同约定买入委托物的，甲方应当及时受领。

第十四条 乙方按本合同约定卖出委托物的，委托物不能卖出或者甲方撤回出卖，甲方应取回或自行处分委托物。

第十五条 甲方应按本合同约定向乙方支付报酬或者费用。

第十六条 甲方应当向乙方提供真实的相关资料，如实说明委托物存在的瑕疵。

第十七条 甲方不得要求乙方在办理委托事务时从事违法活动。

第十八条 甲方有权要求乙方按照自己的指令从事贸易活动。

第十九条 乙方与第三人订立合同的，乙方对该合同直接享有权利、承担义务。第三人不履行义务致使甲方受到损害的，甲方有权要求乙方承担损害赔偿责任。

第二十条 乙方在受托办理委托事务时，应及时向甲方报告进展情况，服从甲方对其办理委托事务的指令和要求。

第二十一条 乙方占有委托物的，应当妥善保管委托物。

第二十二条 乙方低于甲方指定的价格卖出委托物或者高于甲方指定的价格买入委托物的，应当经甲方同意。乙方高于甲方指定的价格卖出委托物或者低于甲方指定的价格买入委托物的，该利益属于甲方。

第二十三条 委托物交付给乙方时有瑕疵或者容易腐烂、变质的，经甲方同意，乙方可以处分该物；乙方不能及时和甲方取得联系的，乙方可以合理处分。

第二十四条 乙方处理委托事务取得的财产，应当转交给甲方。

第二十五条 乙方卖出或者买入委托物属于市场定价的商品，除甲方有相反的意思表示的以外，乙方自己可以作为买受人或者出卖人，乙方仍然可以要求甲方支付报酬。

第二十六条 乙方不得与第三方串通，损害甲方的利益；乙方不得骗取和非法侵占甲方的款物。

第二十七条 未经甲方书面同意，乙方在任何情况下均不得留置委托物。

五、验收

第二十八条 乙方完成行纪事务后，须经甲方确认是否符合甲方要求或者本合同约定，经确认符合约定的，乙方行纪事务完成。

第二十九条 乙方办理或完成的行纪事务不符合甲方要求或者本合同约定的，应当在____个工作日内采取补救措施。如采取的补救措施仍不符合甲方要求或者本合同约定，或者行纪事务无法采取补救措施的，甲方有权单方解除本合同，乙方应承担由此产生的责任。

六、保密

第三十条 本合同内容如涉及国家安全和重大利益需要保密的，应就该保密事项的范围、密级和保密期限以及各方承担的保密义务进行约定。一方提供给另一方的资料和信息，应当在提供时书面说明，否则接收方没有保密义务。

第三十一条 双方保证对从另一方取得且无法自公开渠道获得的商业秘密（技术信息、经营信息及其他商业秘密）予以保密。未经该商业秘密的原提供方同意，他方不得向任何第三方泄露该商业秘密的全部或部分内容。但法律、法规另有规定或双方另有约定的除外。

第三十二条 本协议终止后五年内，双方继续负有前款约定的保密义务。一方违反上述保密义务的，应承担相应的违约责任并赔偿由此造成的损失。

七、违约责任和合同的变更、解除

第三十三条 经双方协商一致可以变更、解除合同。

第三十四条 任何一方违反本合同任何条款约定的，在对方催告后十五个工作日内没有改正为全面履行的，守约方有权书面通知违约方解除合同，且有权要求违约方赔偿合同标的总额 5% 的违约金及所遭受的损失（包括但不限于直接损失、可得利益、律师费用等全部损失）。

第三十五条 一方只主张违约责任，没有主张解除合同的，合同应当继续履行。一方收到解除合同的通知后,对解除有异议的,应当在十五个工作日内向法定机关提出,否则,视为对解除无异议。

第三十六条 一方接受对方逾期履行的,不视为对其违约行为的认可,仍然有权追究其违约责任,还有权解除合同。

第三十七条 在对方未履行义务前,一方按照合同约定履行自己的义务的,不等于认可对方已经履行了先前的义务或同意对方可以不再履行其义务。

第三十八条 因出现不可预见、不可避免、不可克服的事件,导致本合同无法有效及时履行的,相互不承担违约责任,但是遭遇不可抗力方应立即通过电话、微信等方式通知对方,并在通知后的三个工作日内将不可抗力的书面有效证明及本合同无法有效及时履行的书面理由提交给对方确认。遭受不可抗力的一方凭此证明免除全部或部分违约责任,具体免除范围和方式由双方另行协商。

八、争议解决方式

第三十九条 本合同的约定和履行中产生的争议,双方友好协商解决,若协商不成,任何一方均可向有关机构申请调解,也有权在原告住所地或居住地人民法院起诉解决。双方还可以约定提交仲裁机构裁决。

九、附则

第四十条 双方在本合同签订时,应提供身份证原件或其他资质文件原件交对方核对,并提供经核对的复印件作为合同附件。

第四十一条 住所地(居住地)、代表人(联系人)、电话等联络方式如有变更,变更的一方应在变更后24小时内以书面方式通知对方。否则视为本合同载明的联络方式继续有效,微信和短信内容也作为双方来往文件。通知、诉讼文书等文件以邮寄方式发送的,将文件按有效联络方式交给经营特快专递的单位邮寄后,邮件被签收或拒收均视为已经送达。

第四十二条 本合同中的标题只为便于双方阅读和理解合同内容,不作为权利义务的约定。

第四十三条 本合同自双方签章之日起生效。一式四份,甲乙双方各持两份,具有同等法律效力。

(以下无正文)

甲　方(签名或盖章):　　　　　　　　乙　方(签名或盖章):

代表人(签名):　　　　　　　　　　　代表人(签名):

年　月　日　　　　　　　　　　　　　年　月　日

本合同签订地点:____________________

农副产品行纪合同

合同编号:GDHT094

甲方(委托人):________________________________

统一社会信用代码/身份证号:________________________

住所地/居住地:________________________________

联系人:________________ 电话:________________

微信号:______________ 电子邮箱:________________

乙方(行纪人):________________________________

统一社会信用代码/身份证号:________________________

住所地/居住地:________________________________

联系人:________________ 电话:________________

微信号:______________ 电子邮箱:________________

根据《中华人民共和国合同法》及相关法律法规的规定,甲乙双方经充分协商一致,本着平等、自愿、诚实信用的原则,就乙方接受甲方委托,为甲方卖出(买入)下列农副产品之相关事宜达成如下协议,以资共同恪守遵行。

一、委托内容

第一条 甲方委托乙方(卖出/买入)的农副产品名称、数量和价格

货物名称	品牌	规格型号	生产厂家	计量单位	数量	最低销价	金额(元)	质量标准	最高购价	包装要求
合计人民币金额(大写):										

第二条 甲方委托乙方处理委托事务的期限为:________________

第三条 甲方________(是/否)允许乙方把委托事务转委托给第三人处理。

二、费用及支付方式

第四条 甲方与乙方以____方式结算货款,期限为________________

第五条 乙方以____方式计算酬金,支付期限为________________

第六条 乙方以高于甲方指定价格(卖出/买入)货物时,报酬的计算方法:________

第七条 乙方以低于甲方指定价格(卖出/买入)货物时,报酬的计算方法:________

三、双方的其他权利义务

第八条 甲方应当在乙方完成委托事务时,向其支付相应的报酬。甲方逾期不支付报酬的,乙方对委托物享有留置权。

第九条 双方确定委托货物的价格,甲方有权要求乙方不得违背该指示卖出或买入。

第十条 甲方应当及时受领乙方按照约定买入的委托物,经乙方催告,甲方无正当理

由拒绝受领的，乙方有权依照《中华人民共和国合同法》第一百零一条的规定提存委托物。

第十一条 甲方应当积极配合乙方的工作，及时处理本合同履行过程中的有关事务。

第十二条 乙方临时占有委托物的，应当妥善保管委托物。

第十三条 甲方将委托物交付给乙方时有瑕疵或者容易腐烂、变质的，经甲方同意，乙方可以处分该物；与甲方不能及时取得联系的，乙方可以合理方式处分。

第十四条 乙方低于甲方指定的价格卖出或者高于甲方指定的价格买入的，须经甲方同意。未经甲方同意，乙方补偿其差额的，该买卖对甲方发生效力。

第十五条 乙方处理委托事务支出的费用，由乙方自己负担。

第十六条 乙方卖出或者买入具有市场定价的商品，乙方可以自己作为买受人或者出卖人，且可以要求甲方支付报酬。

第十七条 甲方不能卖出或者甲方撤回出卖，经乙方催告，甲方不取回或者不处分该物的，乙方依照《中华人民共和国合同法》第一百零一条的规定可以提存委托物。

第十八条 乙方与第三人订立转委托合同的需经甲方同意，乙方对该合同直接享有权利、承担义务。

第十九条 第三人不履行义务致使甲方受到损害的，乙方应当承担损害赔偿责任。

四、违约责任

第二十条 非乙方原因，甲方延期付款，经乙方书面告知后10个工作日内仍未付款的，按日计算，每迟延一日，甲方应向乙方支付迟延付款金额1‰的损失，直至款项付清之日，乙方可以相应顺延交付产品。

第二十一条 若乙方未能按本合同约定时间及方式将全部产品交付至甲方指定地点，按日计算，每迟延一日，应向甲方支付该批产品总价1‰的损失，直至产品交付之日。

第二十二条 乙方对临时占有的委托物，应当妥善保管，保管不善造成损失的，由乙方承担损失。

第二十三条 一方接受对方逾期履行的，不视为对其违约行为的认可，仍然有权追究其违约责任，还有权解除合同。

第二十四条 在对方未履行义务前，一方按照合同约定履行自己的义务的，不等于认可对方已经履行了先前的义务或同意对方可以不再履行其义务。

第二十五条 因出现不可预见、不可避免、不可克服的事件，导致本合同无法有效及时履行的，相互不承担违约责任，但是遭遇不可抗力方应立即通过电话、微信等方式通知对方，并在通知后的三个工作日内将不可抗力的书面有效证明及本合同无法有效及时履行的书面理由提交给对方确认。遭受不可抗力的一方凭此证明免除全部或部分违约责任，具体免除范围和方式由双方另行协商。

五、合同的变更、解除

第二十六条 经双方协商一致可以变更、解除合同。

第二十七条 任何一方违反本合同任何条款约定的，在对方催告后十五个工作日内没有改正为全面履行的，守约方有权书面通知违约方解除合同，且有权要求违约方赔偿合同标的总额5%的违约金及所遭受的损失（包括但不限于直接损失、可得利益、律师费用等全部损失)。

第二十八条　任何一方不得随意解除合同,如有正当理由须解除合同的,应提前十五个工作日内书面通知另一方,并为甲方预留合理时间处理保管物;如合同被终止的,应按实际保管日期结算保管费用;未按约定通知擅自终止合同的,应支付另一方相当于6个月保管费的违约金。

第二十九条　一方只主张违约责任,没有主张解除合同的,合同应当继续履行。一方收到解除合同的通知后,对解除有异议的,应当在十五个工作日内向法定机关提出,否则,视为对解除无异议。

六、争议解决方式

第三十条　本合同的约定和履行中产生的争议,双方友好协商解决,若协商不成,任何一方均可向有关机构申请调解,也有权在原告住所地或居住地人民法院起诉解决。双方还可以约定提交仲裁机构裁决。

七、附则

第三十一条　双方在签订本合同时,应当提供经核实的身份证明和相应资质证明文件的复印件作为合同附件。

第三十二条　住所地(居住地)、代表人(联系人)、电话等联络方式如有变更,变更的一方应在变更后24小时内以书面方式通知对方。否则视为本合同载明的联络方式继续有效,微信和短信内容作为双方来往文件。通知、诉讼文书等文件以邮寄方式发送的,将文件按有效联络方式交给经营特快专递的单位邮寄后,邮件被签收或拒收均视为已经送达。

第三十三条　本合同中的标题只为便于双方阅读和理解合同内容,不作为权利义务的约定。

第三十四条　本合同自双方签章之日起生效。一式四份,甲乙双方各持两份,具有同等法律效力。

(以下无正文)

甲　方(签名捺印)/(盖章):　　　　乙　方(签名捺印)/(盖章):
代表人(签名):　　　　代表人(签名):
年　月　日　　　　年　月　日

本合同签订地点:________________

居间合同

合同编号:GDHT095

甲方(委托人):________________________________

统一社会信用代码/身份证号:________________________

住所地/居住地：______________________________

联系人：______________ 电话：______________

微信号：______________ 电子邮箱：______________

乙方（居间人）：______________________________

统一社会信用代码/身份证号：______________________________

住所地/居住地：______________________________

联系人：______________ 电话：______________

微信号：______________ 电子邮箱：______________

根据《中华人民共和国合同法》及相关法律法规的规定，甲乙双方经充分协商一致，本着平等、自愿、诚实信用的原则，就甲方委托乙方进行居间服务相关事宜达成如下协议，以资共同恪守遵行。

一、委托内容

第一条 乙方接受甲方委托，为甲方______________事务介绍客户，促成甲方与客户间就委托事项签订合同。甲方协助乙方与客户接触洽谈。

第二条 乙方为其介绍之客户提供：(1)售前委托事项解说；(2)合同达成签署流程指引。

第三条 委托期限自______年____月____日至______年____月____日。

第四条 甲方的其他要求：______________________________

二、费用及支付方式

第五条 经乙方介绍成交的，甲方于成交后3日内支付乙方费用人民币__________元（大写：________元）。

第六条 费用的支付方式为：______________________________

第七条 乙方履行本合同及居间活动所需要的其他费用，由乙方自行承担。

三、双方的其他权利义务

第八条 乙方提供居间服务的区域为________地区。乙方若需增加区域，需提前书面通知甲方并得到甲方书面同意。如有违反，甲方有权随时解除本合同。

第九条 甲方向乙方提供的任何资料均属于甲方的财产，乙方不得为非履行本合同目的而使用。本合同终止时，乙方应主动归还剩余资料给甲方。

第十条 未经甲方书面同意，乙方在合同期限内不得推荐、介绍、代表、制造或销售与本合同第一条约定的同类或相似的委托事项给甲方以外的任何第三方。

第十一条 乙方所介绍之客户经甲方书面确认后，甲方亦不得绕过乙方与客户就委托事项签订合同，除非乙方同意。

第十二条 甲方交付之委托事项若有瑕疵，由甲方自行对客户负责，与乙方无关。

第十三条 乙方介绍客户之委托事项若有瑕疵，由乙方对其承担连带保证责任。

四、违约责任

第十四条 乙方履行本合同过程中（包括签订本合同前）所获得的甲方信息，一旦乙方泄漏，应向甲方赔偿违约金人民币__________元（大写：________元）并赔偿损失。

第十五条 无论何种情况下，乙方均不是甲方的代表或员工，与甲方不存在劳动关系，乙方在履行本居间合同过程中应当明确告知相关客户，否则，乙方应承担一切由此造成的损失。

第十六条　因出现不可预见、不可避免、不可克服的事件，导致本合同无法有效及时履行的，相互不承担违约责任，但是遭遇不可抗力方应立即通过电话、微信等方式通知对方，并在通知后的三个工作日内将不可抗力的书面有效证明及本合同无法有效及时履行的书面理由提交给对方确认。遭受不可抗力的一方凭此证明免除全部或部分违约责任，具体免除范围和方式由双方另行协商。

五、合同的变更、解除

第十七条　经双方协商一致可以变更、解除合同。

第十八条　任何一方违反本合同任何条款约定的，在对方催告后十五个工作日内没有改正为全面履行的，守约方有权书面通知违约方解除合同，且有权要求违约方赔偿相当于合同总额5%的违约金及所遭受的损失（包括但不限于直接损失、可得利益、律师费用等全部损失）。

第十九条　一方只主张违约责任，没有主张解除合同的，合同应当继续履行。一方收到解除合同的通知后，对解除有异议的，应当在十五个工作日内向法定机关提出，否则，视为对解除无异议。

六、争议解决方式

第二十条　本合同的约定和履行中产生的争议，双方友好协商解决，若协商不成，任何一方均可向有关机构申请调解，也有权在原告住所地或居住地人民法院起诉解决。双方还可以约定提交仲裁机构裁决。

七、附则

第二十一条　双方在签订本合同时，应当提供经核实的身份证明和相应资质证明文件的复印件作为合同附件。

第二十二条　住所地（居住地）、代表人（联系人）、电话等联络方式如有变更，变更的一方应在变更后24小时内以书面方式通知对方。否则视为本合同载明的联络方式继续有效，微信和短信内容作为双方来往文件。通知、诉讼文书等文件以邮寄方式发送的，将文件按有效联络方式交给经营特快专递的单位邮寄后，邮件被签收或拒收均视为已经送达。

第二十三条　本合同中的标题只为便于双方阅读和理解合同内容，不作为权利义务的约定。

第二十四条　本合同自双方签章之日起生效。一式四份，甲乙双方各持两份，具有同等法律效力。

（以下无正文）

甲　方（签名捺印）/（盖章）：	乙　方（签名捺印）/（盖章）：
代表人（签名）：	代表人（签名）：
年　月　日	年　月　日

本合同签订地点：____________________

房屋租赁居间合同

合同编号:GDHT096

甲方(委托人):____________________

统一社会信用代码/身份证号:____________________

住所地/居住地:____________________

联系人:____________________ 电话:____________________

微信号:____________________ 电子邮箱:____________________

乙方(居间人):____________________

统一社会信用代码/身份证号:____________________

住所地/居住地:____________________

联系人:____________________ 电话:____________________

微信号:____________________ 电子邮箱:____________________

根据《中华人民共和国合同法》及相关法律法规的规定,甲乙双方经充分协商一致,本着平等、自愿、诚实信用的原则,就甲方委托乙方代理出租房屋之相关事宜达成如下协议,以资共同恪守遵行。

一、委托内容

第一条 甲方委托乙方作为居间人,为其提供房屋买卖居间服务。甲方(是/否)允许乙方将委托事项转委托给第三人处理。

第二条 房产状况

房屋位置:__________产权证号:__________ 建筑面积:__________

所有权人:__________ 共有权人:(没有即不填)

配套设施:________抵押情况:________水表:________电表:________(其中峰数:________谷数:________)气表:________

第三条 委托期限自______年____月____日至______年____月____日。超过期限仍需要居间服务的,双方另行签订居间合同或以书面形式将本合同委托期限延长。

第四条 甲方的其他要求:____________________

二、佣金及支付方式

第五条 委托事项完成后,甲方应按照实际月租金的____%(此比例不得超过100%)向乙方支付佣金。

第六条 佣金应在甲方与承租人签订房屋租赁合同后三个工作日内支付。

第七条 佣金的支付方式:现金/支票;____________________

第八条 委托事项未完成的,乙方不得要求支付佣金。

三、双方其他权利义务

第九条 甲方应出示房屋所有权证书或证明自己对出租房屋依法享有出租权利的其

他证明。

第十条　甲方应保证提供的房屋资料真实、合法，因甲方提供的资料与房屋状况不一致造成承租人拒付看房成本费的，甲方应支付全部费用。

第十一条　甲方应为乙方的居间活动提供必要协助与配合。

第十二条　甲方应对乙方提供的承租人资料保密。

第十三条　甲方不得在委托期限内及期限届满后十五日内与乙方介绍的承租人进行私下交易。

第十四条　甲方在委托期限内不得将出租房屋同时委托其他房地产经纪机构出租。

第十五条　非因乙方过失导致委托事项未完成的，甲方应向乙方支付必要费用如下：

______

第十六条　乙方应认真完成甲方的委托事项，按照房屋用途和甲方对承租人的特别要求寻找承租人，将处理情况及时向甲方如实汇报，并为承租人现场看房及甲方与承租人签订房屋租赁合同提供联络、协助、撮合等服务。

第十七条　乙方不得提供虚假信息、隐瞒重要事实或与他人恶意串通，损害甲方利益。

第十八条　本合同签订后三日内乙方应到房屋现场对甲方提供的房屋资料进行核实，经核实房屋状况与甲方提供的资料不一致的，乙方应要求甲方对合同进行修改。

第十九条　本合同签订后，乙方不得以任何形式向甲方收取任何名目的预收费用。

第二十条　委托事项未完成的，居间活动的费用由乙方自行承担。

四、合同的变更、解除

第二十一条　经双方协商一致可以变更、解除合同。

第二十二条　任何一方违反本合同任何条款约定的，在对方催告后十五个工作日内没有改正为全面履行的，守约方有权书面通知违约方解除合同，且有权要求违约方赔偿相当于合同总额5%的违约金及所遭受的损失（包括但不限于直接损失、可得利益、律师费用等全部损失）。

第二十三条　经核实房屋状况与甲方提供的资料不一致，乙方要求甲方对合同进行修改而甲方拒绝修改的，乙方有权解除合同。

第二十四条　一方只主张违约责任，没有主张解除合同的，合同应当继续履行。一方收到解除合同的通知后，对解除有异议的，应当在十五个工作日内向法定机关提出，否则，视为对解除无异议。

五、违约责任

第二十五条　非乙方原因，甲方延期付款的，每迟延一日，甲方按日向乙方支付迟延付款金额1‰的违约金，直至款项付清之日止，乙方可以顺延交付货物。

第二十六条　甲方与乙方介绍的承租人进行私下交易的，乙方有权要求甲方按照年租金50%的标准支付违约金，甲方与承租人私下成交的，乙方还有权取得约定的佣金。

第二十七条　甲方违反保密义务的，应按照年租金50%的标准支付违约金。

第二十八条　甲方在委托期限内将出租房屋同时委托其他房地产经纪机构出租的，应按照年租金50%的标准支付违约金。

第二十九条 乙方提供虚假信息、隐瞒重要事实或有恶意串通行为的,除退还已收取的佣金外,还应赔偿甲方因此受到的损失。

第三十条 因出现不可预见、不可避免、不可克服的事件,导致本合同无法有效及时履行的,相互不承担违约责任,但是遭遇不可抗力方应立即通过电话、微信等方式通知对方,并在通知后的三个工作日内将不可抗力的书面有效证明及本合同无法有效及时履行的书面理由提交给对方确认。遭受不可抗力的一方凭此证明免除全部或部分违约责任,具体免除范围和方式由双方另行协商。

六、争议解决方式

第三十一条 本合同的约定和履行中产生的争议,双方友好协商解决,若协商不成,任何一方均可向有关机构申请调解,也有权在原告住所地或居住地人民法院起诉解决。双方还可以约定提交仲裁机构裁决。

七、附则

第三十二条 双方在签订本合同时,应当提供经核实的身份证明和相应资质证明文件的复印件作为合同附件。

第三十三条 住所地(居住地)、代表人(联系人)、电话等联络方式如有变更,变更的一方应在变更后24小时内以书面方式通知对方。否则视为本合同载明的联络方式继续有效,微信和短信内容作为双方来往文件。通知、诉讼文书等文件以邮寄方式发送的,将文件按有效联络方式交给经营特快专递的单位邮寄后,邮件被签收或拒收均视为已经送达。

第三十四条 本合同中的标题只为便于双方阅读和理解合同内容,不作为权利义务的约定。

第三十五条 本合同自双方签章之日起生效。一式四份,甲乙双方各持两份,具有同等法律效力。

(以下无正文)

甲　方(签名或盖章):　　　　乙　方(签名或盖章):
代表人(签名):　　　　代表人(签名):
年　月　日　　　　年　月　日

本合同签订地点:____________________

房屋买卖居间合同

合同编号:GDHT097

甲方(委托方):______________________________
统一社会信用代码/身份证号:______________________________
住所地/居住地:______________________________

联系人：______________________ 联系电话：________________________

电子邮箱：______________________ 微信号：________________________

乙方（居间方）：____

统一社会信用代码/身份证号：____________________________________

住所地/居住地：____

联系人：______________________ 联系电话：________________________

电子邮箱：______________________ 微信号：________________________

根据《中华人民共和国合同法》及相关法律法规的规定，甲乙双方经充分协商一致，本着平等、自愿、诚实信用的原则，就甲方委托乙方代理出售房屋之相关事宜达成如下协议，以资共同恪守遵行。

一、委托内容

第一条　甲方委托乙方作为居间人，为其提供房屋买卖居间服务。甲方（是/否）允许乙方将委托事项转委托给第三人处理。

第二条　房产状况

房屋位置：____

产权证号：____________ 建筑面积：________________________________

所有权人：____________ 共有权人：（没有即不填）

配套设施：____

以上内容以《房屋所有权证》登记为准。甲方保证已如实陈述该房产权属状况和相关信息，且上述房产权属清晰。

第三条　委托期限自_____年____月____日至_____年____月____日。超过期限仍需要居间服务的，双方另行签订居间合同或以书面形式将本合同委托期限延长。

第四条　甲方的其他要求：____

二、费用和支付

第五条　甲方暂定以人民币_________元（大写：_______元）出售以上房屋。最终实际出售价不得低于人民币_________元（大写：_______元）。

第六条　甲方以实际成交价的2.5%支付乙方佣金。

第七条　甲方与购房人签订房屋买卖合同视为居间成功。甲方在收到购房款后三日内一次性向乙方支付佣金。

三、双方其他权利义务

第八条　甲方应保证其向乙方提供的资料的完整性、真实性、合法性、有效性，不存在任何虚假、伪造情形。

第九条　甲方应保证在与购房人订立房屋买卖合同时，结清该房屋的物业管理费、水费、电费、煤气费、暖气费、有线收视费或其他任何与本房屋有关之费用。

第十条　乙方应认真完成甲方的委托事项，按照房屋用途和甲方对买受人条件的特别要求寻找买受人，将处理情况及时向甲方如实汇报，并为买受人现场看房及甲方与买受人签订房屋租赁合同提供联络、协助、撮合等服务。

第十一条 乙方不得提供虚假信息、隐瞒重要事实或与他人恶意串通，损害甲方利益。

第十二条 本合同签订后，乙方不得以任何形式向甲方收取任何名目的预收费用。

第十三条 乙方应当协助甲方与买受人办理有关房屋产权过户手续。

四、违约责任

第十四条 甲方因向乙方提供不真实、不合法或无效的相关信息、资料给乙方及他人（包括但不限于购买人）造成损失的，甲方应承担全部的赔偿责任。

第十五条 本协议有效期内，甲方私自与乙方介绍的购买人订立房屋买卖合同的，应向乙方承担违约金并支付相应的佣金。

第十六条 甲方中途反悔拒绝出卖、提高价格及不协助买受人办理过户手续的属违约行为。

第十七条 甲方在委托期限内将该房屋同时委托其他居间人卖出的视为违约。

第十八条 甲方应当向乙方出示其与购房人签订的房屋买卖合同以确定该房屋的实际成交价格。甲方拒绝出示房屋买卖合同的，乙方有权按本次交易的评估价格向甲方收取佣金及违约金。

第十九条 甲方逾期未支付价款，除支付佣金外，每逾期一日，向乙方支付未支付金额<u>1‰</u>的款项作为违约金。

第二十条 特别约定：本协议终止后，乙方未能为甲方成功代理出售该房屋的，乙方须向甲方承担人民币__________元（大写：________元）的违约金。

第二十一条 因出现不可预见、不可避免、不可克服的事件，导致本合同无法有效及时履行时，遭遇不可抗力方应立即通过电话、微信等方式通知对方，并在通知后的3日内将不可抗力的书面有效证明及本合同无法有效及时履行的书面理由提交给对方确认。遭受不可抗力的一方凭此证明免除全部或部分违约责任，具体免除范围和方式由双方另行协商。

五、合同的变更、解除和争议解决方式

第二十二条 经双方协商一致可以变更、解除合同。

第二十三条 任何一方违反本合同任何条款约定的，在对方催告后十五个工作日内没有改正为全面履行的，守约方有权书面通知违约方解除合同，且有权要求违约方赔偿相当于合同总额5%的违约金及所遭受的损失（包括但不限于直接损失、可得利益、律师费用等全部损失）。

第二十四条 一方只主张违约责任，没有主张解除合同的，合同应当继续履行。一方收到解除合同的通知后，对解除有异议的，应当在十五个工作日内向法定机关提出，否则，视为对解除无异议。

第二十五条 本合同的约定和履行中产生的争议，双方友好协商解决，若协商不成，任何一方均可向有关机构申请调解，也有权在原告住所地或居住地人民法院起诉解决。双方还可以约定提交仲裁机构裁决。

六、附则

第二十六条 双方在签订本合同时，应当提供经核实的身份证明和相应资质证明文件的复印件作为合同附件。

第二十七条　住所地(居住地)、代表人(联系人)、电话等联络方式如有变更,变更的一方应在变更后24小时内以书面方式通知对方。否则视为本合同载明的联络方式继续有效,微信和短信内容作为双方来往文件。通知、诉讼文书等文件以邮寄方式发送的,将文件按有效联络方式交给经营特快专递的单位邮寄后,邮件被签收或拒收均视为已经送达。

第二十八条　本合同中的标题只为便于双方阅读和理解合同内容,不作为权利义务的约定。

第二十九条　本合同自双方签章之日起生效。一式四份,甲乙双方各持两份,具有同等法律效力。

(以下无正文)

甲　方(签名捺印)/(盖章):　　　　　　乙　方(签名捺印)/(盖章):
代表人(签名):　　　　　　　　　　　　代表人(签名):
年　月　日　　　　　　　　　　　　　　年　月　日

本合同签订地点:____________________

鱼塘租赁合同

合同编号:GDHT098

甲方(出租人):______________________________

住所地/地址:______________________________

联系人:______________　电话:______________

电子邮箱:______________　微信号:______________

乙方(承租人):______________________________

住所地/地址:______________________________

联系人:______________　电话:______________

电子邮箱:______________　微信号:______________

根据《中华人民共和国合同法》及相关法律法规的规定,甲乙双方就签订鱼塘租赁合同相关事项,在遵循平等、自愿和诚实信用原则的基础上,经双方充分协商一致,共同订立本合同,以资共同遵守履行。

一、租赁内容

第一条　乙方向甲方承租鱼塘用于生产经营。

第二条　标的物基本情况

鱼塘位置:____________________面积:____________亩/平方米

四周______(有/无)围墙,是否有房屋、亭子或其他附属设施:____________________

第三条　租赁期限

自本合同签订之日起，甲方将合同标的物交与乙方租赁使用，租期______年，______年____月____日起至______年____月____日止。

二、费用及支付

第四条 鱼塘租赁费用为每年人民币__________元（大写：________元）。

第五条 乙方应当于每年____月____日支付下一年度的租金。乙方于本合同签订之日起七日内支付第一年度租金。

第六条 本合同订立之日鱼塘内已存的鱼类按双方共同认可的价格计算，由乙方支付第一年度租金时向甲方付款；合同终止或解除时鱼塘内的存鱼由甲方按照双方认可的价格向乙方付款。

三、双方的其他权利义务

第七条 甲方承担合同期间发生的租赁前或租赁经营行为以外的税费和其他行政或民事责任。

第八条 乙方承担合同期间为租赁经营所发生的水、电、税费和其他行政或民事责任。

第九条 甲方负责解决第三人为租赁标的物权属或合同效力与乙方发生的纠纷，并承担乙方因此所产生的损失。

第十条 第三人为不属于租赁标的物权属或合同效力原因的其他租赁经营行为与乙方发生纠纷，所产生的处理费用或损失由乙方承担并负责解决。

第十一条 甲方不得干涉乙方正常的经营活动。

第十二条 甲方负责为租赁标的物权属或合同效力所产生的相邻纠纷与相关部门交涉并承担费用。

第十三条 甲方负责并承担租赁标的物中固定资产的修缮费用。

第十四条 乙方对租赁标的物有管理权和使用权，但不得自行处分。

第十五条 乙方的租赁经营活动不得违反法律和行政法规的禁止性规定。

第十六条 乙方自行处理并承担为正常经营所产生的相邻关系和与相关部门交涉的费用。

第十七条 乙方将全部合同义务转与第三人前需经甲方同意。

第十八条 乙方对租赁标的物的任何添加改造均需事先以书面形式列清项目费用或价值并征得甲方的同意，合同终止或解除时由甲方按照月均2%的折旧率向乙方付款，否则由乙方自行处置。

四、违约责任

第十九条 乙方未在合同约定时间内付款的，每逾期一日，乙方承担未付款额 1‰的违约金。

第二十条 一方接受对方的逾期和/或不完全履行的，不等于对对方违约行为的认可，其仍有权追究对方的违约责任，还有权解除合同。

五、合同的变更、解除和争议解决办法

第二十一条 双方经协商一致，可以变更、解除合同。

第二十二条 任何一方要变更合同主要条款，应提前十五个工作日通知对方，进行协商并将变更内容用附件或补充协议的形式进行约定。未能提前通知对方而造成的损失,由提出方承担责任。

第二十三条　任何一方违反本合同任何条款约定的,在对方催告后十五个工作日内没有改正为全面履行的,守约方有权书面通知违约方解除合同,且有权要求违约方赔偿相当于合同总额5%的违约金及所遭受的损失(包括但不限于直接损失、可得利益、律师费用等全部损失)。

第二十四条　一方只主张违约责任,没有主张解除合同的,合同应当继续履行。一方收到解除合同的通知后,对解除有异议的,应当在十五个工作日内向法定机关提出,否则,视为对解除无异议。合同解除的,不影响本合同约定的违约责任的承担。

第二十五条　本合同的约定和履行中产生的争议,双方友好协商解决,若协商不成,任何一方均可向有关机构申请调解,也有权在原告住所地或居住地人民法院起诉解决。双方还可以约定提交仲裁机构裁决。

六、附则

第二十六条　双方在签订本合同时,应当提供经核实的身份证明和相应资质证明文件的复印件作为合同附件。

第二十七条　住所地(居住地)、代表人(联系人)、电话等联络方式如有变更,变更的一方应在变更后24小时内以书面方式通知对方。否则视为本合同载明的联络方式继续有效,微信和短信内容也作为双方来往文件。通知、诉讼文书等文件以邮寄方式发送的,将文件按有效联络方式交给经营特快专递的单位邮寄后,邮件被签收或拒收均视为已经送达。

第二十八条　本合同中的标题只为便于双方阅读和理解合同内容,不作为权利义务的约定。

第二十九条　本合同自双方签章之日起生效。本合同一式四份,甲乙双方各持两份,具有同等法律效力。

(以下无正文)

甲　方(签名捺印)/(盖章):	乙　方(签名捺印)/(盖章):
代表人(签名):	代表人(签名):
年　月　日	年　月　日

本合同签订地点:________________

集体水库租赁合同

合同编号:GDHT099

甲方(出租人):____

住所地/地址:____

联系人:________________________　电话:________________________

电子邮箱:______________________　微信号:______________________

乙方(承租人):____

住所地/地址:____

联系人:________________________　电话:________________________

电子邮箱:______________________　微信号:______________________

根据《中华人民共和国合同法》及相关法律法规的规定,甲乙双方就集体水库租赁相关事项,在遵循平等、自愿和诚实信用原则的基础上,经双方充分协商一致,共同订立本合同,以资共同遵守履行。

一、租赁内容

第一条　为了充分利用水库资源,加强水库水利管理,提高经济效益,乙方承租甲方所属的水库用于生产经营。

第二条　水库状况

水库坐落在____

水库面积为:______________________________亩

附属设施:____

四至边界:

东起:____

西至:____

北至:____

南至:____

第三条　租赁期限

租赁期限为________年,_____年_______月_____日起至_____年____月____日止。

二、费用及支付

第四条　水库租赁费用为每年人民币________元(大写:_______元)。

第五条　乙方应当于每年____月____日支付下一年度的租金。乙方于本合同签订之日起7日内支付第一年度租金。

三、双方的其他权利义务

第六条　甲方应妥善处理与原承租人的合同关系,费用由甲方自理,并在本协议签订后十五个工作日内将协议标的移交给乙方。

第七条　甲方有权放水灌溉水库受益范围内的农田,放水时应征得乙方同意,且甲方必须保证乙方保鱼水位不低于____米。

第八条　甲方应协助乙方办理发展综合养殖、交通等所需的征地、用地手续,协调处理应由甲方处理的各类事项。

第九条　乙方在协议标的范围内自主经营、自负盈亏,甲方不得干涉乙方的正常的经营活动,并应协调解决乙方与周边群众的纠纷。

第十条　乙方在租赁经营期间负责水库的日常维修,费用自理,经营期满后无偿移交给甲方。

第十一条　乙方不得破坏水库内设施,不得污染水库水资源。

第十二条　乙方的经营权在租赁期间可以转让,但需征得甲方同意。

第十三条　乙方的经营活动不得危及工程的安全,应遵循上级的防汛与抗旱调度指令。

第十四条　合同期满后,乙方在经营期间形成的固定资产由乙方自行处理,甲方如再行发包,在同等条件下,乙方有优先承包权。

第十五条　乙方对该承包水库有自主经营权,但不得改变该承包水库的用途。

第十六条　在承包经营期间,如遇到承包范围内水库被国家征用,乙方必须服从。

第十七条　承包期满后,乙方自行投资建造的地面附着物由乙方自行处理。

第十八条　甲方及甲方村民小组应维护乙方合法经营和合法利益,支持协助乙方各项工作。

第十九条　甲方应对村民进行保护渔业生产的教育。如发生偷、毒、炸鱼等情况,甲方应当积极协助乙方处理。

第二十条　养殖与农业用水发生矛盾时,优先保证农业用水,乙方不得无理阻拦,但甲方应当尽量保证乙方养殖所需最低用水。如特殊情况下抽水影响乙方一年内养殖生产,由甲方延长乙方承包期一年或减免乙方当年承包费。

第二十一条　如遇特大自然灾害造成责任田及其他损失,乙方概不负责。

四、违约责任

第二十二条　由于乙方违反合同约定,从事危及水库安全或非法经营活动的,甲方有权解除合同,租赁费用不予退回,因此造成甲方损失,甲方有权要求乙方赔偿违约损失。

第二十三条　任何一方逾期履行合同义务即构成违约,违约方仍应当继续履行其合同义务,一方接受对方的逾期和/或不完全履行的,不等于对对方违约行为的认可,接收方仍有权追究对方的违约责任。

第二十四条　甲乙双方必须严格遵守、执行合同条款,租赁事宜不因双方法人代表的变动等情形而改变。如一方违约,由违约方赔偿对方的经济损失,以及为实现权利所支出的一切费用。

五、合同的变更、解除和终止

第二十五条　双方经协商一致,可以变更、解除合同。

第二十六条　任何一方违反本合同任何条款约定的,在对方催告后十五个工作日内没有改正为全面履行的,守约方有权书面通知违约方解除合同,且有权要求违约方赔偿相当于合同总额5%的违约金及所遭受的损失(包括但不限于直接损失、可得利益、律师费用等全部损失)。

第二十七条　一方只主张违约责任,没有主张解除合同的,合同应当继续履行。一方收到解除合同的通知后,对解除有异议的,应当在十五个工作日内向法定机关提出,否则,视为对解除无异议。合同解除的,不影响本合同约定的违约责任的承担。

六、争议解决办法

第二十八条 本合同的约定和履行中产生的争议,双方友好协商解决,若协商不成,任何一方均可向有关机构申请调解,也有权在原告住所地或居住地人民法院起诉解决。双方还可以约定提交仲裁机构裁决。

七、附则

第二十九条 双方在签订本合同时,应当提供经核实的身份证明和相应资质证明文件的复印件作为合同附件。

第三十条 住所地(居住地)、代表人(联系人)、电话等联络方式如有变更,变更的一方应在变更后24小时内以书面方式通知对方。否则视为本合同载明的联络方式继续有效,微信和短信内容也作为双方来往文件。通知、诉讼文书等文件以邮寄方式发送的,将文件按有效联络方式交给经营特快专递的单位邮寄后,邮件被签收或拒收均视为已经送达。

第三十一条 本合同中的标题只为便于双方阅读和理解合同内容,不作为权利义务的约定。

第三十二条 本合同自双方签章之日起生效。本合同一式四份,甲乙双方各持两份,具有同等法律效力。

(以下无正文)

甲 方(签名捺印)/(盖章):	乙 方(签名捺印)/(盖章):
代表人(签名):	代表人(签名):
年 月 日	年 月 日

本合同签订地点:____________________

第六章

农村“三变”等涉农综合类合同

【本章导语】

本章为《中华人民共和国合同法》中“有名合同”范围以外的，涉及农村、农民、农业“脱贫攻坚”的格式合同，涉及范围、领域更为广泛，且大都需相关政府部门、村民委员会予以配合，涉及法律、法规、政策内容也更为复杂。特选取15类共计29份示范合同，分别针对其内容及在扶贫攻坚中的功能作用进行了合同条款的设计，特别是在农村“资源变资产、资金变股金、农民变股东”改革中的各方权利义务在合同条款上的体现，以及在充分有效利用闲置公共资源扶贫攻坚中明确各方权利义务在合同上的规划和设计，有效防范涉农合同当事人订立合同时考虑不周到，主要内容不完善等风险。涉农当事人使用本综合类合同示范文本，可以较好避免产生不必要的纷争，风险防患于未然，减少社会矛盾，促进脱贫攻坚事业的健康持续发展。

本章合同与前面的合同示范文本中类似和/或相同内容的，适用其注释。

扶贫基金投资菌草产业链项目合作合同

合同编号:GDHT100

甲方(筹集基金方):______脱贫攻坚投资基金有限公司
信用代码:________________________________
住所地:________________________________
法定代表人:____________　职务:____________　电话:____________
微信号:________________　电子邮箱:________________
乙方(技术投资方):________(集团)发展有限公司
信用代码:________________________________
住所地:________________________________
法定代表人:____________　职务:____________　电话:____________
微信号:________________　电子邮箱:________________
丙方(扶贫主体方):__________乡(镇)人民政府
地址:________________________________
法定代表人:____________　职务:____________　电话:____________
微信号:________________　电子邮箱:________________
丁方(实施主体方):____________农业发展有限公司
信用代码:________________________________
住所地:________________________________
法定代表人:____________　职务:____________　电话:____________
微信号:________________　电子邮箱:________________

甲、乙、丙、丁四方,根据《中华人民共和国合同法》及相关法律法规和相关文件精神,就扶贫基金和技术投资菌草产业链项目事宜,经充分协商一致,自愿达成如下协议,以资各方共同遵守。

一、合作内容

第一条　甲乙双方共同投资设立丁方,按照“龙头企业+合作社+农户(贫困户)”的养牛羊、加工生产木工板和/或纸浆和/或纸产品等产业发展模式,将扶贫基金全部用于菌草全产业链发展,确保建档立卡贫困人口通过产业发展如期实现精准脱贫、持续稳定增收、经济效益和社会效益同步提升的目标。

本合同所称扶贫基金包括但不限于乡(镇)扶贫子基金、乡村振兴基金。

第二条　甲方负责按照建档立卡的贫困人口数量按不低于50万元/人的标准筹集扶贫基金,在丁方登记成立后90日内支付给丁方,乙方自筹资金(包括实物和/或技术折价)在丁方登记成立后90日内投资到丁方,双方投资比例为8∶2。其中,甲方负责筹集的扶贫基金的50%用于投入丁方的资本金,占丁方49%的股权,另50%以借贷方式投资给丁方,年利率不超过

6%,借款期限不少于10年;乙方的投资占丁方51%的股权,乙方以技术折价投资的,技术折价不得超过乙方总投资额的50%,以实物折价投资的,需经过有资质的机构评估。

第三条 丙方负责在本合同生效后30日内对贫困人口建档立卡;积极协助丁方及时进行菌草全产业链打造相关项目的申报、立项、办理相关审批手续和投资形成的产权登记手续;负责监督丁方将扶贫基金全部用于扶贫项目;推动形成一、二、三产业融合发展的格局,为企业争取在完成脱贫攻坚任务的同时尽力获得合理的赢利空间,以保证产业扶贫基金切实达到"农民能脱贫、产业可持续、企业可承受"的目标。

第四条 丁方按法定程序依照县人民政府审批和/或立项备案的项目实施方案和/或经论证的可行性研究报告按程序组织实施修建厂房、购买设备、流转(租赁/征用)农民土地使用权(承包经营权/林权/集体建设土地使用权)、购买牛羊等,严格控制成本(材料+农民工工资+建设费用+租赁/征地费+购买牛羊款),依法需要招投标和/或经竞争性谈判采购的,依照法律规定进行采购。

厂房、设备等固定资产,未经四方一致同意,不得设定抵押等他项权利。

第五条 各方确保通过分红、劳务、租金、保底价回收群众种植的菌草等方式带动建档立卡的贫困人口实现稳定脱贫、持续增收的目标。

二、利益联结和稳定持续脱贫目标的实现

第六条 丁方经营所得年利润的20%在每年元月十五日前优先支付给丙方,丙方根据建档立卡的贫困人口和/或流转土地的多少,通过公平、公开方式分配到村民委员会,村民委员会在丙方组织下通过民主表决程序确定分配方案后分配支付到人。

第七条 丁方用工优先聘用和/或合作建档立卡的具有劳动能力的贫困人口,工资(月薪+计件报酬+劳务报酬)不得低于当地民工平均工资标准。

第八条 丁方经营所得年利润优先支付给丙方20%后,在每年元月十五日前结算,按照51∶49比例分配给乙方和甲方。丁方在没有按期足额支付给甲方利息前,不得分配利润。

第九条 丁方在每年元月十五日前支付给甲方利息。甲方分得丁方的利润和收取丁方支付的利息后,优先用于支付筹集扶贫基金的利息,有剩余的,全部支付给丙方,丙方按照公平、公开程序分配给建档立卡的不具有劳动能力的贫困人口。

三、脱贫产业项目管理

第十条 自本协议生效之日起十五个工作日内,甲乙双方共同登记设立丁方。丁方中,甲方派1人担任监事会主席、1人担任会计,乙方派1人担任执行董事(法定代表人)兼总经理、1人担任监事、1人担任出纳,丙方派1人担任监事。任职人员的薪酬待遇由股东会决定。

第十一条 丁方按照"龙头企业+合作社+农户(贫困户)"的模式,进行菌草种植、菌草加工、优质肉牛养殖、以草代木食用菌种植、青贮饲料加工等项目建设,必要时可以设立控股子公司和/或合作社经营。

第十二条 丁方登记成立后两个月内,由执行董事拟订《财务制度》《人事劳资制度》《印章管理制度》《五年经营规划》《年度经营计划》《项目建设计划》提交股东会依法表决通过后执行。

第十三条 本合同没有约定的,丁方的决策和经营管理按照《中华人民共和国公司法》

的规定执行。

四、合作期限

第十四条　合作期限为十年，丁方登记成立之日起至满十年之日止。

第十五条　合作期满后，不存在扶贫基金被挪作他用和/或丁方严重亏损导致破产的情形的，甲方投入的资金没有回收前，合作自动续期，甲方借贷给丁方的资金自动延期。

五、扶贫基金的回收

第十六条　甲方投入的资本金通过股权转让和/或丁方上市和/或丁方破产重整及清算方式回收。

第十七条　甲方投入丁方的借款通过债权转让和/或到期返还和/或丁方破产重整及清算方式回收。

第十八条　甲方用投入的资本金和/或借款债权通过向乙方等购买用于扶贫的服务和/或一方严重违约导致本合同被解除后清算方式回收。

第十九条　甲方收回的扶贫基金原则上只能继续用于当地扶贫和/或乡村振兴项目，不得挪作他用。

六、各方其他权利义务

第二十条　甲丙两方通过丁方的监事会依法在事前、事中、事后跟踪监督丁方资金的使用、投向及效益。发现丁方违背相关政策、法律及本合同约定的，依法提议召开股东会审议和/或表决决定，和/或依法向有关部门报告，请求追究相关责任人员的法律责任。

第二十一条　乙方负责菌草的各项技术服务、农户培训、建设专业化的实施团队，确保菌草产业的良性运转；协助丁方的运营管理、产品设计、市场营销、网络推广。

第二十二条　丙方负责菌草扶贫产业项目实施的宣传、发动、推广、落实扶贫政策、协调金融机构支持、提供相关政府服务；若丁方需扩大产业规模，增加扶贫产业新项目，丙方负责对接县扶贫、发改、规划、环保、农牧等部门争取项目和政策支持；丙方负责积极配合丁方开展菌草种植和管护工作，负责项目实施地治安管理、协调地方矛盾和协助丁方流转土地、组织劳动力在丁方的指导下进行土地翻犁、菌草种植和收割。

第二十三条　丁方支付货物和/或服务价款，应当依法取得正式发票，由于地处乡村难以取得正式发票的，应当经丙方代表人和/或监事会主席签证。

七、违约责任

第二十四条　任何一方延期支付任何款项，每迟延一日，按照迟延付款金额的1‰计算损失偿付给应收款方，直至款项付清之日止。

第二十五条　一方接受对方逾期履行的，不视为对其违约行为的认可，仍然有权追究其违约责任，还有权依法解除合同。

第二十六条　在对方未履行义务前，一方按照合同约定履行自己的义务的，不等于认可对方已经履行了先前的义务或同意对方可以不再履行其义务。

第二十七条　因出现不可预见、不可避免、不可克服的事件，导致本合同无法有效及时履行的，相互不承担违约责任。但是，遭遇不可抗力方应当立即通过电话、微信等方式通知对方，并在通知后的三日内将不可抗力的书面有效证明及本合同无法有效及时履行的书面理由提交给对方确认。否则应当承担相应的违约责任。

八、合同的变更、解除

第二十八条 经各方协商一致可以变更、解除合同。

第二十九条 任何一方违反本合同任何条款约定的，在对方催告后十五个工作日内没有改正为全面履行的，守约方有权书面通知违约方解除合同，且有权要求违约方赔偿相当于合同总额5%的违约金及所遭受的损失（包括但不限于直接损失、可得利益、律师费用等全部损失）。

第三十条 一方只主张违约责任，没有主张解除合同的，合同应当继续履行。一方收到解除合同的通知后，对解除有异议的，应当在十五个工作日内向法定机关提出，否则，视为对解除无异议。

九、争议解决方式

第三十一条 本合同的约定和履行中产生的争议，各方友好协商解决，若协商不成，任何一方均可向有关机构申请调解，也有权在原告住所地人民法院起诉解决。各方还可以约定提交仲裁机构裁决。

十、附则

第三十二条 各方在本合同签订时，应提供经核实的身份证明和/或相应资质文件的复印件作为合同附件。

第三十三条 任何一方或其雇员、承包商、顾问或代理人获得的所有信息和资料（无论是财务、技术或其他方面及本合同内容），未经提供方事先书面同意，在项目合作期间内不得向第三方透露或公开，但是法律要求的除外。提供方在提供信息和资料时没有书面告知为秘密的，接收方没有保密义务。

第三十四条 变更住所地（住址）、代表人（联系人）、电话等联络方式的，变更方应当在变更后24小时内书面通知其他方，否则视为本合同载明的联络方式继续有效，微信和短信内容可作为各方来往文件。通知、诉讼文书等文件以邮寄方式发送的，将文件按有效联络方式交给经营特快专递的单位邮寄后，邮件被签收或拒收均视为已经送达。

第三十五条 本合同的标题仅为便于阅读和对合同内容的理解的作用，不作为确定各方权利义务的条款。

第三十六条 本合同自各方代表人签名并盖公章之日起生效。一式八份，各方各持两份，具有同等法律效力。各方以前的约定与本合同不一致的，按照本合同的约定履行。

（以下无正文）

甲　方（盖章）：________________镇脱贫攻坚投资基金有限公司

代表人（签名）：

乙　方（盖章）：________________（集团）发展有限公司

代表人（签名）：

丙　方（盖章）：________________乡人民政府

代表人（签名）：

丁　方(盖章):________________农业发展有限公司
代表人(签名):
签约时间:　　年　月　日
签约地点:________________

种植菌草代养肉牛山羊合同(仔牛羊计价合同)

合同编号:GDHT101

甲方(委托方):________________
统一社会信用代码/身份证号:________________
住所地/居住地:________________
联系人:________________　电话:________________
微信号:________________　电子邮箱:________________
乙方(代养方):________________
统一社会信用代码/身份证号:________________
住所地/居住地:________________
联系人:________________　电话:________________
微信号:________________　电子邮箱:________________

甲乙双方为了促进种植业、养殖业发展,增加农户收入水平。根据《中华人民共和国合同法》《中华人民共和国种子法》及相关法律法规的规定,在平等互利的基础上,就种植菌草、代养肉牛山羊事宜,经充分友好协商一致,自愿达成如下协议,以资遵守执行。

一、菌草种植、代养肉牛山羊概况

第一条　菌草、肉牛、山羊的名称、数量

(一)菌草种类及名称:________________,种植____亩,每亩种植____株;

(二)代养(种类)____(名称)______肉牛____头;

(三)代养(种类)____(名称)______山羊____头。

第二条　菌草苗、仔牛、仔羊、饲料、疫苗、化肥、农药种类等的供应和价款

(一)甲方向乙方提供菌草苗____株,单价人民币________元(大写:______元),合计人民币________元(大写:________元);

(二)甲方向乙方提供仔牛____只,单价人民币________元(大写:______元),合计人民币________元(大写:______元);

(三)甲方向乙方提供仔羊____只,单价人民币________元(大写:______元),合计人民币________元(大写:______元);

(四)甲方向乙方提供化肥、农药名称、数量及价格:________________

(五)甲方向乙方提供饲料、药物、疫苗名称、数量及价格:________________

以上价款合计为人民币________元(大写:______元)。

二、费用承担和成品回收

第三条 前条约定的费用由乙方承担,甲方先行垫支,甲方在回收乙方成品时从应支付给乙方的收购款中扣回。

第四条 甲方回收乙方成品的每公斤单价为:

(一)菌草:人民币________元(大写:______元);

(二)肉牛:人民币________元(大写:______元);

(三)山羊:人民币________元(大写:______元);

甲方回收乙方成品时市场价上涨时按照市场价结算,下跌时按照前款约定单价结算,甲方必须回收。

第五条 甲方在回收乙方成品后七个工作日内结算,并在扣除为乙方垫支的款项后,以银行转账、支付宝支付、微信转账、现金支付方式支付给乙方。

三、交货时间、地点、运输和包装

第六条 甲方提供菌草苗、仔牛、仔羊的时间、地点、运输和装卸。

(一)交货时间:____

(二)交货地点:____

(三)运输、装卸及费用:____________________________________

(四)包装要求与费用承担:__________________________________

第七条 甲方回收成品的时间、地点、运输和装卸。

(一)交货时间:____

(二)交货地点:____

(三)运输、装卸及费用:____________________________________

(四)包装要求与费用承担:__________________________________

甲方回收成品的时间不得迟于种植开始后的____天,代养开始后的____天。

四、双方的其他权利义务

第八条 甲方向乙方提供物资应当符合国家和行业标准。法律法规规章规定需要检验、检疫的,提供经检验、检疫合格的证明文件,并依法为仔牛、仔羊配上耳标。

甲方向乙方免费提供养殖技术,并指导和规范乙方的各项种养殖管理工作。

第九条 乙方准备符合甲方要求的场地、设施和劳动力,负责种植、饲养的日常管理及所有工序,根据实际情况认真做好种植、饲养日记表,无条件接受甲方的指导和检查。

第十条 乙方在种养殖过程中不得使用其他化肥、农药、饲料、疫苗。

第十一条 乙方对甲方提供的物资的规格和质量有异议的,可在甲方交付物资时书面提出,双方对规格和质量存在争议的,提交具有资质的相关机构裁决。

第十二条 乙方发现病情及时通报甲方,甲方在检查中发现病情应及时通报乙方,并提出处理措施。

第十三条 乙方未经甲方允许不得私自出售成品。

第十四条 甲方准备过磅等称量工具,乙方对称量工具有异议的,可以向具有资质的相关机构申请鉴定。

五、违约责任

第十五条　甲方提供物资不符合标准的，无条件退换，并承担因此增加的费用。若因此造成乙方损失的，甲方还应赔偿乙方相应的损失。

第十六条　任何一方逾期交货的，逾期每日按照逾期交货价款额的 1‰偿付对方迟延履行金。

第十七条　甲方逾期付款的，逾期每日按照逾期付款额的 1‰偿付乙方迟延履行金。

第十八条　一方接受对方逾期履行的，不视为对其违约行为的认可，仍然有权追究其违约责任，还有权解除合同。

第十九条　在对方未履行义务前，一方按照合同约定履行自己的义务的，不等于认可对方已经履行了先前的义务或同意对方可以不再履行其义务。

第二十条　因出现不可预见、不可避免、不可克服的不可抗力事件，导致本合同无法有效及时履行的，双方互不承担违约责任。但是遭遇不可抗力方应立即通过电话、微信等方式通知对方，并在通知后的三个工作日内将不可抗力的书面有效证明及本合同无法有效及时履行的书面理由提交给对方确认，否则遭受不可抗力方须承担相应的违约责任。

第二十一条　乙方在饲养过程中遭遇不可抗力导致饲养的牛和/或羊灭失的，乙方按照甲方垫支额的 1/3 支付给甲方。

第二十二条　本合同中约定的损失包括但不限于直接损失、可得利益、律师费用。

六、合同的变更、解除

第二十三条　双方经协商一致，可以变更、解除本合同。

第二十四条　任何一方违反本合同任何条款约定的，在对方催告后十五个工作日内没有改正为全面履行的，守约方有权书面通知违约方解除合同，双方相互返还因本合同取得的对方的财物，并赔偿其违约行为给对方造成损失。

第二十五条　一方只主张违约责任，没有主张解除合同的，合同应当继续履行。一方收到解除合同的通知后，对解除有异议的，应当在十五个工作日内向相对方提出，否则，视为对解除无异议。

七、争议解决方式

第二十六条　本合同在履行中产生争议，双方友好协商解决，若协商不成，任何一方均可向有关部门申请调解，也有权在原告住所地或居住地人民法院起诉解决。双方还可以约定提交仲裁机构裁决。

八、附则

第二十七条　双方在本合同签订时，应提供经核实的身份证明和相应的资质证明文件的复印件作为合同附件。

第二十八条　变更住所地（居住地）、代表人（联系人）、电话等联络方式的，变更方应在变更后 24 小时内以书面方式通知对方。否则视为本合同载明的联络方式继续有效，微信和短信内容也作为双方来往文件。通知、诉讼文书等文件以邮寄方式发送的，将文件按有效联络方式交给经营特快专递的单位邮寄后，邮件被签收或拒收均视为已经送达。

第二十九条 本合同的标题仅为便于阅读和对合同内容的理解,不作为确定双方权利义务的条款。

第三十条 本合同自双方签章之日起生效。一式四份,甲乙双方各持两份,具有同等法律效力。

(以下无正文)

甲 方(签名捺印)/(盖章): 乙 方(签名捺印)/(盖章):

代表人(签名): 代表人(签名):

年 月 日 年 月 日

本合同签订地点:____________________

种植菌草代养肉牛山羊合同(仔牛羊不计价合同)

合同编号:GDHT102

甲方(甲方):____________________

统一社会信用代码/身份证号:____________________

住所地/居住地:____________________

联系人:____________________ 电话:____________________

微信号:____________________ 电子邮箱:____________________

乙方(代养方):____________________

统一社会信用代码/身份证号:____________________

住所地/居住地:____________________

联系人:____________________ 电话:____________________

微信号:____________________ 电子邮箱:____________________

甲乙双方为了促进种植业、养殖业发展,增加农户收入水平。根据《中华人民共和国合同法》《中华人民共和国种子法》及相关法律法规的规定,在平等互利的基础上,就种植菌草、代养肉牛山羊事宜,经充分友好协商一致,自愿达成如下协议,以资遵守执行。

一、菌草种植、代养肉牛山羊概况

第一条 菌草、肉牛、山羊的、名称、数量

(一)菌草种类及名称:________________,种植____亩,每亩种植____株;

(二)代养(种类)____(名称)______肉牛____头;

(三)代养(种类)____(名称)______山羊____头。

第二条 菌草苗、饲料、疫苗、化肥、农药种类等供应和价款

(一)甲方向乙方提供菌草苗____株,单价人民币________元(大写:______元),合计人民币________元(大写:________元);

(二)甲方向乙方提供化肥、农药的名称、数量及价格:____________________

(三)甲方向乙方提供饲料、药物、疫苗的名称、数量及价格:________________

以上价款合计为人民币________元(大写:______元)。

二、费用承担和成品回收

第三条 前条约定的费用由乙方承担,甲方先行垫支,甲方回收在回收乙方成品时从应支付给乙方的收购款中扣回。

第四条 甲方回收乙方成品的每公斤单价为:

(一)菌草:人民币________元(大写:______元);

(二)肉牛:人民币________元(大写:______元);

(三)山羊:人民币________元(大写:______元)。

其中,肉牛和/或山羊以乙方饲养后超过甲方交付给乙方仔牛和/或仔羊的重量部分按照前款约定单价计算乙方的应得回收款。

甲方回收乙方成品时市场价上涨时按照市场价结算,下跌时按照前款约定单价结算,甲方必须回收。

第五条 甲方在回收乙方成品后七个工作日内结算,并在扣除给乙方的垫支款项后,以银行转账、支付宝支付、微信转账、现金支付方式支付给乙方。

三、交货时间、地点、运输和包装

第六条 甲方提供菌草苗、仔牛、仔羊的时间、地点、运输和装卸。

(一)交货时间:________________________________

(二)交货地点:________________________________

(三)运输和装卸和费用:____________________________

(四)包装要求与费用承担:__________________________

第七条 甲方回收成品的时间、地点、运输和装卸。

(一)交货时间:________________________________

(二)交货地点:________________________________

(三)运输和装卸和费用:____________________________

(四)包装要求与费用承担:__________________________

甲方回收成品的时间不得迟于种植开始后的____天,代养开始后的____天。

四、双方的其他权利义务

第八条 甲方向乙方提供物资应当符合国家和行业标准。法律法规规章规定需要检验、检疫的,提供经检验、检疫合格的证明文件,并依法为仔牛、仔羊配上耳标。

第九条 甲方向乙方免费提供养殖技术,并指导和规范乙方的各项种养殖管理工作。

第十条 乙方准备符合甲方要求的场地、设施和劳动力,负责种植、饲养的日常管理及所有工序,根据实际情况认真做好种植、饲养日记表,无条件接受甲方的指导和检查。

第十一条 乙方在种养殖过程中不得使用其他化肥、农药、饲料、疫苗。

第十二条 乙方对甲方提供的物资的规格和质量有异议的,可在甲方交付物资时书面提出,双方对规格和质量存在争议的,提交具有资质的相关机构裁决。

第十三条 乙方发现病情及时通报甲方，甲方在检查中发现病情及时通报乙方，并提出处理措施。

第十四条 乙方未经甲方允许不得私自出售成品。

第十五条 甲方准备过磅等称量工具，乙方对称量工具有异议的，可以向具有资质的相关机构申请鉴定。

五、违约责任

第十六条 甲方提供物资不符合标准的，无条件退换，并承担因此增加的费用。若因此造成乙方损失的，甲方还应赔偿乙方相应的损失。

第十七条 任何一方逾期交货的，逾期每日按照逾期交货价款额的 1‰偿付对方迟延履行金。

第十八条 甲方逾期付款的，逾期每日按照逾期付款额的 1‰偿付乙方迟延履行金。

第十九条 一方接受对方逾期履行的，不视为对其违约行为的认可，仍然有权追究其违约责任，还有权解除合同。

第二十条 在对方未履行义务前，一方按照合同约定履行自己的义务的，不等于认可对方已经履行了先前的义务或同意对方可以不再履行其义务。

第二十一条 因出现不可预见、不可避免、不可克服的不可抗力事件，导致本合同无法有效及时履行的，双方互不承担违约责任。但是遭遇不可抗力方应立即通过电话、微信等方式通知对方，并在通知后的三个工作日内将不可抗力的书面有效证明及本合同无法有效及时履行的书面理由提交给对方确认，否则遭受不可抗力方须承担相应的违约责任。

第二十二条 乙方在饲养过程中遭遇不可抗力原因导致饲养的牛和/或羊灭失的，乙方不承担责任。

第二十三条 本合同中约定的损失包括但不限于直接损失、可得利益、律师费用。

六、合同的变更、解除

第二十四条 双方经协商一致，可以变更、解除本合同。

第二十五条 任何一方违反本合同任何条款约定的，在对方催告后十五个工作日内没有改正为全面履行的，守约方有权书面通知违约方解除合同，双方相互返还因本合同取得的对方的财物，并赔偿其违约行为给对方造成损失。

第二十六条 一方只主张违约责任，没有主张解除合同的，合同应当继续履行。一方收到解除合同的通知后，对解除有异议的，应当在十五个工作日内向相对方提出，否则，视为对解除无异议。

七、争议解决方式

第二十七条 本合同在履行中产生争议，双方友好协商解决，若协商不成，任何一方均可向有关部门申请调解，也有权在原告住所地或居住地人民法院起诉解决。双方还可以约定提交仲裁机构裁决。

八、附则

第二十八条 双方在本合同签订时，应提供经核实的身份证明和相应的资质证明文件的复印件作为合同附件。

第二十九条　变更住所地(居住地)、代表人(联系人)、电话等联络方式的,变更方应在变更后 24 小时内以书面方式通知对方。否则视为本合同载明的联络方式继续有效,微信和短信内容也作为双方来往文件。通知、诉讼文书等文件以邮寄方式发送的,将文件按有效联络方式交给经营特快专递的单位邮寄后,邮件被签收或拒收均视为已经送达。

第三十条　本合同的标题仅为便于阅读和对合同内容的理解,不作为确定双方权利义务的条款。

第三十一条　本合同自双方签章之日起生效。一式四份,甲乙双方各持两份,具有同等法律效力。

(以下无正文)

甲　方(签名捺印)/(盖章):　　　　　　乙　方(签名捺印)/(盖章):
代表人(签名):　　　　　　　　　　　　代表人(签名):
　　　　年　月　日　　　　　　　　　　　　　　年　月　日

本合同签订地点:____________________

农村“三变”合作经营合同

合同编号:GDHT103

甲方:________________________________
信用代码/身份证号:________________________
地址:________________________________
法定代表人:______________　职务:______________
联系人:______________　电话:______________
电子邮箱:______________　微信号:______________
乙方:________________________________
信用代码/身份证号:________________________
地址:________________________________
法定代表人:______________　职务:______________
联系人:______________　电话:______________
电子邮箱:______________　微信号:______________
丙方:________________________________
信用代码/身份证号:________________________
地址:________________________________
法定代表人:______________　职务:______________
联系人:______________　电话:______________

电子邮箱：＿＿＿＿＿＿＿＿＿＿＿＿＿ 微信号：＿＿＿＿＿＿＿＿＿＿＿＿＿＿＿

依照《中共中央、国务院关于落实发展新理念加快农业现代化实现全面小康目标的若干意见》（中发〔2016〕1 号）文件精神，根据《中华人民共和国合同法》等相关法律、法规、政策规定，本着优势互补、共谋发展、互惠互利、实现双赢的原则，经甲乙丙三方充分协商一致，自愿达成以下协议，以供共同遵守。

一、合作项目

第一条 各方自愿合作经营＿＿＿＿＿＿＿＿＿＿＿＿项目，总投资人民币＿＿＿＿＿元（大写：＿＿＿＿＿＿＿＿元）。

第二条 各方合作经营的项目内容具体为：＿＿＿＿＿＿＿＿＿＿＿＿＿＿＿＿＿＿＿＿

＿＿

二、共同投资人的投资额和投资方式

第三条 甲方以＿＿＿＿＿方式出资人民币＿＿＿＿＿＿（大写：＿＿＿＿＿＿＿元）；

乙方以＿＿＿＿＿＿＿方式出资人民币＿＿＿＿＿＿＿（大写：＿＿＿＿＿＿＿＿元）；

丙方以＿＿＿＿＿＿＿方式出资人民币＿＿＿＿＿＿＿（大写：＿＿＿＿＿＿＿＿元）。

第四条 出资方式包括集体土地、森林、草地、荒山、滩涂、水域等自然资源性资产和房屋、建设用地（物）、基础设施等可经营性资产的使用权；生产发展类资金、农村设施建设类资金、生态修复和治理类资金、财政扶贫发展类资金、支持村集体发展类资金；农民自有耕地、林地的承包经营权、宅基地使用权，以及资金（物）、技术、劳动力等。以非金钱方式出资的，出资物（权利）应由各方提交相关机构进行价值评估，或参考有关法律法规、政策指导价格由各方协商一致后确定出资额（价值评估工作应在正式签订合同之前完成）。

第五条 出资方式采用一次性支付，或采用如下出资方式：

（一）＿＿＿年＿＿月＿＿日前，甲方以＿＿＿＿方式共出资人民币＿＿＿＿＿＿＿元。

（二）＿＿＿年＿＿月＿＿日前，乙方以＿＿＿＿方式共出资人民币＿＿＿＿＿＿＿元。

（三）＿＿＿年＿＿月＿＿日前，丙方以＿＿＿方式共出资人民币＿＿＿＿＿＿＿元。

（四）＿＿＿年＿＿月＿＿日前，所有投资人应出资完毕。

其他：＿＿＿＿＿＿＿＿＿＿＿＿＿＿＿＿＿＿＿＿＿＿＿＿＿＿＿＿＿＿＿＿＿＿＿＿

三、利润分享和亏损分担

第六条 各方按其出资额占项目总额的比例分享共同投资的利润、分担共同投资的亏损，并以其出资额为限对共同投资项目承担债务、责任。任何一方对外偿还债务后，各合作方应当按比例在＿＿＿日内向垫付方清偿己方应当负担的部分；未按期限清偿垫付方垫付的债务的，每逾期一日按照应付未付金额的同期银行贷款利率计算利息，向垫付方承担违约责任。

第七条 各方出资及其孳息为合作经营项目财产，由各方按其出资比例共有。

第八条 合作经营项目年利润的 10% 进行固定投资，项目盈利分红每＿＿个月结算一次。

第九条 项目合作终止后,所有项目资产按照投资方各自投资比例进行分配。或约定为:____

____

四、事务执行

第十条 各方就项目具体事务执行约定如下:

(一)由________负责项目人员的招聘、安排、管理。

(二)由________办理项目的行政审批手续及日常事务的管理。

(三)由________负责项目日常资金的流转、支付等。

(四)由________负责技术和市场开发及售后跟进。

第十一条 ______有权检查日常事务的执行情况,______有义务向________报告共同投资的经营状况和财务状况。

第十二条 ______执行共同投资事务所产生的收益属于本项目的资产,所产生的亏损或者民事责任,由本项目的全部资产进行承担。

第十三条 任何一方在执行合作项目事务时,如因其过失或违反法律法规相关规定或本合同约定而造成合同各方或项目损失的,应先以其投入项目以外的资产对合同各方承担赔偿责任;相关行为涉嫌违法犯罪的,其余合作方应提请有权机关介入处理。

第十四条 共同投资的下列事务必须经合同各方一致同意:

(一)转让共同投资中自己的投资份额。

(二)以本项目的资金对外提供担保。

(三)更换项目具体事务执行人。

(四)新投资人的加入。

其他:____

五、投资的转让

第十五条 项目合作经营____月内,各方不得擅自转让其持有的份额。

第十六条 任何一方向第三人转让其在共同投资中的全部或部分出资时,须经全体投资人一致同意。未经同意进行转让的,转让无效;任何一方依法转让其出资的,在同等条件下,合作各方有优先受让的权利。

其他约定:____

六、各方其他义务和违约责任

第十七条 各方应履行本合同中约定的义务,按时、足额投入资金、资产。合同生效后,任何一方在____月内未履行上述义务的,应当承担违约责任并赔偿因此给相关方造成的实际损失。

第十八条 合同各方保证对在讨论、签订、执行本合同过程中所获悉的属于其他方的且无法自公开渠道获得的文件及资料(包括但不限于商业秘密、公司计划、运营活动、财务信息、技术信息、经营信息及其他商业秘密等)予以保密。未经该资料和文件的原提供方同意,其他方不得向任何第三方泄露该商业秘密的全部或部分内容。但根据相关规定向相关监管机构依法履行披露义务以及根据其他相关法律法规要求依法披露的除外。

第十九条 禁止任何一方与第三人开展与本合作项目相竞争的业务，否则应当承担违约责任并赔偿因此对各方造成的实际损失。

第二十条 项目运营过程中，除各方协商一致允许一方撤回投资外，任何一方不得擅自要求撤回投资；因擅自撤回投资给合作项目及守约方造成损失的，撤资方除应赔偿因此造成的实际损失外，还应承担本项目总投资额____%的违约责任。

第二十一条 以技术或发明、实用新型、外观设计等专利进行投资的，投资方不得将其用于本合作经营项目之外的第三方。否则违约方应承担本项目总投资额____%的违约责任。

第二十二条 项目运营过程中，任何一方因故意或重大过失导致项目中止或终止的，构成根本违约，违约方应承担因此造成的所有损失，并承担本项目总投资额____%的违约责任。

因上述原因违约的，守约各方可以一致要求违约方退出合作项目，并不承担任何赔偿或补偿责任。

第二十三条 任何一方由于不可抗力、国家政策因素造成本框架合同全部或部分不能履行的，不视为违约，不承担违约责任。

第二十四条 一方接受对方的逾期和/或不完全履行的，不等于对对方违约行为的认可，接收方仍然有权追究对方的违约责任，直至解除合同。

第二十五条 在对方未履行义务前，一方按照合同的约定履行自己的义务的，不等于认可对方已经履行了先前的义务或同意对方可以不再履行其义务。

第二十六条 因出现不可预见、不可避免、不可克服的事件，导致本合同无法有效及时履行的，相互不承担违约责任。但是，遭遇不可抗力方应当立即通过电话、微信等方式通知对方，并在通知后的三日内将不可抗力的书面有效证明及本合同无法有效及时履行的书面理由提交给对方确认。否则应当承担相应的违约责任。

七、合同的变更、解除和争议解决

第二十七条 因以下原因导致履行本合同出现各方权利与义务显失公平时，权利受影响方可向另一方请求变更合同。

（一）国家政策变化而影响本合同履行；

（二）其他导致双方权利与义务显失公平的情形。

第二十八条 任何一方违反本合同任何条款约定的，在对方催告后十五个工作日内没有改正为全面履行的，守约方有权书面通知违约方解除合同，且有权要求违约方赔偿相当于合同总额5%的违约金及所遭受的损失（包括但不限于直接损失、可得利益、律师费用等全部损失）。

第二十九条 一方只主张违约责任，没有主张解除合同的，合同应当继续履行。一方收到解除合同的通知后，对解除有异议的，应当在十五日内向法定机关提出，否则，视为对解除无异议。

第三十条 本合同的约定和履行中产生的争议，各方友好协商解决，若协商不成，任何一方均有权在原告住所地或居住地人民法院起诉解决。各方还可以约定提交仲裁机构裁决。

八、合作期限

第三十一条　各方合作期限为______年，______年____月____日起至______年____月____日止。期满后各方协商一致可以续签。

合同期满或终止前30日，甲、乙各方应当就是否续签合同交换意见，并进行必要的协商，以保证合作工作的连续性。

九、附则

第三十二条　各方在签订本合同时，应提供经核实的身份证明和相应资质证明文件的复印件作为合同附件。

第三十三条　变更住所地（居住地）、代表人（联系人）、电话等联络方式的，变更方在变更后24小时内以书面通知对方。否则视为本合同载明的联络方式继续有效，微信和短信内容也作为双方来往文件。通知、诉讼文书等文件以邮寄方式发送的，将文件按有效联络方式交给经营特快专递的单位邮寄后，邮件被签收或拒收均视为已经送达。

第三十四条　各方在本合同签订前的其他所有文件内容与本合同约定不一致的，按照本合同执行。未尽事宜，各方协商一致，签订补充合同约定。

第三十五条　本合同的标题仅为便于阅读和对合同内容的理解，不作为确定各方权利义务的条款。

第三十六条　本合同自各方签章之日起生效。本合同一式六份，各方各持两份，具有同等法律效力。

（以下无正文）

甲　方（签名捺印）/（盖章）：　　　　乙　方（签名捺印）/（盖章）：

代表人（签名）：　　　　代表人（签名）：

年　月　日　　　　年　月　日

丙　方（签名捺印）/（盖章）：

代表人（签名）：

年　月　日

本合同签订地点：______________________

农村“三变”资产合作合同

合同编号：GDHT104

甲方（合作方）：____

地址/住址：____

信用代码/身份证号：____________________

联系人：____________________ 电话：____________________

电子邮箱：____________________ 微信号：____________________

乙方（合作方）：____________________

地址/住址：____________________

信用代码/身份证号：____________________

联系人：____________________ 电话：____________________

电子邮箱：____________________ 微信号：____________________

根据《中共中央、国务院关于落实发展新理念加快农业现代化实现全面小康目标的若干意见》（中发〔2016〕1号）文件精神，根据《中华人民共和国合同法》等相关法律法规和各级有关政策规定，经甲乙双方充分协商一致，自愿达成以下协议，以供共同遵守。

一、合作方式

第一条 乙方自愿将位于________乡（镇、街道）______村______组____处集体所有的土地/林地/林木/荒山/草地/水域/滩涂/其他：______，四至界限：________，面积______亩/平方米的承包权/经营权/使用权用于______项目的生产经营。

第二条 乙方自愿将位于________乡（镇、街道）______村______组______处的房屋/建设用地/机耕道/机械设备/交通水利设施/其他：______的所有权/经营权/使用权用于______项目的生产经营。

二、合作期限

第三条 合作期限为______年，______年____月____日起至______年____月______日止。

三、分红约定

（一）分红原则

第四条 协议各方实行保底分红（土地流转费）、保底分红（土地流转费）+收益二次分红、阶梯式分红（土地流转费）和股比分红等多种方式。

第五条 采取保底分红（土地流转费）、保底分红（土地流转费）+盈利分红和阶梯式分红（土地流转费）方式的，乙方不参与甲方的经营管理、不承担经营风险，无论甲方经营状况如何，甲方均应按本协议的约定时限足额分红。

第六条 在保底分红（土地流转费）的基础上，双方必须实行收益二次分配，乙方享有一定收益分配比例。

第七条 采取股比分红的，甲乙双方利益共享、风险共担。

（二）分红方式

各方可选择以下多种分红方式

第八条 保底分红（土地流转费）：协议签订生效之日起，甲方每年支付乙方红利人民币______元（大写：______元）。

第九条 保底分红（土地流转费）+收益二次分红：甲方每年支付乙方红利人民币______元（大写：______元），同时收益二次分配甲方占收益的______%，乙方占收益的______%。

第十条　阶梯式分红(土地流转费):协议签订生效之日起,甲方从第______年至第______年按每年人民币____元(大写:______元);从第______年后按每年人民币____元(大写:________元)的红利支付给乙方。

第十一条　股比分红:乙方实际入股人民币______元(大写:______元)量化占______%的股份,所得收益按股比分红。

(三)分红时间

第十二条　实行保底分红(土地流转费)、阶梯式分红(土地流转费)的在______年____月前支付收益;收益二次分配和股比分红的按____个月核算一次分红,期满____日内甲方应及时支付红利。

四、双方共同权利与义务

第十三条　双方在入股后的土地、林地、荒山、草地、水域、滩涂上按照规定依法依规建设生产经营附属设施,被国家建设征占用时获得的补偿,乙方采用保底分红(土地流转费)和阶梯式分红(土地流转费)的归甲方所有,采用股比分红的按股比分配。

第十四条　乙方入股的土地、林地、林木、荒山、草地、水域、滩涂等资源资产被国家征占用时获得补偿的,采用承包权、经营权、使用权入股的归乙方所有;采用所有权折价入股的按股比分配;林木及多年生农作物归乙方所有并确保现状。

第十五条　该项目获得国家强农惠农政策补助的,有国家法律法规和政策明文规定的按相关法律法规和政策执行,没有明文规定的由双方协商处理。

第十六条　甲方必须正当合理使用乙方入股的各类资源,采取测绘、坐标定位等方式记录备案,不得故意破坏土地、滩涂等四至边界,确有正常生产需要,必须经相关部门审批记录备案的情况下合理使用。

五、其他约定

第十七条　甲方应当接受村务监督委员会、村民代表对入股资源资产入股、使用、收益、分红全过程的监督,甲方应当每____个月向乙方村务监督委员会和村民公示一次财务收支、利润情况,落实改进要求,避免影响甲方正常生产经营。

第十八条　村集体在该项目中获取的收益用于扶贫济困的不少于收益的______%,用于公益事业的不少于收益的______%,其他的作为村集体经济积累,接受村务监督委员会和村民代表的监督。

第十九条　甲乙双方合作发展的产业,可以委托村民委员会或农户组建农民专业合作社进行管护,农民专业合作社可占一定股比。

六、违约责任

第二十条　因不履行协议致使一方遭受损失的,应由责任方承担赔偿责任。

第二十一条　乙方非法干预甲方正常生产经营活动,给甲方造成损失的,应予以赔偿,造成重大损失,涉及违法的按相关法律规定处理。

第二十二条　甲方逾期支付分红,每延迟一月,按逾期支付分红额部分的2%承担违约金,至支付全部分红之日止。

第二十三条　乙方逾期交付资源资产,每延迟一月,按保底分红(土地流转费)总额的____%承担违约金,违约时长超过6个月的扣除第一年的保底分红(土地流转费)。

第二十四条 甲方不按协议约定严重违法违规使用资源资产,严重破坏基础设施、环境或给资源资产造成永久性破坏的,乙方有权解除协议,涉及违法的按相关法律规定处理。

第二十五条 在对方未履行义务前,一方按照合同的约定履行自己的义务的,不等于认可对方已经履行了先前的义务或同意对方可以不再履行其义务。

第二十六条 因出现不可预见、不可避免、不可克服的事件,导致本合同无法有效及时履行的,相互不承担违约责任。但是,遭遇不可抗力方应当立即通过电话、微信等方式通知对方,并在通知后的三日内将不可抗力的书面有效证明及本合同无法有效及时履行的书面理由提交给对方确认。否则应当承担相应的违约责任。

七、协议的变更与解除

第二十七条 因以下原因导致履行本合同出现双方权利与义务显失公平时,权利受影响方可向另一方请求变更合同。

(一)国家政策变化而影响本合同履行;

(二)其他导致双方权利与义务显失公平的情形。

第二十八条 任何一方违反本合同任何条款约定的,在对方催告后十五个工作日内没有改正为全面履行的,守约方有权书面通知违约方解除合同,且有权要求违约方赔偿相当于合同总额5%的违约金及所遭受的损失(包括但不限于直接损失、可得利益、律师费用等全部损失)。

第二十九条 一方只主张违约责任,没有主张解除合同的,合同应当继续履行。一方收到解除合同的通知后,对解除有异议的,应当在十五日内向法定机关提出,否则,视为对解除无异议。

八、争议解决方式

第三十条 本合同的约定和履行中产生的争议,双方友好协商解决,若协商不成,任何一方均有权在原告住所地或居住地人民法院起诉解决。双方还可以约定提交仲裁机构裁决。

九、生效及其他

第三十一条 双方在签订本合同时,应提供经核实的身份证明和相应资质证明文件的复印件作为合同附件。

第三十二条 变更住所地(居住地)、代表人(联系人)、电话等联络方式的,变更方在变更后24小时内以书面通知对方。否则视为本合同载明的联络方式继续有效,微信和短信内容也作为双方来往文件。通知、诉讼文书等文件以邮寄方式发送的,将文件按有效联络方式交给经营特快专递的单位邮寄后,邮件被签收或拒收均视为已经送达。

第三十三条 未尽事宜,甲乙双方应另行协商签订补充协议,补充协议与本合同具有同等法律效力。

第三十四条 本合同自双方签章之日起生效。一式四份,甲乙双方各持两份,具有同等法律效力。

（以下无正文）

甲　方（签名捺印）/（盖章）：　　　　　　　　乙　方（签名捺印）/（盖章）：
代表人（签名）：　　　　　　　　　　　　　　代表人（签名）：
　　　　　　年　月　日　　　　　　　　　　　　　　　　年　月　日
本合同签订地点：＿＿＿＿＿＿＿＿

农村“三变”资金合作合同

合同编号：GDHT105

甲方（合作方）：＿＿＿＿＿＿＿＿＿＿＿＿＿＿
地址：＿＿＿＿＿＿＿＿＿＿＿＿＿＿＿＿＿
法定代表人：＿＿＿＿＿＿＿＿　职务：＿＿＿＿＿＿＿＿
联系人：＿＿＿＿＿＿＿＿　电话：＿＿＿＿＿＿＿＿
电子邮箱：＿＿＿＿＿＿＿＿　微信号：＿＿＿＿＿＿＿＿
乙方（合作方）：＿＿＿＿＿＿＿＿＿＿＿＿＿＿
地址：＿＿＿＿＿＿＿＿＿＿＿＿＿＿＿＿＿
法定代表人：＿＿＿＿＿＿＿＿　职务：＿＿＿＿＿＿＿＿
联系人：＿＿＿＿＿＿＿＿　电话：＿＿＿＿＿＿＿＿
电子邮箱：＿＿＿＿＿＿＿＿　微信号：＿＿＿＿＿＿＿＿

根据《中共中央、国务院关于落实发展新理念加快农业现代化实现全面小康目标的若干意见》（中发〔2016〕1号）文件精神，根据《中华人民共和国合同法》等相关法律法规和各级有关政策规定，经甲乙双方充分协商一致，自愿达成以下协议，以供共同遵守。

一、合作方式

第一条　乙方自愿将人民币＿＿＿元（大写：＿＿）投资入股甲方＿＿项目，用于项目的生产经营。

二、合作期限

第二条　合作期限为＿＿＿年，＿＿＿年＿＿月＿＿日起至＿＿＿年＿＿月＿＿＿日止。

三、分红约定

（一）分红原则

第三条　协议各方实行保底分红、保底分红＋收益二次分红、阶梯式分红和股比分红等多种方式。

第四条　采取保底分红、保底分红＋盈利分红和阶梯式分红的，乙方不参与甲方的经营管理、不承担经营风险，无论甲方经营状况如何，甲方均应按本协议的约定时限足额分红。

第五条 在保底分红的基础上，双方必须实行收益二次分配，乙方享有一定收益分配比例。

第六条 采取股比分红的，甲乙双方利益共享、风险共担。

（二）分红方式

各方可选择以下多种分红方式

第七条 保底分红：协议签订生效之日起，甲方每年支付乙方红利人民币____元（大写：______元）。

第八条 保底分红＋收益二次分红：甲方每年支付乙方红利人民币______元（大写：______元），同时收益二次分配甲方占收益的______%，乙方占收益的______%。

第九条 阶梯式分红：协议签订生效之日起，甲方从第______年至第______年按每年人民币____元（大写：______元）；从第______年后按每年人民币____元（大写：________元）的红利支付给乙方。

第十条 股比分红：乙方实际入股人民币______元（大写：______元）量化占______%的股份，所得收益按股比分红。

（三）分红时间

第十一条 实行保底分红、阶梯式分红的在______年____月前支付收益；收益二次分配和股比分红的按____个月核算分红一次，期满____日内甲方应及时支付红利。

四、双方的权利与义务

第十二条 甲方有权要求乙方按约定及时交付入股资金，履行协议义务。

第十三条 甲方有权根据生产经营需要，依法合理使用入股资金。

第十四条 甲方有权在协议期满后同等条件下优先续约。

第十五条 甲方应当科学合理利用入股资金组织生产经营，按协议约定时限足额分红。

第十六条 甲方应当在同等条件下优先吸纳乙方所属的农民、特别是贫困农民就业，优先吸纳村支两委和优秀村民进入经营管理层。

第十七条 乙方有权要求甲方履行协议的义务，督促其开展正常的生产经营活动，按照协议约定分红。

第十八条 乙方有权监督甲方按照合同约定的用途，依法合理使用入股资金，通过村务监督委员会制止、纠正擅自改变用途、造成入股资源资金流失的不当行为。

第十九条 乙方有权要求甲方在同等条件下优先吸纳乙方所属的农民、特别是贫困农民就业，优先推荐村支两委和优秀村民进入经营管理层。

第二十条 乙方应当在协议生效后______日内交付入股的资金。

第二十一条 乙方在协议期满后同等条件下应当优先考虑与甲方续约。

五、其他约定

第二十二条 甲方应当接受村务监督委员会、村民代表对入股资源资产入股、使用、收益、分红全过程的监督，甲方应当每____个月向乙方村务监督委员会和村民公示一次财务收支、利润情况，落实改进要求，避免影响甲方正常生产经营。

第二十三条　村集体在该项目中获取的收益用于扶贫济困的不少于收益的______%，用于公益事业的不少于收益的______%，其他的作为村集体经济积累，接受村务监督委员会和村民代表的监督。

第二十四条　甲乙双方合作发展的产业，可以委托村民委员会或农户组建农民专业合作社进行管护，农民专业合作社可占一定股比。

六、违约责任

第二十五条　因不履行协议致使一方遭受损失的，应由责任方承担赔偿责任。

第二十六条　乙方非法干预甲方正常生产经营活动，给甲方造成损失的，应予以赔偿，造成重大损失，涉及违法的按相关法律规定处理。

第二十七条　甲方逾期支付分红，每延迟一月，按逾期支付分红额部分的2%承担违约金，至支付全部分红之日止。

第二十八条　乙方逾期交付入股资金，每迟延一个月，按保底分红总额的3%承担违约金，违约时长超过6个月的扣除第一年的保底分红。

第二十九条　甲方不按协议约定严重违法违规使用入股资金的，乙方有权解除协议，涉及违法的按相关法律规定处理。

第三十条　在对方未履行义务前，一方按照合同的约定履行自己的义务的，不等于认可对方已经履行了先前的义务或同意对方可以不再履行其义务。

第三十一条　因出现不可预见、不可避免、不可克服的不可抗力事件，导致本合同无法有效及时履行的，相互不承担违约责任。但是，遭遇不可抗力方应当立即通过电话、微信等方式通知对方，并在通知后的三日内将不可抗力的书面有效证明及本合同无法有效及时履行的书面理由提交给对方确认。否则应当承担相应的违约责任。

七、协议的变更与解除

第三十二条　因以下原因导致履行本合同出现双方权利与义务显失公平时，权利受影响方可向另一方请求变更合同。

（一）国家政策变化而影响本合同履行。

（二）法定不可抗力导致双方权利与义务显失公平的情形。

第三十三条　任何一方违反本合同任何条款约定的，在对方催告后十五个工作日内没有改正为全面履行的，守约方有权书面通知违约方解除合同，且有权要求违约方赔偿相当于合同总额5%的违约金及所遭受的损失（包括但不限于直接损失、可得利益、律师费用等全部损失）。

第三十四条　一方只主张违约责任，没有主张解除合同的，合同应当继续履行。一方收到解除合同的通知后，对解除有异议的，应当在十五日内向法定机关提出，否则，视为对解除无异议。

八、争议解决方式

第三十五条　本合同的约定和履行中产生的争议，双方友好协商解决，若协商不成，任何一方均有权在原告住所地或居住地人民法院起诉解决。双方还可以约定提交仲裁机构裁决。

九、生效及其他

第三十六条 双方在签订本合同时,应提供经核实的身份证明和相应资质证明文件的复印件作为合同附件。

第三十七条 变更住所地(居住地)、代表人(联系人)、电话等联络方式的,变更方在变更后24小时内以书面通知对方。否则视为本合同载明的联络方式继续有效,微信和短信内容也作为双方来往文件。通知、诉讼文书等文件以邮寄方式发送的,将文件按有效联络方式交给经营特快专递的单位邮寄后,邮件被签收或拒收均视为已经送达。

第三十八条 未尽事宜,甲乙双方应另行协商签订补充协议,补充协议与本合同具有同等法律效力。

第三十九条 本合同自双方签章之日起生效。一式四份,甲乙双方各持两份,具有同等法律效力。

(以下无正文)

甲　方(签名捺印)/(盖章):　　　　乙　方(签名捺印)/(盖章):

代表人(签名):　　　　代表人(签名):

年　月　日　　　　年　月　日

本合同签订地点:____________________

农村"三变"投融资合作合同

合同编号:GDHT106

甲方(合作方):____

住所地:____

法定代表人:____________________ 职务:____________________

联系人:____________________ 电话:____________________

电子邮箱:____________________ 微信号:____________________

乙方(合作方):____

住所地:____

法定代表人:____________________ 职务:____________________

联系人:____________________ 电话:____________________

电子邮箱:____________________ 微信号:____________________

依照《中共中央、国务院关于落实发展新理念加快农业现代化实现全面小康目标的若干意见》(中发〔2016〕1号)文件精神,根据《中华人民共和国合同法》等相关法律法规、政策之规定,鉴于甲乙双方具有明确的投资意愿和投资意向,经甲乙双方充分协商一致,自愿达成以下协议,以供共同遵守。

一、合作各方的基本权限

第一条　甲方全程谋略规划投资项目，建设项目通路，提交项目执行方案。

第二条　乙方赋予甲方上述权利，进行项目投资，监督甲方项目执行情况。

其他：____________________

二、投融资项目

第三条　此协议不涵盖具体的投资项目，属风险投资资本运作范畴，甲方主要负责调研市场，寻找投资机会，并在选择合适的项目后与乙方协商投资事宜，启动投资。

第四条　乙方接受甲方提出的融资要求，接受注资后（投资后）甲方负责资金的全盘运作。

第五条　甲方如与第三方合作，须提交与第三方的合同原件给乙方查看，同时提供复印件给乙方，并签订附加协议附在本合同之后。

三、融资额度及打款

第六条　为最大限度保护甲乙双方的权益，甲方对融资额度设定最低金额，本次融资额度最少为人民币________元（大写：________元）。

第七条　签订融资合同后，乙方需一次性将资金汇入双方共同账户，取款须经双方签字确认。

第八条　出资方式包括集体土地、森林、草地、荒山、滩涂、水域等自然资源性资产和房屋、建设用地（物）、基础设施等可经营性资产的使用权；生产发展类资金、农村设施建设类资金、生态修复和治理类资金、财政扶贫发展类资金、支持村集体发展类资金；农民自有耕地、林地的承包经营权、宅基地的使用权；资金（物）、技术、劳动力等。以非金钱方式出资的，出资物（权利）应由各方提交相关机构进行价值评估，或参考有关法律法规、政策指导价格后由各方协商一致后确定出资额（价值评估工作应在正式签订合同之前完成）。

四、股权及利益分配

第九条　甲方占全部股权的______%；收益按____%获得。利益分配时间按照实际情况____个月进行一次。乙方占全部股权的______%；收益按____%获得。利益分配时间按照实际情况____个月进行一次。

第十条　甲乙双方签订本协议后，乙方将资金一次性全额汇入双方共同户名的对公账户，取款需经双方签字确认。

第十一条　甲乙双方任何时候都不允许单方面以何种理由转移资金，资金流动需经过双方到银行共同签字办理手续方有效。

第十二条　如出现亏损，甲方不承担相应责任；如出现超出投资额度的亏损，甲乙双方共同承担责任。

五、双方其他权利与义务

第十三条　甲方负责整个项目的寻找和前期可行性评估，为项目定位定性，提交充分的项目分析方案与乙方探讨。

第十四条　甲方与第三方接洽谈判，撰写合同文本，合同文本需经过乙方评估。

第十五条　甲方需对整个项目的执行情况负责，确保甲乙双方的利益最大化。

第十六条 甲方需解决与第三方合作中的各种问题，确保合作顺利。

第十七条 牵涉第三方的合同，乙方有权利索取查看甲方与第三方的合同原件，复印合同复印件，依此作为衡量利益分配的原始材料（或本合同附件）。

第十八条 牵涉第三方合作，乙方不得逾越甲方与第三方接触谈判，或与第三方直接签订相关协议，否则视为违约。

第十九条 乙方评估甲方提出的投资方案，具有一票否决权。

第二十条 乙方须全程跟踪甲方方案的执行，提出合理化建议，督促甲方执行。

第二十一条 甲方与第三方的合同，需经过乙方的评估确认后，方可执行。

六、融资支付

第二十二条 甲乙双方签订合同后的____日内，甲乙双方出具有效证件办理共同账户。

第二十三条 ____日内，乙方应将所有投资资金汇入双方共同账户。

第二十四条 双方指定银行为________________________________

共同账户名：________________________________

共同账户号：________________________________

七、违约责任

第二十五条 双方合作过程中，任何一方因故意或重大过失导致合作中止或终止的，构成根本违约，违约方应承担因此造成的所有损失，并承担本项目总投资额____%的违约责任。

因上述原因违约的，守约方可终止与违约方的合作，并主张损害赔偿。

第二十六条 在对方未履行义务前，一方按照合同的约定履行自己的义务的，不等于认可对方已经履行了先前的义务或同意对方可以不再履行其义务。

第二十七条 因出现不可预见、不可避免、不可克服的事件，导致本合同无法有效及时履行的，相互不承担违约责任。但是，遭遇不可抗力方应当立即通过电话、微信等方式通知对方，并在通知后的三日内将不可抗力的书面有效证明及本合同无法有效及时履行的书面理由提交给对方确认。否则应当承担相应的违约责任。

八、合同的变更和解除

第二十八条 因以下原因导致履行本合同出现双方权利与义务显失公平时，权利受影响方可向另一方请求变更合同。

（一）国家政策变化而影响本合同履行。

（二）其他导致双方权利与义务显失公平的情形。

第二十九条 任何一方违反本合同任何条款约定的，在对方催告后十五个工作日内没有改正为全面履行的，守约方有权书面通知违约方解除合同，且有权要求违约方赔偿相当于合同总额5%的违约金及所遭受的损失（包括但不限于直接损失、可得利益、律师费用等全部损失）。

第三十条 一方只主张违约责任，没有主张解除合同的，合同应当继续履行。一方收到解除合同的通知后，对解除有异议的，应当在十五日内向法定机关提出，否则，视为对解除无异议。

九、争议的解决方式

第三十一条 本合同的约定和履行中产生的争议，双方友好协商解决，若协商不成，任何一方均有权在原告住所地或居住地人民法院起诉解决。双方还可以约定提交仲裁机构裁决。

十、附则

第三十二条 双方在签订本合同时,应提供经核实的身份证明和相应资质证明文件的复印件作为合同附件。

第三十三条 变更住所地(居住地)、代表人(联系人)、电话等联络方式的,变更方在变更后24小时内以书面通知对方。否则视为本合同载明的联络方式继续有效,微信和短信内容也作为双方来往文件。通知、诉讼文书等文件以邮寄方式发送的,将文件按有效联络方式交给经营特快专递的单位邮寄后,邮件被签收或拒收均视为已经送达。

第三十四条 如国家法律法规或政策发生重大调整,合同各方应共同协商对合同约定内容进行变更。

第三十五条 本合同未尽事宜,由各方共同协商签订补充协议,补充协议与本合同具有同等法律效力。

第三十六条 本合同的标题仅为便于阅读和对合同内容的理解的作用,不作为确定双方权利义务的条款。

第三十七条 本合同自双方签章之日起生效。一式四份,甲乙双方各持两份,具有同等法律效力。

(以下无正文)

甲　方(签名捺印)/(盖章):　　　　乙　方(签名捺印)/(盖章):
代表人(签名):　　　　代表人(签名):
年　月　日　　　　年　月　日

本合同签订地点:____________

农村“三变”改革入股合同

合同编号:GDHT107

甲方(经营主体):____________
住所:____________
法定代表人:____________ **职务**:____________
联系人:____________ **电话**:____________
电子邮箱:____________ 微信号:____________
乙方(农户):____________
身份证号:____________
住址:____________
联系人:____________ 电话:____________

电子邮箱：________________________ 微信号：____________________________

丙方（村委会）：____

地址：____

法定代表人：________________________ 职务：____________________________

联系人：____________________________ 电话：____________________________

电子邮箱：________________________ 微信号：____________________________

为规范"三变"改革入股操作，切实保障入股主体和经营主体权益，根据《中华人民共和国合同法》《中华人民共和国农村土地承包法》《中华人民共和国物权法》《农村土地承包经营权流转管理办法》等相关法律、法规、政策规定，本着优势互补、共谋发展、互惠互利、实现共赢的原则，经甲乙丙三方充分协商一致，自愿达成以下协议，以供共同遵守。

一、合作模式

第一条 甲乙丙三方本次业务合作模式为"公司+村集体+农户"，具体合作模式为：

（一）甲方以____公司带动乙方、丙方村集体经济发展并入股。

（二）乙方注入自有资金，丙方注入村集体资金，通过市场化运作方式，共同把____公司打造成利益共同体，让乙、丙方享受到入股分红收益，进一步增加乙、丙方经济收入。

（三）经甲乙丙三方协商决定，甲方占股____%；乙方出资人民币____元（大写：______元），占股____%；丙方出资人民币____元（大写：__________元），占股____%。

二、三方的其他权利与义务

第二条 甲方有权按照合同的约定经营投资项目，支配项目资金，为项目实施提供技术指导和服务，并负责项目实施和管护等必要的费用支出。

对生产的达到收购标准的产品实行保底收购，保底价按产品等级确定为______；单价达不到保底价的，差额部分由甲方补足。如市场价高于保底价，按市场价收购。其他保底收购方式为：____

第三条 乙方有权了解甲方的经营状况和财务状况，享有对甲方执行经营活动的表决权和监督权，有权要求甲方按照合同约定支付分红款。

乙方应当在甲方的指导下，负责搞好规范化种植、中耕除草、枝条修剪、病虫害防治和项目管理。

项目进入收获期后，乙方应当按甲方要求对农产品实行采收，产品质量必须达到市场收购标准，并将产品运送到指定收购地点。

第四条 丙方有权了解甲方的经营状况和财务状况，享有对甲方执行经营活动的表决权和监督权，有权要求甲方按照合同约定支付分红款。

丙方应当负责组织和发动群众，组织好项目实施，参与项目的后续管理，防止项目受到损失，并协调处理生产经营中出现的矛盾纠纷。

三、分红约定

第五条 乙、丙方入股在____公司的股金将按股金总额的固定股利分红，甲方每月按乙、丙方入股金总额按照固定月利率____%计算股利，按年支付股息。

第六条 种植项目以一个生产季节为一次结算周期，养殖项目以 1 年为一个结算周期,甲方在结算后15天之内(最迟不得超过30天),将乙方和丙方应得的分红款拨付到乙方、丙方指定账户,或现金支付。

其他约定:____

四、三方的其他权利与义务

第七条　合作项目为种植项目的,在项目产生收益前,由甲乙丙三方协商,在项目实施地块内套种经济作物,利润分成方式另行约定。如乙方为在册建档立卡贫困户或自行进行林下种植的,收益全部归乙方所有。

第八条　项目产生收益后,如乙方为在册建档立卡贫困户,产生的收益在乙方脱贫前以及脱贫后三年内,全部归乙方所有。

第九条　以土地、林地承包经营权入股的,未经主管部门批准,任何一方不得改变土地、林地用途。

第十条　在本合同期内若国家征用该土地,土地的补偿费用归乙方所有,附着物、配套设施等的补偿费用按本合同约定的股权结构比例进行分配。

五、合同的变更、解除和争议解决

第十一条　因以下原因导致履行本合同出现各方权利与义务显失公平时,权利受影响方可向另一方请求变更合同。

(一)国家政策变化而影响本合同履行。

(二)其他导致各方权利与义务显失公平的情形。

第十二条　任何一方违反本合同任何条款约定的,在对方催告后十五个工作日内没有改正为全面履行的,守约方有权书面通知违约方解除合同,且有权要求违约方赔偿相当于合同总额5%的违约金及所遭受的损失(包括但不限于直接损失、可得利益、律师费用等全部损失)。

第十三条　一方只主张违约责任,没有主张解除合同的,合同应当继续履行。一方收到解除合同的通知后,对解除有异议的,应当在十五日内向法定机关提出。否则,视为对解除无异议。

第十四条　本合同的约定和履行中产生的争议,各方友好协商解决,若协商不成,任何一方均有权在原告住所地或居住地人民法院起诉解决。双方还可以约定提交仲裁机构裁决。

六、合作期限

第十五条　各方合作期限为______年,______年____月____日起至______年____月____日止。期满后各方协商一致可以续签。

合同期满或终止前30日,各方应当就是否续签合同交换意见,并进行必要的协商,以保证合作工作的连续性。

七、附则

第十六条　双方在签订本合同时,应提供经核实的身份证明和相应资质证明文件的复印件作为合同附件。

第十七条　变更住所地(居住地)、代表人(联系人)、电话等联络方式的,变更方在变更后24小时内以书面通知对方。否则视为本合同载明的联络方式继续有效,微信和短信内容也作为双方来往文件。通知、诉讼文书等文件以邮寄方式发送的,将文件按有效联络方式交给经营特快专递的单位邮寄后,邮件被签收或拒收均视为已经送达。

第十八条 各方在本合同签订前的其他所有文件内容与本合同约定不一致的,按照本合同执行。未尽事宜,各方协商一致,签订补充协议。

第十九条 本合同的标题仅为便于阅读和对合同内容的理解的作用,不作为确定各方权利义务的条款。

第二十条 本合同自各方签章之日起生效。本合同一式六份,各方各持两份,具有同等法律效力。

(以下无正文)

甲　方(签名捺印)/(盖章):　　　　乙方(签名捺印)/(盖章):
代表人(签名):　　　　代表人(签名):
年　月　日　　　　年　月　日

丙方(签名捺印)/(盖章):
代表人(签名):
年　月　日

本合同签订地点:____________

乡村振兴战略合作合同

合同编号:GDHT108

甲方(政府):____________
地址:____________
代表人:____________ 职务:____________
联系人:____________ 电话:____________
电子邮箱:____________ 微信号:____________
乙方(企业):____________
统一社会信用代码:____________ 住所:____________
法定代表人:____________ 职务:____________
联系人:____________ 电话:____________
电子邮箱:____________ 微信号:____________

为推进我省乡村振兴战略实施,实现参与农业农村发展、帮助农民致富的企事业单位、社会团体等与乡村共同发展、共同获益,现根据《中华人民共和国合同法》等相关法律、法规、政策的规定,本着优势互补、共谋发展、互惠互利、实现双赢的原则,甲乙双方经充分协商一致，就达成全面战略合作关系，自愿达成以下协议，以资共同遵守。

一、合作目的和原则

第一条　双方的合作应当在遵守国家、地方相关法律法规和政策的前提下，遵循“互惠互利、平等诚信”的原则，依托各自的优势，建立长期互利互惠的合作伙伴关系，共同推进乡村振兴战略实施。助力一、二、三产业融合发展，提升城镇化水平和农业现代化水平，共同为乡村振兴贡献力量。

第二条　双方达成合作关系后，应积极为合作创造各种有利条件，营造良好、共赢的合作环境。

二、合作内容

第三条　乙方在甲方的大力支持下，做好乡村振兴详细规划，并在(具体项目名称)＿＿＿＿＿＿＿＿＿＿＿＿＿＿＿＿等方面开展合作。凡涉及招商投标的项目，在同等条件下，优先考虑乙方。

三、合作机制

第四条　双方的合作机制：

(一)甲乙双方成立负责人担任组长的项目落地领导小组，并成立具体工作小组，负责工作协调、项目落地和产业运营。乙方安排固定人员驻点办公。

(二)甲方确保本合同相关项目公司享受省市县招商引资优惠政策，依法依规享受税收优惠政策。

(三)甲方应在相关政策法规范围内帮助乙方在国家、省、县域层面进行项目立项、申报，并帮助办理相关手续、进行典型项目推荐等。

(四)甲方应协调本项目相关经营主体、有关部门、各级政府为项目提供必要支持，并落实相关政策奖补等。

(五)乙方在项目立项并成功批复后，在满足条件的情况下，必须按照项目合同要求完成建设并正常运营。

四、双方其他权利义务

第五条　双方在合作期限内按本合同约定享有权利和承担义务。

第六条　双方合作期间，在符合国家、地方有关法律法规、规章制度和相关政策等条件下，甲方可以为乙方提供相关政策支持和共享相关社会资源信息，并定期提供必要经费为乙方实施具体项目提供便利条件。

第七条　双方的生产经营必须符合国家各项法律法规，任何一方未经另一方授权不得在任何场合以任何方式冒用另一方名义进行活动。

第八条　双方保证在合作期间自觉维护另一方的形象及声誉，互不损害各方形象及利益。

第九条　本合同的签订和履行，不代表双方建立代理或类似关系，一方无权代表另一方签署任何法律文件。

其他约定：＿＿＿＿＿＿＿＿＿＿＿＿＿＿＿＿＿＿＿＿＿＿＿＿＿＿＿＿＿＿

＿＿＿＿＿＿＿＿＿＿＿＿＿＿＿＿＿＿＿＿＿＿＿＿＿＿＿＿＿＿＿＿＿＿

五、保密义务

第十条 甲乙双方保证对在讨论、签订、执行本合同过程中所获悉的属于其他方的且无法自公开渠道获得的文件及资料(包括商业秘密、公司计划、运营活动、财务信息、技术信息、经营信息及其他商业秘密)予以保密。未经该资料和文件的原提供方同意,其他方不得向任何第三方泄露该商业秘密的全部或部分内容。但依据相关规定向监管机构依法履行披露义务以及根据相关法律法规要求依法披露的除外。

六、违约责任

第十一条 任何一方由于不可抗力、国家政策因素造成本框架合同全部或部分不能履行的,不视为违约,不承担违约责任,但双方应采取一切必要的补救措施推进拟投资项目的谈判。

第十二条 本框架合同的签署,是建立在双方自愿的基础之上,其目的是对乙方进行投资提供框架引导,具体投资项目按实际情况另行与甲方签署项目投资合同书,甲方保留自主招商的权利。

第十三条 一方接受对方逾期履行的,不视为对其违约行为的认可,仍然有权追究其违约责任,还有权解除合同。

第十四条 在对方未履行义务前,一方按照合同的约定履行自己的义务的,不等于认可对方已经履行了先前的义务或同意对方可以不再履行其义务。

第十五条 因出现不可预见、不可避免、不可克服的不可抗力事件,导致本合同无法有效及时履行的,相互不承担违约责任。但是,遭遇不可抗力方应当立即通过电话、微信等方式通知对方,并在通知后的三日内将不可抗力的书面有效证明及本合同无法有效及时履行的书面理由提交给对方确认。否则应当承担相应的违约责任。

七、合同的变更、解除和争议解决

第十六条 发生下列情况之一的,双方可以协商变更或解除合同:

(一)由于不可抗力或意外事故导致合同无法履行或部分无法履行;

(二)国家法律、政策发生重大变化,导致合同必须作相应修改的。

第十七条 任何一方违反本合同任何条款约定的,在对方催告后十五个工作日内没有改正为全面履行的,守约方有权书面通知违约方解除合同,且有权要求违约方赔偿相当于合同总额 5% 的违约金及所遭受的损失(包括但不限于直接损失、可得利益、律师费用等全部损失)。

第十八条 合同一方要求变更或解除合同,应在 15 日前以书面形式通知另一方,协商解决。因变更或解除合同,致使守约方遭受实际损失的,除按合同约定和法律规定可免除责任的情形外,应由违约方负责赔偿。一方只主张违约责任,没有主张解除合同的,合同应当继续履行。一方收到解除合同的通知后,对解除有异议的,应当在十五日内向法定机关提出,否则,视为对解除无异议。

第十九条 本合同的约定和履行中产生的争议,双方友好协商解决,若协商不成,任何一方均可向有关部门申请调解,也有权在原告住所地或居住地人民法院起诉解决。双方还可以约定提交仲裁机构裁决。

第二十条 在纠纷调解或诉讼过程中，除争议事项外，双方应继续履行本合同所规定的其他各项义务，任何一方不得以任何方式阻挠正常的生产经营活动。

八、合作期限

第二十一条 双方合作期限为_____年，_____年___月___日起至_____年___月___日止。期满后双方协商一致可以续签。

合同期满或终止前30日，甲、乙双方应当就是否续签合同交换意见，并进行必要的协商，以保证合作工作的连续性。

九、附则

第二十二条 双方在签订本合同时，应提供经核实的身份证明和相应资质证明文件的复印件作为合同附件。

第二十三条 本合同为甲乙双方进行全面业务合作的框架性合同，合作项目中具体事宜需在具体业务合作合同中进一步明确的，本合同与具体业务合作合同构成不可分割的整体，具有同等法律效力。

第二十四条 变更住所地（居住地）、代表人（联系人）、电话等联络方式的，变更方在变更后24小时内以书面通知对方，否则视为本合同载明的联络方式继续有效。微信和短信内容也作为双方来往文件。通知、诉讼文书等文件以邮寄方式发送的，将文件按有效联络方式交给经营特快专递的单位邮寄后，邮件被签收或拒收均视为已经送达。

第二十五条 双方在本合同签订前的其他所有文件内容与本合同约定不一致的，按照本合同执行。未尽事宜，双方协商一致，签订补充合同约定。

第二十六条 本合同的标题仅为便于阅读和对合同内容的理解，不作为确定双方权利义务的条款。

第二十七条 本合同自双方签章后生效。一式四份，甲乙双方各持两份，具有同等法律效力。

（以下无正文）

甲　方（签名捺印）/（盖章）：　　　　乙方（签名捺印）/（盖章）：

代表人（签名）：　　　　代表人（签名）：

年　月　日　　　　年　月　日

本合同签订地点：____________________

对口帮扶合同

合同编号：GDHT109

甲方（帮扶企业）：____

统一社会信用代码：____

地址：____

法定代表人：____________________ 职务：____________________

联系人：______________________ 电话：____________________

电子邮箱：____________________ 微信号：____________________

乙方（帮扶村）：____

地址：____

法定代表人：____________________ 职务：____________________

联系人：______________________ 电话：____________________

电子邮箱：____________________ 微信号：____________________

为实现帮扶村脱贫的目标，通过联合优势企业与帮扶村建立密切、长久及融洽的战略合作伙伴关系，甲方与乙方结为对口帮扶单位。为切实做好对乙方的帮扶工作，结合甲方的实际能力及乙方的实际需求，在认真调研、充分协商的基础上，帮助贫困村培育稳定增收的主导产业和村级集体经济项目，本着派其所需、注重实效的宗旨，依据《中华人民共和国合同法》等相关法律、法规、政策的规定，本着优势互补、共谋发展、互惠互利、实现双赢的原则，经甲乙双方充分协商一致，自愿达成以下协议，以供共同遵守。

一、帮扶的目标和任务

第一条 通过对口帮扶活动，使乙方在甲方的帮扶下，根据当地实际，培育稳定增收且长期受益的村集体经济项目，从而促进扶贫工作由输血型向造血型转变，为如期完成扶贫工作和任务作出积极贡献。

二、帮扶方式和内容

第二条 甲方就双方共同商定的____________________（扶贫项目名称）为乙方提供____________（技术、人员、培训等）____________等扶贫支援。

乙方为甲方提供包括但不限于专项扶贫资金（由乙方所属政府财政划拨）、项目开展的场地、参与项目合作的劳动力等在内的项目所需的必要条件。

第三条 双方就扶贫项目达到项目竣工、产生收益等条件时，共同提请乙方所属政府部门对项目进行考察和验收。

三、项目的保障措施

第四条 本项目采取如下方式作为保障措施：

（一）合作双方成立扶贫项目工作小组，负责有关项目实施具体工作的信息沟通和协作。

（二）在帮扶项目实施前，双方应对该项目的可行性和科学性进行深入的讨论，确保该项目实施具有可操作性。

（三）对口帮扶工作是帮扶单位与帮扶村之间开展的扶贫合作，帮扶协议的执行不因人事变动而改变。

（四）在帮扶项目验收完毕后，双方均应向主管部门如实反映帮扶成效。

四、双方其他权利义务

第五条 甲乙双方作为对口帮扶单位，在资金、技术和劳动力、物力等方面加强合作与帮扶工作，确保帮扶工作的质和量。任何一方在帮扶期限内均不得随意改变对口帮扶项目，保证对口帮扶工作的稳定性和可操作性。

第六条　在本协议签订生效后，甲方应根据乙方实际情况制订帮扶计划和扶贫项目开展经营计划，并与乙方积极协商。协商达成一致后提交乙方所属政府部门备案。

第七条　甲方在帮扶项目范围内，应当充分利用自身所拥有的管理、技术、信息、市场、设备等优势，对乙方提供业务指导和教育培训，使乙方项目参与人员达到项目生产经营所需的能力水平，确保扶贫项目顺利达到预期目标。

第八条　乙方应及时为甲方提供专项资金，并在扶贫项目范围内，满足项目所需的各项条件，并为甲方技术人员提供日常食宿，推动扶贫项目尽快开展。

第九条　在项目考察和验收阶段，甲方应就专项扶贫资金的使用情况制作《专项扶贫资金使用明细表》，并提供全部票据提交项目考察和验收；乙方应就专项扶贫资金的使用情况进行核验并制作《专项扶贫资金使用情况》，在项目所在区域内进行公示。

其他约定：____

五、保密义务

第十条　甲乙双方保证对在讨论、签订、执行本合同过程中所获悉的属于其他方的且无法自公开渠道获得的文件及资料（包括商业秘密、公司计划、运营活动、财务信息、技术信息、经营信息及其他商业秘密）予以保密。

第十一条　未经上述资料和文件的原提供方同意，其他方不得向任何第三方泄露该商业秘密的全部或部分内容。但依据相关规定向相关监管机构依法履行披露义务以及根据其他相关法律法规依法披露的除外。

六、违约责任

第十二条　一方接受对方逾期履行的，不视为对其违约行为的认可，仍然有权追究其违约责任，还有权解除合同。

第十三条　在对方未履行义务前，一方按照合同的约定履行自己的义务的，不等于认可对方已经履行了先前的义务或同意对方可以不再履行其义务。

第十四条　因出现不可预见、不可避免、不可克服的不可抗力事件，导致本合同无法有效及时履行的，相互不承担违约责任。但是，遭遇不可抗力方应当立即通过电话、微信等方式通知对方，并在通知后的三日内将不可抗力的书面有效证明及本合同无法有效及时履行的书面理由提交给对方确认。否则应当承担相应的违约责任。

第十五条　任何一方由于不可抗力、国家政策因素造成本合同全部或部分不能履行的，不视为违约，不承担违约责任，但双方应采取一切必要的补救措施推进拟帮扶项目的谈判。

七、合同的变更、解除和争议解决

第十六条　发生下列情况之一的，双方可以协商变更或解除合同：

（一）由于不可抗力或意外事故导致合同无法履行或部分无法履行；

（二）国家法律、政策发生重大变化，导致合同必须作相应修改的。

合同一方要求变更或解除合同，应在15日前以书面通知另一方，协商解决。因变更或解除合同，致使守约方遭受实际损失的，除按合同约定或法律规定可免除责任的情形以外，应由违约方负责赔偿。

第十七条 任何一方违反本合同任何条款约定的，在对方催告后十五个工作日内没有改正为全面履行的，守约方有权书面通知违约方解除合同，且有权要求违约方赔偿相当于合同总额 5% 的违约金，并赔偿其违约行为给对方造成损失（包括但不限于直接损失、可得利益、律师费用等全部损失）。

第十八条 一方只主张违约责任，没有主张解除合同的，合同应当继续履行。一方收到解除合同的通知后，对解除有异议的，应当在十五个工作日内向法定机关提出，否则，视为对解除无异议。

第十九条 本合同的约定和履行中产生的争议，双方友好协商解决，任何一方均可向有关部门申请调解，也有权在原告住所地或居住地人民法院起诉解决。双方还可以约定提交仲裁机构裁决。

第二十条 在纠纷调解或诉讼过程中，除争议事项外，双方应继续履行本合同所规定的其他各项义务，任何一方不得以任何方式阻挠正常的生产经营活动。

八、合作期限

第二十一条 双方合作期限为______年，______年____月____日起至______年____月____日止。期满后双方协商一致可以续签。

合同期满或终止前 30 日，甲、乙双方应当就是否续签合同交换意见，并进行必要的协商，以保证合作工作的连续性。

九、附则

第二十二条 双方在签订本合同时，应提供经核实的身份证明和相应资质证明文件的复印件作为合同附件。

第二十三条 变更住所地（居住地）、代表人（联系人）、电话等联络方式的，变更方在变更后 24 小时内以书面通知对方。否则视为本合同载明的联络方式继续有效，微信和短信内容也作为双方来往文件。通知、诉讼文书等文件以邮寄方式发送的，将文件按有效联络方式交给经营特快专递的单位邮寄后，邮件被签收或拒收均视为已经送达。

第二十四条 双方在本合同签订前的其他所有文件内容与本合同约定不一致的，按照本合同执行。未尽事宜，双方协商一致，签订补充合同约定。

第二十五条 本合同的标题仅为便于阅读和对合同内容的理解，不作为确定双方权利义务的条款。

第二十六条 本合同自双方签章之日起生效。一式四份，甲乙双方各持两份，具有同等法律效力。

（以下无正文）

甲　方（签名捺印）/（盖章）：	乙　方（签名捺印）/（盖章）：
代表人（签名）：	代表人（签名）：
年　月　日	年　月　日

本合同签订地点：____________________

招商引资扶贫合同

合同编号:GDHT110

甲方:______________________________

地址:______________________________

法定代表人:____________ 职务:____________

联系人:____________ 电话:____________

电子邮箱:____________ 微信号:____________

乙方:______________________________

统一社会信用代码:______________________________

住所地:______________________________

法定代表人:____________ 职务:____________

联系人:____________ 电话:____________

电子邮箱:____________ 微信号:____________

为促进经济发展,实现科学发展观,重点保护乙方投资的合法利益,乙方通过对甲方投资环境的实地考察,双方本着互惠互利、双方共赢的原则,现根据《中华人民共和国合同法》等相关法律、法规、政策的规定,本着优势互补、共谋发展、互惠互利、实现双赢的原则,双方就乙方投资扶贫建设项目的有关事宜充分协商一致,自愿达成以下条款,以共同遵守。

一、项目建设的主要情况

第一条 本项目名称为______,投资人为______。项目规模:总投资人民币____万元(大写:____________),投资密度:______[项目共分____期,一期投资人民币____万元(大写:____________),于本合同签订之日起____个月内投入项目]。注册资金人民币____万元(大写:____________)。项目开发计划:______。生产能力:__________,项目产能达____

第二条 建设期:本项目将从______年____月开工建设,于______年____月竣工,______年____月投产。

第三条 建设内容:______________________________

第四条 经营期限:______年。

第五条 乙方应在项目所在地设立项目公司,项目公司税收、统计关系等均应在甲方管辖范围内发生。

二、项目地址及土地使用

第六条 甲方协助乙方在国土部门完成乙方项目用地挂牌出让程序并依法办理好建设用地批准书。

第七条 项目建设用地面积:乙方应严格按照招拍挂程序于甲方辖区范围内________取得国有土地约__________亩(具体面积以供地红线为准)作为项目开发运营的场地。甲方将给予必要的支持。

第八条 项目建设用地期限:以乙方通过招拍挂程序取得的期限为准。

第九条 自______年____月____日起,乙方应于每年____月____日前向相关部门缴纳当年的土地使用费。项目土地使用费的收取标准按规定相应调整的,乙方应自调整年度起按新标准缴纳土地使用费。

第十条 未经甲方及相关部门同意,乙方不得自行将项目土地转让。项目土地使用权转让不得违背中华人民共和国的法律法规和本合同约定。

第十一条 如有以下情形的,甲方有权单方面解除本合同,并无偿收回项目用地且无须对乙方进行补偿:

(一)本合同签订____个月内乙方仍未按本合同约定投入资金的。

(二)本合同签订且乙方取得项目用地使用权之日起____个月内乙方仍未按开发建设项目用地的。

(三)乙方未按项目用地土地使用权出让合同约定交纳土地出让金的。

(四)乙方存在任何欺诈和虚假承诺的情况。

(五)项目土地使用年限期满或乙方提前终止经营时,本合同同时终止履行。乙方应办理注销登记手续交还土地使用证。乙方对该土地上投资建设的建筑物、附着物有权处置,但时间不得超过________,逾期由甲方无偿取得。

如乙方需继续使用项目土地,须在期满六个月之前向甲方相关部门提交续期申请,经甲方相关部门同意后,需续签土地使用合同后方可使用。

第十二条 除发生自然的不可抗力外,乙方出现以下情况甲方有关部门有权无偿收回项目土地使用权。

(一)不能按时支付土地出让费,经甲方催告后仍不支付达____日;

(二)在项目土地上超过两年不进行投资建设;

(三)三年内,项目土地面积的开发不到____%,或投资比例占总投资比例不到____%。

三、双方的其他权利与义务

第十三条 甲方将派专人向乙方介绍当地的投资环境、基本情况、优惠政策等,帮助乙方尽快了解项目所在地情况。

第十四条 为推进项目建设进度,甲方(职能部门)作为对口联系单位,应当协助乙方进行如下工作:

(一)项目前期立项、申报、选址、办理土地使用许可证;

(二)项目公司注册登记,消防、环保等基建前期手续等审批;

(三)协调办理征地补偿、民居搬迁、安置等;

(四)协调项目建设用水、用电;

(五)协助办理乙方涉外人才及其直系亲属的居留手续、出入境手续,优先安排乙方涉外人才的子女入学事宜;

(六)为乙方提供良好的投资环境和服务,落实好国家及地方政府规定的各项优惠政策(政策发生变化的,以各级政府制定并对外公布的文件为准)。

第十五条 乙方认同甲方的投资环境条件和优惠政策,同意在甲方管辖范围内投资兴建____项目。总投资人民币______万元(大写:______万元)兴建合同约定项目。本项目自______年____月开工建设,建设周期为____个月。

第十六条　项目建设规划设计须服从各级政府总体规划,规划方案需报规划局等部门批准,如果遇到项目建设用地规划调整,乙方应服从调整。

第十七条　乙方需保证在______年____月前完成资本注册,并在______年____月投入____万元到公司账户,剩余款项按约定日期一次或是分期投入,确保资金投入渠道畅通,项目生产按期投入运行。

第十八条　乙方必须严格按照环保"三同时"原则建设,确保企业"三废"达标排放。

第十九条　乙方负责项目用地红线内的道路、给排水、电力、通信、绿化等自用设施的建设。

第二十条　乙方保证资金按时到位,在取得建设用地批准书之日起三十日内开工建设,乙方保证项目不迟于______年____月竣工,保证项目不迟于______年____月投产。

第二十一条　乙方承诺在生产经营期间,守法经营,安全生产,照章纳税,接受政府检查,服从政府管理。

第二十二条　乙方服从甲方管理,注重安全生产工作,并按甲方要求按时报送各类报表,支持甲方统计工作。

第二十三条　乙方生产的产品或服务须以当地注册公司的名义出口或销售。

第二十四条　如乙方未能按甲方要求和本合同约定达到预期目标,导致本合同终止的,该宗地地面所有建筑物、构筑物归甲方所有,并依法处理,甲方不承担任何赔偿和补偿责任。

第二十五条　乙方享有国家、各级政府的相关优惠政策。

四、保密义务

第二十六条　甲乙双方保证对在讨论、签订、执行本合同过程中所获悉的属于其他方的且无法自公开渠道获得的文件及资料(包括商业秘密、公司计划、运营活动、财务信息、技术信息、经营信息及其他商业秘密)予以保密。

第二十七条　未经上述资料和文件的原提供方同意,其他方不得向任何第三方泄露该商业秘密的全部或部分内容。但根据相关规定向相关监管机构依法履行披露义务以及根据其他相关法律法规要求依法披露的除外。

五、违约责任

第二十八条　任何一方由于不可抗力、国家政策因素造成本框架合同全部或部分不能履行的,不视为违约,不承担违约责任,但双方应采取一切必要的补救措施推进拟帮扶项目的谈判。

第二十九条　在对方未履行义务前,一方按照合同的约定履行自己的义务的,不等于认可对方已经履行了先前的义务或同意对方可以不再履行其义务。

第三十条　因出现不可预见、不可避免、不可克服的不可抗力事件,导致本合同无法有效及时履行的,相互不承担违约责任。但是,遭遇不可抗力方应当立即通过电话、微信等方式通知对方,并在通知后的三日内将不可抗力的书面有效证明及本合同无法有效及时履行的书面理由提交给对方确认。否则应当承担相应的违约责任。

第三十一条 一方接受对方的逾期和/或不完全履行的义务的，不等于对对方违约行为的认可，接收方仍然有权追究对方的违约责任，直至解除合同。

六、合同的变更、解除和争议解决

第三十二条 发生下列情况之一的，双方可以协商变更或解除合同：

（一）由于不可抗力或意外事故导致合同无法履行或部分无法履行；

（二）国家法律、政策发生重大变化，导致合同必须作相应修改的。

合同一方要求变更或解除合同，应在15日前以书面通知另一方，协商解决。因变更或解除合同，致使守约方遭受实际损失的，除按合同约定和依法可免除责任的情形以外，应由违约方负责赔偿。

第三十三条 任何一方违反本合同任何条款约定的，在对方催告后十五个工作日内没有改正为全面履行的，守约方有权书面通知违约方解除合同，且有权要求违约方赔偿相当于合同总额<u>5%</u>的违约金及所遭受的损失（包括但不限于直接损失、可得利益、律师费用等全部损失）。

第三十四条 一方只主张违约责任，没有主张解除合同的，合同应当继续履行。一方收到解除合同的通知后，对解除有异议的，应当在十五个工作日内向法定机关向法定机关提出，否则，视为对解除无异议。

第三十五条 本合同的约定和履行中产生的争议，双方友好协商解决，若协商不成，任何一方均有权在原告住所地或居住地人民法院起诉解决。双方还可以约定提交仲裁机构裁决。

第三十六条 在纠纷调解或诉讼过程中，除争议事项外，双方应继续履行本合同所规定的其他各项义务，任何一方不得以任何方式阻挠正常的生产经营活动。

七、合作期限

第三十七条 双方合作期限为______年，______年____月____日起至______年____月____日止。期满后双方协商一致可以续签。

合同期满或终止前30日，甲、乙双方应当就是否续签合同交换意见，并进行必要的协商，以保证合作工作的连续性。

八、附则

第三十八条 双方在签订本合同时，应提供经核实的身份证明和相应资质证明文件的复印件作为合同附件。

第三十九条 变更住所地（居住地）、代表人（联系人）、电话等联络方式的，变更方在变更后24小时内以书面通知对方。否则视为本合同载明的联络方式继续有效，微信和短信内容也作为双方来往文件。通知、诉讼文书等文件以邮寄方式发送的，将文件按有效联络方式交给经营特快专递的单位邮寄后，邮件被签收或拒收均视为已经送达。

第四十条 双方在本合同签订前的其他所有文件内容与本合同约定不一致的，按照本合同执行。未尽事宜，双方协商一致，签订补充合同约定。

第四十一条 本合同的标题仅为便于阅读和对合同内容的理解，不作为确定双方权利义务的条款。

第四十二条　本合同自双方签章之日起生效。一式四份,甲乙双方各持两份,具有同等法律效力。

(以下无正文)

甲方(签名捺印)/(盖章):　　　　　　　　　　　乙方(签名捺印)/(盖章):

代表人(签名):　　　　　　　　　　　　　　　　代表人(签名):

年　月　日　　　　　　　　　　　　　　　　　　年　月　日

本合同签订地点:____________________

合作开发(建设)扶贫合同

合同编号:GDHT111

甲方(政府方):____

地址:____

法定代表人:____________________　职务:____________________

联系人:____________________　电话:____________________

电子邮箱:____________________　微信号:____________________

乙方(开发方):____

住所地:____

统一社会信用代码:____

法定代表人:____________________　职务:____________________

联系人:____________________　电话:____________________

电子邮箱:____________________　微信号:____________________

根据城市建设总体规划,为加快经济发展、优化投资环境,根据《中华人民共和国合同法》及相关法律法规的规定,甲乙双方在平等互利的基础上,经充分协商一致,自愿达成如下协议:

一、开发项目地址

第一条　甲方提供位于____市____区____所围地块,总占地约__________亩的一宗土地与乙方进行合作开发,(土地现状为居民住宅、厂房、大面积水坑、沟渠、废弃地)实际面积以测绘部门勘测为准,具体位置与四至范围见附件规划图。

二、甲方的权利和义务

第二条　甲方负责该宗地的征地拆迁、用地报批、办证等手续,并保证通过公开挂牌的方式对该宗地的国有土地使用权进行出让,乙方参与竞标,在中标后乙方以转账方式向甲方支付国有土地使用权出让金,并对该宗地进行开发建设。

第三条　甲方确保将该宗地挂牌时的规划设计应满足以下要求:

(一)该宗地中至少有________亩土地规划用途为商住用地;

(二)容积率不小于2.0;

(三)土地出让年限住宅为70年,商业为50年。

第四条 甲方负责协调国土、建设、规划、房管等职能部门,在开发建设中给予乙方最优惠的政策,提供便利条件,并同意乙方免缴各项政府规费。

第五条 该宗地所涉拆迁部分,土地征用费与拆迁安置费用由甲方负责,乙方根据所拆房屋面积大小(以产权证为准),向甲方提供回迁安置房。

第六条 甲方确保该宗地的国有土地使用权能按评估价每亩人民币____万元(大写:____________万元)为底价在土地交易中心挂牌出让,以期顺利完成该宗地的开发工作。该宗土地每亩人民币____万元(大写:____________万元)的国有土地使用权出让金底价包括但不限于以下费用:土地征地补偿费、征地管理费、契税、印花税、过户交易税、土地增值税、营业税、教育费附加、城市维护建设税、防洪费、测量费、评估费、招拍挂费用、过户交易手续费等所有税、费,以及该宗地国有土地使用权出让至乙方名下前应支付的其他费用。

第七条 甲方确保该宗地具备开发条件,通水、通电、通气、通信、有线、排污等管网引至项目50米范围内,地块范围内的基础设施建设和土地平整由乙方负责。

第八条 甲方负责协调解决征地、拆迁、补偿、安置过程中所产生的一切问题,乙方应积极配合。

三、乙方的权利和义务

第九条 乙方拥有该宗地使用权后,应按照双方约定分期分批完成合作开发项目的建设工作。

第十条 乙方投资项目共分三期完成,总投资人民币____亿元(大写:____________),一期工程投资人民币____亿元(大写:____________),进行基础设施建设及对周围环境的初步治理,完成____平方米住宅建设工程;二期工程投资人民币____亿元(大写:________),完成____平方米住宅建设工程;三期工程投资人民币____亿元(大写:____________),完成____平方米拆迁安置房建设工程,并完成小区内水域、道路、绿化的综合治理和规划建设工作,以期达到最佳环境效果。

四、保密义务

第十一条 甲乙双方保证对在讨论、签订、执行本合同过程中所获悉的属于其他方的且无法自公开渠道获得的文件及资料(包括商业秘密、公司计划、运营活动、财务信息、技术信息、经营信息及其他商业秘密)予以保密。

第十二条 未经该资料和文件的原提供方同意,其他方不得向任何第三方泄露该商业秘密的全部或部分内容。但根据相关规定向管机构依法履行披露义务以及根据其他相关法律法规要求依法披露的除外。

五、违约责任

第十三条 任何一方由于不可抗力因素造成合同全部或部分不能履行的,不视为违约,不承担违约责任,但双方应采取一切必要的补救措施推进拟帮扶项目的谈判。

第十四条 在对方未履行义务前,一方按照合同的约定履行自己的义务的,不等于认可对方已经履行了先前的义务或同意对方可以不再履行其义务。

第十五条 因出现不可预见、不可避免、不可克服的不可抗力事件,导致本合同无法有效及时履行的，相互不承担违约责任。但是，遭遇不可抗力方应当立即通过电话、微信等方式通知对方，并在通知后的三日内将不可抗力的书面有效证明及本合同无法有效及时履行的书面理由提交给对方确认。否则应当承担相应的违约责任。

第十六条　一方接受对方的逾期和/或不完全履行的，不等于对对方违约行为的认可，接收方仍然有权追究对方的违约责任，直至解除合同。

六、合同的变更、解除和争议解决

第十七条　发生下列情况之一的，双方可以协商变更或解除合同：

（一）由于不可抗力或意外事故导致合同无法履行或部分无法履行；

（二）国家法律、政策发生重大变化，导致合同必须作相应修改的。

合同一方要求变更或解除合同，应在15日前书面通知另一方，协商解决。因变更或解除合同，致使守约方遭受实际损失的，除按合同约定和法律规定可免除责任的情形以外，应由违约方负责赔偿。

第十八条　任何一方违反本合同任何条款约定的，在对方催告后十五个工作日内没有改正为全面履行的，守约方有权书面通知违约方解除合同，且有权要求违约方赔偿相当于合同总额5%的违约金及所遭受的损失（包括但不限于直接损失、可得利益、律师费用等全部损失）。

第十九条　一方只主张违约责任，没有主张解除合同的，合同应当继续履行。一方收到解除合同的通知后，对解除有异议的，应当在十五个工作日内向法定机关提出，否则，视为对解除无异议。

第二十条　本合同的约定和履行中产生的争议，双方友好协商解决，若协商不成，任何一方均可向有关部门申请调解，也有权在原告住所地或居住地人民法院起诉解决。双方还可以约定提交仲裁机构裁决。

七、合作期限

第二十一条　双方合作期限为______年，______年____月____日起至______年____月____日止。期满后双方协商一致可以续签。

合同期满或终止前30日，甲、乙双方应当就是否续签合同交换意见，并进行必要的协商，以保证合作工作的连续性。

八、附则

第二十二条　变更住所地（居住地）、代表人（联系人）、电话等联络方式的，变更方在变更后24小时内以书面方式通知对方。否则视为本合同载明的联络方式继续有效，微信和短信内容也作为双方来往文件。通知、诉讼文书等文件以邮寄方式发送的，将文件按有效联络方式交给经营特快专递的单位邮寄后，邮件被签收或拒收均视为已经送达。

第二十三条　双方在签订本合同时，应提供经核实的身份证明和相应资质证明文件的复印件作为合同附件。

第二十四条　双方在本合同签订前的其他所有文件内容与本合同约定不一致的，按照本合同执行。未尽事宜，双方协商一致，签订补充合同约定。

第二十五条　本合同的标题仅为便于阅读和对合同内容的理解，不作为确定双方权利义务的条款。

第二十六条　本合同自双方签章之日起生效。一式四份，甲乙双方各持两份，具有同等法律效力。

(以下无正文)

甲方(签名捺印)/(盖章):　　　　乙方(签名捺印)/(盖章):

代表人(签名):　　　　代表人(签名):

年　月　日　　　　年　月　日

本合同签订地点:________________

专项扶贫资金使用监管合同

合同编号:GDHT112

甲方:________________

地址:________________

法定代表人:____________　职务:____________

联系人:____________　电话:____________

电子邮箱:____________　微信号:____________

乙方:________________

住所地:________________

统一社会信用代码:________________

法定代表人:____________　职务:____________

联系人:____________　电话:____________

电子邮箱:____________　微信号:____________

扶贫项目名称:________________

为切实推动我省专项扶贫项目实施,加快农村产业结构调整,推进脱贫致富进程,保障农民增收,强化扶贫资金管理及使用效益,针对财政拨付的专项扶贫资金,现根据《中华人民共和国合同法》《中央财政专项扶贫资金管理办法》等相关法律法规的规定,经甲乙双方充分协商一致,就结成全面战略合作关系,经充分协商一致,自愿达成以下协议,以共同遵守。

一、项目资金构成和使用计划

第一条　项目总投资共计人民币________万元(大写:____________万元)。其中甲方拨付财政专项扶贫资金______万元(大写:____________万元),乙方自筹人民币________万元(大写:____________万元)。

第二条　乙方填写《______________专项扶贫资金使用计划明细表》(见附件)。

二、项目实施的组织管理措施和项目资金管理办法

第三条　乙方必须认真做好项目前期规划,以新建的当年在册贫困户为主要扶持对象,贫困复员军人和贫困计生“两户”优先,对项目实施区域内的贫困户进行深入调查,确定项目扶持户,拟写项目实施计划或项目实施方案。

第四条　项目资金必须专款专用,乙方不得挪作他用。对工程建设、政府采购、大宗商品供应及劳务技能培训等大额扶贫资金支出,由甲方财政直接支付。

如因项目建设预算控制不严,发生经费超支,由乙方自筹解决,不得影响项目进度和完工期限。乙方应当严格按照所属政府扶贫部门审定的项目实施方案实施项目,根据实际情况,经审定后的实施内容需作调整时,应与甲方共同协商达成一致意见,并逐级上报上级扶贫部门审批,乙方不得擅自更改实施内容。

第五条　扶贫项目应达到的质量技术标准或收益条件:________________________________

____

第六条　对于技术要求较高且需要承包的项目,乙方应当与甲方协商一致,并由甲方采取招标、投标、议标、合同等方式公开选择资质较好的实施单位进行承包。乙方与承包单位签订实施合同,确定承包合同的具体内容,在不影响项目建设的情况下尽可能使当地群众参与项目实施。

对不需承包的项目,乙方必须向甲方提交项目具体实施方案,并严格遵照执行;不论项目是否发包实施,均应对投工投劳的群众按照相关标准发放补助。

第七条　项目实施过程中,如发生无法继续实施或继续实施已无意义的情况,甲方有权立即通知乙方终止项目,以免造成国家扶贫资金损失。

三、双方权利义务

第八条　乙方应当在每月25日前向甲方提供项目建设情况、项目实施进度。

第九条　在本合同履行期间,由于人为因素导致项目建设不能顺利进行或存在故意欺骗行为的,应视实际情况,由相关部门追究有关人员责任。

第十条　本合同签订后,乙方应当严格根据附件中专项扶贫资金使用计划,落实项目资金管理的有关要求。扶贫项目需要自筹资金的,乙方承担监督和协助的职责,在此基础上,甲方承担按项目进度及时拨款的责任。

第十一条　项目建设期间,乙方应当及时将有关资料进行收集、整理和归档。待项目达到相关质量技术标准或收益条件时,乙方应当及时向甲方提出项目验收申请。

乙方向甲方提出项目验收申请时,应随附项目实施情况总结、专项扶贫资金账册及相关票据、效益情况和前述乙方应当收集的资料。甲方积极组织人员验收,在验收期间,乙方应积极协助甲方的工作,以利于验收工作顺利开展。

第十二条　甲乙双方均应对专项扶贫资金的使用,向双方所属政府相关财政部门提交相关账目、票据,由其进行审验、核算。

其他约定:____

四、保密义务

第十三条　甲乙双方保证对在讨论、签订、执行本合同过程中所获悉的属于其他方的且无法自公开渠道获得的文件及资料(包括商业秘密、公司计划、运营活动、财务信息、技术信息、经营信息及其他商业秘密)予以保密。未经该资料和文件的原提供方同意,其他方不得向任何第三方泄露该商业秘密的全部或部分内容。但根据相关规定向相关监管机构依法履行披露义务以及根据其他相关法律法规要求依法披露的除外。

五、违约责任

第十四条 任何一方由于不可抗力、国家政策因素造成本合同全部或部分不能履行的,不视为违约,不承担违约责任,但双方应采取一切必要的补救措施推进拟帮扶项目的谈判。

第十五条 在对方未履行义务前,一方按照合同的约定履行自己的义务的,不等于认可对方已经履行了先前的义务或同意对方可以不再履行其义务。

第十六条 因出现不可预见、不可避免、不可克服的不可抗力事件,导致本合同无法有效及时履行的,相互不承担违约责任。但是,遭遇不可抗力方应当立即通过电话、微信等方式通知对方,并在通知后的三日内将不可抗力的书面有效证明及本合同无法有效及时履行的书面理由提交给对方确认。否则应当承担相应的违约责任。

第十七条 一方接受对方的逾期和/或不完全履行的义务的,不等于对对方违约行为的认可,接收方仍然有权追究对方的违约责任,直至解除合同。

六、合同的变更、解除和争议解决

第十八条 发生下列情况之一的,双方可以协商变更或解除合同:

(一)由于不可抗力或意外事故导致合同无法履行或部分无法履行;

(二)国家法律、政策发生重大变化,导致合同必须作相应修改的。

合同一方要求变更或解除合同,应在15日前以书面通知另一方,协商解决。因变更或解除合同,致使守约方遭受实际损失的,除按合同约定或法律规定可免除责任的情形以外,应由违约方负责赔偿。

第十九条 任何一方违反本合同任何条款约定的,在对方催告后十五个工作日内没有改正为全面履行的,守约方有权书面通知违约方解除合同,且有权要求违约方赔偿相当于合同总额5%的违约金及所遭受的损失(包括但不限于直接损失、可得利益、律师费用等全部损失)。

第二十条 一方只主张违约责任,没有主张解除合同的,合同应当继续履行。一方收到解除合同的通知后,对解除有异议的,应当在十五个工作日内向法定机关向法定机关提出,否则,视为对解除无异议。

第二十一条 本合同的约定和履行中产生的争议,双方友好协商解决,若协商不成,任何一方均可向有关部门申请调解,也有权在原告住所地或居住地人民法院起诉解决。双方还可以约定提交仲裁机构裁决。

七、合作期限

第二十二条 双方合作期限为______年,______年____月____日起至______年____月____日止。期满后双方协商一致可以续签。

合同期满或终止前30日,甲、乙双方应当就是否续签合同交换意见,并进行必要的协商,以保证合作工作的连续性。

八、附则

第二十三条 双方在签订本合同时,应当提供经核实的身份证明和相应资质证明文件的复印件作为合同附件。

第二十四条　变更本合同载明的地址、代表人、电话等联系方式的,乙方应在变更后 24 小时内书面通知另一方,否则视为本合同载明的联络方式继续有效,微信和短信内容也作为双方来往文件。通知、诉讼文书等文件以邮寄方式发送的,将文件按有效联络方式交给经营特快专递的单位邮寄后,邮件被签收或拒收均视为已经送达。

第二十五条　双方在本合同签订前的其他所有文件内容与本合同约定不一致的,按照本合同执行。未尽事宜,双方协商一致,签订补充合同约定。

第二十六条　本合同的标题仅为便于阅读和对合同内容的理解,不作为确定双方权利义务的条款。

第二十七条　本合同自双方签名或盖章之日起生效。一式四份,甲乙双方各持两份,具有同等法律效力。

(以下无正文)

甲方(签名捺印)/(盖章):　　　　乙方(签名捺印)/(盖章):

代表人(签名):　　　　代表人(签名):

年　月　日　　　　年　月　日

本合同签订地点:____________________

附件:

_____专项扶贫资金使用计划明细表

填表单位:　　(公章)

具体项目名称	计划投资资金(万元)	专项资金拨付(万元)	专项扶贫资金投入(万元)	自筹资金投入(万元)	结余(万元)
合计					

填表日期:_____年___月___日

专项扶贫资金到户使用合同

合同编号:GDHT113

甲方(资金管理方):________________________________

住所:________________________________

统一社会信用代码:________________________________

法定代表人:______________________ 职务:______________________

联系人:__________________________ 电话:______________________

电子邮箱:________________________ 微信号:____________________

乙方(资金使用方):____

身份证号码:____

住址:____

联系人:__________________________ 电话:______________________

电子邮箱:________________________ 微信号:____________________

扶贫项目名称:____

为切实推动我省专项扶贫项目实施,加快农村产业结构调整、推进脱贫致富进程,保障农民增收,保障财政拨付的专项扶贫资金及时到户并被合法合理使用,特根据《中华人民共和国合同法》《中央财政专项扶贫资金管理办法》等相关法律、法规、政策规定,本着优势互补、共谋发展、互惠互利、实现双赢的原则,经甲乙双方充分协商一致,自愿达成以下条款,以供共同遵守。

一、扶贫资金构成及发放

第一条 扶贫项目专项资金共计________万元(大写:____________万元)。其中甲方向乙方发放资金______万元(大写:____________万元),乙方自筹________万元(大写:____________万元)。

二、扶贫资金到户使用规则

第二条 扶贫资金发放对象必须为扶贫项目扶助地方当年的建档立卡在册贫困户,且符合参与扶贫项目所要求的条件。

第三条 扶贫资金应当专款专用,乙方不得随意挪作他用。

如因乙方原因导致扶贫项目经费超支,超支部分由乙方自筹解决,不得影响项目进展。

第四条 项目实施过程中,如发生无法继续实施或继续实施已无意义的情况,甲方有权立即通知乙方终止项目,以免造成国家扶贫资金损失。

三、双方权利和义务

第五条 甲方在扶贫项目审批通过后,应及时为乙方设立扶贫资金专用账户,并确定扶贫资金发放日期按时向乙方拨付资金。

第六条 在本合同履行期间,由于人为因素导致项目建设不能顺利进行或存在故意欺骗行为的,应视实际情况,由相关部门追究有关人员责任。

第七条 乙方应当定期向甲方提供项目建设情况、项目实施进度等。

第八条 项目建设完成后,乙方应向甲方提供《专项扶贫资金到户使用明细表》(见附件)及相关票据等资金支出证明材料,交甲方进行核算。

其他约定:____

四、保密义务

第九条 甲乙双方保证对在讨论、签订、执行本合同过程中所获悉的属于其他方的且无法自公开渠道获得的文件及资料(包括商业秘密、公司计划、运营活动、财务信息、技术信息、经营信息及其他商业秘密)予以保密。

第十条　未经该资料和文件的原提供方同意,其他方不得向任何第三方泄露该商业秘密的全部或部分内容。但根据相关规定向相关监管机构依法履行披露义务以及根据其他相关法律法规要求依法披露的除外。

五、违约责任

第十一条　任何一方由于不可抗力、国家政策因素造成本合同全部或部分不能履行的,不视为违约,不承担违约责任,但双方应采取一切必要的补救措施。

第十二条　在对方未履行义务前,一方按照合同的约定履行自己的义务的,不等于认可对方已经履行了先前的义务或同意对方可以不再履行其义务。

第十三条　因出现不可预见、不可避免、不可克服的不可抗力事件,导致本合同无法有效及时履行的,相互不承担违约责任。但是,遭遇不可抗力方应当立即通过电话、微信等方式通知对方,并在通知后的三日内将不可抗力的书面有效证明及本合同无法有效及时履行的书面理由提交给对方确认。否则应当承担相应的违约责任。

第十四条　一方接受对方的逾期和/或不完全履行的义务的,不等于对对方违约行为的认可,接收方仍然有权追究对方的违约责任,直至解除合同。

六、合同的变更、解除和争议解决

第十五条　发生下列情况之一的,双方可以协商变更或解除合同:

(一)由于不可抗力或意外事故导致合同无法履行或部分无法履行;

(二)国家法律、政策发生重大变化,导致合同必须作相应修改的。

合同一方要求变更或解除合同,应在15日前以书面通知另一方,协商解决。因变更或解除合同,致使守约方遭受实际损失的,除按合同约定和依法可免除责任的情形以外,应由违约方负责赔偿。

第十六条　任何一方违反本合同任何条款约定的,在对方催告后十五个工作日内没有改正为全面履行的,守约方有权书面通知违约方解除合同,且有权要求违约方赔偿相当于合同总额5%的违约金及所遭受的损失(包括但不限于直接损失、可得利益、律师费用等全部损失)。

第十七条　一方只主张违约责任,没有主张解除合同的,合同应当继续履行。一方收到解除合同的通知后,对解除有异议的,应当在十五个工作日内向法定机关向法定机关提出,否则,视为对解除无异议。

第十八条　本合同的约定和履行中产生的争议,双方友好协商解决,若协商不成,任何一方均有权在原告住所地或居住地人民法院起诉解决。双方还可以约定提交仲裁机构裁决。

七、合作期限

第十九条　双方合作期限为______年,______年____月____日起至______年____月____日止。期满后双方协商一致可以续签。

合同期满或终止前30日,甲、乙双方应当就是否续签合同交换意见,并进行必要的协商,以保证合作工作的连续性。

八、附则

第二十条　双方在签订本合同时,应提供经核实的身份证明和相应资质证明文件的复印件作为合同附件。

第二十一条 变更住所地(居住地)、代表人(联系人)、电话等联络方式的,变更方在变更后 24 小时内以书面方式通知对方。否则视为本合同载明的联络方式继续有效,微信和短信内容也作为双方来往文件。通知、诉讼文书等文件以邮寄方式发送的,将文件按有效联络方式交给经营特快专递的单位邮寄后,邮件被签收或拒收均视为已经送达。

第二十二条 双方在本合同签订前的其他所有文件内容与本合同约定不一致的,按照本合同执行。未尽事宜,双方协商一致,签订补充合同约定。

第二十三条 本合同的标题仅为便于阅读和对合同内容的理解,不作为确定双方权利义务的条款。

第二十四条 本合同自双方签章之日起生效。一式四份,甲乙双方各持两份,具有同等法律效力。

(以下无正文)

甲方(签名捺印)/(盖章):
代表人(签名):
年 月 日

乙方(签名捺印)/(盖章):
代表人(签名):
年 月 日

本合同签订地点:____________________

附件:

______专项扶贫资金到户使用明细表

具体支出项目名称	专项资金拨付(万元)	专项扶贫资金投入(万元)	自筹资金投入(万元)	结余(万元)	有无相关票据
合计					

填表人(签名捺印):

填表日期:_____年___月___日

贫困户入股分红合同

合同编号:GDHT114

甲方(政府):______________________________
地址:______________________________
法定代表人:__________________ 职务:__________________
联系人:__________________ 电话:__________________

电子邮箱：______________ 微信号：______________

乙方(企业)：______________

统一社会信用代码：______________

住所：______________

法定代表人：______________ 职务：______________

联系人：______________ 电话：______________

电子邮箱：______________ 微信号：______________

丙方(贫困户)：______________

身份证号：______________

住址：______________

联系人：______________ 电话：______________

电子邮箱：______________ 微信号：______________

为加快推进精准扶贫、精准脱贫工作，支持发展产业带动贫困户增收脱贫，切实解决贫困户自身发展不足的问题，本着公平、公正、风险共担、互利共赢的原则，根据《中华人民共和国合同法》等相关法律、法规、政策规定，以优势互补、共谋发展、互惠互利、实现双赢为宗旨，经甲乙丙三方充分协商一致，自愿达成以下协议，以供共同遵守。

一、入股形式

第一条　甲方以产业扶贫专项资金股权化形式入股乙方，统一将国家财政补助的扶贫专项资金____万元(大写：__________万元)作为丙方本金入股乙方。乙方自收到丙方入股资金之日起，以年度为单位，每年按不低于入股资金额20%的标准向丙方分发红利。

二、甲方的职责

第二条　负责对乙方的经营实体进行审核、评估、论证，决定扶贫项目支持，指导产业扶贫项目建设发展，维护乙方正常生产经营秩序。

第三条　负责对建档立卡贫困户的资格审查认定，按合同约定为丙方支付入股本金。

第四条　全程监督产业扶贫项目运行建设情况，督促乙方按期支付丙方红利，若乙方未按期支付股权红利，负责追还股权红利。

三、乙方的职责

第五条　对于甲方为丙方支付的入股扶贫资金，除本合同约定的责、权、利外，签订合同时，为丙方颁发股权证书一本(丙方持户主有效身份证件领取)，作为每年领取分红的证件和记载。

第六条　乙方要本着对企业和贫困户负责的态度切实有效经营好产业项目，发挥扶贫专项资金最大效益。丙方入股资金只能用于基地建设、生产与经营。实行独立核算，自负盈亏。

第七条　按期支付丙方红利，不得无故拖延。

第八条　乙方财务部门每年要选择适当的时间，就企业的经营、财务情况向甲方、丙方书面汇报一次，使甲方、丙方能及时掌握企业运营的基本情况。

第九条　在生产经营中如需用工，在同等条件下优先招用丙方。

四、丙方的权利和义务

第十条 自愿将国家财政支持的扶贫专项资金人民币____万元(大写:____________万元)入股乙方,用于产业发展。

第十一条 在享受股权期间不得变现、私自转让或赠与。

第十二条 每年所得的分红资金作为本家庭脱贫可支配收入自行安排使用。

第十三条 按照合作社(企业)规章有关规定,享有参与民主管理的权利,但无正当理由不得干涉乙方的日常管理和业务往来。

第十四条 在乙方招用工时,在同等条件下享有优先录用权。

五、其他约定

第十五条 如乙方五年内(含五年)因市场变化或其他原因停产或破产,由乙方按5年分红期补足红利给丙方。若丙方已脱贫,则红利分给其他股权享受方或交甲方管理。甲方和丙方不再享有剩余资产分配权。

第十六条 如乙方五年之后因市场变化或其他原因停产破产,则经有关部门进行资产清算评估,剩余资产按股权占有比例进行一次性分配。丙方所占剩余资产交由甲方统一管理,另行安排其他扶贫项目。

第十七条 丙方经认定已脱贫后,不再享受股权红利,由甲方调剂给其他建档立卡贫困户,办理股权转让手续。如无调剂对象,股权直接转让给甲方,享受股权红利,另行安排其他扶贫项目。

六、保密义务

第十八条 各方保证对在讨论、签订、执行本合同过程中所获悉的属于其他方的且无法自公开渠道获得的文件及资料(包括商业秘密、公司计划、运营活动、财务信息、技术信息、经营信息及其他商业秘密)予以保密。

第十九条 未经该资料和文件的原提供方同意,其他方不得向任何第三方泄露该商业秘密的全部或部分内容。但根据相关规定向相关监管机构依法履行披露义务以及根据其他相关法律法规要求依法披露的除外。

七、违约责任

第二十条 本合同履行期间,乙方没有按约定支付分红资金,应支方丙方投资总额10%的违约金给丙方。如果乙方连续两年未按约定向丙方支付分红资金,经催告后在指定的期限内仍未履行,甲、乙、丙三方有权解除本合同并要求乙方返还入股本金,并承担丙方入股本金总额20%的违约金。

第二十一条 任何一方由于不可抗力、国家政策因素造成本框架合同全部或部分不能履行的,不视为违约,不承担违约责任,但三方应采取一切必要的补救措施推进拟帮扶项目的谈判。

第二十二条 在对方未履行义务前,一方按照合同的约定履行自己的义务的,不等于认可对方已经履行了先前的义务或同意对方可以不再履行其义务。

第二十三条 因出现不可预见、不可避免、不可克服的不可抗力事件,导致本合同无法有效及时履行的，相互不承担违约责任。但是，遭遇不可抗力方应当立即通过电话、微信等方式通知对方，并在通知后的三日内将不可抗力的书面有效证明及本合同无法有效及时履行的书面理由提交给对方确认。否则应当承担相应的违约责任。

第二十四条　一方接受对方的逾期和/或不完全履行的义务的，不等于对对方违约行为的认可，接收方仍然有权追究对方的违约责任，直至解除合同。

八、合同的变更、解除和争议解决

第二十五条　发生下列情况之一的，三方可以协商变更或解除合同：

（一）由于不可抗力或意外事故导致合同无法履行或部分无法履行；

（二）国家法律、政策发生重大变化，导致合同必须作相应修改的。

合同一方要求变更或解除合同，应在15日前以书面通知另一方，协商解决。因变更或解除合同，致使守约方遭受实际损失的，除按合同约定和依法可免除责任的情形以外，应由违约方负责赔偿。

第二十六条　任何一方违反本合同任何条款约定的，在对方催告后十五个工作日内没有改正为全面履行的，守约方有权书面通知违约方解除合同，且有权要求违约方赔偿相当于合同总额5%的违约金及所遭受的损失（包括但不限于直接损失、可得利益、律师费用等全部损失）。

第二十七条　一方只主张违约责任，没有主张解除合同的，合同应当继续履行。一方收到解除合同的通知后，对解除有异议的，应当在十五个工作日内向法定机关向法定机关提出，否则，视为对解除无异议。

第二十八条　本合同的约定和履行中产生的争议，各方友好协商解决，若协商不成，任何一方均有权在原告住所地或居住地人民法院起诉解决。各方还可以约定提交仲裁机构裁决。

九、合作期限

第二十九条　三方合作期限为______年，______年____月____日起至______年____月____日止。期满后三方协商一致可以续签。

合同期满或终止前30日，甲、乙、丙三方应当就是否续签合同交换意见，并进行必要的协商，以保证合作工作的连续性。

十、附则

第三十条　各方在签订本合同时，应提供经核实的身份证明和相应资质证明文件的复印件作为合同附件。

第三十一条　变更住所地（居住地）、代表人（联系人）、电话等联络方式的，变更方在变更后24小时内书面通知对方。否则视为本合同载明的联络方式继续有效，微信和短信内容也作为双方来往文件。通知、诉讼文书等文件以邮寄方式发送的，将文件按有效联络方式交给经营特快专递的单位邮寄后，邮件被签收或拒收均视为已经送达。

第三十二条　三方在本合同签订前的其他所有文件内容与本合同约定不一致的，按照本合同执行。未尽事宜，三方协商一致，签订补充合同约定。

第三十三条　本合同的标题仅为便于阅读和对合同内容的理解，不作为确定三方权利义务的条款。

第三十四条 本合同自双方签盖章之日起生效。一式六份,甲乙丙三方各持两份,具有同等法律效力。

(以下无正文)

甲 方(签名捺印)/(盖章):
代表人(签名):
年 月 日

乙 方(签名捺印)/(盖章):
代表人(签名):
年 月 日

丙 方(签名捺印)/(盖章):
代表人(签名):
年 月 日

本合同签订地点:______________________

国有资产管理和处置扶贫合同

合同编号:GDHT115

甲方(资产管理方):______________________
住所地:______________________
统一社会信用代码:______________________
法定代表人:____________ 职务:____________
联系人:____________ 电话:____________
电子邮箱:____________ 微信号:____________

乙方(受让方):______________________
住所地:______________________
统一社会信用代码:______________________
法定代表人:____________ 职务:____________
联系人:____________ 电话:____________
电子邮箱:____________ 微信号:____________

丙方(甲方的子公司):______________________
地址:______________________
法定代表人:____________ 职务:____________
联系人:____________ 电话:____________
电子邮箱:____________ 微信号:____________

根据《中华人民共和国合同法》《中华人民共和国公司法》等相关法律、法规、政策规定,本着优势互补、共谋发展、互惠互利、实现双赢的原则,就处置国有资产,解决困难职工事宜,经甲乙丙三方充分协商一致,自愿达成以下协议,以供共同遵守。

一、甲方基本情况

第一条　甲方的股权结构为:________________________,主营业务包括:__________________________________,历史沿革________________,资产状况__________________,人员情况____

二、乙方基本情况

第二条　乙方的股权结构为:________________________,主营业务包括:______________________________,历史沿革________________,资产状况:__________________,生产规模:____

三、处置标的

第三条　本次以转让方式处置资产标的为甲方所属的________资产,包括甲方投入丙方的资产。

第四条　甲方所属______公司位于______,宗地性质____,面积______,经______评估有限公司评估,总价值为______万元(大写:___________万元)。

第五条　经评估甲方所属______公司的机器、设备、在建工程、房屋等资产总价值为______万元(大写:___________万元)。

第六条　评估报告范围之外的______资产,待本次转让实施后,由________进行处置。

四、处置方式及价格

第七条　通过在______产权交易中心发布公告,公开征集受让方的形式,经________确定乙方为受让方,并向受让方转让资产的方式处置标的资产。

第八条　在本合同签订后______个工作日内,乙方以现金形式向甲方支付价款______元。

第九条　本合同签订后____个工作日内,乙方即行接收评估报告范围内的资产和____名人员。

五、关于资产、土地使用权的处置

第十条　资产的处置

(一)资产评估报告中所显示的资产从甲方划出转让给乙方;

(二)评估报告范围外的资产不在本次资产转让范围内,待本次资产转让完成后,由甲方进行处置。

第十一条　土地的处置

新公司以出让方式获得土地使用权,使用期限______年,乙方应依法缴纳土地出让金______万元(大写:___________万元),甲方协助乙方办理土地证件。在办理土地过户手续过程中所发生的契税费,由________承担。甲方、丙方协助乙方办理过户,并同时享受省、市相关的优惠政策。

六、债权债务

第十二条　本次国有资产通过转让方式处置的标的为________________公司部分/全部国有资产,甲方在生产经营过程中所形成的债权、债务归甲方所有。

七、关于职工安置

第十三条 职工安置方案由甲方拟定，由______公司职工代表大会审议通过，报上级工会备案，经市劳动和社会保障局审核批准，作为本合同附件，具有法律效力。新公司按照职工安置方案的规定履行责任和义务。

第十四条 乙方接收职工____名，接续并重新签订劳动合同，工作年限合并计算。在公司连续工作满10年以上的职工提出续签无固定期限劳动合同的，乙方应当与其签订无固定期限劳动合同。

第十五条 乙方应接续职工养老、失业、工伤、生育、医疗等社会保险，并不得发生拖欠，真正发挥扶贫作用。

八、关于资产交易

第十六条 本次资产转让通过______市资产交易中心实施，并执行相关法律、法规和国家政策的有关规定，由______资产交易中心办理资产交易鉴证手续，并出具《鉴证报告》。

第十七条 本次资产交易过程中，由具有法定资质的律师事务所出具《法律意见书》。

第十八条 此次资产移交过程中涉及的有关费用按照国家有关法律法规等要求由乙方承担、同时享受省、市相关优惠政策。

九、关于经营权的移交

第十九条 甲、乙、丙三方在签订本合同并在乙方支付完____万元（大写：______万元）资产转让款后____个工作日内，完成向乙方移交评估范围内的资产的经营权，包括产、供、销、人、财、物的日常经营调配使用权力。

十、关于资产的交割

第二十条 在完成资产权利移交后的____个工作日内，甲方向乙方移交评估范围内的资产以及人事档案、文书档案、技术档案、业务资料和企业其他存档文件，本次国有资产处置中评估报告范围之外的资产按照本合同有关条款的规定进行交割。

十一、承诺与保证

第二十一条 甲方和丙方的承诺：作为本次资产转让的主体，依法履行出资人职责，经授权决定本次转让，有权签署本合同；经授权履行本合同所规定的所有义务和责任；在本合同签署之前，没有签署并且不会签署包含阻碍、禁止或者限制本次转让的任何合同、协议或者其他任何形式的文件等；所提供的一切资料、文件，所作出的一切声明和保证及移交的实物资产皆是完全真实、完整、准确的；依约向乙方移交丙方所属______公司部分国有资产。

第二十二条 乙方承诺：履行本合同规定的所有义务和责任；依约注入不低于____万元（大写：______万元）资金开展生产经营；确保新的项目如约投资并如期完工；改制后的公司守法经营、依法纳税；改制后的公司在当地政府的安排下积极参加社会公益活动；按时、足额缴纳改制后的公司在册员工的养老、失业、医疗、工伤、生育等各种社会保险费用；改制后公司按照《党章》《团章》规定组建党、团组织，接受上级党委、团委的领导及要求，工会根据《工会法》维护职工合法权益。

十二、保密义务

第二十三条 各方保证对在讨论、签订、执行本合同过程中所获悉的属于其他方的且无法自公开渠道获得的文件及资料（包括商业秘密、公司计划、运营活动、财务信息、技术信息、经营信息及其他商业秘密）予以保密。未经该资料和文件的原提供方同意，其他方不得向任何第三方泄露该商业秘密的全部或部分内容。但根据相关规定向相关监管机构依法履行披露义务以及根据其他相关法律法规要求依法披露的除外。

十三、违约责任

第二十四条　任何一方由于不可抗力、国家政策因素造成本合同全部或部分不能履行的，不视为违约，不承担违约责任，但三方应采取一切必要的补救措施推进拟帮扶项目的谈判。

第二十五条　在对方未履行义务前，一方按照合同的约定履行自己的义务的，不等于认可对方已经履行了先前的义务或同意对方可以不再履行其义务。

第二十六条　因出现不可预见、不可避免、不可克服的不可抗力事件，导致本合同无法有效及时履行的，相互不承担违约责任。但是，遭遇不可抗力方应当立即通过电话、微信等方式通知对方，并在通知后的三日内将不可抗力的书面有效证明及本合同无法有效及时履行的书面理由提交给对方确认。否则应当承担相应的违约责任。

第二十七条　一方接受对方的逾期和/或不完全履行的义务的，不等于对对方违约行为的认可，接收方仍然有权追究对方的违约责任，直至解除合同。

十四、合同的变更、解除和争议解决

第二十八条　发生下列情况之一的，三方可以协商变更或解除合同：

（一）由于不可抗力或意外事故导致合同无法履行或部分无法履行；

（二）国家法律、政策发生重大变化，导致合同必须作相应修改的。

合同一方要求变更或解除合同，应在15日前以书面通知另一方，协商解决。因变更或解除合同，致使守约方遭受实际损失的，除按合同约定和依法可免除责任的情形以外，应由违约方负责赔偿。

第二十九条　任何一方违反本合同任何条款约定的，在对方催告后十五个工作日内没有改正为全面履行的，守约方有权书面通知违约方解除合同，且有权要求违约方赔偿相当于合同总额5%的违约金及所遭受的损失（包括但不限于直接损失、可得利益、律师费用等全部损失）。

第三十条　一方只主张违约责任，没有主张解除合同的，合同应当继续履行。一方收到解除合同的通知后，对解除有异议的，应当在十五个工作日内向法定机关提出，否则，视为对解除无异议。

第三十一条　本合同的约定和履行中产生的争议，各方友好协商解决，若协商不成，任何一方均有权在原告住所地或居住地人民法院起诉解决。各方还可以约定提交仲裁机构裁决。

十五、合作期限

第三十二条　三方合作期限为______年，______年____月____日起至______年____月____日止。期满后三方协商一致可以续签。

合同期满或终止前30日，甲、乙、丙三方应当就是否续签合同交换意见，并进行必要的协商，以保证合作工作的连续性。

十六、附则

第三十三条 各方在签订本合同时，应提供经核实的身份证明和相应资质证明文件的复印件作为合同附件。

第三十四条 变更住所地(居住地)、代表人(联系人)、电话等联络方式的，变更方在变更后24小时内以书面方式通知对方。否则视为本合同载明的联络方式继续有效，微信和短信内容也作为双方来往文件。通知、诉讼文书等文件以邮寄方式发送的，将文件按有效联络方式交给经营特快专递的单位邮寄后，邮件被签收或拒收均视为已经送达。

第三十五条 本合同附件为本合同不可分割的重要组成部分，附件的内容或者用语与本合同条款不一致的，以本合同条款为准。合同附件包括：

附件1：职工安置方案及其批准文件

附件2：资产评估报告

附件3：土地评估报告

附件4：经与原件核实一致的身份证明复印件

第三十六条 三方在本合同签订前的其他所有文件内容与本合同约定不一致的，按照本合同执行。未尽事宜，三方协商一致，签订补充合同约定。

第三十七条 本合同的标题仅为便于阅读和对合同内容的理解，不作为确定三方权利义务的条款。

第三十八条 本合同自三方代表人签章之日起生效。本合同一式六份，三方各持两份，具有同等法律效力。

(以下无正文)

甲方(签名捺印)/(盖章)：
代表人(签名)：
年 月 日

乙方(签名捺印)/(盖章)：
代表人(签名)：
年 月 日

丙方(签名捺印)/(盖章)：
代表人(签名)：
年 月 日

本合同签订地点：____________________

政府采购扶贫合同

合同编号：GDHT116

甲方(采购方)：____

地址：____

法定代表人：________________ 职务：________________
联系人：________________ 电话：________________
电子邮箱：________________ 微信号：________________
乙方(供应方)：________________
统一社会信用代码：________________
住所：________________
法定代表人：________________ 职务：________________
联系人：________________ 电话：________________
电子邮箱：________________ 微信号：________________
丙方(扶贫项目实施方)：________________
统一社会信用代码：________________
住所：________________
法定代表人：________________ 职务：________________
联系人：________________ 电话：________________
电子邮箱：________________ 微信号：________________
采购方式：________________
政府采购计划(预算)确认书号：________________
采购代理机构：________________

为推进我省精准扶贫工作顺利进行，保障扶贫项目顺利实施，根据《中华人民共和国政府采购法》《中华人民共和国合同法》等相关法律、法规、政策规定，本着优势互补、共谋发展、互惠互利、实现双赢的原则，就甲方采购乙方的货物、服务和技术投入丙方用于扶贫项目事宜，经甲乙丙三方充分协商一致，自愿达成以下协议，以供共同遵守。

一、合同组成

第一条 本次政府采购活动的相关文件为本合同的组成部分，包括但不限于：

(一)本合同文本；

(二)采购文件与采购响应文件；

(三)中标或成交通知书；

其他：________________

组成本合同的所有文件必须为书面形式。政府采购合同备案时，须提供以上______项，如由社会中介机构代理，须提供代理合同。

二、合同标的

第二条 详见附件

______(服务项目)采购明细表。

三、合同价款及付款方式

第三条 本合同项下总价款为人民币____________万元(大写：________万元)，分项价款在“投标报价款”中明确。

第四条 本合同总价款包括________________________等全部费用。

第五条 本合同项下的采购资金付款进度按照招投标文件规定，采用以下第______种方式支付：

（一）一次性付款：乙方合同履行达到__________________________（条件）时，甲方一次性全额付款，即人民币__________________万元（大写：________________万元）。

（二）分期付款：合同签订后____日内，甲方支付合同总价款的____%即人民币______________万元（大写：________万元）；

产品交付后____日内，甲方支付合同总价的____%即人民币__________________万元（大写：__________万元）；

产品经验收合格后____日内，甲方支付合同总价款的____%即人民币____________万元（大写：__________万元）。

附：乙方指定收款账户信息：

收款账号：____

开户银行：____

账户名称：____

四、质量和权利保证

第六条 乙方所提供的服务或产品型号、技术参数等必须与招投标文件和承诺一致。乙方提供的自主创新产品、节能和环保产品必须是列入政府采购清单的产品。

第七条 乙方所提供的货物必须是全新、未使用的原装产品，且在正常安装、使用和保养条件下，其使用寿命期内各项指标均符合质量要求。

第八条 乙方应保证其所提供服务或货物在使用时不会侵犯任何第三方的专利权、商标权、工业设计权或其他权利。

五、调试和验收

第九条 乙方交货前应对产品作全面检查，保证交付于丙方的货物符合甲方要求。

第十条 乙方提供的货物在使用前需要进行调试的，乙方需要负责安装并培训丙方的使用操作人员，并协助丙方进行调试。

第十一条 甲方对乙方提交的货物需在____个工作日内，根据招标文件上的技术规格要求和国家有关质量标准进行现场验收。对技术复杂的货物，丙方应当聘请国家认可的专业检测机构参与初步验收及最终验收，并由其出具质量检测报告。如验收合格则相关费用由甲方承担，反之则由乙方承担。

第十二条 货物验收完毕后，丙方应当出具验收结果报告。逾期不予验收或验收完毕但未出具验收结果报告的，视为甲方验收合格并已出具验收结果报告。

六、保密义务

第十三条 甲乙丙三方保证对在讨论、签订、执行本合同过程中所获悉的属于其他方的且无法自公开渠道获得的文件及资料（包括商业秘密、公司计划、运营活动、财务信息、技术信息、经营信息及其他商业秘密）予以保密。

第十四条 未经该资料和文件的原提供方同意，其他方不得向任何第三方泄露该商业秘密的全部或部分内容。但根据相关规定向相关监管机构依法履行披露义务以及根据其他相关法律法规要求依法披露的除外。提供方在提供资料和信息时没有书面告知属于秘密的,接收方没有保密义务。

七、违约责任

第十五条　在对方未履行义务前,一方按照合同的约定履行自己的义务的,不等于认可对方已经履行了先前的义务或同意对方可以不再履行其义务。

第十六条　一方接受对方的逾期和/或不完全履行的义务的,不等于对对方违约行为的认可,接收方仍然有权追究对方的违约责任,直至解除合同。

第十七条　因出现不可预见、不可避免、不可克服的事件,导致本合同无法有效及时履行的,相互不承担违约责任。但是,遭遇不可抗力方应当立即通过电话、微信等方式通知对方,并在通知后的三日内将不可抗力的书面有效证明及本合同无法有效及时履行的书面理由提交给对方确认。否则应当承担相应的违约责任。

八、合同的变更、解除和争议解决

第十八条　发生下列情况之一的,各方应当协商变更或解除合同:

(一)由于不可抗力或意外事故导致合同无法履行或部分无法履行(不可抗力是指当事人不能预见,对其发生和后果不能避免并不能克服的客观情况);

(二)国家法律、政策发生重大变化,导致合同必须作相应修改的。

第十九条　任何一方违反本合同任何条款约定的,在对方催告后十五个工作日内没有改正为全面履行的,守约方有权书面通知违约方解除合同,且有权要求违约方赔偿相当于合同总额5%的违约金及所遭受的损失(包括但不限于直接损失、可得利益、律师费用等全部损失)。

第二十条　一方只主张违约责任,没有主张解除合同的,合同应当继续履行。一方收到解除合同的通知后,对解除有异议的,应当在十五个工作日内向法定机关提出,否则,视为对解除无异议。

第二十一条　本合同的约定和履行中产生的争议,各方友好协商解决,若协商不成,任何一方均有权在原告住所地或居住地人民法院起诉解决。各方还可以约定提交仲裁机构裁决。

九、合作期限

第二十二条　合作期限为______年,______年____月____日起至______年____月____日止。期满后各方协商一致可以续签。

第二十三条　合同期满或终止前30日,甲、乙、丙三方应当就是否续签合同交换意见,并进行必要的协商,以保证合作工作的连续性。

十、附则

第二十四条　变更住所地(居住地)、代表人(联系人)、电话等联络方式的,变更方在变更后24小时内以书面通知对方。否则视为本合同载明的联络方式继续有效,微信和短信内容也作为双方来往文件。通知、诉讼文书等文件以邮寄方式发送的,将文件按有效联络方式交给经营特快专递的单位邮寄后,邮件被签收或拒收均视为已经送达。

第二十五条　各方在签订本合同时,应提供经核实的身份证明和相应资质证明文件的复印件作为合同附件。

第二十六条 各方在本合同签订前的其他所有文件内容与本合同约定不一致的,按照本合同执行。未尽事宜,各方协商一致,签订补充合同约定。

第二十七条 本合同的标题仅为便于阅读和对合同内容的理解,不作为确定双方权利义务的条款。

第二十八条 本合同自各方代表人签章之日起生效。本合同一式五份,甲乙丙三方各执一份,一份报送政府采购监督管理部门备案,一份交送财政部门核算支付,具有同等法律效力。

(以下无正文)

甲方(签名捺印)/(盖章):
代表人(签名):
年 月 日

乙方(签名捺印)/(盖章):
代表人(签名):
年 月 日

丙方(签名捺印)/(盖章):
代表人(签名):
年 月 日

本合同签订地点:____________________

附件:

________采购明细表

序号	货物名称	商标品牌	规格型号	生产厂家	数量及单位	单价(元)	金额(元)
1							
2							
3							
4							
5							
6							
7							
8							
9							
10							
人民币合计金额:______________;小写:________元							

填表单位: (盖章)

填表日期:_____年___月___日

财政资金使用扶贫管理合同

合同编号:GDHT117

甲方(资金拨付方):____________________

地址:____________________

法定代表人:____________ 职务:____________

联系人:____________ 电话:____________

电子邮箱:____________ 微信号:____________

乙方(资金使用方):____________________

住所:____________________

法定代表人:____________ 职务:____________

联系人:____________ 电话:____________

电子邮箱:____________ 微信号:____________

为在我省乡村振兴战略、精准扶贫工作的有效开展期间规范财政专项资金管理,增强财政资金使用的科学性和公正性,提高资金使用效益,甲乙双方经充分沟通协商,就______项目财政资金的使用遵照《中华人民共和国合同法》等相关法律、法规、政策规定,本着优势互补、共谋发展、互惠互利、实现双赢的原则,经甲乙双方充分协商一致,自愿达成以下协议,以供共同遵守。

一、财政资金拨付根据和用途

第一条　甲方根据乙方提出的申请,经与财政部门共同研究批准,同意乙方使用____资金人民币________万元(大写:______________万元),由财政部门从财政专用资金中拨付,甲方会同财政、审计等部门监督乙方资金使用情况。

第二条　乙方专项资金用于乡村振兴、精准扶贫项目,具体为:____________________

使用资金达到扶贫的精准程度为:____________________

二、财政资金使用规则

第三条　乙方计划使用财政拨付资金日期为______年____月____日至______年____月____日,预计达到以下目标或条件:____________________

第四条　财政拨付资金应当专项用于________________项目实施,施行专款专用,乙方不得随意挪用或用于集体福利、参与税后利润分配等与项目实施无关的其他事项。

第五条　乙方应当设立接收财政资金的专用账户,实行财政资金专项使用、管理。设立的账户信息为:

收款账号:____________________

账户名称:____________________

开户银行:____________________

第六条　资金的使用应当附随资金使用预算及支出明细,乙方应当如实填写并保存相关票据。

第七条 资金使用项目实施过程中,如发生无法继续实施或继续实施已无意义的情况,甲方有权立即通知乙方终止该项目,以免造成国家财政资金损失。

三、双方权利和义务

第八条 甲方在乙方财政使用申请审批通过后,应当及时确定财政资金拨付日期按时向乙方拨付资金。

第九条 在本合同履行期间,由于人为因素导致项目建设不能顺利进行或存在故意欺骗行为的,应当视实际情况,由相关部门追究有关人员责任。

第十条 乙方应当自觉接受甲方的监督、检查,并在资金使用达到本合同约定的目标或条件时,于30日内将使用资金后所产生的效果、财政扶植项目情况和资金使用情况以书面形式上报甲方。

第十一条 甲方可以根据资金使用总结报告和项目完成情况,会同有关部门对乙方资金使用情况进行书面、会议或现场考察等形式的验收。

第十二条 项目建设完成后,乙方应当向甲方提供资金使用预算、支出明细表及相关票据等资金支出证明材料,交甲方进行核算。

四、保密义务

第十三条 甲乙双方保证对在讨论、签订、执行本合同过程中所获悉的属于其他方的且无法自公开渠道获得的文件及资料(包括商业秘密、公司计划、运营活动、财务信息、技术信息、经营信息及其他商业秘密)予以保密。

第十四条 未经该资料和文件的原提供方同意,其他方不得向任何第三方泄露该商业秘密的全部或部分内容。但根据相关规定向相关监管机构依法履行披露义务以及根据其他相关法律法规要求依法披露的除外。

五、违约责任

第十五条 在对方未履行义务前,一方按照合同的约定履行自己的义务的,不等于认可对方已经履行了先前的义务或同意对方可以不再履行其义务。

第十六条 一方接受对方的逾期和/或不完全履行的义务的,不等于对对方违约行为的认可,接收方仍然有权追究对方的违约责任,直至解除合同。

第十七条 因出现不可预见、不可避免、不可克服的不可抗力事件,导致本合同无法有效及时履行的,相互不承担违约责任。但是,遭遇不可抗力方应当立即通过电话、微信等方式通知对方,并在通知后的三日内将不可抗力的书面有效证明及本合同无法有效及时履行的书面理由提交给对方确认。否则应当承担相应的违约责任。

六、合同的变更、解除和争议解决

第十八条 发生下列情况之一的,双方可以协商变更或解除合同:

(一)由于不可抗力或意外事故导致合同无法履行或部分无法履行;

(二)国家法律、政策发生重大变化,导致合同必须作相应修改的。

第十九条 合同一方要求变更或解除合同,应在15日前以书面通知另一方,协商解决。因变更或解除合同,致使守约方遭受实际损失的,除按合同约定或法律规定可免除责任的情形以外,应由违约方负责赔偿。

第二十条　任何一方违反本合同任何条款约定的,在对方催告后十五个工作日内没有改正为全面履行的,守约方有权书面通知违约方解除合同,且有权要求违约方赔偿相当于合同总额5%的违约金及所遭受的损失(包括但不限于直接损失、可得利益、律师费用等全部损失)。

一方只主张违约责任,没有主张解除合同的,合同应当继续履行。一方收到解除合同的通知后,对解除有异议的,应当在十五个工作日内向法定机关提出,否则,视为对解除无异议。

第二十一条　本合同的约定和履行中产生的争议,双方友好协商解决,若协商不成,任何一方均有权在原告住所地或居住地人民法院起诉解决。双方还可以约定提交仲裁机构裁决。

第二十二条　在纠纷调解或诉讼过程中,甲乙双方应当停止财政资金的拨付或使用。

七、合作期限

第二十三条　双方合作期限为______年,______年____月____日起至______年____月____日止。期满后双方协商一致可以续签。

合同期满或终止前30日,甲、乙双方应当就是否续签合同交换意见,并进行必要的协商,以保证合作工作的连续性。

八、附则

第二十四条　双方在签订本合同时,应提供经核实的身份证明和相应资质证明文件的复印件作为合同附件。

第二十五条　变更住所地(居住地)、代表人(联系人)、电话等联络方式的,变更方在变更后24小时内以书面通知对方。否则视为本合同载明的联络方式继续有效,微信和短信内容也作为双方来往文件。通知、诉讼文书等文件以邮寄方式发送的,将文件按有效联络方式交给经营特快专递的单位邮寄后,邮件被签收或拒收均视为已经送达。

第二十六条　双方在本合同签订前的其他所有文件内容与本合同约定不一致的,按照本合同执行。未尽事宜,双方协商一致,签订补充合同约定。

第二十七条　本合同的标题仅为便于阅读和对合同内容的理解,不作为确定双方权利义务的条款。

第二十八条　本合同自双方代表人签章之日起生效。本合同一式四份,甲乙双方各执一份,一份报送甲方权属上级政府财政资金监督管理部门备案,一份交送甲方政府财政部门核算支付。具有同等法律效力。

(以下无正文)

甲方(盖章):	乙方(盖章):
代表人(签名):	代表人(签名):
年　月　日	年　月　日

本合同签订地点:____________________

国有资源利用扶贫合同

合同编号:GDHT118

甲方(资源所有方):________________

地址:________________

法定代表人:________________ 职务:________________

联系人:________________ 电话:________________

电子邮箱:________________ 微信号:________________

乙方(扶贫实施方):________________

统一社会信用代码:________________

住所:________________

法定代表人:________________ 职务:________________

联系人:________________ 电话:________________

电子邮箱:________________ 微信号:________________

为维护国有资源承包利用双方当事人的合法权益,实现国有资源合理利用,根据《中华人民共和国合同法》《中华人民共和国物权法》等有关法律法规,本着优势互补、共谋发展、互惠互利、实现双赢的原则,就达到持续精准扶贫目标事宜,经甲乙双方充分协商一致,自愿达成以下协议,以资共同遵守。

一、国有资源情况

第一条 甲方将坐落在______的______(国有森林、河域、滩涂、荒山、空闲办公楼、空闲场地等),证号____,面积共________平方米给乙方使用,使用期限______年____月____日起至______年____月____日止。

二、用途和利用形式

第二条 国有资源用于:持续精准扶贫项目,具体为:________________

第三条 利用形式:________________

三、价款及支付方式、期限

第四条 本合同约定该国有资源,价款每年为人民币____元整(大写:________元)。从第二年起,每一年递增6%。甲方将该收入专项用于发展扶贫经济,促进就业。乙方经营税后利润的20%作为扶贫资金,直接用于支付给无劳动能力的贫困户,名单由甲方提供。

第五条 乙方以银行转账的方式向甲方每年度约束时支付上年度国有资源利用价款合计人民币____元整(大写:________元)。

四、双方其他权利和义务

第六条 甲方有权监督乙方依照本合同约定的用途合理利用和保护国有资源。

第七条 甲方有权制止乙方损害国有资源的行为。

第八条 乙方对国有资源造成损害的,甲方有权要求损害赔偿。

第九条　甲方每一结算年度向乙方提供无劳动能力的贫困户名单和支付方案，乙方在每一结算年度满后十五日内按照支付方案将扶贫资金支付给贫困户。

第十条　甲方监督乙方将扶贫资金支付给贫困户。

第十一条　甲方须确认前述国有资源所有权清晰，没有权属纠纷和经济纠纷，没有用于抵押或提供担保。

第十二条　甲方依法监督乙方按合同约定的用途和方式利用该国有资源，尊重乙方的生产利用自主权，不得干涉乙方依法按照合同约定进行正常的生产利用活动。

第十三条　甲方协助乙方申领国有资源生产利用所需法定证件。

第十四条　乙方有权按照合同约定的用途和期限，依法利用该国有资源。

第十五条　乙方依法享有该国有资源的使用、收益权，有权利用该国有资源自主组织生产利用，甲方不得干涉。

第十六条　国有资源被依法征收、征用，乙方有权依法获得相应的补偿，补偿标准按国家有关规定执行。

第十七条　乙方应当按照合同约定的用途和方式使用该国有资源。

第十八条　乙方应当依法保护和合理利用国有资源，不得自行或准许他人实施对国有资源造成永久性损害的行为。

第十九条　乙方在利用期内转让国有资源的利用权的，应经甲方同意，否则转让无效；转包（仅家庭承包方式适用）、出租、互换（仅家庭承包方式适用）或者以其他方式流转国有资源利用权的，应当报甲方备案。

第二十条　如遇国家征收、征用，乙方应配合有关部门办理相关手续。

五、保密义务

第二十一条　甲乙双方保证对在讨论、签订、执行本合同过程中所获悉的属于其他方的且无法自公开渠道获得的文件及资料（包括商业秘密、公司计划、运营活动、财务信息、技术信息、利用信息及其他商业秘密）予以保密。未经该资料和文件的原提供方同意，其他方不得向任何第三方泄露该商业秘密的全部或部分内容。但根据相关规定向相关监管机构依法履行披露义务以及根据其他相关法律法规要求依法披露的除外。

六、违约责任

第二十二条　本合同签订后，如因甲方国有资源所有权手续不合法或因国有资源权属不清产生纠纷，致使合同全部或部分不能履行的，视为甲方违约，由甲方负责协调处理。由此给乙方造成经济损失的，甲方负责全额赔偿。

第二十三条　利用期内，甲方擅自收回国有资源，或者干预乙方正常的生产利用活动，使乙方遭受损失的，甲方应承担赔偿责任。

第二十四条　利用期内，乙方未按规定用途使用国有资源，改变国有资源用途，未按合同约定落实利用及管护责任，或者造成国有资源损害，经劝阻无效的，甲方可依法解除合同，并要求承包方给予赔偿，并由乙方承担国有资源的恢复责任。

第二十五条　承包方不按约定缴纳国有资源利用价款，按日承担价款总额1‰的违约金，逾期超过30日的，甲方可解除合同并收回国有资源。

第二十六条 本合同的签署，是建立在双方自愿的基础之上，其目的是充分利用闲置的森林、荒地、房屋、场地精准扶贫。

第二十七条 在对方未履行义务前，一方按照合同的约定履行自己的义务的，不等于认可对方已经履行了先前的义务或同意对方可以不再履行其义务。

第二十八条 因出现不可预见、不可避免、不可克服的不可抗力事件，导致本合同无法有效及时履行的，相互不承担违约责任。但是，遭遇不可抗力方应当立即通过电话、微信等方式通知对方，并在通知后的三日内将不可抗力的书面有效证明及本合同无法有效及时履行的书面理由提交给对方确认。否则应当承担相应的违约责任。

第二十九条 一方接受对方的逾期和/或不完全履行的义务的，不等于对对方违约行为的认可，接收方仍然有权追究对方的违约责任，直至解除合同。

七、合同的变更、解除和争议解决

第三十条 合同有效期间，如因政府依法征收、征用该国有资源，或者因不可抗力因素致使合同全部不能履行时，本合同自动终止。

第三十一条 发生下列情况之一的，双方可以协商变更或解除合同：

（一）由于不可抗力或意外事故导致合同无法履行或部分无法履行；

（二）国家法律、政策发生重大变化，导致合同必须作相应修改的。

第三十二条 合同一方要求变更或解除合同，应在 15 日前以书面通知另一方，协商解决。因变更或解除合同，致使守约方遭受实际损失的，除按合同约定或法律规定可免除责任的情形外，应由违约方负责赔偿。

第三十三条 任何一方违反本合同任何条款约定的，在对方催告后十五个工作日内没有改正为全面履行的，守约方有权书面通知违约方解除合同，且有权要求违约方赔偿相当于合同总额 5% 的违约金及所遭受的损失（包括但不限于直接损失、可得利益、律师费用等全部损失）。

第三十四条 一方只主张违约责任，没有主张解除合同的，合同应当继续履行。一方收到解除合同的通知后，对解除有异议的，应当在十五个工作日内向法定机关提出，否则，视为对解除无异议。

第三十五条 本合同的约定和履行中产生的争议，双方友好协商解决，若协商不成，任何一方均有权在原告住所地或居住地人民法院起诉解决。双方还可以约定提交仲裁机构裁决。

八、合作期限

第三十六条 双方合作期限为______年，______年____月____日起至______年____月____日止。期满后双方协商一致可以续签。

合同期满或终止前 30 日，甲、乙双方应当就是否续签合同交换意见，并进行必要的协商，以保证合作工作的连续性。

九、附则

第三十七条 双方在签订本合同时，应提供经核实的身份证明和相应资质证明文件的复印件作为合同附件。

第三十八条　变更住所地(居住地)、代表人(联系人)、电话等联络方式的,变更方在变更后24小时内以书面通知对方。否则视为本合同载明的联络方式继续有效,微信和短信内容也作为双方来往文件。通知、诉讼文书等文件以邮寄方式发送的,将文件按有效联络方式交给经营特快专递的单位邮寄后,邮件被签收或拒收均视为已经送达。

第三十九条　双方在本合同签订前的其他所有文件内容与本合同约定不一致的,按照本合同执行。未尽事宜,双方协商一致,签订补充合同约定。

第四十条　本合同的标题仅为便于阅读和对合同内容的理解,不作为确定双方权利义务的条款。

第四十一条　本合同自双方代表人签章之日起生效。本合同一式四份,双方各持两份,具有同等法律效力。

(以下无正文)

甲方(盖章):　　　　　　　　　　乙方(盖章):
代表人(签名):　　　　　　　　　代表人(签名):
年　月　日　　　　　　　　　　　年　月　日

本合同签订地点:____________________

公共资源开发利用扶贫合同

合同编号:GDHT119

甲方(所有权方):______________________________
地址:______________________________
法定代表人:________________　职务:________________
联系人:________________　电话:________________
电子邮箱:________________　微信号:________________
乙方(合作方):______________________________
统一社会信用代码/身份证号:______________________________
住所地/住址:______________________________
联系人:________________　电话:________________
电子邮箱:________________　微信号:________________

为了实现公共资源合理开发利用,甲乙双方根据《中华人民共和国物权法》《中华人民共和国农村土地承包法》《中华人民共和国森林法》《中华人民共和国合同法》等有关法律法规的规定,本着优势互补、共谋发展、互惠互利、实现双赢的原则,就充分利用国有和/或集体所有的荒地、林地、滩涂、水域等公共资源发展扶贫项目事宜,经充分协商一致,自愿达成以下协议，以资共同遵守。

一、公共资源情况

第一条 甲方将坐落在______的__________（国有和/或集体所有的荒地、林地、滩涂、水域等公共资源），所有权证号____________，面积共____________亩供乙方开发使用。

二、用途和使用形式

第二条 公共资源用于____的扶贫项目。

第三条 使用形式：____

三、使用费及支付方式

第四条 公共资源使用费每一年为人民币________元（大写：______________元）整。从第二年度起，公共资源使用费每一年增加6%。甲方收取该费用专门用于投资扶贫项目和解决无劳动能力的贫困人口。

第五条 乙方在本合同生效后三个工作日内向甲方一次性支付下半年度的公共资源使用合计人民币__________元整（大写：_____________元）；以后每满半年的十五日前以银行转账、微信、现金方式支付下半年的使用费。

四、双方其他权利和义务

第六条 甲方确保已经通过政策法律规定的程序，获得签订本合同的无瑕疵的权利。并基于公共资源所有权享有获得收益的权利。

第七条 甲方将收取乙方的费用专门用于投资扶贫项目和解决无劳动能力的贫困人口。乙方使用本合同约定的公共资源的利润的5%，在每一结算年度满后十五日内支付给甲方，由甲方专门用于无劳动能力的贫困人口的脱贫。

第八条 甲方须确认前述公共资源所有权清晰，没有权属纠纷和经济纠纷，没有用于抵押或提供担保，并协调处理相关争议，确保乙方正常开发使用公共资源。

第九条 甲方依法监督乙方开发使用公共资源，但是不得非法干涉乙方的生产经营自主权和正常的生产经营活动。

第十条 甲方及时积极协助乙方办理公共资源开发使用所需的法定审批、登记手续。

第十一条 如遇国家征收、征用，乙方积极配合有关部门办理相关手续。乙方有权依法获得相应的补偿，补偿标准按国家有关规定执行。

第十二条 乙方依照本合同约定的用途合理利用和保护公共资源。不得对公共资源造成损害。乙方应当依法保护公共资源，不得自行或准许他人实施对公共资源造成永久性损害的行为。

第十三条 乙方在使用期内转让、转包公共资源的经营权的，应当事先经甲方书面同意。

五、保密义务

第十四条 甲乙双方保证对在讨论、签订、执行本合同过程中所获悉的属于其他方的且无法自公开渠道获得的文件及资料（包括商业秘密、公司计划、运营活动、财务信息、技术信息、经营信息及其他商业秘密）予以保密。未经该资料和文件的原提供方同意，其他方不得向任何第三方泄露该商业秘密的全部或部分内容。但根据相关规定向相关监管机构依法履行披露义务以及根据其他相关法律法规要求依法披露的除外。

提供方在提供材料和信息时,书面告知接收方需保密,否则接收方没有保密义务。

六、违约责任

第十五条　双方信守并全面履行合同的约定,任何一方违反合同的任何约定,赔偿其违约行为给对方造成的损失(包括但不限于直接损失、可得利益、律师费用等全部损失)。

第十六条　乙方逾期支付公共资源使用费的,逾期一日按照逾期支付额1‰的标准向甲方支付违约金方,逾期超过90日的,甲方可解除合同并收回公共资源。

第十七条　任何一方由于不可抗力、国家政策因素造成本合同全部或部分不能履行的,不视为违约,不承担违约责任,但双方应采取一切必要的补救措施。

第十八条　一方接受对方的逾期和/或不完全履行的义务的,不等于对对方违约行为的认可,接收方仍然有权追究对方的违约责任,还有权解除合同。

第十九条　任何一方违反本合同任何条款约定的,在对方催告后十五日内没有改正为全面履行的,守约方有权书面通知违约方解除合同,且有权要求违约方赔偿相当于合同总额5%的违约金及所遭受的损失(包括但不限于直接损失、可得利益、律师费用等全部损失)。

七、合同的变更、解除和争议解决

第二十条　合同有效期间,如因政府依法征收、征用该公共资源,或者因不可抗力致使合同全部不能履行时,本合同自动终止。

第二十一条　因变更或解除合同,致使守约方遭受实际损失的,除按合同约定或法律规定可免除责任的情形以外,应由违约方负责赔偿。

一方只主张违约责任,没有主张解除合同的,合同应当继续履行。一方收到解除合同的通知后,对解除有异议的,应当在十五个工作日内向法定机关提出,否则,视为对解除无异议。

第二十二条　本合同的约定和履行中产生的争议,双方友好协商解决,若协商不成,任何一方均有权在原告住所地或居住地人民法院起诉解决。双方还可以约定提交仲裁机构裁决。

第二十三条　在纠纷调解或诉讼过程中,除争议事项外,双方应继续履行本合同所规定的其他各项义务,任何一方不得以任何方式阻挠正常的生产经营活动。

八、合作期限

第二十四条　双方合作期限为______年,______年____月____日起至______年____月____日止。期满后双方协商一致可以续签。如甲方决定对公共资源继续开发使用的,甲方确保乙方在同等条件下享有优先权。

第二十五条　合同期满或终止前30日,甲、乙双方应当就是否续签合同交换意见,并进行必要的协商,以保证合作工作的连续性。

九、附则

第二十六条　双方在签订本合同时,应当提供经核实的身份证明和相应资质证明文件的复印件作为合同附件。

第二十七条 变更本合同载明的地址、代表人(联系人)、电话等联系方式的,在变更后24日内书面通知另一方,否则视为本合同载明的联络方式继续有效,微信和短信内容也作为双方来往文件。通知、诉讼文书等文件以邮寄方式发送的,将文件按有效联络方式交给经营特快专递的单位邮寄后,邮件被签收或拒收均视为已经送达。

第二十八条 本合同的标题仅为便于阅读和对合同内容的理解,不作为确定双方权利义务的条款。

第二十九条 本合同自双方代表人签名并加盖公章之日起生效。本合同一式四份,双方各持两份,具有同等法律效力。

(以下无正文)

甲　方(盖章):　　　　　　　　　　乙　方(盖章):

代表人(签名):　　　　　　　　　　代表人(签名):

年　月　日　　　　　　　　　　　　年　月　日

本合同签订地点:____________________

农村土地承包经营权互换合同

合同编号:GDHT120

甲方(户主):____________________

身份证号:____________________

住址:____________________

联系电话:____________电子邮箱:__________ 微信号:____________

乙方(户主):____________________

身份证号:____________________

住址:____________________

联系电话:____________电子邮箱:__________ 微信号:____________

根据《中华人民共和国合同法》《中华人民共和国土地管理法》《中华人民共和国农村土地承包法》等相关法律、法规、政策规定,本着优势互补、共谋发展、互惠互利、实现双赢的原则,经甲乙双方充分协商一致,自愿达成以下协议,以资共同遵守。

一、互换土地基本情况及用途

第一条 甲方将其承包的位于____________________的土地共__________亩(详见表1)互换给乙方从事________生产经营。

表1　甲方用于互换土地基本情况

序号	地块名称	地类	面积	四至界限				原土地承包经营权证或承包合同编号
				东	南	西	北	
1								
2								
3								
4								
合计：________亩（大写：________亩）								

第二条　乙方将其承包的位于______________________的土地共__________亩（详见表2）互换给甲方从事________生产经营。

表2　乙方用于互换土地基本情况

序号	地块名称	地类	面积	四至界限				原土地承包经营权证或承包合同编号
				东	南	西	北	
1								
2								
3								
4								
合计：________亩（大写：________亩）								

二、互换期限、交付方式和时间

第三条　甲乙双方互换土地期限为______年，______年____月____日起至______年____月____日止（最长不得超过土地承包期剩余期限）。

第四条　互换土地的交付方式为__________或实地一次性全部交付。交付时间为______年____月____日。

三、双方其他权利和义务

第五条　甲乙双方已经征得所有联产承包的家庭成员同意互换土地，互换土地后，互换双方均取得对方互换地块的土地承包经营权，丧失对自己原有地块的承包经营权。

第六条　甲、乙双方土地互换后，对互换土地原享有的承包权利和承担的义务也相应互换。

第七条　土地互换后，甲乙双方应报发包方备案，可以向乡（镇、街道）人民政府（办事处）土地承包管理部门申请办理农村土地承包经营权证变更登记手续。

第八条　经甲乙双方依法登记获得土地承包经营权证后，可以依法采取转包、出租、互换、转让或者其他符合法律、法规和国家政策规定的方式再流转。

第九条　甲乙双方对互换后的地块拥有使用权、收益权、自主生产经营权和产品处置权。

第十条　甲乙双方应依法保护和合理利用土地，应增加投入以保持土地肥力，不得使其荒芜，不得从事掠夺性经营，不得擅自改变土地用途，不得给土地造成永久性损害。

第十一条 因互换地块存在面积、地力、作物等差异，双方可协商约定适当的经济补偿如下：____

____

四、保密义务

第十二条 甲乙双方保证对在讨论、签订、执行本合同过程中所获悉的属于其他方的且无法自公开渠道获得的文件及资料（包括商业秘密、公司计划、运营活动、财务信息、技术信息、经营信息及其他商业秘密）予以保密。未经该资料和文件的原提供方同意，其他方不得向任何第三方泄露该商业秘密的全部或部分内容。但根据相关规定向相关监管机构依法履行披露义务以及根据其他相关法律法规要求依法披露的除外。

五、违约责任

第十三条 任何一方由于不可抗力、国家政策因素造成本合同全部或部分不能履行的，不视为违约，不承担违约责任，但双方应采取一切必要的补救措施。

第十四条 在对方未履行义务前，一方按照合同的约定履行自己的义务的，不等于认可对方已经履行了先前的义务或同意对方可以不再履行其义务。

第十五条 因出现不可预见、不可避免、不可克服的事件，导致本合同无法有效及时履行的，相互不承担违约责任。但是，遭遇不可抗力方应当立即通过电话、微信等方式通知对方，并在通知后的三日内将不可抗力的书面有效证明及本合同无法有效及时履行的书面理由提交给对方确认。否则应当承担相应的违约责任。

第十六条 一方接受对方的逾期和/或不完全履行的义务的，不等于对对方违约行为的认可，接收方仍然有权追究对方的违约责任，直至解除合同。

六、合同的变更、解除和争议解决

第十七条 发双方协商一致可以变更、解除合同。

第十八条 任何一方违反本合同任何条款约定的，在对方催告后十五个工作日内没有改正为全面履行的，守约方有权书面通知违约方解除合同，且有权要求违约方赔偿相当于合同总额5%的违约金及所遭受的损失（包括但不限于直接损失、可得利益、律师费用等全部损失）。

第十九条 一方只主张违约责任，没有主张解除合同的，合同应当继续履行。一方收到解除合同的通知后，对解除有异议的，应当在十五个工作日内向法定机关提出，否则，视为对解除无异议。

第二十条 本合同的约定和履行中产生的争议，双方友好协商解决，若协商不成，任何一方均有权在原告住所地或居住地人民法院起诉解决。双方还可以约定提交仲裁机构裁决。

七、合作期限

第二十一条 双方合作期限为______年，______年____月____日起至______年____月____日止。期满后双方协商一致可以续签。

合同期满或终止前30日，甲、乙双方应当就是否续签合同交换意见，并进行必要的协商,以保证合作工作的连续性。

八、附则

第二十二条　双方在签订本合同时,应提供经核实的身份证明和相应资质证明文件的复印件作为合同附件。

第二十三条　变更住所地(居住地)、代表人(联系人)、电话等联络方式的,变更方在变更后24小时内以书面通知对方。否则视为本合同载明的联络方式继续有效,微信和短信内容也作为双方来往文件。通知、诉讼文书等文件以邮寄方式发送的,将文件按有效联络方式交给经营特快专递的单位邮寄后,邮件被签收或拒收均视为已经送达。

第二十四条　如在互换过程中发生经济补偿事项的,可在本合同中明确约定。

第二十五条　双方在本合同签订前的其他所有文件内容与本合同约定不一致的,按照本合同执行。未尽事宜,双方协商一致,签订补充合同约定。

第二十六条　本合同的标题仅为便于阅读和对合同内容的理解,不作为确定双方权利义务的条款。

第二十七条　本合同自双方代表人签章之日起生效。未尽事宜,由双方共同协商补充,并报村和乡(镇、街道)备案,有关补充条款与本合同具有同等法律效力。

本合同一式四份,双方各执一份,发包方和乡(镇、街道)农村经营管理部门各备案一份,具有同等法律效力。

(以下无正文)

甲方(签名捺印):　　　　　　　　　　乙方(签名捺印):

年　月　日　　　　　　　　　　　　　年　月　日

本合同签订地点:____________________

农村土地承包经营权入股合同

合同编号:GDHT121

甲方(入股方):________________________________

身份证号:________________________________

住址:________________________________

联系电话:____________电子邮箱:____________微信号:____________

乙方(合作社):________________________________

住所地:________________________________

法定代表人:____________职务:________________________

联系电话:____________电子邮箱:____________微信号:____________

根据《中华人民共和国合同法》《中华人民共和国农村土地承包法》《农村土地承包经营

权流转管理办法》等相关法律、法规、政策规定，本着优势互补、共谋发展、互惠互利、实现双赢的原则，经甲乙双方充分协商一致，就土地承包经营权入股及相关事宜，自愿达成以下协议，以供共同遵守。

一、入股土地基本情况及用途

第一条 甲方将其承包经营的____镇____村____组____亩土地（详见下表）向乙方入股，从事（主营项目）__________生产经营。以上入股土地折合股份为________股或折合金额人民币________元（大写______________元）。

入股土地详细情况表

<table>
<tr><th rowspan="2">序号</th><th rowspan="2">地块名称</th><th rowspan="2">地类</th><th rowspan="2">面积</th><th colspan="4">四 至 界 限</th><th rowspan="2">原土地承包经营权证或承包合同编号</th></tr>
<tr><th>东</th><th>南</th><th>西</th><th>北</th></tr>
<tr><td>1</td><td></td><td></td><td></td><td></td><td></td><td></td><td></td><td></td></tr>
<tr><td>2</td><td></td><td></td><td></td><td></td><td></td><td></td><td></td><td></td></tr>
<tr><td>3</td><td></td><td></td><td></td><td></td><td></td><td></td><td></td><td></td></tr>
<tr><td>4</td><td></td><td></td><td></td><td></td><td></td><td></td><td></td><td></td></tr>
<tr><td colspan="9">合计：____________亩（大写：____________亩）</td></tr>
</table>

二、入股期限

第二条 入股期限为______年，______年____月____日起至______年____月____日止（最长不得超过土地承包期剩余期限）。

三、股份分红与支付方式

第三条 甲方以土地入股后，乙方可以采取下列第____种方式支付股权红利。

（一）以实物形式支付：每亩每年由乙方交给甲方______公斤（大写：____________公斤）作为股权红利（双方议定的农作物等其他实物）；

（二）以现金方式支付：每亩每年由乙方向甲方支付人民币________元（大写：________元）作为股权红利；

（三）其他方式：____

四、支付时间

第四条 乙方可以采取下列第____种方式支付股权红利。

（一）提前1年支付，即于上年____月____日之前支付，且每年递增____%（约定不递增的填写0）；

（二）逐年支付，即于每年____月____日之前支付，且每年递增____%（约定不递增的填写0）；

（三）一次性支付，即于______年____月____日之前全部支付完毕；

（四）其他方式：____

五、交付土地的时间

第五条 甲方应于______年____月____日之前将拟入股的土地交付乙方。

六、双方其他权利和义务

第六条 甲方有权按照合同规定收取股权红利；按照合同约定的期限到期收回流转的土地。

第七条 甲方与发包方的土地承包关系不变,甲方继续享有和承担原土地承包合同规定的权利和义务。

第八条 甲方有权监督乙方合理利用、保护入股土地,并要求乙方按约履行合同义务。

第九条 甲方在土地承包经营权入股后,应报发包方备案。

第十条 甲方应尊重乙方的生产经营自主权,不得干涉乙方依法进行正常的生产经营活动。

第十一条 乙方有权要求甲方按合同的约定交付入股土地并要求甲方全面履行合同义务。

第十二条 乙方在受让地块上具有使用权、收益权、生产经营权和产品处置权。

第十三条 乙方应当依照合同规定按时足额向甲方支付股权红利。

第十四条 乙方的生产经营活动应当符合法律、法规的规定;应当保持土地肥力,不得使其荒芜,不得改变土地用途,不得进行掠夺性经营,给土地造成永久性损害。

其他约定:____

七、合同到期后地上附着物及相关设施的处理

第十五条 在入股期间因投入而提高土地生产能力的处理:

____

第十六条 在入股期间构建的地上附着物及相关设施的处理:

____

第十七条 合同到期土地恢复原状等事项的处理:______________________

____

八、保密义务

第十八条 甲乙双方保证对在讨论、签订、执行本合同过程中所获悉的属于其他方的且无法自公开渠道获得的文件及资料(包括商业秘密、公司计划、运营活动、财务信息、技术信息、经营信息及其他商业秘密)予以保密。

第十九条 未经上述资料和文件的原提供方同意,其他方不得向任何第三方泄露该商业秘密的全部或部分内容。但根据相关规定向相关监管机构依法履行披露义务以及根据其他相关法律法规要求依法披露的除外。

九、违约责任

第二十条 乙方不按合同约定使用土地,改变土地用途、破坏水利等基本设施或给土地造成永久性损害的,甲方有权解除合同,并由乙方向甲方支付赔偿金。

第二十一条 乙方不按合同约定支付股权红利的,按每日应支付红利的2%承担违约金。甲方不按时交付入股土地的,应按每天____元承担违约金。如果违约方支付违约金尚不足以弥补守约方经济损失,违约方应在违约金之外增加支付赔偿金。赔偿金的数额依具体损失情况,由甲乙双方协商。

第二十二条 在对方未履行义务前,一方按照合同的约定履行自己的义务的,不等于认可对方已经履行了先前的义务或同意对方可以不再履行其义务。

第二十三条 一方接受对方的逾期和/或不完全履行的义务的,不等于对对方违约行为的认可,接收方仍然有权追究对方的违约责任,直至解除合同。

第二十四条 因出现不可预见、不可避免、不可克服的不可抗力事件,导致本合同无法有效及时履行的,相互不承担违约责任。但是,遭遇不可抗力方应当立即通过电话、微信等方式通知对方,并在通知后的三日内将不可抗力的书面有效证明及本合同无法有效及时履行的书面理由提交给对方确认。否则应当承担相应的违约责任。

十、合同的变更、解除和争议解决

第二十五条 发生下列情况之一的,双方可以协商变更或解除合同:

(一)由于不可抗力或意外事故导致合同无法履行或部分无法履行

(二)国家法律、政策发生重大变化,导致合同必须作相应修改的。

第二十六条 任何一方违反本合同任何条款约定的,在对方催告后十五个工作日内没有改正为全面履行的,守约方有权书面通知违约方解除合同,且有权要求违约方赔偿相当于合同总额5%的违约金及所遭受的损失(包括但不限于直接损失、可得利益、律师费用等全部损失)。

第二十七条 一方只主张违约责任,没有主张解除合同,合同应当继续履行。一方收到解除合同的通知后,对解除有异议的,应当在十五个工作日内向法定机关提出,否则,视为对解除无异议。

第二十八条 本合同的约定和履行中产生的争议,双方友好协商解决,若协商不成,任何一方均有权在原告住所地或居住地人民法院起诉解决。双方还可以约定提交仲裁机构裁决。

第二十九条 在纠纷调解或诉讼过程中,除争议事项外,双方应继续履行本合同所规定的其他各项义务,任何一方不得以任何方式阻挠正常的生产经营活动。

十一、合作期限

第三十条 双方合作期限为______年,______年____月____日起至______年____月____日止。期满后双方协商一致可以续签。

合同期满或终止前30日,甲、乙双方应当就是否续签合同交换意见,并进行必要的协商,以保证合作工作的连续性。

十二、附则

第三十一条 双方在签订本合同时,应提供经核实的身份证明和相应资质证明文件的复印件作为合同附件。

第三十二条 变更住所地(居住地)、代表人(联系人)、电话等联络方式的,变更方在变更后24小时内以书面通知对方。否则视为本合同载明的联络方式继续有效,微信和短信内容也作为双方来往文件。通知、诉讼文书等文件以邮寄方式发送的,将文件按有效联络方式交给经营特快专递的单位邮寄后,邮件被签收或拒收均视为已经送达。

第三十三条 双方在本合同签订前的其他所有文件内容与本合同约定不一致的,按照本合同执行。未尽事宜,双方协商一致,签订补充合同约定。

第三十四条 本合同的标题仅为便于阅读和对合同内容的理解,不作为确定双方权利义务的条款。

第三十五条 本合同自双方签章之日起生效。本合同一式四份,双方各持两份,具有同等法律效力。

(以下无正文)

甲方(签名捺印)/(盖章)：　　　　　　　　乙方(签名捺印)/(盖章)：
代表人(签名)：　　　　　　　　　　　　　代表人(签名)：
　　　　年　月　日　　　　　　　　　　　　　　年　月　日
本合同签订地点：____________________

农村土地承包经营权转包(出租)合同

合同编号：GDHT122

甲方(转包方/出租方)：____________________
身份证号：____________________
住址：____________________
联系电话：__________电子邮箱：__________ 微信号：__________
乙方(承包方/承租方)：____________________
身份证号：____________________
住址：____________________
联系电话：__________电子邮箱：__________ 微信号：__________

根据《中华人民共和国农村土地承包法》《中华人民共和国合同法》等相关法律、法规、政策规定，本着优势互补、共谋发展、互惠互利、实现双赢的原则，经甲乙双方充分协商一致，自愿达成以下协议，以资共同遵守。

一、转包(出租)土地情况

第一条　甲方将其承包经营的位于________乡(镇)__________村__________组共计__________亩土地(详见下表)，转包(出租)给乙方从事__________(主营项目)生产经营。

甲方用于转包(出租)土地基本情况表

序号	地块名称	地类	面积	四至界限				原土地承包经营权证或承包合同编号
				东	南	西	北	
1								
2								
3								
4								
合计：________亩(大写：________亩)								

二、转包(出租)期限

第二条 转包(出租)期限为______年,______年____月____日起至______年____月____日止。期满后双方协商一致可以续签。

合同期满或终止前30日,甲、乙双方应当就是否续签合同交换意见,并进行必要的协商,以保证合作工作的连续性。

三、转包(出租)价款

第三条 转包(出租)土地的转包金(租金)为每年人民币________________元(大写:______________元),其中包括、不包括依法向国家和集体缴纳的农业税费等。

四、支付方式和时间

第四条 乙方可以采取下列第______种方式和时间支付转包金(租金)。

(一)现金(一次或分次)支付转包金(租金)的方式,支付时间为:____________

(二)实物(一次或分次)支付转包金(租金)的方式,实物为:________________,支付时间为:________________

五、交付时间和方式

第五条 甲方应于______年____月____日前将转包(出租)土地________或一次性全部交付乙方。

六、双方其他权利和义务

第六条 甲方与发包方的承包合同仍然有效。甲方作为承包方应履行的义务仍应由甲方承担。但如因乙方不向甲方履行转包(出租)合同义务而造成甲方不能履约时,乙方应与甲方一起承担连带违约责任。

第七条 甲方有权监督乙方经营土地的情况,并要求乙方按约履行合同义务。

第八条 甲方有权在转包(出租)期满后收回土地承包经营权。

第九条 转包(出租)期限内遇自然灾害,上级给予甲方核减或免除相关土地上的税费义务和核发的救灾款,甲方应及时如数转交给乙方。如需甲方办理手续的,甲方应负责及时办理。双方另有约定的除外。

第十条 乙方有权要求甲方按合同的约定交付转包(出租)土地承包经营权并要求甲方全面履行合同义务。

第十一条 乙方获得土地承包经营权后,依法享有该土地的使用权、收益权、自主组织生产经营和产品处置权。

第十二条 乙方不得改变转包(租用)土地的农业用途,不得用于非农建设。

第十三条 乙方依法保护和合理利用土地,增加投入以保持土地肥力,不得从事掠夺性经营,不得给土地造成永久性损害。

七、保密义务

第十四条 甲乙双方保证对在讨论、签订、执行本合同过程中所获悉的属于其他方的且无法自公开渠道获得的文件及资料(包括商业秘密、公司计划、运营活动、财务信息、技术信息、经营信息及其他商业秘密)予以保密。

第十五条 未经上述资料和文件的原提供方同意,其他方不得向任何第三方泄露该商业秘密的全部或部分内容。但根据相关规定向相关监管机构依法履行披露义务以及根据其他相关法律法规要求依法披露的除外。

八、违约责任

第十六条　乙方不按合同约定使用土地，改变土地用途、破坏水利等基本设施或给土地造成永久性损害的，甲方有权解除合同，并要求乙方支付赔偿金。

第十七条　在对方未履行义务前，一方按照合同的约定履行自己的义务的，不等于认可对方已经履行了先前的义务或同意对方可以不再履行其义务。

第十八条　因出现不可预见、不可避免、不可克服的不可抗力事件，导致本合同无法有效及时履行的，相互不承担违约责任。但是，遭遇不可抗力方应当立即通过电话、微信等方式通知对方，并在通知后的三日内将不可抗力的书面有效证明及本合同无法有效及时履行的书面理由提交给对方确认。否则应当承担相应的违约责任。

第十九条　一方接受对方的逾期和/或不完全履行的义务的，不等于对对方违约行为的认可，接收方仍然有权追究对方的违约责任，直至解除合同。

九、合同的变更、解除和争议解决

第二十条　发生下列情况之一的，双方可以协商变更或解除合同：

（一）由于不可抗力或意外事故导致合同无法履行或部分无法履行；

（二）国家法律、政策发生重大变化，导致合同必须作相应修改的。

第二十一条　任何一方违反本合同任何条款约定的，在对方催告后十五个工作日内没有改正为全面履行的，守约方有权书面通知违约方解除合同，且有权要求违约方赔偿相当于合同总额5%的违约金及所遭受的损失（包括但不限于直接损失、可得利益、律师费用等全部损失）。

第二十二条　一方只主张违约责任，没有主张解除合同，合同应当继续履行。一方收到解除合同的通知后，对解除有异议的，应当在十五个工作日内向法定机关提出，否则，视为对解除无异议。

第二十三条　本合同的约定和履行中产生的争议，双方友好协商解决，若协商不成，任何一方均有权在原告住所地或居住地人民法院起诉解决。双方还可以约定提交仲裁机构裁决。

第二十四条　在纠纷调解或诉讼过程中，除争议事项外，双方应继续履行本合同所规定的其他各项义务，任何一方不得以任何方式阻挠正常的生产经营活动。

十、附则

第二十五条　变更住所地（居住地）、代表人（联系人）、电话等联络方式的，变更方在变更后24小时内以书面形式通知对方。否则视为本合同载明的联络方式继续有效，微信和短信内容也作为双方来往文件。通知、诉讼文书等文件以邮寄方式发送的，将文件按有效联络方式交给经营特快专递的单位邮寄后，邮件被签收或拒收均视为已经送达。

第二十六条　双方在签订本合同时，应提供经核实的身份证明和相应资质证明文件的复印件作为合同附件。

第二十七条　双方在本合同签订前的其他所有文件内容与本合同约定不一致的，按照本合同执行。未尽事宜,双方协商一致,签订补充合同约定。

第二十八条 本合同的标题仅为便于阅读和对合同内容的理解,不作为确定双方权利义务的条款。

第二十九条 本合同自双方代表人签章并经__________乡(镇)政府农村经营管理机构备案后生效。本合同一式四份,甲、乙双方各执一份,发包方、备案单位各执一份,具有同等法律效力。

(以下无正文)

甲方(签名捺印): 乙方(签名捺印):

年 月 日 年 月 日

本合同签订地点:________________

农村土地承包经营权转让合同

合同编号:GDHT123

甲方(转让方):____________________

身份证号:____________________

住址:____________________

联系电话:__________ 电子邮箱:__________ 微信号:__________

乙方(受让方):____________________

身份证号:____________________

住址:____________________

联系电话:__________ 电子邮箱:__________ 微信号:__________

根据《中华人民共和国农村土地承包法》《中华人民共和国合同法》《农村土地承包经营权流转管理办法》等相关法律、法规、政策规定,本着优势互补、共谋发展、互惠互利、实现双赢的原则,经甲乙双方充分协商一致,自愿达成以下协议,以资共同遵守。

一、转让土地情况

第一条 甲方将其承包经营的______乡(镇)______村______组______亩土地(面积、等级、四至、土地用途附后)转让给乙方从事______(主营项目)生产经营。

二、转让费及支付方式

第二条 转让费标准(或金额)为:________________

第三条 转让费支付方式和支付时间为:________________

三、双方其他权利和义务

第四条 签订本合同前,甲方应当向发包方提出转让申请,并经发包方同意。

第五条 土地承包经营权转让合同生效后,甲方(原承包方)与发包方在该土地上的承包关系自行终止,并变更或注销土地承包经营权证。

第六条 甲方可以向区、县人民政府申请登记;乙方要求登记的,甲方应当配合办理登记手续。

第七条 甲方有权按照合同规定收取土地流转费。

第八条 土地转让期间,甲方不得再向发包方(村集体经济组织)申请家庭承包经营的土地。

第九条 乙方有权要求甲方按合同约定交付转让土地并全面履行合同义务。

第十条 转让合同生效后,乙方应与发包方签订土地承包合同。

第十一条 乙方在受让地块上具有使用权、收益权、自主组织生产经营和产品处置权。

第十二条 乙方在国家法律法规和政策允许范围内从事生产经营活动;依照合同规定按时足额支付土地流转费。加强安全生产,防止事故发生,造成损失的,乙方自行承担任。

第十三条 乙方应依法保护和合理利用土地,应增加投入以保持土地肥力,不得使其荒芜,不得从事掠夺性经营,不得搭建违章建筑,不得擅自改变土地用途,不得给土地造成永久性损害。

四、保密义务

第十四条 甲乙双方保证对在讨论、签订、执行本合同过程中所获悉的属于其他方的且无法自公开渠道获得的文件及资料(包括商业秘密、公司计划、运营活动、财务信息、技术信息、经营信息及其他商业秘密)予以保密。

第十五条 未经上述资料和文件的原提供方同意,其他方不得向任何第三方泄露该商业秘密的全部或部分内容。但根据相关规定向相关监管机构依法履行披露义务以及根据其他相关法律法规要求依法披露的除外。

五、违约责任

第十六条 乙方不按合同约定使用土地,改变土地用途、破坏水利等基本设施或给土地造成永久性损害的,甲方有权解除合同,并要求乙方支付赔偿金。

第十七条 在对方未履行义务前,一方按照合同的约定履行自己的义务的,不等于认可对方已经履行了先前的义务或同意对方可以不再履行其义务。

第十八条 一方接受对方的逾期和/或不完全履行的义务的,不等于对对方违约行为的认可,接收方仍然有权追究对方的违约责任,直至解除合同。

第十九条 因出现不可预见、不可避免、不可克服的事件,导致本合同无法有效及时履行的,相互不承担违约责任。但是,遭遇不可抗力方应当立即通过电话、微信等方式通知对方,并在通知后的三日内将不可抗力的书面有效证明及本合同无法有效及时履行的书面理由提交给对方确认。否则应当承担相应的违约责任。

六、合同的变更、解除和争议解决

第二十条 发生下列情况之一的,双方可以协商变更或解除合同:

(一)由于不可抗力或意外事故导致合同无法履行或部分无法履行(不可抗力是指当事人不能预见,对其发生和后果不能避免并不能克服的客观情况);

（二）国家法律、政策发生重大变化，导致合同必须作相应修改的。

第二十一条 任何一方违反本合同任何条款约定的，在对方催告后十五个工作日内没有改正为全面履行的，守约方有权书面通知违约方解除合同，且有权要求违约方赔偿相当于合同总额5%的违约金及所遭受的损失（包括但不限于直接损失、可得利益、律师费用等全部损失）。

第二十二条 本合同的约定和履行中产生的争议，双方友好协商解决，若协商不成，任何一方均有权在原告住所地或居住地人民法院起诉解决。双方还可以约定提交仲裁机构裁决。

第二十三条 在纠纷调解或诉讼过程中，除争议事项外，双方应继续履行本合同所规定的其他各项义务，任何一方不得以任何方式阻挠正常的生产经营活动。

七、附则

第二十四条 双方在签订本合同时，应提供经核实的身份证明和相应资质证明文件的复印件作为合同附件。

第二十五条 变更住所地（居住地）、代表人（联系人）、电话等联络方式的，变更方在变更后24小时内以书面通知对方。否则视为本合同载明的联络方式继续有效，微信和短信内容也作为双方来往文件。通知、诉讼文书等文件以邮寄方式发送的，将文件按有效联络方式交给经营特快专递的单位邮寄后，邮件被签收或拒收均视为已经送达。

第二十六条 双方在本合同签订前的其他所有文件内容与本合同约定不一致的，按照本合同执行。未尽事宜，双方协商一致，签订补充合同约定。

第二十七条 本合同的标题仅为便于阅读和对合同内容的理解，不作为确定双方权利义务的条款。

第二十八条 本合同自双方代表人签章并经________乡（镇）政府农村经营管理机构备案后生效。本合同一式四份，甲、乙双方各执一份，发包方、备案单位各执一份，具有同等法律效力。

（以下无正文）

甲方（签名捺印）：　　　　　　　　　　乙方（签名捺印）：

年　月　日　　　　　　　　　　年　月　日

本合同签订地点：____________________

农村土地承包经营权流转合同

合同编号：GDHT124

甲方（转出方）：____________________

身份证号：____________________

住址：____

联系电话：______________ 电子邮箱：______________ 微信号：______________

乙方(转入方)：____

身份证号：____

住址：____

联系电话：______________ 电子邮箱：______________ 微信号：______________

为发展农村经济，促进农村土地经营权的合理流转，根据《中华人民共和国合同法》《中华人民共和国农村土地承包法》《农村土地承包经营权流转管理办法》等相关法律、法规、政策规定，本着优势互补、共谋发展、互惠互利、实现双赢的原则，经甲乙双方充分协商一致，自愿达成以下协议，以资共同遵守。

一、流转的土地情况

第一条 甲方将其承包经营的位于________乡(镇)____________村____________组共计________亩土地(详见表1)，流转给乙方从事____________(主营项目)生产经营。

表1 甲方用于流转土地基本情况

序号	地块名称	地类	面积	四至界限				原土地承包经营权证或承包合同编号
				东	南	西	北	
1								
2								
3								
4								
合计：__________亩(大写：__________亩)								

二、流转形式

第二条 采取下列第________种流转形式，甲方将土地承包经营权流转给乙方，双方应共同承担下列相应的义务，享有下列权利。

(一)甲方将土地流转给乙方(除集体经济组织之外的第三方)，有下列五种流转形式：

1. 转包：甲方将土地经营权转包给乙方，双方签订此流转合同。甲方与村集体经济组织签订的原承包合同仍然有效，乙方对接转的土地在一年内不得再行转包。

2. 转让：甲方将土地经营权转让给乙方，双方签订此流转合同。甲方经申请和发包方同意，将土地承包经营权让渡给乙方从事农业生产经营，由乙方履行相应土地承包合同的权利和义务。转让后原土地承包关系自行终止，甲方承包期内的土地承包经营权灭失。

3. 互换：甲方和乙方本着自愿互利的原则互相交换土地承包权，并签订此流转合同。双方与村集体经济组织签订的原承包合同由对方履行。

甲方调换给乙方的地块见表1：

乙方调换给甲方的地块见表2：

表 2　乙方用于互换土地基本情况

序号	地块名称	地类	面积	四至界限				原土地承包经营权证或承包合同编号
				东	南	西	北	
1								
2								
3								
4								
合计：＿＿＿＿＿亩(大写：＿＿＿＿＿亩)								

4. 入股：甲方在不改变土地用途的前提下，将土地经营权作为股份流转给乙方，双方签订此流转合同。甲方与村集体经济组织签订的原承包合同仍然有效。

5. 出租：甲方将土地承包经营权租赁给乙方经营。甲方原土地承包关系不变，继续履行与村集体经济组织签订的原土地承包合同规定的权利和义务。

（二）甲方将土地经营权流转给乙方（村集体经济组织或中介组织），有下列两种流转形式：

1. 无偿转让（自愿交回土地经营权）：甲方将土地经营权无偿转让给发包方，双方签订此流转合同。甲方在规定的一个调整周期内不得向发包方重新要地。

2. 委托经营：甲方将土地经营权有偿委托给发包方或中介组织，双方签订此流转合同。受委托方既可直接对委托的土地进行经营，也可再将其流转给其他经营者。

无论采取上述哪种流转形式，甲乙双方都应按合同规定用途使用土地，不得荒芜土地，不得从事破坏性、掠夺性经营，不得违反有关土地管理的其他规定，按时交付流转费和各种税款。在土地流转期间发生的债权债务，由乙方承担。

三、流转费金额及交付办法

第三条　流转费金额及交付办法采用以下第＿＿种方式：

（一）流转价格为＿＿＿元/年亩，年流转费金额为人民币＿＿＿元（大写：＿＿＿＿＿元）。每＿＿＿年递增＿＿%。在当年的＿＿月＿＿日前由乙方向甲方交纳。

（二）流转价格为＿＿元/年亩，流转期内总计人民币＿＿元（大写：＿＿＿＿＿元），由乙方在合同签订之日一次性向甲方交纳。

第四条　在流转期内，如遇流转土地被征用，按实际流转时间计算流转费金额，其青苗补偿费、地上附着物补偿费按第＿＿种方式处置。

（一）归投资者所有；

（二）由双方根据实际情况协商确定。

第五条　流转合同到期后，若继续流转，在同等条件下，乙方享有优先权。

四、保密义务

第六条　甲乙双方保证对在讨论、签订、执行本合同过程中所获悉的属于其他方的且无法自公开渠道获得的文件及资料（包括商业秘密、公司计划、运营活动、财务信息、技术信息、经营信息及其他商业秘密）予以保密。

第七条 未经上述资料和文件的原提供方同意，其他方不得向任何第三方泄露该商业秘密的全部或部分内容。但根据相关规定向相关监管机构依法履行披露义务以及根据其他相关法律法规要求依法披露的除外。

五、违约责任

第八条 乙方不按合同约定使用土地，改变土地用途、破坏水利等基本设施或给土地造成永久性损害的，甲方有权解除合同，并要求乙方支付赔偿金。

第九条 乙方不按期交纳流转费，每天按所欠承包费（租金）的 1‰向甲方支付滞纳金。

第十条 任何一方违反本合同约定即构成违约，守约方有权停止与违约方的所有合作，并追究违约方的违约责任且有权要求违约方赔偿因此所遭受的全部损失（含直接损失和间接损失）。

第十一条 一方接受对方的逾期和/或不完全履行的义务的，不等于对对方违约行为的认可，接收方仍然有权追究对方的违约责任，直至解除合同。

第十二条 在对方未履行义务前，一方按照合同的约定履行自己的义务的，不等于认可对方已经履行了先前的义务或同意对方可以不再履行其义务。

第十三条 因出现不可预见、不可避免、不可克服的事件，导致本合同无法有效及时履行的，相互不承担违约责任。但是，遭遇不可抗力方应当立即通过电话、微信等方式通知对方，并在通知后的三日内将不可抗力的书面有效证明及本合同无法有效及时履行的书面理由提交给对方确认。否则应当承担相应的违约责任。

六、合同的变更、解除和争议解决

第十四条 经双方协商一致可以变更、解除合同。

第十五条 任何一方违反本合同任何条款约定的，在对方催告后十五个工作日内没有改正为全面履行的，守约方有权书面通知违约方解除合同，且有权要求违约方赔偿相当于合同总额 5% 的违约金及所遭受的损失（包括但不限于直接损失、可得利益、律师费用等全部损失）。

第十六条 一方只主张违约责任，没有主张解除合同，合同应当继续履行。一方收到解除合同的通知后，对解除有异议的，应当在 15 日内向法定机关提出，否则，视为对解除无异议。

第十七条 合同在履行过程中发生争议，双方应通过友好协商的方式解决或请求有关部门进行调解。经协商、调解达不成一致意见的，可以向原告所在地有管辖权的人民法院起诉。

七、附则

第十八条 双方在签订本合同时，应提供经核实的身份证明和相应资质证明文件的复印件作为合同附件。

第十九条 变更住所地（居住地）、代表人（联系人）、电话等联络方式的，变更方在变更后 24 小时内以书面通知对方。否则视为本合同载明的联络方式继续有效，微信和短信内容也作为双方来往文件。通知、诉讼文书等文件以邮寄方式发送的，将文件按有效联络方式交给经营特快专递的单位邮寄后，邮件被签收或拒收均视为已经送达。

第二十条 双方在本合同签订前的其他所有文件内容与本合同约定不一致的，按照本合同执行。未尽事宜，双方协商一致，签订补充合同约定。

第二十一条 本合同的标题仅为便于阅读和对合同内容的理解，不作为确定双方权利义务的条款。

第二十二条 本合同自双方签章之日起生效。一式四份，甲乙双方各持两份，具有同等法律效力。

（以下无正文）

甲方（签名捺印）：　　　　　　　　乙方（签名捺印）：

年　月　日　　　　　　　　年　月　日

本合同签订地点：____________________

集体林地承包合同

合同编号：GDHT125

甲方（发包方）：________________________________

登记证号码：________________________________

住址：________________________________

联系电话：____________电子邮箱：____________微信号：____________

乙方（承包方）：________________________________

身份证号码：________________________________

住址：________________________________

联系电话：____________电子邮箱：____________微信号：____________

为维护林地承包双方当事人的合法权益，促进林业发展，依照《中华人民共和国农村土地承包法》《中华人民共和国森林法》《中华人民共和国物权法》《中华人民共和国合同法》等有关法律法规之规定，按照本集体经济组织成员会议三分之二以上成员或者三分之二以上村民代表同意的林地承包方案，在公开、平等、自愿的原则下，经双方协商一致，订立本合同。

一、承包林地情况

第一条 发包方将坐落在__________，宗地序号：__________，宗地编号：__________，树种：__________，面积共________亩的林地（具体见下表及附图）承包经营权和林木所有权以__________________（家庭承包形式为协商一致；“四荒地”非家庭承包形式为：招标、拍卖、公开协商等其他形式）的方式发包给承包方，承包期限为______年____月____日起至______年____月____日止，共__________年。

标的林地基本情况表

序号	地块名称	面积(亩)	四至界限			
			东	南	西	北
1						
2						

二、承包林地的用途

第二条 本承包林地必须用于林业生产,未经依法批准不得用于非林业建设或者其他建设。

三、承包价款及支付方式、期限

第三条 本合同约定林地承包价款及地上权价款总计为人民币________元(大写:____________)元。

林地承包价格为______元/亩/年,承包______年合计人民币______元(大写:__________元)。

林地上附属建筑及设施承包价款为人民币____________元(大写:__________元)。

林地上林木承包款为人民币________________元(大写:__________元)。

第四条 承包方采取下列第____种方式支付:

(一)现金方式一次性支付:____

(二)分期付款支付:____

(三)其他方式支付:____

四、双方其他权利和义务

第五条 发包方有权监督承包方依照本合同约定的用途合理利用和保护林地。

第六条 发包方有权制止承包方损害承包林地和其他森林资源的行为。

第七条 承包方对承包林地造成永久性损害的,发包方有权向承包方要求损害赔偿。

第八条 发包方有基于承包林地所有权获得收益的权利。

第九条 发包方有权要求承包方按规划完成造林任务。

第十条 发包方应当确认前述承包的林地、林木产权清晰,没有权属纠纷和经济纠纷,没有作为抵押或担保物。

第十一条 发包方应当维护承包方的林地承包经营权,不得擅自变更、解除承包合同。

第十二条 发包方应当尊重承包方的生产经营自主权,不得干涉承包方依法经合同约定进行正常的生产经营活动。

第十三条 发包方应当协助承包方申领林权证。

第十四条 发包方应当协助承包方做好护林防火、林业有害生物防治等工作。

第十五条 发包方应当依照本合同约定为承包方提供生产、技术、信息等服务。

第十六条 承包方依法享有承包林地使用、收益权;有权自主组织生产经营和依法处置林木及产品;有权依法自主决定承包林地是否流转和流转的方式。

第十七条 承包方有权依法享受国家优惠政策和扶持。

第十八条 承包方以家庭承包方式承包林地的，在承包期内，承包方家庭内部成员分户需要对承包林地进行分割经营的，可经家庭成员协商一致后，以原承包合同为根据，各分立的家庭分别与发包方签订承包合同，并依法申办林权证变更登记手续。

第十九条 林地承包的承包人死亡，其继承人可以在承包期内依法继续承包。

第二十条 承包期内承包林地被依法征用、占用的，承包方有权依法获得相应的补偿。

第二十一条 承包方应当维持承包林地的林业用途，不得用于非林建设或者使之闲置荒芜。属生态公益林的，不得改变公益林性质。

第二十二条 承包方应当落实造林和管护措施。荒山应自承包合同生效之日起____年内参照国家有关造林标准造林。林木采伐后应在当年或次年更新。

第二十三条 承包方应当依法保护和合理利用林地，不得自行或准许他人在承包林地内实施毁林开垦、采石、挖沙、取土等给林地造成永久性损害的行为。在承包林地内发生毁林和乱占滥用林地行为时，应积极采取措施予以制止，并及时向有关部门报告。

第二十四条 承包方应当保护好野生动物、植物资源，依法做好森林防火和林业有害生物防治工作。

第二十五条 承包方承包期内转让林地承包经营权的，应经发包方同意，否则转让无效；转包（仅家庭承包方式适用）、出租、互换（仅家庭承包方式适用）或者以其他方式流转林地承包经营权的，应当报发包方备案。

第二十六条 承包方应当及时、足额支付承包费。如遇国家征用、占用林地，承包方应配合林业等有关部门办理相关手续。

第二十七条 承包方应当配合发包方执行县（市、区）、乡（镇、办事处）林业总体规划、重点工程实施方案，组织本集体经济组织内部的林业基础设施建设。

第二十八条 发包方通过招标、拍卖、公开协商等方式发包"四荒地"林地经营权的，应当提供：

（一）发包方《林权证》复印件；

（二）依法经本集体经济组织三分之二以上成员或者村民代表会议三分之二以上代表同意承包的票决记录复印件；

（三）乡（镇）政府批准意见书。

五、保密义务

第二十九条 甲乙双方保证对在讨论、签订、执行本合同过程中所获悉的属于其他方的且无法自公开渠道获得的文件及资料（包括商业秘密、公司计划、运营活动、财务信息、技术信息、经营信息及其他商业秘密）予以保密。未经该资料和文件的原提供方同意，其他方不得向任何第三方泄露该商业秘密的全部或部分内容。但根据相关规定向相关监管机构依法履行披露义务以及根据其他相关法律法规要求依法披露的除外。

六、合同的变更、解除和终止

第三十条 因以下原因导致履行本合同出现双方权利与义务显失公平时，权利受影响方可向另一方请求变更合同。

（一）国家政策变化而影响本合同履行；

（二）其他导致双方权利与义务显失公平的情形。

第三十一条　任何一方违反本合同任何条款约定的，在对方催告后十五个工作日内没有改正为全面履行的，守约方有权书面通知违约方解除合同，且有权要求违约方赔偿相当于合同总额5%的违约金及所遭受的损失（包括但不限于直接损失、可得利益、律师费用等全部损失）。

第三十二条　一方只主张违约责任，没有主张解除合同，合同应当继续履行。一方收到解除合同的通知后，对解除有异议的，应当在15日内向法定机关提出，否则，视为对解除无异议

七、违约责任

第三十三条　本合同签订后，如因发包方发包地手续不合法或因发包地权属不清产生纠纷，致使合同全部或部分不能履行的，视为发包方违约，由发包方负责协调处理，由此给承包方造成经济损失的，由发包方负责全额赔偿。

第三十四条　承包期内，发包方擅自收回承包林地，或者干预承包方正常的生产经营活动，使承包方遭受损失的，应承担赔偿责任。

第三十五条　承包期内，承包方未按规定用途使用承包地、改变林地用途，未按合同约定落实造林营林等经营及管护责任，或者造成林地永久性损害，经劝阻无效的，发包方可依法解除合同，并要求承包方承担林地恢复费用。

第三十六条　承包方不按约定缴纳林地承包费用，按日承担应缴资金1‰的滞纳金；逾期超过30日不缴纳的，发包方可解除合同，收回承包林地。

第三十七条　承包方在承包的林地上从事非法建筑、开矿等改变林地用途的工作的，发包方有权终止合同，并视情节交由相关部门处理。

第三十八条　在对方未履行义务前，一方按照合同的约定履行自己的义务的，不等于认可对方已经履行了先前的义务或同意对方可以不再履行其义务。

第三十九条　因出现不可预见、不可避免、不可克服的事件，导致本合同无法有效及时履行的，相互不承担违约责任。但是，遭遇不可抗力方应当立即通过电话、微信等方式通知对方，并在通知后的三日内将不可抗力的书面有效证明及本合同无法有效及时履行的书面理由提交给对方确认。否则应当承担相应的违约责任。

八、合同争议的解决方式

第四十条　本合同的约定和履行中产生的争议，双方友好协商解决，若协商不成，任何一方均有权在原告住所地或居住地人民法院起诉解决。双方还可以约定提交仲裁机构裁决。

九、附则

第四十一条　双方在签订本合同时，应提供经核实的身份证明和相应资质证明文件的复印件作为合同附件。

第四十二条　变更住所地（居住地）、代表人（联系人）、电话等联络方式的，变更方在变更后24小时内以书面通知对方。否则视为本合同载明的联络方式继续有效，微信和短信内容也作为双方来往文件。通知、诉讼文书等文件以邮寄方式发送的，将文件按有效联络方

式交给经营特快专递的单位邮寄后,邮件被签收或拒收均视为已经送达。

第四十三条 双方在本合同签订前的其他所有文件内容与本合同约定不一致的,按照本合同执行。未尽事宜,双方协商一致,签订补充合同约定。

第四十四条 本合同的标题仅为便于阅读和对合同内容的理解,不作为确定双方权利义务的条款。

第四十五条 本合同自双方代表人签章之日起生效。本合同一式四份,双方各持两份,具有同等法律效力。

(以下无正文)

甲方(签名捺印)/盖章:　　　　乙方(签名捺印)/盖章:

代表人(签名):　　　　代表人(签名):

年　月　日　　　　年　月　日

本合同签订地点:____________________

附图:承包林地四至范围附图(图幅比例)(以下请附)

集体林权流转合同

合同编号:GDHT126

甲方(出让方):____________________

登记证码:____________________

法定代表人:__________　职务:____________________

住所地:____________________

联系电话:__________电子邮箱:__________　微信号:__________

乙方(受让方):____________________

居民身份证号码:____________________

住址:____________________

联系电话:__________电子邮箱:__________　微信号:__________

为规范集体林权流转行为,维护流转当事人的合法权益,根据《中华人民共和国合同法》《中华人民共和国农村土地承包法》《中华人民共和国森林法》等相关法律、法规、政策规定,本着优势互补、共谋发展、互惠互利、实现双赢的原则,经甲乙双方充分协商一致,自愿达成以下协议,以供共同遵守。

一、特定术语和规范

第一条 本合同所称的集体林权流转是指在不改变集体林地所有权、林地用途及生态公益林性质的前提下,林权权利人将其依法取得的林木所有权、使用权或者林地经营权,依法全部或部分转移给其他公民、法人及其他组织的行为。

第二条　集体林权流转应当遵循依法自愿、公平公正和诚实守信的原则，任何组织和个人不得强迫或者阻碍林权流转，流转的期限不得超过林地承包期的剩余期限。

第三条　通过家庭承包取得的林权，采取转让方式流转的，应当经发包方同意；采取转包、出租、互换或者其他方式流转的，应当报发包方备案。

第四条　集体统一经营管理的林权流转给本集体经济组织以外的单位或者个人的流转方案应当在本集体经济组织内提前公示，经本集体经济组织三分之二以上成员同意或者村民代表会议三分之二以上村民代表同意后报乡（镇）人民政府批准。村集体经济组织应当对受让方的资信情况和经营能力进行审查后，再签订合同。

第五条　林权采取互换、转让方式流转，当事人要求权属变更登记的，应当向县级以上地方人民政府申请登记。

二、流转标的物及流转

第六条　流转林权的林权证书号：________，以林权证登记面积为准，共计________亩，其中公益林____亩，商品林________亩。

第七条　甲方现通过□转包□出租□互换□转让□入股□作为出资、合作条件，将□林地经营权□林木所有权□林木使用权流转给乙方，乙方对其受让的林地、林木应当依法保护利用。

第八条　林权流转期限从______年____月____日起至______年____月____日止。甲方应于______年____月____日之前将林地、林木交付乙方。

三、流转价款及支付方式

第九条　以资金进行计价：

（一）一次性付款方式。林地经营权流转价款每年每亩为人民币____元（大写：________），面积____亩，共计人民币____元（大写：________）。如林地上的林木一并转让的，林木所有权流转价款每年每亩人民币____元（大写：________），共计人民币____元（大写：________），支付时间为______年____月____日。

（二）分期付款方式。共分为______期，每期______年，每期林地流转价款递增______%。合同生效后______日内由乙方向甲方一次性支付第一期的流转价款人民币____元（大写：________），以及林地上的林木转让款人民币____元（大写：________），共计人民币____元（大写：________）。以后每______年于当年____月____日前由乙方向甲方支付下一期的林地流转价款。

第十条　可以实物或者实物折资进行计价或者其他方式：________________

第十一条　公益林流转的，森林生态效益补偿资金由(甲方/乙方)____________受偿。

第十二条　乙方须在签订合同之前向甲方支付人民币______元（大写：________）作为合同定金，定金在流转合同期满后______日内一次性返还。

四、双方的其他权利和义务

第十三条　甲方有权依法获得流转收益，有权要求乙方按合同规定缴交林权流转价款。监督乙方依照合同约定的用途合理利用开发和保护林地、林木。

第十四条　甲方有权在本合同约定的流转林地期限届满后收回流转林地经营权。

第十五条 甲方所提供的林地林木权属应属于甲方并清晰、合法，无权属纠纷和经济纠纷。如在流转后发现原转出的林地林木存在权属纠纷或经济纠纷的，由甲方负责处理并承担相应的责任。

第十六条 甲方提供所流转林地范围的全国统一式样的林权证、原转出方合法的集体决议纪录或与集体经济组织签订的原承包、流转经营合同等证明材料。

第十七条 甲方不得干涉和破坏乙方的生产经营活动。协助乙方做好护林防火和林区治安管理工作。协助乙方申办林地林木权属登记或变更登记、林木采伐手续，有关费用由乙方承担。

第十八条 乙方依法享有受让林地使用、收益的权利，有权自主组织生产经营和处置产品。

第十九条 乙方应当按合同约定及时支付流转价款。如该流转林地被依法征收、征用的，有权依法按规定获得相应的补偿。

第二十条 乙方依法按规定申办林地林木权属登记或变更登记、林木采伐审批手续，不得非法砍伐林木。

第二十一条 乙方应当做好造林培育，其采伐迹地应在当年或者次年内完成造林更新，不得闲置丢荒，并保护好生态环境和水资源。

第二十二条 乙方不得自行或准许他人在流转林内进行毁林开垦、采石、挖沙、取土等给林地造成损害的行为，流转林地内发生毁林和乱占滥用林地行为时，乙方应采取积极措施予以制止，并及时向有关部门报告。乙方应依法做好护林防火、防治林业有害生物及保护野生动植物资源等工作。

第二十三条 乙方应当严格按照国家和本地林业管理规定开发利用林地，不得擅自改变林地用途，受让的是公益林的，不得改变公益林性质，不得破坏林地综合生产能力。

第二十四条 乙方对所流转的林地上未列入流转协议的水系、道路、建筑设施等农村集体资产应协助甲方做好管理和维护工作，如需使用或变更必须征得甲方同意。

五、保密义务

第二十五条 甲乙双方保证对在讨论、签订、执行本合同过程中所获悉的属于其他方的且无法自公开渠道获得的文件及资料（包括商业秘密、公司计划、运营活动、财务信息、技术信息、经营信息及其他商业秘密）予以保密。

第二十六条 未经上述资料和文件的原提供方同意，其他方不得向任何第三方泄露该商业秘密的全部或部分内容。但根据相关规定向相关监管机构依法履行披露义务以及根据其他相关法律法规要求依法披露的除外。

六、合同的变更、解除和终止

第二十七条 经双方协商一致可以变更、解除合同。

第二十八条 任何一方违反本合同任何条款约定的，在对方催告后十五个工作日内没有改正为全面履行的，守约方有权书面通知违约方解除合同，且有权要求违约方赔偿相当于合同总额5%的违约金及所遭受的损失（包括但不限于直接损失、可得利益、律师费用等全部损失）。

第二十九条　一方只主张违约责任，没有主张解除合同，合同应当继续履行。一方收到解除合同的通知后，对解除有异议的，应当在十五日内向法定机关提出，否则，视为对解除无异议。

七、特殊情况下的利益分配及资源处置

第三十条　林权流转期间林地被征收、征用时利益分配______________________________

八、违约责任

第三十一条　如甲方违约致使合同不能履行，须向乙方双倍返还定金；如乙方违约致使合同不能履行，所交付定金不予退还。因违约给对方造成损失的，违约方还应承担赔偿责任。

第三十二条　甲方应按合同规定按时向乙方交付林地，逾期一日应向乙方支付应缴纳流转价款的____‰作为滞纳金。逾期____日，乙方有权解除合同，甲方承担违约责任。

第三十三条　甲方流转的林地手续不合法或林地林木权属不清产生权属纠纷或经济纠纷，致使合同全部或部分不能履行，或给乙方造成其他损失的，甲方应承担违约责任。甲方违反合同约定擅自干涉和破坏乙方的生产经营致使乙方无法进行正常的生产经营活动的，乙方有权单方解除合同，甲方应承担违约责任。

第三十四条　乙方应按照合同规定按时足额向甲方支付林地、林木流转价款，逾期一日乙方应向甲方支付本期(年)应付流转价款的1‰作为滞纳金。逾期60日甲方有权单方解除合同，乙方应承担违约责任。

第三十五条　林地造林绿化约定期满后，乙方不履行造林绿化约定的，甲方有权无偿收回未造林绿化的林地。

第三十六条　乙方给流转林地造成损害，或者擅自改变林地用途或者造成森林资源严重破坏，经县级以上林业主管部门确认后，甲方有权要求乙方赔偿损失；有权单方解除合同，收回该林地经使用权，所收取的定金不予退还。

第三十七条　在对方未履行义务前，一方按照合同的约定履行自己的义务的，不等于认可对方已经履行了先前的义务或同意对方可以不再履行其义务。

第二十八条　因出现不可预见、不可避免、不可克服的事件，导致本合同无法有效及时履行的，相互不承担违约责任。但是，遭遇不可抗力方应当立即通过电话、微信等方式通知对方，并在通知后的三日内将不可抗力的书面有效证明及本合同无法有效及时履行的书面理由提交给对方确认。否则应当承担相应的违约责任。

九、合同争议的解决方式

第三十九条　本合同的约定和履行中产生的争议，双方友好协商解决，若协商不成，任何一方均有权在原告住所地或居住地人民法院起诉解决。双方还可以约定提交仲裁机构裁决。

十、附则

第四十条　双方在签订本合同时，应提供经核实的身份证明和相应资质证明文件的复印件作为合同附件。

第四十一条　变更住所地(居住地)、代表人(联系人)、电话等联络方式的，变更方在变更后24小时内以书面通知对方。否则视为本合同载明的联络方式继续有效,微信和短信内容也作为双方来往文件。通知、诉讼文书等文件以邮寄方式发送的,将文件按有效联络方式交给经营特快专递的单位邮寄后,邮件被签收或拒收均视为已经送达。

第四十二条 双方在本合同签订前的其他所有文件内容与本合同约定不一致的,按照本合同执行。未尽事宜,双方协商一致,签订补充合同约定。

第四十三条 本合同的标题仅为便于阅读和对合同内容的理解,不作为确定双方权利义务的条款。

第四十四条 本合同自双方代表人签章之日起生效。本合同一式四份,双方各持两份,具有同等法律效力。

(以下无正文)

甲　方(签名捺印)/(盖章):　　　　乙　方(签名捺印)/(盖章):
代表人(签名):　　　　代表人(签名):
　　　　年　月　日　　　　年　月　日

本合同签订地点:____________________

入股设立农民专业合作社合同

合同编号:GDHT127

甲方(合作社):____
统一社会信用代码:____
法定代表人:_________　职务:________________________________
住所地:____
联系电话:____________电子邮箱:____________　微信号:____________
乙方(入股人):____
身份证号:____
住址:____
联系电话:____________电子邮箱:____________　微信号:____________

经甲乙双方友好协商,根据中华人民共和国相关法律、法规、政策规定,本着优势互补、共谋发展、互惠互利、实现双赢的原则,经甲乙双方充分协商一致,就合作投资经营专业合作社事宜,自愿达成以下协议,以供共同遵守。

一、共同投资人的出资额和投资方式

第一条 乙方已充分了解农业专业______合作社发展情况,并认同其市场前景,拟投入资金经营甲方于______年____月____日成立的农业专业______合作社。原合作社成员共同出资总额为人民币______万元(大写:__________万元)。现乙方出资人民币____万元

（大写：__________万元），占出资总额的____%。双方一致同意，共同参与合作社的经营。

二、合作社业务范围

第二条 合作社业务范围：____具体以工商注册为准。

三、利润分享和亏损分担

第三条 甲乙双方按其出资额占出资总额的比例分享共同投资的利润，分担共同投资的亏损。

第四条 甲乙双方各自以其出资额为限对共同投资承担责任，以其出资总额为限对______合作社承担责任。

第五条 甲乙双方的出资形成的股份及其孳生物为共同投资人的共有财产，由甲、乙双方按其出资比例共有。

第六条 共同投资于专业合作社的股份转让后，甲、乙双方有权按其出资比例取得转让款。

四、资金的投向和使用

第七条 入股资金用于合作社的全面发展。

第八条 合作社资金具体使用以及经营权限归乙方。

五、合作社的组织机构安排

第九条 理事会由____名理事组成，其中甲方推荐____名理事人选，乙方推荐____名理事人选。

第十条 理事会设理事长、常务理事和理事，乙方任合作社理事长，乙方向合作社推荐常务理事和财务负责人人选。

第十一条 合作社经理在甲方选派人员中由理事会聘任或解聘，对理事会负责。经理在理事会的领导下负责合作社的经营和管理。

第十二条 合作社理事会决定的重大事项，经合作社理事会成员二分之一以上通过方能生效，有关重大事项由合作社章程进行规定。

第十三条 合作社监事会由两名监事组成；其中甲方推荐一名，乙方推荐一名。

六、投资的转让

第十四条 甲乙双方向共同投资人以外的人转让其在共同投资中的全部或部分出资额时，须经全部共同投资人同意。

第十五条 共同投资人之间转让在共同投资中的全部或部分投资额时，应当通知其他共同出资人。

第十六条 共同投资人依法转让其出资额的，在同等条件下，其他共同投资人有优先受让的权利。

七、双方其他权利和义务

第十七条 甲、乙双方在______合作社登记之日起3年内，不得转让其持有的股份及出资额。

第十八条 专业合作社成立后，甲、乙双方不得从共同投资中抽回出资额。

第十九条 合作社社址和办公场所由乙方选择，经甲方认可后确定。

八、特别规定

第二十条 根据《中华人民共和国农民专业合作社法》的规定，合作社工商注册所需的其他符合法律规定的发起人由甲方选定，报乙方审定后确定。

第二十一条 合作社成员选举和表决时，每一成员享有一票的基本表决权，乙方作为合作社主要出资股东，持有合作社70%的出资份额，乙方享有合作社全部基本表决权的20%的附加表决权；附加表决权与基本表决权享有同等权利和义务，合作社的总表决权为基本表决权和附加表决权之和。

第二十二条 合作社的利润分配：在弥补亏损、提取公积金后的当年盈余，为合作社的可分配盈余。

九、保密义务

第二十三条 甲乙双方保证对在讨论、签订、执行本合同过程中所获悉的属于其他方的且无法自公开渠道获得的文件及资料（包括商业秘密、公司计划、运营活动、财务信息、技术信息、经营信息及其他商业秘密）予以保密。

第二十四条 未经上述资料和文件的原提供方同意，其他方不得向任何第三方泄露该商业秘密的全部或部分内容。但根据相关规定向相关监管机构依法履行披露义务以及根据其他相关法律法规要求依法披露的除外。

十、违约责任

第二十五条 任何一方违反本合同约定即构成违约，守约方有权停止与违约方的所有合作，并追究违约方的违约责任且有权要求违约方赔偿因此所遭受的全部损失（含直接损失和间接损失）。

第二十六条 一方接受对方的逾期和/或不完全履行的义务的，不等于对对方违约行为的认可，接收方仍然有权追究对方的违约责任，直至解除合同。

第二十七条 在对方未履行义务前，一方按照合同的约定履行自己的义务的，不等于认可对方已经履行了先前的义务或同意对方可以不再履行其义务。

第二十八条 因出现不可预见、不可避免、不可克服的事件，导致本合同无法有效及时履行的，相互不承担违约责任。但是，遭遇不可抗力方应当立即通过电话、微信等方式通知对方，并在通知后的三日内将不可抗力的书面有效证明及本合同无法有效及时履行的书面理由提交给对方确认。否则应当承担相应的违约责任。

十一、合同的变更、解除和争议解决

第二十九条 因以下原因导致履行本合同出现双方权利与义务显失公平时，权利受影响方可向另一方请求变更合同。

（一）国家政策变化而影响本合同履行；

（二）其他导致双方权利与义务显失公平的情形。

第三十条 任何一方违反本合同任何条款约定的，在对方催告后十五日内没有改正为全面履行的，守约方有权书面通知违约方解除合同，且有权要求违约方赔偿相当于合同总额5%的违约金及所遭受的损失（包括但不限于直接损失、可得利益、律师费用等全部损失）。

第三十一条 一方只主张违约责任,没有主张解除合同,合同应当继续履行。一方收到解除合同的通知后,对解除有异议的,应当在十五日内向法定机关提出,否则,视为对解除无异议。

第三十二条 本合同的约定和履行中产生的争议,双方友好协商解决,若协商不成,任何一方均有权在原告住所地或居住地人民法院起诉解决。双方还可以约定提交仲裁机构裁决。

十二、合作期限

第三十三条 双方合作期限为______年,______年____月____日起至______年____月____日止。期满后双方协商一致可以续签。

第三十四条 合同期满或终止前30日,甲、乙双方应当就是否续签合同交换意见,并进行必要的协商,以保证合作工作的连续性。

十三、附则

第三十五条 双方在签订本合同时,应提供经核实的身份证明和相应资质证明文件的复印件作为合同附件。

第三十六条 变更住所地(居住地)、代表人(联系人)、电话等联络方式的,变更方在变更后24小时内以书面通知对方。否则视为本合同载明的联络方式继续有效,微信和短信内容也作为双方来往文件。通知、诉讼文书等文件以邮寄方式发送的,将文件按有效联络方式交给经营特快专递的单位邮寄后,邮件被签收或拒收均视为已经送达。

第三十七条 双方在本合同签订前的其他所有文件内容与本合同约定不一致的,按照本合同执行。未尽事宜,双方协商一致,签订补充合同约定。

第三十八条 本合同的标题仅为便于阅读和对合同内容的理解的作用,不作为确定双方权利义务的条款。

第三十九条 本合同自双方代表人签章之日起生效。本合同一式四份,双方各持两份,具有同等法律效力。

(以下无正文)

甲　方(签名捺印)/(盖章):	乙　方(签名捺印)/(盖章):
代表人(签名):	代表人(签名):
年　月　日	年　月　日

本合同签订地点:____________________

农民专业合作社入股合作合同

合同编号:GDHT128

甲方(入股人):____

身份证号:____

住址：＿＿＿＿＿＿＿＿＿＿＿＿＿＿＿＿＿＿＿＿＿＿＿＿＿＿＿＿＿＿＿＿

联系电话：＿＿＿＿＿＿＿＿电子邮箱：＿＿＿＿＿＿＿＿ 微信号：＿＿＿＿＿＿＿＿

乙方(合作社)：＿＿＿＿＿＿＿＿＿＿＿＿＿＿＿＿＿＿＿＿＿＿＿＿＿＿＿＿

合作社统一社会信用代码：＿＿＿＿＿＿＿＿＿＿＿＿＿＿＿＿＿＿＿＿＿＿＿＿

住所地：＿＿＿＿＿＿＿＿＿＿＿＿＿＿＿＿＿＿＿＿＿＿＿＿＿＿＿＿＿＿＿

法定代表人：＿＿＿＿＿＿＿＿＿＿＿＿＿ 职务：＿＿＿＿＿＿＿＿＿＿＿＿＿＿

联系人：＿＿＿＿＿＿＿＿＿＿＿＿＿＿＿ 电话：＿＿＿＿＿＿＿＿＿＿＿＿＿＿

电子邮箱：＿＿＿＿＿＿＿＿＿＿＿＿＿ 微信号：＿＿＿＿＿＿＿＿＿＿＿＿＿＿

为保护农民的合法权益，增加农民收入，推动农村产业化发展，依照《中华人民共和国合同法》《中华人民共和国农民专业合作社法》等相关法律、法规、政策规定，本着优势互补、共谋发展、互惠互利、实现双赢的原则，经甲乙双方充分协商一致，自愿达成以下协议，以供共同遵守。

一、合作内容和方式

第一条 甲乙双方自愿合作经营＿＿＿＿＿＿＿＿＿＿项目。

项目内容具体约定为：＿＿＿＿＿＿＿＿＿＿＿＿＿＿＿＿＿＿＿＿＿＿＿＿＿＿

第二条 合作方式为：(入股、合伙、按比例返还等)＿＿＿＿＿＿＿＿＿＿＿＿＿＿

二、经营分配

第三条 合作项目由＿＿＿＿经营，合作期间所产生的收益由甲乙双方按本协议所约定的比例承担。

第四条 合作期间的固定资产和盈余按照取得的净利利润分配，甲方占＿＿%，乙方＿＿%；合作期间的债务按照上述比例负担。任何一方对外偿还债务后，另一方应当按比例在＿＿日内向对方偿清自己应付担的部分。

其他约定：＿＿＿＿＿＿＿＿＿＿＿＿＿＿＿＿＿＿＿＿＿＿＿＿＿＿＿＿＿＿

第五条 特别约定：合同履行期间，如因政府征收、占用合作项目所使用土地而获得相关补偿款的，归甲方所有；因上述原因，投入建设的地面附着物的补偿款由甲乙双方约定按＿＿＿＿＿＿＿＿＿比例享有。

三、双方其他权利和义务

第六条 甲方享有对项目建设管理的权利，并对乙方的建设项目有权提出建议、进行审议和监督。但须配合乙方进行合作项目的申报批准，提供相关资料并维护乙方的生产经营权，不得干涉乙方进行的正常的管理及生产经营。

第七条 乙方负责项目的规划设计及可行性研究等前期准备工作，及时向管理部门申报合作项目，并负责向政府申请与合作项目有关的优惠政策，负责合作项目的建设、论证及实地考察。

第八条 甲乙双方应保证本合同签订及履行过程中所提供资料的真实性及合法性。

其他约定：＿＿＿＿＿＿＿＿＿＿＿＿＿＿＿＿＿＿＿＿＿＿＿＿＿＿＿＿＿＿

四、保密义务

第九条 甲乙双方保证对在讨论、签订、执行本合同过程中所获悉的属于其他方的且无法自公开渠道获得的文件及资料(包括商业秘密、公司计划、运营活动、财务信息、技术信息、经营信息及其他商业秘密)予以保密。

第十条　未经该资料和文件的原提供方同意,其他方不得向任何第三方泄露该商业秘密的全部或部分内容。但根据相关规定向相关监管机构依法履行披露义务以及根据其他相关法律法规要求依法披露的除外。

五、违约责任

第十一条　任何一方违反本合同约定即构成违约,守约方有权停止与违约方的所有合作,并追究违约方的违约责任且有权要求违约方赔偿因此所遭受的全部损失(含直接损失和间接损失)。

第十二条　一方接受对方的逾期和/或不完全履行的义务的,不等于对对方违约行为的认可,接收方仍然有权追究对方的违约责任,直至解除合同。

第十三条　在对方未履行义务前,一方按照合同的约定履行自己的义务的,不等于认可对方已经履行了先前的义务或同意对方可以不再履行其义务。

第十四条　因出现不可预见、不可避免、不可克服的事件,导致本合同无法有效及时履行的,相互不承担违约责任。但是,遭遇不可抗力方应当立即通过电话、微信等方式通知对方,并在通知后的三日内将不可抗力的书面有效证明及本合同无法有效及时履行的书面理由提交给对方确认。否则应当承担相应的违约责任。

六、合同的变更、解除和争议解决

第十五条　双方协商一致,并经其他社员一致同意,可以变更、解除合同。

第十六条　任何一方违反本合同任何条款约定的,在对方催告后十五个工作日内没有改正为全面履行的,守约方有权书面通知违约方解除合同,且有权要求违约方赔偿相当于合同总额5%的违约金及所遭受的损失(包括但不限于直接损失、可得利益、律师费用等全部损失)。

第十七条　一方只主张违约责任,没有主张解除合同,合同应当继续履行。一方收到解除合同的通知后,对解除有异议的,应当在十五日内向法定机关提出,否则,视为对解除无异议。

第十八条　本合同的约定和履行中产生的争议,双方友好协商解决,若协商不成,任何一方均有权在原告住所地或居住地人民法院起诉解决。双方还可以约定提交仲裁机构裁决。

七、合作期限

第十九条　双方合作期限为______年,______年____月____日起至______年____月____日止。期满后双方协商一致可以续签。

第二十条　合同期满或终止前30日,甲、乙双方应当就是否续签合同交换意见,并进行必要的协商,以保证合作工作的连续性。如双方不再继续合作,则合作期间积累的共同财产由甲乙双方依照本合同第四条第一款的分配方式进行分配。

八、附则

第二十一条　双方在签订本合同时,应提供经核实的身份证明和相应资质证明文件的复印件作为合同附件。

第二十二条 变更住所地(居住地)、代表人(联系人)、电话等联络方式的,变更方在变更后24小时内以书面通知对方。否则视为本合同载明的联络方式继续有效,微信和短信内容也作为双方来往文件。通知、诉讼文书等文件以邮寄方式发送的,将文件按有效联络方式交给经营特快专递的单位邮寄后,邮件被签收或拒收均视为已经送达。

第二十三条 双方在本合同签订前的其他所有文件内容与本合同约定不一致的,按照本合同执行。未尽事宜,双方协商一致,签订补充合同约定。

第二十四条 本合同的标题仅为便于阅读和对合同内容的理解,不作为确定双方权利义务的条款。

第二十五条 本合同自双方签章之日起生效。本合同一式四份,双方各持两份,具有同等法律效力。

(以下无正文)

甲　方(签名捺印)/(盖章):
代表人(签名):
年　月　日

乙　方(签名捺印)/(盖章):
代表人(签名):
年　月　日

本合同签订地点:______________________

后　记

为了认真贯彻落实党中央脱贫攻坚战略部署和中共贵州省委十二届三次全会精神以及谌贻琴省长在省政府常务会上关于“农民签订的合同要有模板”等重要指示要求，深入推进《贵州省全面推进依法行政工作领导小组办公室关于开展法治扶贫六大行动的通知》（黔法办〔2018〕4号）精神落地落实，扎实推进法治扶贫工作，贵州省人民政府法制办公室通过公开招标投标比选方式，委托贵州贵达律师事务所起草了脱贫攻坚涉农系列合同示范文本，旨在为基层农村提供脱贫攻坚各类涉农合同规范文本，切实提升农民在生产生活交易过程中的法治意识和规则意识，为贵州省决战脱贫攻坚、决胜同步小康提供强有力的法治保障。

贵州贵达律师事务所接受委托后，及时组织成立了十多人的调研起草小组，分赴各贫困县和乡村进行了深入广泛的调研，经调查研究发现，广大农村地区，一是农民文化素质普遍相对较低，对货物（种子、农产品等）、服务、技术的质量了解相对较少，对货物、服务、技术的质量进行书面描述很困难，拟订书面合同较困难；二是农民法律意识淡薄，很多没有签订书面合同，口头协议较多；三是农民法律知识较缺乏，对合同的主要条款了解不多，对合同订立、标的、效力、变更、解除、违约责任、争议解决方式等了解不多、理解不透，订立的书面合同考虑不周、不够完善；四是法律人才相对缺乏，律师所占比例尚未达到全国平均水平（万分之二点六），难以请到律师提供法律服务；五是网络上的合同范本乱而杂，且没有针对性，农民难以下载使用。基于以上原因，涉农争议和纠纷持续攀升，诉讼案件不仅数量持续增加，而且因为没有订立书面合同或订立的书面合同不完善，争议难以判定，导致涉案涉诉上访人数不断增加，对社会和谐稳定和“三农”健康跨越发展，特别是对脱贫攻坚造成了很大的阻碍。

针对以上情况，本次合同示范文本的起草所选取的五类合同极具代表性，与农村农民农业生产生活紧密相关，合同内容基本涵盖了农村经济发展和生产生活的各个方面，是最为常见的交易合同。本书具有以下特点：一是合同内容全面。起草小组根据《中华人民共和国合同法》等法律法规的规定，起草了涉农买卖合同、涉农建设工程和承揽合同、农业技术合同、涉农其他有名合同和农村“三变”等涉农综合类合同五大类151个合同示范文本，既有通用合同，又有专用合同。二是凸显地方特色。贵州省畜牧水产和农特产品具有特殊性，当事人对产品质量标准的描述比较困难，约定不够明确，往往产生争议、引起纠纷，起草小组选取了20种涉农的具有代表性和普遍性的畜牧水产和农特产品买卖合同示范文本，较为准确地描述了产品的质量标准，让当事人可以直接引用，极大减少了争议和纠纷的发生，同时还起草了畜牧水产和农特产品买卖的通用合同示范文本，以适用于除上述20种合同示范文本以外的产品买卖。三是突出便农利农。对常用的买卖合同，示范文本分为A版本和

B 版本，A 版本为卖方送货(到岸价)合同，B 版本为买方提货(离岸价)合同，合同当事人可以采用半页纸的通用简明合同示范文本，直接引用合同编号，外加数量、单价等特别条款即可完成合同签订；也可以直接下载或复制合同示范文本，填写数量、单价等特别内容即可完成合同签订，大大节约合同谈判、签订的时间和成本。四是格式清晰明了。合同示范文本采用了与法律法规类似的章、节、条、款式，按照《中华人民共和国立法法》规定的标题级别序号排列，便于当事人阅读和理解合同内容，明确权利义务，易于直接适用条、款、项、目。

涉农系列合同示范文本的推广使用，可有效防范涉农合同当事人签约、履约的不完善，减少或避免争议、纠纷的发生，防范危害国家利益、社会公共利益和坑农害农的行为发生，减少社会矛盾，促进社会和谐，大大提升农民在日常生产生活中的交易效率，推动产业扶贫向理念扶贫转变，让契约精神逐渐根植于农民心中，不断提升农民的法治意识，运用法治思维和法治方式切实维护自身合法权益，为决战脱贫攻坚提供制度保障。

脱贫攻坚涉农合同示范文本的起草得到了贵州省省委、省政府及领导的高度重视，强调法治扶贫开展得很好，合同文本很实用。要宣传利用好这一成果，让贫困群众强化法治意识，维护自身合法权益。要充分运用好此成果，推进基层各类经济活动治理现代化建设。此外，该示范文本还得到贵州省高级人民法院、贵州省人民检察院以及各级人民政府法制办、扶贫办等政府部门和清镇市十多个村委会的大力支持，编委会成员夜以继日的工作，结合专家论证提出的宝贵意见，并经贵州省政府法制办组织的《脱贫攻坚涉农系列合同示范文本》专家评审会验收通过，才得以顺利完成。

为了宣传利用好这一成果，本书所有合同示范文本将在贵州省人民政府法制办公室和贵州贵达律师事务所官方网站上发布，供广大群众免费下载参考和使用，为深入推进脱贫攻坚贡献力量。

最后，本书编委会将参加论证的专家列出，并对他们表示衷心感谢：

徐文山(贵州省法学会专职副会长兼秘书长)

邹　渊(贵州民族大学教授)

陈小平(贵州民族大学教授、博士研究生导师)

潘善斌(贵州民族大学教授、博士研究生导师)

范淑婷(贵州省高级人民法院庭长)

宋　勇(贵州省人民检察院处长)

袁　江(贵州省农委法规处副调研员)

白　敏(贵州省律师协会会长)

薛　军(贵阳市律师协会会长)

王军武(贵州师范大学教授、硕士研究生导师)

贵州省人民政府法制办公室

贵州贵达律师事务所

编委会

二〇一八年十一月六日

贵州贵达律师事务所简介

贵州贵达律师事务所是区域性大型综合合伙制律师事务所，于2000年成立。现有教授、一级律师、二级律师职称，博士、硕士或双学位以上学历的法律专业人才200余人。总所及各分所自有产权办公面积2000余平方米。

事务所秉承“贵在勤勉尽责，达成法治理念”的办所宗旨，在贵州省率先实行专业化、规范化、团队化、规模化、国际化管理，设有刑事、行政、民商事、公司、房地产、金融证券、矿产资源、知识产权、国际、PPP、破产清算、大数据和法律援助等专业团队。在贵州省内设立了贵安、遵义、六盘水、毕节、都匀、贵定六家分所；在省外设立了北京、重庆分所。现已成为规模较大、专业化分工明确、软硬件设施一流的律师事务所。

事务所设有“贵州省法学会矿产资源法学研究会”“贵州省企业联合会/贵州省企业家协会法律服务中心”“贵州省非公经济律师服务团”“大数据律师服务团”“青少年维权工作站”“残疾人法律咨询中心”“贵州西南政法大学校友会”等机构办公室。

发展中的贵达律师事务所，曾荣获全国优秀律师事务所、贵州省优秀律师事务所、贵阳市优秀律师事务所、贵州省十佳民营经济服务机构、贵州省司法行政系统先进律师事务所、向望谟县洪涝灾区捐款活动先进集体及手牵手扶贫活动先进集体等荣誉称号。

贵达律师事务所的律师一直奔走在“维护当事人合法权益，维护法律正确实施，维护社会公平和正义”的路上，为推进“法治国家、法治政府、法治社会一体建成”、为“民主与法治建设”持续奉献绵薄之力。

图书在版编目(CIP)数据

脱贫攻坚涉农系列合同示范文本 / 毕健主编 ; 贵州省人民政府法制办公室, 贵州贵达律师事务所编著. -- 北京 : 法律出版社, 2019(2019.5 重印)
ISBN 978-7-5197-3014-7

Ⅰ. ①脱… Ⅱ. ①毕… ②贵… ③贵… Ⅲ. ①农业经济-经济合同-研究-中国 Ⅳ. ①D923.64

中国版本图书馆 CIP 数据核字(2019)第 007683 号

脱贫攻坚涉农系列合同示范文本
TUOPIN GONGJIAN SHENONG XILIE HETONG SHIFAN WENBEN

毕　健 主编
贵州省人民政府法制办公室
贵州贵达律师事务所　编著

策划编辑 邢艳萍
责任编辑 邢艳萍
装帧设计 汪奇峰

出版 法律出版社
总发行 中国法律图书有限公司
经销 新华书店
印刷 三河市龙大印装有限公司
责任校对 王晓萍
责任印制 吕亚莉

编辑统筹 法律应用出版分社
开本 787 毫米×1092 毫米 1/16
印张 33.5
字数 630 千
版本 2019 年 1 月第 1 版
印次 2019 年 5 月第 2 次印刷

法律出版社/北京市丰台区莲花池西里 7 号(100073)
网址/www.lawpress.com.cn
投稿邮箱/info@lawpress.com.cn
举报维权邮箱/jbwq@lawpress.com.cn
销售热线/010-83938336
咨询电话/010-63939796

中国法律图书有限公司/北京市丰台区莲花池西里 7 号(100073)
全国各地中法图分、子公司销售电话:
统一销售客服/400-660-6393
第一法律书店/010-83938334/8335　西安分公司/029-85330678　重庆分公司/023-67453036
上海分公司/021-62071639/1636　深圳分公司/0755-83072995

书号:ISBN 978-7-5197-3014-7　**定价**:109.00 元
(如有缺页或倒装,中国法律图书有限公司负责退换)